管理教材译丛

ORGANIZATIONAL BEHAVIOR
EMERGING KNOWLEDGE, GLOBAL REALITY
9th Edition

组织行为学

（原书第9版）

[美] **史蒂文·L. 麦克沙恩**　　**玛丽·安·冯·格利诺** ◎著
（Steven L. McShane）　　（Mary Ann Von Glinow）
澳大利亚纽卡斯尔大学　　佛罗里达国际大学

吴培冠 ◎译

机械工业出版社
CHINA MACHINE PRESS

本书共分为 15 章，涵盖了组织行为学领域传统的基础内容，如社会认知、激励理论、工作团队、领导行为、组织文化、组织变革等，也将最新的组织行为学研究成果呈现给读者，如自我概念模型、工作场所情绪、社会认同理论、设计思维、全球思维、四驱力理论等。本书注重理论与实践的关联，通过设置批判思考、课堂练习等栏目并融入全球化的丰富案例，帮助读者更直观地理解组织行为学领域的概念和理论，了解组织行为学的发展趋势，并掌握如何在工作中运用组织行为学知识解决实际的管理问题。

本书可以作为管理类专业本科生、研究生（包括 MBA、EMBA 等）的组织行为学教材，也可供企业管理者和相关从业人员阅读参考。

Steven L. McShane, Mary Ann Von Glinow.

Organizational Behavior: Emerging Knowledge, Global Reality, 9th Edition.

ISBN 978-1-260-79955-2

Copyright © 2021 by McGraw-Hill Education.

北京市版权局著作权合同登记　图字：01-2022-7093 号。

图书在版编目（CIP）数据

组织行为学 : 原书第 9 版 / （美）史蒂文·L.麦克沙恩（Steven L. McShane），（美）玛丽·安·冯·格利诺（Mary Ann Von Glinow）著 ; 吴培冠译 . -- 北京 : 机械工业出版社，2025. 2. --（管理教材译丛）. -- ISBN 978-7-111-77709-0

Ⅰ. C936

中国国家版本馆 CIP 数据核字第 2025GG7299 号

机械工业出版社（北京市百万庄大街 22 号　邮政编码 100037）

策划编辑：吴亚军　　　　　　　　　责任编辑：吴亚军　章承林
责任校对：赵　童　张雨霏　景　飞　责任印制：任维东
河北鹏盛贤印刷有限公司印刷
2025 年 6 月第 1 版第 1 次印刷
185mm×260mm · 27 印张 · 671 千字
标准书号：ISBN 978-7-111-77709-0
定价：99.00 元

电话服务　　　　　　　　　　　网络服务
客服电话：010-88361066　　　机 工 官 网：www.cmpbook.com
　　　　　010-88379833　　　机 工 官 博：weibo.com/cmp1952
　　　　　010-68326294　　　金 书 网：www.golden-book.com
封底无防伪标均为盗版　　　　　机工教育服务网：www.cmpedu.com

　　欢迎来到激动人心的组织行为学的世界！在当今的组织中，知识正在取代传统基础设施的核心作用，社交媒体和远程团队正在改变员工的合作方式。员工更多地受到价值观和自我领导的影响，而不是传统的指挥和控制式管理。公司越来越关注员工的情绪智力、有效的团队合作技能，而不仅仅是技术方面的能力。

　　本书是基于新兴工作场所编写的。书中除了涵盖组织行为学领域的基础内容，还阐释了组织行为学的前沿发展和最新的研究成果，例如，工作－生活一体化如何成为员工在工作场所中的重要实践；社交网络如何深刻影响并塑造沟通模式；情绪如何影响员工的动机、态度和决策；自我概念如何成为个体行为、团队凝聚力和领导力的重要决定因素；在这个日益互联的世界里，全球思维已成为员工的一项重要能力。纵览全书，本书秉持着这样一种观点，即组织行为不仅仅是针对管理者的，它对任何在组织内和组织周围工作的人来说都是相关的、有重要价值的。

将理论与现实联系起来

　　本书各章都融入了生动案例，使组织行为学知识更有意义，并体现了该领域的相关性和趣味性。这些来自真实人物和组织的故事能将学术理论转化为有用的知识和现实应用。例如，我们探讨了优步高管如何努力用一种更具生产力和道德感的文化来取代自身曾经出现问题的文化；美国陆军如何接受团队合作理念并采用"团队中的团队"这一组织结构；希尔顿酒店及度假村如何通过更加关注员工的情绪、态度和幸福感来改善客户服务水平；位于密歇根州卡拉马祖市的医疗器械制造商史赛克（Stryker）如何通过基于自身优势的培训来激励员工；杰里米·古切（Jeremy Gutsche）作为世界领先的潮流观察者之一，如何建立起自己的专业影响力和个人品牌。

　　这些案例都是由本书的作者亲自研究、选择并根据现有资源整理而成的。每一章都包含有关工作和生活的生动事例。全球链接栏目的特点是将组织行为学概念与现实世界的公司活动联系起来。每章的案例研究栏目也将组织行为学概念与新兴的工作场所的现实情况联系起来，讨论了世界各地各行各业的不同规模的组织。

全球视野

从第 1 版开始，作者就关注全球化对工作场所产生的深远影响，并就此展开本书的内容编写。我们通过在许多章节中讨论国际化和跨文化问题来持续关注全球化这一主题。此外，每一章都包括真正的全球化案例，而不仅仅关注美国公司在世界其他地区如何运营。例如，本书描述了尼日利亚软件公司 Softcom 如何通过提升工作自主性和提供有意义的工作来激励员工；荷兰公司博组客（Buurtzorg）如何将它在荷兰的 15 000 名员工组织成自我管理团队；要求员工微笑着工作通常使俄罗斯人比美国人付出更多的情绪劳动；南非连锁餐厅南多斯（Nando's）制作的幽默广告"你们这些人！"如何讽刺我们对他人的刻板印象；WeWork 在特拉维夫快速发展业务的过程中，员工如何通过共进午餐增进相互理解，以最大限度地减少冲突；宜家在全球各地招聘员工时如何关注个人价值观；总部位于布宜诺斯艾利斯的 GLOB 如何通过鼓励团队合作、设计思维和包容文化发展成为一家成功的科技公司。

扎实的理论基础

只有将生动的现实世界的例子和实践与良好的理论联系起来，才能使组织行为学更有价值。本书因在当代研究和经典研究以及写作过程中的扎实基础而闻名。每章都涉及数十篇文章，以及书籍和其他来源。从引用的文献数量和质量来看，这些知识来自最佳的科学研究和组织实践。这使得本书成为我们所认为的最新的组织行为学教科书。这些参考文献还表明，我们借鉴了市场营销、信息管理、人力资源管理和其他学科的新想法。本书非常关注读者重视的信息，即组织知识和实践。因此，除一些经典的内容外，我们避免写一本"名人录"式的教科书；大多数学者都在参考文献中出现，而不是在正文中。

撰写本书的驱动力之一是为学生、相关从业者、学者和其他想要学习组织行为学的人提供一个更具响应性的渠道，以传播新兴的组织行为学知识。值得称赞的是，本书显然是第一本讨论完整自我概念模型（而不仅仅是核心自我评价）、工作场所情绪、社会认同理论、设计思维、全球思维、四驱力理论、社交网络的特定因素、赏识探询、远程团队、选择最好沟通渠道的四个因素、施瓦茨的个人价值观模型、员工敬业度、学习导向，以及其他几个开创性主题的组织行为学教科书。本书通过介绍组织中数字化沟通变化趋势的最新知识、调节情绪的五种策略、应用五因素人格模型时的几个注意事项、道德关怀、团队决策中的心理安全、通过组间镜像管理冲突，以及在决策中选择机会时的问题，继续巩固了它的领导地位。

人人共享的组织行为学知识

本书的另一个显著特点是，它是为组织中的每个人而写的，而不仅仅是管理者。本书的理念是，每个在组织内和组织周围工作的人都需要理解并利用组织行为学知识。整个组织中的人员——系统分析师、生产员工、会计专业人员——正在承担更多的责任，因为组织精简了管理层，并赋予了其他人更多的自主权和对工作成果的责任。本书帮助每个人理解组织行为，并提供了帮助我们在工作场所中更有效地工作的概念工具。

积极学习和批判性思维支持

由于我们长期讲授组织行为学课程，因此深知选用一本能够深入支持积极学习和批判性思维的教科书的价值。商学院认证协会也强调了学习体验的重要性，这进一步强调了我们对课堂活动的重视。

每一章都设计了一个争辩点，以促进学生培养批判性思维。这一特点强调，即使是看似确定的组织行为学知识也可能受到相反证据和逻辑性反驳的质疑。争辩点鼓励学生不断寻找不同的观点和证据，而不是盲目接受现有理论和实践经验的有效性。

本书还提供丰富的课堂活动资源，其中一些在其他组织行为学教科书中难以找到，例如，金橘冲突角色扮演、个人价值观测验、宾果网络、谁是谁、员工参与的问题、破译网络、道德困境事例、视觉说明练习和跨文化沟通游戏等。

第 9 版的变化

第 9 版做了许多改进，这要归功于来自几个国家的数十位组织行为学专家的严格审读。同时，我们浏览各种文献来获得足够的证据以支持新的想法。在第 9 版中，几乎每一章都有明显的更新和修订，但最实质性的变化主要在第 1 章、第 2 章、第 5 章、第 9 章和第 11 章。

本书的独特之处在于，作者亲自研究并撰写了所有与概念相关的内容，包括案例、定义等。这样可以更好地整合知识，并确保这些案例与学习经验真正相关，为学生提供有用的补充。以下是第 9 版《组织行为学》的主要改进：

第 1 章　组织行为学导论。本章进行了实质性的改写、更新和重组。新兴的工作环境中的大多数内容都是新的，该部分包括工作－生活一体化、包容的工作环境和雇佣关系的新材料。远程工作的主题也进行了大幅修改，与之前较为狭窄的远程办公主题相比，现在更加全面。有关个体行为与业绩的 MARS 模型以及五种类型的个体行为的内容，已从之前的第 2 章移至本章。第 9 版扩展了组织行为学重要性的内容，提供了更多有关组织行为学为什么对学生很重要的说明，并简要地结合了组织有效性的关键概念来解释为什么组织行为学对组织至关重要。

第 2 章　个体差异：人格和价值观。除了标题略有改动外，本章还进行了一些非常重要的更新和修改。它融合了关于黑暗三联征（马基雅维利主义、自恋和精神病态）以及它们与组织行为关系的最新知识。在上一版中已经提供了有关人格的五因素模型如何与各种类型的工作场所行为相关联的重要更新。在第 9 版中，我们进一步完善了这一主题，并明确定义了在组织中应用五因素模型时需要注意的四个关键问题。此外，本章还新增了第四条道德原则——道德关怀。我们还将 MARS 模型和个体行为类型的讨论从本章移至第 1 章。

第3章　组织中的自我感知和他人感知。本书创建了自我概念及其与组织行为相关性的完整模型。第9版进一步完善了这一内容，特别体现在解释人们如何发展自我概念清晰性，以及自我概念特征如何影响行为和表现方面。本章还更新了组织架构中关于知觉的内容。

第4章　职场情绪、态度和压力。第9版修订了情绪管理的内容，并增加了人们如何管理情绪的五种策略的最新知识，进一步发展了这一主题。本章还更新了组织承诺的主题，纳入了规范承诺，并对工作场所压力管理进行了小幅改写。

第5章　员工激励的基础。第9版对程序公正和互动公平的主题进行了重大修订和更新，增加了一个新的案例，归纳了这两种形式的组织公平的具体规则。本章更全面地讨论了有效反馈的特征，增加了一个定义，并描述了每个特征。本章对驱动力的内容进行了重组，以更加强调最新的四驱力理论。本章还修订了有关激励和员工参与的开篇案例，包括阐述了为何如今激励员工变得更具挑战性。

第6章　绩效管理的应用实践。除了替换大多数案例和更新参考资料外，本章还有一些细微的变化，特别是在激励性的工作设计实践和经济奖励实践方面。同时，增加了一个新的争辩点。

第7章　决策与创新。上一版对本章进行了重大修订，第9版提供了一些相对细微的改进。它增加了决策者与其他人在识别问题和机遇时遇到的问题。本章还更新了有关解决方案导向问题、隐含偏好、最大化问题以及如何更有效地评估决策结果部分的内容。

第8章　团队动力。第9版更明确地讨论了心理安全是有效团队决策的一个因素。关于头脑风暴的内容也增加了更多的细节，包括在头脑风暴会议中限制多样化想法的固定效应或从众效应。团队角色的主题也有更新。最后，对团队如何激励员工、最大限度地减少社会懈怠和团队建设的有效性，以及远程（虚拟）团队内容也进行了小幅的改写和更新。

第9章　团队与组织中的沟通。第9版进一步完善了选择最好的沟通渠道需要考虑的四个因素。本章还大幅更新了数字化沟通的主题，比如有关各种数字化沟通渠道变化的新内容，以及为什么会发生这些变化的讨论。社交媒体传播的内容也更加精细化。此外，第9版更详细地介绍了五种常见的沟通噪声类型和四种传达信息的策略。

第10章　工作场所中的权力与影响力。第9版修改了作为权力的权变因素的不可替代性的内容，与之相关的个人品牌话题也得到了更充分的讨论。组织政治的定义得到了更详细的解释，特别是参考了最近关于"积极政治"的文章。组织政治的其他主题——个体差异和如何最小化组织政治已经被扩展或更新。

第11章　工作场所中的冲突与沟通。第9版对本章的大部分内容进行了重大修订，但谈判这一主题除外，该主题在上一版中已经进行了重大修改和更新。对组织中冲突的结构性来源中的三个来源进行了改写并更新了内容。冲突处理方式的主题已经修订，增加了妥协方式。同时，本章还修订和更新了通过增进沟通和相互理解来减少冲突的主题，包括有关组间镜像干预的新内容。第9版提供了新内容——在任务冲突中最小化关系冲突的策略，围绕这个主题还增加了一个新的争辩点。此外，本章还对冲突问题、任务冲突与关系冲突、冲突过程模型、强迫等冲突处理方式、如何减少差异进行了小幅的修订或更新。

第 12 章　组织体系中的领导力。本章最重要的变化是重新编写了管理型领导部分，删除了几个较旧的主题。本章的其他变化体现在对传达愿景、魅力型领导、管理型领导和公仆型领导等内容的优化方面。

第 13 章　组织结构设计。本章最引人注目的修订是对不同组织结构存在的潜在问题的最新讨论。第 9 版还提供了关于把并行工程作为一种非正式沟通协调机制的更多细节。机械结构和有机结构的部分也做了修改，以更清晰地阐述有关内容。部门化的形式部分也已增加新的公司案例。本章还加入了一个新的争辩点。

第 14 章　组织文化。本章进行了一些小的修订和更新，特别是有关信仰价值观和行动价值观、组织文化的含义、文化与环境的一致性、组织文化和商业道德以及融合组织文化的主题。

第 15 章　组织变革。与前一版相比，本章变化相对较小，调整了一些有关通过社交网络和赏识探询进行变革的内容。

致谢

组织行为学的确是一个充满趣味和价值的领域。它不仅可以帮助人们更好地理解工作和组织中发生的事情，还可以提供实用的工具和知识来改善工作与组织的效能。这在《组织行为学》第 9 版中得到了生动体现。在整个项目中，我们见证了团队合作的力量、创造性思维的活跃，以及我们共同追求的愿景所带来的动力。在编写委员会中，紧密的协调和创新的协同是经常性的。当你了解到这个项目的大多数团队成员分散在美国各地，而首席作者（史蒂文）大部分时间都在地球的另一边时，我们的团队合作就更加令人惊叹了！

投资总监 Mike Ablassmeir 以坚定不移的热情和远见促进了本书的持续完善。高级产品开发人员 Anne Ehrenworth 精心策划了整个出版流程，以确保本书符合她的高标准。产品协调员 Allison Marker 和高级内容项目经理 Kathryn Wright 以超高的技能与决心推进着日常流程；考虑到此次修订的规模、紧迫的截止日期以及我们横跨的 24 小时时区，这一点尤为重要。内容许可专家 Ann-Marie Jannette 和 Sarah Flynn 完成了关键许可和版权的专业审查。我们还要感谢 Susan Gall 出色的文案编辑工作和 Debbie Clare 出色的营销工作。

Teresa Ward 指导了教师手册、测试库、PPT 和其他补充资料的顺利开发。Todd Korol 对题库和问题进行了细致的研究，以便两者都能反映出第 9 版的重大更新内容。非常感谢那些参与更新我们"链接"内容的人。此外，我们感谢美国和国外的许多老师，他们为第 9 版提供了案例和练习资料。这真是一段美妙的旅程！

在过去的几年里，世界各地的几十位老师评阅了第 9 版《组织行为学》或其他相关版本的内容。他们的称赞令人振奋。他们的建议让第 9 版得到了很大的改进。以下是专门针对第 9 版提供了最新反馈的美国高校人员：

Lauren Rich
University of West Florida, Pensacola

Rachel Frieder
University of North Florida

Dr. Marian T. Mety
Wayne State University

Lauren Long
Liberty University

Todd Korol
Monroe County Community College

Joseph Thibault
Straighter Line

Atul Teckchandani
California State University, Fullerton

Audrey Blume
Wilmington University, Dover

Maureen Andrade
Utah Valley University

Edward Meda
University of Texas, Dallas

Dr Jackson Musyimi
Daytona State College

David Ruderman
University of Colorado, Denver

Caroline Leffall
Bellevue College

Diane Denslow
University of North Florida

史蒂文还特别感谢澳大利亚纽卡斯尔大学商业与法律学院副院长 Tony Travaglione 和澳大利亚纽卡斯尔大学商学院院长 Morris Altman。感谢他们提供机会与优秀的教育组织建立联系。史蒂文还感谢上海交通大学和其他地方的学生分享他们的学习经验，并在美国、加拿大和亚太地区协助开发这本书。史蒂文很荣幸能与玛丽·安·冯·格利诺及其他作者合作，包括来自英国约克大学 Schulich 商学院的 Kevin Tasa 和来自加拿大里贾纳大学的 Sandra Steen，以及来自墨尔本商学院的 Mara Olekalns、澳大利亚迪肯大学的 Alex Newman 和澳大利亚塔斯马尼亚大学的 Angela Martin。史蒂文还感谢其他改编和翻译本书的合作者。最重要的是，史蒂文永远感激他的妻子 Donna McClement，以及优秀的女儿 Bryton 和 Madison。她们的爱和支持给史蒂文的生活赋予了特殊的意义。

玛丽·安·冯·格利诺还想感谢麦格劳 - 希尔公司的许多专业人士。他们为第 9 版的出版付出了许多努力。此外，她要感谢许多使用过并喜欢本书的学生。因此，她向所有使用过并喜欢本书前几版的世界各地的学生致谢。她还要感谢佛罗里达国际大学的教职员工。不过，最重要的是，玛丽·安·冯·格利诺感谢合著者史蒂文·L. 麦克沙恩的不懈努力。最后，她要感谢她的家人，首先是她的直系亲属 Chloe、Jackson、Boomer 和 Blue，还要感谢 John、Rhoda、Lauren、Lindsay 和 Christen。她还要对一些非常特殊的人致以谢意，这些人在她的生活中扮演着关键的角色：Janet、Peter M.、Bill、Lana、Karen、Alan、Danny、Peter W.、Letty D.、John D.、CEK，以及 Jeff、Damian、Debra、Mary T.、Linda C.、Joanne M. 和 Susan RW。感谢大家！

目　录

XI

第 1 章

组织行为学导论

:: 学习目标

学习完本章，你应该能够：

- 定义组织行为和组织。
- 解释组织行为学知识为什么对你和组织尤为重要。
- 描述组织行为学的知识根基。
- 归纳多元化与包容的工作环境、工作 - 生活一体化、远程工作和新兴雇佣关系的变化趋势。
- 描述直接影响个体行为和业绩的四个因素。
- 归纳组织中个体行为的五种类型。

:: 开篇案例

GLOB 的高招

GLOB 是南美洲最成功的科技公司之一。十几年前，这家软件开发公司在阿根廷的布宜诺斯艾利斯成立，如今已在十几个国家拥有 7 000 多名员工，并且与世界上最大的客户公司达成合作。

GLOB 的领导者认为，公司灵活的文化是其成功的关键因素。"我们不仅以灵活的方式开发软件，还以灵活的观念来经营我们的公司。"GLOB 联合创始人兼首席技术官吉伯特·恩格尔比安（Guibert Englebienne）说。

这家阿根廷公司的组织结构与其员工一样灵活。员工被组织成数千个团队，随着项目的发展，这些团队可以灵活地组建和解散。为了在技术发展中保持领先地位，GLOB 还拥有 20 多个"工作室"，由专注于社交网络和人工智能等特定技术发展领域的专家组成。

一旦员工开始与客户合作，GLOB 的灵活文化就会显露出来。"我们正在进行一项名为

'燃烧'的冲刺计划。"GLOB 工作室在伦敦合作的咨询公司的蕾切尔·阿姆斯特朗（Rachel Armstrong）解释道。一个冲刺计划通常会持续一个月，并且会由一个跨学科的团队承担相应工作，每个团队都包括战略、设计、创新顾问以及技术专家。GLOB 的冲刺团队没有接受客户预先形成的项目描述，而是揭示了客户的潜在需求以及如何解决这些需求。

阿姆斯特朗解释道："我们提出问题，并使用设计思维的方法，让他们开始以不同的方式思考问题。"然后，GLOB 让客户参与修改项目定义，共同设计和改进解决方案。"这个过程是不断重复的。也许我们失败得很快，但是我们可以改变。这不仅要具有敏捷性，还要在过程中灵活应变。"

除作为一家具有强大文化的创新公司屡次获奖之外，GLOB 还因多元化和包容的工作环境而获得高度认可。GLOB 联合创始人兼首席技术官吉伯特·恩格尔比安表示："随着我们多年来在全球范围内的扩张，新加入的员工和新的思维加强了我们的企业文化。不同的激情、文化、背景为公司员工提供了学习新观点和新技能的机会，这是一笔巨大的财富。"

1.1　欢迎进入组织行为学领域

灵活的团队、深思熟虑的决策和创造力（通过设计思维）、包容的文化，这些都只是使 GLOB 在高度竞争和变化的环境中成为一个成功组织的组织行为主题和实践的一小部分。在任何一个经济部门，组织都需要雇用有技能、具有积极性的人。他们具有创造力、团队合作精神，并保持健康的生活方式。他们需要有远见卓识的领导者，这些领导者支持创新的工作实践，可做出考虑多个利益相关者的决策。换句话说，最好的公司都是通过践行本书所讨论的概念和理论来取得成功的。

我们的目的是帮助你理解组织中发生的事情。我们研究了提升公司效率、提高员工幸福感以及促进同事间合作的各种因素。我们从各种不同的视角研究组织，包括从员工思想和行为的深层基础方面（人格、自我概念、态度等）到组织结构、文化与外部环境的复杂互动方面。在此次学习旅程中，我们注重分析事情发生的原因，以及可以做些什么来预测和管理组织的活动。

我们通过介绍组织行为学的范畴及其历史起源来开启本章。紧接着，本章将详细解释组织行为学对于个人职业生涯和组织生存与发展的重要性。组织行为学提出了一个综合模型，它说明了组织行为学各个话题之间的关联，并作为路线图指导你完成对本书的学习。然后我们描述了组织行为学发展的知识根基。接下来是对工作环境的四个新特征的概述：工作环境的多元化和包容、工作 - 生活一体化、远程工作和新兴的雇佣关系。本章的后半部分介绍了 MARS 模型，概述了个人行为和业绩的四个直接驱动因素。最后一节介绍了五种主要的个人行为类型。

1.1.1　什么是组织行为学

组织行为学（organizational behavior，OB）是对人们在一个组织中或组织周围所想、所感、所为的研究。它关注员工的行为、决策、感知和情感反应，观察组织中的个体和团队，以及他们与其他组织中的对手之间是如何相互联结的。组织行为学还包括了对组织机构如何与它的外部环境相互作用的研究，尤其是对员工行为和决策的影响。组织行为学的研究者对这些主题展开了系统的研究，并进行了多层次分析，即在个体、团队（包括人际）以及组织结构等层次进行分析。

组织行为学的定义引出了一个问题：什么是组织？**组织**（organization）是人们相互依赖地朝着共同的目的工作的一个团体。请注意，组织并不是什么高楼大厦或是在政府注册的实体。实际上，很多组织并没有实体或没有政府文件来赋予它们合法的地位。组织自人类开始共同工作时就存在。回溯到公元前 3500 年，大规模的寺院都是通过很多人有组织的行动建成的。古罗马的工匠、商人与严加挑选的管理人员一起组成了公会。而在 1 000 多年前，中国的工厂就能每年生产约 2 万吨铁。

历史上所有组织的一个重要特征是，它们是集合实体。它们由人组成（通常是雇员形式，但并不全是），并且这些人以一种有组织的方式相互作用。这种有组织的关系需要通过交流、协调和合作以实现组织的目标。正因如此，组织内的所有成员都或多或少地与别人相互依赖，他们通过与同事分享资料、信息或专业知识来完成最终目标。

组织的第二个重要特征是，它们的成员有着集体的目标意识。但集体目标并没有被准确地定义，也没有被一致认同。虽然绝大多数企业都有愿景和使命宣言，但是它们有时会过时，或者没有清楚地描述员工和领导究竟要在现实生活中取得什么样的成就。不过，试想一个组织失去目标时的情况：一群人漫无目的地游荡，毫无方向感。所以，无论是推出未来技术的 GLOB 公司，还是在网上销售种类繁多的商品的亚马逊（Amazon），组织中的人们都需要有一些共同的目标。

1.1.2　组织行为学的历史根基

大约在 20 世纪 40 年代，组织行为学就作为一个独立的学科范畴诞生了。在那十几年中，一些研究人员开始将他们的研究描述为组织的（而不是社会学的或心理学的）。20 世纪40 年代末，哈佛大学将其 MBA 人际关系课程的名称改为"组织行为学"。

尽管组织行为学是新出现的，但其他领域的专家对组织的研究已经有好几个世纪了。公元前 400 年，古希腊哲学家柏拉图（Plato）研究过领导的本质。公元前 500 年，中国哲学家孔子颂扬了伦理和领导的美德。18 世纪 70 年代，经济学家亚当·斯密（Adam Smith）讨论了工作专业化和劳动分工的好处。20 世纪初，德国社会学家马克斯·韦伯（Max Weber）写过关于理性组织、职业道德和魅力型领导的文章。工业工程师弗雷德里克·温斯洛·泰勒（Frederick Winslow Taylor）提出了用系统化的方法来组织工作流程，并通过设定目标和奖励来激励员工。

20 世纪 20 年代，政治学家玛丽·帕克·芙丽特（Mary Parker Follett）提出了思考建设性冲突、团队动力、权力和领导力的新方法。20 世纪 30—40 年代，哈佛大学教授埃尔顿·梅奥（Elton Mayo）和他的同事建立了人际关系管理学院，该学院在员工态度、正式团队的动力、非正式小组和主管领导风格等方面的研究处于领先地位。20 世纪 30 年代，美国哈佛大学副校长切斯特·巴纳德（Chester Barnard）在组织沟通与协调、领导与权威、组织开放系统和团队动力等方面提出了自己的见解。这段简短的历史发展过程表明，组织行为学已经存在了很长时间，直至第二次世界大战前后，它才被发展成一个统一的学科。

1.2 为什么组织行为学是重要的

本书中所讲的内容很有可能是组织行为学必修课程的一部分。除了学位或文凭的要求，你为什么要学习这本书中讨论的思想和实践呢？毕竟，谁听说过有一条职业道路可以通向"组织行为副总裁"或"首席组织行为官"吗？我们把这个问题分为两部分：为什么组织行为学对你个人很重要？为什么组织行为学对组织来说很重要？

1.2.1 为什么组织行为学对你个人很重要

在为本科生、研究生和高管讲授课程的职业生涯中，我们注意到学生的工作经验越多，他们就越倾向于将组织行为学作为最重要的课程之一。为什么？因为随着时间的推移，无论是作为技术专家还是高级主管，他们都已经认识到组织行为学对自己的重要性。这一观点得到了很多调查结果的支持，这些调查要求雇主确定他们希望新员工具备的最重要的技能和知识。当然，技术是重要的，尤其是对于那些高度专业化的工作来说。但是，在本书和其他组织行为学书籍中，你可以找到雇主最看重的技能和知识。

表 1-1 列出了最近的四项调查统计出的雇主最看重的技能。每一列自上而下是解决问题的技能（以及分析思维和战略思维）的排序，你将在第 7 章关于创新和员工参与的内容中学习这些技能和思维。在团队中有效工作的能力（也被列为协作、人际关系技能和人员管理）是雇主看重的另一个重要特征。关于团队动力的问题将在第 8 章展开充分讨论，但是它也涉及冲突管理、对他人的影响、理解和管理情绪以及其他主题。沟通能力是雇主在最近的四项调查中认为对新员工很重要的第三项技能，将在第 9 章介绍。领导力出现在三个榜单中（在加拿大的调查中，领导力在中层员工能力中排名第二，但在初级员工能力中排名第五）。你将在第 12 章学习领导他人的各种视角和方法，但它们也与其他几个主题相关，如激励他人和领导组织变革。总的来说，这些调查以及其他调查都表明，组织行为学为你在组织中的成功提供了知识和技能发展的核心基础。

表 1-1　新员工最重要的技能

全国大学和雇主协会 （美国）	彭博社技能报告 （美国）	加拿大商务委员会 （初级雇员名单）	澳大利亚管理学院
解决问题的能力	沟通技巧	协作、团队合作、人际交往能力	沟通
团队合作的能力	分析思维	沟通技巧	领导力
沟通能力（书面）	工作协作	解决问题的能力	情绪智力
领导力	战略思维	分析能力	人员管理
强烈的职业道德	领导能力	应变能力	解决问题的能力

资料来源："The Bloomberg Job Skills Report 2016: What Recruiters Want," *Bloomberg*, February 9, 2016; "Job Outlook 2018" (Bethlehem, PA: National Association of Colleges and Employers, November 2017); Morneau Shepell, "Navigating Change: 2018 Business Council Skills Survey" (Ottawa: Business Council of Canada, April 2018); "AIM Soft Skills Survey 2019" (Sydney: Australian Institute of Management, December 2018).

1. 更好的个人理论来理解、预测和影响组织事件

除提供这些调查中确定的具体知识和技能之外，本书还有一个更广泛的目的：帮助你形成更好的个人理论来理解、预测和影响组织事件。我们每个人都有一种内在的动力去了解我们周围正在发生的事情，这种需求在组织中尤其强烈，因为组织是高度复杂和模棱两可的环境，并且对我们的生活有深远的影响。在我们的一生中，我们不断发展个人理论来理解周围发生的事情。我们的个人模型有时是准确的，有时过于简单以至于无法适应特定情况，有时是错误的。甚至一些看起来是"常识"的想法也可能是不准确或过于简单化的。

通过系统的研究，组织行为学领域已经发展出了一些理论，这些理论将帮助你完善你的个人理论。有了更准确的模型，你就能更好地预测，并最终通过影响组织事件来完成工作。从定义上讲，组织使人们一起工作以完成任务，所以我们需要一个包含知识和技能的工具包来成功地与他人合作。无论你选择什么样的职业道路，你都会发现组织行为学的概念在你的工作表现中扮演着非常重要的角色，它能帮助你在组织中更加有效地工作。

2. 组织行为学面向每一个人

你可能已经注意到，在关于为什么组织行为学对你个人很重要的讨论中，我们没有提到"管理者"。有效的管理（和领导）确实依赖于组织行为学的概念和实践，但这本书提出了一个更广泛的观点，即组织行为学对于在组织中和在组织周围工作的每一个人都是有价值的。无论你是软件工程师、客户服务代表、外汇分析师还是首席执行官，你都需要理解并应用这本书中讨论的许多组织行为学的主题。事实上，组织行为学的知识可能比以往任何时候都更加具有价值，因为对员工在积极主动、自我激励并能在没有管理层干预的情况下与同事一起有效地工作的要求在不断提升。用近半个世纪以来最有远见的一位组织行为学专栏作家的话来说："每个人都是管理者。"

1.2.2　为什么组织行为学对组织来说很重要

除了使你个人受益之外，组织行为学对组织的生存和成功也至关重要。例如，美国最适合工作的 100 家公司（即员工满意度最高的公司）的财务业绩明显高于同行业其他公司。员工敬业程度越高的公司，其销售额和盈利能力越高。组织行为学实践也与医院绩效的各项指标有关，如较低的病人死亡率和较高的病人满意度。其他研究也表明，领导素质与公司的财务业绩存在正相关关系。领导力、基于绩效的奖励、员工发展、员工态度和其他具体的组织行为学特征也是选择具有最高和最稳定长期投资回报的公司的重要"正相关因素"。

几乎所有的组织行为学理论都或隐或显地以提升组织效率为自己的目标。事实上，**组织效率**（organizational effectiveness）被认为是组织行为学的"最终因变量"。组织绩效、成功、优良、健康、竞争和卓越是组织效率的替代标签。当组织与外部环境很好地匹配，并通过人力资本有效地将投入转化为产出来满足关键利益相关者的需求时，组织才是最有效的。让我们通过这些因素来理解组织行为学的知识如何提高组织效率。

1. 组织是开放系统

组织行为学的一个基本观点是组织是**开放系统**（open system）。它们是"生活"在外部环境中的复杂有机体，见图 1-1。"开放"一词描述了这种渗透关系，而封闭系统的运行不依赖于外部环境或与外部环境相互作用。组织依靠外部环境获取资源，包括原材料、求职者、财务资源、信息和设备。环境还包括法律、文化规范和其他要求组织如何运行的期望。

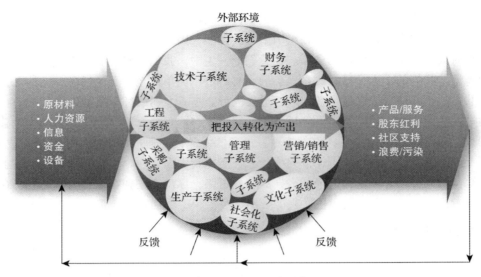

图 1-1　组织的开放系统

开放系统的观点是，组织由众多的子系统（部门、团队、技术过程等）组成，这些子系统将投入的资源转化为产出（见图 1-1）。组织也有对外部环境的产出。某些产出（如产品和服务）可能由外部环境来评价，其他产出（如裁员、污染）是不受欢迎的副产品。在整个过程中，组织收到关于其产出的价值、未来投入的可行性以及转化过程的适当性的反馈。

作为开放系统，当组织与外部环境保持良好的"契合"时，组织才是有效的。当组织的投入、转化过程、产出与外部环境中可用的资源以及该环境的需求和期望相一致时，就存在良好的契合。组织行为学的知识与开放系统观点高度相关，它可以帮助组织确定更适合外部环境的特征。例如，外部环境是选择最佳组织结构和组织文化的关键因素。本主题还涉及领导力、组织变革和工作特征。

组织作为开放系统的一个重要特征是，它们将投入转化为产出。组织行为学理论为这个问题，包括内部子系统之间如何彼此协调提供了指导。例如，我们讨论了使团队表现更加有效的条件、组织如何依赖各种协调机制、员工如何使用各种方法来成功地相互影响，以及成功的企业如何通过强大的组织文化来提高协作能力。

2. 人力资本是组织的竞争优势

在组织将投入转化为产出的过程中，最重要的组成部分是**人力资本**（human capital）。人力资本是指员工为组织带来的知识、技能、能力、创造力等宝贵资源。它是一种竞争优势，因为员工对组织的生存和成功至关重要，他们的才能很难通过技术手段发现、复制和取代。因此，有效的组织会引入能够提高人力资本的工作场所实践。本书对这些实践进行了识别和讨论。例如，一些组织行为学主题确定了通过丰富的工作、奖励、反馈和公平的工作实践来加强员工激励的方法，还有一些主题讨论了员工参与的价值和有效的自我导向工作团队的特征。

提高人力资本的实践可以从三个方面提高组织效率。首先，发展员工的技能和知识（人力资本）可以直接改善个人行为和绩效，这一点我们将在本章末尾详细介绍。其次，拥有优秀人力资本的公司往往能更好地适应快速变化的环境。这种适应性的产生是因为员工更擅长在不熟悉的情况下完成不同的任务。当他们拥有高水平的技能时，就会更加自由地完成他们的工作。最后，发展人力资本意味着公司正在投资和奖励员工，这会激励员工通过在工作中更加努力以及帮助同事来回报公司。

3. 组织和利益相关者

作为开放系统，组织需要适应外部环境中利益相关者不断变化的需求和期望。**利益相关者**（stakeholder）包括客户、供应商、社区与社会、利益集团、股东、政府和许多其他影响或受公司目标与行动影响的实体。当组织理解、管理并满足利益相关者的需求和期望时，它们会更加有效。然而，由于利益相关者存在利益冲突，组织缺乏足够的资源来满足每个人。因此，满足利益相关者的需求说起来容易做起来难。

一些组织行为学主题可以让我们更好地理解利益相关者的关系。例如，相关研究已经揭示了影响利益相关者优先级的几个因素，包括利益相关者权力、高管如何感知组织环境、组织文化，以及公司董事会和高管团队的价值观。

个人价值观在利益相关者关系中起着关键作用。**价值观**是相对稳定的、可评估的信念，它引导着我们在各种情况下对结果或行动方针的偏好。它帮助我们了解在一个特定的环境下，一件事情是对是错、是好是坏。第 2 章解释了价值观如何锚定我们的思想，并在一定程度上激励我们的决策和行为。关于利益相关者，公司的管理团队和董事会依靠他们的个人价值观来决定公司应该如何为未来发展优先考虑投资，以及如何分配当前的收益（例如，分配给股东、员工和社区）。

企业社会责任是一个与个人价值观和利益相关者密切相关的话题。**企业社会责任**（corporate social responsibility，CSR）是指除当前的经济利益或法律义务之外，企业进行的旨在造福社会和环境的活动。这种观点认为，企业与社会之间有一种契约，企业必须服务于股东和客户之外的利益相关者。这就是所谓的三重底线哲学。采用三重底线的公司的目标是在市场中生存和盈利（经济目标），但它们也希望维持或改善社会和物质环境（社会目标）。越来越多的证据表明，拥有积极社会责任声誉的公司往往有更好的财务业绩、更忠诚的员工，并且它们与客户、求职者和其他利益相关者的关系更好。

○ 全球链接 1-1

"21 天 Y'ello 关怀"

MTN 集团是非洲最大的移动通信公司，也是企业社会责任的领导者。该公司备受赞誉的"21 天 Y'ello 关怀"项目让公司的 22 000 多名员工中的许多人参与了 6 月前三周举办的企业社会责任活动。该项目的重点是改善 MTN 开展业务的 21 个非洲和中东国家的教育。MTN 在卢旺达安装的太阳能电池板（由德国公司 Mobisol 提供）能为几所农村学校提供离网供电。MTN 还向卢旺达各地的农村学校发放电子书，并提供使用电子书的指导。

1.2.3　知识连接图：组织行为学的整合模型

从组织行为学如何使你和组织受益的讨论中，你应该会发现组织行为学是一个多元化的、相互关联的知识领域。图 1-2 所示为组织行为学的整合模型。它是各种组织行为学主题和概念的元模型，每个主题和概念都有自己的解释性模型。例如，你将在第 5 章学习员工激励理论和实践，在第 12 章学习领导理论和实践。图 1-2 可以让你统一浏览本书结构及各种主题，看看它们是如何组合在一起的。

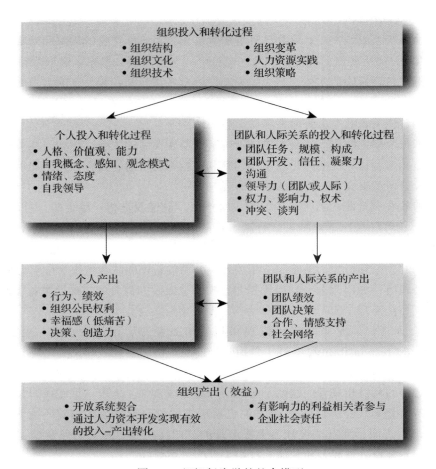

图 1-2　组织行为学的整合模型

　　如图 1-2 所示，个人投入和转化过程影响个人结果，而个人结果又直接影响组织效率。例如，组织能否将投入转化为产出并满足关键利益相关者，取决于员工能否出色地完成他们的工作并做出富有逻辑性和创造性的决策。个人投入、转化过程和产出被标识在该模型左侧的两个框中，并且是本书关注的重点之一。我们将会学习两个最重要的个人特质——人格和价值观，然后学习自我概念、感知、观念模式、情绪、态度和自我领导。

　　接下来，我们将注意力集中在团队和人际关系的投入、转化过程和产出方面。这些主题可以在图 1-2 右侧的两个框中找到。关于团队动力的章节（第 8 章）为这个特定的主题提供了一个综合模型，展示了团队输入（如团队构成、规模和其他团队特征）如何影响团队转化过程（团队发展、凝聚力和其他），进而影响团队绩效和其他结果。在后面的章节中，我们将研究图 1-2 中列出的具体的人际关系和团队转化过程，包括沟通、权力、影响力、冲突和领导力等。

　　图 1-2 说明了团队转化过程和产出影响个人转化过程和产出。例如，个人幸福感会受到

来自团队成员和其他同事的相互支持的影响。反之亦然，个人转化过程也会影响组织中的团队和人际关系动态。例如，我们将学习个体团队成员的自我概念对团队凝聚力的影响。

图 1-2 的顶部区域强调了组织投入和转化过程对团队及个人的宏观影响。这些组织层面的变量将在组织结构、组织文化和组织变革中讨论。然而，我们也将参考人力资源实践、信息系统和其他组织层面的变量，在本书中，它们对个人、人际关系和团队动态都有已知的影响。

1.3　组织行为学的知识根基

之前我们指出，组织行为学的知识对你有利，是因为它提供的理论和实践经验是经过精心构建与检验的。通过提供相对准确的现实理论，组织行为学可以帮助你完善个人理论，使你更容易理解、预测和影响组织事件。组织行为学领域依赖于一套基本理论（见表 1-2）。这些理论根基代表着组织行为学知识发展和完善的原则。

表 1-2　组织行为学的知识根基

根基	描述
系统研究根基	运用系统研究的方法来研究组织
实践导向根基	确认组织行为学的理论对组织有用
多学科根基	从其他学科中引入重要知识，而不仅仅创造自己的知识
权变根基	认识到行为的效果经常随着具体情况的不同而不同
多层次分析根基	从三个层次理解对组织行为学的分析：个体、团队和组织

1.3.1　系统研究根基

组织行为学的一个非常重要的特征是，它是基于系统研究的，通常涉及形成研究问题、系统收集数据以及根据数据来检验假设。本书最后的附录部分提供了这种研究方法的简要概述。系统研究调查是**循证管理**（evidence-based management）的基础——在研究成果的基础上做出选择并付诸行动。管理实践应该建立在最有效的系统知识的基础上，这是非常合理的。但是企业管理者和其他员工经常因为接受流行的、未经检验的咨询模式以及他们自身的信仰，而不肯费心思去弄清楚它们是否真的奏效。

企业决策者忽视循证知识的第一个原因是，他们被来自咨询报告、流行的商业书籍、报纸文章和其他来源的观点轰炸，这使他们很难弄清楚哪些观点是基于确凿证据的。相比之下，组织行为学和其他商业学术研究成果在报纸及其他公共来源中得到的关注有限。第二个原因是，好的组织行为学研究必须是通用的，它很少在特定组织的特定问题上进行描述。因此，管理者面临的一项艰巨任务就是需要找出哪些理论与他们面临的特定情境相关。第三个原因是，缺乏研究证据的管理概念之所以受到欢迎，是因为这些提出管理概念的人是为了将他们的想法推向市场以获得回报，而不是验证这些想法是否真的有效。第四个原因是，人们会受到一些感知错误和决策偏差的影响，我们将在第 3 章和第 7 章讨论。例如，决策者有一种天然的倾向，即他们倾向于去寻找支持他们信念的证据，而忽视反对这些信念的证据。

组织行为学专家提出了一些简单的建议来创建一个更加基于循证管理的组织。首先，当所谓的专家说这个想法是"新的""革命性的""能被证明的"时，要保持怀疑的态度。在现实中，大多数管理理念都是不断适应进化和不可被证明的（科学能够反证，而从来不能证明；只能找到证据来支撑实践）。其次，组织应该接纳集体的智慧结晶而不是只依靠具有个人魅力的少数几个明星和管理大师。再次，故事可能会为一个实践提供有用的例证和初步的证据，但是它们不应该成为支持管理行动的主要基础。相反，管理者必须依靠更加系统化和大样本的调查。最后，组织面对流行趋势和意识时，应该采取一个关键和中性的方法。高管往往过分关注同行竞争企业正在做的事情，而不去分析那些跟风实践的有效性，以及这些实践与自己公司的相关性。

争辩点：是否有足够的证据来支持循证管理

组织行为学的五大根基之一就是知识必须建立在基于科学研究的坚实基础上。这种循证管理方法包含科学方法。它还建议企业领导人更加关注循证管理的知识，并使用诊断工具（如调查和检查列表）更加有效地将这些知识应用到工作环境中。

很明显的是，在工作环境中，相比于差的证据（或者根本没有证据），我们应该信赖好的证据来做出有效的决策。然而，这场辩论还有另一面。问题不是好的证据是否有价值，而是关于好的证据的定义。人们的一个担忧是，学者们可能主张一种解释很好但是过于狭隘的证据。他们通常会把证据限制在实证研究上，并认为定性研究是"传闻"。为了避免经验主义的偏见，阿尔伯特·爱因斯坦在他的墙上挂了这样一段话：不是所有可以计算的东西都有价值，也不是所有有价值的东西都可以被计算。

另一个问题是，管理者并不认为组织研究与他们面临的问题特别相关。这是因为许多学术研究依赖于未受污染的可量化措施的横断面调查。但管理人员表示，他们需要更接近真实世界的变量和条件的研究。不幸的是，只有大约2%的组织研究基于真实世界的实验，主要是因为这些实地研究需要更多的时间，而且通常在实证上是混乱的，因此很难发表。

第三个问题是，组织研究的系统要素（如样本量、测量可靠性、高级数据分析方法）可能会掩盖其他潜在的严重缺点。例如，跨文化研究经常使用大学生样本代表某个文化。关于学生的实验室研究假设他们复制了工作环境，但忽视了员工特征的重要差异。这些错误以及许多其他错误可能解释了为什么重复的研究往往产生与原始研究不同的结果。即使发表的研究成果是有效的，但总体的知识在一定程度上仍是不准确的，因为没有重要结果的研究不太可能被发表（部分原因是作者不愿费心提交没有重要发现的论文）。

1.3.2　实践导向根基

组织行为学不仅是为了有趣而发展理论。大多数组织行为学理论需要在实践中发挥作用，无论是对管理团队还是对我们其他人的日常工作实践而言。这与我们在本章前面的描述是一致的，即几乎所有的组织行为学理论都或隐或显地把提升组织效率作为目标。组织行学专家在这个问题上有很多争辩，特别是对于一些出版物要求的高度严谨的方法是否与该研究的相关性相冲突。

组织行为学理论的真正"影响"是它如何很好地进入组织生活，并成为提高组织有效性的有价值的资产。例如，MARS 模型（将在本章后面介绍）就是一个有用的指导员工的框架，是用于确定工作问题如何发生的诊断工具，以及实现某些形式的组织变化的指南。其他章节还提供了具体的建议，包括如何激励员工、如何通过员工态度改善客户服务、如何创建更有效的团队、如何在特定情况下确定最佳的沟通渠道、如何建立强大的企业文化、如何决定何时让他人参与决策、如何有效处理冲突等。读完这本书，你将拥有一个既有趣又在组织中很实用的理论工具包。

1.3.3　多学科根基

组织行为学的另一个根基是，这一领域应该从其他学科的知识，而不仅仅是自身孤立的学科研究基础发展而来。例如，心理学研究帮助我们理解个体和人际间行为，而社会学家让我们拥有团队动力学、组织社会化、组织权力以及社会系统的其他方面的知识。组织行为学的知识同时也受益于新兴领域的知识，如通信、营销和信息系统。

这种借鉴其他学科理论知识的做法是不可避免的。组织在社会中起着核心作用，因此许多社会科学都对它们进行研究。此外，组织是由相互影响的人组成的，因此在组织行为学和大多数研究人类的学科之间存在内在的交集。然而，由于过度依赖其他领域的理论，组织行为学在知识生产上面临着落后而不是领先的风险。相比之下，组织行为培育（OB-bred）理论允许研究人员专注于理论的质量和有用性，并首先理解和运用这些知识。

1.3.4　权变根基

人们以及人们的工作环境是复杂的，组织行为学领域认识到了这一点，并指出一个变量对另一个变量的影响通常取决于所涉及的情况或人员的特征。在实践中，这意味着单一的结果或解决方案很少存在；一个特定的行动在不同的条件下可能有不同的结果。例如，在本章的后面，我们将讨论远程工作（如远程办公）的成功如何取决于员工、工作和组织的具体特征。在很多组织行为学理论中，例如，最佳的领导风格、最佳的冲突处理方式和最佳的组织结构都确定了偶然性。当然，如果我们可以依赖"一种最佳方式"理论，这将简单得多，在这种理论中，特定的概念或实践在每种情况下都有相同的结果。组织行为学的专家试图让理论尽可能简单，但是权变的理论根基一直在他们的头脑中。

1.3.5　多层次分析根基

组织行为学认为，组织中发生的事情可以分为三个层次：个人、团队（包括人际关系）和组织。事实上，目前进行的高级实证研究确定了研究中每个变量的适当分析水平，然后在该分析水平上进行测量。例如，团队规范和凝聚力是作为团队变量，而不是作为每个团队中个人的特征来衡量的。

尽管组织行为学的研究和写作把每个变量都局限在这三个层次的分析中的一个，但大多数变量都是从这三个层次的分析中来考虑，从而得到最佳理解的。例如，在这本书中，沟通被定义为一个团队（人际关系）过程，但它也包括个人和组织过程。因此，你应该尝试在个人、团队和组织层面考虑每个组织行为学的主题，而不仅仅是这三个层次中的一个。

1.4　新兴的工作环境

组织正在经历前所未有的变化。全球竞争、快速和颠覆性的技术变化以及许多其他因素已经极大地改变了商业战略和日常工作环境。组织行为学这一学科在引导组织度过这一持续动荡的过程中起着至关重要的作用。在本书中，我们将讨论由于全球化、技术变革和其他外部力量的影响，工作环境正在发生的四个最重要的变化：多元化和包容的工作环境、工作-生活一体化、远程工作和雇佣关系。

1.4.1　多元化和包容的工作环境

当阿德里亚娜·罗伯斯（Adriana Robles）最近被问及用一个词来描述她工作的文化时，这位测试自动化工程师兼经理回答说："多元化。"这也许并不奇怪，因为罗伯斯的雇主是GLOB——我们在本章开始时介绍过的公司。在多元化和包容方面，GLOB是美国排名最靠前的公司之一。"GLOB的员工都具有丰富的知识，并且愿意分享和互相帮助"，在GLOB的墨西哥质量工程工作室工作的罗伯斯说道。

多元化是GLOB的竞争优势，该公司吸引了全球的人才，并在南美洲、欧洲和北美洲都有业务。它还通过平等的职业发展机会和灵活的工作安排（如延长产假和陪产假）积极支持女性从事技术工作。GLOB赞助了一些网络研讨会，让公司的女性工程师和高管去讨论女性在技术领域的职业机会和挑战。该公司还为十几岁的女孩提供特殊的指导和培训项目，以培养她们的技术技能。"这补充了我们公司的多元化管理方法，该方法旨在促进女性在技术领域的工作，并为所有群体争取平等的工作机会"，GLOB公司最近的一份报告称。

GLOB和其他一些组织试图创造一个包容的工作环境，这种工作环境重视各种身份的人，允许他们在为组织做出贡献的同时充分发挥自己的能力。换句话说，一个包容的组织将多元化视为一种宝贵的资源。在个人层面上，一个包容的工作环境能让所有人，无论他们的背景如何，都在心理上感受到安全感、参与感、价值感、真实感以及被倾听和被尊重的感觉。在集体层面上，一个包容的工作环境通过正式结构（如多元化委员会）和日常流程（如团队代表和非正式聚餐）让不同的群体发声。它还不断评估招聘、奖励、社会和信息网络以及其他组织系统，以确保它们不会偏袒某些群体。

当提到多元化的时候，大多数人首先想到的是**表层的多元化**（surface-level diversity）——群体成员之间可观察到的人口统计学上的和其他明显的差异，比如他们的种族、民族、性别、年龄和体能。在过去的几十年里，美国和许多其他国家的表层多元化显著增加。例如，非白种人或西班牙裔几乎占美国人口的40%。在接下来的45年里，估计会有25%的美国人为西班牙裔（目前为18%），14%为亚裔（目前为7%），13%为非洲裔（目前为14%）。

多元化还包括个性、信仰、价值观和态度的不同。我们不能直接观察到这些**深层次的多元化**（deep-level diversity），但它们在一个人的语言、决策和行为中是显而易见的。当员工对相同的情况有不同的看法和态度时，以及当他们形成志同道合的非正式社会群体时，深层次的多元化就会显现出来。一些深层次的多元化与表层的多元化有关。例如，研究报告显示，男性和女性在冲突处理方式、道德原则和在不同情况下与他人的沟通方式的偏好方面存在显著差异。

　　既具有表层的多元化又具有深层的多元化的一个例子就是多代际劳动力。图 1-3 展示了美国劳动力的代际构成：沉默一代（1946年前出生），婴儿潮一代（1946—1964 年出生），X 一代（1965—1980 年出生），千禧一代（1981—1996 年出生，也称 Y 一代）和 Z 一代（1996 年之后出生）。

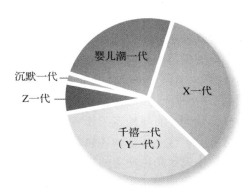

图 1-3　美国劳动力的代际构成

　　在某种程度上，代际上的深层的多元化确实存在，但它往往比大众媒体上所说的要不明显得多。此外，有些代际差异实际上是由于年龄而不是代际群体造成的，例如，一项针对德国的 25 年间数据的分析发现，特定年龄段的人对工作成功的重要性、对自我实现的重要性、对未来的信心、对工作安全的担忧等持相似的态度。一份针对 100 多项研究的分析报告也表明，不同年龄段的人在特定年龄时的职业道德水平相似。两项针对美国联邦政府工作人员的长期研究发现，不同代际的员工存在工作态度上的差异，但是与同一代际群体内的差异相比，代际间的差异是微不足道的。这里的重点是，需求、期望和态度的差异确实存在于各个代际，但这种深层次的差异更多地是由一个人的生活阶段决定的，而不是由他们是否出生在某个特定的群体（千禧一代、婴儿潮一代等）中决定的。

多元化的结果

　　员工的多元化能为组织带来许多优势。信息多元化程度高的群体（成员有不同的知识和技能）往往比信息多元化程度低的团队更有创造力，在复杂的情况下能做出更好的决策。具有表层和深层的多元化的员工也能代表大多数群体，因此公司能够更好地认识和解决群体的需求。总的来说，包容的工作环境能产生更好的决策、员工态度、团队绩效以及许多其他对员工和组织有利的结果。然而，这些优势取决于各种因素，如领导能力、团队结构、心理安全感和员工的个人价值观。

　　多元化也给工作环境带来了挑战。有一个问题是，具有不同背景的员工通常需要更长的时间才能在一起有效工作，因为他们会面对大量的沟通问题，并在非正式场合出现"裂痕"。一项研究发现，F1 赛车行业的研究团队会随着多元化（经验范围）的增加而表现得更好，但是高度多元化的团队会因为无法沟通或协调，而与低度多元化的团队一样表现得较差。某些形式的多元化还会增加不正常冲突的风险，这会减少信息共享和降低员工满意度。在某种情况下，这些问题会抵消多元化带来的优势。

　　但即使面临这些挑战，公司也需要优先考虑多元化，因为表层的多元化，以及某些深层的多元化，在道德和法律上都是必需的。从本质上讲，提供包容工作环境的公司在雇佣和奖励分配方面符合公平的道德标准。包容的工作环境的实践提高了招聘和晋升的质量，并提高了员工的满意度和忠诚度。公司包容的工作环境也会培养出一种互相尊重的文化，而这反过来又会提高员工之间的合作和协调能力。

1.4.2　工作 - 生活一体化

在数字化时代到来之前，大多数员工会在办公室或工厂工作八九个小时后结束工作，可以将个人时间与工作时间分开。当然，很少有人将这两种角色完全分开。员工要么把文件带回家，要么在正式工作结束后很长一段时间内还在思考工作中的问题。即便如此，过去的情况也与今天的情况形成了鲜明的对比。在今天，信息技术使很大一部分员工每周 7 天、每天 24 小时都在工作。全球化助推了工作和非工作的融合，因为员工需要做到随叫随到，即使他们面对的是居住在不同时区的同事、供应商和客户。

毫无疑问，有效地将工作与非工作活动结合起来的能力一直被认为是工作中最有价值的特征之一。工作 - 生活一体化是指人们有效参与各种工作和非工作角色的程度，以及在这些生活领域中发生角色冲突的程度。这个短语已经取代了工作 - 生活平衡，因为工作 - 生活平衡这个词错误地暗示了工作和非工作角色是完全分离与对立的两个部分（就像天平的两端）。"工作和生活之间根本就不存在平衡，"明尼阿波利斯市的人力资源软件公司 Ceridian 的执行副总裁兼首席文化官丽萨·斯特林说道，"你必须达到一个让工作和生活融合的临界点，然后从组织和个人的角度找出兼顾二者的办法。"

我们对工作 - 生活一体化的理解始于这样一个想法：每个人都有多个角色和相关的自我概念，比如会计、父母、朋友、经理和体育爱好者。工作 - 生活一体化通过满足我们在不同生活阶段的需求和积极情绪的体验而产生。这些角色在本质上是综合的，因为一个角色所产生和消耗的资源会增强或削弱其他角色。例如，拥有充实家庭生活的人会获得社会支持、积极的情绪、放松的心情和其他资源，进而丰富他们的工作和其他角色。同样，在工作中获得的资源，如新技能、经济回报、成就感等，对家庭和其他非工作角色也有贡献。

遗憾的是，许多人并没有体验到跨角色带来的丰富资源增强。相反，一个角色的繁重需求会耗尽个人资源，从而耗尽其他角色的资源。那些把大部分醒着的时间都花在完成工作或思考工作上的员工，无论是在工作场所、在家还是在度假时，都没有足够的时间和精力用于生活的其他方面。他们会面临众所周知的工作 - 生活冲突。简而言之，一个人的工作角色和非工作角色是内在统一的，因为一个角色产生或消耗的生理、认知和情绪资源可能会丰富或破坏其他角色的利益和成功。

工作 - 生活一体化实践

个人和组织如何最大化工作和生活的融合呢？第一种策略是将两个或两个以上的角色结合起来。一种越来越流行的趋势是在散步时开会（最好是两人一组）。一些公司鼓励员工带狗去上班，这样既能安慰员工，又可以让他们偶尔休息一下去遛狗。公司设置的现场幼儿园是一种整合形式，它允许员工在一天中从工作角色转换为父母角色。这些整合形式并不总是有效的，但是它们能说明工作和非工作角色的融合比我们之前理解的更可行。

第二种工作 - 生活一体化的策略是灵活的工作安排。例如，你可能晚上在家里和其他时区的同事进行远程会议，然后在家做些家务，第二天早上很晚才上班。公司还提供了育儿假和其他休假福利，以支持员工短期内需要更多时间在家的需求。第三种工作 - 生活一体化的策略是确保你的各种工作和非工作角色与你的个人特点一致。换言之，你的工作、家庭生活、体育活动等应该与你的人格和价值观大体一致。

工作角色需要与生活中的其他角色相融合，第四种策略是在这些角色之间进行某种程度的"边界管理"。当员工观察到管理者的这种行为后，他们更有可能在私人生活中留出空闲时间。一些组织通过禁止员工在上班之余的时间进行与工作相关的沟通（极端紧急情况除外）来实行更结构化的边界管理。波士顿咨询公司的员工为减少工作与家庭之间的冲突，与团队协商，每周安排一个特定（可预见）的晚上不工作，在这一晚他们完全"休息"，这意味着没有工作、没有电话、没有电子邮件。法国政府在这一方面更进一步，它最近通过了一项立法，赋予员工"失联的权利"，也就是说，员工有在下班时间无视公司信息的法律权利。

1.4.3　远程工作

随着越来越多的人有时会远程办公而不是在公司的实际办公地点工作，工作与其他生活角色的融合就显得尤为明显。远程工作带来了一些变化。例如，本节讨论的下一个主题是确定那些暂时或无限期被分配到客户工作地点办公而远离雇主的员工。但是，最常见的远程办公形式是员工在家里或其他非客户端的地点完成工作，而不是在公司的传统办公室内。在大多数情况下，这些远程工作的员工通过各种形式的信息技术与同事、客户和公司数据联系在一起。

据统计，至少有 43% 的美国劳动者有时会在家里或其他地点工作。大多数人每周只远程工作一两天，但近 1/3 的人会有 80% 以上的时间在家工作。4/5 的美国公司允许某些职位的员工远程工作。然而，IBM、美国银行、雅虎以及其他一些早期采用远程办公形式的知名公司，最近开始要求大多数员工每周花几天时间到办公室工作。它们做出减少远程办公的决策与我们接下来讨论的远程办公风险有关，但是批评人士指出，随着时间的推移，这样的做法可能引发更严重的问题。

另一个极端是 Buffer、Automatic、Emsisoft、Sonatype 和其他没有实体总部的公司，它们的员工都在家里或咖啡店工作。大多数完全实行远程办公的公司（也称为分布式或虚拟公司）只有几十名员工。但是开发了 WordPress 的 Automatic 公司（它为全球 1/4 的网站提供服务）却在 69 个国家雇用了 850 多名员工。Automatic 公司的总部在旧金山，但最近由于很少有员工到那里工作而被关闭了。

○ 全球链接 1-2

蓬勃发展的完全远程组织——Emsisoft

15 年前，当克里斯蒂安·迈罗（Christian Mairoll）在奥地利创办 Emsisoft 时，他可能没有想到这家反恶意软件公司现在会雇用 30 多名员工，这些员工分布在全球各地，而他只在新西兰的一个牧羊场远程领导他们。

在创业初期，迈罗避开了银行贷款和风险投资，但却没有足够的资金设立一间实体办公室。他选择远程与软件开发人员签约，第一个雇用的人来自西伯利亚。随着公司的发展，越来越多来自世界各地的员工被雇用。如今，Emsisoft 是一家完全远程工作的公司，没有实体总部。

"当我开始完全远程工作的时候，这是一件很特别的事，"迈罗说，"但在我们庆祝公司成立 15 周年之际，我很自豪地说，Emsisoft 是一个活生生的例子，它证明了完全远程工作是一个可行的、有效的、可持续的商业模式。"

领导一家由远程工作的员工组成的公司非常具有挑战性，但在欧洲创办公司 10 年后，迈罗决定移居新西兰，改变自己的生活方式。他发现，他所在的新时区与大多数员工的工作时间完美重合。

通常情况下，迈罗在早上 6 点之前召开在线会议，此时东欧员工的工作已经结束，而北美员工的工作已经进行了一半。当到迈罗的午餐时间时，美国员工的工作已经结束，这给了他几个小时的空闲时间。在新西兰的傍晚时分，亚洲的员工开始工作，所以迈罗会在结束一天的工作之前与他们核实工作上的内容。

迈罗无法想象和员工一起在同一个地方经营公司。"不限制招聘地点能让我们招聘到全球最好的人才，"他解释道，"这可以让我们更容易地雇用说当地语言的员工，在世界各地拥有员工也意味着我们可以更好地服务处于不同时区的客户。"

然而，迈罗强调，一个完全远程的组织需要员工能在没有监督的情况下自我管理。他说："在家工作绝对有可能失去注意力和动力。即使没有团队的直接监督或压力，你也要有能力把事情做好。"

语言也是一个问题，但是 Emsisoft 主要使用英语进行文本交流，相比于口语会话，文本对外语使用者来说更易掌握。还有一个问题是如何建立强大的团队凝聚力。迈罗称："我认为在线上建立强大的团队联系需要付出更多的努力，但这并不是主要的障碍。"

远程工作的好处与风险

远程工作对员工和组织有益吗？这个问题仍在争论当中，因为它既有优点也有缺点，还存在一些偶发事件会使其效力变得模糊不清（见表 1-3）。西捷（WestJet）航空的销售代理卡拉·霍卢布（Carla Holub）现在每周都有几天时间在家工作，她对这种做法表示赞赏，"这为我节省了整整两小时的私人时间，让我可以在家里的办公室工作。"但是，当远程工作者在家里缺乏足够的工作空间和隐私，并且在家工作时的家庭责任增加时，工作与生活的融合就不太可能得到改善了。

表 1-3　远程工作潜在的好处与风险

潜在的好处	潜在的风险
● 更好的员工工作－生活一体化	● 更多的社会隔离
● 对求职者有吸引力的福利	● 较低的团队凝聚力
● 较低的员工流动率	● 较弱的组织文化
● 更高的员工生产力	● 较大的来自家庭空间和责任的压力
● 减少温室气体排放	
● 降低公司不动产和办公成本	

求职者，尤其是千禧一代的求职者，认为远程工作是一项很有吸引力的工作，能在家工作的员工，其流动率通常较低。研究还表明，远程工作者的生产率比其他员工更高，这可能是因为他们承受的压力更少，而且倾向于把以前的一些通勤时间转化为工作时间。远程工作还可以提高工作效率，因为员工可以在因天气或自然灾害而无法进入办公室的情况下完成工作。

几家公司宣称，当更多的员工在家工作时，会减少温室气体的排放和办公费用。例如，据健康保险公司安泰（Aetna）估计，其远程员工（占员工总数的 31%）每年可以使公司减少使用 200 万加仑[⊖]的汽油，从而减少了超过 2.3 万吨的二氧化碳排放。由于许多员工在家工作，安泰还能将其不动产和相关成本降低 15%～25%。

远程工作也有几个缺点。经常或大部分时间都在家工作的人表示他们的社会孤立程度更高，与同事的关系也更弱。他们得到的口口相传的信息也更少，这可能会对他们获得晋升机会和建立同事关系有影响。"当我在家工作的时候，我就错过了与大家一起免费喝咖啡的机会，在那个时候很多关于就业申请、政府部门和大学的各种信息就会出现。"西班牙某所大学的化学家马塞尔·斯瓦特（Marcel Swart）说。当大多数员工在工作日的大部分时间都在家工作时，组织也可能会受到团队凝聚力降低和组织文化弱化的影响。这是公司减少员工远程办公时间的主要原因。

远程工作的成功与否取决于员工、工作和组织具有的特征。在家高效工作的员工通常有更高的自我激励能力、自我组织能力、自主性需求和信息技术能力。那些大部分时间都在远程工作的员工也更多地通过工作场所以外的渠道来满足自己的社交需求。当任务不需要工作场所的资源，工作是脱离同事独立完成的，并且任务的完成度可衡量时，这种工作就更适合远程完成。公司会根据远程工作者的表现而不是他们是否在办公室来奖励和提拔他们，从而提高这种工作安排的成功率。高效的公司还会帮助远程工作者与团队保持足够的凝聚力和建立心理联系。这种凝聚力和联系可以通过限制员工在家工作的天数、召开所有员工在工作场所聚集的特别会议或活动、定期使用视频和其他通信技术来增强个人与组织的关联性来实现。

1.4.4　雇佣关系

另一种迅速变化的工作环境安排是个人与组织的正式雇佣关系。从历史上看，大多数工人都是全职的，永久性地从事某份工作（被称为直接雇佣关系）。这种关系假设为终身雇用，雇用通常伴随着员工对职业发展的期望和组织对员工技能的投资。越来越多的劳动力具有更脆弱的直接雇佣关系，如兼职、随叫随到、临时和季节性就业。

尽管直接雇佣关系仍占据主导地位，但在过去的 20 年里，劳动力市场的最大增长点是间接（外包或代理）雇佣关系和合同工。某项年度调查估计，仅基于代理的职位就几乎占美国劳动力的 10%。间接雇佣关系是指人们在代理机构任职，并被临时分配（临时工）或无限期地"租借"给客户公司。由于企业将信息技术和客户联络等非核心工作外包给专门从事这些工作的公司，因此间接雇佣关系出现了快速的增长。

合同工最近吸引了公众的注意力，因为在"零工经济"中，许多人被激励或被要求成为自由职业者。某份调查报告显示，超过 1/3 的美国劳动力从事自由职业（按需合同），尽管其中一些人将合同工当作自己除直接或间接雇佣关系之外的第二职业。合同工与直接雇佣关系相差最远，因为它代表的是一个直接或间接向客户组织提供服务的组织。独立承包商与客户自行协商合同，而其他承包商则通过 Uber、Airbnb、Uber Eats 与其他品牌化平台公司一起工作。一些专家认为，基于平台的员工更像是随叫随到的直接雇员，而非承包商，因为他

⊖　1 加仑（美）= 3.785 412 升。

们依赖平台，遵守平台的工作标准，并且在某种情况下，如果平台有要求，他们还会提供交通、送餐或住宿服务。

新兴雇佣关系的结果

外包、代理和合同工的增加会对大多数组织行为主题产生影响。在某些情况下，这些新兴雇佣关系会提高员工绩效。但也有证据表明，直接雇佣关系往往会产生更高的工作质量、创新性和灵活性。这是因为直接雇员的流动率较低，投入度较高，对公司的参与度更高。组织也倾向于在培训、奖励和其他高绩效工作实践方面投入更多。

同时包含直接雇员和代理工作者的团队往往有较弱的社交网络，这会导致信息共享较少。合同工的工作满意度一般与直接雇员相似，而代理工作者的工作满意度往往较低。直接雇佣关系强化了个人的自我概念，而在外包、代理和合同关系中工作的人需要去发现如何在他们的自我观点和角色中复制这种稳定性。最后，组织通过许多结构方面的控制去管理间接雇员和合同工的绩效。然而，客户公司的经理为那些从理论上讲并不是他们公司自己雇用的员工指导工作时，他们的角色似乎更加模糊，判断力也更差。

1.5　个体行为与业绩的 MARS 模型

在过去一个世纪的大部分时间里，专家们探索了直接预测个体行为与业绩的因素。其中最早提出的公式是：业绩 = 人 × 环境。这里的人包括个体特征，环境代表影响个体行为的外部因素。另一个常被提到的公式是：业绩 = 能力 × 激励。这个公式被称为"技能与意愿"模型，它描述了个体内部影响个体业绩的两个具体特征。一些组织研究使用能力 – 激励 – 机会（AMO）模型，它参考了三个变量，但对于特定情况的解释力有限。除了能力、激励和机会，研究人员最近发现了第四个直接预测个体行为与业绩的关键因素：角色认知（个人期望的角色职责）。

图 1-4 所示为 MARS 模型，它描述了四个因素——激励（motivation）、能力（ability）、角色认知（role perception）、环境（situation）。这四个因素都对个体自发行为和业绩有重要影响，如果其中任何一个因素在特定情况下处于低水平，雇员就会表现得不尽人意。例如，如果一个受到激励、有清晰角色认知和足够资源（环境）的推销员缺乏推销技巧与相关知识（能力）的话，那么其表现不会很好。激励、能力和角色认知是相互关联的，因为它们都是个体内在的部分。环境对个体来说是外在的，但仍影响着个体的行为和表现。MARS 模型的四个因素可直接预测员工表现、客户服务、同事合作、道德行为和工作场所中其他形式的自愿行为。接下来，我们将详细分析这四个因素。

1.5.1　激励

激励是指影响个体行为目标、强度和毅力的内在力量。激励的第一个要素是目标，目标代表人们努力的方向。换句话说，激励是有目标导向的，而不是随机的。人们可以选择在什么方面努力，以及在数量和质量等方面达到何种程度。他们可能被激励去准时上班，提前几小时完成一个项目，或者完成其他目标。

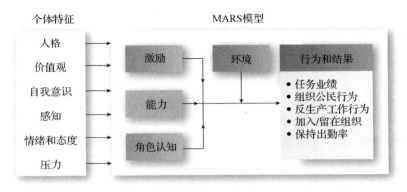

图 1-4　个体行为与业绩的 MARS 模型

激励的第二个要素称为强度，是完成被分配的目标所需的努力程度。强度是指人们推动自己完成任务的程度。例如，两名员工同时被激励在接下来的几小时内完成他们的项目（目标），但实际工作中可能只有一个人付出了足够的努力（强度）去完成这个目标。

激励的第三个要素是毅力，它指的是个体朝着一个目标不断努力的时间长度。员工可能坚持努力直到完成目标，也有可能提前放弃。

为了便于记忆，我们把这种努力比喻成驾驶汽车时引擎的推力。目标代表着汽车前进的方向，强度表示脚踩油门踏板的深度，毅力意味着将驾驶多久才能到达目的地。请记住，这些激励存在于个体内部，并不是真实的行为。因此，目标、强度和毅力是直接影响我们行动的认知（思想）和情感条件。

1.5.2　能力

能力也会对行为和任务业绩产生影响。能力包括成功完成任务必须具备的先天禀赋和习得的才能。禀赋是指帮助雇员更快地了解并更好地完成具体任务的先天才能。例如，手指灵敏度是一种禀赋，灵敏度高的人能更快地学会并更好地完成用手指捡起和传递小物品的任务。习得的才能是指已拥有的技能和知识。这些才能包括身体和智力上的技能与知识。习得的才能如果不使用的话通常会随着时间的流逝而消失。禀赋和习得的才能与职业能力（competency）密切相关，是业绩优秀的人拥有的特质。

这里的挑战在于个人能力与工作要求的匹配，因为个人能力与工作要求的匹配度高不仅能够产生更好的业绩，而且通常也会增加员工的幸福感。将个人能力与工作要求相匹配的第一个策略是挑选已经掌握工作要求的、具有能力的候选人。例如，公司可以要求候选人提供作品样板，提供代表他们过去业绩的参考资料并要求候选人完成不同的选拔测试。第二个策略是通过培训帮助员工获得工作所需的技能和知识。第三个策略是重新分配工作，只给员工分配他们能力范围内的工作。例如，我们可以将一个复杂的工作简化成若干部分，再重新进行工作分配，这样一个新员工就只需要完成其能力范围内的任务。日后可以随着员工能力的增加，再将任务的其他部分重新合并到此项工作中。

1.5.3　角色认知

除激励和能力外，员工还需要有准确的角色认知来出色地完成工作。角色认知是指人们对自己工作职责的了解程度。从角色模糊到角色清晰，角色认知程度逐渐提高。在组织中，角色模糊可能是一个严重的问题。在一项全球调查中，当 7 000 名员工被问到什么最能提高他们的业绩时，大部分员工都认为，"更清晰地知道组织期望从我这里获得什么"是最重要的因素。

角色清晰有三层含义。

第一，角色清晰要求员工了解他们所负责的具体职责或后果。这似乎是显而易见的，但人们偶尔会因未被告知某些工作职责在其责任范围内而被评估。当组织从精确定义的工作职责描述转向更广泛的工作职责描述时，这种角色模糊可能会成为一个越来越令人担忧的问题。

第二，角色清晰要求员工理解他们各项任务的优先级和绩效期望。这可以从数量与质量方面进行说明。例如，在一小时内服务了多少位顾客（数量）和给予每位顾客多好的服务（质量）。以任务优先级形式存在的角色清晰还体现在分配个人时间和资源的困境中，例如，管理者应该花更多的时间指导员工还是花更多的时间与客户见面。

第三，角色清晰涉及对行为偏好的理解和完成任务的程序。当员工知道两三种执行任务的方式，但不知道公司更喜欢哪一种时，就会出现角色模糊。

角色认知的重要性在于它代表员工是否清楚地知道应该在哪些方面付出努力。角色清晰的员工的工作效率更高，而角色模糊的员工可能会浪费大量的时间和精力去做错误的工作，或者选用错误的方法完成任务。此外，角色清晰有助于与同事或其他利益相关者之间的协作。例如，当两个马戏团演员在半空表演杂技时，他们相互依赖；只有角色清晰才能确保预期相符，在准确的时间完成精准的动作。角色清晰富有激励性，因为员工会更相信他们的努力将产生预期的结果。换句话说，当人们知道他们被期待做什么的时候，会更自信地做出正确的努力。

1.5.4　环境

个体行为与业绩也取决于所处的环境，即员工无法直接控制的任何情境。环境对个体行为与业绩主要有两方面的影响。第一个影响是工作环境限制或促进行为和表现。如果缺乏时间、预算、工作设施和其他资源，那么那些有动力、有技能、知道自己工作职责的员工也会表现得很差。第二个影响是工作环境提供了引导和激励人们的线索。例如，公司在危险地区设置障碍物和警示牌。这些工作场所的特征是提示员工避开附近具有危险性的环境因素。

1.6　个体行为类型

MARS 模型的四个要素（激励、能力、角色认知与环境）会影响所有自发的职场行为和业绩。个体行为也有很多种类，大体可以被归纳为五大类：任务业绩、组织公民行为、反生产工作行为、加入 / 留在组织、保持出勤率（见图 1-5）。

1.6.1　任务业绩

任务业绩（task performance）是指个人自愿并以目标为导向的行为，这些行为有助于实现组织的目标。大多数职位要求任职者完成多个任务。例如，摩根士丹利的外汇交易员必须能够识别并执行有利可图的交易，与客户和同事合作，协助培训新员工，准确地运用特殊的通信设备。这些任务涉及不同的人、数据、事务和想法。外汇交易员主要与数据（如进行趋势的技术分析工作）、人（如与同事和客户分享信息）和想法（如解释图表和公司报告）打交道。

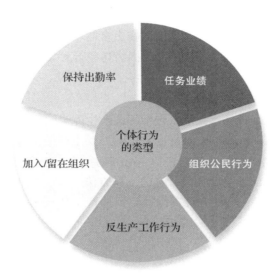

图 1-5　职场中个体行为的五种类型

任务业绩有三种：熟练度任务业绩、适应性任务业绩和积极性任务业绩。

（1）熟练度任务业绩是指高效、准确地完成工作。它包括按照质量、数量和其他有效性指标的预期标准或预期标准以上完成分配的工作。

（2）适应性任务业绩是指员工为了响应、处理并支持新的或不断变化的环境，调整自己的想法和行为的程度。从本质上讲，适应性任务业绩涉及员工如何对工作场所和工作职责的变化做出反应。

（3）积极性任务业绩是指员工如何主动地预见和引入新的工作模式，从而使组织受益。积极主动的行为会给自己、同事和工作场所带来改变，从而为组织带来更美好的未来。

员工被要求能够熟练地完成工作。然而，适应性任务业绩和积极性任务业绩也很重要，特别是在工作是模糊或动态的情况下，比如，客户的期望不明确、执行工作的资源具有不确定的可用性，以及由于新兴技术而用于执行工作的方法正在迅速发展等。

1.6.2　组织公民行为

员工行为不仅限定于特定任务的执行，还包括以各种形式与在社会或心理层面支持组织的人进行合作，或对其提供帮助的**组织公民行为**（organizational citizenship behaviors，OCB）。一些组织公民行为直接针对个人，例如，协助同事处理工作问题，调整作息时间以配合同事，对同事表达真挚的善意，并与同事分享工作资源（物资、技术、人事），等等。还有一些组织公民行为有利于组织合作和为组织提供帮助，例如，维护公司的公众形象，采取自由裁量的行为帮助企业避免潜在问题，提供超出本职工作要求的想法，参加支持组织的活动，跟上组织的新发展，等等。有些组织公民行为是自由决定的行为（员工并非必须执行），而有些组织公民行为是工作要求，即使它们没有在工作描述中被明确说明。

组织公民行为对个人、团队和组织效率都有显著影响。在组织公民行为个人导向较多的环境里，员工往往具有更高的任务业绩，因为他们可以得到来自同事更多的支持，组织公民行为也增加了互相依赖的团体业绩。然而，从事组织公民行为也可能带来负面影响。从事组织公民行为需要从原有的任务中分散一定的时间和精力，因此在注重任务业绩的公司中，关注组织公民行为的员工可能会在职业发展上面临更多的风险。此外，从事较多组织公民行为的员工往往面临更高程度的工作与家庭冲突，因为这些行为需要花费大量的时间。

1.6.3　反生产工作行为

组织行为学对所有职场行为感兴趣，包括那些产生障碍的活动，我们将其称为**反生产工作行为**（counterproductive work behaviors，CWB）。反生产工作行为是自愿行为，有可能直接或间接地伤害组织或利益相关者。它包括一系列的行为，包括有意的行为和无意的行为，如骚扰同事、制造不必要的冲突、偏离首选的工作方法（如冒着降低工作质量的风险偷工减料）、不诚实、偷窃、破坏工作和浪费资源等。反生产工作行为不容忽视，已有研究表明，它们会极大地降低组织的效率。

1.6.4　加入 / 留在组织

如果不能雇用和留住足够的具有适当技能和知识的员工来完成工作，那么公司就会遭受损失，甚至有可能倒闭。这并不是一种假设。美国和其他几个国家正在经历显著的经济增长，这使得对某些技能的需求远远大于现有的供给。最近的一项大型调查报告显示，在20多个国家的3.9万名雇主中，有45%的雇主称他们找不到足够的具备所需技能的人。这个问题在大型组织中更加严重，超过2/3的组织面临严重的技能缺乏。例如，波音公司正面临航空生产工人短缺的问题，该公司正努力满足市场对其生产的飞机日益增长的需求。这家航空航天巨头甚至采取吸引退休人员重返工作岗位的短期措施。由于护士短缺，一些国家的医院暂时停止供应病床。英国的一家小型社区医院最近由于雇不到足够的护士而完全关闭了。

在劳动力短缺的情况下，即使公司能够聘用到有资质的员工，它们也需要确保这些员工能稳定地留在公司。在本章的前面，我们介绍了人力资本是组织竞争优势的主要来源。人力资本的重要性在员工离职时尤为明显。离职的员工会带走有价值的知识、技能以及与同事及外部利益相关者的关系，这些都需要新员工花时间去重新获取。在后面的章节中，我们将谈及员工流失带来的其他问题，例如，对客户服务、团队发展和企业文化的不利影响。尽管员工离职确实会带来一些好处，例如，可以提供职位去获取新员工，从而带来新想法，或者解雇有反生产工作行为倾向的员工。但总的来说，员工离职通常会对组织效率产生负面影响。

1.6.5　保持出勤率

除了吸引和留住员工，企业还需要每位员工都能按时上班，无论是现场上班还是远程工作。美国雇员平均每年只有5天旷工。然而，即使是较低的旷工率也会导致同事的工作量或工作时间增加，填补空缺的临时员工表现较差，工作过程中的协调性较差，客户服务较差，以及更多潜在的职场事故的发生。

旷工和迟到的主要原因是什么呢？员工往往将此归因于环境因素，如恶劣天气、交通问题、个人疾病或家庭需求（如孩子生病）。有些旷工是因为员工需要远离职场霸凌、难对付的客户、无聊的工作和其他压力环境。旷工也常发生在对病假较宽容的组织，因为在这种情况下，旷工的经济损失相对较低。导致旷工的另一个因素是个人的价值观和人格。最后，有研究报告显示，旷工在具有较强的旷工共识的团队中发生的频率更高，这意味着团队成员能够容忍甚至期望同事请假。

虽然大多数公司都致力于减少旷工，但是相比于旷工，假性出勤（presenteeism）可能在某些情形下更为严重。假性出勤是指员工在受到疾病、疲劳、个人问题或其他因素的困扰时，虽然继续参加工作，但其工作能力却显著下降。这些员工的工作效率往往较低，并有可能影响到其他同事的效率。此外，身体不适的员工参加工作，可能会恶化自己的病情，同时也可能会增加同事的健康安全风险。假性出勤的现象在有低工作保障的员工（如新员工和临时工）、请病假无工资或类似的无经济保障的员工，以及那些如果旷工会立刻影响很多人的员工中更为常见。我们在第 2 章中会继续讨论，当其他人选择在家康复时，人格因素也会促使一些人去上班。

○ **全球链接 1-3**

医生生病了……但我现在要见你

大多数医生都建议病人在家休息，但他们自己却很少做到这一点。新西兰约 3/4 的医生表示，他们在前一年有过身体不适但仍在医院工作的情况。在最近接受调查的瑞典医生中，有大约相同比例的人承认，他们曾一次甚至多次带着本应在家里休养的疾病去上班。

"出勤率是一个无解的话题，没有人想要谈论或做点什么。"爱荷华大学医学院的主任兼医生迈克尔·埃德蒙（Michael Edmond）说。医疗机构很难在短时间内找到替班医生，许多医生会因让同事和病人失望而感到内疚。

美国费城一家医院的主治医师说："大家形成了一种不成文的规定，就是如果你请了病假，那就说明你已经躺在病床上了。"在过去的一年中，该医院 83% 的医生承认自己曾带病工作。"带病工作给我的同事带来了不便，它使交接工作变得更加复杂，而且也让我的状态变得更加糟糕。"

1.7　旅程开始

本章为你展现了一些关于组织行为学领域的背景知识、组织的新兴环境，以及组织行为学对你和组织的重要性。我们还介绍了个体行为和业绩的基础以及个体行为的主要类型。但这只是我们旅程的开始。本书将使你学习到一些新的思考方式，帮助你理解人们如何在组织中和组织周围工作。从第 2 章到第 7 章，我们会通过 MARS 模型观察人格、价值观和其他个体差异来间接预测个体行为。接下来，本书将进入团队层面的分析。我们将探讨一个团队效能模型和高绩效团队的具体特征。我们也关注沟通、权力和影响力、冲突和领导力。最后，我们将重点转移到组织层面的分析，详细讨论组织结构、组织文化和组织变革等话题。

◻ 本章概要

1-1　定义组织行为和组织

组织行为学是研究人们在组织中与组织周围的想法、感受和行为的学科。它考察组织中的个人和团体如何相互关联，以及组织如何与外部环境相互作用。这一学科出现于 20 世纪 40 年代早期，但其他学科对组织的研究已经有 2 000 多年的历史了。组织是人们朝着共同的目的，相互依赖地工作而形成的一个团体。组织成员以一种有组织的方式相互交往，并且具有集体的目标意识。

1-2　解释组织行为学的知识为什么对你和组织尤为重要

组织行为学对你来说很重要，因为它为你在组织中的成功提供了知识和技能的核心基础。雇主最看重新员工的技能和知识，而排在所有因素之前的，就是组织行为学重视的主题，包括解决问题的能力、在团队中高效工作的能力、沟通和领导的能力。更广泛地说，组织行为学帮助你采用更好的个人理论去理解、预测和影响组织事件。组织行为学的知识适用于所有人，而不仅仅是管理者。

组织行为学的理论和实践对组织的生存与成功至关重要。事实上，大多数组织行为学理论都或隐或显地试图去提高组织效率——组织与外部环境达成良好的契合，通过人力资本有效地将投入转化为产出，并满足关键利益相关者的需求。组织行为学的知识与组织开放系统观点高度相关，它可以帮助组织确定更适合外部环境的组织特征。组织行为学理论为如何有效地将投入转化为产出提供了指导。

组织行为学对组织很重要，因为它确定了组织开发和利用人力资本潜力的方法——员工为组织带来的知识、技能、能力、创造力和其他宝贵资源。组织行为学的知识也让我们更好地理解组织与利益相关者的关系——那些影响或受到组织目标和行动影响的个人、团体与其他实体。后者包括了个人价值观的作用（相对稳定的、评估性的信念，在各种情况下指导一个人对结果或行动路线的偏好）和企业社会责任（旨在超越企业的直接经济利益或法律义务而有益于社会和环境的组织活动）。

1-3　描述组织行为学知识的根基

系统研究根基认为组织行为学的知识应该建立在系统研究的基础上，这与循证管理相一致。实践导向根基指出，组织行为学理论需要在实践中有用，比如帮助组织变得更加有效。多学科根基指的是组织行为学应该基于其他学科（如心理学、社会学、经济学）的知识而发展，而不仅仅依靠自身孤立的研究基础。权变根基指出，组织行为学理论通常在不同的情况下会有不同的结果。多层次分析根基表明可以从个人、团队和组织的分析层次去研究组织行为学的不同主题。

1-4　归纳多元化和包容的工作环境、工作 - 生活一体化、远程工作和新兴雇佣关系的变化趋势

包容的工作环境重视所有身份的人，允许他们在为组织做出贡献的同时充分发挥自己的能力。要将多元化视为一种宝贵的资源。一个组织的劳动力既有表层的多元化（可观察到的人口统计学方面与其他人的明显差异），也有深层的多元化（人格、信仰、价值观和态度上的

差异)。包容的工作环境会产生更好的决策、员工态度、团队表现以及一系列其他对员工和组织有利的结果。然而，多元化也带来了挑战，如功能失调造成的冲突和缓慢的团队发展。

工作－生活一体化是指人们有效地承担各种工作和非工作角色的程度，并且在生活领域中有较低程度的角色冲突。各种各样的工作和非工作角色是内在地结合在一起的，因为一个角色产生或消耗的身体、认知和情感资源可能会丰富或破坏其他角色的利益和成功。有几种方法可以最大限度地实现工作与生活的融合，比如，混合两种角色，灵活安排工作时间，确保工作与非工作角色与你的个人特点相一致，以及在一定程度上进行跨角色的"边界管理"，等等。

越来越多的劳动者将部分或全部时间放在远程工作上，而不是在组织的实体办公室进行工作。有些公司完全采取远程工作——每个人都在家里或咖啡店工作，公司没有实体的总部。远程工作对员工和雇主都有潜在的好处，但也有不利之处。远程工作的效率取决于员工、工作本身和组织。

大多数员工与雇主之间都具有直接雇佣关系——作为一个员工为一个组织工作，但是现在越来越多的员工与雇主具有更脆弱的直接雇佣关系（兼职、随叫随到服务等）。劳动力市场中增长最快的是间接雇佣关系（外包或代理）和合同工。一些承包商自己与客户谈判合同，而另一些则通过品牌平台公司（如 Uber）进行。这些新出现的雇佣关系对工作绩效、工作满意度、团队动力、自我概念的稳定性和清晰度以及管理角色的模糊性都有积极与消极两方面的影响。

1-5　描述直接影响个体行为和业绩的四个因素

四个变量——激励、能力、角色认知、环境，英文首字母缩写为 MARS 直接影响个体行为和业绩。激励是指影响个体行为目标、强度和毅力的内在力量。能力包括成功完成任务必须具备的先天禀赋和习得的才能。角色认知是指人们对自己工作职责的了解程度。环境包括员工无法直接控制的限制或促进个体行为和业绩的条件。

1-6　归纳组织中个体行为的五种类型

个体行为主要有五种类型。任务业绩是指在个体控制下用于支持组织达成目标的目标导向性行为，它包括熟练度任务业绩、适应性任务业绩和积极性任务业绩。组织公民行为包括以不同形式在社会和心理层面上支持组织的合作性和帮助性行为。反生产工作行为是一种会直接或间接地对组织产生潜在危害的自发行为。加入／留在组织是指同意成为组织成员并留在组织中。保持出勤率包括在能够工作时尽量减少旷工和在身体不适时避免工作（即低假性出勤率）。

● 关键术语

能力	企业社会责任	反生产工作行为	深层的多元化	循证管理
人力资本	包容的工作环境	MARS 模型	激励	开放系统
组织行为学	组织公民行为	组织效率	组织	角色认知
利益相关者	表层的多元化	任务业绩	价值	工作－生活一体化

◻ 批判性思考

1. 有人认为组织行为学课程只对那些将来会从事管理工作的人才有用。请讨论这句话的准确性。

2. 问题解决、团队合作、沟通和领导能力是雇主在招聘时认为最重要的四项技能。这些技能在你以前的工作中或学生时代是如何发挥其重要性（或不重要）的？请说出另一个你认为有助于在组织中有效工作的技能。

3. 一名来自美国的年轻学生对于在中国、印度、巴西和俄罗斯的跨国商业很感兴趣。请讨论组织行为学知识对这位学生的用处。

4. 高管们常说的一句话是："人才是我们最重要的资产。"把这一观点与组织行为学的理论和实践如何通过人力资本提高组织效率联系起来。

5. 企业社会责任是当今企业董事会最热门的议题之一，部分原因是它对员工和其他利益相关者来说越来越重要了。你认为利益相关者对企业社会责任越来越关注的原因是什么？遵循企业社会责任标准是否会导致企业在某些情况下与某些利益相关者存在目标冲突？

6. 循证管理是什么意思？请描述你听说过的关于公司实施循证管理以及公司盲从缺乏充分有价值的证据的流行观点的情形。

7. 工作－生活一体化是求职者在选择工作地点时考虑的最重要的问题之一。思考雇主为支持工作－生活一体化提供的各种具体福利、工作条件和资源。在你人生和事业的各个阶段，哪一个对你个人来说最有价值？为什么？你个人是如何最大限度地减少工作（包括学习）和非工作角色之间的冲突的？

8. Emsisoft 和 Automattic 是完全远程（分布式）工作的公司。在这些公司工作的每个人都在家里或咖啡店办公。在你看来，分布式公司在未来会越来越普遍吗？为什么是这样的或为什么不是这样的？你是否更喜欢在一个远程公司工作——没有固定的办公地点，只是偶尔（可能）在会议场所或度假场所召集员工？还是说你更喜欢大多数时间都和同事在公司里面工作？为什么？

9. 联邦政府某部门工作人员的旷工率很高。该部门行政主管认为员工滥用公司的病假福利。然而以女性为主的一些工作人员称，家庭责任妨碍了工作。利用 MARS 模型以及你对旷工行为的了解，讨论一些可能的旷工原因，以及如何减少旷工行为。

10. 为什么员工会有假性出勤？组织可以做些什么来减少这种假性出勤？所实行的策略有多合乎道德？

◻ 案例研究 1

Mother Parkers 提高工作环境安全性的行为

　　大多数公司都试图营造一个安全的工作环境，但很少有公司能像 Mother Parkers Tea & Coffee 公司那样尽心尽力。作为北美最大的私人品牌咖啡生产商，Mother Parkers 向每位员工和承包商灌输安全知识、安全意识和安全参与感。"我们的首要任务之一就是为我们的员工提供一个安全的工作环境，"Mother Parkers 北美地区环境、健康、安全与保卫高级经理 Adrian Khan 说，"员工向我们承诺帮助我们生产高质量的产品，我们为员工提供一个安全的工作环境。"

　　首先，Mother Parkers 在其位于得克萨斯州沃斯堡和加拿大安大略省的屡获殊荣的自动化生产设施中，精心设计了屏障和提示，创造了一个安全的工作环境。生产区域设有物理屏障，将人员与移动设备分离。安全步行区域有明显的标识，包括在穿越叉车行驶区域之前，人们必须停下来看看两边。门旁边与视线同高的地方有标识，说明进入下一个区域前必须佩戴什么设备（鞋子、护目镜等）。更新的照明系统提供优越的能见度和眼睛舒适度。

Mother Parkers 支持安全行为的另一个方式是投资于员工培训。员工在进入生产车间前要学习安全规程。他们还要在特殊的健康和安全日活动中从社区专家那里学习新的安全技术和做法。

员工的参与是 Mother Parkers 安全改进的重要组成部分。因为员工参与了安全问题的决策，所以该类决策是基于员工的全面知识而不仅基于管理层和外部专家的意见。Khan 最近获得了国家级安全领导奖，他说："我们希望操作人员能够识别他们工作区域的危险，表达他们对危险的担忧，并对其制订危险防范方案。说到底，他们是运行机器方面的专家，确切知道工作环境的危险是什么。"例如，当公司决定购买一种符合人体工程学的卷筒升降机（一种能够抓取和运输沉重金属卷的机器）时，人体工程学团队的员工测试了市场上的许多卷筒升降机，以确定哪一种最适合他们应用。

Mother Parkers 举办了无数次关于人体工程学的集体活动，由外部顾问与生产人员对每个具体区域的健康和安全问题进行深入检查。Khan 说："我们通过人体工程学集体活动启动我们的项目，这样团队就可以发现它（危险）、修复它（对策）、检查它（操作人员）。从这里开始，团队将会有一些可以立即实施的短期解决方案并规划出一份长期改进清单。"

一个特殊的跨职能团队从这些集体活动中发展起来，其成员现在成为安全行为的榜样和安全知识的宝贵来源。Khan 说："这就形成了一个可以让车间同事舒适工作的关键团队，如果同事们想报告问题，就可以去找他们。"

员工的参与也会激发员工对安全的承诺。"这里的参与度很高，"Mother Parkers 的一位生产经理表示，"操作人员一直在开发设备操作、清洗、质量检测和故障排除的大部分程序，运营商占领了他们的阵地。"Mother Parkers 负责人力资源的副总裁 Mike Bate 指出，员工更有动力采取安全行动，因为公司会关注他们的想法。"我们的健康和安全委员会的成员正在进行工作，他们有计划、有想法，他们的声音得到了倾听。当他们提出问题时，这些问题得到了处理和解决，成为规划过程的一部分。"

Mother Parkers 促进工作环境安全的另一种方式是不断提醒每个人，安全是每个人工作的重要组成部分。这一方式基于持续的安全培训、员工参与人体工程学风险预防活动和众多工作环境安全提示的存在而产生。提醒大家注意安全甚至是每天都要做的事。"安全是我们在这里所做的一切工作的核心，"Mother Parkers 屡获殊荣的业务生产经理解释道，"我们在生产会议和轮班交接的一开始就会讨论安全问题。"

以安全为中心的期望也延伸到承包商，所有承包商在项目开始前都要完成安全培训计划。Mike Bate 说："在承包商来到现场之前，我们就从健康和安全的角度对他们设定了期望和标准。在他们被批准到现场与我们合作之前，就必须进行登记，以表示他们已经接受了这种教育。所以当承包商到达时，他们已经了解了风险，他们带来了可能需要的适当的防护设备，或者他们知道需要从我们这里得到什么能让他们在安全的工作环境工作。"

讨论题：

1. 运用 MARS 模型来解释 Mother Parkers 如何提高工作环境的安全性。

2. 在描述 Mother Parkers 如何创建一个安全的工作环境时，还有哪些其他组织行为学的知识被提到？

■ **案例研究 2**

文书工作也可以很有趣

某市政府为全市各个部门的领导者准备了许多研讨会。在其中的一次会议上，讨论的主题为"激励——我们如何激励公务员做好工作"。一位警长的困境成为讨论的焦点。

我手下的警员们确实存在一些问题。他们刚进入警队时都是些年轻、没有经验的新手，我们就把他们送到大街上，要么开车、要么巡逻。但他们似乎更喜欢与市民接触，喜欢参与预防犯罪和逮捕罪犯的行动。他们也喜欢在火灾、事故和其他紧急情况下帮助市民。

当他们回到警局时，问题就出现了。他们讨厌做文书工作，因为他们不喜欢文书工作，所以这类工作经常被推迟或做得不充分。对这种情况缺乏关注会使我们在上法庭时受到损失。我们需要清楚、真实的报告，这些报告必须非常详细和明确。一旦报告的部分内容被证明不充分或不正确，报告的其余部分也会受到质疑。糟糕的报告比其他任何因素都更可能导致我们输掉更多的官司。

我们不知道如何激励他们把工作做得更好。我们的预算很紧张，也没有任何经济上的回报。事实上，在不久的将来，我们可能不得不解雇一些人。我们很难让这份工作变得有趣和具有挑战性，因为它本身就不是这种类型的工作，它是无聊的文书工作。我们对这一点无能为力。

最后，我也不能对他们说他们能否晋升取决于他们的文书工作是否出色。首先，他们知道那不是真的。如果他们的表现足够出色，那么大多数人更有可能通过在警队工作一定年限而获得晋升，而不是因为某些特定的杰出表现。其次，他们接受的训练就是做他们在街上做的工作，而不是填写表格。在他们的整个职业生涯中，逮捕和预防犯罪一直是被关注的重点。

有些人提出了很多建议，比如，使用定罪记录作为绩效标准。然而，我们知道这是不公平的，因为这涉及太多的其他事情。糟糕的文书工作增加了在法庭上输掉官司的可能性，但好的文书工作并不一定意味着会胜诉。我们试着根据报告的优秀程度设立团队竞赛，但警员们很快就明白了，没有人会因为赢得竞赛而获得任何形式的奖励。如果没有回报，他们为什么要拼命干好？

我真的不知道该怎么办了。

讨论题：

1. 警长想要纠正的业绩问题是什么？
2. 运用个体行为与业绩的 **MARS** 模型来判断这种不接受行为的可能原因。
3. 警长是否考虑了这个问题所有可能的解决办法？如果没有，还可以采取什么措施？

■ **课堂练习　以下说法正确吗**

目的： 本练习旨在帮助你理解组织行为学的知识如何指导你理解组织中的生活。

说明： 阅读下面的每一条论述，并且判断其正误。本课程将考虑每个问题的答案，并讨论研究组织行为学的意义。

本练习也可以作为团队活动来进行，学生可以以团队而非个人的形式回答这些问题。

（1）对　错　　一个快乐的员工会是一个有高生产效率的员工。

（2）对　错　　决策者的效率会随着可供选择的选项数量的增加而提高。

（3）对　　错　　当尽可能减少员工之间的冲突时，组织会更有效。

（4）对　　错　　员工与许多亲密朋友在一起比与许多熟人在一起更有权力。

（5）对　　错　　当企业文化强大时，公司会更成功。

（6）对　　错　　员工在没有压力的情况下表现得更好。

（7）对　　错　　改变个人和组织的最好方法是找出他们当前问题的根源。

（8）对　　错　　与男性领导者相比，女性领导者让员工参与决策的程度更高。

（9）对　　错　　最好的决策是不带感情的。

（10）对　　错　　员工觉得自己的薪酬不公平，只有改变薪酬才能减轻他们的不公平感。

第 2 章

个体差异
人格和价值观

:: 学习目标

学习完本章，你应该能够：

- 定义人格，并讨论大五人格模型如何影响个体在工作场所的行为和业绩。
- 描述人格的黑暗三联征和 MBTI 类型，并讨论它们对组织中个体行为的影响。
- 归纳施瓦茨的个人价值观模型，并讨论这些价值观在何种条件下影响行为。
- 描述四个道德原则，并讨论影响道德行为的三种因素。
- 描述五个受到普遍研究的跨文化价值观。

:: 开篇案例

在全球最大的对冲基金——桥水基金工作不是一件易事

求职者首先要在网上观看描述这家位于康涅狄格州韦斯特波特的投资公司的文化和日常办公室生活的视频。接下来，他们要花几小时完成四项关于人格和价值观的在线评估。

通过网上筛选流程的申请人将与该公司顾问进行结构化电话面试，该公司顾问将会进一步评估申请人的人格。即使在接受桥水基金（Bridgewater Associates）的工作邀请后，新员工也要接受公司制定的最后两小时的人格和个人价值观评估。

桥水基金的创始人雷·达利欧（Ray Dalio）表示，评估一个人的人格和价值观可以帮助公司分配给员工适合他们个人特点的工作。他在最近的一本书中写道："我需要一种系统的方法来捕捉和记录我们之间的差异，这样公司在为员工安排不同角色时，就可以积极地考虑到这些差异。"这些信息还用于诊断为什么会发生冲突以及为什么会出现问题。

每个员工的人格、价值观和其他属性都显示在一张棒球卡上，通过数字应用程序提供给公司的每一个人。根据人格测试的结果以及同事们随后进行的即时评估，每个特质都会对应一个分数。达利欧说："我发现我们需要经常查阅这些棒球卡，因为没有它们，人们就会倾向于互相交流，而不考虑谁擅长什么、谁不擅长什么。"

桥水基金相当重视求职者与员工的人格、价值观和其他个体差异。它认为人格和价值观是预测个人决策和行为的有力指标，而这两个指标又与个人如何适应特定的角色以及个人在桥水基金与他人合作的情况有关。

本章开始介绍组织中关于人格和价值观的相关知识。我们描述人格的含义和起源，介绍人格的五因素模型，并确定这个备受推崇的模型的每个维度与工作业绩和相关行为的关系。然后介绍另外两个人格模型：黑暗三联征（马基雅维利主义、自恋和精神病态）和迈尔斯 - 布里格斯类型指标（MBTI）描绘的荣格人格理论。接下来，我们的注意力将转向个人价值观。我们将描绘施瓦茨的个人价值观模型，解释个人价值观如何影响工作场所的决策和行为，并引入价值观一致性的概念。之后，我们将考察道德价值观及其影响人的决策和行为的机制。本章的最后一部分描述最典型的跨文化价值观，并解释它们与组织行为的相关性。

2.1　组织中的人格和五因素模型

北特拉华公司（Delaware North Company）位于加利福尼亚州的呼叫中心的员工流动率很高。这家酒店和食品管理公司决定通过雇用具有与现有表现最好的员工相同人格特征和技能的人来解决这个问题。通过测试该公司发现，表现最好的员工表现出友好和好奇心，所以求职者需要完成一项人格测试来展现这些特质。北特拉华公司位于加利福尼亚州的呼叫中心的员工流动率自那以后大幅下降。"现在我们对于怎样才能成为优秀的预定销售申请者有了更好的理解。"该公司的一位高管说道。

北特拉华公司、桥水基金和其他许多公司都试图衡量每个求职者的**人格**（personality）——一个人的相对持久的思想、情感和行为模式，以及这些特征背后的心理过程。从本质上讲，人格是使我们与他人相似或不同的一系列特征。我们通过一个人的言行来判断他的人格，并从一些可观察到的行为中推断出这个人的内在状态，包括他的思想和情绪。这个定义试图涵盖人格的广义含义。然而，定义人格是一个挑战，有一位人格理论家直接称，定义人格是不可能的，因为关于人格有多种观点或方法，每种观点和方法对人格的定义都有所不同或有所侧重。例如，我们在第 5 章讨论的需求和动机，就经常被当作人格的组成部分来讨论。

人们在日常生活中会有各种各样的行为，但仔细观察这些行为，就会发现一些被称为人格特质的可识别的模式。人格特质是一个宽泛的概念，它能让我们标识和理解个体的差异。例如，你的一些朋友可能非常健谈，而其他人往往比较安静。有些人喜欢冒险，而有些人则不愿冒险。每一种特质都暗示着，一个人的行为倾向并非仅受环境影响，而是由其内在的某种因素决定的。事实上，研究报告指出，一个人在童年时衡量出的人格特质可以预测其在成年后的许多行为和结果，包括受教育程度、就业、婚姻关系、违法行为及危害健康的行为。

尽管人们有行为倾向，但他们在所有情况下的行为方式并不相同。如果相同会被认为是不正常的，因为这表明一个人对社会规范、奖惩系统和其他外部条件的麻木。人们会改变自己的行为以适应环境，即使这种行为与他们的人格不符。例如，健谈的人在图书馆相对安静，因为"禁止交谈"的规定很明确，而且被执行得很严格。但即使是在图书馆，人格差异也很明显，因为健谈的人在图书馆说话的次数往往也比其他人多。

2.1.1　人格的决定：先天与后天

人格是由先天与后天两方面共同塑造的，不过两者的相对重要性仍在争论和研究中。先天是指基因或遗传，即我们从父母那里遗传的基因。对同卵双胞胎的研究表明，遗传对人格有很大的影响。50% 的行为变化和 30% 的性格倾向可以归因于一个人的遗传特征。换句话说，基因密码不仅决定我们眼睛的颜色、肤色和身体状况，还对我们的态度、决策和行为有显著的影响。

人格也是后天养成的，社交、生活经历和与社会接触的方式都会影响一个人的人格。人格的发展和改变主要发生在童年到青年时期，通常在 30 岁左右稳定下来。然而，在生命的后期，仍会发生一些人格的变化。例如，一些特质（开放式体验、社交活力）会在成年初期增强，在成年后期减弱，而其他特质（随和性、责任心）会在成年后期增强。我们的人格也在一定程度上受到长期工作的影响，甚至移居到另一种文化环境中也会在某种程度上改变我们的人格。

为什么人格在成年后变得更稳定？主要原因是我们形成了一个更清晰、更刻板的自我概念。这种对于"我们是谁"日益清晰的认识，在执行功能的帮助下，引导了我们的行为。它是大脑中监控和调节目标导向行为的部分，要使其与我们的自我概念保持一致。随着年龄的增长，我们对自我的看法变得更加清晰和稳定，这就增加了我们人格和行为的稳定性与一致性。在第 3 章中，我们讨论自我概念的构成要素及其影响。这里的主要观点是，人格并不完全是遗传的，生活经历（尤其是生命早期的生活经历）也会塑造每个人的人格特质。

2.1.2　人格的五因素模型

过去多年来，人们描述了丰富多样的人格特质，例如，社交型、焦虑型、好奇型、可靠型、多疑型、健谈型和冒险型等。很多专家试图对其进行细化的归类。其中，最受推崇的人格特质归类模型就是**五因素模型**（five-factor model），也被称为大五人格模型。

人格专家曾识别出描述人格的 17 000 多个词语。这些词语被浓缩为五个广泛的人格因素，每个因素都有一组特定的特征。在对不同语言的研究中也发现了类似的结果，这说明五因素模型在不同文化中都站得住脚。"大五"维度由首字母 CANOE 代表，在表 2-1 中进行了概述，其描述如下：

（1）责任感（conscientiousness）。责任感用于描述有条理的、可信赖的、有目标导向的、谨慎的、可靠的、周密的、自律的、勤奋的人。责任感低的人往往粗心大意，做事没有条理、不够周密。

（2）宜人性（agreeableness）。宜人性用于描述可信赖的、乐于助人的、善良的、体贴的、宽容的、无私的、慷慨的、灵活的人。低宜人性的人倾向于不合作，不能容忍他人的需求，更多疑、更以自我为中心。

（3）神经质（neuroticism）。神经质用于描述容易焦虑的、缺乏安全感的、自觉的、压抑的和喜怒无常的人。相反，低神经质（高情绪稳定性）的人是沉着的、无虑的、冷静的。

（4）经验开放性（openness to experience）。经验开放性用于描述富有想象力的、有创造力的、标新立异的、好奇的、特立独行的、独立自主的、审美能力强的人。这一维度得分较低的人往往更抗拒改变，不易接受新想法，行为上更加墨守成规。

（5）外向性（extraversion）。外向性用于描述外向的、健谈的、精力旺盛的、善于交际的、自信的人。它的反面——"内向性"用于描述安静的、害羞的、谨慎的人。外向的人从周围的人和事中获取能量，而内向的人则更多地从个人对概念和想法的反思中获取能量。内向的人不一定缺乏社交技能。相反，他们更倾向于将自己的兴趣放在想法中而不是社交活动中。内向的人比外向的人更愿意独处。

表 2-1　五因素模型的大五人格维度

人格维度	在这个维度上得分高的人倾向于
责任感	有条理的、可信赖的、有目标导向的、谨慎的、可靠的、周密的、自律的、勤奋的
宜人性	可信赖的、乐于助人的、善良的、体贴的、宽容的、无私的、慷慨的、灵活的
神经质	容易焦虑的、缺乏安全感的、自觉的、压抑的、喜怒无常的
经验开放性	富有想象力的、有创造力的、标新立异的、好奇的、特立独行的、独立自主的、审美能力强的
外向性	外向的、健谈的、精力旺盛的、善于交际的、自信的

五因素模型与工作业绩

人格主要通过激励来影响行为和业绩，特别是通过影响员工的努力目标和强度（即他们选择实现什么目标、他们为实现这些目标付出了多少努力）。因此，在某种程度上，五因素都能预测一种或多种员工行为和业绩。

图 2-1 强调了大五人格因素中哪一个最能预测三种类型的任务业绩，以及组织公民行为和反生产工作行为。勤奋（成就、自律、目的性）和尽责等具体的责任感特征是熟练完成任务的最佳预测因子。有责任感的员工会为自己设定更高的人格目标，也更加执着。他们还能更多地参与组织公民活动，并减少反生产工作行为。责任感是适应性（对变化的反应）和前瞻性表现（对新工作模式采取主动态度）微弱的预测因素。事实上，责任感的两个特征——有条理的和可信赖的，往往会抑制适应性。

图 2-1　大五人格因素和任务业绩

外向性在熟练任务业绩的总体人格预测因素中排名第二，但它比责任感的预测程度弱得多。在外向性因素的具体特征中，自信和积极情绪是熟练任务业绩的最佳预测因子。魄力也是适应性和前瞻性表现的有利预测因素。自信的员工倾向于采取一种"负责任的"方式来处理各种情况，这与适应变化和主动发起变化是一致的。外向性与影响他人以及在社交环境中保持舒适感有关系，这解释了为什么优秀的领导者和销售人员往往比一般人更加外向。

宜人性与大多数形式的组织公民行为都有正相关关系，而与反生产工作行为负相关。这是因为高宜人性的员工更具有合作性、敏感性、灵活性和支持性。宜人性不能很好地预测熟练或主动的任务业绩，主要是因为它与设定目标和实现结果的动机关系较弱。然而，宜人性较高（但不是过高）的员工往往会通过更好的知识共享和帮助团队的动机来提高团队业绩。宜人性对客户服务工作中的友好行为也有正面影响。例如，本章从北特拉华公司的故事开始，该公司将友好（一种友善的形式）作为成为成功呼叫中心代理的一种人格特征。

经验开放性是对熟练任务业绩较弱的预测指标，但它是适应性和前瞻性表现的最佳人格预测指标之一。其主要原因是经验开放性得分越高的员工，其好奇心、想象力和变化容忍程度也越高。这些特质也解释了为什么对改变持开放态度与创造性工作中的成功表现有关。

情绪稳定（低神经质）是适应性表现的最佳预测因素之一。其核心解释是，情绪稳定性高的员工能更好地应对变化的模糊性和不确定性。相比之下，那些高神经质的人将变化视为一种威胁，所以他们倾向于避免变化，并在面对工作场所的调整时感受到更多的压力。这些特征表明，情绪稳定也预示着积极主动的表现，但得到此类混合结果的研究报告不多。

2.1.3　五因素模型的应用问题

人格的五因素模型已被学者广泛接受，并有深厚的研究基础支持其结构及在预测工作场所行为方面的有用性。然而，我们需要提醒大家注意几个问题，以便更好地在工作场所理解和应用这一模型。

（1）并非越高越好。一个常见的假设是，"完美员工"在大五人格因素上得分最高（情绪稳定性高，低神经质）。一部分原因可能是大五人格因素的标签和结构有很强的线性偏差（高就是好的，低就是坏的）。但有几项研究表明，最优秀的员工在某些人格因素上的得分并不是最高的。换句话说，人格和工作业绩之间的关系往往是非线性的。在销售工作中，适度外向的员工比外向性高或外向性低的员工表现得更好。最近的一项研究表明，在团队合作方面被同伴评为贡献最大的学生，他们的外向性得分相对较高，责任感也较高，但在宜人性方面仅处于中间水平。

（2）特定的特质可能比大五人格因素的预测效果更好。我们太过于关注大五人格因素，以至于很容易忘记每个因素都聚集了几个特定的人格特质。例如，责任感集中了一些具体的特质，如有条理的、可信赖的、有目标导向的、谨慎的、自律的、有条不紊的和勤奋的。在预测行为和业绩方面，特定的特质有时比广义的因素更有效。例如，我们之前指出，自信和积极情绪这两个特定的外向性特质比其他外向性特质或整体的外向性因素更好地预测熟练任务业绩。

（3）人格不是静态的。人们有一种不好的倾向，认为"他/她就是这样的人"，就好像一个人的人格这一辈子都不会改变一样。给个人贴标签（"他是个内向的人"）强化了人格是静态的这一谬论。人格确实会在30岁左右稳定下来，但这并不意味着它是静态的。正如我们在本主题开始前强调的，随着我们年龄的增长，大五人格因素中有一些会增加或减少。随着时间的推移，我们的环境会发生显著变化，比如，搬到一个不同的文化环境中或多年从事一份工作，一些人格因素也会发生变化。

（4）五因素模型并没有涵盖所有的人格。我们中的许多人，包括一些研究人员，都错误地认为五因素模型可以衡量我们所有的人格。虽然五因素模型确实涵盖了被我们称为人格的大部分领域，但并不是全部。正如最开始谈到的，人格很难定义，关于这个主题有几种不同的观点，大五人格因素只反映了其中的一些观点。这一点在本章的下一节中更加凸显。接下来，我们将介绍另外两种人格模型，它们只与五因素模型部分重叠。

2.2　其他关于人格的观点：黑暗三联征和 MBTI 类型

2.2.1　黑暗三联征

几十年前，当人格专家将数千个字典词汇归纳为五因素模型时，他们特意排除了明显具有积极或消极评价的词汇，如谦逊（积极）或邪恶（消极）。他们最初甚至排除了随和和雄心勃勃等词汇，而这些词汇后来被添加到大五人格因素的分析中。在将词汇分类的过程中，那些碰巧具有积极或消极方向的弱聚类词汇也会被剔除。但是，一些被排除在外的特征（如冲动）出现在早期的人格模型里，并在实际生活中广为人知。

此后，人格专家重新研究了积极和消极的人格特质。在这些研究中，出现了三种不受社会欢迎的人格特质——马基雅维利主义、自恋和精神病态，被称为**黑暗三联征**（dark triad）。尽管这些特质都是不同的，但是它们都有一个共同的"黑暗内核"，要么是不谦虚或不诚实，要么是具有恶意利用他人以实现自身利益最大化的倾向。

（1）马基雅维利主义（Machiavellianism）。这种人格特质是以 15 世纪意大利哲学家尼可罗·马基雅维利（Niccolò Machiavelli）的名字命名的，他撰写了关于政治行为的一本著作《君主论》。具有高马基雅维利主义的人表现出一种以牺牲他人为代价得到自己想要的东西的强烈动机。他们认为欺骗是达到目标的一种自然且可接受的方式，并且他们从误导、智取和控制他人方面获得乐趣。高马基雅维利主义的人经常使用谎言、操纵、利用，以及其他不良的影响策略。他们理所当然地无视道德规则，并认为得到超出自己应得的回报也是理所当然的，而且很少同情或信任自己的同事。

（2）自恋（narcissism）。这一人格特质是以希腊神话中年轻的男性猎人那喀索斯命名的。那喀索斯迷恋自己的美貌，以至于无法停止欣赏自己在池中的倒影（他因不想停止欣赏自己而渴死）。这种特质在那些过分相信自己的优越性和权威的人身上表现得很明显。除了他们浮夸、膨胀的自我概念之外，自恋者还极度渴望被关注，所以他们会积极地采取自我推销、自我表现和其他寻求关注的行为。尽管自恋者一开始很有魅力，但他们非常嫉妒别人，这最终会表现在他们的傲慢、幸灾乐祸（从别人的不幸中获得快乐）、对他人感受的冷漠（弱同理心）以及利用他人谋取私利等方面。

（3）精神病态（psychopathy）。这种人格特质通常被认为是黑暗三联征中最邪恶的因素。它指向的是那些无情地支配和操纵他人的社会掠夺者。他们没有同情心，也没有任何悔恨或焦虑的感觉。他们是自私的自我推销者，利用表面的魅力（被称为精神病态的"面具"），从事反社会、冲动、欺骗性的寻求刺激的行为。这些人随心所欲、为所欲为地拿走他们想要的东西。

工作场所的黑暗三联征

马基雅维利主义、自恋和精神病态似乎属于犯罪学或中世纪政治教科书中的内容，而不是组织行为学中的内容。然而，由于这些特质在工作场所也普遍存在，所以它们正在逐渐获得关注。正如一位人格研究学者在他对全国警察协会的主题演讲中警示的那样："并不是所有的精神病患者都在监狱里，有些就在会议室里。"

这三种特质在组织环境中会导致功能失调的结果。不诚实是黑暗三联征的核心特质，所以具有这种特质的人更有可能在工作中撒谎和欺骗他人。同样，他们也会恶意地伤害别人以最大化自己的利益。这也是**组织政治**（organizational politics）的本质。组织政治是指为了实现个人利益而使用影响力策略，从而牺牲他人和整个组织的利益。政治策略会产生一系列功能失调的结果，包括员工压力和不满的上升，以及组织资源的无效使用。

反生产工作行为（counterproductive work behavior），如未经许可拿走公司财物或为了加班而故意拖慢工作，在一定程度上能被黑暗三联征预测到，但它们与大五人格因素的相关性更高（低宜人性和责任感），这与图2-1一致。黑暗三联征则与严重的职场犯罪联系更紧密。一项研究报告称，通过视频分析得出的黑暗三联征测量法在识别涉嫌不道德行为和欺诈的首席执行官方面非常有效。

黑暗三联征还与恃强凌弱及其他形式的职场欺凌有关。尤其是在有精神病态管理者的组织中，员工受到的欺凌事件明显多于其他组织的员工。拥有黑暗三联征人格特质的人做出的决策，其绝对回报率和风险调整后的投资回报率通常偏低。特别是那些有高度精神病态的人，他们会因为他们的过度自信和不计后果而承担更高的风险。

除了做出不道德和糟糕的风险导向的决策，黑暗三联征还与其他形式的任务业绩和职业成就有着复杂的关系。从长远来看，具有这些特质的人是不正常的团队成员，因为从定义上讲，他们不信任同事，专注于自己的利益而不顾团队目标。但是，拥有黑暗三联征特质的员工为了满足其自身的利益，也会在短期内帮助他人。

拥有黑暗三联征人格特质的人并不总是在职场中表现得糟糕。这些特质与操纵他人的政治技巧有关，而这会导致一些上司对这类员工的表现评价很高。在非正式的员工网络中，操纵他人偶尔会帮助员工晋升到更核心的位置（因此会更有权力）。自恋的首席执行官通常薪酬更高，与其他高管团队成员的薪酬差距也更大。最后，研究指出，精神病态的一个组成部分为"无所畏惧的支配欲"。它可以作为职业成功的预测指标。事实上，在一些比较成功的美国总统身上也能找到这种特质。然而，一些专家怀疑，无所畏惧的支配欲应该与精神病态的其他方面区分开来，因为精神病态的其他方面与职业成功负相关。有些人甚至认为，无所畏惧的支配欲根本不属于黑暗三联征。

2.2.2　荣格人格理论和迈尔斯－布里格斯类型指标

虽然五因素模型获得了更多的研究支持，但是在实践中却并不是最受欢迎的人格测试模型。与此不同的是荣格人格理论，它是通过**迈尔斯－布里格斯类型指标**（MBTI）（见图2-2）来衡量的。

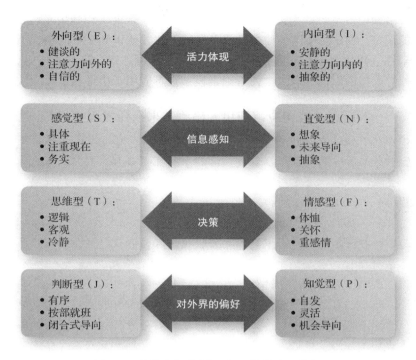

图 2-2　荣格和迈尔斯 – 布里格斯类型指标

资料来源：Adapted from an exhibit found at http://www.16-personality-types.com. Based on data from CPP, Inc., Sunnyvale, CA 94086 from *Introduction to Type and Careers* by Allen L. Hammer.

大约一个世纪以前，瑞士心理学家卡尔·荣格提出，人格主要由收集和判断信息的个人偏好来体现。荣格认为感知（包含人们偏好怎样收集信息或感知周围的世界）有两个相互抵触的来源：感觉（S）和直觉（N）。感觉直接从五个感官获取信息，它依赖于一个组织好的架构去获取事实和相对大量的细节。直觉则更依赖于洞察力和主观经验去发现不同事物之间的关系。感觉型更注重此时此刻的现实，而直觉型更注重未来的可能性。

荣格还提出，判断（人们如何根据感知来获得信息并做出决策）由两个相互矛盾的方法组成：思维（T）和情感（F）。思维型的人依赖于理智的"原因 – 结果"逻辑和系统化的数据收集来做出决策；而情感型的人依赖于他们对不同选择和这些选择之间的相互影响的情绪反应来进行决策。荣格指出，除了感觉、直觉、思维和情感这四个核心指标外，人们的外向 – 内向水平也有所不同。

MBTI 扩展了荣格的人格特质列表，同时测量了更广泛的类别——知觉和判断，这代表了一个人对外部世界的态度。知觉型的人是开放、好奇和灵活的，他们更喜欢开放自己的选择，并随着事件的发展自发地去适应变化。判断型的人喜欢秩序和结构，希望快速解决问题。

MBTI 虽有很多优势，但它并不能很好地预测工作业绩，通常不被推荐用于就业选择或晋升决策。它的测量方法也存在问题。MBTI 可以识别哪些员工更喜欢面对面的团队合作，而不是虚拟的团队合作，但似乎不能预测团队的发展状况。它在预测领导效能方面的价值也值得怀疑。

尽管有这些局限性，但 MBTI 仍是管理研究中最广泛使用的认知风格测量方法，也是职业咨询和高管培训中最流行的人格评估方法，甚至被人工智能工程师用来调整机器人的行为以适应用户的偏好。MBTI 使用一种中立或平衡的方法，认识到在不同情况下每种人格类型的优势和局限性。相比之下，五因素模型认为在每个维度上得分高的人比得分低的人更好。这可能是一种对人格的限制性观点，使五因素模型很难应用于指导和发展领域。

争辩点：公司应该使用人格测试来选择求职者吗？

人格理论在过去的二十年中取得了巨大的进步，特别是在证明特定的特质与具体的各种行为和结果相互关联这方面。各种研究报告称，具体的五大维度可以预测总体工作表现、组织公民行为、领导力、反生产工作行为、培训业绩、团队业绩和其他影响业绩的结果。这些发现有力地支持了在工作场所需要进行人格测试的观点。

然而，一些著名的人格专家建议要谨慎使用人格测试。他们指出，虽然在某种程度上人格特质与工作场所的行为有关，但是还存在更好地预测工作业绩的指标，比如工作样本和过去的表现。此外，在选拔过程中往往假设一个人的人格特质得分越高越好。然而，日益增多的研究表明，最好的候选人可能更接近中间值，而不是极端值。例如，在一定范围内，工作业绩明显地随着责任心的增强而变好，但是责任心太强的员工可能做事过于彻底，变成完美主义者，这反而会降低而不是提高工作业绩。第三个担忧是，选拔结果依赖于人格测试的结果，而这会导致对特定人员产生歧视。

第四个担忧是，大多数人格测试都是自我报告的量表，因此申请者可能会试图伪造他们的答案。更糟糕的是，测试分数可能并不能代表个人的人格或其他任何有意义的东西，因为求职者往往不知道公司希望其具备的特质。研究表明，试图伪造"好"的人格测试分数的候选人会改变选拔结果。但是，支持进行人格测试的人提出了反对意见，认为很少有求职者会伪造成绩。一项重大的研究发现，与自我评估相比，由他人对大多数人格维度进行评估更准确，但很少有公司会依赖他人的评估。

2.3 工作场所中的价值观

对斯隆机电服务与销售公司的负责人杰瑞·格雷（Jerry Gray）和他的 25 名员工来说，接受能源效率和"绿色发展"的决策很容易。市场正在朝着这个方向改变，但更大的影响是每个人的价值观。"这主要涉及价值观——我个人的价值观和公司的价值观。与我的员工交谈后，我们都认为这是正确的做法。"格雷回忆道。这家位于圣地亚哥的电动机、发电机和控制服务供应商最初花费了更高的库存成本和更多的销售努力来引导客户，但这些为公司和格雷带来了回报，他说："这在道德上是正确的。"

杰瑞·格雷和他的员工依靠他们的个人价值观来指导他们做出了更节能环保的商业行为的决策。**价值观**（values）是我们在第 1 章中介绍的一个概念，它是一种稳定的、可评估的信念，可引导我们在各种情况下对结果或行动方针的偏好，是一个人对好坏、对错的看法。价值观指引我们应该做什么，它就像一个道德"指南针"，指引着我们的动机，甚至是我们的决策和行动。它也为过去的决策和行动提供了合理的理由。

人们将价值观按照偏好的顺序排列，形成一种价值体系。一些人更看重新挑战而不是墨守成规，另一些人更看重慷慨而不是节俭。每个人独特的价值体系通过来自父母、宗教组织、朋友、个人经历和生活环境的社会化得以发展与加强。因此，一个人的价值体系是稳定和持久的。一项研究发现，一个人成年 20 年后的价值体系与其青少年时期的价值体系非常相似。

请注意，我们将对价值观的描述集中在了个人身上，而杰瑞·格雷和其他高管经常把价值观视为组织属性。事实上，价值观只存在于个人内部（也就是个人价值观）。然而，一群人可能持有相同或相似的价值观，所以我们倾向于将这些共同的价值观归因于团队、部门、组织、职业或整个社会。整个组织中人们所共有的价值观（也就是组织价值观）将在第 14 章得到更全面的讨论，因为它们是企业文化的关键部分。在本章的最后一节，我们将关注整个社会共有的价值观（也就是文化价值观）。

价值观和人格特质是相互联系的，但这两个概念在某些方面有所区别。最明显的区别是，价值观是一种评价——它告诉我们应该做什么；而人格特质则描述我们自然倾向于做什么。第二个区别是，人格特质之间的冲突很小，例如，你可以有高宜人性和高内向性；而有些价值观与其他价值观相反，例如，重视刺激和挑战的人很难重视稳定和适度。第三个区别是，虽然人格和价值观的一部分由遗传决定，但价值观更多地受到社会化的影响，而遗传因素对个人的人格特质有更大的影响。

2.3.1　价值观的类型

价值观有很多形式，该领域的专家花费了很多精力将其整理归类。到目前为止，最受推崇且被广泛接受的个人价值观模型是施瓦茨的价值体系圈，由社会心理学家沙洛姆·施瓦茨（Shalom Schwartz）和他的同事开发与测试。该模型将 57 个价值观归到十个类别中，这些类别被组织到如图 2-3 所示的圆形模型（圆图）中。这十个类别包括共同性、仁爱、传统、一致性、安全、权力、成就、享乐主义、刺激和自我定向。每个类别是一组更具体的价值观的集合（图 2-3 中未显示）。例如，一致性包括礼貌、尊重父母、自律和服从等具体的价值观。

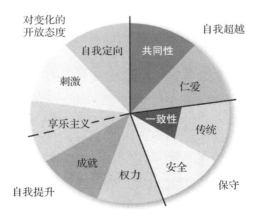

图 2-3　施瓦茨的价值圆图

资料来源：S.H. Schwartz, "Universals in the Content and Structure of Values: Theoretical Advances and Empirical Tests in 20 Countries," *Advances in Experimental Social Psychology* 25 (1992): 1–65; S.H. Schwartz and K. Boehnke, "Evaluating the Structure of Human Values with Confirmatory Factor Analysis," *Journal of Research in Personality* 38, no. 3 (2004): 230–55; Academic Rss. Inc.

这十大类价值观可以进一步归集为四个象限。第一个象限，称为对变化的开放态度，指的是一个人在多大程度上追求创新。这一象限包含的价值观有自我定向（创新、独立思考）、刺激（激动和挑战）以及享乐主义（追求快感、享受、满足欲望）。相反的象限是保守，即一个人在何种程度上愿意保持现状。这一象限涵盖的价值观包括一致性（遵守社会规则和预期）、安全（人身安全和稳定性）以及传统（克制和保持现状）。

施瓦茨价值模型中的第三个象限是自我提升，指的是一个人能被自我兴趣激励的程度。这一象限包含的价值观有成就（追求个人成功）、权力（对他人的支配）和享乐主义。第四个象限是自我超越，指的是对提高他人福利和对大自然友好的渴求，其包括的价值观有仁爱（关心其他人的生活）和共同性（对全人类和大自然的关心）。

2.3.2　价值观与个人行为

个人价值观以各种方式影响决策和行为。第一，价值观通过塑造可供选择的相对吸引力（效价）来直接激励我们的行为。换句话说，对于那些与我们最重要的价值观相一致的选择，我们会有更积极的感受。如果刺激位于价值观体系的顶端，那么提供新体验的工作机会将比具有可预测性和稳定性的工作机会更能吸引我们。第二，价值观通过构建我们对现实的感知，间接地激励行为。具体来说，价值观影响我们是否注意到某事以及我们如何去解释它。我们的决策和行为受到我们如何看待这些情况的影响。第三，我们的行为与我们的自我概念以及公开的自我表达保持一致。如果我们有一种重视成就的自我概念和公众形象，那么我们就会努力确保自己的行为与这种价值观相一致。这种一致性对于更清楚地描述特定潜在价值的行为尤为重要。

个人价值观在某种程度上会激励行为，但这种联系并不像我们想象的那么强烈。个人价值观和行为之间存在"脱节"的一个原因是情境。个人价值观激励我们实施具体的行为，但MARS模型指出，情境可能会阻止我们实施与价值观一致的行为。例如，具有强烈自我超越价值观的人会被激励从事回收等对环境友好的行为，但是缺乏回收设备阻止或严重限制了这种行为。人们也会因为强大的反动机力量而偏离自己的个人价值观。例如，进行非法交易的员工有时会将自己的不道德行为归因于管理层的压力，因为他们认为是管理层要求他们不惜一切代价去获取业绩的。

我们的决策和行为与个人价值观不一致的另一个原因是，我们没有时间去对它们进行积极的思考。价值观是抽象的概念，所以在很多情况下，它们的相关性并不明显。此外，许多日常决策和行为都是例行公事，所以我们不会积极评估它们与我们价值观的一致性。当然，在某些情况下，我们确实会有意识地考虑自己的价值观，例如，在决定是否执行一项有风险的任务时，我们会意识到我们有多重视安全。然而，许多日常事件并不能激发价值观意识，所以我们的行动没有价值观的引导。我们需要时常去唤醒我们的价值观意识，这样它们才能引导我们的决策和行为。

以下研究凸显了价值观意识对行为的效应。对三组学生进行有奖问答的数学测试。第一组学生需要向实验员提交试卷，根据评分得到奖励；第二组学生采取自评方式，因而他们可以谎报分数；第三组与第二组类似，采用自评分数的方式，但是要求他们对试卷上的陈述签字。这些陈述是：我理解这个小测试与学校的荣誉系统（这个大学并无所谓的荣誉系统）挂钩。研究人员预测，一些试卷上没有"荣誉系统"条款的学生谎报了得分，在有"荣誉系统"

条款的情况下，没有一个人谎报得分。当第三组学生测试时，他们被要求回忆"十诫"，也出现了类似的结果。这些信息告诉我们，当人们被明显地提醒某些价值观的存在以及展现它们和环境的关联时，人们会倾向于应用这些价值观（这里指的是诚实）。

2.3.3 价值观一致性

价值观使我们明白世界上何为正确和错误，并告诉我们应该怎样做。它也会影响一个人在组织中与其他人一起工作的舒适度。这里的关键概念是**价值观一致性**（value congruence），它指的是一个人的价值观体系与另一个实体（如员工所在的团队或组织）的价值观体系的相似程度。员工价值观与团队成员价值观的一致性增强了团队的凝聚力并提高了业绩。个人与组织价值观的一致性还能造就更高的工作满意度、忠诚度和产生更多的组织公民行为。它也有助于减少压力和人员流动。此外，当员工的个人价值观与组织的共同价值观相一致时，他们更有可能做出与组织期望相一致的决策。

是不是最成功的组织有最高的个人 - 组织价值观一致性呢？答案是否定的！虽然个人 - 组织价值观一致性达到舒适程度（出于前述的原因）是必要的，但组织也会从一定程度的价值观不一致中得到好处。有不同价值观的员工能提供不同的观点，这可能有助于做出更好的决策。同样，太多一致性会产生"集体狂热"，这可能会降低创造性、组织灵活性和商业道德。

○ 全球链接 2-1

在宜家，"你的价值观比你的简历更重要"

宜家在中东国家科威特发布的招聘厨师的广告中，明确描述了该职位需要具备酒店工作经验、计算机技能、注重细节和其他传统标准，但它也强调了在大多数招聘广告中找不到的内容：宜家的价值观真实地反映了你的个人价值观。

宜家将自己描述成一家价值观驱动型公司，因此求职者需要反思自己的个人价值观是否与这家全球零售商的组织价值观一致。宜家印度地区的人力资源经理曼森解释道："我们根据价值观招聘，我们希望了解候选人的个人价值观，以及这些价值观是如何在日常生活中的典型行为中体现出来的。"

曼森的团队关注求职者的价值观与公司价值观的匹配问题。"当宜家招聘新人时，重要的是考察求职者是否真正了解公司并且他们的价值观与公司的是否一致，即他们自己的价值观是什么，以及这些价值观与公司的工作要求是否极度一致。"

宜家澳大利亚公司的全国人才经理普罗塞也赞同曼森的观点。"你的价值观比你的简历更重要，"他补充道，"价值观的一致性不仅有助于在宜家找到工作，它还是一个人成功和幸福生活的核心要素。找到与你个人价值观相一致的组织，让你在工作中做自己，这将为你的日常生活增添意义和价值。"

2.4 道德价值观与行为

当来自 15 个国家的 195 名商业领袖被问到什么是最重要的领导能力时，"高尚的伦理和道德标准"是 74 项品质中排名最高的。同样，当世界各地的 1 000 名 CEO 和其他高管被要求列出高效管理者最重要的品质时，最常被提及的品质是正直。这些关于领导者道德标准的调查揭示了职业道德在工作场所的重要性。道德代表道德原则或价值观的标准，它是对行为对错和结果好坏的判断。人们依赖他们自己的道德价值观来决定什么是"正确的事"。

2.4.1　四个道德原则

为了更好地理解商业道德，我们需要考虑四种不同类型的道德原则：功利主义、个人权利、分配公平和道德关怀。尽管人们可能基于个人价值观而偏好其中的某个原则，但是为了检验重要的道德争论，我们应当积极地考虑这四个原则。

（1）功利主义（utilitarianism）。这个原则认为要为绝大多数人追求最大利益。换句话说，我们应该选择给予受影响的人最高程度的满足。这个原则有时被称为结果原则，因为它注重行动的结果而不是过程。功利主义的一个问题是，有时候估量决定的得失几乎是不可能的，尤其是在利益相关者存在不同的需求和价值观的情况下。另一个问题是，即使根据功利主义，我们的行动目标是道德的，但是我们达到目标的手段有时候也会被认为是不道德的。

（2）个人权利（individual rights）。这个原则是指在社会中的基本权益，反映的是每个人都有权利在某种程度上自主行动。一些被广泛提及的权利有行动自由、人身安全、言论自由、公平交易和免受迫害等。个人权利不仅包括法律权利，还包括根据社会道德标准而被赋予的人权。个人权利存在的一个问题是，不同个体间的权利有可能会发生冲突。例如，股东对公司活动的知情权最终可能会与执行者的隐私权相冲突。

（3）分配公平（distributive justice）。这个原则认为相似的人应有相似的利益和责任。不相似的人应当根据他们的差异程度，被给予不同的利益和责任。例如，我们期望两个对工作有相同贡献的人得到相似的奖励，而那些贡献较少的人应该得到较少的奖励。分配公平原则也潜在地认为，让社会贫困者获益的不公平是可以接受的。因此，从事高风险工作的人，如果他们的工作让贫困的人获益，那么他们应该得到更多的报酬。分配公平存在的一个困扰是，在"哪些人是相似的，哪些因素是相关的"这一问题上很难达成共识。我们将在第5章深入讨论公平问题。

（4）道德关怀（ethic of care）。道德关怀原则指出，每个人都有道德义务在他们的关系圈内帮助他人成长和实现自我价值。它认为关心他人是人性的一个基本特征。然而，其他三个原则强调公正的规则，道德关怀原则强调偏袒与我们有关系的人。因此，道德关怀是一种实践而不是一套原则。它包括通过关注他人的需求来关心他人，通过增强责任心来关心他人，通过自己的技能和能力来关心他人，并对接受关爱的人做出回应（有同理心）。尽管道德关怀最初来自女权主义和护理领域的探讨，但它已经被确定为组织如何与利益相关者合作和领导者如何服务员工的核心原则。

2.4.2　道德强度、道德敏感度和环境因素

除了道德原则和其潜在的价值观之外，还有三个因素对工作场所中的道德行为产生影响：道德强度、道德敏感度和环境因素。

1. 道德强度

道德强度（moral intensity）指一个问题需要应用道德原则的程度。道德强度高的决策具

有强烈的道德含义，通常会影响很多人，因此决策者需要谨慎地应用道德原则来做出最佳选择。道德强度会在某些情况下更高：决策的后果可能非常好或非常差时；他人对这个决策结果是好是坏有着较强的共识时；行为导致好的或坏的结果的概率较大时；受行为影响的人数很多时。

2. 道德敏感度

道德敏感度（moral sensitivity，也称伦理敏感度）是个人的一种特征，即他或她发现道德困境并估计其相对重要性的能力。道德敏感度高的人可以更快、更准确地估计问题的道德强度。这种意识并不一定会转化为更多的道德行为，这只是意味着道德敏感度较高的人更有可能预计不道德行为何时发生。

有几个因素与个人的道德敏感度有关：

（1）关于规范和规则的专业知识。例如，会计师在具体的会计程序方面的道德敏感度比缺乏这一职业经验的人的道德敏感度更高。

（2）有处理过特定道德困境的经验。过去的经历可能会产生内部线索，触发对未来具有类似特征的道德困境的意识。

（3）具有同理心。平均而言，女性比男性具有更高的道德敏感度，部分原因是女性拥有更强的同理心。

（4）具有成为一个对道德敏感的人的强烈自我意识。那些强烈地以自己的道德品质（称为道德认同）来定义自己的员工往往具有更高的道德敏感度，因此他们会投入更多的精力来保持道德行为。

（5）对环境的高度警觉。**警觉**（mindfulness）是指一个人对于当前环境和自我思考、情绪包容性的关注与认识。警觉提高了道德敏感度，因为它使我们能积极检测环境变化，并对所做的响应保持敏感。这种警觉不仅需要我们具备思考和情绪上的技能，也需要我们做出相应的努力。不幸的是，我们有一种减少努力的自然倾向，这会导致更低的警觉度。例如，许多违反道德的行为没有被员工留意到，因为他们根本没有注意到那些被认为具有较高道德标准的人。

3. 环境因素

与道德强度和道德敏感度一样，道德行为也受到行为发生时所处的环境的影响。一些员工表示，他们经常感受到来自高层管理人员的压力，这些压力促使他们对客户撒谎、违反规定或做出不道德的行为。幸运的是，经历这种压力的人不是很多。最近的一项大规模调查显示，只有8%的英国员工和13%的欧洲员工感到有压力，要求降低组织的道德标准。最近的另一项调查发现，只有8%的美国人与14%的英国金融服务行业和银行的员工感受到这种压力。然而，在高收入的金融/银行业高管中，这种压力要大得多（23%）。环境因素并不能为不道德行为辩护，我们需要识别出这些因素，从而帮助组织减少它们对未来的影响。

2.4.3　对道德行为的支持

美国和其他发达国家的大多数大中型组织都通过系统的实践来维持或改善道德行为。建立行为道德规章是最常见的一种方式，是指推出一份关于所期望的活动、行为规则和组织与利益相关者及其环境关系的声明。美国《财富》500强和英国规模最大的前500家公司现在几乎都制定了道德规章。这些准则被认为可以激励和指导员工的行为，表明道德行为的重要性，并建立公司对利益相关者的信任。然而，批评人士指出，它们在减少不道德行为方面收效甚微。

另一个改善道德行为的策略是对员工进行培训并定期评估他们关于正确道德行为的了解程度。许多大公司每年都会进行测验，以测试员工对公司有关重要道德问题的规定和做法的了解程度，如赠送礼物和接收有关竞争对手或政府的敏感信息。还有一些公司则让员工参加有很高挑战性和应对复杂道德困境的游戏活动。改善道德行为的普遍做法就是建立一个道德电话热线和网站，由独立机构运营，员工可以匿名报告可疑行为。一些大型企业还雇用了监察专员，他们从员工那里秘密接收信息，并主动调查可能会发生的不当行为。一些组织也进行道德审查，但更常见的是对企业社会责任实践的评估。培训、热线、审查和相关活动在一定程度上改善了道德行为，但最有力的基础是有一套共同的价值观来强化道德行为。正如我们在第 14 章（组织文化）中描述的，道德文化是被企业领导者的行为和警觉性支持的。通过以最高的道德标准行事，领导者不仅能获得追随者的支持和信任，同时也为道德标准做出了行为榜样，因而员工会更愿意遵循这些道德标准。

2.5 跨文化价值观

作为一家拥有 50 名员工的中国酒庄中唯一的西方人，艾米丽注意到，在维护自己对员工的权威方面，中国管理者似乎比欧洲或美国的管理者更敏感。这位来自法国的专业公关人士表示："我惊讶地发现，大多数时候主动采取行动被视为无礼，是对高管权威的不尊重。在工作中，每个人都必须在自己的任务中表现出色，但超出预期的任何事情都需要得到许可。"这种权力关系在中国管理者与员工的互动中也体现得很明显。艾米丽建议："西方管理者倾向于与员工建立更紧密的关系。在中国人占主导地位的公司，等级划分要比外国公司明显得多。"艾米丽发现了一个很微妙的事实：世界各地的期望和价值观是不同的。接下来，我们将介绍五种跨文化价值观：个人主义、集体主义、权力距离、不确定性规避和成就 - 成长导向。表 2-2 总结了这些价值观，并列出了对这些价值观重视程度高、中、低的国家。

表 2-2 五种跨文化价值观

价值观	样本国家	代表性信仰在"高"强度文化中的行为
个人主义	高：美国、智利、加拿大、南非 中：日本、丹麦 低：中国、委内瑞拉	定义自我更多是通过个体的独特性；个人目标优先考虑；决策时较少考虑对他人的影响；关系更多地被视为有助于自己的和不固定的
集体主义	高：以色列、中国 中：印度、丹麦 低：美国、德国、日本	定义自我更多是通过个体在群体中的身份；优先考虑自我奉献与和谐共处的目标；在群体内的规范约束着行为；群体内的成员被视为稳定的，与群体外有很大的差异
权力距离	高：印度、马来西亚 中：美国、日本 低：丹麦、以色列	不同意或反驳领导的观点的可能性低；管理者被认为是首选的决策者；对领导有依赖的倾向（与相互依赖相对立）
不确定性规避	高：日本、比利时、希腊 中：美国、挪威 低：丹麦、新加坡	偏好可预测的情形；看重稳定的就业、严格的法律和较低的冲突；不喜欢偏离正常行为

（续）

价值观	样本国家	代表性信仰在"高"强度文化中的行为
成就 - 成长导向	高：奥地利、日本 中：美国、巴西 低：瑞典、挪威、丹麦	注重结果（与关系相对）；决策以贡献为基础（公平与平等）；较少换位思考或表露情绪（与愿意换位思考和关心相对）

资料来源：Individualism and collectivism descriptions and results are from the meta-analysis reported in D. Oyserman, H.M. Coon, and M. Kemmelmeier, "Rethinking Individualism and Collectivism: Evaluation of Theoretical Assumptions and Meta-Analyses," *Psychological Bulletin*, 128 (2002): 3–72. The other information is from G. Hofstede, *Culture's Consequences*, 2nd ed. (Thousand Oaks, CA: Sage, 2001).

2.5.1　个人主义与集体主义

个人主义与集体主义是两种密不可分的跨文化价值观。**个人主义**（individualism）是指对独立性和个人独特性的重视程度。个人主义者重视个人自由、自主、对自我生活的掌控，喜欢自己区别于他人的特征。美国人、智利人、加拿大人和南非人表现出高度的个人主义，而中国和委内瑞拉则是低个人主义的国家。**集体主义**（collectivism）是指对所属集体的责任和对集体和谐的重视程度。集体主义者以所属群体定义自己，并重视群体内的和谐关系，重视群体的目标和福祉。美国人、日本人和德国人通常集体主义水平较低，而以色列人和中国人相对较高。

与流行的观念相反，个人主义并不是集体主义的对立面。实际上，这两个概念通常并不相关。例如，在群体中重视责任，并不一定意味着忽视了个人自由度和独特性。一般来说，来自不同文化背景的人们，往往是通过他们自身的独特性以及与其他人的关系来定义自我的。这是个人自我概念的固有特性，我们将在下一章讨论。有些文化可能相较于其他文化更加明显地重视独特性或群体责任，但是它们在个人价值观和自我概念中均占有一席之地。

还需要注意的是，日本人有着相对较低的集体主义，这与许多跨文化文献上的内容是相反的。许多文献宣称日本是这个星球上最具有集体主义精神的国家之一。对于这个历史误解，从定义和测量集体主义的问题到错误的早期跨文化研究报告都有不同的解释。不管原因是什么，目前的研究一致认为，日本人拥有相对较低的集体主义观念和较高的个人主义精神（正如表 2-2 所显示的）。

2.5.2　权力距离

权力距离（power distance）是指人们接受社会权力不平等分配的程度。那些高权力距离的人能接受并重视不平等的权力。他们重视服从权威，喜欢接受上司没有商量和辩驳余地的命令。他们喜欢通过常规的非直接途径解决分歧而不是直接解决。相反，低权力距离的人期望相对平等地分享权力。他们把与上司的关系看成是相互依赖而不是单向依赖的。换句话说，他们相信上司也同样地依赖他们，因此他们希望在做出影响自己的决策前能够分享权力并征求他们的意见。印度人和马来西亚人倾向于高权力距离，然而丹麦人和以色列人通常有低权力距离。美国人大体上都是中 - 低权力距离的。

2.5.3　不确定性规避

不确定性规避（uncertainty avoidance）是指人们能够忍受的模棱两可的程度（低不确定

性规避），或者面对不确定性时感受到威胁的程度（高不确定性规避）。高不确定性规避的员工喜欢结构性的环境，也就是行为规范和做出决策是有清晰的文件指导的，他们通常偏好直接沟通而不是间接或模棱两可的沟通方式。不确定性规避在比利时和希腊较高，而在日本非常高，在丹麦和新加坡较低。总体而言，美国人不确定性规避处于中－低水平。

2.5.4　成就－成长导向

成就－成长导向（achievement-nurturing orientation）代表对人与人之间关系的看法是竞争的还是合作的。具有高成就导向的人重视自信、竞争力和物质主义。他们赞赏强硬的人，喜欢获得金钱和物质商品。相反，具有高成长导向的人强调与他人融洽相处和人际关系。他们关注人际关系和社会关怀多于竞争力和个人成功。瑞典人、挪威人和丹麦人在成就导向上的得分非常低（也就是说他们有高的成长导向）。相反，日本人和奥地利人在成就导向上的分数非常高。美国人处于成就－成长导向分数范围里比中间值稍高的位置。

2.5.5　跨文化知识的附加说明

随着全球化和文化多样性的提高，在过去的 20 年里，跨文化组织研究已经得到了大量关注。我们对跨文化机制有了更多的认识，并且在本书中也进行大量的讨论，尤其是领导力、冲突解决和影响力策略方面。然而，我们也需要对跨文化机制的几个问题有所认识。

第一个问题是，大部分的调查用过小或简单的样本（如一所大学）来代表整个文化。这样的样本选择使得许多跨文化研究得出的结论存在以偏概全的问题。

第二个问题是，跨文化研究经常假设每个国家仅存在一种文化。但实际上，许多国家（包括美国）的文化都存在多样性。随着更多的国家加快了全球化和文化融合的进程，假设一个国家只有一种文化是不恰当的。

第三个问题是，在全世界几十个国家中，跨文化研究仍继续使用一份 40 年前关于 11.6 万名 IBM 公司员工的研究报告。这项研究引发了后续一系列的跨文化研究，但是文化可能在这些年中发生了变化，它的调查结果显然在有些文化中已经过时。例如，随着亚洲国家的员工频繁地交流并更多地采用标准化的商业习惯，整个亚洲的价值系统似乎变得更加融合化。至少在最近的一项调查中显示，未来的文化调查研究不能再一味地继续将 IBM 公司作为研究的范本，或者说继续将一种特定文化的价值观作为基准。

美国公司的文化多样性

美国的文化多样性是广为人知的，但连美国人都很难知道自己国家的文化多样性究竟到了怎样一种程度。衡量多样性水平的一种形式是考量各个种族之间不同的文化价值。过去的一项研究曾指出，美国非洲裔的个人主义程度相较于欧洲裔特别是西班牙裔明显更高，而亚洲裔在这些种族中拥有最低的个人主义。

不同地区的美国人也存在差异。一些研究发现，美国北方和南方各州之间存在显著的文化差异。其他研究发现，美国各地在集体主义上有差异。集体主义在美国南部各州、加利福尼亚州和夏威夷州最高，而在美国山区、西北部和大平原各州最低。其他研究报告称，各地区人们的性格特征也各不相同。新英格兰地区、大西洋中部地区和太平洋地区的居民经验开放性很高，而生活在大平原、中西部和东南部各州的人得分最低。神经质得分在东北部和东南部最高，在中西部和西部最低。一项研究发现，美国人对这些地区差异有着相当准确的刻板印象。

为什么美国人的价值观和人格有地区差别呢？其中一种解释是，地区机构（如地方政府、教育系统和占主导地位的宗教团体）在社会化实践和由此产生的个人价值观方面比国家机构有更大的影响力。例如，研究表明，美国每个州的规则和社会控制（称为文化紧密性）的数量解释了全国各地人们的人格和价值观的差异。

一些专家认为，一个人的价值观受到物理环境（平坦还是多山）、气候条件（温带还是热带）和社会经济条件（低收入还是较富裕）的影响。例如，研究发现，美国山区各州的居民相对于住在海边的居民来说更内向。然而，自然环境可能对个人特征和价值观的影响有限。相反，有证据表明，人们会迁移到更符合他们价值观和自我观念的地方。

◘ 本章概要

2-1　定义人格，并讨论大五人格模型如何与工作场所的行为和业绩相关

人格指的是一个人的思想、情感和行为的相对持久的模式以及这些特征背后的心理过程。人格是通过遗传（天性）和社会化（教养）形成的。

大五人格因素包括责任感、宜人性、神经质、经验开放性和外向性，在大多数工作群体中，责任感和外向性是工作业绩的最佳总体预测因子，而外向性和经验开放性是适应性与前瞻性表现的最佳预测因子。情绪稳定（低神经质）也与更好的适应能力有关。责任感和宜人性是预测组织公民行为和反生产工作行为的两个最好的人格预测指标。

关于大五人格因素需要考虑的四个问题是：①人格水平较高的人不一定表现最好；②特定的人格特质有时比大五人格因素更能预测行为；③人格在某种程度上会随人的一生而改变；④五因素模型并没有涵盖个人人格的全部。

2-2　描述人格的黑暗三联征和MBTI类型，并讨论它们对组织行为的影响

黑暗三联征指的是三种不受社会欢迎的人格特质：马基雅维利主义、自恋和精神病态。它们有共同的核心，即不谦虚、不诚实，或者倾向于恶意伤害他人以最大化自己的利益。马基雅维利主义是指人们不惜牺牲他人来实现自己的目标，他们认为欺骗是一种为达到他们目标的自然和可接受的方式，他们喜欢欺骗和误导他人，并对道德嗤之以鼻。拥有自恋人格特质的人对自己的优越感和权力有着浮夸的、强迫性的信念，倾向于表现出傲慢、冷漠，并利用他人来夸大自己。拥有精神病态人格的人是指那些无情地支配和操纵他人，没有同情心，没有任何悔恨或焦虑的感觉，使用表面的魅力，从事反社会的、冲动的、欺骗性的寻求刺激行为的社会掠夺者。拥有黑暗三联征人格的人会参与更多的组织政治、职场犯罪、职场霸凌以及（某种程度上）适得其反的工作行为和糟糕的团队行为。他们也会做出风险更大的决策，导致更低的投资回报率。然而，黑暗三联征也与操纵政治技巧有关。它可以带来更高的绩效评估，并且在员工网络关系中占据更核心的地位以及获得更高的薪酬。

基于荣格人格理论，迈尔斯－布里格斯类型指标（MBTI）确定了获取能量（外向 VS 内向）、感知信息（感觉 VS 直觉）、处理信息和做出决策（思维 VS 情感），以及面向外部世界

（判断 VS 知觉）的竞争方向。MBTI 提高了职业发展和相互理解的自我意识，它更受欢迎，但并不是更有效的。

2-3　总结施瓦茨的个人价值观模型，并讨论价值观影响行为的条件

价值观是稳定的、可评估的信念，它引导我们在各种情况下对结果或行动方针的偏好。与人格特质相比，价值观是可评估的（而不是描述性的），更有可能发生冲突，并且更多是在社会化中而不是由遗传形成的。施瓦茨的模型将 57 种价值观组织成十个维度的圆形模型，沿着两个双极维度展开：从开放改变到保守，从自我提升到自我超越。价值观通过三种方式影响行为：①塑造选择的吸引力；②构建对现实的感知；③使行为与自我概念和自我呈现相一致。然而，价值观对行为的影响还取决于情境是否支持或阻止这种行为，以及我们如何积极地思考它们，并理解它们与情境的相关性。价值一致性指的是一个人的价值体系与另一个来源（组织、团队等）的价值体系有多相似。

2-4　描述四项道德原则，并讨论影响道德行为的三种因素

伦理原则指的是决定行为是对是错，以及结果是好是坏的道德原则或价值。四大道德原则是功利主义（为最多的人提供最大的利益）、个人权利（维护自然权利）、分配公平（相同或成比例的利益和负担）和道德关怀（帮助他人的道德义务）。道德行为受到以下因素的影响：一个问题需要应用道德原则的程度（道德强度）、个人认识道德问题存在和相对重要性的能力（道德敏感度），以及环境因素。工作中的道德行为得到道德行为规范、沟通违反道德行为的机制、组织文化和领导者的行为的支持。

2-5　描述五种常见的跨文化研究的价值观

五种常见的跨文化研究的价值观是：个人主义（重视独立和个人独特性）；集体主义（重视对群体的责任和群体和谐）；权力距离（衡量权力的不平等分配）；不确定性规避（容忍或感觉受到模糊和不确定性的威胁）；成就 – 成长导向（重视竞争而非合作）。

◘ 关键术语

成就 – 成长导向	宜人性	集体主义	责任感	反生产工作行为
黑暗三联征	外向性	大五人格模型	个人主义	马基雅维利主义
警觉	道德强度	道德敏感度	迈尔斯 – 布里格斯类型指标	
自恋	神经质	经验开放性	组织政治	人格
权力距离	精神病态	不确定性规避	价值观	

◘ 批判性思考

1. 研究表明，遗传对个人的性格有很大的影响。这种影响在组织环境中的含义是什么？
2. 所有申请管理实习生职位的候选人都要接受一项人格测试，以衡量大五人格模型中的五个维度。对于这类工作，你认为最重要的人格特质是什么？请解释你的答案。

3. 作为移动电话产品开发的负责人，你将要雇用一个人来协助你完成产品设计的人机界面功能的工作。这项工作要求有一位富有创造性的、"打破常规"的思想家，同时，他要擅长团队合作。五个入围的申请人已经完成了大五人格因素的有效测量。如果这些求职者都有相似的智力和工作经验，哪些大五人格因素最能预测工作业绩（你可以选择一个或多个因素）？哪一个大五人格因素最不相关？请解释你的答案。

4. 可以理解的是，黑暗三联征是组织中极受关注的人格特质集群。然而，尽管它由三种不受社会欢迎的人格特质组成，但有证据表明，高管比其他人更有可能体现其中的一些特质。为什么会发生这种情况？这是否意味着黑暗三联征并没有那么糟糕呢？

5. 本章主要讨论员工个人价值观与组织价值观的一致性。但价值观的一致性也与其他处于并列位置的价值观体系有关。请解释价值观一致性如何与组织价值观和职业价值观（例如，医生、会计师、药剂师等职业的价值观）相关。

6. 最近，一家汽车零部件制造商的首席执行官和另外两名高管因被指控操纵向汽车行业销售的几个关键汽车零部件的价格而被解雇。竞争对手制造商的高管也因参与这一勾当而面临同样的指控。该行业的利润率承受着巨大的压力，这可能导致一家或多家汽车零部件公司（可能包括这家公司）破产。当这一不当行为被发现时，参与产品定价（但没有牵涉到价格操纵）的大多数员工都感到惊讶。这些高管在自己的专业领域备受尊敬，因此许多员工将这一不同寻常的定价决策解读为一种新战略，而不是一种非法活动。请运用个人和道德价值观及行为的知识来解释为什么会发生不道德的行为。

7. "所有决策都是合乎道德的决策。"请对这一说法进行评论，特别是要从道德强度和道德敏感度的角度进行思考。

8. 某个南美国家的人们有高水平的权力距离和集体主义。这意味着什么？当你（一位高级管理人员）拜访在该国家为某公司工作的员工时，这个信息会产生什么影响？

◘ 案例研究

SNC-LAVALIN 集团

　　贿赂外国公职人员、共谋欺诈和伪造、洗钱、非法获利，以及企图将前独裁者的儿子秘密偷渡到更安全的国家，这些听起来像是变态犯罪小说的情节。然而，加拿大最大的工程和建筑公司之一——SNC-Lavalin（SNCL）的前高管却遭到了这样的指控。

　　加拿大皇家骑警（RCMP）称，在过去的十年中，SNCL通过离岸银行账户向利比亚行贿1.18亿加元，以获得在利比亚的合同。此外，世界银行、非洲开发银行、瑞士警方和其他机构已经发现证据表明，SNCL贿赂或试图贿赂政府工作人员和领导人，以赢得非洲和亚洲的合同。SNCL还因涉及蒙特利尔一家超级医院的一个加拿大大型项目的合同投标中的不道德行为而受到调查。近12名SNCL前高管（其中多数担任高级职位）要么面临犯罪指控，要么正在接受调查。该公司及其100家子公司十年来一直被禁止参与世界银行（World Bank）资助的合同竞标。

　　世界银行和其他调查人员的报告称，在几个合同中，SNCL通过一种名为"项目咨询费"的费用科目处理贿赂。例如，SNCL最近处理了一起由非洲开发银行提起的腐败案，发现项目咨询费占乌干达和莫桑比克两个SNCL公路项目合同总额的7.5%。这家工程公司最近承认，这些费用都不合法。"每个人都用这个术语，大家都知道这是什么意思，"SNCL 前国际项目总监承认，"有时是'项目咨询费'，有时是'项目商业成本'，但事实上是贿赂。"

SNCL 通过雇员间接向 PCC（政策协调委员会）行贿。SNCL 在尼日利亚的一名工程师表示，他被告知要用个人资金向一名尼日利亚官员支付"土壤调查费用"。该官员已选择与该工程师所在的工程公司签订合同。该工程师随后在一家虚构的公司得到了 SNCL 的报销款。当被问及为什么参与回扣计划时，这位工程师（现在正在印度另一家公司工作）回答说："当老板问，在世界的那个地方……如果你在尼日利亚的偏远地区，如果你站在我的立场上，你会怎么办？"

SNCL 高管贿赂官员的另一种方式是通过"代理费"聘请当地代理人，有时外国合同投标人需要聘请当地代理人来安排许可证、进口和其他活动。然而，调查人员发现，SNCL 向瑞士、巴哈马和其他国家的银行转移了大量可疑资金。

涉及"代理费"的最大的腐败案件是 SNCL 在十年内将 1.2 亿多加元转移到一个瑞士银行账户。该账户由一位之前在北非工作，而后在蒙特利尔总部工作的 SNCL 执行副总裁控制。该高管后来因腐败和洗钱而在瑞士被定罪，并在瑞士服刑，其中 4 700 万美元作为定罪的一部分证据移交给了瑞士当局。在瑞士审判期间，这位高管承认，他贿赂了利比亚独裁者之子萨阿迪·卡扎菲（Saadi Gaddafi），目的是让 SNCL 在利比亚赢得 5 项重大合同。在另一项指控中，加拿大皇家骑警的宣誓书声称，同一名高管策划了一次将萨阿迪·卡扎菲及其家人偷渡到墨西哥未遂的行动。加拿大的一名前 SNCL 承包商因这次任务在墨西哥监狱待了18 个月。

SNCL 正在起诉在瑞士被定罪的高管和其他人，要求追回转移的资金，声称这些资金是合法的代理费。这位高管反诉称，高层（低于董事会级别）已安排或知道这些资金被用于行贿，而他只是在服从命令。当时的 SNCL 首席执行官的单独行动支持了这位被监禁的高管的说法。具体地说，首席执行官不顾首席财务官和国际业务负责人的反对，批准向利比亚和巴哈马的不明"代理人"支付总计 5 600 万加元的无凭证付款。魁北克反腐败的警察说，这位首席执行官最大的一笔无凭证付款（寄往巴哈马的 2 250 万美元）是用于赢得蒙特利尔超级医院的一份重要合同的贿赂。在一次内部审查 SNCL 董事会首席执行官的行动后，这位首席执行官辞职了。董事会向这位首席执行官支付了遣散费，但后来魁北克反腐败警察指控这位前首席执行官犯有欺诈罪，遣散费被停止。

另一名目前面临多项指控的 SNCL 副总裁也承认了他参与贿赂和相关犯罪。他解释说，"SNCL 拥有一种企业文化，在这种文化中，人们通常会做所有必要的事情，包括支付'佣金'和其他福利来获得合同，包括在利比亚。"这位高管还辩称，他面临着不得不从事这些非法活动的压力，因为他的上级说他必须听从他们的命令才能满足他们的期望。事实上，此后，一些前 SNCL 高管试图起诉该公司不当解雇，理由是该公司要求他们从事非法活动以保住工作。

SNCL 董事会成员似乎淡化了自己对这些事件的责任。在加拿大皇家骑警调查的早期，SNCL 董事会就收到了一封描述贿赂活动的匿名内部信件，但董事会成员后来承认，他们只是"注意到"这些指控，并指出他们在此之前收到了一些没有可信度的匿名信。当 SNCL 不当行为的严重程度最终公之于众时，董事会主席表示："显然，我们的董事会不能管理他们不知道的事情，也不能阻止他们不知道的事情发生。"

讨论题：

1. 如何用道德敏感度和道德强度解释 SNC-Lavalin 几位高管与其他员工的不道德行为？

2. 此案描述了 SNC-Lavalin 的几种不道德和非法行为。激励、能力、角色认知和环境（即第 1 章中的 MARS 模型）在多大程度上影响了高管和员工的这些行为？这些人的个人价值观是如何影响他们行为的？

3. 在这种情况下，SNC-Lavalin 和其他处于同样境地的公司应该采取什么措施来最大限度地减少这些不法行为？

资料来源：J. Castaldo, " SNC Lavalin's Missing Millions Mess: Is Ben Aïssa Responsible?," Canadian Business, July 9, 2012; T. McMahon and C. Sorensen, " Boardroom Blunders at SNC-Lavalin, " Maclean's, December 5, 2012, 24; D. Seglins, " SNC-Lavalin International Used Secret Code for 'Bribery' Payments," CBC News, May 15, 2013; " SNC-Lavalin Says Former Executive's Illegal Actions Justify Firing," Maclean's, May 17, 2013; J. Nicol and D. Seglins, " RCMP Moving to Freeze Assets in Widening SNC-Lavalin Probe," CBC News, May 23, 2013; B. Hutchinson, "The 'Clandestine World' of SNC's Fallen Star," National Post (Toronto), March 19, 2015, FP1; R. Marowits, " SNC-Lavalin Settles Corruption Case Brought by African Development Bank," Canadian Press, October 2, 2015; " SNC-Lavalin Executive Claims He Was Scapegoat in Gadhafi Bribery Scheme," Global Construction Review (London), September 14, 2015; R. Marowits, " SNC-Lavalin Still Hoping to Resolve Criminal Charges as Hearing Set for 2018," Canadian Press, February 27, 2016.

◘ 课堂练习 1　测试你的人格知识

目的：本练习旨在帮助你思考并理解大五人格维度对个人偏好和结果的作用。

说明（大班）：下面是关于大五人格维度和不同偏好或成果的几个问题。根据你的个人经验或最佳猜测去回答每个问题。然后，指导老师会给你根据学术分析得出的答案。你在这个测试中不会被打分，不过它会帮助你更好地理解人格对个体行为和偏好的作用。

说明（小班）：

（1）指导老师会组织学生分组。每个小组的成员一起回答下面关于大五人格维度以及不同偏好和结果的问题，见表 2-3。

（2）指导老师会给你根据学术分析得出的答案。（注意：指导老师可能会举行比赛，看哪个组答对的问题最多。）

人格和职业偏好的问题

你被要求从 12 名申请在南极研究站完成九个月过冬任务的求职者中挑选出一名候选人。假设所有候选人都具备相同的技能、经验、健康状况和身份。每一项人格维度处于什么水平、什么样人格特质的人最适合在这样偏僻、受限和孤立的条件下工作？

表 2-3　大五人格维度的得分

人格维度	低	低于平均值	平均值	高于平均值	高
责任感					
宜人性					
神经质					
经验开放性					
外向性					

下面列出一些职业。请从每一种职业中选择不超过两个与其偏好正相关的人格维度，见表 2-4。

表 2-4　部分职业的大五人格维度

职业	人格维度				
	外向性	责任感	宜人性	神经质	经验开放性
预算分析师					
公司行政人员					
工程师					
记者					
人身保险经纪人					
护士					
医生					
产品监督员					
公共关系总监					
研究分析员					
学校教师					
雕刻家					

◘ 课堂练习 2　个人价值观测验

目的：本练习旨在帮助你理解施瓦茨价值观模型，并把它的要素与你个人的价值观和班级里其他人的价值观联系起来。

说明：老师会发一张带有 44 个单词和短语的纸片来代表不同的个人价值观。认真阅读这些单词和短语，然后按照以下步骤进行：

（1）从这些单词或短语中选择对你而言最重要的 3 个代表价值观的词语，将这 3 个价值观写在老师发给你的 3 张黄色便签上。

（2）从老师发的纸片上剩余的 41 个价值观中选择对你而言最不重要的 3 个价值观，将这 3 个价值观写在老师发给你的 3 张黄色便签上。

（3）老师会根据你在这 6 张便签上所写的最重要和最不重要的价值观而给你相关的建议。

（4）班级将进行汇报，并使用在第三步里得到的信息。

◘ 小组练习　道德困境事例

目的：这个练习的目的是让你了解人们在不同商业环境中会遇到的道德困境和这些环境里相互矛盾的原则与价值观。

说明（小班）：指导老师会组织 4～5 个成员的小组。小组成员阅读下面的每个案例，并讨论在每个案例中的公司的行为在多大程度上是道德的。小组要准备好用道德原则和从每个事件中感知到的道德强度来解释他们的评价。

说明（大班）：阅读下面所有的案例，并判断在每个案例中，公司的行为在多大程度上是道德的，请独立完成。指导老师会让同学们举手表决，学生们认为该案例代表哪种程度的道德困境（高或低道德强度）和各个案例中的主要人物与公司的行为符合道德的程度。

案例 1

一家强调健康生活方式的大型跨国零售连锁店被公认为美国"最环保"的公司之一，并被长期评为最佳工作场所之一。全职和长期兼职的员工享受健康保险。大多数员工在购买公司产品时可以享受 20% 的折扣。参与公司推出的"健康折扣激励计划"的员工可再获得 10% 的额外折扣（即总折扣高达 30%）。这些额外折扣是根据员工的血压、总胆固醇（或低密度脂蛋白）水平、身体质量指数（BMI）和无尼古丁生活方式计算得出的。例如，那些不使用尼古丁产品、血压为 110/70 或更低、胆固醇水平低于 150、BMI 低于 24 的员工可以享受 10% 的额外折扣。如果员工使用尼古丁产品，或者有以下任何一种情况：血压高于 140/90、胆固醇水平高于 195 或 BMI 高于 30，则不会获得额外折扣。首席执行官在给员工的信中宣布该计划时解释说："这些激励措施鼓励我们的团队成员更健康，降低了我们的医疗保健成本。"

案例 2

一家小型进口服务公司聘请的一名 16 岁的员工开始把她对工作的想法发表在自己的 Facebook 主页上。在第一天上班后，她写道："第一天的工作。我的天啊！！太无聊了！！"两天后，她抱怨道："我所做的全部只是用碎纸机处理掉 n 张扫描纸！！！我的天啊！"

两周后，她补充道："我已经无聊透顶了！！！"这些评论与她平时生活中的其他玩笑内容都混在一起。她的 Facebook 主页并没有提及她所工作的公司名称，但在被雇用了三周后，这名员工被叫到了领导的办公室。接着，因为在 Facebook 主页上的评论，她被解雇了。领导认为这些评论对公司不利，并且，她所表达出的不尊重与不满的情绪破坏了双方的关系。这些都使雇佣关系不能再维持下去了。

案例 3

在某大城市的一家咖啡馆的服务员把海蒂·克拉克（Heidi Clarke）点的饭和邻桌一位男顾客点的饭搞混了。这两个陌生人发现了这个错误，并在交换盘子时进行了短暂的友好交谈。男顾客很快就离开了，但不小心把他的新夹克忘在了椅子上。海蒂想再次见到他，所以她把夹克带回家了。在朋友的建议下，海蒂在 YouTube 上发布了一段视频和网站。在视频和网站上，她害羞地讲述了自己的故事，详细介绍了这件夹克的特点，并醒目地展示了一个印有流行时尚零售商名字的标签。该网站甚至上传了海蒂拿该夹克摆拍的照片。第二天，她把夹克与一张写有她的名字和电话号码的纸条交给了咖啡馆的工作人员。海蒂发布在 YouTube 上的视频很快就在网上疯传，她的网站被挤爆了，一家大型报社和电视台报道了海蒂寻找丢失夹克主人的过程。这件事是灰姑娘故事的浪漫反转。这只是一个营销公司举办的假活动。"海蒂"是一名演员和模特，受雇于营销公司来宣传某家时尚零售商的男士夹克新系列。营销公司的合伙人说："当你拥有一个非常成熟的品牌时，需要做一些有说服力的事情重新评估这个品牌的意义。"营销主管认为这是一个可以接受的营销活动，因为"没有人受到伤害"，而且公司打算在最后披露真相。事实上，这位女演员（真名是莉莉，而不是海蒂）发布了第二段视频，承认这件事是假的，并解释说她非常喜欢真实的浪漫爱情故事。

案例 4

打印机制造商通常以较低利润售卖打印机，并在随后的打印机耗材——墨水芯的销售中赚取更多利润。某个全球打印机制造商正在将他们的打印机设计成只能使用同一区域的墨水芯的产品。例如，在美国买的墨水芯不能被用于在欧洲的相同打印机。这种墨水芯的"区域编码"并不能提高性能，相反，它使得消费者和灰色市场交易者不能在另一区域以较低价格购买商品。公司宣称，这个政策使得他们可以在一个区域内维持稳定的价格，不会因为汇率波动而不断地改变价格。

案例 5

一家大型欧洲银行要求所有员工在本银行开立一个银行账户。该银行将员工工资存入这些账户。该银行解释说，这是一项正式的政策，所有员工在入职时都同意这样做。此外，若员工在该银行未设立账户，则表明他是不忠诚的，这可能会限制他在银行的职业发展。直到最近，该银行才勉强同意将小部分员工的工资存入其他银行的账户。现在，该银行高管希望加强这一政策。他们宣布员工有三个月的时间开立账户，否则将面临纪律处分。

第 3 章

组织中的自我感知和他人感知

学习完本章，你应该能够：

- 描述自我概念的特征和过程，并解释它们如何影响个体的行为和幸福感。
- 概述知觉过程，并讨论分类思维和心智模型在该过程中的作用。
- 讨论刻板印象、归因理论、自我实现预言、晕轮效应、虚假共识效应、近因效应和首因效应如何影响知觉过程。
- 讨论改善知觉的三种方法和在组织中的具体应用。
- 概述全球思维的主要特征，并证明其对员工和组织的有用性。

:: 开篇案例

格拉迪斯·孔的遭遇

　　当优步媒体（Uber Media）的格拉迪斯·孔（Gladys Kong）和她的同事们参加工程或技术会议时，人们常常向她提出营销问题，而向她的男同事们提出工程问题。参会者们认为，孔作为女性，从事市场营销，而她周围的男性则是工程师。他们没有意识到，孔不仅仅是一名工程师，还是这家移动定位和数据公司的首席执行官与前首席技术官。"我要么必须戴上标志表明自己是工程师，要么必须向参会者们展现出我知道自己在说什么。"孔说。

　　孔可能会对这些误解和刻板印象不屑一顾，但它们在一定程度上解释了为什么在美国（与其他几个国家类似）的工程技术人员中，女性只占 15% 左右，而在最近的工程专业毕业生中，女性占比只略高于 20%。一家全球工程招聘公司的高管露丝·汉考克（Ruth Hancock）说："当朋友们把'一名女工程师的工作'称作男人的工作，且另一名女工程师谈到有人询问她是否戴安全帽和穿工装靴去上班时，很显然，在这个领域中仍存在着性别刻板印象。""我们迫切需要改变女性在工程领域的形象。"在瑞士某家工程公司专门从事海底和管道技术工作的土木工程师米歇尔·安格尔（Michelle Unger）说。"我现在知道，这种工程师的形象是不正确的，而且坦率地说，这可能会让年轻的女学生们气馁，”安格尔说，“我不必戴安全帽，也不需要在泥泞的田野里工作。我们中很少有人会这样做。让我们抛弃这种形象。”

女工程师也面临着各种形式的歧视和偏见。例如，加利福尼亚州的一名谷歌工程师和南非某工程协会的一名首席执行官最近支持一种长期被驳斥的观点，即女性在生理上或性格上都不适合工程学。

一些男工程师对待女同事的方式更明显地体现了微妙的歧视。“一个小组里的两名女生已经花了好几个小时来研发我们在那堂课上正在做的机器人，而她们小组的男生回来后，在几分钟内就把这两名女生赶去做一些琐碎的工作，而他们则去机械车间尽情享受乐趣。”一名工程学女学生抱怨道。另一名女学生注意到，一些男工程师会无意识地传达出他们对女同事的低期望。比如，“我觉得每当（男性小组成员）与我进行技术交流时，他们都会把问题描述得简单易懂。”

那些雇用工程专业人员的公司在把女性吸引和留在该职业领域的问题上面临着两个挑战：女性对自己作为工程师的认知；女性和他人对工程师以及从事该工作的女性的看法。我们在本章中讨论了这两个相关的主题。首先，我们研究了人们如何感知自己（他们的自我概念）以及这种自我概念如何影响人们的决策和行为。接下来，我们从如何选择、组织和解释信息开始，关注组织架构中的知觉。我们还回顾了几个具体的知觉过程，如刻板印象、归因理论和自我实现预言。然后，本章讨论了改善知觉的潜在有效方法。最后，本章回顾了全球思维的主要因素。在日益全球化的世界里，全球思维是一个受到高度重视的知觉过程。

3.1　自我概念：我们如何感知自己

为什么在美国和其他许多国家的女性工程师如此之少？正如本章的开篇案例所表明的那样，女性被呈现出的在工程领域的形象通常是不准确的，是与她们的自我概念不相容的。她们还收到了来自男性同事的低期望信号，而这样的信号会影响她们的自我评价。这加剧了在高中可能出现的关于工程相关课程表现的早期自我怀疑。例如，最近的一项研究发现，14岁的女生明显低估了自己在科学和技术测试中的表现，而男生则稍微高估了自己，尽管实际上男生和女生的平均分大致相同。

这些阻碍女性进入并留在工程领域的因素是自我概念的核心因素。**自我概念**（self-concept）是指个体的自我信念和自我评价。它是指人们对自己发出的“我是谁”和“我对自己感觉如何”的疑问，同时也引导着人们的决策和行为。无论是考虑从事工程类职业还是其他任何职业，我们都会把自己对这份工作的想象与我们当前感知到的自我和理想的自我进行比较。我们也会评估自己目前已经拥有和所期望拥有的能力，以确定我们是否适合该类型的工作。

3.1.1　自我概念的复杂性、一致性和清晰性

如图3-1所示，个体的自我概念可以通过三个特征来描述：复杂性（complexity）、一致性（consistency）和清晰性（clarity）。复杂性是指人们自己所认知到的不同而重要的角色或身份的数量。每个人都有一定程度的复杂性，因为他们在不同的时间看到自己不同的角色（学生、朋友、女儿、体育迷等）。当人们寻求新的机会和社会关系时，他们通常会被激励去

增加自己的复杂性（也称自我扩展）。例如，当你从一个会计变成一个经理时，你的自我概念变得更加复杂，因为你获得了更多的角色。

定义自我概念的复杂性时不仅要考虑一个人拥有的身份的数量，也要考虑这些身份的差异度。当这些身份之间高度关联时，例如，当它们都与工作关联（经理、工程师、挣钱养家者）时，具有多个身份的个体可能仍然具有较低的自我概念复杂性。当多重身份彼此之间的关联度较低时，例如，当它们涉及彼此不同的生活领域时，复杂性就会更强。

尽管每个人都有多重自我，但在同一时间，只有其中一些身份占据主导地位。一个特定的自我概念（父母、管理者等）通常具有领域特殊性，它在某些情境下比在其他情境下更容易被激活。当被激活的自我概念很重要并且与情境相适应时，人们更容易改变他们的自我概念。例如，当人们从家去上班时，他们通常可以将自我概念从父母转变为主管，因为这两种角色都很重要，并且分别适应家庭和工作环境。相比之下，一些员工在家工作（远程工作）时很难专注于职业上的自我概念。

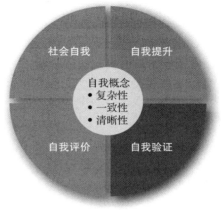

图 3-1　自我概念的特征和过程

自我概念的第二个特征是一致性。它是指个体身份所要求的个人属性的相似程度。当个体的身份彼此兼容，并与他或她的实际人格特征、价值观和其他属性相一致时，就存在高一致性。当一些自我概念所要求的个人属性与其他自我概念所要求的个人属性相冲突时，就会出现低一致性，例如，一个有安全意识的工程师同时也将自己定义为一个风险导向的冲浪者。当一个人的主导自我概念身份与他或她的实际个人属性不相容时，也会出现低一致性。当一个人具有高创造力的自我概念，而在实际的人格和价值观方面却是低经验开放性时，这种情况就会发生。

自我概念的第三个特征是清晰性，指的是一个人拥有清晰的、笃定的、稳定的自我概念的程度。当一个人对"我是谁"非常自信，能向他人描述自己的重要身份，并能在不同时间提供相同的自我描述时，就会存在清晰性。自我概念的清晰性随年龄增长而增强，因为人格和价值观在成年后变得相对稳定，人们通过生活经历发展了更好的自我意识。通过自我反思，清晰性也会提高。研究发现，当人们生活在其他文化中时，他们会进行更多的自我反思，这提高了他们自我概念的清晰性。当一个人的多重自我具有更高的一致性时，自我概念也更清晰。这是有道理的，因为低一致性会对人的潜在特征产生不确定性。例如，若自我概念中包含谨慎的工程师和风险导向的冲浪者这两种拥有截然不同身份的人，就难以清晰地或充满自信地定义自己。

○ 全球链接 3-1

通过明确自我概念找到职业定位

理查德·奥尔德森（Richard Alderson）大学毕业后在伦敦从事令人羡慕的商业顾问工作。"表面上看，我在一家大公司有一份不错的工作，"奥尔德森回忆说，"我做了我大学毕业后该做的事。"

但奥尔德森最终意识到，这条职业道路与他的自我概念不相容。"在社交聚会上，我会为谈论我的工作而感到尴尬，因为感觉它与我并不匹配。这份工作或这家公司并没有什么问题，它们只是不适合我而已。"奥尔德森回忆说。后来，他成立了一家公司，为那些面临类似职业不相容问题的人提供培训和召开研讨会。

奥尔德森的经历并不罕见。许多人在他们的自我概念被清晰地、自信地定义之前，就完成了读书阶段并进入了职业生涯。伦敦一家职业发展和生活技能机构的创始人凯德杰·马丁（Kedge Martin）说："20多岁是个性发展和成长的重要时期，只有到30岁时你才开始发现真正的自己。"

然而，通过支持你的人有意义的反馈和你的自我反思，自我概念的清晰性可以在某种程度上加速形成。"能让你适应自己的东西有很多，除了多年来基本成熟的心智以外，还有围绕在你身边的人，"纽约市警察局公平与包容部副专员特蕾西·基西（Tracie Keesee）说，"为了真正地适应自己并找到最好的方法来适应自己，也需要自我反思和做大量的准备工作。"

基西还提醒人们不要假装成为与真实自我不同的人。当我们作为领导者、管理者和个人贡献者并假设每个人都必须摆脱自己的身份以满足组织的需要时，通常会失败。这种方法是极其不健康的。保持真实的自己是每个人的责任。

自我概念的特征对幸福感和行为的影响

心理幸福感（psychological well-being）往往在那些拥有相当明显的多重自我（复杂性）的人身上更高，而这些多重自我已经得到很好的确立（清晰性），并且需要与个人性格相容的相似个人属性（一致性）。当某些角色受到威胁或损害时，自我概念的复杂性会保护我们的自尊。把一个复杂的自我想象成一艘有几个可以彼此隔离的舱室的船。如果船的一个舱室损坏了，其他舱室仍完好无损，则船可以保持漂浮状态。一个复杂的自我提供了相同的好处：如果一个身份被某些事件（比如失业）破坏了，而这个人仍能维持心理健康，因为其他身份完好无损。相比之下，低自我复杂性的人，包括那些多重自我相互关联的人，在经历失败时会遭受严重的打击，因为这些事件影响了他们的自我中的很大一部分。

当个体的多重自我彼此相容且与个体的人格和价值观相容时（一致性），心理幸福感往往也会更高。自我概念的复杂性有助于人们及时调整适应，但太多的差异会导致内在的紧张和冲突。心理幸福感也往往随着自我概念清晰性的增强而增强。对自我概念不确定的人更容易受到他人的影响，会在做决定时承受更多压力，且更容易受到那些破坏他们自信和自尊的社会力量的威胁。

自我概念的复杂性、一致性和清晰性对个体的行为与表现既有积极的影响，也有消极的影响，除了三个自我概念特征外，图3-1还说明了塑造自我概念以及激励个体的决策和行为的四个过程。让我们来看看这四个"自我"：自我提升、自我验证、自我评价和社会自我（社会认同）。

3.1.2　自我提升

一个世纪以前，教育哲学家约翰·杜威（John Dewey）说："人性中最深处的欲望是自己变得重要。"杜威认识到，人们天生就有动机认为自己（以及被他人感知）是有能力的、有吸引力的、幸运的、有道德的和重要的。这种现象被称为**自我提升**（self-enhancement），它可从很多方面被观察到。人们倾向于认为自己高于平均水平，相信自己有比平均水平更高的成功概率，并把成功归因于个人动机或能力，而把错误归咎于环境。例如，一项研究报告称，70% 的学生认为自己的学业表现高于平均水平；62% 的学生表示自己的领导能力高于其他学生的平均水平。人们并不是在所有情况下都认为他们在平均水平之上，只是在对他们而言很重要的事情和相对普遍而非罕见的事情上持有这样的观点。

在组织环境中，自我提升既有积极的影响也有消极的影响。从积极的方面来看，当个体提升自我概念时，往往能得到更好的心理和身体健康。过度自信还会产生一种"我能行"的态度（我们稍后会讨论），而这种态度会促使人们在执行困难或危险的任务时坚持不懈。从消极的方面来看，自我提升会导致人们在投资决策中高估未来的回报，也会使人们做出不安全的行为（如危险驾驶）。

自我提升也会导致高管们不断做出糟糕的决策（因为他们忽视了负面反馈）、推出错误的企业多样性战略以及为企业带来过多的债务。然而，一般来说，成功的公司会努力让员工感到自己被重视，从而让员工有某种程度的自我提升。

3.1.3　自我验证

每个人都试图确认和维持他们现有的自我概念。这个过程被称为**自我验证**（self-verification），它稳定了一个人的自我概念；反过来，它又提供了一个重要的"锚"来指导他或她的思想和行动。人们积极地交流他们的自我概念，以便同事理解并提供验证反馈。例如，你可以让同事知道你是一个做事非常有条理的人；之后，当你表现得确实很有条理时，他们就会因此称赞你。最近的一项研究表明，当一个人作为领导者的身份被其他人质疑时，领导者会运用自我验证策略，比如，让他们的角色表现更明显（如工作更长时间）、采用一种不那么具有威胁性的自我概念风格、直接面对那些怀疑或不同意他们作为领导者身份的人。

与自我提升不同的是，自我验证寻求的反馈不一定是奉承（例如，"我喜欢与数字打交道，不喜欢和人打交道"）。专家们仍在争论，人们是否以及在什么情况下更喜欢支持自我提升或自我验证的信息。换句话说，对于我们易于承认的缺点，我们是否更喜欢赞美而非关于缺点的精准批评？答案很可能令人纠结：我们喜欢赞美，但如果这些赞美与我们的自我概念截然相反，我们就不会那么喜欢了。

自我验证与几个组织行为学的主题相互关联。第一，它会影响知觉过程，因为员工更有可能记住与自我概念相一致的信息，并无意识地过滤掉与自我概念不一致的信息（尤其是负面信息）。第二，自我概念清晰性高的人会有意识地忽略与自我概念相矛盾的反馈。第三，员工有动力与那些肯定他们的自我概念的人互动，这影响着他们与上司和小组成员的相处。例如，当社会化过程允许新员工肯定真实的自我时，他们会有更高的满意度，也会在工作上表现得更好。这是因为新员工可以展示"他们是谁"并得到相关支持。而当社会化过程主要是引导新员工去贴合公司的理想员工形象时，则不会有这样的结果。

3.1.4　自我评价

几乎每个人都努力地去拥有一个积极的自我概念，但有些人的自我评价会比其他人的更为积极。自我评价主要由三个因素定义：自尊、自我效能和控制点。

自尊（self-esteem）。自尊是指人们喜爱自己、尊重自己和对自己满意的程度，代表了一种全面的自我评价。人们对自己的不同角色有不同程度的自尊，比如，当个好学生、好司机和好家长。通过这些多重的自我评估，人们对自己形成了一个整体的评价，这就是他们的整体自尊。自尊心强的人受到他人的影响较小，即使遇到失败也往往会继续坚持，并且更倾向于有逻辑地进行思考。

自我效能（self-efficacy）。自我效能指的是一个人对于成功完成一项任务的信念。那些自我效能高的人有一种"我能行"的态度。他们相信自己拥有能量（动机）、能力、清晰的期望（角色感知）和资源（环境因素）来执行任务。换句话说，自我效能是个体在特定情况下对 MARS 模型的感知。自我效能通常是针对具体任务的，但它也可以更加具有普遍性。当人们相信自己可以在各种情况下取得成功时，他们就有了一般自我效能。一般自我效能越高的人，整体自我评价越积极。

控制点（locus of control）。控制点是指一个人对个人生活事件控制程度的一般信念。具有内部控制点的人认为生活事件主要是由自己的个人特征（即动机和能力）引起的。那些具有外部控制点的人则认为事件主要是由命运、运气或外部环境条件决定的。控制点是一种广义信念，但这种信念会因情境的不同而有所不同。具有外部控制点的人通常认为，生活的结果是他们无法控制的，但他们也相信他们可以控制自己经常执行的任务的结果。个体的一般控制点在新情境下体现得最为明显，因为他们控制事件的能力是不确定的。

具有内部控制点的人有更积极的自我评价。他们往往在大多数就业情况下表现得更好，在职业生涯中更成功，能赚更多的钱，也更适合担任领导职位。具有内部控制点的人对自己的工作更满意，能更好地应对压力，受到绩效奖励制度激励的程度也更高。

3.1.5　社会自我

我们在开始这个话题时指出，个体的自我概念存在于三个层次：个体、关系和集体。这三个层次识别出两种影响人们如何看待自己的相反的人类动机。

- 让自己与众不同的动机。个体的自我被称为个人身份或内在自我概念，它满足了独特性的需要，因为它涉及用个性、价值观、能力、品质、成就和其他个人属性来定义我们自己。每个人都有自己独特的个性组合，我们在某种程度上接受这种独特性。例如，一项不同寻常的、能将你与同事区分开来的技能或成就，是你个人身份的一部分。
- 与他人融合和同化的动机。关系自我概念和集体自我概念满足了同化的基本需要，因为它们涉及与他人的互动和相互依赖。人类是社会动物——有一种与生俱来的内驱力去与他人联系并成为社会群体的一部分。这种归属内驱力促使所有个体在某种程度上通过他们的人际关系和集体关系来定义自己，这种定义被称为他们的社会身份或外部自我概念。

社会身份是**社会身份理论**（social identity theory）的中心主题。该理论认为，人们根据他们所属的群体或有情感依附的群体来定义自己。例如，某人可能拥有美国公民、俄勒冈大学毕业生和波士顿咨询公司员工的社会身份（见图 3-2）。

社会身份是多种身份的复杂组合，这些身份按重要性等级排列。第一个决定身份重要性的因素是你是否容易被确定为相关群体中的一员，如你的性别、年龄和种族。第二个因素是你在群体中处于少数人的地位。例如，在一个大多数学生都是异性的班级里，你很难忽视自已的性别。在这种情况下，相比于有很多同性的社会环境，性别往往会成为一个更强的定义你社会身份的特征。

群体地位是另一个重要的社会身份因素，因为与群体的联系让我们对自我感觉更好（即自我提升）。医生通常以职业来定义自己，这是因为医生的地位很高。有些人用他们工作的地方来描述自己（"我在谷歌工作"），这是因为他们的雇主享誉盛名。而另一些人从不提及他们在哪里工作，这是因为他们的雇主与员工的关系很差，或者在社区中的名声不好。

我们所有人都试图平衡个人身份和社会身份，但独特性（个人身份）和归属感（社会身份）的优先级因人而异。那些自我概念由社会身份而非个人身份定义的人，更有动力遵守小组规范，也更容易受到同伴压力的影响。那些更强调个人身份的人，会更频繁地反对大多数人，更不愿意遵循小组的意愿。此外，向他人表达不同的意见是具有独特性的标志，可以帮助员工形成更清晰的自我概念，尤其是当这种不同意见是基于个人价值观差异而产生时。

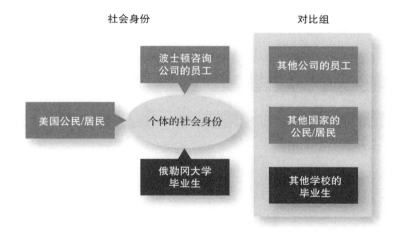

图 3-2　社会身份理论例子

○ 全球链接 3-2

星巴克在中国培养员工的社会认同

星巴克咖啡公司通过将美国连锁咖啡店打造成员工社会身份的重要组成部分，在中国取得了成功。它通过多种方式做到了这一点。首先，通过绩效、创新、尊重和归属感，员工（被称为"伙伴"）很容易与星巴克的核心价值观联系起来。

其次，星巴克将自己定位为高端品牌，这进一步提升了员工的自豪感。公司提供有竞争力的薪酬、全面的健康保险、员工股权计划、全职员工住房补贴以及持续的培训和职业发展。

星巴克员工也自豪地认同他们的雇主，因为众所周知，星巴克重视家庭——中国文化中的重要价值观。该公司每年举办一次"伙伴家庭论坛"，让员工和他们的父母了解星巴克及其在中国的未来。该公司最近还推出了针对员工年迈父母的特殊重疾保险。星巴克亚太区的一位高管表示："我们一直渴望创造一种让员工感到自豪的文化。"

3.1.6　自我概念与组织行为

自我概念已成为社会科学研究的热点问题，并开始在组织行为研究中兴起。本节简要说明了自我概念影响人类的感知、决策、动机、压力、小组动力、领导力发展和其他几个组织行为学的主题。因此，你会在整本书中都读到与自我概念相关的内容，包括本章后面的部分。

3.2 感知我们周围的世界

尽管我们花费相当多的时间来感知自我，但其实我们大部分的知觉能量是指向外部世界的。无论是化学工程师、法务会计师还是高级管理人员，都需要理解周围的世界，也需要理解那些挑战他们知觉准确性的条件。**知觉**（perception）是指接收关于我们周围世界的信息并使之有意义的过程。它包括确定要注意哪些信息、如何对这些信息进行分类，以及如何在我们现有的知识框架内对其进行解释。

这个知觉过程一般遵循图 3-3 所示的步骤。当我们的感官接收到环境的刺激时，知觉就开始了。

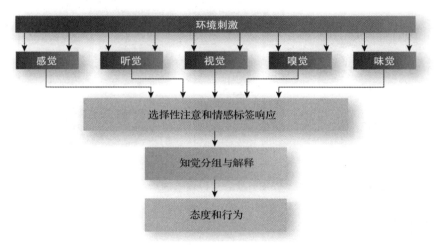

图 3-3　知觉过程模型

大多数冲击我们感官的刺激都被屏蔽了，其余的都是有条理的和能被解释的。我们感官接收某些信息而忽略其他信息的过程被称为**选择性注意**（selective attention）。选择性注意受到被感知的人或物体的特征的影响，特别是其大小、强度、运动、重复性和新奇性。例如，护士工作站控制台上一个小的、闪烁的红灯会立即被注意到，因为它明亮（强度）、闪烁（运动）并代表罕见的事件（新奇性），还具有病人生命体征正在恶化的象征意义。需要注意的是，选择性注意也会受到感知目标所处情境的影响。举例而言，选择性注意会被那些可能处于情境以外的人或事触发，例如，一个有外国口音的人处于一个大多数人都有当地口音的环境中就会触发选择性注意。

感知者本身的特征也会影响选择性注意，不过感知者通常意识不到这种影响。当信息通过感官被接收时，我们的大脑会迅速、无意识地评估它是否与我们相关，然后将情绪标签（担忧、快乐、无聊）附加到保留的信息上。情绪标签帮助我们在记忆中储存信息，而这些情绪会在后续回忆知觉信息时重现。然而，选择性注意的过程远非完美。希腊哲学家柏拉图很早就认识到这一点。他在其著作中写道，我们看到的现实只是洞穴粗糙的墙壁上反射的影子。

我们对未来事件的假设和预期所带来的影响是一种选择性注意偏差。当你预期会接收到某个同事的邮件时，你更有可能在每天都堆积如山的邮件中注意到这封邮件（如果是有价值的邮件则更是如此）。不幸的是，预期和假设也会导致我们筛选掉潜在的重要信息。在一项研究中，学生们被要求观看一段 30 秒的视频，该视频中有几个玩家传递着两个篮球。第一组学生只被要求观看视频。他们中的大多数人很容易地注意到一个穿着大猩猩服装的人在玩家中间走了 9 秒，然后停下来捶击自己的胸口。第二组学生被要求数清其中一个篮球被传递的次数。他们中只有一半的人注意到了在视频中出现的这只"大猩猩"。

○ 全球链接 3-3
确认偏误导致错误定罪

神秘的侦探夏洛克·福尔摩斯在《血字的研究》中警告说："在掌握所有证据之前下定论是一个重大错误。这会让判断产生偏差。"执法机构试图遵循这一建议，但确认偏误（confirmation bias）导致了许多有缺陷的调查。

确认偏误最臭名昭著的例子之一是迈克尔·莫顿（Michael Morton）被误判谋杀了他的妻子。在翻案之前，莫顿在得克萨斯州的监狱里待了 25 年。真正的凶手后来被指认并定罪。

警方和地区检察官办公室专注于莫顿谋杀他妻子的假设上，却忽视了邻居提供的证据，他们看到，在谋杀被发现的那天早上，一名身份不明的司机将他的货车停在莫顿家后面的一片空地上并穿过灌木丛朝莫顿家走去。调查人员还忽视了在离莫顿家不到 100 米处发现的一条头巾与谋杀案的相关性。20 年后，这条头巾提供了证明真正凶手与莫顿妻子之间关联性的至关重要的 DNA 证据。

地方检察官在法庭上辩称，死者的钱包不见了，这是因为莫顿试图将责任推到一个虚构的窃贼身上。然而，警方显然没有对失踪钱包中的信用卡在谋杀案案发生两天后被盗用的报告进行调查。警方还忽略了莫顿三岁的儿子在谋杀案发生两周后与祖母的对话。在对话中，莫顿的儿子正确地回忆起了谋杀现场的细节，他说屋子里有一个男人，并说他的父亲当时并不在家。（那天莫顿在上班，而地方检察官却试图证明莫顿在上班前杀害了他的妻子。）

地方检察官和他的继任者反对尝试用新的 DNA 检测来重新检查证据，并试图阻止公布原始调查记录和报告。主审法官过去曾要求提供案件的所有书面证据，但几十年后，官员们发现当时地方检察官办公室违反了这一要求，他们排除了与案件相冲突的证据（即免罪证据）。

地区检察官（后来成为地区法官）最近被判处藐视法庭罪，且鉴于他在莫顿案中的行为，他同意放弃自己的律师执照。当支持莫顿无罪的新证据曝光后，他的继任者在地方检察官的选举中落败。此后，得克萨斯州通过了《迈克尔·莫顿法案》（Michael Morton Act），要求得克萨斯州检察官向被告和其他当事人披露检察官档案的全部内容，如警方报告、DNA 证据和监控录像。

另一个选择性注意问题是**确认偏误**（confirmation bias），是指人们无意识地倾向于过滤掉与他们的决策、信念、价值观和假设相反的信息，而更容易接受能证实现有的认知和态度的信息。当要做出一个重要决定时，比如投资一个昂贵的项目，我们倾向于关注支持该决定的信息，而忽略质疑该决定是否明智的信息，并且相对于反对的信息，我们更容易回忆起支持的信息。在演习中，确认偏误会发生在飞行学员不确定自己的位置时。研究发现，飞行员试图通过依赖与他们的假设相符的但不可靠的信息来找到自己的真实位置，而不是依赖与自己的假设相反的但更准确的信息。确认偏误也是警察侦探和其他法医专家在调查中过早地下定论时会出现的广为人知的知觉问题。

3.2.1　知觉分组与解释

我们注意到的仅仅是感官所接收到的刺激中的一小部分。尽管如此，人类大脑通过各种知觉分组策略，又进一步降低了所接收信息的体量和复杂性。虽然知觉分组（perceptual organization）大多在我们没有意识到的情况下就发生了，但它是理解事物和满足认知闭合需要的基础。

最常见、影响最深远的知觉分组过程是**分类思维**（categorical thinking），这是一种将人和事物按预先设想的、储存在我们长期记忆中的类别组织起来的基本无意识的过程。人们通常根据他们可以观察到的事物的相似性来分组，如性别、年龄、种族或服装风格。这种分类过程也会根据人们之间的亲近程度来将他们分组。如果你注意到了一群在同一地区工作的员工，并且知道他们中的一些人是营销人员，那么你可能会认为这群人中的其他人也是营销人员。

第二个知觉分组过程是通过填补令人迷惑的事物中缺失的部分来组织传入的信息。每个人都有认知闭合的需要。我们想要弄清楚我们周围发生了什么，这使我们能更容易地预测和管理未来事件。为了减少感官刺激的模糊性，我们通过依赖过去的图像和经验（我们接下来会讨论的心智模型）来对缺失信息做出假设。例如，我们通过假设我们没有出席的一个会议里发生的事情（比如，谁参加了会议、会议在哪里举行）来实现认知闭合。一种相关的过程是在模糊不清的信息中感知趋势。一些研究发现，事实上，人们有将随机事件看成是固有模式的天然倾向。例如，人们错误地认为，一个连续获胜的运动员或赌徒，在下一次也更有可能获胜。

"理解"我们周围世界的过程不仅仅是对传入的信息进行组织，还包括解释它们。解释传入的信息就像选择和组织它一样迅速，因为前面提到的情绪标签被标记到传入的刺激上，这本质上就是对信息对于我们而言是好是坏的快速判断。做出这些快速判断需要多少时间呢？最近的研究估计，在我们看到一张脸后，只需要50毫秒（1/20秒）就能对这个人的可信度做出可靠的判断。事实上，无论我们看一张脸的时间是1分钟还是仅仅200毫秒，我们对是否喜欢或信任这个人的看法几乎是一样的。总的来说，这些研究表明，选择性注意、知觉分组与解释的运作是非常迅速的，而且在很大程度上我们意识不到它们的发生。

3.2.2　心智模型

为了以某种程度的可预见性和理智性来实现我们的目标，我们需要得到所处环境的路线图。这些路线图被称为**心智模型**（mental model），是我们用来描述、解释和预测周围世界的知识结构。它们由我们头脑中的视觉或相关图像组成，比如，教室是什么样子的或者当我们迟交作业时会发生什么。心智模型部分地依赖知觉分组过程来理解事物。知觉分组过程填补了事物缺失的部分，其中包括事件之间的因果关系。例如，你有一个关于参加课堂讲座或研讨会的心智模型，里面包含了你对教师和学生在教室里的位置安排、他们如何提问和回答问题等的假设或预期。换句话说，我们在脑海中创造了一幅正在上课的图像。

心智模型对理解事物而言很重要，但它们也让我们很难用不同的方式来看待世界。例如，会计专业人员倾向于从会计的角度来看待公司的问题，而营销专业人员则从营销的角度来看待同样的问题。心智模型也会阻碍我们识别新的机会。我们应该如何改变心智模型呢？这是一个艰巨的挑战。毕竟这些知识结构是我们从数年的经验和强化中发展出来的。要最小化心智模型的知觉问题，最重要的方法是意识到它们并经常质疑它们。我们需要对自己所做的假设提出质疑。与来自不同背景的人一起工作是打破现有心智模型的另一种方法。来自不同文化背景和专业领域的同事往往有着不同的心智模型，所以与他们一起工作会让我们自己的假设更加凸显。

3.3 具体的知觉过程和问题

在一般的知觉过程中，有特定的子过程和相关的知觉错误。在本章的这一节，我们从最广为人知的一个偏误——刻板印象开始，探讨其中几个知觉过程和偏误，以及它们对组织行为的影响。

3.3.1 组织中的刻板印象

刻板印象（stereotyping）是一个知觉过程。在这个过程中，我们为一个可识别的群体分配特征，然后自动地把这些特征转移到我们认为是该群体成员的人身上。分配的特征往往难以观察到，比如个性特征和能力，但它们也可能包括身体特征和许多其他品质。例如，如果我们得知某人是一位教授，我们就会下意识地假设这个人是聪慧和健忘的。

刻板印象在一定程度上来源于个人经验，但主要还是由媒体形象（如电影人物）和其他文化原型提供的。因此，刻板印象是整个社会乃至不同文化的共同信念，而不仅仅是因人而异。大多数刻板印象都存在着一些真相的核心，它们比我们其他人更有可能描述群体中的人。然而，正如本章开篇案例指出的那样，刻板印象美化或扭曲了真相的核心，还包含了不代表该群体的其他特征。例如，尽管人们对工程师的刻板印象并不准确，但它们仍继续存在并阻碍了许多女性从事这一职业。

1. 人们为什么会有刻板印象

人们陷入刻板印象的第一个原因是，它作为分类思维的一种形式，通常是一种简化我们对世界的理解的无意识"节能"过程。记住刻板印象的特征要比记住每个人各异的特征群容易得多。第二个原因是，我们有天然的需求去理解和预测别人的行为。在一开始或与他人互动很少时，我们并没掌握太多关于他人的信息，所以就会依靠刻板印象来填补缺失的部分。感知者对于认知闭合的需要程度越高，他对刻板印象的依赖程度就越高。

○ 全球链接 3-4

你们这些人！揭露南非的刻板印象

南非连锁餐厅南多斯（Nando's）最近发布了一则诙谐的广告，调侃我们倾向于对与自己不同的人产生刻板印象。"你们这些人"的广告视频中有几个简短的场景。在这些场景中，观众很容易误解演员在场景中的角色（是高级客户还是员工）或他们行为的意义（是跑步锻炼还是逃离警察）。广告还表明，那些对"你们这些人"有刻板印象的人并不能意识到自己也有类似的行为。

南多斯在约翰内斯堡的首席营销官道格·普雷斯（Doug Place）表示："'你们这些人'是南非人在描述与自己不同的人时经常使用的一句话。这是一个与无意识的偏见相伴而生的短语。"

普雷斯解释说，南多斯制作这则广告是为了鼓励人们讨论刻板印象，并促进社会的和谐。"如果你正在看我们的广告，还说'我曾经做过这样的事'（希望你是带着内疚的微笑），那么我们已经成功地开始了一场重要的对话，希望是以'我们这些人'为开头的对话。"

对刻板印象的第三种解释是，它源于观察者对社会身份和自我提升的需要。在本章的前面，我们解释过人们会根据他们所属的群体或有情感依附的群体来定义自己。人们也有保持积极的自我概念的动机。这种社会身份和自我提升的结合导致了分类、同质化与差异化的过程，而这些都是刻板印象的基础。

（1）分类（categorization）。区分社会身份是一个比较的过程，而比较开始于把人分成不同的群体。例如，将某人（包括你自己）视为得克萨斯人，那么你就移除了这个人的个性，而将他或她视为得克萨斯人群体的典型代表。这样一来，你就可以把得克萨斯人和居住在加利福尼亚州或缅因州的人区分开来。

（2）同质化（homogenization）。为了简化比较的过程，我们倾向于认为每个群体内部的人彼此之间都非常相似。例如，我们认为得克萨斯人总体上有相似的态度和特征，而加利福尼亚人总体上也有他们自己的一套特征。当然，每个个体都是独一无二的，但当我们在思考自己的社会身份以及如何与其他社会群体的人进行比较时，我们往往会忽视这一事实。

（3）差异化（differentiation）。在对人进行分类和同质化的同时，我们倾向于给自己群体中的人分配比其他群体中的人更有利的特征。这种差异化由自我提升驱使，因为身处"更好"的群体会产生更强的自尊心。差异化通常是微妙的，但当群体之间发生公开冲突时，它可能升级为"好人与坏人"的对比。换句话说，当外部群体的成员威胁到我们的自我概念时，我们尤其有动机（通常是无意识地）去给他们分配负面的刻板印象。一些研究表明，男性比女性有更强烈的差异化偏见，但在某种程度上，我们都是有差异的。

2. 刻板印象的问题

每个人都有刻板印象，而这一过程会导致知觉偏差以及工作中有缺陷的决策和行为。刻板印象的问题之一是它们不准确。刻板印象不能描述每个人，因为刻板印象对应的群体中的成员是不同的。此外，尽管刻板印象通常能在一定程度上反映真相的核心，但大多数特征都被扭曲或美化到了一个程度，以至于它们只能描述群体中很少的人。例如，工程师被认为是社交无能、无所不知的书呆子。这种刻板印象可能描述了该行业中的少数人，而这肯定不是所有工程师或大多数工程师的特征。然而，一旦我们把某人归类为工程师，那些典型的不可观察的工程师特征就会被转移到那个人身上，即使我们没有证据表明他或她实际上拥有那些特征。

刻板印象的第二个问题是**刻板印象威胁**（stereotype threat）。这是指被刻板印象化的群体成员非常担忧其所属群体的负面刻板印象，时刻担忧自己是否最终表现出某种刻板印象的特征。刻板印象威胁产生的原因是，在一个被刻板印象化的群体中，人们很焦虑地试图避免证实不受欢迎的特征并试图将负面形象从他们的头脑中赶出去。这两种认知活动会分散精力和注意力，使人难以很好地完成任务。消极的刻板印象还会削弱自我效能感。当你所在群体的刻板印象是能力不强时，你就难以对自己的能力有信心。

例如，当对有明显错误却被广泛接受的观点（女性在数学和科学测试中的表现比男性差）敏感时，女性在这些科目中的表现会更差。当接受测试的群体中女性较少时，她们的得分也往往较低。当性别刻板印象不明显，比如班上有很多女性参加测试时，女性的得分要高得多。几乎每个人都会受到刻板印象威胁的影响，但研究表明，这种影响尤其存在于女性、非裔美国人、其他少数群体以及老年人中。

刻板印象的第三个问题是，它为歧视性的态度和行为奠定了基础。大多数知觉偏差是无意识的（系统性）歧视。决策者依靠刻板印象来建立特定角色中"理想"人物的概念。不符合"理想"的人必须更加努力才能得到与符合职业刻板印象的人相同的评价。

无意识的系统性歧视也会影响就业机会和工资。看看下面的例子：几所研究型大学的理科教员收到了一些大学毕业生申请科学实验室负责人这一工作的申请材料。其中，一半教员审查男性申请者的材料，另一半教员审查女性申请者的材料。除名字外，男女申请者的资料完全相同，但在竞争力和就业能力方面，男性申请者的评分明显高于女性申请者。此外，教员们建议男性申请者的平均年薪为 30 238 美元，而女性申请者的平均年薪仅为 26 507 美元。女教员和男教员表现出了同样的性别偏见。比系统性歧视更糟糕的是故意的歧视或偏见，即人们对属于特定刻板印象群体的人持有毫无根据的负面态度。故意的歧视会把目标人物有意置于不公平的不利地位。不幸的是，这种情况在组织中仍很普遍。最近的一项元分析估计，经济合作与发展组织国家的少数族裔申请者需要提交比多数族裔申请者多 50% 左右的工作申请，才能获得与之相同数量的面试机会。

例如，法国一些公司使用代码 BBR 来作为他们希望招聘人员雇用白种人的暗号。法国一位招聘人员解释说："有些人问法语里的 BBR 是什么意思，它其实是一个暗号，代表了我们国旗的颜色'蓝－白－红'。这是想告诉招聘机构，我是一家种族主义公司，但我不想让它看起来是这样的，所以我需要利用外部招聘机构来绕过法律。"

如果刻板印象存在这样的问题，我们难道不应该尝试完全规避它吗？不幸的是，事情没那么简单。大多数专家都认为分类思维（包括刻板印象）是一个自动的、无意识的过程。专门的训练项目可以在某种程度上减少刻板印象的激活，但在大多数情况下，这个过程在我们的脑细胞中是固定的。还要记住，刻板印象在前面描述的几个有价值（尽管容易出错）的方面帮助了我们：最小化脑力劳动、填补缺失信息、支持我们的社会身份。

好消息是，虽然防止刻板印象的激活很难，但我们可以尽量减少对刻板印象信息的应用。换句话说，尽管我们会自动对人进行分类并赋予他们刻板印象，但我们可以有意识地减少对刻板印象信息的依赖程度。在本章的后面，我们将找出最小化刻板印象和其他知觉偏见的方法。

3.3.2 归因理论

在组织环境中，另一个被广泛讨论的知觉现象是**归因过程**（attribution process）。归因涉及对行为或事件的原因建立相关信念。一般来说，对于一个观察到的行为或事件，我们会感知它主要是由人的特征（内因）还是由情境（外因）所引起的。内因包括一个人的能力或动机，而外因包括资源、合作者的支持或运气。例如，如果某人没有出席一个重要的会议，我们可以推断出内在归因（该同事健忘、缺乏动力等）或外在归因（交通、家庭突发事件等）来解释这个人的缺席。

观察者使用三个归因法则——一致性（consistency）、特殊性（distinctiveness）、共识性（consensus）来确定某人的行为和表现主要是由其个人特征还是情境影响造成的（见图3-4）。为了说明这三个归因法则是如何运作的，现假设一名员工在特定的机器上生产出的产品质量很低。如果该员工在这台机器上生产的产品质量一直很低（高一致性），并且他在其他机器上生产的产品质量也很低（低特殊性），而其他员工在这台机器上生产的产品质量很高（低共识性），那么我们可能会得出该员工缺乏技能或动机（内在归因）的结论。

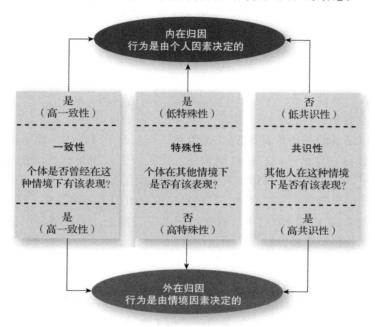

图3-4　归因法则

相反，如果该员工在这台机器上生产的产品质量一直很低（高一致性），而他在其他机器上生产的产品质量却很高（高特殊性），并且其他员工在这台机器上生产的产品质量也很低（高共识性），那么我们可能会得出这台机器有故障（外在归因）的结论。

需要注意的是，内在归因和外在归因的一致性都很高。这是因为低一致性（员工在机器上生产的产品质量时好时坏）削弱了我们对问题的来源究竟是人还是机器的判断信心。换句话说，特殊性和共识性决定了归因是内在的还是外在的，而一致性决定的是我们对归因的自信程度。

归因过程很重要，因为理解因果关系能使我们更有效地与他人合作，也能让我们具备对他人提出表扬或批评的能力。假设某同事没有完成小组项目中的任务。当你认定该同事懒惰或缺乏足够的技能（内在归因）时或认定其表现不佳是由于缺乏时间或资源（外在归因）时，你会以不同的方式来处理这个事情。同样，我们对领导是否尊重取决于我们认为其行为是取决于个人特征还是情境。我们对自身行为和表现的归因也会有不同的反应。例如，对于成绩不佳的学生来说，对成绩做出内在归因的学生比那些对成绩做出外在归因的学生更有可能会退出他们所选的科目。

归因错误

归因过程很容易出错。其中一种错误是**自我服务偏差**（self-serving bias）——我们倾向于把失败更多地归于外因而不是内因，而把成功更多地归于内因而不是外因。简单地说，我们把成功归功于自己，并把错误归咎于他人或情境。例如，在年度报告中，高管们主要将他们的个人素质作为公司成功的原因，而将竞争对手、意料之外的立法和其他外部因素作为公司失败的原因。自我服务偏差的发生，主要是因为本章前面提到过的自我提升这一过程。通过指出自身失败的外因和成功的内因，人们建立了更积极的自我概念。

另一种被广泛研究的归因错误是**基本归因错误**（fundamental attribution error，也称对应偏差）。它是一种过分强调他人行为的内在归因而忽视或轻视他人行为的外在归因的倾向。我们更有可能认为同事上班迟到是因为缺乏动力，而不是因为情境的限制（如交通堵塞）。之所以会出现这种现象，是因为观察者很难看到约束他人行为的外部因素。此外，人们认为人本身（而不是情境）是他们的行为的主要来源，所以在模棱两可的情况下，内在归因更受青睐。在亚洲和其他鼓励人们注意行为背景的文化中，基本归因错误不那么明显。不管如何，基本归因错误在所有国家都表现得不是很强烈。通过提供更多关于情境的信息给那些归因者，并警告他们这种归因错误带来的风险，通常可最小化基本归因错误效应。

3.3.3　自我实现预言

当我们对一个人的期望使那个人的行为方式与我们的期望一致时，**自我实现预言**（self-fulfilling prophecy）就会发生。换句话说，我们的期望可以影响现实。图 3-5 利用主管和员工的例子说明了自我实现预言循环的四个步骤。当主管形成了对该员工未来行为和表现的期望时，这种情况就发生了。

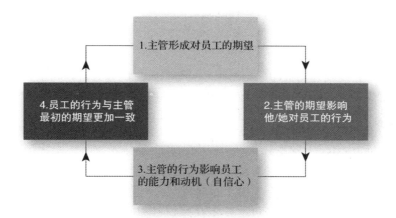

图 3-5　自我实现预言循环

这些期望有时并不准确，因为第一印象通常形成于有限的信息。主管的期望会影响其对员工的行为。特别地，高期望的员工（被期望有良好表现的员工）通过非语言暗示（如更多的微笑和眼神接触）能获得更多的情感支持、更频繁和有价值的反馈与强化、更有挑战性的目标、更好的培训，以及更多展示良好表现的机会。自我实现预言的第三个步骤包含了主管对员工行为的两种效应。一种效应是，高期望的员工会比低期望的员工学习更多的技能和知识，这是因为主管提供了不同水平的训练和练习机会。另一种效应是，员工有更高的自我效能感，这将导致员工有更强的动机和意愿去设置更具挑战性的目标。在最后一个步骤中，高期望的员工有更强的动机和更好的技能，这会带来更好的工作表现，而低期望的员工则相反。

自我实现预言在很多情况下都可以被观察到。在一项研究中，四名以色列国防军战斗指挥课程的教官被告知，新学员中有三分之一具有高指挥潜力，三分之一具有正常潜力，而剩下的三分之一潜力水平未知。研究人员将受训者随机分成了以上三个类别，而教官相信他们收到的信息是准确的。与自我实现预言相一致的是，高期望的士兵在课程结束时的表现明显好于其他组的受训者。他们对课程和教官的领导效能也有更积极的态度。一项多年来对数十项领导干预研究的分析表明，自我实现预言是对追随者的行为和表现最具影响力的领导效应之一。

自我实现预言的偶然性

自我实现预言效应在某些情况下比在其他情况下更强烈。它在一段关系的初始阶段更强烈，例如，在员工刚被雇用时。当几个人（而不只是一个人）对某一个人抱有同样的期望时，自我实现预言效应也会更强烈。换句话说，我们可能会忽略一个人对我们潜能的怀疑，但不会忽视来自几个人的集体怀疑。自我实现预言效应在过去成就很低的人身上也会更强烈。这些人的自尊心往往较弱，所以更容易受到别人对他们看法的影响。

从自我实现预言的文献中得到的主要启示是，领导者需要开发并保持对所有员工积极而现实的期望。这一建议与正在兴起的**积极组织行为**（positive organizational behavior）哲学相一致。该学派认为，关注生活中积极的方面而不是消极的方面，将会促进组织的成功并使个人更幸福。传递现实中的希望和乐观是非常重要的，这甚至被视作内外科医生成功的关键因素之一。然而，教导领导者认识积极期望力量的培训项目似乎收效甚微。相反，积极期望与希望的产生其实取决于支持和学习型的企业文化。雇用天生就对员工持有乐观态度的主管是提高积极自我实现预言的可能性的另一种方式。

3.3.4　其他知觉效应

自我实现预言、归因和刻板印象是组织环境中最常见的知觉过程与偏差，但除此之外还有许多。下面简要介绍在组织环境中受到关注的另外四种效应。

1. 晕轮效应

晕轮效应（halo effect）发生在我们对一个人产生总体印象时，通常是基于一个突出特征而扭曲我们对这个人其他特征的看法。如果一位对守时很重视的主管注意到某个员工上班有时候迟到，那么该主管可能会对这个员工形成一种负面的总体看法，也会负面地评价这个员工的其他特质。晕轮效应最可能发生在感知目标的重要信息缺失，或我们没有足够动力去寻找缺失信息的时候。相反地，我们会运用对这个人的总体印象来填补缺失的信息。

2. 虚假共识效应

当人们高估他人的信念或行为与自己的相似程度时，就会出现**虚假共识效应**（false consensus effect，也称与我相似效应）。例如，正在考虑辞职的员工会高估同样考虑辞职的同事的比例。虚假共识效应的产生有四个原因：

（1）我们会因为相信别人和自己相似而感到安慰，尤其是在涉及不太被接受或有分歧的行为时。换句话说，我们通过感知"每个人都这么做"来强化我们对那些不具有正面形象的行为（辞职、违法停车等）的自我概念。

（2）我们与观点和行为相似的人有更多的互动。这种频繁的互动导致我们高估了这些观点或行为在整个组织或社会中的普遍程度。

（3）我们更有可能注意到并记住与自身观点一致的信息，而有选择性地过滤掉与自身信念相反的信息（即确认偏误）。

（4）我们参与到使群体内的人同质化的社会认同过程当中。因此，我们认为，自己所认同的特定群体中的大多数人都有相似的观点和行为。

3. 近因效应

当最新的信息主导我们的知觉时，**近因效应**（recency effect）就产生了。这种知觉偏差在人们（尤其是那些经验有限的人）做出涉及复杂信息的决定时最为常见。例如，审计人员在对财务文件的判断中必须消化大量的信息，而在做出决定之前收到的最新信息往往比在审计开始时收到的信息更重要。同样，当主管评估员工上一年的业绩时，最近的业绩信息会主导该评估，因为它是最容易被回忆起来的。

4. 首因效应

首因效应（primacy effect）是指我们倾向于依赖收到的关于他人的第一个信息来迅速地形成对他人的看法。第一印象是持久的。这种快速知觉分类与解释的发生，是因为我们需要理解情境，尤其需要对他人产生信任。

问题是第一印象，尤其是负面的第一印象，是很难改变的。在对某人进行分类后，我们会倾向于选择能支持第一印象的后续信息，并筛除与第一印象相悖的信息。第一印象可以被纠正，但前提是要在这些印象形成后很短的时间内做出改变。

3.4　改善知觉

尽管我们无法避开知觉过程，但我们应当尝试尽量减少知觉偏差和扭曲。有三种潜在的改善知觉的有效方法，包括提高知觉偏差意识、增强自我意识和有意义的互动。

3.4.1　提高知觉偏差意识

减少知觉偏差最显著和最被广泛实践的方法之一是知晓它们的存在。例如，多样性意识培训试图通过让人们意识到系统性歧视以及因刻板印象而产生的偏见，以尽量减少歧视。这种培训还试图消除关于不同文化和人口群体的谬见。通过使人们更加注意自己的思想和行为，知觉偏差意识可以在一定程度上减少。然而，意识训练的效果有限。其中存在的一个问题是，教导人们拒绝不正确的刻板印象，会无意中加强而不是减少他们对这些刻板印象的依赖。另一个问题是，多样性培训对于对某些群体有根深蒂固偏见的人来说是无效的。

> **争辩点：多样性培训项目真的能减少知觉偏差吗？**
>
> 多样性培训项目（diversity training program）是对抗职场歧视的坚实堡垒。在大多数项目中，参与者被提醒要尊重文化和性别差异。他们还需要了解人们对其他

人口统计群体的常见假设和偏见。当公司在歧视案件中败诉时，首要的整改要求之一就是引入多样性培训来改善这个问题。

尽管多样性培训的初衷是好的，但它可能并不像人们所希望的那样有用。其中一个问题是，大多数培训会议都是强制性的，所以员工们并不会真正专注于会议的内容。偏见和歧视是根深蒂固的，因此，一个半天的有关多样性的讲座和小组讨论并不会改变员工的看法与行为。即使这些项目能激励员工更宽容地对待他人以避免刻板印象，但在缺乏多样性文化的公司里，这些美好的愿望很快就会消失。

反常的是，多样性培训的存在可能会对其良好的意愿起反作用。有证据表明，对人口和文化差异的讨论会增加而非减少刻板印象。在一项研究中，学生们在观看了一段鼓励他们减少对老年人偏见的视频后，对老年人表现出了更多的偏见。多样性培训项目也可能会使参与者产生防御心理或紧张的情绪。特拉华大学（University of Delaware）的一项针对新生的项目被取消了，原因是白人学生抱怨该项目让他们觉得自己是种族主义者，且同性恋学生对于透露自己的性取向感到有压力。

研究还指出，多样性培训项目还会造成一种公平的错觉。在推行这些项目的公司里，弱势员工更有可能相信他们的雇主没有参与到不公平的歧视中。然而，这种公平感会让员工更难意识到公司存在的不公平歧视现象。

3.4.2　增强自我意识

将知觉偏差降到最低的更成功的方法是增强自我意识。我们需要更多地意识到自己的信仰、价值观和态度，并从这种意识中更好地理解我们自己在决策和行为中的偏见。这种自我意识会使人们对他人更开放、更客观，从而减少知觉偏差。自我意识在其他方面也同样重要。新兴的关于真诚领导力（authentic leadership）的概念强调自我意识是一个人有效领导他人的第一步。从本质上说，我们需要理解自己的价值、优势和偏见，以此作为建立愿景并领导他人朝着这个愿景前进的基础。

但我们如何变得更有自我意识呢？其中一种方法是，完成那些能表明我们对他人可能存在任何隐性偏见的正式测试。内隐联想测试（implicit association test，IAT）就是这样一种测试工具。尽管学者们对 IAT 的准确性争论不休，但它试图通过将积极和消极词汇与特定人群联系起来，以发现微妙的关于种族、年龄、性别、残疾和其他形式的偏见。例如，最近的一项研究报告称，在完成 IAT 的 176 935 人中，大多数人都有一种强烈的科学属于男性的刻板印象，即使在女性占很大比例的子学科中也是如此。大多数完成测试的人都把科学和男性联系在一起。很多人在发现测试结果显示自己对老年人或来自不同种族背景的个体存在个人偏见后，对自己的刻板印象和偏见变得更加谨慎。

通过增强自我意识来减少知觉偏差的另一种方法是，运用**乔哈里资讯窗**（Johari Window）。这个关于自我意识和相互理解的模型由约瑟夫·勒夫特（Joseph Luft）和哈里·英格拉姆（Harry Ingram）发明（因此得名"Johari"）。它将关于你的信息划分为四个"窗口"——开放区、盲区、隐藏区和未知区，而该划分基于你的价值观、信念和经历是否被你与其他人知晓（见图3-6）。开放区包含了你和其他人都知道的关于你的信息。盲区是指别人知道但你不知道的信息。例如，你的同事可能会注意到你在与公司总裁见面时的忸怩和尴尬，但是你自己却意识不到这个事实。在隐藏区里的是你知道而别人不知道的信息。最后，未知区包含了你的价值观、信念和经历。它们被深深埋藏，以至于你和别人都没有意识到。

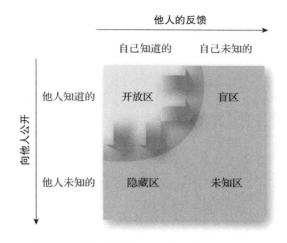

图 3-6　自我意识和相互理解的乔哈里资讯窗

资料来源：Based on J. Luft. 1969. *Of Human Interaction.* Palo Alto, CA: National Press Books.

乔哈里资讯窗的主要目的是扩大开放区，以便你和你的同事都能意识到你的知觉局限性。这一目的是通过缩小隐藏区来实现的——告诉他人可能影响工作关系的有关你的信念、感受和经历。通过他人对你行为的反馈，开放区的面积也会增加。最近的研究显示，反馈会缩小盲区，因为你身边的人是了解你许多（但非全部）性格和行为的良好信息来源。最后，公开和反馈的结合偶尔会为你的未知区提供启示。

3.4.3　有意义的互动

乔哈里资讯窗依赖于有关我们和他人的直接对话，而有意义的互动是一种更间接但潜在力量更强大的增强自我意识和相互理解的方法。有意义的互动是指人们参与的有价值（有意义的，而不是微不足道的）的任何活动。这些活动可能与工作有关，比如高管与一线员工一起工作。这些活动也可能发生在工作场所之外，比如几个来自不同国家的销售人员一起参加户外挑战。

有意义的互动建立在**接触假说**（contact hypothesis）的基础上。该假说认为，在一定条件下，人们与他人互动时的知觉偏差会更小，因为人们对他人和其所在群体有了更多的个人理解。仅仅是与其他群体的成员相处一段时间，就可以在某种程度上提高这种个人理解。然而，当人们为了一个需要合作和彼此依赖的共同目标，而与他人一起密切而频繁地工作时，有意义的互动是最强烈的。此外，在这种情境下，每个人都应该有平等的地位，都应该参与到有意义的任务中，都应该在这些互动中有积极的体验。

有意义的互动减少了对刻板印象的依赖，因为它缩短了心理距离，改善了我们对其他个体的认识，并帮助我们在行动中发现他人的独特属性。有意义的互动也可能增强我们对他人的同理心。

同理心（empathy）指的是理解并对他人的感受、想法和处境很敏感。当人们站在他人的视角，如同把自己想象成另一个人的时候，他们就会产生同理心。这种知觉体验处于认知层面、情绪层面和经验层面。换句话说，同理心产生于我们理解他人的处境时，感知他人在该处境下的情绪，并在某种程度上对那些想法和感受做出与他人同样的反应。

同理心通过提高我们对他人表现和行为的外部原因的敏感性来减少归因错误。例如，一个想象自己是单身母亲的主管，会对是单身母亲的员工的迟到和其他事件的外部原因更加敏感。然而，尝试与他人共情却不花费时间与他人相处，实际上可能会增加而非减少刻板印象和其他知觉偏差。

3.5　全球思维：发展跨国界的知觉

乐天株式会社（以下简称乐天）是日本最受欢迎的电子商务网站，也是全球十大互联网公司之一。这家总部位于东京的公司正在日本境外迅速扩张，这就要求它要更加聚焦于全球化。乐天首席执行官三木谷浩史（Hiroshi Mikitani）解释说："在容易跨越国界的线上业务中，国内公司不是我们唯一的竞争对手。"因此，三木谷浩史最近将英语定为公司的官方内部语言。更重要的是，乐天正在寻找具有国际经验和全球思维的求职者。三木谷浩史表示："自从我们宣布打算将英语作为官方语言以来，我们吸引了更多具有全球思维的申请者。"

在乐天和其他拥有国际业务的公司里，全球思维已成为求职者的一个重要特征。**全球思维**（global mindset）是指个体感知、了解和处理跨文化信息的能力。它包括以下四个具体要素。

（1）采用全球视角。当一个人的业务及其环境的参考框架更多地从全球而非本地或小范围地区获得时，他的全球思维就会增强。这种参考框架包括在不以他人的民族或种族出身评价他人能力的同时，积累知识和欣赏多种文化。

（2）有同理心和采取跨文化的有效行动。全球思维包括理解来自不同文化的同事在不同情况下的看法和情绪。此外，这种同理心会转化为与当地文化兼容的语言和行为的有效应用。

（3）处理关于新环境的复杂信息。跨文化工作者经常会步入需要快速理解和决策的新环境。这要求他们在这些新的和多样化的环境下，具备在认知层面接收和分析大量信息的能力。

（4）开发新的多层次心智模型。全球思维包含了迅速开发对形势有利的心智模型的能力，特别是在本地水平和全球水平上的分析能力。最终，那些具有强大的全球思维的人对跨文化事物和工作环境会有多层次的理解。

全球思维为组织和员工的职业发展提供了巨大的价值。具有全球思维的人通过理解和尊重远道而来的同事与伙伴，可以在不同文化中建立起更好的关系。他们可以对跨国关系中传递的大量模糊和新颖的信息进行筛选。他们有能力建立关系网，并更迅速地跨国交换资源。对于正在出现的全球机遇，他们会更加敏感，反应也更加迅速。

培养全球思维

培养全球思维需要一个人改善其知觉，所以前面描述的关于意识、自我意识和有意义的互动的实践是息息相关的。和大多数知觉能力一样，全球思维始于自我意识——理解自己的信念、价值观和态度。通过自我意识，人们为进行决策而接受和处理复杂信息时，会更加开放和无偏见。此外，公司通过给予员工机会，将自己的心智模型与来自世界其他地区的同事或合作伙伴的心智模型进行比较，以培养全球思维。例如，员工可能会参加在线论坛，讨论产品设计或营销策略在本国和在更遥远、文化完全不同的国家的接受程度。当公司定期参与关于全球竞争对手、供应商和其他利益相关者的讨论时，他们最终会将员工的意识范围推向全球层面。

通过更好地了解人和文化，全球思维得以发展。其中一些知识是通过正式项目获得的，如外派和多样性培训，但只有沉浸在这些文化中才会有更深入的知识吸收。正如高管需要通过一线工作的经历以更好地了解客户和员工，员工也需要与组织中拥有不同文化的同事进行有意义的互动。一个人在当地环境中沉浸得越深（比如遵循当地的习俗、吃当地的食物、使用当地的语言），就越容易理解处于这些文化中的同事的观点和态度。

○ 全球链接 3-5

安永通过国际借调培养全球思维

凯西·吴（Cathy Ng）通常在安永（Ernst & Young）位于中国香港地区的办公室工作，但她欣然接受了一份临时调往伦敦的工作。"借调到伦敦，使我通过与来自不同背景和文化的人一起工作来培养全球思维。有趣的是，我发现看待同一件事情有不同的方式，因此会带来不同的见解和改进我们工作的方法。"

来自赫尔辛基（Helsinki）的安永交易调查经理杰西卡·隆奎斯特（Jessica Lönnqvist），也曾因临时借调到安永在意大利米兰的办公室而受益。隆奎斯特说："我在米兰安永为期三个月的借调是一段无价的经历。它让我接触到新的、更大的客户，也拓展了我的技术知识。"她特别提到，与来自世界各地的人一起工作能在很大程度上提高个人的认知和能力。安永员工的全球思维真的很鼓舞人心。开放、国际化和协作的环境是非常宝贵的。

在培养员工全球思维的同时，安永积极地在求职者中寻找这种能力。安永在美国的招聘主管拉里·纳什（Larry Nash）表示："我们需要的候选人，无论他们的专业领域或背景如何，都需要具备小组合作、分析、创新和全球思维的能力。"

◘ 本章概要

3-1　描述自我概念的特征和过程，并解释它们如何影响个体的行为和幸福感

自我概念包括个体的自我信念和自我评价。它有三个结构特征——复杂性、一致性和清晰性。它们都会影响员工的幸福感、行为和绩效。人们有内在的动机去促进和保护他们的自我概念（自我提升），并验证和维持他们现有的自我概念（自我验证）。自我评价包括自尊、自我效能和控制点。自我概念也包括个人身份和社会身份。社会身份理论解释了人们如何通过他们所属的群体或有情感依附的群体来定义自己。

3-2　概述知觉过程，并讨论分类思维和心智模型在这个过程中的作用

知觉包括通过选择、组织和解释信息来理解我们周围的世界。知觉分组运用了分类思维——一种将人和物体按预先设想的、储存在我们的长期记忆中的类别组织起来的过程。该过程大部分是无意识的。心智模型——我们用来描述、解释和预测周围世界的知识结构。它也帮助我们理解外界传入的刺激。

3-3　讨论刻板印象、归因理论、自我实现预言、晕轮效应、虚假共识效应、首因效应和近因效应如何影响知觉过程

当人们根据他人在某个社会类别中的成员身份来给他人分配特征时，就会产生刻板印象。这项任务节省了脑力劳动、填补了缺失的信息、增强了我们的自我概念，但它也为刻板印象威胁、系统性歧视和故意的歧视奠定了基础。归因过程包含判断一个观察到的行为或事件主要是由人（内因）还是情境（外因）所导致的。归因由行为知觉的一致性、特殊性和共识性决定。这个过程容易产生自我服务偏差和基本归因错误。当我们对另一个人的期望导致那个人的行为方式与我们的期望一致时，就会出现自我实现预言。当员工首次加入工作单位、当几个人持有同样的期望、当员工过去成就很低时，自我实现预言效应会更强烈。在组织中，另外四种常见的知觉效应是：晕轮效应、虚假共识效应、首因效应和近因效应。

3-4　讨论改善知觉的三种方法和在组织中的具体应用

将知觉偏差降到最低的一种方法是提高对偏差存在的意识。意识到这些偏差会让人们更加注意自己的想法和行动，但这种训练有时会加强而不是减少人们对刻板印象的依赖，并且这种训练对那些有根深蒂固的偏见的人来说往往是无效的。第二种方法是对我们自己决策和行为中的偏见有更多的认识。增强自我意识的途径有正式的测试，如内隐联想测试和应用乔哈里资讯窗。乔哈里资讯窗的应用是一个过程。在这个过程中，他人会就你的行为向你提供反馈，而你则向他人公开自身的情况。第三种方法是有意义的互动。它应用了接触假说，即有互动的人对彼此的偏见或知觉偏差会更少。当人们为了实现一个需要相互合作和依赖的共同目标，而与他人在相对平等的地位上一起密切而频繁地工作时，有意义的互动是最强烈的。有意义的互动有助于增强同理心，即一个人对他人的感受、想法和处境的理解与敏感。

3-5　概述全球思维的主要特征，并证明其对员工和组织的有用性

全球思维是指个体感知、了解和处理跨文化信息的能力。它包括：对世界上其他观点和做法的认识、开放和尊重；有同理心并采取有效的跨文化行动的能力；处理关于新环境的复杂信息的能力；以多层次的思维来理解和协调跨文化事务的能力。全球思维使人们能够发展更好的跨文化关系、消化大量的跨文化信息、更迅速地识别和应对正在出现的全球机遇。通过建立自我意识、将自己的心智模型与来自其他文化的人进行比较的机会、正式的跨文化培训和在其他文化中的沉浸，员工可以培养全球思维。

● 关键术语

归因过程	乔哈里资讯窗	自我效能	分类思维	控制点
自我提升	确认偏误	心智模型	自我实现预言	接触假说
知觉	自我服务偏差	同理心	积极组织行为	自我验证
虚假共识效应	首因效应	社会身份理论	基本归因错误	近因效应
刻板印象威胁	全球思维	选择性注意	刻板印象	晕轮效应
自我概念				

○ 批判性思考

1. 假设你是一名地区经理，刚刚聘请了几位大学毕业生。这些毕业生中的大多数人都刚开始他们的第一份全职工作，尽管他们中的大多数人都曾做过兼职和暑期工作。他们掌握自己特定技能领域（会计、工程、市场营销等）的基础知识，但对具体的业务实践和发展知之甚少。请阐述你将如何培养这些新员工的自我概念，以强化他们的表现并维持他们的心理健康。同时阐述你会如何缓和自我提升的倾向，同时防止新员工形成消极的自我评价。

2. 你是否根据自己上的学校来定义自己？为什么是或为什么不是？你的回答对你的学校有什么启示？

3. 一家高绩效的公司推出了一项"全面专注"计划，要求所有员工对公司的发展与成功给予全心全意的关注和奉献。在一封致全体员工的电子邮件中，该公司的首席执行官写道："我们生活在一个竞争激烈的世界里，只有那些拥有全身心投入业务的员工的公司才能生存下来。因此，我们将为那些无法为公司付出 110% 努力的员工提供丰厚的遣散费。"该公司宣布将在员工培训和职业发展方面投入巨资，但从事第二职业或有非常耗时的业余爱好的员工将被要求离职。从员工自我概念的复杂性、一致性和清晰性的角度来讨论公司的"全面专注"计划及其后果。

4. 几年前，能源公司 CanOil 的高管希望收购另一家能源公司 AmOil 旗下的勘探公司 HBOG。CanOil 的两名高管为了避免恶意并购和不利的税收影响，会见了 AmOil 的首席执行官，讨论通过友好交换股票来进行交易。AmOil 的首席执行官之前并不知道 CanOil 的计划，在会议开始时，AmOil 的首席执行官提醒说他只是来听一听。CanOil 的高管们相信 AmOil 想要出售 HBOG，因为当时的能源立法使得 HBOG 成为 AmOil 的一个糟糕的投资。AmOil 的首席执行官在会议的大部分时间里都保持沉默，这被 CanOil 的高管解读为 AmOil 默认 CanOil 在市场上购买其股票。但当 CanOil 在一个月后开始收购 AmOil 的股票时，AmOil 的首席执行官既惊讶又愤怒。他认为自己向 CanOil 的高管展示了冷漠的态度，通过保持沉默来表明自己对这笔交易不感兴趣。这一误解几乎让 CanOil 破产，因为 AmOil 的反应是保护自己的股票。可能发生了什么知觉问题导致了这种误解？

5. 在加入一个组织或在一所新学校入学教育之前，我们形成了关于工作环境和活动的心智模型。你在就业前或入学前的心智模型与实际情况有什么不同？为什么你的心智模型与现实不同？这些不同对你适应新工作或新学校有什么影响？

6. 在一次多样性管理会议上，一位管理者认为刻板印象是与他人合作的必要组成部分。她解释说："我必须对别人的想法做出假设，而刻板印象能帮我做到这一点。与其在不知道来自另一种文化的人信仰什么的情况下与他们建立工作关系，不如依赖于刻板印象！"讨论该管理者的言论的可取之处和问题。

7. 描述一个管理者或教练如何使用自我实现预言来提高个体的表现。

8. 自我意识越来越被视作有效领导的重要因素。假设你负责在一个政府组织中创建一个领导力发展项目。你会采取哪些活动或过程来给这个项目的参与者以建设性的指导，帮助他们在个性、价值观和个人偏见方面有更好的自我意识？

9. 几乎每个在大学或学院学习商业课程的人都在某种程度上培养了全球思维。到目前为止，你生活中的哪些事件或活动有助于培养你的全球思维？如果你还在上学，你现在可以采取什么行动来进一步发展你的全球思维？

■ 案例研究 1

连接两个世界

我被铝元素公司（AEC）录用了，那是我上班的第一天。我当时 26 岁，而现在我是 AEC 客户服务小组的经理，负责客户、物流和部分原材料采购。我的上司乔治是公司的副总裁。AEC 的大部分产品都是用铝制造的，其中大部分产品用于建筑行业。

当我在车间里巡视时，员工们似乎都在专注于他们的工作，几乎没有人注意到我。管理层召开每日会议，讨论各种生产问题。除非有特殊问题，否则车间没有人会被邀请参加会议。后来我还了解到，管理层有单独的卫生间、单独的餐厅，以及底层员工没有的其他福利。大多数底层员工都认为，管理层虽然表面上彬彬有礼，但其实他们并不认为自己有什么可向底层员工讨教的。

约翰负责操作切铝机，这是任何其他操作开始之前都必须进行的一项关键操作。他和乔治之间有很多不愉快的经历。因此，为了避免与约翰发生直接冲突，乔治通常会向在场的人发送书面备忘录。由于备忘录中的说明很复杂，所以这些备忘录通常长达两页以上。

一天早上，当我四处巡视时，我发现约翰非常不安。我觉得自己或许能做点什么，于是我走近约翰并询问他我是否能帮上忙。他表示一切都很好。从当时的情况和约翰的肢体语言来看，我认为他是愿意倾诉的，但约翰知道在 AEC 不能这样做。托尼在约翰旁边的机器上工作，然后咒骂办公室职员只关心时间表，却不关心工作的人。我看着托尼，然后说我自己上周才开始在这里工作，我认为自己可以解决他们的一些问题。托尼奇怪地看了我一眼，摇了摇头，然后回到了他的机器旁。我听到他在我离开时仍在咒骂。后来我意识到，大多数办公室职员都被托尼进行了言语抨击。

在回办公室的路上，最近从俄罗斯请来的工程师莱斯利走向我，并向我指出，员工们不习惯管理层与他们交谈。管理层只是发布命令和提出要求的人。当我们讨论办公室职员和底层员工的不同看法时，一个非常响亮的午餐铃声打断了我们，这吓了我一跳。我很高兴能和莱斯利一起吃午饭，但她问我为什么不在办公室的午餐室吃饭。我回答说，如果我想了解 AEC 是如何运作的，那么我必须更好地了解所有人。此外，我意识到自己想了解的并不是 AEC 是如何运作的，而是管理层和底层员工之间这种明显界限的本质是什么。在餐厅里，其他员工看到我都很惊讶，都说我是新来的管理层，还没有掌握要领。

午饭后，当我询问我的上司乔治关于他最近与约翰的对抗时，乔治对约翰的不高兴感到惊讶，并激动地说："我只是想让约翰知道，他的工作做得很好，所以我们才能按时把一大笔订单的货物运往西海岸。事实上，我认为自己在恭维他。"

之前莱斯利曾表示，管理层被期望做出某些行为（发布命令和提出要求），因此我也被期望做同样的事。我认为这种行为是行不通的，而且它不是我所相信的，也不是我想要的行为方式。在接下来的几个月里，我仅在车间里巡视，抓住每一个机会和车间的员工交谈。通常，当员工提到他们工作场所的具体信息时，我会觉得这超出了我的理解范围。我常常不得不记录下这些信息，然后再重新审视它们。我尤其注意倾听员工，分辨他们来自哪里并试图理解他们。我需要对新想法保持开放的心态，因为车间员工以前期望我对他们提出要求和需求，所以我决定反其道而行之。很快，员工们对我变得友好起来，并逐渐接受我成为他们中的一分子，或至少接受我是一位与众不同的管理人员。

在我工作的第三个月里，员工们向我展示了如何改进工作安排，尤其是关于切铝机的工作。事实上，最大的贡献来自约翰，他展示出更好的方法来组合最常见的分割尺寸，并通过保留一些"普通尺寸"的材料来减少浪费。察觉到这个机会后，我编写出一个电子表格来计算和跟踪库存。除更好的计划和预测以外，这还使我们能将新订单的周转时间从 4～5 周减少到当天上午 10 时进入、当天下午 5 时流出。

在我工作了四个月后，我意识到有其他部门的成员来找我，并让我把留言传达给车间里的员工。当我询问他们为什么把这项任务委托给我时，他们说因为我和车间员工有共同语言。渐渐地，我成了办公室和车间之间的沟通信使。

一天早上，乔治把我叫到他的办公室，称赞了我的客户服务水平和所取得的进步。在我们谈话的时候，我说如果没有约翰的帮助，我们是不可能做到的。"他真的很懂他的材料，他非常棒。"我说。我建议考虑给他升职。同时，我希望这会成为改善办公室和车间之间沟通的积极姿态。

乔治转过身并从桌子里拿出一张宣传单，说："这有一场管理技能研讨会，你认为我们应该派约翰去吗？"

"好主意！"我激动地说，"乔治，如果他能直接从你这里得到消息，也许会比较好。"乔治同意了，在讨论了其他一些问题之后，我们就干自己的事情去了。

那天下午，约翰来到我的办公室，他很沮丧并且准备辞职。他说："我付出了那么多努力和工作，你们却让我去参加培训研讨会。难道，是我对你们而言还不够好吗？"

讨论题：

1. 在这个案例中，哪些症状表明出了问题？
2. 用自我概念和知觉概念及理论的知识来解释这些症状产生的原因。针对每个理论分别分析案例事实，并从事实中找出该理论所解释的现象。
3. 你会如何建议管理者和公司改善未来的情况（减少或消除症状）？请为当前和长期的行动提供建议。

◨ 案例研究 2

HY 乳品公司

塞德·吉尔曼（Syd Gilman）是美国中西部一家大型乳制品制造商 HY 乳品公司的营销副总裁，他阅读了最新的销售数据后感到非常满意。他对为改善 HY 的美味牌冰激凌不佳的销售而开展的营销活动正在奏效而感到非常高兴。与去年相比，该产品的销售量和市场份额在过去两个季度都有了显著的增长。

HY 美味牌冰激凌销量提高要归功于去年被分配管理该冰激凌品牌的罗谢尔·博波特（Rochelle Beauport）。不到两年前，博波特辞去了在一家食品公司的类似工作，加入 HY 乳品公司担任品牌管理助理。她是 HY 乳品公司营销管理部门为数不多的女性有色人种之一，并且在公司做着一份很有前途的工作。吉尔曼对博波特的工作很满意，并试图在年度业绩评估中让她知晓。如今他有一个很好的机会来奖励她，即给予她最近空出来的市场研究协调员的职位。虽然从技术上讲，这只是一个薪资适度增加的横向调动，但市场研究协调员的工作将使博波特在一些高利润的工作中获得更广泛的经验，这将有利于她在 HY 乳品公司的职业生涯发展。很少有人知道，吉尔曼自己的职业生涯也是因为几年前在 HY 担任市场研究协调员而得到提升的。

那天早上博波特在等待吉尔曼约她见面的电话之前，也看到了 HY 美味牌冰激凌的最新销售数据。吉尔曼在谈话开始时简单提到了令人满意的销售数据，然后解释说，他想让博波特担任市场研究协调员。博波特对这个消息感到震惊。她热爱品牌管理，尤其喜欢应对直接影响公司盈利能力的产品所带来的挑战。市场调研协调员是一个远离公司前线活动的技术支持岗位。博波特认为，在大多数组织中，市场调研并不是通往最高管理层的必经之路。她被边缘化了。

在长时间的沉默之后，博波特勉强说了一句："谢谢你，吉尔曼先生。"她太困惑了，以至于没有提出异议。她要集中思考，反省自己做错了什么。而且她也不太了解她的上司，所以不能公开批评。

吉尔曼看出了博波特的惊讶，他以为这是她听到这个绝妙的职业机会时的积极反应。几年前，他也对自己能暂时调到营销研究部门去完善营销经验而感到高兴。"这一调整对你和 HY 乳品公司而言都有好处。"吉尔曼一边说一边把博波特从他的办公室里送了出来。

那天下午，博波特被好几件事占满了时间，到了晚上才能思考当天发生的事情。她是 HY 乳品公司品牌管理部门的顶尖女性和少数族裔之一，她担心自己会因公司不希望女性或有色人种进入高层而被边缘化。

她之前的雇主曾明确表示女性在营销管理领域"承受不了压力"，并表示倾向于安排女性在较低层级的品牌管理岗位短暂工作后，再安排到技术支持岗位。显然，塞德·吉尔曼和 HY 乳品公司也在遵循同样的策略。吉尔曼说市场研究协调员的工作对她而言很有好处，这只是一种表明博波特在 HY 乳品公司的品牌管理方面不能再走得更远的委婉说法。

博波特现在面临着一个艰难的决定，是与吉尔曼对峙并尝试改变 HY 乳品公司的性别歧视和可能存在的种族主义做法，还是离开公司。

讨论题：

1. 运用刻板印象和社会身份理论的知识来解释这个案例中出现的问题。

2. 在这个案例中，还有哪些明显的知觉偏差？

3. 在这些情况下，组织能做些什么来将知觉偏差降到最低？

课堂练习　谁是谁

目的： 本练习旨在帮助你了解我们如何依赖可观察到的特征来感知他人不太明显的天赋，以及人们如何感知自己。

材料：

（1）所有的文档最好都将以数字化形式呈现，例如，以短信或电子邮件的形式发送给另一个小组中的一名或多名成员。因此，每组至少有一名学生拥有可上网的手机或计算机 / 平板电脑。一名或多名学生也将交换他们的电子邮件或电话信息，以便能接收另一个小组的信息。

（2）另外，如果信息是书面的，那么每名学生需要两张小纸片，每个小组需要一个信封。

（3）每个小组都应该有自己的私人空间，但是这个活动也需要足够的空间来让成对的小组在部分练习中会面。

（4）每个小组的成员将把他们的名字和脸部照片发送给配对的小组。例如，用手机拍一张小组照片，并将其连同小组成员的名字（将名字与自己在照片中的位置相匹配）发送给配对的小组。或者，老师分发一份包含学生照片的班级名单给每个小组，每个小组的成员在该班级名单上确定自己的成员，然后将该名单提供给另一个小组。

说明（小班或大班）：

注：这个活动在 50 人左右的班级中很容易推进。如果有足够的、设计良好的空间，也可以在大约有 100 名学生（甚至更多）的大班中开展此活动，以便协调十几个小组。

第一步：老师组织学生分成人数相同的小组，最好是每组 7 名学生。老师还会把每个小组与另一小组进行配对。在理想情况下，每个小组对其配对小组成员的了解是有限的。他们只熟知自己所在小组的成员。

第二步：每名学生提供两份关于个人才能、经历、事件等内容的陈述。这可能会发生在小组集合之前，也可能发生在小组集合之后。每份陈述应具有以下特点：

（1）这份陈述正面地定义了你（学生）。用一句话来说，就是它描述了你为之骄傲的事情，例如，一项成就、与一个群体的关联或积极的个人发展领域。

（2）每份陈述都应该是关于你自己的具体情况，而不是一般的特征（例如，你做了什么，而不是列举人格特质）。一些可参考的例子有："我教普拉提课""我参加马拉松赛跑项目""我在一个摇滚乐队里演奏""我是 [学生俱乐部、社区组织的名字] 的执行委员会成员""我已经有了自己的事业""我能流利地说两种语言""我是 [学校 / 社区运动队的名字] 的队员""我通常每个月读三本非课程书籍""我完成了一次穿越 [国家名 / 州名] 的自行车之旅"。

（3）这份陈述不会明确你的身份。你的名字不应出现在陈述中，陈述也不应以能够识别出你身份的方式来书写。

（4）小组会创建一个数字文档或电子邮件 / 信息，随机列出所有陈述（每个小组成员两份）。这份名单将被发送给配对的小组。如果陈述是手写的，每份陈述应该写在单独的小纸片上。

第三步：小组将所有陈述记录在一个数字文档或电子邮件 / 信息中，这些陈述可以随机发送给配对小组中的一名或多名成员。如果陈述是手写的，那么小组内的所有陈述都放在一个信封里并交给配对的小组。如上所述，学生姓名或其他身份信息不应与任何一份陈述相关联。陈述在信封里被随意放置或在数字文档中被随机发送。

第四步：每个小组提供每名成员姓名和脸部照片的详细信息给配对的小组。小组可以拍一张集体照片，并通过手机将照片连同小组成员的名字（以及照片中他们的位置）发送给另一个小组中的一名或多名成员。或者，他们可以在班级照片名单上确定彼此的小组成员。两个小组是否会面是可供选择的，两个小组的成员可能都想简单地会面，互相握手并说出自己的姓名。这也提供了一个将名字与其他小组中的每个成员联系起来的机会。尽管如此，每个小组都必须拥有配对小组成员的照片和姓名。

第五步：每个小组单独工作（远离配对小组），检查配对小组提供的陈述。小组的任务是将每个陈述与配对小组的每个成员匹配起来。在理想情况下，小组会在哪个学生最有可能写了特定的陈述上达成共识。如果不能达成共识，该陈述将被匹配给得票最多的人。当给另一个小组的每名成员分配了两份陈述时，小组任务就完成了。

注意：当一个小组中的学生熟知另一个小组的某个人并能立即认出他的陈述时，老师可能会要求这些学生保持沉默。如果不使用这条规则，学生们可以向小组提供他们的信息。

第六步：在给另一个小组的成员匹配好陈述后，两个小组再次会面。在这次会面中，两个小组将系统地确定每一份陈述的撰写者。例如，每名学生都将识别出自己写的两份陈述，所以另一个小组将会发现其匹配陈述的准确性。或者，每个小组将发送一条信息给另一个小组，信息中包含陈述与撰写该陈述的人的姓名。在后一种安排中，不需要与配对的小组举行第二次联合会面。

第七步：全班同学汇报练习内容。以下的讨论题将有助于这一过程的推进，但老师可能会提出其他问题。

讨论题：

1. 你利用了什么信息来将每份陈述与另一组的学生相匹配？你是否依赖于任何刻板印象或偏见？例如，某些陈述是否具有性别特征（一种男性比女性更常参与的活动，或者反之）？

2. 你是否因任意陈述的所有者与你的预期不符而感到惊讶？你认为这种差异是一种反常现象，还是你对那些拥有这种天赋或从事这种活动的人的看法是错误的？

3. 我们能做些什么来提高自己对他人看法的准确性，尤其是在工作环境下？

4. 陈述中是否有突出的主题（体育活动、天赋等）？如果这些陈述是每个人自我概念的重要组成部分，为什么这些特别的主题会脱颖而出？例如，为什么体育活动/成就对许多学生来说很重要？

◉ 小组练习　培养全球思维的个人和组织策略

目的：本练习旨在帮助你理解和发现培养自己全球思维的方法。

材料：无。

说明：

第一步：学生被分成小组来讨论以下问题。小组将准备一份强化全球思维的活动清单。这些活动分为两类：组织产生的活动和个人发展活动。

- 组织发起的活动：你经历过或知道别人经历过哪些培养个人全球思维的组织实践——组织有意创造的干预措施或条件？请具体描述每一项活动，如果可能的话，明确通过该活动能培养全球思维的要素。

- 个人发展的活动：假设有人问你他们可以采取哪些个人行为来培养全球思维。你会有何建议？想想你个人是如何培养（或了解其他人是如何培养）全球思维的。你的建议里应该说明通过每个活动改善了全球思维的哪些具体要素。

第二步：课堂汇报，要求各小组向班上其他人描述具体的个人或组织活动。寻找共同的主题，以及人们在努力培养全球思维时可能面临的挑战。

职场情绪、态度和压力

学习完本章，你应该能够：

- 解释情绪和认知（有意识的推理）如何影响态度和行为。
- 讨论情绪劳动的动态变化和情绪智力在工作场所中的角色。
- 总结工作不满意产生的后果以及提升组织承诺（情感性）的策略。
- 描述压力并回顾四种主要压力源。
- 识别管理工作压力的五种方法。

::开篇案例

希尔顿关注员工的情绪和态度的实践

波士顿市中心希尔顿逸林酒店（Doubletree）的运营主管 Denny Chavez 没有在检查顾客餐厅的库存，而是正在员工食堂里，保证酒店的维护人员、后勤人员、前台以及其他团队成员都有一个愉悦舒适的午餐体验。"如果你关心你的团队成员，他们就会照顾好顾客。"他解释道。

希尔顿酒店及度假村（Hilton Hotels & Resorts）集团旗下的其他酒店通过更关注其 38 万名员工的情绪、态度和幸福感，改变了它们提供良好顾客体验的方式。这项倡议被称为"爱心之屋"（Heart of House）。它创造了一个更明亮、更现代化的员工区域（食堂、更衣室、休息室、卫生间等）。该连锁酒店还与安德玛（Under Armour）合作，制作出更有弹性、更透气的工作服。

此外，希尔顿还提供育儿假和收养援助，并且雇用了教育咨询师为想要完成高中教育的员工提供一对一的指导。希尔顿现在鼓励员工在工作期间使用手机而不是禁止使用，并且为员工安装了专用的无线网络。"失联的感觉可能是他们压力的来源，所以我们和团队成员一起努力打造一个良好的沟通渠道。"公司解释道。

希尔顿也正在通过选择和训练那些展现出关心员工的管理者，以重建员工的忠诚度。团队领导会关注职业生涯指导和发展方面的交流，高管也要花时间与一线人员相处，从而对于那些真正服务顾客的员工能有更多的同理心。"我更多地投入团队，我想要向他们学习，"希尔顿旧金山联合广场的后勤主管 Christine Himpler 说，"我更像是一个教练，我是来这儿开发人才的。这才是我在希尔顿的工作。"

由于公司展现出对员工的信任以及给员工更大的自主性，希尔顿的团队成员们也产生了更多积极情绪和态度。事实上，90% 的希尔顿员工都认可管理层确实相信他们能把工作做好，而且没有监视他们的举动。"为了处理好一件事，做任何你必须做的事。他们足够相信我能够照顾好需要照顾的顾客，作为一个员工，那使我感觉很好。"一个克利夫兰市中心希尔顿酒店的员工 Yolanda 说道。

由于更多员工拥有积极情绪和态度，希尔顿已经飞速成长为美国优秀工作场所的第一名。该连锁酒店也收获了更低的员工离职率、更高的顾客满意度和更多的住房收入。"我们的愿景是成为世界上最舒适的公司，但没有好的人才是无法做到的，而如果不能打造一个好的工作场所，就无法获得好的人才。"希尔顿的人力资源主管 Matt Schuyler 说。

希尔顿酒店及度假村，还有其他组织都在更加密切地关注员工的情绪和态度。这是因为情绪和态度影响着个人的绩效与幸福感。这一章阐述关于工作场所的情绪和态度的现有的知识与实践。我们将首先描述情绪并解释它们如何影响态度和行为。接下来我们会考虑情绪劳动的动态变化和很流行的情绪智力话题。然后会讨论工作满意度和组织承诺这两个特别的工作态度，包括它们与各种员工行为和工作绩效的联系。最后一部分着眼于工作压力，包括压力体验、四个主要压力源、压力的个体差异和防止压力过载的方法。

4.1　工作场所中的情绪

情绪能影响我们在工作场合中做的所有事情。这是一个有力的陈述，但在 20 年前很少有组织行为学领域的专家会这么说。大多数的组织行为理论仍认为一个人的想法和行动主要或完全由逻辑思考（认知）控制。然而，神经科学的创新研究结果揭示出我们的感知、态度、决策和行为会被情绪和态度影响。事实上，情绪可能有更大的影响，因为它们通常在认知机制之前发生，所以会影响后者。由于忽略了情绪，许多理论漏掉了工作场所人类行为谜题中的一大块。

情绪（emotions）是指对于事物、人或事件产生的生理、行为和心理上的综合反应。这些"综合反应"非常短暂，有些持续时间不到 1 秒。然而，我们通常会体验到超过几分钟或更长时间的情绪，因为当我们持续思考情绪的来源时，它们会一阵一阵地出现。情绪会指向某人或某物。比如，对于任务、顾客或我们正在使用的移动应用软件，我们会体验到愉悦、害怕、生气和其他情绪的组合。这与**心情**（mood）不同，心情并不会指向任何特定的事，而且它往往是一种长期的情绪状态。

情绪是体验，它们代表了我们的生理状态（如血压和心率）、心理状态（如思维过程），以及行为表现（如面部表情）的变化。大多数情绪体验很细微，我们会意识不到它们的出现。这一点很重要，因为情绪话题总是使人联想到人们"变得情绪化"的样子。但是事实上，大多数情绪是一些短暂的、无意识的状态，它们能影响我们有意识的思考和行动。最后，情绪让我们处于一种准备状态。比如，当害怕时，我们的心率和血压会上升，以便让我们的身体更好地准备进入战斗或逃跑。强烈的情绪会引发我们对外部环境中的威胁和机会的关注。这种由情绪产生的"准备状态"是我们动机的来源。动机将在第 5 章进行更充分的讨论。

4.1.1　情绪的种类

人们会体验多种情绪和各种情绪的组合，它们有两个共同的特征，如图 4-1 所示。第一个特征是不同情绪的激活水平各异。根据定义，情绪会使我们处于准备状态，而且在下一章我们会讨论到，它是一个人的动机的主要来源。有些情绪体验足够强烈，我们能在意识层面被激励去行动而不需要仔细地思考，正如我们突然感到惊讶时那样。大多数情绪体验都是细微的，即使它们已经被激活到足以让我们更关注周围环境。

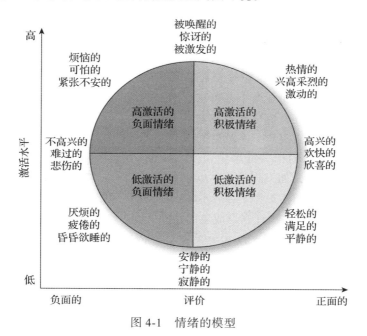

图 4-1　情绪的模型

资料来源：Adapted from J.A. Russell, "Core Affect and the Psychological Construction of Emotion," Psychological Review 110, no. 1 (2003): 145–72; M. Yik, J.A. Russell, and J.H. Steiger, "A 12-Point Circumplex Structure of Core Affect," Emotion 11, no. 4 (2011): 705–31.

第二个特征是所有情绪都与效价（核心情感）有联系。效价表明对感知到的事物应该采取接近还是回避的态度。换句话说，所有情绪都会评估所处情境是好还是坏、是有益还是有害、是积极还是消极等。此外，负面情绪往往比正面情绪有更强的激活水平。比如，恐惧和愤怒比愉悦和高兴有更强的情绪体验，也因此对我们的行为产生更大的影响。这种效价的不对称性可能是因为负面情绪可以保护我们免受伤害，因此对我们的生存更重要。

4.1.2　情绪、态度和行为

想了解情绪如何在工作场所中影响我们的想法和行为，我们首先要了解态度。**态度**（attitudes）是指人们对人、事物或事件（统称态度对象）的信念、情感和行为倾向的集合体。态度是一种判断，而情绪是一种体验。换言之，态度包含对一个态度对象的评价，而情绪则作为一种事件发生，通常是无意识的。态度本身可能也是无意识的，但是我们通常会意识到或有意识地去思考那些评价。两者之间的另一个差别是我们对于大多数情绪的体验是非常简短的，而对于某个人或某件事的态度随时间的推移是更加稳定的。

直到最近，专家们才认为可以按照信念、情感和行为倾向三种认知成分来理解态度，如图 4-2 左侧所示。现在有证据表明，对应的情绪机制在起作用，如图 4-2 右侧所示。以对并购的态度为例，首先从态度的传统认知观点开始，仔细地分析这个模型。

（1）信念。它是指你对态度对象已建立的感知——你认为正确的东西。比如，你可能认为企业并购会降低被兼并企业员工的工作安全感，或者认为在全球化时代，企业并购提升了企业的竞争力。这些信念是你从过去的经验和其他形式的学习中获得的。每个信念都有一个效价，也就是说，我们对每个信念都会有积极或消极的感觉（比如，降低工作安全感是不好的）。

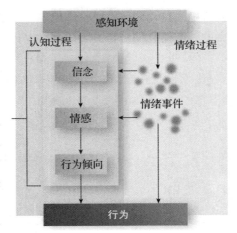

图 4-2　情绪、态度和行为倾向的模型

（2）情感。它展现了你对态度对象有意识的积极或消极评价。有些人认为企业并购是好的，有些人认为是不好的。你是否赞成并购代表着你对并购的看法。根据态度的传统认知观点（图 4-2 左侧），情感是从对并购的信念和对信念的相关情感中衍生出来的。还是以对并购的态度为例，如果你认为并购通常会导致负面结果，比如裁员和组织政治，那么你会对所有并购或你所在组织某个特定并购计划形成负面情感。

（3）行为倾向。它是指你对态度对象采取某种行动而计划付出的努力。当听到企业要并购其他组织的消息时，你可能会计划去别处寻找一份工作或可能向管理层抱怨这个并购决策。你对于并购的情感影响了你的行为倾向，而且你采取的行动也取决于过去的经验、个性和采取适当行动的社会规范。

1. 态度 – 行为的影响因素

态度的认知模型（信念 – 情感 – 行为倾向）显示，我们可以根据个体态度的每个要素来预测行为。它们可能是正确的，但是模型的每个阶段都有一些意外事件会削弱其可预测性。首先是信念到情感的连接。持有相同信念的人可能会对态度对象形成截然不同的情感，这是因为他们对这些信念有不同的效价。两个为同一上司工作的员工都持有上司要他们认真工作的信念。然而，一个员工不喜欢上司是因为她 / 他对于努力工作有负面的效价，而另一个员工喜欢上司是因为她 / 他对于努力工作有正面的效价。

情感对行为倾向的影响也会取决于这些因素。两个员工可能都不喜欢上司，但是要从这样的情感中预测出各自的行为倾向并非易事。一个员工会倾向于向工会或更高的管理层抱怨，而另一个员工会倾向于另寻工作。对态度对象产生相同情感的人可能会产生不同的行为倾向，这是由于其各自独特的经历、个人价值观、自我概念以及其他个体差异造成的。在本章的后面，我们会描述四种对于不满意和其他负面态度的主要回应行动。

最后，该认知模型表示行为倾向是预测个人行为的最佳指标。但是这种连接的强弱也有赖于其他因素，比如，个人能力、情境因素和可能存在的角色感知。举例来说，两个人可能由于不喜欢上司而都倾向于离职，但是只有一个人这样做了，因为另一个员工找不到其他工作。

2. 情绪如何影响态度和行为

认知模型在一定程度上描绘了员工如何形成和改变态度，但是情绪在这个模型中才是一个中心的角色。图 4-2 右侧展示了这个过程。与认知过程一样，情绪过程也是从我们对周遭世界的感知开始的。我们的大脑用基于快速反应的情感标签来标记传入的感官信息，并基于本能对这些信息是支持还是威胁我们做出快速而不准确的评估。这些标签不是衍生出的情感，它们只是基于很少的感官信息而自发产生且无意识的情绪反应；体验到的情绪再进一步影响我们对态度对象的情感。举例来说，希尔顿的员工从现代化的员工区域、支持性的领导、高中教育培训和更高自主性的工作中产生了积极的情绪，最后这些情绪都会让员工对公司产生积极的态度。

为了更好地理解这个过程，再次使用对并购态度的例子。在得知你所在的公司要被竞争对手并购时，你可能会担心、紧张或是放松。图 4-2 右侧的模糊点代表了你在听到并购公告时体验到的大量情绪组合，然后你会对并购进行思考，并与同事讨论这次并购。这些情绪传递到大脑的认知中心，然后与其他关于态度对象的信息一起进行逻辑分析。因此，在你有意识地评估并购是好是坏的时候，你的情绪已经传递了核心情感（好或坏）的信号，并且这个信号会影响你的评估。实际上，我们经常会特意地"倾听"自己的情绪以帮助我们做出是否支持某事的决定。

当认知推理和情绪矛盾时，它们对态度的影响是最明显的。人们偶尔在感受到某件事不对又想不到任何逻辑上的理由来反对时，会体验到这种心理上的矛盾。这种冲突性的体验表明人对情境进行逻辑分析时会产生不同的情绪反应。我们应该关注情绪反应还是进行逻辑分析呢？这个问题不易解答，但研究结果表明，管理人员往往基于直觉（情绪反应）来快速做出决策，而最好的决策则是管理人员花时间对客观情况进行逻辑分析去做出的。因此，我们需要同时关注态度认知模型的认知侧和情绪侧，并希望它们在大多数时间都是一致的。

3. 在工作中产生积极情绪

由于想尝试增加工作场所中员工的积极体验，希尔顿酒店及度假村和其他公司都很关注认知 – 情绪双态度模型。谷歌公司以其极好的待遇而闻名，包括室内咖啡厅、美食自助餐厅、像老式地铁车厢一样的聊天区、个人发展课程、游戏区、免费理发服务，以及可以直接滑到楼下的滑梯等。英国最适宜工作的公司 Admiral Group 有一个"娱乐部"委员会。它会通过任天堂 Wii 游戏比赛、跨部门奥林匹克比赛和其他趣味活动来极大地提升公司内部员工的积极情绪。

一些批评者可能认为，组织的主要任务应该是通过工作本身，以及诸如有礼貌的顾客、支持性的同事等每天自然发生的事情来创造积极情绪。然而，大多数人仍在做着会产生负面情绪的工作。研究结果显示，工作中的幽默和乐趣，无论是自然的还是人为的，都可以抵消负面情绪。总的来说，企业领导需要谨记，情绪会塑造员工的态度，而态度会影响各种形式的与工作相关的行为。

对于图 4-2 还有最后一点要说，请注意从情绪事件指向行为的箭头。它表示情绪会不经过有意识的思考而直接影响一个人的行为。就像当有人悄悄走近你时，你会突然跳起来一样，类似的情况也会发生在一些日常的情境中，因为即使是低强度的情绪也会悄然改变我们的面部表情。这些行动都没有经过仔细的思考，它们就是一些习得的或遗传固有的、在特定情形下出现的情绪反应。

争辩点：在工作中娱乐真的是一个好主意吗？

"在工作中娱乐"已经成为一种炙手可热的商业时尚，以至于没有设立"娱乐委员会"的公司被认为只是冷漠的"任务收割机构"。在很多情况下，在工作中娱乐可以改善员工的态度，但是某些特别的娱乐活动是否真的有必要或有用呢？

有些人会投反对票。他们认为在工作中刻意创造的娱乐活动产生的效果适得其反。有些类型的娱乐活动对于特定群体来说可能并不有趣。事实上，员工可能会觉得管理层或其他员工创造出来的娱乐活动愚蠢而感到被冒犯，还有些人可能会因为被迫娱乐而感到愤怒。一位专家提醒："一旦娱乐的想法开始正式被上层制度化，可能会导致员工产生不满。他们可能会感觉到别人有高人一等的优越感，而这会滋生出愤怒和沮丧。"

工作中娱乐的价值和意义在代际中也存在差异。千禧一代受用的方法可能对于婴儿潮一代适得其反，反之亦然。另外，关注娱乐的公司可能忽略了对底层员工的关注。"最后，你还是为了赚钱而留在这儿，"LeasePlan USA（该公司有"娱乐委员会"）前首席执行官 Mike Pitcher 说，"如果工作（都）是有趣的，那么它们就会被称为娱乐。"

4.1.3　认知失调

想象你刚签订了一份在公司各会议室安装电子白板的合同。这笔交易非常昂贵，但是在向几个员工询问以后，你觉得在科技时代这种科技产品是很有价值的。然而，在签完合同后，你很快就后悔了。这种情绪体验就是**认知失调**（cognitive dissonance）。当人们感知到他们的信念、情感和行为之间互相不一致时，就出现了认知失调。这三种态度成分之间的不一致性会导致情绪（如感到虚伪）出现，促使人们通过改变其中一个或更多的成分来实现一致性。

为什么在购买电子白板后会出现认知失调呢？这可能是因为你想到有些员工想要的是灵活性，然而电子白板需要特定的白板笔和电脑软件；也可能是因为你短暂地意识到买电子白板需要花费比传统白板多几倍的钱，而这与你的个人价值观和企业节俭的文化相悖。无论具体原因是什么，这种失调的出现是由于你的态度（关注成本才是对的）和行为（购买昂贵的电子白板）不一致。大多数人希望自己在自己和别人的眼中是理性、有逻辑的，而认知失调的出现则是我们的行为和信念产生了冲突，使我们看起来不那么理性。

我们应该怎样减少认知失调呢？撤销我们的行为或许是有用的，但是大多数行为都无法被撤销。电子白板已经被安装好后再拆除可能就过于昂贵了。而且不管怎样，认知失调都会存在，因为你和你的同事已经知道你做出这次购买行为了，而且是自愿的。

更多时候，人们通过改变信念和情感来减少认知失调。第一种减少认知失调的策略是，针对这些决策的特征找出一个赞成的态度，例如，电子白板有更好的储存和书写能力之类的积极观点。人们也会去挖掘他们之前没发现的决策的积极作用（比如，电子白板可以把手写字变成键入的文本）和其没有选择的替代方案的问题（比如，传统白板不能用作投影幕布），这也是常见的第二种策略。

第三种策略就没那么直接了：你可以通过强调自己的其他决策有多节俭而不是通过忽略电子白板的高价格来减少认知失调。这种思考框架弥补了你草率购买昂贵的电子白板的行为，因此维护了你作为一个节俭决策者的自我概念和公众形象。这些心理技巧都在一定程度上维护了个人行为（购买昂贵的电子白板）和态度（节俭）之间的一致性。

4.1.4　情绪和个性

在本节中，我们已经阐明情绪体验是在职场工作经历中被触发的，这在大多数情况下是对的，但是情绪也会部分地由人的个性决定。高情绪稳定性且外向的人往往会体验到更多的正面情绪，那些高神经质（低情绪稳定性）且内向的人往往会体验到更多的负面情绪。尽管积极和消极的个性特征会有影响，但研究结果表明，对于态度和行为，真实的工作场景才会对人们有更强烈的影响。

4.2　工作场所情绪管理

我们希望员工能在职场中管理好他们的情绪。他们在为讨厌的顾客服务时要隐藏起自己的沮丧，对病人要表现出同情，以及在与其他管理者开一个很长的会议时不能表现出无聊。这些都是各种各样的**情绪劳动**（emotional labor）——在人际交往中为了表现出组织所期待的情绪而做出的努力、计划和控制。

几乎所有人都被要求遵守这样的表演规则。这些规范和直接的规则要求员工进行情绪表演，也就是做出能展现某种特定情绪的行为并隐藏显示其他情绪的可见行为。情绪劳动在需要多种情绪（比如，既有生气又有开心）和高强度情绪（比如，狂喜而非微笑）的工作中，以及在需要和客户进行频繁且长时间的工作中要求格外高。相比于随意的表演规则，当需要严格执行规则时，情绪劳动也会增加。这类工作要求最常出现在需要员工与客户频繁进行面对面交流的服务业中。

员工有时候需要表现出与他们在特定场景的真正感受完全不同的情绪。例如，他们必须要对一个自己不喜欢并令人讨厌的顾客表现出耐心和积极的情绪。这种不一致性会导致压力和倦怠，因为不一致性催生了情绪压力。而且，和真正情绪与表演情绪相似时相比，这种不一致性需要员工在心理上付出更大的努力。情绪劳动还可能要求员工按照与自我概念相反的方向行动，这将导致心理上的自我分离，以及引发对工作的不满。这些问题会在人们频繁地处于表演情绪与真实情绪相悖时变得更加严重。某些情绪表达的策略或无法进行情绪表演的时刻，也会导致更低的工作绩效。

4.2.1　不同文化的情绪表达规范

员工能多大程度地隐藏自己的真实情绪，这在不同的文化中差别很大。一项大规模的全球性研究显示，亚洲和非洲国家的一些人能够强烈地克制情绪表达。他们会很小声，有着相对单调的语音和语调，并且会避免肢体动作和接触。相反，拉丁美洲和中东地区的某些国家则允许或鼓励人们有更加丰富的情绪表达，而且希望人们能做出与他们的真实情绪一致的行为。在这种文化中，人们应该更加诚实地展露自己的想法和感情，在交流的语调上更加夸张，以及在非语言的行为上更加活跃。例如，81%的埃塞俄比亚人和74%的日本人都认为在他们的文化中，公开地表达情感会被认为不够专业，而43%的美国人，33%的意大利人，19%的西班牙人、古巴人和埃及人认同这个观点。

许多亚洲国家有不鼓励公开表达强烈情感（愤怒、高兴等）的文化规范，而这些情绪表达规范在北美文化、欧洲文化和其他文化中就弱得多。此外，当要求员工在工作中抑制真实情绪时，那些来自允许或鼓励情绪表达文化背景的员工，会比来自抑制情绪表达文化背景的员工经受更多的压力和更低的生活满意度。有一家中国公司曾尝试通过"无脸"日（"no-face"day）来降低员工的压力。在"无脸"日，员工都戴着面具，所以他们不用担心自己的面部表现出什么样的情绪。

○ **全球链接 4-1**

微笑的俄罗斯：情绪劳动多于美国

当准备筹办第21届世界杯时，俄罗斯不仅修建了几个足球馆，还教导列车售票员以及其他需要面对顾客的员工如何对外国人微笑。"俄罗斯人通常是不笑的，"这次微笑计划中的一个培训人员说道，"这就是为什么其他人来俄罗斯时总认为俄罗斯人很不友善。"

即使是在顾客服务领域，俄罗斯人也比美国人要沉闷和直截了当。但是，俄罗斯的员工不太会笑并不意味着他们不高兴或不喜欢你。他们只是对微笑有着与美国等西方社会的人不一样的解读。因此，当俄罗斯人被强迫要微笑时，他们可能会承受更多的情绪劳动。

一项最近的研究显示，俄罗斯人和一些其他文化背景下的人（日本、韩国、伊朗、法国等）会把微笑的陌生人看作不太聪明的个体。这反映在一句有名的俄罗斯谚语中："无缘无故地微笑是愚蠢的表现。"相反，在其他一些文化中，微笑被看作智商高的表现，尤其是在德国、瑞士、马来西亚、中国和奥地利。

这或许可以解释为什么十多年前索菲亚从俄罗斯移民到旧金山富国银行（Wells Fargo）做出纳员时，被要求对顾客微笑就会感到尴尬。富国银行希望那些直接面对顾客的员工能全天愉快地面对顾客。索菲亚需要微笑，然后从"您好吗？"开启服务流程。但是在心中，她感觉这样的微笑和开场白显得虚假，可能还有一点点愚蠢。"他们的期望是，你得保持一天8小时的微笑。"索菲亚说。她现在已经是纽约一家企业的高级财务分析师了。

近期的一项关于微笑的跨文化研究结果显示，高腐败水平国家的人会认为频繁微笑的人（特别是男人）比不微笑的人更加不诚实。

4.2.2　表达期望情绪的策略

情绪劳动终归是关于我们如何在某个情境下为了展现我们期望表达的特定情绪而做出的行为。情绪劳动的两种通用的方法分别是：有意识地使用可以表示期望情绪的语言和非语言行为；积极改变我们的情绪体验，使其与期望的情绪及情绪表现相一致。

第一种方法是有意识地按照与期望情绪一致的方向行动，也就是指表层动作（surface acting）。当我们假装正在经历期望情绪，而实际上我们经历的并不是与之一样的情绪时，就会发生这种情况。比如，尽管我们实际上很疲劳，而且由于已经多次听过某个信息而感到厌烦，但我们还是对客户冗长的解释表现出兴趣。我们会用语言或非语言行为去表达特定的情绪，即使我们的实际情绪截然不同。

表层动作在情绪劳动中是（但不总是）一种较差的策略。它会导致压力，因为它需要相当多的心理努力，而且角色会与自我发生心理分离。假装感觉到某种情绪也是有挑战性的。发自内心的情绪会自动激活一系列面部肌肉和身体相关部位，而这些在假装有某种情绪时都很难模仿。同时，我们的真实情绪会被一些微动作展现出来，而这些微动作通常是无意识的。在多数情况下，别人能看出来我们在假装，而且能感觉到我们实际上有不同的情绪。

情绪管理

第二种表达期望情绪的方法是真实地经历那些情绪（而不是假装在经历）。换言之，我们有意识地改变我们的情绪以使其与我们期望的情绪表现一致。在经历特定情绪时，我们很自然地会释放出那些情绪的行为信号。下面介绍五种管理情绪的主要策略。

（1）改变环境。这涉及离开或进入工作情境而影响情绪。一个例子是，当我们短暂地离开工作区时就会变得懒散。同时，我们可能也会通过到外面散步休息来恢复精力。另一个例子是，远离那种让人感到恼火的客户。

（2）调整情境。即使待在相同的物理区域内，我们也可以通过对环境进行调整以使其能改变我们的情绪状态。例如，我们可以暂停进行某项烦人的任务而转向更令人愉快的任务，以免经受（或表现出）郁闷。或者，如果与同事的讨论变得尴尬或敏感（比如，谈论到国家政治）时，我们可以转向一个让情绪没那么沉重的话题。

（3）抑制或放大情绪。这个策略要求有意识地去抑制失调的情绪或放大期望的情绪。抑制情绪是这类策略中最常见的一种手段。我们尽量不去想那些让我们心烦的事件或至少在心理上让我们与这些事件保持距离。例如，有些医务人员通过与病人保持普通关系去抑制他们对病人的疾病的情绪反应。

（4）转移注意力。这个策略是指改变注意力的焦点。假设今天你给客户的演示并不是很顺利，为了将这件事带来的负面情绪降到最低，你可以将精力投入工作（比如与同事一起做另一个项目），从而使你不去注意这次不完美的演示。

（5）重构情境。重构是指对特定事件进行认知再评估，以产生更恰当的情绪。相比于把演示看作一次失败，不如将其重构成一次成功可能性不大的学习契机。空乘人员会用重构的方法，将服务难应付的乘客看作自己客户服务技能的一次检验。这时，服务过程就是一种成就而非苦差事。

通过积极地体验特定情绪，员工们就会产生深层动作（deep acting）。深层动作需要在某个情境下真实地产生特定情绪，而表层动作不需要去尝试体验。以上五种情绪管理策略都是深层动作，但是重构情境和转移注意力可能是最常见的。改变环境和调整情境适用于员工独自工作的时候，但很少会用在参加客户会议、与情绪低落的乘客交流，或者其他与工作相关的社交场合中。抑制或放大情绪能产生深层动作，但是这些认知活动可能会牵涉重构情境和转移注意力。但是无论用哪种方法来管理情绪，都需要有情绪智力。接下来，我们讨论情绪智力。

4.3　情绪智力

南佛罗里达大学的 Health Morsani 医学院通过调查发现，他们的毕业生需要进行情绪智力的训练来更好地完成工作。现在，有些学生正在参与一个"关注基于价值的医疗、领导力、医疗保健体系和情绪智力"的特别项目。这个项目由帮助医学生培养理解和管理情绪能力的 Lehigh Valley Health Network 的医务人员来进行指导和角色扮演。"我几乎每时每刻都在使用情绪智力的概念。"一位毕业于南佛罗里达大学医学院的外科医生说。

南佛罗里达大学医学院和许多其他组织开始相信**情绪智力**（emotional intelligence，EI）在各种职业中都能改善绩效。情绪智力包括一系列让我们能识别并调节自己和他人情绪的能力。这个定义具体包括图 4-3 所示的四个主要维度。

（1）自我情绪意识。它是指能感知到自己的情绪并且理解其含义的能力。高情绪智力的人对于他们的情绪有更好的感知而且更能明白其代表什么含义。他们能获知自己在特定情况下的情绪反应，并将之作为有意识的信息来利用。

（2）自我情绪管理。情绪智力也包括管理自己情绪的能力，这也是某种程度上我们都在做的事。我们克制着破坏性的冲动。当事与愿违的时候，努力保持不生气或不沮丧；当情境要求表演情绪时，我们也会努力向他人表现出快乐和幸福。我们会在每个工作日的晚上让自己重新振作起来。请注意，管理情绪不仅要在特定情境下表达出期望的情绪，还包括产生或抑制情绪。换言之，之前提到的深层动作就需要高水平的情绪智力去进行自我情绪管理。

（3）他人情绪意识。它是指能感知到他人的情绪并且理解其含义的能力。与之相关的是同理心——能理解他人的情感、想法和处境并对其保持敏感。它包括理解他人的处境、对他人的情绪感同身受，以及了解他人没有表达出来的需求。他人情绪意识还包括组织意识，例如，能察觉到办公室政治和一些非正式社交活动的存在。

（4）他人情绪管理。这一维度是指管理他人的情绪，包括安慰伤心的人、鼓励小组成员准时完成课堂作业、让陌生人感觉与你一起工作很舒坦，以及帮助同事消除压力或其他失调的情绪。

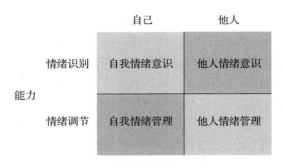

图 4-3　情绪智力的四个维度

资料来源：D. Goleman, "An EI-Based Theory of Performance," in *The Emotionally Intelligent Workplace*, ed. C. Cherniss and D. Goleman (San Francisco: Jossey-Bass, 2001), 28; Peter J. Jordan and Sandra A. Lawrence, "Emotional Intelligence in Teams: Development and Initial Validation of the Short Version of the Workgroup Emotional Intelligence Profile (WEIP-S)," *Journal of Management & Organization* 15 (2009): 452–69.

情绪智力的这四个维度形成了一定的层级结构。自我情绪意识是最低的层级，因为它是达到更高层级情绪智力的先决条件。如果你都没有察觉到自己的情绪，你就无法管理它们

（即低自我意识）。他人情绪管理是最高层级的情绪智力，因为它要求你能意识到自己和他人的情绪。例如，为了化解两个员工之间的矛盾，你需要理解他们此时的情绪并且管理好自己的情绪（并进行情绪表演）。为了管理好自己的情绪，你也需要意识到你此时的情绪。

情绪智力的影响和发展

许多工作都涉及与同事或外部利益相关者的社交，所以需要用情绪智力来进行高效的工作。研究表明，高情绪智力的人会是更高效的团队成员，在需要情绪劳动的工作中表现得更好，在涉及他人的决策时也会做得更好，并且对创造性的工作更能保持积极的心态。情绪智力和领导力相关，因为领导者需要进行情绪劳动（比如，即使在感到情绪低落的时候也要对员工表现出耐心），还需要管理他人的情绪（比如，即使没有拿下一份重要的合同，也要让员工对未来保持乐观）。但是，情绪智力无法提升某些工作的绩效，比如那些涉及很少社交活动的任务。

鉴于情绪智力的潜在价值，某些组织测试求职者的这项能力也就不足为奇了。美国空军（USAF）会在精英伞兵救援训练计划中考虑申请人的情绪智力，因为高情绪智力学员完成计划的可能性是低情绪智力学员的两倍多。也有组织通过一些项目来提高员工的情绪智力。例如，Fidelity Canada 的新员工（包括实习生）都会接受情绪智力以及其他软技能教育的训练。一项研究报告称，培训项目提高了荷兰智障人士收留所的工作人员的情绪智力。这个情绪智力项目包括情绪智力概念及知识介绍，对参与者初始情绪智力测试分数进行反馈，用案例研究的方式讲授情绪智力的层次，然后结合参与者拜访难应付客户的视频来给予专业的反馈指导。除了通过训练项目提升情绪智力，情绪智力也会随着年龄的增长而提升，这是成熟的一部分。

到目前为止，本章介绍了关于情绪和态度的模型以及情绪智力，还有在职场中管理情绪的方法。接下来的两部分将聚焦两种特别的态度：工作满意度和组织承诺。这两种态度对理解工作场所的行为非常重要，因此有专家建议将这二者统称为"总体工作态度"。

4.4　工作满意度

组织行为学研究最多的可能就是**工作满意度**（job satisfaction）。它是指一个人对自己的工作及工作内容的评价。它是对于感知到的工作特征、工作环境和工作中的情绪体验的评价。感到满意的员工根据自己的观察和情绪体验，对他们的工作会有好的评价。工作满意度被看作对工作和工作内容不同层面的态度集合。比如，你可能会喜欢你的同事，但是对工作压力却不那么满意。

员工在工作中有多满意呢？答案取决于个人、工作场所和所属国家和地区。2018 年，一份全球性的调查（见图 4-4）显示出一定的一致性，即墨西哥、美国和印度的工作满意度最高；而整体工作满意度最低的通常是日本和匈牙利。

我们可以从这些研究中总结出墨西哥和印度的大多数员工在工作中都很开心吗？答案可能是可以，但是他们的整体工作满意度或许并不像数据显示的那么高。其中，第一个问题是，调查通常只用一个很直接的问题，比如"你对你的工作有多满意？"很多对工作不满意的员工不愿意对这么直接的问题直接表达自己的感受，因为这无异于承认他们做出了一个糟糟的工作选择并且生活得不快乐。对工作更具体的方面进行调查就会发现员工没那么满意了，这个证据攻破了之前虚高的结果。此外，研究还发现，如果时机合适，很多员工有在明年寻找另一份工作或离开当前雇主的打算。

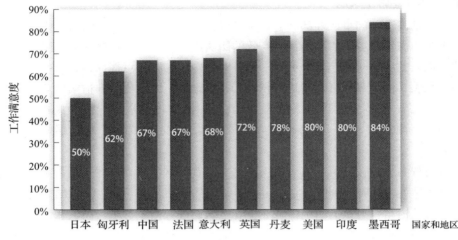

图 4-4　部分国家和地区的工作满意度

注：图中的百分比（工作满意度）是指每个国家和地区的员工对当前雇主满意或非常满意的百分比。调查数据由 Randstad Holdings nv 于 2018 年收集。每个国家和地区至少调查了 400 名员工。

第二个问题是，文化价值观使比较不同国家和地区的工作满意度变得困难。日本人倾向于在公共场合压抑自己的情绪。有证据表明，他们也会避免使用极端的调查评级，比如"非常满意"。第三个问题是，工作满意度随着经济条件的变化而变化。

4.4.1　工作满意度与工作行为

工作满意度会影响工作场所中的行为吗？通常会。工作满意度会影响我们在第 1 章中介绍的很多个人行为（业绩、组织公民行为、离职、缺席等）。然而，更准确的答案是工作满意和工作不满意对个人行为的影响取决于个人与情境。一个用于组织和理解工作不满意后果的有用范式是**退出 - 建言 - 忠诚 - 漠视模型**（exit-voice-loyalty-neglect model，EVLN）。正如模型名称所示，EVLN 模型分析了员工对工作不满意的四种反应方式。

- 退出。退出包括离开组织、转移到另一个工作单位，或者至少试图摆脱不满意的状况。传统理论认为对工作的不满意会随着时间的推移而积累，最终会强烈到足以激励员工去其他地方寻找更好的工作机会。这在某种程度上可能是正确的，但最近的观点是，特定的"冲击事件"会迅速激励员工思考并采取退出行为。例如，你对不公平的管理决定或与同事发生冲突的情绪反应会促使你去看招聘广告，并与朋友谈论他们所在公司的工作机会，开始想象自己在另一家公司工作，从而在心理上脱离现在的雇主。

- 建言。建言是指试图改变不满意的现状，而不是逃避。建言可以是一种建设性的回应，例如，向管理层建议解决问题的方法。它也可以更具对抗性，例如，提出正式的申诉或组成一个联盟来反对一项决定。最极端的情况是，一些员工可能会采取反生产行为来引起注意，迫使组织做出改变。

- 忠诚。在这个模型的初始版本中，忠诚只被简单地看作不满意的结果。但即使这样，理论上也认为员工会采取行动去改变公司政策（即建言）。相反，初始模型表明，忠诚度能预测人们是选择退出还是选择建言（即高忠诚度会建言，低忠诚度会退出）。最近一些研究者将忠诚描述为不满的结果，但方式多种多样，不是特别明确。一般来说，他们认为"忠诚者"是指那些通过耐心等待来对不满意做出反应的员工；也有人说他们"默默忍受"，等待问题自行解决或由他人解决。
- 漠视。漠视包括减少工作投入、减少对质量的关注、缺勤和迟到增多等。这是一种消极的反生产行为，因为它对组织有负面影响。

对不满意的反应部分取决于那些不满意员工的个人性格特质。对于有高个人外向性和高责任心的员工，建言是比较常见的行为，可能是因为这些性格因素与一个人的自信、责任感和外向的品质相关。过往经验也会影响员工究竟采用 EVLN 模型中的哪一种反应。过往建言失败的员工在未来感受到工作不满意时更有可能选择退出或漠视。由于忠诚在 EVLN 模型的初始版本中也有涉及，所以也是一个重要因素。具体而言，当员工对公司的忠诚度低时，更有可能选择退出；而员工对公司有高忠诚度时，则更可能选择建言。

员工如何对不满意做出反应也与情境有关。当就业前景一般时，选择退出的员工相对少见。当不满意的员工意识到其他员工依赖他们，或者他们相信其他人会说出来时，他们更有可能选择建言而不是其他。当管理者鼓励员工在一个包容的工作环境中讨论他们的担忧时，建言会更频繁。

4.4.2　工作满意度与工作绩效

工作满意度与工作绩效之间的关系如何呢？"快乐的员工就是有生产力的员工"这句话是对，还是错？对工作场所态度的讨论已经很久远了，而且这么多年来一直没有结论。近年来，研究结论趋向一致，"快乐员工"的假说是正确的，但只是在某种程度上成立。换言之，工作满意度与工作绩效之间存在一定的正相关关系。

为什么工作满意度只是"在某种程度上"影响员工的绩效呢？其中，第一个原因是，宽泛的态度（如工作满意）无法很好地预测具体的行为。正如 EVLN 模型所阐释的那样，绩效下降（漠视的一种形式）只是对不满意的四种可能的反应之一。第二个原因是，一些员工对工作绩效的掌控力较弱，因为他们的工作节奏可能依赖于生产过程中的技术或同事的进度。举例来说，无论一个装配线工人是高工作满意度还是低工作满意度，他每小时可以安装的挡风玻璃的数量和质量都是相同的。

第三个要考虑的原因是工作绩效可能引起工作满意，而不是反过来。高绩效的员工往往有更高的工作满意度，因为他们比低绩效员工获得了更多的报酬和赞赏。工作满意度与工作绩效之间的联系并不强，因为很多组织都没有很好地奖励高绩效的员工。

4.4.3　工作满意度与顾客满意度

本章的开篇案例介绍了希尔顿酒店及度假村正在投入更多的资源为员工服务。这样员工就会更有动力，可以更好地为希尔顿的客人服务。正如希尔顿的一位经理所说："如果你关心你的团队成员，他们就会照顾好顾客。"Wegmans 将相同的方法应用到顾客服务中。连锁超市都清楚地知道要珍惜顾客，但他们珍惜的方式是同等程度地关心员工。"对我们来说最重要的就是，员工觉得 Wegmans 是一个工作的好地方，"Wegmans 的董事长和前 CEO Danny Wegman 说道，"当我们的员工感觉到被关心、被尊重时，他们就会让顾客也同样感受到被关心和被尊重。"

　　研究结果是支持希尔顿和 Wegmans 的经营哲学的。事实上，还有证据表明，工作满意度对顾客服务的影响比对整体工作绩效的影响更大。工作满意度对顾客服务和公司利润的影响参见**服务利润链模型**（service profit chain model），如图 4-5 所示。这个模型显示这种工作满意度对客户服务有积极影响，最终有利于股东的财务回报。

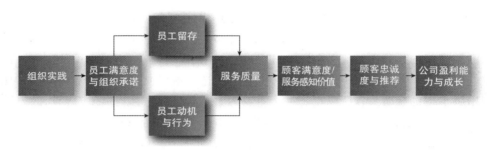

图 4-5　服务利润链模型

资料来源：This model is based on J.I. Heskett, W.E. Sasser, and L.A. Schlesinger, *The Service Profit Chain* (New York: Free Press, 1997); A.J. Rucci, S.P. Kirn, and R.T. Quinn, " The Employee-Customer-Profit Chain at Sears," *Harvard Business Review* 76 (1998): 83-97; S.P. Brown and S.K. Lam, " A Meta-Analysis of Relationships Linking Employee Satisfaction to Customer Responses," *Journal of Retailing* 84, no. 3 (2008): 243-55.

　　这个过程从组织实践开始，这些实践会提高或降低工作满意度。然后，工作满意度影响员工是否留下来（员工留存）以及他们在工作中的动机与行为。留存、动机和行为影响服务质量，服务质量影响顾客满意度、服务感知价值、顾客忠诚度与向他人推荐服务的意向（推荐）。这些顾客活动影响着公司的盈利能力与成长。服务利润链模型得到大量研究结果的支持。但是工作满意的好处还需要一些时间才能反馈到组织的最终盈利上。

　　在服务利润链模型中，有两种关键解释说明了为什么满意的员工往往会带来更快乐和更忠诚的顾客。第一种解释是，工作满意往往会使员工产生积极情绪，而有着积极情绪的人会更自然、更频繁地表现出友好等积极情绪。当员工有积极情绪时，他们表现出来的积极情绪会感染大多数（不是所有）的顾客，所以顾客会感觉更开心，然后就会对服务体验给出正面评价（即高服务质量）。这个效应是双向的，开心的顾客也会使员工更开心，从而形成一个服务体验中积极情绪的良性循环。

　　第二种解释是，满意的员工更不可能离职，所以他们会有更多工作经验（即更好的知识和技能）来服务顾客。更低的员工流动率也可以让相同的员工在不同的场合为顾客服务，从而使服务更加一致。一些证据表明，顾客会对特定的员工形成黏性，而不是对组织，所以保持低员工流失率往往可以培养顾客忠诚。

4.4.4 工作满意度与商业道德

工作满意度除对员工行为有重要影响之外，还对组织在社会中的声誉（道德因素）有影响。人们大部分时间都在组织中工作，很多国家现在都期望企业能提供安全愉悦的工作环境。事实上，有些员工会密切关注最适合工作企业的评估排行。这表明员工工作满意度是一种美德，值得雇主给予重视。当一个组织的工作满意度较低时，这种美德的优点尤为明显。企业会尝试隐瞒事实，并且当道德问题公之于众时，企业领导通常会很快改善这种情况。

4.5 组织承诺

组织承诺——具体地说，**情感性组织承诺**（affective organizational commitment）代表了一些专家所说的"整体工作态度"的一半（另一半是工作满意度）。情感承诺是指员工对组织的情感依恋、参与和认同。这是一种心理纽带，人们因此选择献身于组织并对组织负责。此外，情感承诺是一种自主的承诺形式，也就是说，员工的动力来自自我概念和价值观一致性的内部努力，而不是外部力量。

情感承诺与**持续承诺**（continuance commitment）不同。持续承诺是指对组织依恋的计量。最被广泛接受的持续承诺的含义是，如果员工离开公司，他们将面临重大的社会或经济牺牲（例如，"我讨厌这个地方，但我不能辞职"）。当公司在雇佣关系中提供高薪和其他形式的经济交换时，这种可感知的牺牲条件就会出现；在这种情况下，辞职将丧失一大笔延期支付的奖金。如果一个人放弃了他或她的组织成员资格，牢固的社会联系也会被切断。

第二种类型的持续承诺涉及有限的替代就业机会（例如，"我不喜欢在这里工作，但没有其他工作机会"）。这种情况发生在失业率很高、员工缺乏足够的技能来吸引其他雇主，或者员工的技能太专业，附近企业对他们的需求有限的时候。一些专家质疑这是否真的是持续承诺，但它确实代表了另一种基于成本的决定，即留下来并履行工作角色。两种类型的持续承诺都有一种外部依赖的动机来留在组织，而情感承诺则是一种内部来源的动机。

情感承诺和持续承诺的第三个"兄弟"，被称为规范承诺，它是指对组织的感觉义务或道德责任。感觉义务适用于**互惠规范**（norm of reciprocity）即一种自然的人类动机，以支持、贡献和其他方式"回报"组织，因为组织投资和支持了员工（见第 10 章）。道德责任感是作为组织的一员留在组织并为组织做出贡献的动机，因为这是正确的做法。规范承诺受到的关注较少，因为它与情感承诺有一定的重叠，而且其含义有些模糊。

4.5.1 情感承诺和持续承诺的影响

情感承诺可以是一个很重要的竞争优势。对组织有强心理连接的员工更不可能离职或缺勤。他们也会体现出更高的工作积极性和组织公民行为，以及有更好的工作绩效。情感承诺还会提高顾客满意度，因为任职时间长的员工有更丰富的工作知识，而且顾客更喜欢与同一名员工谈生意。一个令人担忧的问题是，有很高情感承诺的员工往往非常循规蹈矩，从而创造性较差。还有一个问题是，这些员工都有动机去保护组织，即使组织涉及违法活动。不过，多数企业遇到的问题是情感承诺太少而不是太多。

与情感承诺的好处相反，高持续承诺的员工往往工作绩效较差并且更不可能具有组织公民行为。此外，加入工会的高持续承诺的员工更有可能提出正式的抗议和表达不满，而高情感承诺的员工在员工和雇主的关系变坏时还是更愿意通过合作解决问题。尽管某种程度的经济关系可能是必要的，但雇主应该依赖情感承诺而不是持续承诺。雇主仍需要赢得员工的心（情感承诺），而不是将他们在经济上与组织绑定（持续承诺）。

4.5.2　组织承诺的建立

建立和维护情感承诺的策略几乎与本书中的主题一样多，但是经常提到的策略有：

- 公正与支持。情感承诺在支持组织公正的组织中更多，我们将在下一章讨论。同样，关心员工福祉的组织往往会拥有更高水平的忠诚度。
- 共享价值观。情感承诺是指一个人对组织的认同感。当员工相信自己的价值观与组织的主导价值观一致时，这种认同感是最强烈的。当员工的个人价值观与公司价值观和行为一致时，他们也会体验到更多的积极情绪，这会增加他们留在公司的动机。
- 信任。信任是指一个人在涉及风险的情况下对另一个人的正面期望。信任意味着信任他人或团体。这也是一种相互的活动：为了获得信任，你必须表现出信任。只有当员工信任一个组织的领导者时，他们才会认同该组织并感到有义务为该组织工作。这就解释了为什么裁员是对情感承诺的最大打击之一：公司通过降低工作稳定性，降低了员工对雇主和雇佣关系的信任。
- 组织理解。组织理解是指员工对组织的理解程度，包括组织的战略方向、社会动态和物理布局。这种意识是情感承诺的先决条件，因为你很难对一个你没有充分了解的组织认同并保持忠诚。此外，信息缺乏会产生不确定性，并且所导致的压力会使员工疏远这种不确定性的来源（即组织）。这里的实践启示是，要保证员工对组织有一个适当清晰且完整的心理模型。这需要给员工提供更多的信息和机会，让他们能够保持对组织最新状况的了解，并与同事交流互动，了解组织有什么变化，以及组织的历史和未来计划。
- 员工参与。员工参与通过增强员工对组织的心理所有权和社会认同来增强情感承诺。当员工能参与到指引组织未来的决策中时，他们会感到自己是组织的一部分。员工参与也能培养忠诚度，因为它表明了公司对员工的信任。

组织承诺和工作满意度是工作场所中最常研究和讨论的两种态度。它们都与工作场所中的情绪和与公司关系的认知判断有关。情绪在当今每个人都在思考的另一个概念——压力中也扮演着重要的角色。本章的最后一节概述与工作有关的压力以及如何管理它们。

4.6　工作压力及其管理

当员工被问到是否经常感到有压力时，如今大多数员工会回答"是"。这表明大多数人不仅理解压力这个概念，还声称自己有丰富的个人经历。通常，**压力**（stress）被描述为对一个人的幸福具有挑战或威胁的适应性反应。它需要我们在生理上和心理上做好准备，以适应有敌意或有害的环境。它使我们的心率加快、肌肉收紧、呼吸加快、排汗增多。我们的身体也会将更多血液输送到大脑，分泌肾上腺素等激素，并通过分泌更多的葡萄糖和脂肪酸来为身体系统提供能量，激活那些使我们的感官变得敏锐的系统，还会关闭免疫系统来保存能量。一种观点认为，压力是对外部环境的负面评估。但是"认知性评估"观点的批评者指出，更准确地说，压力是一种情绪体验，会在对某种情况进行有意识评估之前或之后产生。

无论压力是一种复杂的情绪还是对环境的认知评估，它已经成为大多数人日常生活中普遍存在的体验了。最典型的理解是，压力是一种负面体验，又被称为劣性压力（distress）——生理、心理和行为上与健康机能的分离程度。然而某些水平和形式的压力被称为良性压力（eustress），它是生活中必要的一部分，因为它能激励人们去实现目标、改变环境，以及应对人生挑战。我们的重点是关注劣性压力的成因和应对方法，因为它已经成为当今社会的顽疾。

一般适应综合征

"压力"一词在 500 年前被首次用来形容人们对于严酷的工作环境条件的反应。然而，直到 19 世纪 30 年代，研究人员汉斯·赛利（Hans Selye，通常被认为是"压力研究之父"）才首次记录了压力体验，也就是**一般适应综合征**（general adaptation syndrome）。赛利（最初通过对老鼠的研究）发现，人们对压力情况有相当一致和自动的生理反应，这有助于他们应对环境要求。

一般适应综合征由图 4-6 所示的三个阶段构成。当威胁或挑战激活了我们之前提到的心理上的压力反应时，警戒反应（alarm reaction）阶段就出现了。对初始冲击的反应使得个体的精力水平和应对效率都下降了。第二阶段是抵御阶段，在这一阶段激活了各种生化、心理和行为机制以提供给个体更多能量，并且提供能克服或消除压力源的应对机制。为了将精力集中在压力源上，在这个阶段身体会减少对免疫系统的资源分配。这解释了为什么人们在经历长时间的压力时会更有可能感冒或患上其他疾病。人的抵抗力是有限的，而如果压力源还持续存在，个体就会最终进入第三阶段——衰竭阶段。我们大多数人都能在变得精疲力竭之前消除压力源或让自己离开压力源。然而，经常精疲力竭的人会面临生理和心理上长期损伤的风险。

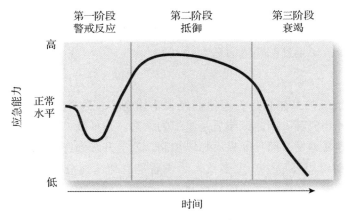

图 4-6　一般适应综合征

资料来源：Adapted from H. Selye, *The Stress of Life* (New York: McGraw-Hill, 1956).

4.6.1　劣性压力的后果

劣性压力会对人的身体造成损伤。很多人会经历剧烈的头疼、肌肉疼痛和主要由于压力导致的肌肉收缩而引起的相关问题。压力大还会引起心血管疾病，包括心脏病和脑卒中，且与某些癌症相关。一项重要的综述报告估计，美国每年有超过 10 万人死于工作压力，高达

8%的医疗费用是由工作压力造成的。压力会导致各种心理问题，如对工作不满意、喜怒无常、抑郁及组织承诺较低。此外，许多行为结果都与高度或持续的压力有关，包括工作绩效低、决策能力差、在工作场所发生的事故和攻击行为增加等。大多数人对压力的反应是"战斗或逃跑"，因此，作为一种逃跑的形式，旷工增加是压力的另一个结果。

有一种特别的压力后果被称为工作倦怠。它通常在人们情绪耗竭、玩世不恭和个人成就感降低时出现。情绪耗竭是第一阶段，其特征是缺乏精力、疲倦，感觉自己的情绪资源耗尽了。第二阶段是玩世不恭（被称为去人格化）。在这一阶段，人们表现出对工作漠不关心的态度，情感上与客户分离，对组织持愤世嫉俗的看法，以及严格遵守规章制度而非顺应他人的需求。工作倦怠的最后一个阶段是个人成就感降低，意味着人们对自己能做好工作的信心下降。在这种情况下，员工会产生一种习得性无助感，因为他们不再相信自己的努力会有所作为。

4.6.2　压力源：压力的成因

在找到管理工作压力的方法之前，我们必须首先了解它的成因，即压力源。**压力源**（stressors）包括任何对人的身体或情绪施加要求的环境条件。一般来说，职场中和生活中都有大量的压力源。我们将简要介绍四种最常见的压力源：组织约束、人际矛盾、工作过载和低任务控制。

1. 组织约束

压力研究已经确认组织约束是职场压力最普遍的成因之一。这种压力源包括缺乏设备、供给、资金预算、同事支持、信息以及其他完成任务所需的资源。大多数员工会感到压力是因为这些约束干扰了他们的工作绩效，这会间接威胁到他们的奖金、地位和工作安全性。组织约束还涉及情境因素。情境因素是个人行为和表现的四个直接预测因素之一。组织约束还是唯一不受员工即时控制且影响个人绩效的直接因素。这种控制感缺失是一种很强的压力源，因为它威胁着个人影响外部环境的基本动力。

2. 人际矛盾

员工通常同意组织的总体目标，但他们经常不同意实现这些目标的方法，以及如何在这个过程中分配任务和资源。因此，矛盾是组织的常态。正如我们将在第11章讲到的那样，功能失调性矛盾很容易爆发，而且如果不加以控制，就会升级到产生相当大的压力和产生反生产行为的程度。在组织环境中，大多数人际矛盾是由结构性资源导致的，比如，规则模糊、资源匮乏，以及雇主和部门之间的目标冲突。然而，另一种正受到越来越多关注的人际矛盾是职场骚扰，包括职场霸凌、性骚扰，以及来自同事、主管或顾客各种形式的劣行。

3. 工作过载

"我们只是在一种迷糊的状态下匆忙前行，从来没有时间去做那些看似压在我们身上的事情。"这句话听起来是不是很熟悉？我们大多数人可能时不时会有这种想法。但这个评论并不是在过去一年或过去十年才被写下的，它源自一篇叫作"让我们慢下来！"的文章，是1949年某金融机构发给客户的通讯。事实上，人们已经用超过半个世纪的时间来应对生活节奏，包括向过多的工作任务和工作时间提出挑战。工作过载是最常见的职场压力源之一，员工被期望（或者有理由相信他们被期望）用大量时间来完成比他们能做到的更多的工作，付出更多的努力。

当人们需要花费更多的私人时间来完成工作时，工作过载就显而易见了。科技和全球化也导致了工作过载，因为它们使得员工一天中有更多时间需要工作。人们与同事的远距离办公逐渐增多，而这种持续"在线"的交流习惯使得工作和私人生活变得难以分离。有些员工还会采取"理想员工规范"来放大工作过载。在这种规范中，他们希望自己和他人都能工作更长时间。对很多人来说，在正常工作周之外埋头苦干犹如一种荣誉，是他们具有比其他人做得更好的超人能力的标志。举例来说，在最近的一项大规模研究中，39% 的千禧一代员工都承认，他们会长时间工作并且制订全天无休计划，以使得他们在上司眼中是"工作狂人"。

○ 全球链接 4-2

职场霸凌的致命后果

埃里克·多诺万（Eric Donovan）在一家非营利组织工作了 17 年，该组织在加拿大爱德华王子岛（PEI）经营几个智障成年人集体之家项目。他对居民"认真负责且富有同情心"，并受到同事的"高度尊重"。

然而，几年来，多诺万一直受到某位主管的骚扰和欺凌。同事们提交了宣誓证词，称该主管有职场恶霸的名声。一些前同事也证实，他们在经历了该主管太多的骚扰后离开了公司。

当多诺万因控制一名好斗的居民而背部受伤请假时，该主管的行为变得更加过分。她在同事面前说多诺万是个懦夫。回到工作岗位后，多诺万无意中听到主管在电话中告诉某人，她认为多诺万在假装背部受伤。

多诺万与他的妻子和家庭医生讨论了紧张的工作环境。"多诺万先生与上司的关系给他带来了巨大的压力，"多诺万的医生报告说，"他经常说这段关系有多艰难，他有被欺负的感觉，以及由此带来的压力、焦虑和恐慌。"

多诺万开始记录欺凌事件。在他最后的一篇记录中，他写道，他与上司的关系"现在非常紧张，我无法为她工作"。他的妻子和朋友注意到他看起来越来越不对劲。一天晚上，他的妻子说："你要休压力假了，你得离开这里。"这是她对丈夫说的最后一句话。一两个小时后，没有心脏病史的多诺万心脏骤停，几天后死亡，享年 47 岁。

PEI 员工赔偿委员会最终裁定，多诺万的死亡可能是他多年来受上司欺凌造成的压力所致的。PEI 政府最近通过了一项以埃里克·多诺万命名的法案，为员工提供法律保护以防止他们在工作场所受到欺凌。

4. 低任务控制

当员工无法控制他们如何以及何时执行任务、无法控制工作活动的节奏时，工作场所的压力就会更高。当工作由机器控制节奏、涉及监控设备，或工作安排由其他人控制时，工作可能会更有压力。低任务控制是一种压力源，因为员工面对高工作量，没有能力根据自己的精力、注意力持续时间和其他资源来调整工作进度。此外，低任务控制作为压力源的程度随着员工必须承担的责任的增加而增加。流水线工人的任务控制能力较低，则但如果他们的责任水平也较低，则他们的压力就会低。相比之下，体育教练为赢得比赛而有巨大压力（高责任感），但他们对比赛场上发生的事情也几乎没有控制权（低任务控制）。

4.6.3　压力的个体差异

面对相同压力源的人会经受不同程度的压力。其中一个原因是员工的身体健康状况有所不同。有规律的锻炼和健康的生活方式会产生更多的能量来应对压力。第二种个体差异是员工用来抵御特定压力源的应对策略不同。人们有时会想办法消除压力源或尽量减少它的存在，比如，寻求他人的支持、从更积极的角度重新构建压力源、将压力源归咎于他人、否认压力源的存在等都属于这类应对策略。具体的应对策略针对具体的压力源更有效，极少有应对策略对所有压力源都有效。因此，在特定情况下使用不太有效的应对策略的人，会在应对该情况时感受到更多的压力。人们倾向于依赖一两种应对策略，而那些依赖效果不佳应对策略（比如否认压力源的存在）的人将会经受更多的压力。

人格的差异是第三个，也可能是最重要的一个原因。它解释了为什么在面对相同的压力源时，人们会经受不同程度的压力。低神经质（高情绪稳定性）的人通常会经历更低的压力水平，因为根据定义，他们不太容易出现焦虑、压抑和其他负面情绪。外向的人比内向的人承受的压力更小，可能是因为外向的人有一定程度的积极思考，并且与他人互动，而这有助于缓解压力源的影响。那些拥有积极自我概念（高自尊、高自我效能和内在控制点）的人在面对压力源时更自信、更有控制力。换句话说，他们往往有更强的乐观意识。工作狂的压力也更大。工作狂有难以控制的工作冲动，他们不断思考工作，而且从工作中获得的乐趣很少。

4.6.4　管理工作压力

很多人直到压力导致了更严重后果才承认压力的存在。这种回避策略会形成恶性循环，因为如果没能成功应对压力，就会变成除最初产生压力的压力源之外的另一个压力源。为了避免这种恶性循环，雇主和员工需要采用下列一种或多种压力管理方法：移除压力源、抽离压力源、改变压力感知、控制压力的后果，以及获取社会支持。

1. 移除压力源

移除压力源的方法有很多，其中比较常见的措施包括给员工分配与他们的技能和偏好相匹配的工作、减少工作场所过度的噪声、建立一个针对骚扰行为的投诉系统，以及让员工对工作过程有更多的控制权。公司移除压力源的另一个重要方法是利用**工作－生活一体化**。例如，产假和陪产假等个人休假福利暂时为员工提供带薪的非工作时间，以便处理特殊情况。远程工作则减少或避免通勤时间，增加了个人履行非工作义务（如到学校接孩子）的灵活性，潜在地促进了工作－生活一体化。一些公司和至少一国（法国）政府已经出台政策，禁止管理人员和员工在非工作时间沟通与工作有关的话题。

2. 抽离压力源

抽离压力源可能是最理想的解决方法，但这种方法通常是不可行的。一种替代性的策略是让员工永久地或暂时地抽离压力源。永久性抽离压力源通常是指员工转向与他们的能力和价值观更适配的工作。暂时性抽离压力源是员工管理压力最常见的方式。对员工而言，节假日是他们从压力中恢复过来以及重振精神应对未来挑战的重要契机。少数公司提供带薪或无薪休假。许多公司还为员工提供抽离压力源的新颖方式，让他们从紧张的工作中解脱出来，比如提供游戏室、冰激凌短休时间、午休室和带有现场钢琴独奏的自助餐厅等。

3. 改变压力感知

员工感受到多少压力取决于他们如何看待压力源。因此，管理压力的另一种方法就是帮助员工增强自我概念，以使工作中的挑战不再被视为威胁。当人们进入新的工作情境时，制定个人目标和自我强化也能减少压力。此外，研究表明，某些（但不是全部）形式的幽默可以通过减轻压力情况下的心理负担来提高乐观程度和创造积极情绪。

4. 控制压力的后果

保持身体健康并践行健康的生活方式是有效的压力控制方法，因为它们控制了压力产生的后果。良好的身体素质可以帮助员工调节呼吸、心率、肌肉紧张和胃酸，从而减少压力带来的不利生理后果。这里的关键变量是身体健康，而不是锻炼。运动使身体健康，但研究表明，运动并不能减轻那些身体不健康的人的压力症状。各种形式的冥想可以减轻焦虑和其他压力症状，但它们对血压和其他生理症状的影响微乎其微。健康计划也可以帮助控制压力的后果。这些项目提醒员工要有更好的营养、要健身、要有规律的睡眠，以及其他良好的健康习惯。许多大公司提供员工援助计划（EAP），以帮助员工解决与婚姻、财务或工作相关的问题。

5. 获取社会支持

社会支持是指同事、主管、家庭成员、朋友和其他人提供情感和/或信息支持来缓冲个人的压力体验。例如，上司善于移情的员工比上司不善于移情的员工经历的压力症状更少。社会支持潜在地（但不总是）提高一个人的乐观和自信，因为支持使人们感到被重视和有价值。社会支持也提供信息，帮助人们解释、理解，并可能移除压力源。例如，为了减轻新员工的压力，同事们可以讲解处理难缠客户的方法。寻求社会支持被称为对压力的"照料与结盟"的反应。研究表明，女性通常会遵循这种策略，而不是前面提到的"战斗或逃跑"反应。

◘ 本章概要

4-1　解释情绪和认知（有意识的推理）如何影响态度与行为

情绪是指对一个物体、人或事件产生的一种准备状态所经历的生理、行为和心理上的反应组合。情绪不同于态度。态度代表了对一个人、一个物体或一个事件的一系列信念、情感和行为倾向。信念是指一个人对态度对象的既定认知。情感是指对态度对象的积极或消极评价。行为倾向表示针对目标采取特定行为的计划努力。

传统上，态度被形容成由信念预测情感、情感预测行为倾向、行为倾向预测行为的纯理性过程。现在我们知道，相比于认知，情绪对行为有着相同甚至更大的影响。当我们内心经历逻辑上的好与坏和情感上的好与坏之间的冲突时，这种双重过程是明显的。情绪也会直接影响行为。行为有时候会通过认知失调来影响我们后续的态度。

4-2　讨论情绪劳动的动态和工作场所的情绪智力角色

情绪劳动包括在人际交往中表达组织所期望的情绪所需付出的努力、计划和控制。它在需要各种情绪和更强烈情绪的工作中更常见，在与客户互动频繁且持续时间长的工作中也很常见。当员工被要求表现出的情绪与他们当时实际经历的情绪明显不同时，他们会感到有压力、对工作不满以及工作绩效较差。员工被期望在多大程度上隐藏自己的真实情绪在不同文化中的差异很大。

员工有时通过表层动作来实现情绪劳动——他们有意识地表现出能展现特定情绪的行为，尽管与实际情绪不一致，这是第一种策略。第二种策略是深层动作，也就是员工主动改变自己的真实情绪以使其与期望情绪相匹配。五种管理情绪的方法分别是：改变环境、调整情境、抑制或放大情绪、转移注意力、重构情境。

情绪智力是指感知和表达情绪、顾及情绪对思维的影响、理解和推理情绪、调节自己和他人情绪的能力。这一概念在结构上有四个层次：自我情绪意识、自我情绪管理、他人情绪意识和他人情绪管理。情绪智力在一定程度上是可以学习的，个别辅导尤其有效。

4-3　归纳工作不满意的后果及提高组织（情感性）承诺的策略

工作满意度代表了一个人对他的工作和相关内容的评价。四种工作不满意的后果包括：退出或远离使其不满意的环境（退出），尝试改变令人不满意的环境（建言），耐心等待问题自己解决（忠诚），减少工作中的努力且降低绩效要求（漠视）。工作不满意与工作绩效和顾客满意度有一定的关系。情感性组织承诺是指员工对某个组织的情感依附、认同和参与感。这种承诺形式与持续承诺形成对比。持续承诺是一种对组织精心计算的结果。第三种形式的组织承诺是规范承诺，它是指对组织的感知义务和道德责任。公司通过支持公正、共享价值观、信任、组织理解和员工参与等来构建员工忠诚度。

4-4　描述压力并回顾四种主要压力源

压力是指对某种情况的适应性反应，而这种情况被认为对一个人的福祉具有挑战性或威胁性。压力体验被称为一般适应综合征。它会经过三个阶段：警戒反应阶段，抵抗阶段和衰竭阶段。压力源是压力的成因，包括任何对人的身体或情绪施加要求的环境条件。四种最常见的职场压力源是组织约束、人际矛盾、工作过载和低任务控制。

4-5　识别管理工作压力的五种方法

许多干预方法都能用于管理与工作相关的压力，包括移除压力源、抽离压力源、改变压力感知、控制压力的后果以及获取社会支持。

◖ 关键术语

情感性组织承诺	情绪劳动	互惠规范	态度	情绪
服务利润链模型	认知失调	退出－建言－忠诚－漠视模型		压力
压力源	持续承诺	一般适应综合征	信任	情绪智力
工作满意度	工作－生活一体化			

◖ 批判性思考

1. 保证员工快乐工作几乎已经成为公司一项强制性的做法。许多工作场所现在已经有了完备的休息室、游戏室、时尚涂鸦墙和常规社交活动，有些地方甚至有可以直达下一层的滑梯。然而，有些专家提醒，在工作中娱乐也会有负面后果。"一旦娱乐的想法开始正式被上层制度化，可能会导致员工产生不满，"批评者提醒说，"他们可能会感觉到别人有高人一等的优越感，而这会滋生出愤怒和沮丧。"请用态度模型解释娱乐活动是如何提高顾客满意度的，或者会如何导致更低的顾客满意度。

2. 研究表明，大学教师必须经常进行情绪劳动。请指出这份工作需要进行情绪劳动的情境。在你看来，情绪劳动对大学教师而言更麻烦，还是对紧急服务呼叫中心的工作人员而言更麻烦？

3. 回忆你不得不管理自己的情绪的场景。比如，想想你想要表现得比你实际感受到的更严肃，或者有事情使你的情绪不那么积极而你需要对某人表现出开心情绪的境况。你会使用五种情绪管理策略中的哪一种？为什么选择这种策略？要实际改变你自己的情绪有多难？

4. "在对个人成功的影响中，情绪智力比智商更重要。"你是否同意这个观点？请讲出支持你观点的理由。

5. "快乐的员工能够带来快乐的顾客。"请解释为什么这个说法往往是正确的，并说出它可能在哪些条件下是错误的。

6. 在本章中，我们强调了与工作相关的压力源，包括组织约束（如缺乏资源）、人际矛盾（包括骚扰）、工作过载、低任务控制。当然，有许多与工作无关的压力源越来越受到关注。请找出重要的非工作压力源，并讨论它们对工作环境的影响。

7. 两个大学毕业生最近加入同一家主流报社当记者。他们都要长时间工作并很紧张地在截止时间之前完成稿件的撰写。他们都处于必须寻找新的线索并成为第一个报告新热点的持续压力之下。一个记者逐渐变得疲劳和沮丧，并且已经请了几天的病假。另一个记者则在努力完成工作并且似乎很享受这个挑战。请用你掌握的关于压力的知识解释为什么两个记者会对这个工作展现出不同的反应。

8. 一位工会高级官员表示："压力管理所能做的就是帮助人们应对糟糕的管理。（雇主）真的应该减少压力。"请讨论这一说法是否正确。

◘ 案例研究

戴安娜的失望：晋升的绊脚石

当戴安娜·吉伦（Diana Gillen）到达 Cobb Street Grille 公司的办公室时，她有一种不安感。今天她要与她的上司朱莉·斯宾塞（Julie Spencer）和区域总监汤姆·迈纳（Tom Miner）见面，公布她晋升地区经理职务的面试结果。戴安娜已经在这家连锁休闲餐厅工作了 12 年，一步步从服务员晋升到总经理。根据她的业绩，她明显有晋升的机会，而且她的朋友向她保证，面试仅仅是一种形式而已。可是，戴安娜仍很担心，害怕得到的不是好消息。她知道自己有资格胜任这一职务，但这不能保证什么。

9 个月前，当戴安娜参加最后一次地区经理职务面试时，她认为她肯定会被选上，但当这一切都没发生时，她很震惊。当时没被晋升的戴安娜很烦恼，以致她决定不再申请目前空缺的职位。最终，她改变了自己的想法，毕竟公司刚刚授予她年度餐厅经理的称号，而且委任她管理公司重要的分店；戴安娜认为这次她的机会确实很好。

对任何总经理来说，多部门管理职位一直都是理想的晋升机会，也是戴安娜自开始在这个行业工作以来一直渴望实现的目标。上次没得到晋升时，她的上司朱莉说她需要提高人际交流技能，但戴安娜知道这并不是她没得到晋升的原因，而真正的原因是公司政策。她听说公司聘请的是另一家餐饮公司的地区经理，据说其拥有丰富的多部门管理经验和提升餐厅经营能力的业绩。尽管戴安娜被告知原因，但她仍确信她的区域总监汤姆完全是被迫聘用了这位首席执行官关照的人。

聘用外部管理者的决策也许令首席执行官印象深刻，但也激怒了戴安娜。作为有着成功业绩记录的 Cobb 街区餐厅经理，戴安娜比那些不熟悉业务的人更有能力管理好多个经营机构。此外，地区经理的职位一直是从内部选拔的，而且她曾被非正式地指定为下一位晋升到地区经理职位的人。由于受到政治操纵，汤姆聘用了外部应聘者，即使这意味着他忽视了像戴安娜一样的忠诚员工。戴安娜不能容忍那些出于错误原因而做出经营决策的人。她会努力工作以避免冲突，但当他人的政治行动对她产生负面影响时，她也会被激怒。

9 个月前，戴安娜准备担任地区经理，而且根据她的业绩，她认为她现在更有资格。她遵守严格的纪律，完全按照工作规则管理餐厅。她小心翼翼地遵守政策和程序，而且严格地控制成本；尽管在市场中有新的竞争对手，但她的销售量仍在不断增加，而且很少收到顾客投诉，唯一的不足就是她的员工离职率较高。

然而，戴安娜不担心不断增加的离职人数，对此她有一个完全合理的解释，那就是因为她对自己和员工都有很高的标准。任何一个工作效率低于 110% 的员工都最好去别的地方找工作。戴安娜认为她不能因为任何借口而对任何人做出让步。例如，几个月前，她不得不解雇三名在其他方面表现很好的员工，因为他们决定尝试一种自己提出来的创新客户服务战略，而不是遵循既定的工作程序。作为总经理，她有责任确保餐厅按照运作指南进行严格管理，而且不允许有偏差。她已经按照这种常规管理方式工作了许多年，过去她靠它得到晋升，如今它却给她带来坏运气。时不时解雇一些员工，特别是那些很难遵守规定的员工，自然会增加做生意的成本。

最近，在一次商店视察时，朱莉暗示戴安娜也许可以试着创造一种更友好的工作环境，因为她看起来很冷漠，而且与员工的互动显得比较机械。朱莉甚至告诉她，自己无意间听见员工在背后称戴安娜是"冰美人"。戴安娜对朱莉提起这事感到惊讶，因为她的上司很少批评她。她们之间有一种默契：由于戴安娜非常有才干，总是能够完成财务指标，所以朱莉不需要提供给她更多的指导。戴安娜也很乐意独自管理餐厅，她不需要无用的建议。

无论如何，戴安娜很少注意员工对她的谈论。她不打算为那些无趣且幼稚的事情而改变她一向成功的管理策略。而且，即便最近出于"个性差异"或"沟通不畅"等原因不服从她的命令而被解雇的员工超过半数，在她每月递交利润表时，她的上司似乎也不介意。

当戴安娜在会议室等待其他人时，她担心她不会得到这次晋升。从朱莉通知她参加会议的语音邮件里，戴安娜已经听出了一些异常，但她不能确认问题出在哪里。如果她再次被忽略，她会非常生气，而且很好奇这次公司又找什么借口。然后，她又想到如果没有得到晋升，她的员工会怎样看待她。他们全都知道她非常希望得到这个职务，如果没有得到，那会多么尴尬。这令她畏缩不前。戴安娜想着如果她这次不被晋升而又不得不面对他们时，她的眼睛开始模糊。

正在这时，朱莉和汤姆走进会议室，会议开始了。他们尽可能温和友善地告诉戴安娜她这次没有被提升，她的一位同事将成为新的地区经理。这令她难以置信，因为得到晋升的那人仅在公司工作了 3 年，而且戴安娜曾经培训过她。她试着理解这一切是怎样发生的，但都没有意义了。在听到进一步解释之前，戴安娜哭了，然后离开了会议室。尽管戴安娜努力保持冷静，但她彻底失望了。

讨论题：

1．概括导致戴安娜晋升失败的各种可能因素。

2．将来为了得到晋升，戴安娜需要发展哪些能力？公司能做哪些工作来帮助她发展？

◨ 课堂练习　基于优势的指导

目的： 基于积极情绪的动态变化来帮助学生建立一种人际发展形式。

材料： 无。

背景： 本书有几个章节介绍并运用了积极组织行为（positive organizational behavior）的新兴哲学思想。该思想认为，要关注生活的积极面而不是消极面，这会提高组织成功率和个人幸福感。积极组织行为的一个应用就是基于优势或欣赏性的指导，这种指导关注人们的优势而不是劣势，并且帮助人们发挥潜力。作为辅导过程的一部分，辅导员要倾听员工的故事，并且用问题和建议来帮助他们重新定义他们的自我概念和环境感知。要实现有效的辅导，应具备两个重要的技能，即积极倾听和搜寻信息（而不是告诉一个人解决方法或方向）。下面的步骤具体阐述了辅导员和被辅导人需要讨论的信息与事件。

指示：

步骤一：组成一个四人小队。如果班上的人数不是四的倍数，一个队里有六个人也可以。对于班级人数是奇数的班，可以有一个人作为观察者。将学生两两分成一组，其中一个人是辅导员，另一个人是被辅导人。这个练习的理想情况是，辅导员和被辅导人应该对彼此有一些了解。

步骤二：被辅导人要描述一些关于他们自己擅长或希望被认识到的能力。这种能力可以是与工作相关的，也可以是与自我概念（他们如何定义自己）相近的个人的成就或能力。辅导员则几乎都在倾听，但也可以用"探索性"的问题从被辅导人处获得更多细节。比如，"再进一步说说。""你后来做了什么？""请你进一步解释一下可以吗？""对于这件事你还记得什么？"等。随着被辅导人故事的展开，辅导员要引导被辅导人去找到发挥优势的方法。举例来说，两人小组要探索阻碍被辅导人优势发挥的情境因素，以及需要进一步开发的优势的各个方面。这个优势也可以作为被辅导人发展出其他方面优势的基础。这个环节应该以对被辅导人的目标和行为计划的讨论做结尾。第一个辅导环节的时间可以是任意的，由辅导员具体决定，但是通常每个辅导环节的时间是15～25分钟。

步骤三：在完成第一个辅导环节后，重新分组以使得每一组由与第一次分组不同的搭档组成（即：如果第一个环节的搭档是A-B和C-D，那么第二个环节的搭档就是A-C和B-D）。在第一个环节中，辅导员变成了新搭档的被辅导人。

步骤四：班级报告讨论个人优势时的情绪体验、自我概念在情绪和态度中的角色、上司和同事在构建人们积极情绪时的角色，以及基于优势的指导的价值和局限性。

注：想要了解更多关于基于优势的指导的信息，请查找 Sara L. Orem, Jacqueline Binkert, and Ann L. Clancy, Appreciative Coaching（San Francisco : Jossey-Bass, 2007）; Marcus Buckingham and C. Coffman, First, Break All the Rules（New York: Simon & Schuster, 1999）。

■ 小组练习　根据情绪劳动对岗位排序

目的： 这项练习用于帮助你理解人们在哪些岗位会体验到更高或更低的情绪劳动水平。

指示：

步骤一：个人根据以下列出的职业所需要的情绪劳动程度来排序。换言之，给你认为在人际交往中需要最多努力、计划和控制来表达组织期望情绪的职业赋值"1"；给你认为需要最少情绪劳动的职业赋值"10"。把你的排序写在表 4-1 的列 1。

步骤二：组成一个 4～5 人的小组，每组基于共识对各个职业进行排序（不是简单地求每个人排序结果的平均值）。这个结果写在表 4-1 的列 2 中。

步骤三：教师给出专家的排序。这个结果写在表 4-1 的列 3 中。然后，学生们把相应项的差的绝对值计算出来写在表 4-1 的列 4 和列 5 中。

步骤四：比较一下结果并讨论拥有高情绪劳动水平的职业的特点。

表 4-1　职业情绪劳动评分表

职业	（1） 个人排序	（2） 小组排序	（3） 专家排序	（4） （1）和（3）的差的绝对值	（5） （2）和（3）的差的绝对值
酒保					
收银员					
牙科保健师					
保险精算师					
律师					
图书馆管理员					
邮政人员					
注册护士					
社会工作者					
电视播音员					
			总计		
				个人得分	小组得分

注：分数越低越好。

第 5 章

员工激励的基础

学习完本章，你应该能够：

- 定义员工激励和员工敬业度的概念。
- 阐述激励和情绪如何影响员工激励。
- 讨论四驱力理论、马斯洛需求层次理论、内在动机和外在动机，以及习得需求理论对员工激励的影响。
- 讨论期望理论模型，包括它的实践意义。
- 概述组织行为改变理论和社会认知理论，解释它们与员工激励的联系。
- 描述有效的目标设定和反馈的特征。
- 解释公平理论、程序公正和互动公平如何影响员工激励。

:: 开篇案例

绩效考核的迭代

直到最近，可口可乐印度公司认为，其正式的年度绩效考核体系通过结构化的目标设定和反馈在激励员工方面取得了很好的效果。然而，这家总部位于古尔冈（Gurgaon）的饮料制造商发现，这种被世界各地的大公司广泛使用的传统流程实际上与动态的商业环境和员工的需求及期望不相符。可口可乐印度公司现在正努力让员工参与更频繁的、更不正式的、更深入的目标设定和反馈过程。

可口可乐印度及西南亚分部的人力资源副总裁马努·纳朗·瓦德瓦（Manu Narang Wadhwa）说："旧的绩效管理体系每年设定目标，只能提供有限的实时反馈机会，而组织需要一个动态的系统来优化目标。"他补充道："如今的千禧一代员工并不信任一次性的计划反馈。"

Adobe 系统公司也用"签到"制度取代了传统的绩效评估。这种制度对员工个人发展的关注更频繁、更有建设性、更着眼于未来。"在这个敏捷性、团队合作和创新至关重要的时代，你等不起缓慢地培育市场；不能等上一年才告诉人们他们做得怎么样，然后让他们离开，因为当他们对自己在与同行的竞争中落后太多时会感到失望。"加利福尼亚州圣何塞软件公司的首席人力资源官唐纳·莫里斯（Donna Morris）解释道。"签到"制度不仅提高了员工的积极性，还大大节省了管理时间。Adobe 亚太区员工体验主管萨拉·邓恩（Sarah Dunn）表示："通过'签到'制度，我们节省了更多的时间，因为它没有严格的步骤、没有规定的时间，也无须填写提交给人力资源部门的表格。"

Tata 咨询服务（TCS）公司正处于适应这些新兴目标设定和反馈方法的早期阶段。作为第一步，这家印度最大的 IT 服务公司在绩效评级中不再使用钟形曲线法。钟形曲线法在几十年前由通用电气公司推广。该方法要求管理者为一小部分员工分配最低和最高的绩效评分，其他大多数员工的得分介于这两个评分之间。TCS 的员工认为钟形曲线评分系统并不公平，而且让他们失去工作积极性。TCS 的一名员工表示："项目经理过去常说，他们被迫将表现好的员工归入表现差的员工等级中，只是为了符合钟形曲线。操控的空间太大导致很多人产生不满。"

目标设定和反馈是激励员工的有效方法。然而，许多企业领导人发现，他们传统的绩效考核体系无法实现这些目标。一些传统的绩效评估甚至产生相反的效果：使员工敬业度降低，助长破坏组织成功的行为。

本章的主题是员工激励。我们首先介绍激励的定义和常用名词——员工敬业度。接下来，我们将解释驱动力和情绪如何成为员工激励的主要因素。然后解释主要的基于驱动力的激励理论。接下来，我们描述了激励的期望理论和实践中的期望理论，随后引入组织行为改变理论和社会认知理论。它们与期望理论相互关联。本章后面的部分讨论了目标设定和反馈的关键组成部分，以及三种类型的组织公平：分配公平、程序公正和互动公平。

5.1　员工激励、驱动力和需求

员工激励是组织行为学中最重要的主题之一。为什么呢？因为激励是 MARS 模型的四个要素之一，这意味着它是理解人类行为和表现的关键。即使人们有能力执行工作（A），理解他们的角色职责（R），在支持他们目标的环境里工作（S），但如果没有足够的激励（M），他们会无法完成工作。

激励（motivation）是指影响个人自愿行为方向、强度和持续性的内在动力。方向指的是人们关注的目标，换句话说，就是人们努力的目标或结果。强度是指在某一特定时间为完成一项任务或其他目标所消耗的物质、认知和情感能量。持续性是激励的第三个要素，指的是人们在朝着目标前进的过程中持续努力的时间。简言之，被激励的员工对不同的目标（方向）施加不同程度的努力（强度）和不同的时间长度（持续性）。

如今，当高管们讨论员工激励时，通常会用"**员工敬业度**"（employee engagement）这一短语。员工敬业度是一种个人的情感和认知（逻辑）动机，特别表现为对工作的专注，以及强烈、持续、有目的的努力。它与自我效能有关，即相信自己有能力、清晰地感知自己的角色、认为自己有资源完成工作。人们对员工敬业度的定义还包括对工作的高度专注——聚焦于工作任务而不分散精力。

　　员工敬业度可以预测员工和工作单元的绩效。不幸的是，调查显示，全身心投入工作中的员工很少。不同研究得到的数据有所不同，但最近一项被广泛认可的调查结果显示，在美国，只有 34% 的员工具有较高的敬业度，53% 的员工具有较低的敬业度，13% 的员工完全不敬业。完全不敬业的员工不仅降低工作效率，更可能妨碍工作开展。一些亚洲国家（如日本、中国、韩国）和一些欧洲国家（特别是意大利、荷兰和法国）的员工敬业度较低。员工敬业度较高的国家是美国、巴西和印度。

　　支持员工激励和员工敬业度是前所未有的挑战。如今的劳动力比以往任何时候都更加多元化，因此，在员工激励的选择上也比以往任何时候都更多样，无论是工作价值判断、晋升机会、经济回报还是工作保障，都存在广泛的差异。有证据表明，企业尚未对这些变化做出调整。最近的一项调查显示，71% 的美国管理者认为他们知道如何激励自己的团队，而只有44% 的员工认为他们的管理者知道如何激励他们。

　　支持员工激励和员工敬业度也因企业大幅调整工作内容、减少工作层级、大量裁员而变得更加具有挑战性。随着公司为了降低成本而考虑扁平化层级设计，已经不能依赖主管实行"命令和控制"的员工激励方法。这可能是因为通过密切监督来激励员工的传统方法已经不被职场新人接受。然而，许多企业还没有发现其他激励员工的方法。

5.1.1　员工驱动力和需求

　　要建立一支更有动力、更敬业的员工队伍，我们首先需要了解激励从何而来，即员工行为的"动机"或"主要驱动力"从何而来。我们的出发点是**驱动力**（drives，也称为基本需求），我们将其定义为大脑的一种固有特征，它能通过改进不足来维持我们的平衡。神经科学（大脑）研究强调了情绪在这一过程中的核心作用。具体来说，驱动力产生了激励我们对环境采取行动的情绪。关于驱动力，并没有公认的结论，但研究大致确定了几个方面，比如，社会互动的驱动力、能力、对我们周围环境的理解，以及保护自己免受生理和心理伤害的驱动力。

　　驱动力是与生俱来、普遍存在的，这意味着每个人天生都有驱动力。驱动力是激励的起点，因为它们会产生情绪，使人们处于对环境随时做出反应的准备状态。认知（逻辑思维）在激励中也扮演着重要的角色，但情绪才是人类行为的真正源头。事实上，情绪和激励这两个词都源于同一个拉丁语单词"movere"，意思是"移动"。

　　图 5-1 说明了驱动力和情绪如何转化为可以被感知的需求和行为。驱动力以及由此产生的情绪构成了人类的需求。我们把需求定义为人们所拥有的目标导向的力量。它们是产生于情绪，并被引向特定目标和相关行为以纠正缺陷或失衡的驱动力量。例如，你觉得在独处一段时间后需要与人交流，或者在完成乏味的工作后需要做一些有挑战性的事情。正如一位神经科学家的解释："驱动力直接在隐含的情绪中表达自己，我们最终通过知觉意识到它们的存在。"换言之，需求是我们最终感知到的情绪。

　　例如：你来到办公室，发现一个陌生人坐在你的办公桌前。在这种情况下，你会产生情绪（担心、好奇），从而激励你采取行动。这些情绪是由驱动力产生的，比如，自我保护和探究的驱动力。当情绪足够强烈时，它就会促使你采取行动，比如，弄清那个人是谁、从同事那里弄清楚你的工作场所是安全的。在这种情况下，你需要了解发生了什么（理解），并克服私人空间受到挑战的威胁（防御）。请注意，当你看到陌生人坐在你的办公桌前时，你的情绪反应代表着促使你行动的驱动力，而你的逻辑思维则引导这些情绪在实现特定目标和相关行动中起着积极作用。

图 5-1　驱动力、需求和行为

5.1.2　需求的个体差异

每个人都有同样的驱动力。通过进化，它们在我们体内根深蒂固。然而，人们在特定的情况下会产生不同程度的需求。图 5-1 解释了为什么会出现这种差异。图 5-1 的上方显示，个体的自我概念（包括个性和价值观）、社会规范和过去的经验可以放大或抑制情绪，从而导致更强或更弱的需求。例如，那些认为自己善于交际的人在独处一段时间后，通常会有更强烈的社会互动需求，而那些认为自己不善交际的人在经过独处后会有更少的社会互动需求。这些个体差异也在某种程度上解释了为什么需求可以"习得"。社会化和自我强化可能增强或削弱一个人对社会互动、成就等的需求。

个体差异包括自我概念、社会规范和过去的经验。它们以另一种方式调节激励过程。它们会影响被情绪激发的目标和行为，如图 5-1 下方所示。回到前述陌生人坐在你办公桌前的例子。你可能不会走到他面前要求他离开，因为这种直率的行为与大多数文化中的社会规范相悖。自认为直率的员工可能会直接接触这位陌生人，而那些对自我持不同看法的员工更可能在接近"入侵者"之前先从同事那里收集信息。简言之，你的驱动力（理解、防御、社交的驱动力等）和由此产生的情绪激励你采取行动，而你的自我概念、社会规范和过去的经验将这些力量引向目标导向的行为。

图 5-1 提供了一个有效的模型来理解驱动力和情绪如何成为员工激励的主要来源，以及个人特征（自我概念、经验、价值观）如何影响目标导向行为。当我们在本章中讨论四驱力理论、期望理论、公平理论和其他概念时，我们将参考这种模型。下一节将介绍具体的基于驱动力的激励理论。

5.2　驱动力激励理论

5.2.1　四驱力理论

四驱力理论（four-drive theory）最有效地解释了驱动力、情绪和需求影响激励的过程。该理论认为，情绪是人类激励的来源，而这些情绪是通过早期心理学、社会学和人类学研究中确定的四个驱动力产生的。

- 获取驱动力。这是一种寻求、获取、控制和各种事物与个人经历的驱动力。它产生不同的需求，包括成就、能力、地位和自尊。获取驱动力也会促进竞争。
- 结合驱动力。这种驱动力产生了归属和认同的需求。它解释了为什么部分的自我概念是通过与社会群体的联系来定义的。结合驱动力激励人们合作，因此，它是组织成功和社会发展的基本要素。
- 理解驱动力。我们天生好奇，渴望了解周围的世界和我们自己。当我们观察到与我们现有知识不一致或超出我们认知的事物时，会体验到一种促使我们填补信息缺口的紧张感。理解驱动力激发了我们的好奇心，也激发了挖掘我们认知潜力的需求。
- 防御驱动力。这是一种从身体上、心理上和社会联系上保护自己的天性的驱动力。当我们的人身安全、财产、自我概念、价值观和他人的福祉受到威胁时，我们就会产生一种"战斗 – 逃跑"反应。

所有驱动力都是我们大脑中固有的，并且存在于每个人身上。它们也是相互独立的，没有主次之分。管理者若想充分激励员工，必须同时满足这四个驱动力。此外，另一个关键特征是，四种驱动力中有三种是主动的——我们试图实现它们。因此，需求的"满足"是简单而不间断的。只有关于防御的驱动力是被动的——它是由威胁触发的。

1. 驱动力如何影响激励和行为

回想第 3 章，通过我们的感官接收到的刺激会迅速被无意识地贴上情绪标签。四驱力理论认为，这四个驱动力决定哪些情绪会被贴上情绪标签。大多数时候，我们并没有意识到这些被标记的情绪，因为它们微妙且转瞬即逝。然而，当情绪足够强烈或彼此存在明显冲突时，它们确实会成为认知体验。

四驱力理论还宣称，我们的社会规范、个人价值观和过去的经验（称为"心理技能集合"）引导我们的驱动力量，并减少被感知的需求（见图 5-2）。换句话说，我们的心理技能集合所选择的是被社会接受的、与个人道德准则一致的，并且很有可能满足这些被感知的需求的行为。这就是我们在本章前一节所描述的过程：驱动力产生情绪，各种个人特质（自我概念、社会规范、过去的经验）将这些情绪转化为目标导向的需求，同时用这些需求指导决策和行为。

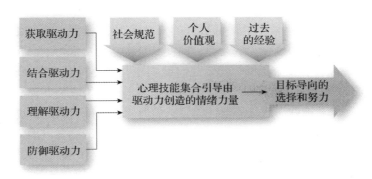

图 5-2　激励的四驱力理论

资料来源：Based on information in P.R. Lawrence and N. Nohria, Driven: How Human Nature Shapes Our Choices (San Francisco: Jossey-Bass, 2002).

2. 四驱力理论的实践意义

四驱力理论要求公司应该创造机会实现四种驱动力的平衡。对此，有两个建议。第一个建议是，创造更好的工作场所可以帮助员工实现这四种驱动力，比如，提供有意义的工作、充分的奖励、持续的沟通和社交活动等。公司定期履行四种驱动力能够提高员工的绩效和幸福感。

第二个建议是，这四种驱动力的实现必须保持平衡，也就是说，组织既不应过分强调也不应压制每种驱动力的实现。这很重要，因为它们四者相互制衡。结合驱动力可以促使组织成员相互支持、提高凝聚力，平衡了获取驱动力。一个组织如果只关注获取驱动力而不鼓励结合驱动力，最终可能会陷入组织政治、功能失调和协作不足的困境。理解驱动力推动着对未知的探索，防御驱动力促使人们避免不确定性，二者相互平衡。组织的变化和新鲜事物的产生会激发理解驱动力，但过度的变化会引发防御驱动力，因为员工会强化领地意识和抵制新事物。因此，组织应该提供足够的机会来保持四种驱动力的平衡。

四驱力理论建立在神经科学、心理学、社会学和人类学研究的基础之上。该理论解释了为什么每个人的需求不同，并认识到激励受人类思想和社会的影响（不仅仅是本能）。尽管如此，这一理论还是比其他激励模型更新颖，而且尚未完善，大多数专家认为还存在其他驱动力。此外，社会规范、个人价值观和过去的经验可能不能代表将情绪转化为目标导向努力的全部个人特征。例如，人格和自我概念可能也会调节驱动力与需求对决策和行为的影响。

5.2.2　马斯洛需求层次理论

谈及需求和驱动力，大多数人可能会提到**马斯洛需求层次理论**（Maslow's needs hierarchy theory）。它是由心理学家亚伯拉罕·马斯洛在 20 世纪 40 年代提出的。马斯洛将前人研究过的几十种驱动力（被他称为基本需求）归纳成五个基本类别，按从低到高的层次排列（见图 5-3）：生理需求（对食物、空气、水、住所等的需求）、安全需求（对安全与稳定的需求）、社交需求（与他人互动和获得他人情感支持的需求），尊重需求（自尊和社会认同 / 地位的需求）和自我实现需求（实现个人潜能的需求）。马斯洛还确定了上述需求之外的两种分类。求知的渴望使人们保持对周围无法解释的现象和未知事物的好奇。此外，每个人都有审美的渴望（审美需求）——一种固有的吸引力，"关于美、对称，以及简洁、完整和秩序"。

马斯洛提出，激励的主要来源是最低层次的未被满足的需求。当低层次需求得到满足时，更高层次的需求就会成为最强大的动力；即使高层次需求从未得到满足，也会保持这种状态。这种需求实现过程有一个例外，那就是自我实现。人类对自我实现有着持续的需求，它永远不会真正实现。因此，前四层需求被称为缺陷需求，因为它们在没有得到满足时就会被激活，而自我实现需求被称为增长需求，因为它们即使暂时得到满足，也会始终存在。

尽管马斯洛需求层次理论广为人知，但它在很久以前就被激励领域的学者拒绝。其主要原因是并非每个人都有相同的需求层次。有些人把社会地位放在他们个人需求层次的顶端，而有些人把个人发展和成长看得比社会关系或地位更高。之所以产生这种变化，是因为员工的需求受到自我概念、个人价值观和个性的强烈影响。人们有不同层次的价值观，因此他们的需求层次也有类似的差异。例如，如果你最重要的价值观倾向于自我导向，你可能会更加关注自我实现需求。我们的价值观会随着时间而改变，需求层次也会随之改变。

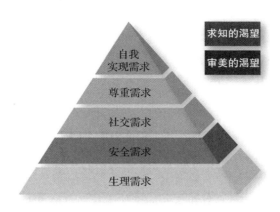

图 5-3 马斯洛需求层次理论

资料来源：Based on information in A.H. Maslow, "A Theory of Human Motivation," Psychological Review 50 (1943): 370–96.

我们为什么要引入马斯洛需求层次理论？一个原因是，学生应该了解它在组织行为学领域的真实地位，它广为人知且被错误地认为是有效的。另一个原因是，通过这个理论，马斯洛改变了我们如今对激励的看法。首先，他强调需求应该从整体的角度研究，因为人类行为通常同时由多个需求唤起（此前需求是从孤立的角度研究的）；其次，他认识到激励可以由人的思想（如个人价值观）塑造，而早期的激励理论专家主要关注本能如何激励行为；最后，马斯洛引入了积极的激励观，而以往的激励理论侧重于缺陷需求，如饥饿。马斯洛的积极视角体现在他对成长需求和自我实现的重视方面，表明人们是主动想要实现自己的潜能的。

5.2.3 内在动机和外在动机

马斯洛通过强调自我实现的重要性，开创了一种全新的思考人类激励的方式。人们通过应用自己的技能和知识来获得自我实现，观察自己的才能如何实现有意义的结果，并通过学习来体验个人成长。这些都是**内在动机**（intrinsic motivation）的条件，即人们通过参与活动本身而不是从该活动的外部控制结果中获得能力和自主性的需求。员工喜欢在有意义的任务中发挥自己的才能，并从中获得进步和成功。当行为根植于能力和自主性的内在驱动力时，它就是内在驱动的。当人们合理运用自己的技能并观察到积极而有意义的结果时，他们会觉得自己堪当重任。当他们的动机是自发的，而不是受到外部因素的控制时，他们会自立自决。

内在动机与**外在动机**（extrinsic motivation）形成对比。当人们出于工具性原因而被激励去从事一项活动时，即当接受超出自己控制范围的东西时，就会产生外在动机。这涉及为获得他人控制的奖励而努力，从而间接满足需求。外在动机因素存在于整个组织中，如薪酬激励、表彰奖励和上司的频繁催促等。

外在动机也会间接地产生，比如，当我们被激励去完成团队项目中我们负责的那一部分时，部分原因是我们担心如果我们提交晚了或质量差了，团队成员会有什么反应。

外在动机会破坏内在动机吗

关于外在动机和内在动机如何协同发挥作用，有两种截然不同的观点。一种观点认为，当员工从事具有内在动机的工作时，如果他们同时得到一项外在动机，就会更有动力。外在动机因素比单独的内在动机因素更能激励员工。相反的观点是，引入外在动机将削弱内在动机。例如，那些从工作中获得动力的员工，当他们获得诸如绩效奖金之类的外部奖励时，他们的内在动机就会削弱。其解释是，引入外在动机因素会削弱员工的自主性，而自主性是内在动机的关键来源。

哪个观点是正确的呢？到目前为止，研究证据没有得出一致结论。外在动机在一定条件下会减少现有的内在动机，但效果往往是微乎其微的。当外在动机是出乎意料的（如意外奖金），并且相对于内在动机具有较低的价值或它们不取决于特定行为（如获得固定工资）时，外在动机可能不会破坏内在动机。即使如此，当员工从事由内在动机驱动的工作时，雇主应该谨慎对待因绩效奖金和其他外在动机来源而破坏内在动机的潜在影响。

5.2.4 习得需求理论

在前一节（5.1.1 节）中，我们解释了需求是通过自我概念、社会规范和过去的经验形成、放大或抑制的。马斯洛注意到，个体差异会影响高层次需求的强度，如对社交的需求。心理学家戴维·麦克利兰（David McClelland）进一步研究得出一个观点，即一个人的需求可以通过强化、学习和社会条件来增强或减弱。麦克利兰考察了三种可以被"习得的"需求：成就需求、归属需求和权力需求。

- 具有高**成就需求**（need for achievement，nAch）的人会选择具有适度挑战性的任务，渴望从中获得明确的反馈和组织对他们的认可。他们更倾向于独立工作而不是团队合作。金钱对高 nAch 的人来说是一个微弱的激励因素，除非其作为一种结果的反馈，而对那些低 nAch 的人来说却是一个强有力的激励因素。成功的企业家往往具有高 nAch，原因可能是他们为自己设立有挑战性的目标，并在竞争中进步。
- 具有高**归属需求**（need for affiliation，nAff）的人会寻求他人的认同，希望符合他人的愿望和期望，避免冲突和对抗。高层员工通常在维持长期雇佣关系方面做得很好。那些拥有高 nAff 的人在做出分配稀缺资源（预算分配、晋升决策等）的困难决策时效率较低，因为他们的选择和行动会受到强烈的归属需求的影响。这说明领导者似乎应该具有较低的 nAff，但一些研究发现，领导者应至少有中等水平的 nAff 来支持员工的个人需要。
- 具有高**权力需求**（need for power，nPow）的人想要控制他人，在团队决策中保持高度参与，热衷于说服别人和保持自己的领导地位。nPow 有两种类型。当个人因为权力本身而痴迷权力，利用权力促进个人利益，并将权力作为身份的象征时，就产生了对权力的个性化需求。当个人将权力作为帮助他人的一种手段时，就存在对权力的社会化需求。后者必须同时具备高度的利他主义精神和社会责任感，关心自己的行为对他人造成的后果。

改变（习得）需求的力量

麦克利兰开发了专业的培训项目来验证需求可以通过强化、学习和社会条件来学习（放大或抑制）的假设。这个项目通过让受训者写下成就导向的故事，在商业游戏中实践成就导向的行为，并经常与其他受训者交流来保持他们获得成就的动机，从而提高了他们的成就需求。这些培训项目通过改变受训者对自己的看法（自我概念）增强了他们获得成就的动机。例如，当受训者制订自己的成就计划时，他们会体验到预期成功的兴奋感。

5.3　激励的期望理论

到目前为止所描述的理论主要解释了激励的来源（员工激励的主要驱动力），但它们没有解释我们被激励去做什么。四驱力理论认为社会规范、个人价值观和过去的经验指导我们的行为，但它没有提供任何细节来阐明我们要选择什么目标或我们的努力将导向何种结果。

期望理论（expectancy theory）通过预测目标导向的行为，为员工最可能努力的方向提供了更多的细节。从本质上说，该理论指出人们大多数时候会为最有可能实现预期结果的工作而努力。它假设人们是理性的决策者，人们选择的目标将最大限度地满足自己的需求。这一选择基于特定事件发生的概率和这些事件产生的积极或消极的效价（预期满意度）。如图 5-4 所示，个人努力程度的计算考虑了三个因素：努力—绩效的期望、绩效—奖赏的期望，以及奖赏的效价。员工激励受到期望理论模型的三个组成部分的影响，如果任何一个部分被削弱，激励也会被削弱。

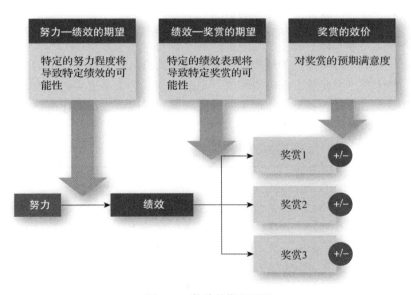

图 5-4　激励的期望理论

- 努力—绩效的期望。它是指一个人认为自己的努力程度将导致特定绩效的可能性。在某些情况下，员工可能认为他们必然能够完成任务（可能性为 1.0）。在另一种情况下，他们认为即使自己全力以赴也不可能达到期望的绩效（可能性为 0.0）。在大多数情况下，努力—绩效的期望值落在这两个极端值之间。
- 绩效—奖赏的期望。它是指一种员工预估的特定绩效表现将导致特定奖赏的可能性。在极端情况下，员工可能认为完成一项特定的任务（绩效）必然导致特定的奖赏（可能性为 1.0），或者他们可能认为成功与否不会影响有奖赏的结果（可能性为 0.0）。通常，绩效—奖赏的期望值落在这两个极端值之间。

- 奖赏的效价。它是指一个人对某奖赏的预期满意度。它的范围从负到正（无须讨论实际范围，它可能是 $-1 \sim +1$ 或 $-100 \sim +100$。）当结果与我们的价值观一致并满足我们的需求时，它具有积极的效价；当结果与我们的价值观相悖并抑制需求的满足时，它具有消极的效价。

5.4　实践中的期望理论

期望理论的一个创新点是，它为提高员工激励，至少是外部激励，提供了明确的指导方针。以下是对期望理论的几个实际应用的描述，同时列在表 5-1 中。

1. 提高努力—绩效的期望

努力—绩效的期望受到个体信念的影响，主要是指员工认为自己能够胜任工作的可能性。换句话说，努力—绩效的期望较高的人的自我效能感也较高。一些公司通过向员工提供他们所需的技能培训和资源，以及帮助员工明确角色认知来增强员工的信念，以达到预期的绩效水平。该过程中的一个重要环节是将员工的能力与工作要求相匹配，并清楚地传递工作所需的任务。同理，努力—绩效的期望也可以通过后天培训习得，所以行为建模和支持性反馈通常会增强个体对自己能够完成任务的信念。

2. 提高绩效—奖赏的期望

最有效的方法是准确衡量员工绩效，并向绩效高的员工发放更有价值的奖励。绩效—奖赏的期望是一种认知，因此员工也需要相信，更高的绩效会带来更多的奖赏。此外，员工需要知道奖赏与绩效之间的联系是如何产生的，所以领导者应该使用榜样事例、传奇故事和公开仪式来证明行为如何得到奖励。

表 5-1　实践中的期望理论

期望理论	目标	应用
努力—绩效的期望	增强员工认为自己能够胜任工作的信念	● 选择具有所需技能和知识的员工 ● 提供必要的培训和明确的工作要求 ● 提供充足的时间和资源 ● 在员工能胜任之前，分配更简单或更少的任务 ● 宣传成功胜任工作的类似员工的事例 ● 为缺乏自信的员工提供指导
绩效—奖赏的期望	增强员工认为更高的绩效会带来更多奖赏的信念	● 准确衡量工作绩效 ● 清楚地解释更高的绩效所带来的奖赏 ● 描述员工的奖赏如何与绩效相联系 ● 提供员工因良好的绩效而获得奖赏的事例
奖赏的效价	提高员工对绩效奖赏的预期满意度	● 提供员工期望的奖赏 ● 个性化的回报 ● 最小化与期望相悖的结果

3. 提高奖赏的效价

在激励和奖赏员工方面，没有一劳永逸的方法。奖赏的效价因人而异，因为每个人都有不同的需求。一种解决方案是让员工选择对他们最有价值的奖赏，从而使奖赏个性化。当这无法实现时，公司应该确保每个人都获得积极的效价。思考这个案例：一家公司奖励表现最好的员工与该公司的高管团队一起去加勒比海岸旅行一周。许多人可能会感到高兴，但至少有一位员工一想到要和高管一起旅行，就感到震惊。"我不喜欢闲谈，不喜欢被束缚的感觉。他们为什么不直接给我钱呢？"她抱怨道。这名员工参加了游轮旅行，但大部分时间都待在她自己的客舱里。最后，我们需要注意消极效价的结果。例如，如果一家公司要设立绩效奖金，应该警惕暗示员工以最低标准工作的团队规范。这些规范和相关的职场压力会削弱绩效奖赏的效果。

　　总体来说，期望理论是一个有效的模型，它解释了人们如何理性地找出最好的努力方向、努力强度和努力的持久性。对期望理论的早期研究面临着很多困难，但无论从逻辑上还是经验上看，该理论似乎可以预测在各种社会环境和文化条件下的员工动机。然而，期望理论也有局限性。第一，它假设人们是完全理性的决策者；但在现实中，人们的决策往往会偏离完美理性。第二，该理论主要关注外部动机，将模型的特征迁移到内部动机则比较困难（尽管并非不可能）。第三，期望理论忽略了情绪这一动机的来源。期望理论的效价因素捕捉到了情感过程的某些环节，但只是外围影响极小的部分。期望理论概述了期望（预期结果的可能性）如何影响动机，但它没有解释员工如何形成这些期望。有两种理论可以解释期望是如何形成的，一种是组织行为改变理论，另一种是社会认知理论。

5.5　组织行为改变理论与社会认知理论

　　期望理论认为，激励是由员工对预期绩效和奖赏的信念决定的。但是员工如何习得这些信念呢？例如，他们如何形成一种印象，即认为某一特定的工作更可能带来额外报酬而其他工作不会。组织行为改变理论和社会认知理论通过解释人们如何从他们的行为中学习期望，即人们如何形成影响动机的期望来补充期望理论。

5.5.1　组织行为改变理论

　　在 20 世纪上半叶的大部分时间里，行为主义一直是管理自我行为的主导范式。它认为优秀的理论应该完全依赖行为和环境，剔除不可观察到的认知和情绪的影响。虽然行为主义者不否认个人思想和态度的存在，但由于它们无法被观察到，因此与科学研究无关。这种范式的变体称为**组织行为改变**（organizational behavior modification，OB Mod）**理论**。它最终把关于激励和学习的观点引入组织行为学的研究中。

1. 组织行为改变理论的 A-B-C 三元素

　　组织行为改变理论的核心元素在图 5-5 所示的 A-B-C 模型中进行了描述。本质上，组织行为改变理论试图通过管理其前因（A）和结果（C）来改变行为（B）。结果是指在特定行为之后产生的影响未来走向的事件。结果包括员工在帮助同事后收到的感谢、长期为公司效力后享有的更好的工作安排、浏览了信息后留在手机中的有用信息等。结果还包括根本没有结果的事，例如，你的老板从来没有夸奖过你一直以来为客户提供的服务有多好。

　　前因是指发生在行为之前的事件，暗示员工的某个特定的行为将产生特定的结果。前因可能是你手机发出的收到短信的信号，也可能是上级要求你在明天之前完成一项具体任务的指示。但是，前因不是行为的充分条件。手机发出的声音并不会让你打开短信，相反，如果你查看手机短信（行为），那么声音（前因）就是一个信号，你因此发现一条可能有用的新短信（结果）。

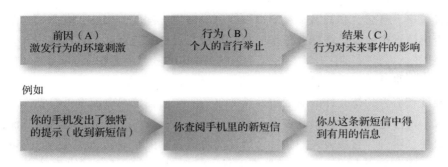

图 5-5　组织行为改变理论的 A-B-C 三元素

资料来源：Adapted from T.K. Connellan, *How to Improve Human Performance* (New York: Harper & Row, 1978), 50; F. Luthans and R. Kreitner, *Organizational Behavior Modification and Beyond* (Glenview, IL: Scott, Foresman, 1985), 85–88.

2. 强化相倚与程序

组织行为改变理论确定了四种类型的结果，称为强化相倚。当某一特定行为的结果增加或维持了该行为未来发生的频率或概率时，就会发生正强化。从同事那里得到赞扬是一种正强化，因为这种赞扬通常会保持或增加你在未来帮助他们的可能性。当结果降低了某一特定行为发生的频率或概率时，惩罚就会发生。大多数人会把降职或被同事批评视为一种惩罚。

第三种结果称为消退，发生在目标行为因为没有后续结果而减少的情况下。例如，研究表明，当管理者不再赞许员工的出色工作时，他们的绩效往往会下降。

组织行为改变理论定义的第四类结果被称为负强化，经常与惩罚混淆。实际上二者恰恰相反。当消除或避免一个结果增加或维持一个特定行为的频率或概率时，就会发生负强化。它通常是指免除惩罚。例如，当表现不佳的员工有所改善时，管理者就会停止批评。

这四种结果中哪一种效果最好？在大多数情况下，正强化应该在期望的行为之后，而消退（什么都不做）通常在不被期望的行为之后。正强化是首选，因为关注生活的积极方面（而不是消极方面）往往会促使组织成功和个人幸福。相反，惩罚和负强化会造成员工对惩罚者（如主管）和组织的消极情绪。然而，惩罚（解雇、降级、上司的批评等）可能是极端行为的导火索，如故意伤人或偷窃物品。研究表明，在某些情况下，惩罚能使那些知道员工不良行为的人或深受其害的人获得一种公平感。

除了这四类结果，组织行为改变理论还考虑了这些强化物的频率和时间（被称为强化程序）。对于学习新知识最有效的强化程序是连续式强化——在每次期望的行为发生后提供正强化。除了学习，激励员工的最佳强化程序是间隔式强化——员工的行为在经过一定次数的间隔之后给予强化。销售人员往往受到间隔式强化，因为他们往往在拨打了一定数量的客户电话后才能成功销售。间隔式强化使员工行为远离消退的结果，因为强化物永远不会出现在特定时间或固定数量的成就之后。

3. 组织行为改变理论评估

每个人都以某种形式使用组织行为改变理论来激励他人：我们会感谢他人的出色工作，在不高兴时保持沉默，有时还试图惩罚那些违背我们意愿的人。组织行为改变理论也出现在各种正式的项目中，以减少旷工、提高绩效、鼓励自我管理学习、保障工作安全和推广更健康的生活方式。一种新型的、广泛受欢迎的组织行为改变策略依赖于"游戏化"——通过数字游戏强化员工的行为，鼓励员工在游戏中赚取积分和"徽章"，并在排行榜上争夺排名位次。研究表明，这可能是正强化和消退两种类型的结果发生了作用，强化了学习和期望行为。然而，当游戏化的干预以电子方式监控员工行为或与财务奖励挂钩时，就会产生负面结果（较低的绩效、较高的员工离职率等）。

尽管组织行为改变理论被广泛使用，但它也有一些局限性。一个缺点是"奖励膨胀"。在这种情况下，强化因素最终被认为是一种权利。出于这个原因，大多数强化的程序必须降低使用频率，并且只能短期奏效。另一个令人担忧的问题是，间隔式强化可能会创造出一种博彩式的奖励方式，并可能因为其过于不稳定而不被视为正式奖励，且不受风险规避者的欢迎。最关键的问题可能在于激进的组织行为改变理论观点，它认为行为只有通过个人与环境的互动才能习得。这种观点现已不被接受；相反，专家们发现，人们也通过观察他人和推断他人行为的可能结果来学习与激励自己。这个学习过程可以用社会认知理论来解释。

5.5.2　社会认知理论

社会认知理论（social cognitive theory）认为，许多事情是通过观察、模仿他人，以及预测我们行为的结果来实现的。社会认知理论有几个部分，但与员工激励最相关的三个部分是学习行为结果、行为效仿和自我调节。

1. 学习行为结果

人们通过观察或倾听发生在别人身上的事情来了解行为的结果，而不需要直接经历。听说同事因为对客户无礼而被解雇，你会更加相信粗鲁的行为会导致离职。在期望理论的表述中，学习行为结果改变了一个人感知绩效—奖赏的期望的概率。此外，人们在相关情况下会推理预测结果。例如，了解被解雇员工的故事可能也会增强你的绩效—奖赏的期望，即对同事和供应商（不仅仅是客户）的粗鲁行为会让自己被解雇。

2. 行为效仿

人们在观察别人的同时，也通过模仿复刻别人的行为来学习。直接的感官体验帮助我们获得隐性的知识和技能，比如驾驶汽车时微妙的人机交互。行为效仿还可以提高自我效能感（见第 3 章），因为人们能通过观察和模仿他人并成功完成任务获得更多的自信。当观察者在年龄、经验、性别和相关特征上与被模仿的人相似时，自我效能感尤其会提高。

3. 自我调节

社会认知理论的一个重要特征是，人类能够设定目标，并从事其他形式有意义的、有目的的活动。具体来说，人们会建立自己的短期目标和长期目标、选择自己的成就标准、制订行动计划，考虑备选方案，并预测目标导向行为的结果。此外，人们通过**自我强化**（self-reinforcement）来进行自我调节；当超过或低于自己设定的标准时，人们会奖励或惩罚自己。

例如，你可能会设定一个读完本章剩下部分的目标，完成目标后，你决定吃点零食犒劳一下自己。这就是一种自我诱导完成阅读任务的正强化。

组织行为改变理论和社会认知理论解释了人们学习优秀表现的概率（努力—绩效的期望）以及从中获得各种奖赏的概率（绩效—奖赏的期望）。因此，这些理论通过它们与前面描述的激励的期望理论的关系来解释激励。这些理论也有助于我们理解其他激励过程。例如，自我调节通过目标设定和反馈成为激励的基础，这一点我们将在后面讨论。

5.6　目标设定和反馈

多伦多市的呼叫中心——311 多伦多运营中心——是一个繁忙的地方。该中心是北美同类中心中最大的一个，每天 24 小时、每周 7 天、每年用 180 种语言接听超过 360 万个非紧急客户来电。该中心的服务目标之一是在 75 秒内接听 80% 的来电，平均通话时间为 270 秒。最近一年，75% 的来电在 270 秒内得到应答，平均通话时间为 299 秒，未能达到上述目标。311 多伦多运营中心还有一个目标，即在第一个接线员处解决 70% 的呼叫（即不把呼叫者转到别处或稍后再打）。最近一年，它超额完成了这个目标，有 81% 的呼叫得到了一次性解决。为了牢记这些目标，311 多伦多运营中心的一面墙上有一个巨大的屏幕，专门显示与这些关键服务水平相关的实时统计数据。

311 多伦多运营中心和大多数其他呼叫中心依靠目标来激励员工，并通过建立绩效目标来明确员工的角色认知。**目标**是个人致力于达到的理想状态的认知表现。目标设定是指为了激励员工和使他们明确角色认知而树立目标的过程。具体来说，目标设定潜在地增强了员工努力的程度和持久性，并且拓宽了朝着特定行为和结果努力的渠道。设定目标比简单地鼓励别人"尽力而为"要复杂得多。有效的目标有几个具体的特征，一个英文首字母缩写词"SMARTER"很好地概括了这些特征：

- 具体（specific）。具体而明确的目标会带来更好的绩效表现。它能够说明需要完成什么工作、如何完成，以及在何时、在何地、与谁一起完成。具体的目标明确了绩效预期，因此可以更有效、更可靠地指导员工的努力。

- 可衡量（measurable）。目标必须可衡量，因为当有迹象表明能够取得进步或实现目标时，人们就会产生动力。在理想情况下，这个衡量标准包括目标实现的数量、质量和成本。然而，某些种类员工的绩效是很难衡量的，而且在那些专注于目标量化的公司中，这些员工的绩效有被忽视的风险。

- 可实现（achievable）。设定目标最棘手的方面之一是制定有挑战性但又不过于困难的目标。简单的目标难以激发员工付出努力。然而，如果员工认为实现目标的可能性很低（即努力—绩效的期望很低），那么过于困难的目标也可能导致员工放弃努力。最近的研究还发现，过于困难的目标增加了员工采取不道德行为的可能性。

- 相关（relevant）。目标需要与个人的工作相关，并且在他或她的岗位职责范围内。例如，对无法控制生产耗材的员工而言，一个减少材料浪费的目标并没有什么价值。

- 有时间限制（time-framed）。目标需要有时间限制。应当具体说明何时完成目标，或何时评估目标，以便与标准进行比较。

- 有挑战性（exciting）。如果员工对目标有承诺，而不仅仅是顺从，则目标往往更有效。对大多数（但不是所有）员工来说，具有挑战性的目标往往更振奋人心，因为当目标实现时，这更有可能满足他们的成长需求。当员工参与目标设定时，对目标的承诺也会增加。
- 可反馈（reviewed）。目标设定的激励价值取决于员工在实现这些目标时能否得到反馈。有效的反馈需要衡量标准，这一点我们在前面的列表中讨论过，但它也包括个人反思或与他人讨论目标的进展和成就。回顾目标的进展和成就可以帮助员工调整他们努力的方向，这也是满足员工成长需求的潜在来源。

5.6.1 有效反馈的特征

本章的开篇案例描述了为什么世界各地的许多大型组织已经用实时的、以指导为导向的反馈取代了传统的绩效评估系统。这种巨大的转变之所以发生，主要是因为传统的绩效评估不能满足有效反馈的一些关键指标。反馈让我们知道我们是否已经实现了目标，或者是否正确地朝着目标努力。它是设定目标的关键要素。反馈有助于明确角色认知，提高员工的技能和增加员工的知识，并增强员工的自我效能感，从而提高员工的工作积极性和绩效。

有效反馈与有效的目标设定有许多相同的特征（见表 5-2）。有效反馈应该具体，其信息应涉及可识别的行为；如果可能的话，还应包括可衡量的结果（例如，上个月销售额增加了5%）。有效反馈也应该相关，即它应该与个人或组织控制的行为和结果有关。有效反馈也要及时。有效反馈的信息应该在行为或结果发生后不久就被获取，而不是在 6 个月后的绩效评估会议上才被提及。及时的反馈能让员工更明确地将他们的行为和结果联系起来。

有效反馈的第四个特征是可信。它包括四个方面：员工认为主管或其他反馈提供者能获取关于绩效的完整和准确的信息；绩效信息可以被准确地回忆；在沟通和决策（如绩效评级）时是公正的；管理者以支持和理解的态度描述反馈。这些条件解释了为什么传统绩效评估中的绩效反馈通常比实时指导的反馈更不可信——主管们很难在相当长的时间内完全、可靠地回忆起绩效信息。此外，在传统绩效评估中，主管扮演了两个角色——教练和裁判，后者会削弱主管在反馈过程中的中立性和支持态度。

表 5-2　有效反馈的特征

有效反馈的特征	描述	举例
具体	有效反馈信息涉及可识别的行为和（如果可能的话）可衡量的结果	"在过去的三个月里，库存损耗（包括盗窃、损坏）下降到库存的 1%。"
相关	有效反馈信息应该与个人或组织控制的行为和结果有关	"在过去一年里，您每个月都按时无误地提交了预算报告，是少数几个做到这一点的地区经理之一。"（地区经理在准确或按时提交报告方面遇到的情境障碍较少）
及时	在行为或结果发生后，应尽快提供有效反馈信息	"我们的两位客户在本周指出，你无法解答他们关于新版部件模型与旧版有何不同的问题。"
可信	有效反馈信息来源应该具备以下特点： ● 有完整和准确的信息 ● 可靠地回忆信息 ● 在沟通和应用反馈时保持公正 ● 以支持和理解的态度描述反馈	主管了解员工的工作职责，定期观察员工的工作情况，并对员工如何更好地完成任务给予乐观和灵活的建设性反馈

（续）

有效反馈的特征	描述	举例
足够频繁	信息的提供要点： ● 更多针对那些新入职的人 ● 以任务周期为依据	主管每月至少两次与全体有经验的生产员工会面，每周至少两次与全体新员工会面；讨论他们的个人安全行为和产量（任务周期通常少于一小时）

有效反馈的最后一个特征是足够频繁。"足够"的程度至少取决于两点。一是员工对于工作任务拥有的知识和经验。新入职的员工应该得到更频繁的反馈，因为他们需要更多的行为指导和强化；有经验的员工可以少接受反馈，这样就不会让他们在工作中分心。二是完成任务所需的时间（即任务周期）。较少的反馈通常出现在周期较长的工作中（如高管和科学家），因为在这些工作中，目标进展和成果方面的指标比周期较短的工作（如杂货店收银员）要少得多。

强项训练的反馈

40 年前，彼得·德鲁克（Peter Drucker）观察到，当领导者关注强项而不是弱项时，他们的工作效率会更高。"卓有成效的管理者以强项为基础——他们自己的强项、上级、同事、下属的强项，以及基于当前形势的强项。"这位现代管理学大师写道。这一观点是**强项训练**（strengths-based coaching，也称为欣赏指导）的精髓——通过关注员工的强项而不是弱项来最大限度地发挥他们的潜力。在强项训练的过程中，先由员工描述他们擅长的或展现出潜力的工作领域，再由管理者通过提出探询式问题来引导讨论，帮助员工找到建立强项的方法。明确情境障碍以及克服这些障碍的策略可以进一步发挥员工的潜力。

强项训练已经成为许多组织绩效评估的核心特征。"奖励和鼓励强项是非常重要的。"一家总部位于苏格兰格拉斯哥的奢侈品珠宝零售品牌 Rox 公司的联合创始人凯隆·基奥（Kyron Keogh）说。管理咨询公司埃森哲（Accenture）也在近期的目标设定和反馈过程中加入了对强项能力的关注。为该公司管理层进行基于强项的领导力培训的卡罗琳·戴伊（Caroline Dey）解释说："你不必考虑一年前的成就。当下的关键是要与你的领导就你的强项、职业生涯以及个人发展进行前瞻性、有意义的对话。"以强项能力为基础的指导并非在所有情况下都是最好的，但它与更高水平的员工敬业度、满意度、自我效能以及与管理层的关系有关。一个原因是人们更愿意关注自己的强项而不是弱项。事实上，30 多年来，学者们一直对传统的以问题为中心的反馈持批评态度，因为它导致了员工的防御心理和较低的自我效能感，进而可能降低工作绩效。另一个原因是，在员工职业生涯的早期阶段，随着时间的推移，员工的个性逐渐变得稳定，这限制了个人在兴趣、偏好和能力方面的灵活性。因此，员工在他们缺乏兴趣或技能的领域更难获得动力和能力来提升自己。

5.6.2　反馈的来源

反馈有非社交性来源和社交性来源两种。非社交性来源只提供反馈信息，但没有人交流反馈信息。例如，公司内部网可以使众多管理人员的计算机立即收到反馈，但通常是在界面上以图形输出的形式呈现。呼叫中心的员工可以查看电子显示屏，了解有多少来电者在等待，以及他们的等待时间。

一些公司采用了多源反馈（360 度反馈），顾名思义，就是从包括下属、同事、主管和客户在内的整个圈子中收集关于员工表现的信息。对比来自一个主管单独的反馈，多源反馈往往能够提供更完整、更准确的信息。当主管无法观察到员工全部的行为表现时，这种方法的效果尤其显著；当下属能对主管的表现提出反馈意见时，员工会感到公平，并敢于发声。然而，多源反馈需要投入大量的人力、物力以及时间。此外，不同人的判断标准明显不同，因此多源反馈可能无法得出一致结论。第三个担忧是，同事可能会淡化问题而不是如实相告，以最小化内部冲突。第四个担忧是，当员工从许多人而不是一个人（上司）那里得到批评反馈时，他们会产生更强烈的情绪反应。

首选的反馈来源取决于信息的用途。当员工需要了解目标和成就的进展时，非社交性来源的反馈（如图形输出或直接来自工作的反馈）会更好。这是因为非社交性来源的信息通常比社交性来源的信息更准确。非社交性来源的负面反馈也不会过度伤害自尊。相较而言，社交性来源的反馈则倾向于延迟传递负面信息、遗漏部分负面信息，以及以一些积极的方式歪曲坏信息。员工应该从社交性来源中得到一些积极的反馈。让同事称赞你做得好，比从冷冰冰的电子数据那里获得慰藉要好得多。

○ **全球链接 5-1**

强项训练——史赛克公司

史赛克（Stryker）公司被评为世界上最好的公司之一，这在一定程度上要归功于其根深蒂固的强项训练实践。总部位于密歇根州卡拉马祖市的这家医疗设备公司鼓励员工通过商业评估发现自己的强项，然后向其他人展示自己的五个主要强项。"放眼望去，几乎每个员工的办公桌上都摆着自己的强项。"一位在佛罗里达州劳德代尔堡市史赛克分公司从事骨科业务的实习生说道。

史赛克公司南太平洋地区的人力资源总监艾琳·克拉姆莱特（Erin Cramlet）说："我们会与员工合作，让他们了解如何以积极的方式发挥自己的强项，并鼓励他们利用自己的强项来发展事业。"史赛克公司澳大利亚地区的总经理瑞安·麦卡锡（Ryan McCarthy）进一步解释道："作为领导者，我的强项是真正把每个员工当成独立的个体来对待，发现每个人的闪光点。"

麦卡锡说，他作为领导者的角色是"确保每个人每天都有机会在积极的环境中发挥自己的强项"。

强项训练并不总能产生良好的行为和结果。"强项有时是一把双刃剑——可能产生积极影响，也可能带来消极影响。"艾琳·克拉姆莱特说。管理者的目标是提供建设性的、乐观的指导，使员工的强项得以有效发挥。

例如，瑞安·麦卡锡回忆起一名员工非常好胜，而这种强项同时也是一种制约，因为该员工甚至与自己团队里的人竞争。通过积极的指导，该员工的竞争风格被重新调整，以促进她个人事业和组织的成功。"随后，我们帮她一起重新定义了自己的竞争对手，她明白了与其在团队内竞争，不如为外部的结果而竞争。"麦卡锡说。

5.6.3　评价目标设定和反馈

目标设定（与反馈相结合）通常是激励员工和提升绩效的一种有效方法。然而，将设定的目标付诸实践是很有挑战性的事情。正如前面提到的，目标设定倾向于将员工置于可衡量的绩效指标区间内，而忽略了绩效中难以衡量的方面。俗话说："能衡量，始能执行。"另一个担忧是，非常困难的目标可能会促使一些人采取不道德的行为来寻找捷径。困难的目标同时也会给人带来压力，影响员工整体的工作表现。

还有一个问题是，在复杂的新工作中，目标设定往往会干扰学习过程。因此，对那些已经有工作经验的员工来说，设定绩效目标或许有效，但应该避免使他们处于紧张的学习过程中。最后一个问题是，当目标的实现与经济奖励挂钩时，许多员工都有动力设定简单的目标（同时让管理者以为完成这些目标很难），这样他们就有更高的概率获得奖金或加薪。福特汽车公司的一位前首席执行官曾打趣说："福特雇用的都是非常聪明的人，他们很快能学会如何让相对容易的目标看起来很难！"

5.7　组织公平

公平对待员工不仅是道德的要求，还能激励员工工作积极性、提升员工忠诚度和幸福感。然而，不公平现象在工作场所经常发生。例如，在某些接受调查国家的3.1万名员工中，只有55%的人认为自己与同等级的同事相比得到了公平的报酬；新西兰一项针对1.4万名公务员的调查显示，53%的人认为，与劳动力市场上从事类似工作的人相比，他们的报酬不公平。这些例子都是关于薪酬公平的，但还有许多其他类型的工作场所的不公平，例如，谁得到提拔、管理层如何对待员工，以及资源分配决策是否透明和公正。

我们该如何改善工作场所的不公平？首先要明确有几种类型的组织公平，每种类型都在一定程度上对员工的公平感有着独特的影响。我们将讨论三种最常见的类型（此外还有其他类型）：分配公平、程序公正和互动公平。这三种类型的公平都是指员工对某些正式或非正式规则适用于某种情况的看法。人们认为某些特定的规则得到了遵守，就会产生一种公平感。

- 分配公平是指在计算各种奖励和确定任务如何分配时，采用了适当的决策标准（规则）。这些标准（如努力、需求或成员身份）决定了每个人应该得到的份额，如更高的薪水、更乏味的任务、更好的工作空间等。
- 程序公正是指在整个决策过程中应用了适当的程序规则。程序公正往往要求更高，例如，当决策者态度中立（没有偏袒）、允许每个人有自己的观点，并允许对决策提出异议时，程序公正的倾向性更强。
- 互动公平是指在整个决策过程中对于对待员工的方式应用了适当的规则。例如，当决策者对员工彬彬有礼，并诚实坦率地提供有关决策的信息时，我们认为实现了互动公平。

5.7.1　分配公平与公平理论

在最基本的层面上，雇佣关系对任何组织来说都是一种交换关系：我们贡献出时间、技能和劳动来换取金钱、有成就感的工作、技能发展的机会等。在这种交换关系中，什么是"公平"取决于我们在不同情况下使用什么标准来定义公平。在某些情况下，我们可能认为每个人都应该得到相同的待遇。例如，当每个人都可以在公司的自助餐厅享受员工餐时，这就是公平原则的体现。在其他情况下，我们认为需求较多的人应该比需求较少的人得到更多的报酬（称为需求原则）。这一原则的一个体现就是，给生病的员工提供一段时间的带薪病假来恢复身体。而公平原则指出，人们得到的回报应该与他们的贡献成比例。公平原则与组织中最常见的分配公平规则有关，下面我们将详细地讨论公平理论。

争辩点：公平比平等更能激励人吗？

很明显，表现更好、技能更强和对组织贡献更大的员工应该得到更多的薪酬和其他奖励。扩大高贡献者和低贡献者工资差距的目的是激励员工不断创新，以达到更高的绩效标准。此外，还应该通过保留表现好的员工而遣散表现差的员工来提高公司绩效。扩大工资差距也符合公正和公平的原则。根据员工的表现、技能和其他形式的贡献来区分奖励，这与精英主义和正义原则是一致的，即贡献更多的人应该得到更多的回报。此外，绩效薪酬是人力资本的基础之一。

但是，工资差距较大的公司可能无法获得预期的绩效分红。几项（但不是全部）研究发现，团队成员之间薪酬差异相对较小的运动队，其表现要优于薪酬差异相对较大的运动队。给球星支付巨额工资或奖金的球队不会得到更高的分数或赢得更多的比赛。此外，球员和教练的流动率往往会随着工资差距的增大而提高。最近的一项研究将上述结论扩展到所有行业。工资增长离散度较高的公司（对高薪员工的加薪幅度较大）表现比工资增长离散度均匀的公司更差。另一项研究报告称，与薪酬不平等程度较低的 IT 公司相比，高管薪酬差距较大的 IT 公司的股东回报和市值表现更糟糕。

为什么更大的工资差距会降低而不是提高员工和组织的绩效呢？第一个原因是，薪酬差异会产生地位差异，这可能会破坏员工之间的合作。第二个原因是巨大的工资差距可能会增加（而不是减少）不公平感。大多数人认为自己的表现高于平均水平，所以巨大的工资差距甚至使许多员工自我怀疑。此外，低薪员工往往会低估高薪同事的贡献，并认为这些高薪同事还会得到其他奖励（比如优待）。简言之，低薪员工往往认为高薪员工的薪酬过高，从而降低了低薪员工的积极性和绩效。

公平理论（equity theory）认为，员工通过将自己的回报－投入比与个人或群体的回报－投入比进行比较来判定公平。如图 5-6 所示，回报－投入比等于你得到的回报除以你投入的价值。投入的内容包括技能、努力、声誉、工作时间等。回报是指员工从组织那里得到的奖励，例如，晋升、认可、有趣的工作、提升技能和学习知识的机会等。

公平理论认为，我们将自己的回报－投入比与其他比较对象的回报－投入比进行比较。比较对象可以是一个人、一群从事其他工作的人或一个组织（例如，将你的薪酬与 CEO 的薪酬进行比较）。一些研究表明，员工经常收集好几个比较对象的信息，进行一种“一般化”的比较。然而，在大多数情况下，比较对象因人而异，不易识别。

将我们自己的回报－投入比与他人的回报－投入比进行比较，就会产生公平、报酬不足的不公平或报酬过高的不公平三种结果。在公平的条件下，人们认为自己的回报－投入比与比较对象的回报－投入比相似。在报酬不足的不公平条件下，人们认为自己的回报－投入比低于比较对象的回报－投入比。在报酬过高的不公平条件下，人们认为自己的回报－投入比高于比较对象的回报 – 投入比。

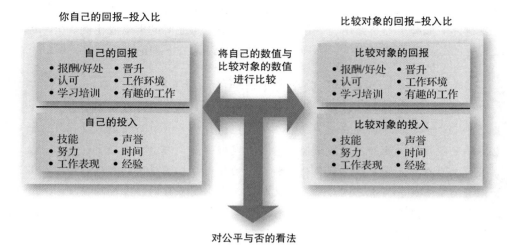

图 5-6　公平理论模型

1. 不公平与员工激励

公平感如何影响员工激励？答案如图 5-7 所示。当人们认为自己得到的奖励太少或太多时，他们会产生负面情绪（称为不公平紧张）。正如我们在本章提到的，情绪是员工激励的动力。在不公平的情况下，人们被激励去缓解情绪上的紧张。大多数人在感受到不公平的时候都会有强烈的情绪反应，这种情绪会一直困扰着他们，直到他们采取行动纠正这种感知到的不公平。

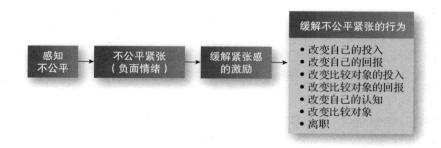

图 5-7　感知不公平对激励的影响

有几种方法有助于缓解不公平紧张（假设在报酬不足的不公平背景下考虑每种方法）。第一种方法是减少自己的投入，使自己的回报 – 投入比与高薪的同事相似。有些员工通过放慢工作速度、少提建议、少参与组织公民行为来做到这一点。第二种方法是增加自己的回报。有些人认为自己的工资过低，要求加薪；还有人私自使用公司资源。第三种方法是增加比较对象的投入。例如，我们可能会巧妙地要求薪水更高的同事分担更多的工作。第四种方法是减少比较对象的回报。这可以通过使同事处于不太理想的工作状态或工作条件来实现。另一种不常见的做法是要求公司降低同事的工资，这样大家都保持一致。第五种方法是改变我们对事情的看法，而不是改变我们的行为。例如，我们可以建立这样的想法，那位同事确实为了获得更高的报酬而做了更多的工作（如工作更长的时间）。或者，我们可能会改变对某些结果价值的看法。例如，我们认为同事很难比我们更能从与工作相关的旅行中受益，反而会认为旅行是很拘束的。第六种方法是改变比较对象。我们可能会越来越多地将自己与从事类似工作的朋友或邻居进行比较，而不是与收入更高的同事进行比较。最后，如果不公平紧张非常强且不能通过其他行动被削弱，我们可能会离职。这种情况的解决措施可以是跳槽到另一个部门、加入另一家公司，或者远离高薪同事所在的工作团队。那些觉得报酬不足的人会采取上述行为。

一些得到高额报酬的员工通过更加努力工作来减少不公平感；另一些员工则鼓励报酬不足的同事以更悠闲的节奏工作。然而，一种常见的反应是，获得高额报酬的员工会改变自己的看法，以证明自己获得的奖励是合理的，例如，相信自己从事的工作更困难，或者自己的技能比低收入同事的技能更有价值。已故记者、通俗历史作家皮埃尔·伯顿（Pierre Burton）曾说："我的前半生收入低。我不介意后半生多赚点钱。"

○ **全球链接 5-2**

在甲骨文公司感受到报酬不足的不公平

玛丽莲·克拉克（Marilyn Clark）被同事留在公共区域的工资单惊呆了。克拉克之前曾培训过这位同事，但现在他的收入比她高出 22%。"我简直不敢相信。我很生气。"这位数据库管理员回忆起她感受到报酬不公平时的反应，"我感觉就像肚子上挨了一拳。"

起初，克拉克并没有抱怨工资差距。她说："我没有告诉别人，因为同事之间不谈薪水。"但在了解到她的雇主甲骨文（Oracle）公司普遍存在性别和种族薪酬歧视的指控后，克拉克与其他几名女性一同参与了一场关于薪酬歧视的诉讼。"我这样做是为了我的女儿。我不想看到她将来也受到歧视。"克拉克说。她在这家计算机软件公司工作了十几年，最近刚刚退休。

克拉克的指控与美国劳工部最近提交的一份法庭文件中的详细证据一致。该文件称，"甲骨文公司在其信息技术、产品开发和支持业务等工作职能部门歧视女性员工，付给她们的工资低于从事类似工作的男性员工"。在与甲骨文公司进行了 9 个月的调解后，美国劳工部最近再次向法庭提交了证据，但未能解决该投诉。

美国劳工部还指控甲骨文公司在薪酬和就业方面对其他员工群体存在不公平歧视。例如，甲骨文公司在加利福尼亚州从事初级产品开发工作的大多数毕业生都是来自南亚的学生。美国劳工部声称这一行为是对其他种族（包括白种人）的不公平歧视，但如果他们抱怨，公司可以很容易地取消他们的工作签证。美国劳工部的文件称，"这种不平等导致依赖甲骨文公司授权在美国工作的劳动者别无选择，使甲骨文公司可以压低亚洲员工的工资"。

2. 评价公平理论

公平理论在理解人们的不公平感受方面是相当成功的。然而，它很难被用作预测和防止未来不公平现象的实际工具。第一个问题是，在选择和比较其他因素以及哪种投入或回报最有价值方面，人们的认识存在差异。因此，领导者需要充分了解员工，明确他们对回报和投入的优先级，以最大限度地消除他们的不公平情绪。开放的沟通也很重要，因为它可以让决策者从受影响的员工那里了解他们是否认为决策不公平。第二个问题是，公平理论只解释了我们在工作场所感受到的部分公平或正义。程序公正和互动公平与分配公平同样重要。

5.7.2　程序公正和互动公平

分配公平是人们感受到公平的一种方式。除此之外，还有程序公正和互动公平。程序公正是指在整个决策过程中应用了适当的程序规则。互动公平是指在整个决策过程中对于对待员工的方式应用了适当的规则。表5-3列出了人们在判断程序公正和互动公平时所考虑的主要规则。

有几种方法可以维持程序公正。决策者必须不带偏见、不谋私利、眼光长远，并且他们的分配决策要基于尽可能多的相关信息。这些决策还需要考虑到受分配结果影响的不同群体的立场和情况。在程序公正中需要考虑的另一个因素是决策标准和决策程序是否符合伦理道德。例如，不能以收集信息为由密切监控员工或侵犯他们的个人隐私；薪酬分配的决策标准以及程序公正规则需要长期（稳定）适用于每个人（平等）。

程序公正的另一个重要条件是，员工在决策过程中能够"发声"——他们有机会提出自己的证据和意见，以提高决策中所用信息的质量。此外，员工还应拥有"价值表达"的权利——如果有机会说出自己的想法，员工往往更忠诚。最后，假如员工认为分配过程存在错误或程序存在缺陷，他们有权提出上诉（因此，该决策将重新接受审查并可能被推翻）。

表 5-3　程序公正和互动公平规则

程序公正规则	互动公平规则
● 决策者不会因自身利益或刻板印象而产生偏见 ● 分配决策是基于准确的信息及其完整补充的 ● 决策者考虑所有受结果影响的群体的利益 ● 决策和程序符合伦理道德 ● 决策标准和程序长期（稳定）适用于每个人（平等） ● 员工有机会向决策者提出证据和意见（发声） ● 有问题的决策和程序可以被上诉和推翻	● 礼待员工 ● 尊重员工 ● 分配决策的解释应详尽而合理地告知员工 ● 分配决策的信息应真实、及时告知员工

资料来源：Based on information in: G.S. Leventhal, "What Should Be Done with Equity Theory? New Approaches to the Study of Fairness in Social Relationships," in *Social Exchange*, ed. K.J. Gergen, M.S. Greenberg, and R.H. Willis (Boston, MA: Springer US, 1980), 27–55; J.A. Colquitt and J.B. Rodell, "Measuring Justice and Fairness," *in The Oxford Handbook of Justice in the Workplace*, ed. R.S. Cropanzano and M.L. Ambrose (New York: Oxford University Press, 2015), 187–202.

互动公平同样取决于一套人们认为适用于某种情况的规则。其中的两条规则——礼待员工和尊重员工，维护了人际关系中的公平感。违反互动公平规则的一个典型例子是苛责式监督，因为员工受到粗暴对待，所以他们的自我价值遭受了攻击。互动公平的另外两个规则形成了关于所提供信息的公平感。这包括确保员工收到关于这个决定的彻底和合理的解释，并确保他们收到关于这个决定的诚实、坦率和及时的信息。例如，如果决策者拒绝解释决策过程，或者他们在解释时含糊其词，员工更可能认为这个决策是不公平的。

程序不公正和互动不公平的后果

当员工认为程序公正或互动公平规则被违反的时候，他们会体验到负面情绪，如愤怒、挫败、屈辱、怨恨和羞愧。正如我们在本章开始时所解释的那样，情绪是激励的来源，但员工如何引导这种力量取决于他们的个性特征和经验。

总体来看，研究发现程序不公正和互动不公平通常导致员工的工作效率（和绩效）降低、组织公民行为减少、与同事合作减少、对工会活动的参与增加、离职率增加。

受到不公平待遇的受害者有时会采取报复行为以恢复自尊，并在与始作俑者的关系中恢复自己的地位和权力。员工甚至会反过来"教育"决策者，从而尽量减少未来发生不公平的可能性。相关的研究结果表明，员工对决策者（如主管）的攻击性明显增强，有时对待遇更好的同事也抱有敌意。程序公正或互动公平也可能导致更极端的组织功能失调行为，如盗窃、破坏和暴力。

◘ 本章概要

5-1　定义员工激励和员工敬业度

激励被定义为影响个人自愿行为方向、强度和持续性的内在动力。员工敬业度被定义为一种个人的情感和认知（逻辑）动机，特别表现为对工作的专注，以及强烈、持续、有目的的努力。

维持员工激励和员工敬业度是很有挑战性的，因为劳动力比以往任何时候都更加多样化，且组织正在减少对员工的监督和其他传统的控制系统。

5-2　阐述驱动力和情绪如何影响员工激励

驱动力（也称为基本需求）是大脑的一种固有特征，它能通过改进不足来维持我们的内部平衡。驱动力产生情绪，让我们随时准备行动。需求（人们拥有的目标导向的力量）是由个人的自我概念（包括个性和价值观）、社会规范和过去的经验塑造的。

5-3　讨论四驱力理论、马斯洛需求层次理论、内在动机和外在动机，以及习得需求理论对员工激励的影响

四驱力理论认为，情绪是人类激励的来源，而这些情绪是通过四种驱动力产生的：获取驱动力、结合驱动力、理解驱动力和防御驱动力。这些驱动力产生了情绪，情绪最终成为有意识的需求。员工的个人特质和经验（心理技能集合）将情绪力量转化为高度目标导向的需求。四驱力理论建议，组织应该帮助员工获得四种驱动力，且四种驱动力之间必须保持平衡。

马斯洛需求层次理论将需求分为五个层次，并指出最低层次的需求在生命初期是最重要的，但随着较低层次的需求得到满足，更高层次的需求变得更重要。虽然这个理论很流行，但缺乏研究支持，主要是因为它错误地假设每个人都有相同的需求层次。新的证据表明，需求层次因个人价值观的不同而有所不同。然而，马斯洛强调需求是整体的、人本的、积极的。这一创举改变了我们对人类激励的看法。

内在动机是指由个人控制的、从参与活动本身体验到的动机，而外在动机是指人们出于工具性原因而被激励去接受超出自己控制范围的东西。内在动机是指对能力和自主性的内在驱动。有研究表明，外在动机因素在一定程度上和在一定条件下会削弱内动机，但其作用往往很小。麦克利兰的习得需求理论认为，需求可以通过学习得到加强。在这方面研究的三种需求分别是成就需求、归属需求和权力需求。

5-4 讨论期望理论模型，包括它的实践意义

期望理论指出，员工努力程度由三者决定，分别是对特定的努力程度将导致特定绩效的感知（努力—绩效的期望）、对特定的行为或绩效表现将导致特定奖赏的感知（绩效—奖赏的期望），以及个人对这些奖赏的预期满意度（奖赏的效价）。努力—绩效的期望可以通过增强员工执行工作的能力和信心来提高；绩效—奖赏的期望可以通过准确衡量绩效、向表现更好的员工发放更高的奖励，以及向员工提供榜样事例来提高；奖赏的效价可以通过寻找和提供员工期望的个性化奖励来提高。

5-5 概述组织行为改变（OB Mod）理论和社会认知理论，解释它们与员工激励的联系

组织行为改变理论继承行为主义者的观点，认为人们受环境影响而改变行为，使积极结果最大化、消极结果最小化。前因是指激发（不一定导致）行为的环境刺激。结果是指行为对未来事件的影响。结果包括正强化、惩罚、负强化和消退。强化的频率和时间也会影响行为。

社会认知理论指出，许多事情是通过观察、模仿他人，以及预测我们行为的结果来实现的。这表明，人们常常通过推断因果关系（而不是运用自己的直接经验）来预测别人行为的结果，从而锻炼自己控制自己行为的能力，提高自我效能，并反思自己的直接经验。该理论强调个人行为的自我调节和自我强化，让人们根据其行为的结果来决定奖励或惩罚自己。

5-6 描述有效的目标设定和反馈的特征

目标设定是指通过设定绩效目标来激励员工和使他们明确角色认知的过程。有效的目标有以下特征：具体、可衡量、可实现、相关、有时间限制、有挑战性和可反馈。有效的反馈具备具体、相关、及时、可信和足够频繁的特征。强项训练是通过关注员工的强项而非弱项，最大化员工的潜力。强项训练往往是有效的，因为人们更愿意关注自己的强项而不是弱项，而且随着时间的推移，一个人的激励和能力会逐渐变得稳定。员工通常更依赖来自非社交性来源的反馈来了解自己在目标实现方面的进展。

5-7 解释公平理论、程序公正和互动公平如何影响员工激励

组织公平有几种形式，主要的三种分别是分配公平、程序公正和互动公平。分配公平是指在计算各种奖励和确定任务如何分配时，采用了适当的决策标准（规则）。这些标准与平等、需求或公平有关。公平理论包含四个要素：回报－投入比、比较对象、评价公平、不公平的后果。该理论还解释了当人们遭受不公平对待时，他们有动机实施何种行为。

程序公正是指在整个决策过程中应用了适当的程序规则。这些程序规则包括决策者必须不带偏见、考量准确的信息及其完整补充、考虑所有利益相关者、符合伦理道德、始终如一地应用决策标准和程序规则，允许员工提出意见并对决定提出上诉。

互动公平是指在整个决策过程中对于对待员工的方式应用了适当的规则。这些规则包括员工受到尊重和礼待，分配决策的解释被详尽而合理地告知员工，分配决策的信息被真实、及时地告知员工。缺乏程序公正和互动公平会导致员工的负面情绪（从愤怒到羞愧）和各种损害组织的行为（如低绩效、更高的离职率、攻击和盗窃等）。

◼ 关键术语

分配公平	互动公平	需求	动机	内在动机
组织行为改变（OB Mod）	员工敬业度	马斯洛需求层次理论		
公平理论	程序公正	期望理论	员工激励	自我强化
外在动机	成就需求（nAch）	社会认知理论	四驱力理论	归属需求（nAff）
强项训练	目标	权力需求（nPow）		

◼ 批判性思考

1. 四驱力理论认为，企业必须平衡地实现四种驱动力。"平衡"意味着什么？为什么它很重要？举一个例子（真实的或假设的），说明一个公司如何平衡地实现驱动力。请描述一家没有实现这种平衡的公司，包括由于这种不平衡产生的对员工态度和行为的后果。

2. 习得需求理论认为需求可以被增强或削弱。公司应如何增强工作小组的成就需求？

3. 每个电子游戏研发员都有外在动力来源，大多数也有某种程度的内在动力来源。考虑到外在动机和内在动机的动态联系，游戏公司应该怎样确保他们的员工在工作中保持高度的积极性？

4. 本章开篇案例研究说明，一些公司的绩效评估方法已经从传统的年度评估转向频繁的、指导性的、着眼于未来的发展性评估。试用期望理论来解释为什么新的绩效评估过程可能比传统的以判断为导向、以问题为重点的年度绩效评估过程更能激励员工。

5. 回忆你最近在工作或学校中运用组织行为改变理论来增加或减少某人对特定行为的动机的事例。你具体做了什么？结果如何？

6. 运用你对有效目标特征的了解，建立两个有关你课程表现的目标。

7. 大多数人认为，他们的"价值"高于他们的收入。此外，大多数员工自认为比同事更具备领导才能和人际关系技巧。请对人们的这种倾向发表评论。

8. 你是受雇于一家大型组织的外部顾问，负责调查员工认为某些管理决策（晋升、休假、分配任务、办公地点等）违背程序公正和互动公平的原因。许多员工抱怨管理者做出的这些决策不公平，即使那些自认为得到公平待遇的人也认为决策过程是可疑的，因此让自己饱受非议。在一些情况下，员工还会抱怨他们收到的决策信息不充分（或缺乏信息），以及他们在试图与管理层沟通时遭遇挫折。作为一名外部顾问，请确定你要调查的具体活动和问题，准确给出改变员工态度的方法。

◼ 案例研究 1

辛辛那提超级三明治餐厅

　　辛辛那提超级三明治餐厅是大型的餐饮连锁店之一，该连锁店在印第安纳州、俄亥俄州和密歇根州拥有 300 家外卖餐厅。这家店有一名餐厅经理、一名助理经理和几名兼职领班。餐厅经理很少有时间为顾客服务，总部也不主张餐厅经理在一线工作。助理经理仅在繁忙的午间为顾客服务几小时，其他时间则协助餐厅经理处理日常采购、记账、招聘和其他事务。

大多数领班都是大学生，他们和其他员工一起为客户服务，主要是从中午过后到晚上打烊的这段时间。大多数员工也是兼职学生，少部分是高中生。所有正式员工统一拿最低工资。

在过去的18个月里，辛辛那提超级三明治餐厅的盈利水平低于行业平均水平，这也导致了餐厅经理和助理经理每月奖金缩水。这一奖金是根据"损耗"（未售出、损坏或未入账的食品和饮料）占销售额的百分比计算的。损耗的比例越低，奖金就越高。损耗的情形包括员工打翻酒水或食物、使用了比预计更多的配料、烧焦了三明治、错误地送餐、私自食用或赠送食物等。当员工犯错误时，应该从他们的工资中扣除费用，私自食用或赠送食物将被立即解雇。然而，即使面临高额损耗和餐厅经理的问责，领班也不愿主动上报任何意外或故意的损耗。一位上报了几起意外损耗事件的领班，最终因为被同校学生孤立而辞职。

如果员工连续工作超过4.5小时，辛辛那提超级三明治餐厅会给他们提供餐补。员工常常抱怨餐补少得可怜，而且他们经常不够资格领取餐补，因为许多班次只有三四小时。这些工时较短的员工有时会趁经理不在的时候私自拿走食物和饮料，声称他们值得免费用餐。一些人还表示，与他们的朋友在其他行业挣的钱相比，食物对于公司而言是一笔低开支，却能弥补他们微薄的收入。一些（但不是大多数）员工慷慨地帮助他们的朋友，偶尔还免费提供软饮料和薯片。他们认为，给朋友提供免费食物让自己更受欢迎。

五个月前，这家辛辛那提超级三明治餐厅的损耗（主要是故意损耗）已经严重到让两位经理被扣光奖金的地步。餐厅经理的反应是，只给那些单班工作6小时以上的员工发放餐补。这一行动将更多的员工排除在享受餐补范围之外，但并不能阻止员工偷吃或赠送食品。然而，近20%的资深兼职员工在接下来的两个月里跳槽了。许多人甚至劝说朋友不要在该餐厅工作。低落的士气取代了过去的欢乐氛围，员工和经理之间的关系进一步恶化。

由于当地失业率相对较低，餐厅经理发现很难招聘到替代者，尤其是有工作经验的人。临时工短缺迫使两位经理花费更多的时间来亲自准备食物和培训新员工。他们更频繁地出现在餐厅，显著减少了故意损耗，但意外损耗有所增加，因为新员工会犯更多的错误。

三个月后，辛辛那提超级三明治餐厅的餐厅经理和助理经理相信情况已经有所改善，所以他们减少了培训员工和服务顾客的时间。事实上，他们在店里只待了三个月，就得到了一笔可观的奖金。然而，在经理们退出日常运营后不久，损耗又增加了。老员工开始偷吃更多的食物，新员工也很快加入进来。餐厅经理被激怒了，采取了更大胆的措施。他完全取消了餐补，并威胁要解雇任何被发现私自食用或赠送食物的员工。

在接下来的一个月里，损耗有所下降，但现在又开始缓慢上升。

讨论题：

1. 在这种情况下，哪些现象表明出了问题？

2. 应用相关的激励理论来解释出现这些现象的主要原因。

3. 辛辛那提超级三明治餐厅的管理者应该采取什么措施来纠正这些问题？

◘ 案例研究2

Steelfab Corp

杰姬刚到 Steelfab 公司的会计部门工作时，是一名热情的员工。她自创了一套处理发票和申请流程的好方法，并为此感到自豪。公司在组织内部的电子文档流动方面存在很多瓶颈，杰姬向她的老板约翰斯顿提出了几条建议，希望能改善这一流程。约翰斯顿认可了这些建议，甚至将一些建议付诸实践，但他似乎没有足够的时间感谢杰姬，也没有解释为什么有些建议无法实施。事实上，约翰斯顿先生并没有向部门的其他员工提及杰姬做过的事。

在第一年末，根据约翰斯顿先生对杰姬工作表现的评估，她获得了 4% 的绩效提薪。这相当于会计部门 11 名职员的平均业绩增长率，高于通货膨胀率。尽管如此，杰姬还是感到忧愁，因为她不知道该怎样提高明年的绩效奖金。另一名新员工吉姆·桑度的加薪幅度最高（7%），这也令她感到不安，尽管吉姆在部门的其他人看来并不是一位出色的员工。据某些与吉姆共事的人说，吉姆在工作中缺乏足够的技能，本不应得到最高的加薪。同时，一些员工认为吉姆·桑度成了约翰斯顿先生的信任者，他们甚至一起去钓鱼。

在工作的第二年，杰姬对 Steelfab 公司的热情急剧下降。她仍喜欢这份工作，并与一些同事成为朋友，但曾经那种支撑她在早高峰挤地铁的精神已经消失了。最终，杰姬不再提出她关于提高组织效率的想法。在这一年，她曾两次请病假去另一个州拜访朋友和家人，而第一年，她只请了两天病假，并且这两天都是在医院度过的。在第一年，杰姬曾不顾医生的劝阻去上班。但到了第二年末，"可以请病假"似乎成了杰姬继续在 Steelfab 公司工作的"正当理由"。现在，随着她第二次年度绩效评估的临近，杰姬开始寻找另一份工作。

讨论题：

1. 在这种情况下，哪些现象表明出了问题？
2. 使用本章中的两个激励理论来解释这两种情况：杰姬失去了为约翰斯顿先生提供建议的动机；杰姬在她不生病的时候却有动机请病假。
3. 你会建议 Steelfab 公司采取哪些行动，以减少杰姬的经历和行为在未来发生的可能性。

◘ 课堂练习　需求排序练习

目的： 这个练习旨在帮助你了解工作场所的员工需求。

说明（小班）：

第一步：表 5-4 列出了 16 个工作属性。请独立判断，使用右边的列来填写这些工作属性对于你个人的重要性。在最重要的工作属性右列写"1"，第二重要的写"2"，以此类推，最不重要的写"16"。

第二步：找出你认为中国的 Y 一代（千禧一代）男女大学生（即 1980 年及之后出生的学生）之间分数差异最大的三个工作属性。说明你认为哪个性别会认为哪个属性更重要。

第三步：学生自主分组，在小组中他们比较彼此的排序结果以及在需求方面感知到的性别差异。探索出现排序差异的原因，并在班级里讨论。学生应该密切关注班级内不同的需求、自我概念和不同形式的多样性（种族、职业、年龄等），以找出排序差异的可能解释。

第四步：教师将提供最近对 Y 一代（千禧一代）大专学生（即 1980 年及之后出生的学生）大规模调查的结果。对比这些结果，找出与之前有显著差异的原因。将这些差异与你对工作环境中员工需求和激励的理解联系起来。针对性别差异，讨论男性和女性在这些工作属性上可能存在差异的原因。

说明（大班）：

第一步和第二步：与小班相同。

第三步：教师让学生举手（或其他方式）来确认他们最看重的工作属性，以及他们认为在 Y 一代群体中性别差异最大的工作属性。

第四步：与小班相同。

表 5-4 工作属性的个人排序表

工作属性	你的排序（1 最重要）
具有挑战性的工作	
社会责任的承诺	
完善的健康和福利计划	
丰厚的基本工资	
很好的上司	
优秀的同事	
良好的培训机会 / 开发新技能	
工作种类丰富	
工作保障	
职位晋升的机会	
实现个人价值的机会	
实现社会价值的机会	
旅行的机会	
该公司是当前领域的领导者	
强烈支持员工多元化	
工作与生活的融合	

■ 小组练习　预测哈里的工作努力程度

目的：本练习旨在帮助你理解期望理论及其要素如何影响一个人的工作努力程度。

说明：本练习可独自完成或在 4～5 人的小组内完成。当个人（或小组）完成了练习，

阅读下面的采访案例。计算在所述条件下，哈里将达到"优秀"还是"一般"的工作努力程度。赋值范围从 −1.0 到 +1.0。所有的期望都服从概率分布，范围从 0（不可能事件）到 1（必然事件）。工作努力程度得分是通过将每个效价乘以适当的绩效—奖赏的期望值的结果加总，再乘以努力—绩效的期望值得出的。

哈里的采访

记者：你好，哈利。我需要和你谈谈你的工作。你介意我问你一些问题吗？

哈里：请说。

记者：好的，哈利。你期望从你的工作中得到怎样的满足？

哈里： 这是什么意思？

记者： 对你来说，这份工作中什么最重要的？

哈里： 我想最重要的是工作保障。事实上，我想不出其他更重要的事了。我认为加薪就很好，升职就更好了。

记者： 还有其他你觉得很想得到或不想面对的东西吗？

哈利： 我当然不希望我的同事们取笑我。我们相处得很好，这对我很重要。

记者： 还有别的吗？

哈利： 没有了。就是这样。

记者： 你觉得你对上述的每一样都满意吗？

哈利： 这是什么意思？

记者： 假设你喜欢的东西的价值为 +1.0，你不喜欢的东西的价值为 −1.0，你不关心的东西的价值为 0。

哈利： 我认为加薪的价值是 0.5，升职更重要，所以我认为是 0.7，还有我的同事们取笑我是 0.9。

记者： 但是，我以为你不想让你的同事们取笑你。

哈利： 没错。

记者： 但是你给它的值是 0.9。

哈利： 哦，应该是 −0.9。

记者： 好吧，我只是想确认我理解你说的意思。哈利，你认为这些事情发生的可能性有多大？

哈利： 看情况。

记者： 看什么情况呢？

哈利： 我的表现是优秀还是一般。

记者： 如果是优秀呢？

哈利： 我认为我有 50% 的机会获得加薪或晋升，但也有 90% 的可能性是我的同事们会取笑我。

记者： 那么工作保障呢？

哈利： 我相信无论我的表现如何，我在这里工作是有保障的。我从不记得上一个因为恪尽职守而被解雇的人是谁。如果我的表现一般，我加薪或升职的机会大约是 10%。但是，这样同事们就不会取笑我了，这一点毋庸置疑。

记者： 你表现优秀的可能性有多大？

哈利： 那得看情况。如果我工作非常卖力，付出了高度努力，我认为概率是 90%。但是如果我付出的努力很少，你知道的，如果我很轻松，那么我得到一般评价的概率大约是 80%。

记者： 那么，你会怎么做？低水平的努力还是高水平的努力？

哈利： 你问了我那么多问题，你应该能猜到的。

记者： 当然！

哈利： 是吗？很好。如果你没有其他问题了，我们一起喝咖啡吧。

记者： 好的，谢谢你的宝贵时间。

哈利：不客气。

讨论题：

使用期望理论模型来预测哈里在工作中表现"优秀"或"一般"的激励。确定并讨论影响这种激励的因素。

◻ 团队练习　奖金决策练习

目的：这个练习旨在帮助你理解公平理论的要素以及人们对公平的不同看法。

说明：以下是一家大型国有保险公司的四位经理的描述。公司的销售总监分配给你的咨询团队一个任务（先是个人的，然后是团队的）——把 10 万美元的奖金合理分配给四位经理。如何分配这笔奖金完全由你的团队决定，唯一的要求是这笔奖金不能有剩余，并且任意两个经理不能收到相同的金额。经理的名字和信息没有特别的顺序，假设这四位经理的经济状况、客户人口结构和其他外部因素都非常相似。

第一步：独立阅读四位经理的信息。在"个人决策"（见表 5-5 ）一栏中填写你要分配给每位经理的金额。

第二步：独立填写"投入权益表"（见表 5-6 ）。首先，在"投入因素"一栏中按重要性顺序列出你在分配奖金时考虑的因素（如资历、表现、年龄）。将最重要的因素放在前面，不重要的因素放在后面。接下来，在"投入权重"一栏中填写估计分配给对应因素的比例。这一栏的合计必须为 100%。

第三步：组建团队（通常是 4～6 人）。每个团队将比较他们的结果并记录差异。然后，团队成员将对于每位经理应该得到的奖金数额达成一致，最后将这些金额填写在"团队决策"（见表 5-5 ）一栏中。

第四步：教师将在班级中比较团队的结果，并关注每个学生在"投入权重"上的差异。然后，全班将使用公平理论讨论这些结果。

说明（大班）：

第一步和第二步：与小班相同。

第三步：教师会让学生举手（或其他方式）确定哪位经理将得到最高的奖金，以及给这位经理分配的奖金数额。重复这个步骤直到选出得到最低奖金的经理（其他一些方式允许学生直接表明他们给那位经理的奖金数额）。然后，全班将使用公平理论讨论这些结果。

经理简历：

鲍勃　鲍勃在保险行业从业超过 27 年，在这家公司工作了 21 年。几年前，鲍勃所在的分公司是该地区盈利最高的公司。然而最近，公司的新客户寥寥无几，盈利也远低于平均水平。该分公司的员工离职率很高，鲍勃对这份工作已经没有以前那样热情了。鲍勃 56 岁，已婚，有 5 个孩子，其中 3 个仍住在家里。鲍勃是高中文凭，持有保险管理专业证书。

爱德华　在爱德华担任分公司经理的两年里，吸引了几个大客户，他所在分公司现在是国内顶尖的公司之一。爱德华很受他的员工尊敬。29 岁的他是该地区最年轻的经理，也是全国最年轻的经理之一。区域总监起初怀疑把分公司经理的职位给爱德华是否明智，因为他相对年轻且缺乏经验。爱德华在本地一所大学获得了商科学士文凭。在加入这家分公司之前，他做了 5 年的销售代表。爱德华单身，没有孩子。

李　李已经在这家公司工作 7 年了。头两年她在自己目前管理的办公室里做销售代表。区域总监表示，作为一名分公司经理，李的表现一般。她拥有重点大学的地理学学士文凭，在加入这家公司之前在另一家保险公司做了 4 年的销售代表。李 40 岁，离过婚，没有孩子。她是一个非常有抱负的人，但有时会与她的员工和其他分公司经理产生工作方面的摩擦。

桑迪　桑迪现年 47 岁，已经在这家公司担任分公司经理 17 年了。7 年前，她的分公司对该地区利润的贡献度是最低的，但这一情况正在稳步改善，现已略高于平均水平。桑迪对待工作的热情似乎一般，但她的员工和其他分公司经理都很喜欢她。她在保险行业的经验完全来自本公司。她之前在非销售岗位工作过，我们无从得知没有销售经验的她是如何成为分公司经理的。桑迪已婚，有 3 个正在上学的孩子。几年前，桑迪通过上夜校获得了附近一所社区大学的商科文凭。

表 5-5　奖金分配表

姓名	个人决策	团队决策
鲍勃		
爱德华		
李		
桑迪		
合计	100 000	100 000

表 5-6　投入权益表

投入因素⊖	投入权重⊜
	%
	%
	%
合计	100%

⊖　按重要性排序，将最重要的排在最前面。
⊜　每个因素的权重为 1%～100%。所有因素的权重加起来必须是 100%。

第 6 章

绩效管理的应用实践

:: 学习目标

学习完本章，你应该能够：

- 讨论金钱的意义，并确定几种基于个人、团队和组织层面的绩效奖励。
- 描述五种提高奖励效果的方法。
- 列出工作专业化的优势和劣势。
- 绘制工作特征模型，并描述通过工作设计提高员工激励的三种策略。
- 定义心理授权并确定支持心理授权的策略。
- 描述自我领导的五个要素，并确定具体的个人和工作环境对自我领导的影响。

:: 开篇案例

Softcom 有限公司——尼日利亚新兴科技行业的一颗耀眼明星

这个软件公司的成功主要源于激励其 165 名员工的方法——与目标和价值观一致的工作与薪酬设计，以及高度强调自我领导。Softcom 的员工说他们高度参与到令人兴奋的工作中，包括为医疗公司 GSK 设计的"患者坚持计划"、电子钱包支付和金融服务产品（Eyowo），以及一个将 50 万尼日利亚人引入劳动力市场的数字基金会全国性项目（N-Power）。

"公司正在做的事情的规模和勇气之大，是吸引我来这里工作的因素之一。"带领 Softcom 的工程开发团队的 Abiola Fajimi 兴奋地阐述。另一个员工，Isima Eleumunor 有着同样的观点："在 Softcom，人们总是有着目标意识，我们一直致力于解决非洲最大的挑战，而这本身就是连接所有事物和每个人的纽带。"

Softcom 的员工通过持续的学习也变得更加充实。"我在 Admin & Procurement 承担一些具有挑战性的工作，这是我之前不熟悉的方面，"Toluyemi Nathaniel 说，"但是令人惊喜的是，我从这份工作中学习到很多东西，现在我只是在努力成为最好的自己。"这家公司也举办有该领域专家参加的特别学习活动。

员工们说自主性和 Softcom 期盼的自我领导力使得他们能够感受到自己被赋权。"我觉得或许是当中的自由使得人们感到舒适。没有人打着铃告诉你开始和结束的节点,"Abiola Fajimi 说,"这里的期待只是希望你对自己的时间和想法负责。这样的期待会促使你找到最有效率的工作方法。"

Softcom 的员工也能体验到多样化奖励和认可的快乐。近期该公司在南非开展了一场黑客"马拉松",七支队伍为非洲开发解决方案。其中一支队伍有机会赢得参加几内亚会议的机会。在情人节这一天,每一个 Softcom 的员工都会收到令人意外的情人节卡片,上面会有反映他们在组织内的贡献和长处的个性化注释。比如,一名员工收到的卡片上面写的是合作者们非常欣赏他的幽默、修养和温暖,以及非常感谢他成为派对的主角。每个人的信息也与他们的照片一起出现在办公室的一个大屏幕上。

Softcom 公司的成功归功于那些有天赋和高度自驱的员工,他们促使公司走在非洲技术革命的前沿。员工的激励来自丰富的工作、奖励、赋权的工作环境以及自我领导。本章将围绕这四个主题展开。

本章从检验金钱的意义开始,随后是经济奖励实践的概述,包括不同类型的奖励以及如何有效地执行奖励;紧接着我们探讨工作设计的概念基础以及为了激励员工制定的具体工作设计策略;然后我们考虑了心理授权的因素以及支持授权的条件。本章的最后部分阐述员工如何通过自我领导管理自己的绩效。

6.1　金钱在工作场所中的意义

用金钱奖励员工是最古老且最普遍的绩效实践之一。在最基本的层面上,金钱和其他经济奖励是一种交换形式:员工提供他们的劳动、技能和知识,以换取组织的金钱和利益。从这个角度来看,金钱和相关奖励使员工目标与组织目标保持一致。这种经济交换的概念可以在不同的文化中找到。"支付"一词在马来西亚语和斯洛伐克语中的意思是"弥补损失";在希伯来语和瑞典语中的意思是"取得平等"。

然而,金钱不仅仅是对雇员对组织目标的贡献所做的补偿。金钱与我们的需求和自我概念有关。它是成就和地位的象征,是激励因素,是增加或减少焦虑的源泉,也是对我们做出的道德或风险决策的影响因素。它还会产生各种情绪,其中一些是消极的(焦虑、抑郁、愤怒、无助等)。此外,金钱在某种程度上无意识地影响着人类的思想和行为。某个资料显示,金钱可能是当代生活中最具情感意义的对象。

金钱的含义因人而异。最近的研究将金钱描述为一种"工具"(即金钱之所以有价值,是因为它是获取其他有价值物品的工具)和一种"毒品"(即金钱本身就是一种具有成瘾价值的物品)。一个被广泛关注的金钱态度模型表明,当人们相信金钱不是邪恶的时候,他们具有强烈的"金钱道德"或"金钱智慧";它是成就、尊重和权力的象征,而且它应该被仔细地编入预算。这些对金钱的态度影响着个人的道德行为、组织公民意识,以及许多其他行为和态度。

金钱的含义对于男性和女性似乎有所不同。几项研究表明,在几乎所有的社会中,男性比女性更看重金钱。男性比女性更可能将金钱视为权力和地位的象征,以及实现自治的手段。女性更倾向于从可以交换的东西角度看待金钱，尤其是用金钱为他人买东西来象征慷慨和关心。金钱的含义似乎也因文化而异。日本和其他权力距离较大的国家（接受社会中不平等的权力分配，见第 2 章）的人倾向于高度尊重和优先考虑金钱，而具有强烈平等主义文化的国家（如丹麦、奥地利和以色列）的人不鼓励公开谈论金钱或展示个人财富。一项研究表明，瑞士文化重视存钱，而意大利文化更重视花钱。

金钱的激励效应比人们以前认为的要大得多，这种效应更多地是由于它的象征价值，而不是它能买到什么。哲学家约翰·斯图尔特·穆勒（John Stuart Mill）在 150 年前写道："对金钱的热爱不仅是人类生活中最强大的推动力之一，而且在许多情况下，金钱本身也是人们所渴望的。"收入较高的人往往有较高的工作绩效，因为较高的薪水会增强他们的自我评价。另一些人指出，金钱的象征价值取决于它在组织中的分配方式以及有多少人获得经济回报。总的来说，现有的组织行为学知识表明，金钱不仅仅是雇主和雇员之间的一种交换手段。它满足各种需求，影响情绪，塑造或代表一个人的自我概念。雇主在分配经济奖励时，记住这些研究发现很重要。在接下来的章节中，我们将介绍各种奖励实践以及如何改进基于绩效的奖励措施。

6.2 经济奖励实践

经济奖励源于多种目标，如表 6-1 所示的四个具体的目标：成员资格和资历、工作地位、能力及绩效。

表 6-1 奖励目标、示范、优点和缺点

奖励目标	奖励示范	优点	缺点
成员资格和资历	• 固定薪酬 • 大部分员工福利 • 带薪假期	• 可吸引求职者 • 将不安全感降到最低 • 减少人员流动率	• 不能直接激励绩效 • 可能会阻止表现不佳的员工离开 • "金手铐"可能会影响绩效
工作地位	• 基于晋升的加薪 • 基于工作地位的福利	• 努力维护内部公平 • 减少薪酬歧视 • 激励员工为晋升而竞争	• 鼓励等级制度，可能会增加成本并降低响应性 • 强化地位差异 • 激发工作竞争并夸大工作价值
能力	• 基于能力的加薪 • 基于技能的薪酬	• 提高员工的灵活性 • 倾向于提高质量 • 与就业能力相一致	• 依靠能力的主观衡量 • 基于技能的薪酬计划成本高昂
绩效	• 佣金 • 绩效薪酬 • 收益分享 • 利润分享 • 股票期权	• 激励任务绩效 • 吸引以绩效为导向的求职者 • 基于组织奖励创造主人翁文化 • 薪酬弹性化可避免在经济低迷时期裁员	• 可能削弱工作内容激励 • 可能疏远授奖者和受奖者 • 可能阻碍创造力 • 倾向于解决症状，而不是行为产生的根本原因

6.2.1 成员资格和资历

基于成员资格和资历的奖励（有时称为"脉冲付费"（pay for pulse））是薪酬支付的主要部分，特别是在平等主义文化中。某些员工福利是平等地提供给每个人的，比如工作期间的免费餐或补贴餐。其他奖励则随着资历的增加而增加。例如，总部位于密歇根州的制造商 Floracraft 的 200 名员工最近收到了一笔非常大的基于成员资格和资历的奖励，包括现金和退休补偿。这笔钱是该公司负责人表示感谢的象征，随着资历的增加而增加。服务 9 年（在 Floracraft 的平均任期）的员工可获得 2 万美元的现金奖金和退休补偿。少数 Floracraft 员工的服务年限超过 40 年，他们每人共收到 4 万美元。

这些基于成员资格和资历的奖励可能会减少人员流动，吸引求职者（特别是那些希望获得可预测收入的人）。然而，它们并不直接激励工作绩效；相反，它们不鼓励表现差的人跳槽去符合他们能力的地方，反而优秀的员工更容易被收入更高的单位吸引走。其中，一些奖励也是"金手铐"——它们会因为延期发放奖金或其他地方无法获得的慷慨福利而阻止员工辞职。问题在于，"金手铐"可能会削弱工作绩效，因为它们会产生持续承诺而不是情感承诺（见第 4 章）。

6.2.2　基于工作地位的奖励

几乎每个组织都会在一定程度上根据员工所从事工作的地位或价值来奖励员工。在世界许多地方，公司通过**工作评估**（job evaluation）来衡量工作价值。大多数工作评估方法对需要更多技能和努力、责任更大、工作条件更困难的工作给予更高的价值。基于这些"可补偿因素"的工作价值越高，从事该工作的人的最低和最高工资就越高。衡量每一份工作的价值或地位都试图保持薪酬公平（也称为可比价值），从而最大限度地减少薪酬歧视；尽管批评者认为这一过程实际上可能使不公平制度化。除了获得更高的工资，从事更重要工作的员工有时还可以获得更大的办公室、公司付费的车辆和其他津贴。

基于工作地位的奖励试图通过将更多的薪酬分配给价值更高的员工来改善公平感。这些奖励还激励员工竞争晋升机会。然而，在企业试图提高成本效率、应对外部环境的时候，基于工作地位的奖励可能会通过鼓励官僚等级制度而起到相反的作用。这些奖励还强化了一种地位心态，而千禧一代的员工期望的是工作场所更加平等。此外，基于工作地位的薪酬可能会激励员工去相互竞争拥有更高地位的工作，并夸大他们的工作职责和囤积资源，以此来增加当前工作的价值。

6.2.3　基于能力的奖励

近年来，许多公司已将奖励重点从工作地位转移到技能、知识和其他能带来卓越绩效的能力。最常见的做法是确定与所有工作组相关的能力列表，以及特定于每个广泛工作组的能力列表。员工在该工作组内的薪资范围内的进步取决于他们在每项能力上的表现。

○ 全球链接 6-1

Wonderful 公司基于技能的薪酬

总部位于洛杉矶的 Wonderful 公司拥有世界上最大的鲜花递送服务（Teleflora）规模，是世界上最大的坚果种植商，也是美国最大的柑橘种植商。它还拥有酿酒厂、瓶装水和其他多元化的业务。这要求员工因开发有价值的技能而受到激励和奖励，因此 Wonderful 公司为生产员工引入基于技能的奖励系统。

根据员工所展示的知识和技能，将其分配到不同技能模块。技能模块本质上是一个工资组，如操作员 5 和机械 1，其中每个模块都有明确定义的技能以及通往更高技能模块的路径。例如，机械 1 技能模块的员工在使用校正松紧工具、计算每个系统的链条偏移量、演示 Accu-Glide 输送机服务的正确使用等方面具有不同的熟练程度。

员工在学习新技能时获得更高的薪酬。假设一名员工在操作员岗位中获得固定工资（20 美元 / 时，这些不是实际工资），有足够资格进入制冷技术员技能组。员工将首先掌握机械 1 技能模块，并将获得分配给该技能级别的工资（21 美元 / 时）。当员工对电气 1 技能模块也足够熟练时，工资将增加至 24 美元 / 时。一名完全合格的制冷技术员也将掌握机械 2 的技能，并且同样会获得更高的工资（比如 27 美元 / 时）。

一家中型电力公司最近采用了这种基于能力的方法，其中包括一组跨组织的通用能力（尽责、技术能力等），以及四个广泛的组织层面的能力：技术 / 专业（团队导向、技术敏锐度等）、监管（信息、情绪智力等）、管理（财务敏锐度、促进创新等）和执行（战略思维、管理利益相关者等）。每个组织级别都有一个薪酬范围，组织级别内的人员可能会通过该薪酬范围获得加薪，因为他们表现出更高水平的能力。

基于技能的薪酬计划是基于能力的奖励的一种更具体的变体。在这种奖励中，人们所获薪酬取决于他们对可衡量技能的掌握程度。High Liner Foods 是北美最大的冷冻海鲜公司之一，它根据员工掌握的技能数量和难度，为其新罕布什尔州朴次茅斯工厂的员工安排工资。High Liner Foods 的一位高管解释说："我们正在建立基于技能的薪酬体系，这样，当员工学习和展示某些技能时，他们将进入不同的薪酬等级。"

基于能力的奖励能激励员工学习新技能。这倾向于支持员工流动，促进员工的创造力，并允许员工更适应在一个动态的环境中接受新的挑战。产品或服务质量也有提高的趋势，因为拥有多种技能的员工更能理解工作流程并知道如何改进它。然而，基于技能的薪酬计划并不总是像其倡导者所承诺的那样有效。这些计划往往设计过度，难以与员工沟通。能力的定义往往是抽象的，当雇主依靠这些定义来奖励加薪时，也会引发关于公平的问题。如果基于技能的薪酬体系衡量的是特定技能，则通常更客观。然而，这样做十分昂贵，因为员工要花更多的时间学习新任务。

6.2.4　基于绩效的奖励

基于绩效的奖励已经存在了 4 000 多年。乌尔第三王朝（现位于伊拉克）的牧羊人和其他人员有严格的劳动标准，如果他们的产量（交付的羊的数量）低于这些标准，就会受到严厉的惩罚。数百年后，古巴比伦最有生产力的织布人得到的报酬（以食物计）比生产力较低的同事要高。如今，基于绩效的奖励在大多数文化中以多种形式存在。以下是一些最流行的基于个人、团队和组织的奖励方式。

1. 个人奖励

许多员工因完成特定任务或超过年度绩效目标而获得个人奖金或其他奖励。例如，许多酒店的客房服务员都拿计件工资，即每打扫一个房间赚取的特定金额的报酬。一些酒店按小时付酬，外加打扫每间客房的奖励。房地产经纪人和其他销售人员通常会获得佣金，他们的报酬取决于他们取得的销售额。

2. 团队奖励

组织已将其重点从个人转移到团队，伴随这一转变的是引入更多基于团队的奖励。Nucor 公司主要执行基于团队的奖励。这家钢铁制造商的员工获得的奖金可能超过他们总工资的一半，这取决于该团队生产的钢材数量。这种以团队为基础的奖金制度还包括处罚。如果一批次品钢材离开小型钢厂之前被员工发现，员工就失去那批货的奖金。但是，如果一批次品被送到了客户那里，团队将损失平时奖金的三倍。

另一种基于团队的绩效奖励形式，称为**收益分享计划**（gainsharing plan），即通过工作单位的成本节省和生产力提高来计算奖金。许多医院都在尝试收益分享的做法，即医疗单位（内科、骨科等）的医生和医务人员因手术与患者护理成本的降低而获得集体奖励。这些成本降低主要通过寻求更好的材料价格来实现。收益分享计划有助于改善团队活力、知识共享和薪酬满意度。这种计划也尽力在绩效和奖酬之间建立高度的联系，因为大部分成本降低和劳动效率都在团队的控制范围内。

3. 组织奖励

除个人奖励和团队奖励外，许多公司还运用组织层面的奖励来激励员工。这些企业为所有员工分发奖金，以兑现预先设定的组织目标，或作为一个全公司（而不是基于团队）收益分享计划的一种方式。例如，Hilcorp Energy 公司根据其生产率、中期收入、收益和运营成本支付年度奖金。得克萨斯州的一家石油天然气公司的首席执行官格雷格·拉利克（Greg Lalicker）解释说："每年的奖金支付高达工资的 60%，对每个员工来说都是相同的数字，没有团队成分，没有个人成分，整个组织都只有一个数字。"

另一种组织层面的奖励制度为**员工持股计划**（employee stock ownership plan, ESOP）——鼓励员工购买公司股票，通常以折扣价购买。经济激励以股息和股票市场升值的形式出现。如今，大约 20% 在私营部门工作的美国人持有自己公司的股票。Publix Super Markets 拥有美国最大的员工持股计划。这家位于佛罗里达州的杂货连锁店将公司利润的一部分以公司股票的形式分配给员工。员工还可以从私有公司那里购买额外的股票。弗吉尼亚州一家 Publix 超市的经理马修·霍尼卡特（Matthew Honeycutt）说："在一家员工持股的公司工作让我有一种强烈的主人翁意识，因此，当我每天走向工作岗位时，我都想竭尽全力。"

虽然员工持股计划涉及购买公司股票，但**股票期权**（stock options）赋予员工以预定价格购买公司股票直至固定到期日的权利。以下是股票期权的工作原理：从现在起，雇主可以在 2～6 年内的任何时间向员工提供以每股 50 美元的价格购买 100 股股票的权利。如果两年后股价为 60 美元，员工可以从这些期权中获得每股 10 美元的收益，或者他们可以等待长达 6 年的时间，等待股价进一步上涨。如果股票价格在这段时间内从未超过 50 美元，员工们就"颗粒无收"，他们只能让期权过期。股票期权的目的是激励员工为公司创造更多利润，从而提高公司的股票价格，让自己能够获得高于股票期权预定价格的价值。

另一种组织层面的奖励是**利润分享计划**（profit-sharing plan）。在该计划中，员工获得一定比例的上一年度公司获得的利润。Svenska Handelsbanken AB 银行利润分享计划的做法相当有趣。当这家瑞典银行的利润高于其他竞争银行的平均利润时，它会将利润差额的三分之一转移到员工基金。每个员工每工作一年都会得到一份基金，这些基金可以在 60 岁时兑现

（即使他们在 60 岁之后仍为银行工作）。

4. 评价组织层面的奖励

组织层面奖励的有效性如何呢？研究表明，员工持股计划和股票期权通常会创造一种所有权文化。在这种文化中，员工感到与组织的成功保持一致。在某些情况下，它们也可能提高公司绩效，但效果不大。利润分享和组织范围内的生产率奖金也与生产率的提高有关，但其有效性取决于行业、奖金复杂性和其他因素。利润分享的优点是随着公司的繁荣自动调整员工薪酬，从而减少衰退期间裁员或协商减薪的需要。

组织奖励不能极大地增强激励或提高绩效的一个原因是，员工认为他们的个人努力与这些奖励的决定因素（如公司利润或股票价格）之间的联系很弱。即使在小公司，公司的股价或盈利能力也会受到经济状况、竞争和其他员工们无法直接控制的因素的影响。这种对个人绩效结果的低预期抑制了激励的效应。然而，一些研究发现，当员工也参与组织决策时，员工持股计划和其他组织奖励对激励与公司绩效有更强大的影响。我们将在下一章中讨论员工参与。

6.3　提高奖励效果

多年来，基于绩效的奖励因阻碍创造力、疏远管理层与员工之间的关系、分散员工对工作本身意义的注意力，以及忽视绩效不佳的真正原因而受到诟病。一项研究甚至发现，巨额报酬（相对于通常的收入）可能会导致更低的绩效，而不是更高的绩效。虽然这些说法在特定的情况下千真万确，但这并不一定意味着我们应该放弃基于绩效的薪酬。相反，业绩最好的公司更有可能推行基于绩效（或基于能力）的奖励，这与这些奖励是人力资本发展的重要因素的证据一致。在适当的条件下，这种奖励制度确实激励了大多数员工。以下是一些更重要的提高奖励有效性的策略。

6.3.1　将奖励与绩效挂钩

组织行为改变理论和期望理论都建议绩效好的员工应该得到比绩效差的员工更多的奖励。不幸的是，这个简单的原则似乎很难应用。很少有员工认为工作绩效与他们和同事获得的薪酬之间存在关系。一项调查报告称，全球只有 42% 的员工表示自己的工作表现与薪酬之间存在着明显的联系，有 25% 的瑞典员工和 36% 的美国员工认为薪酬与绩效存在关联。即使是雇主也怀疑他们的薪酬体系是否有效。只有 32% 的美国和加拿大中型企业雇主认为，他们的正式绩效薪酬体系实际上是根据员工绩效付薪酬。

公司如何改善薪酬与绩效的联系？不一致和偏见可以通过收益分享、员工持股计划和其他使用客观绩效衡量的计划来最小化。如果需要对绩效进行主观衡量，公司应依赖多种信息来源。公司还需要在取得业绩时立即实施奖励，并且奖励数额要足够大（比如给予奖金而不是加薪），这样员工在收到奖励时会感受到积极的情绪体验。

6.3.2　对相互依赖的工作采取团队奖励

当员工从事高度相互依赖的工作时，团队奖励优于个人奖励，因为在这些情况下很难衡量个人绩效。Nucor 公司据此实行基于团队的奖金制度。钢铁生产是一项团队工作，因此员工根据团队绩效获得奖金。团队奖励还鼓励合作，这在工作高度相互依赖时更为重要。基于团队奖励的第三个好处是，在团队合作的基础上，它能够支持个别员工的工作偏好。然而，一个值得关注的问题是，在美国和其他集体主义文化弱的国家，员工（特别是有效率的员工）更喜欢基于个人绩效而非团队绩效的奖励。

6.3.3 确保奖励是有价值的

显然，当奖励被重视时，其效果最好。然而，公司有时会对员工的需求做出错误的判断，从而造成不良的后果。例如，一位经理为某位员工购买了一盒甜甜圈，让她与其他员工分享，以此来表彰这位员工 25 年的工作奉献。这名员工感到受到了侮辱，她后来私下对同事抱怨说，她宁愿什么都不收，也不愿得到"一盒微不足道的甜甜圈"。当然，解决此类问题的办法是直接询问员工看重什么。几年前，金宝汤（Campbell Soup）公司在它的一个配送中心中就是这样做的。管理人员认为员工们会在一个特别制订的团队奖励计划中要求增加奖金，然而，负责分销的员工表示，最有价值的奖励是一件背面印有公司标志的皮夹克。虽然皮夹克的价格低很多，但其价值却远高于公司打算发放的奖金。

6.3.4 留意意外的后果

基于绩效的奖励制度有时会对员工的动机和行为产生意想不到的不良影响。许多公司发现，根据产量去奖励员工会导致质量下降和次品增多。以计件工资为主的员工的身心健康状况比从事类似工作的按小时拿工资的员工要差。

不寻常的奖励制度有时会产生同样不寻常的意外后果。思考下面的例子：一家食品加工厂发现，在加工过程中，昆虫残骸不知为何进入冷冻豌豆中。为了解决这一严重问题，管理层决定对在豌豆中发现昆虫残骸的员工进行奖励。激励措施奏效了！员工们发现了成百上千的昆虫残骸，并尽职尽责地把它们上交以领取奖金。问题是，许多昆虫残骸是来自员工家的后院，而不是生产线。避免奖励的意外后果并不容易，但是通常可以通过仔细思考奖励实际上激励人们做什么来避免，并且在可能的情况下，先在试点项目中测试激励措施，然后再在整个组织中去应用。

经济奖励的形式多种多样，对员工的影响也很复杂。但是金钱并不是唯一能激励人们的东西。"薪酬不一定能留住或吸引人才，"澳大利亚玛氏公司的高管吉姆·布罗迪（Jim Brodie）解释道，"我们是一个高度分散的组织，信任我们的同事，将决策权下放到尽可能低的级别，让员工感到有权力。"员工通常更多地通过内在动机而非外在动机来投入工作。正如我们在第 5 章中所讨论的那样，当动机的来源由个人控制并从活动本身得到体验时，就会产生内在动机。换句话说，公司主要通过设计有趣、富有挑战性并提供自主性的工作来激励员工，这是我们接下来要讨论的主题。

○ 全球链接 6-2

当奖励适得其反时

多年来，智利圣地亚哥几乎所有公交车司机的工资都是由付费乘客的数量决定的。这种方法激励司机准时开车、缩短休息时间、高效驾驶，并确保乘客支付车费。

但这种奖励制度也产生了意想不到的可怕后果。为了吸引更多的乘客，公交车司机与竞争对手的公交车司机争先恐后地冲向下一个乘客候车区，有时会相互阻碍，危及附近车辆上乘客的安全。在乘客上车后站稳坐好之前，司机就急匆匆开车以便缩短每一站的时间。他们还让车门开着，导致许多乘客在旅途中受伤甚至死亡。如果只有一个人在等候，一些司机会过站不停。他们完全跳过学童停靠站，因为这些学童只需要支付正常票价的三分之一。研究报告称，圣地亚哥的公交车每三天就造成一次致命事故，按乘客付费的司机造成的交通事故是按时间付费司机的两倍。

圣地亚哥后来整合了公共交通系统，对司机按时间付酬。不幸的是，在这个付酬方式之下，司机不再有动力确保乘客支付车费（约三分之一是逃票乘客）；一些司机拖延时间，或在工作日结束时跳站。圣地亚哥最近再次将司机工资改为固定工资加奖金制度，其中奖金由几个绩效指标决定，这样就减少了逃票现象。

6.4　工作设计实践

怎么去设计一份更好的工作？几个世纪以来，这个问题一直在困扰组织行为学专家、心理学家、工程师和经济学家。有些工作涉及任务很少，通常需要很少的技能；有些工作非常复杂，需要多年的经验和学习才能掌握。从一个极端到另一个极端，工作本身对工作效率和员工积极性有着不同的影响。理想的情况是，至少从组织的角度来看，找到合理的组合和安排，以使工作能够高效完成，同时能使员工融入工作并感到满意。工作设计是指将任务分配给工作的过程，包括这些任务与其他工作的相互依赖性——试图平衡效率和动机之间的潜在竞争效应。为了更全面地理解这个问题，让我们从描述早期的工作设计开始。这些设计旨在通过工作专业化去提高工作效率。

6.4.1　工作设计与工作效率

无论以何种标准衡量，超市收银员的工作都是高度重复性的。某家咨询公司估计，收银员应该能在平均 4.6 秒内扫描每件商品。英国一家报纸报道，该国 5 家连锁超市的收银员扫描一份包含 20 种商品的标准商品清单时，实际上只需要 1.75～3.25 秒。随着扫描的完成，收银员还要处理付款、移动分隔棒（在某些商店里），并把检查过的食品打包。

超市收银员的工作具有高度的**工作专业化**（job specialization）。为客户提供服务或提供任何其他产品或服务的工作被细分为不同的部分，并分派给不同的人去完成，这就是工作专业化。例如，超市有不同的工作，如为顾客结账、补货、准备新鲜食品等。除很小的家庭杂货店外，一个人不会身兼数职。每个工作都包括一系列任务，通常在较短的周期时间内完成。周期时间是指在重新开始另一个项目或服务另一个客户之前完成任务所需的时间。超市收银员扫描每件商品的周期时间约为 4 秒，然后对下一件商品重复同样的操作。他们也有一个服务每个顾客的周期时间。在繁忙的商店，每小时为 20～40 次。

为什么公司会把工作分成如此小的部分？答案很简单，工作专业化有可能提高工作效率。工作效率提高的第一个原因是，员工需要处理的任务种类较少（如结账和补货），因此，转换到不同类型的活动所损失的时间更少。即使人们可以快速改变任务，但他们的注意力仍停留在以前的工作上，这会降低新任务的执行速度。工作效率提高的第二个原因是，员工可以更快地熟练从事专业工作，需要学习的体力和脑力技能较少，因此，培训和发展人才以获得高绩效的时间也较少。第三个原因是，缩短工作周期可以让员工更频繁地操练某项任务，从而更快地掌握工作。第四个原因是，工作专业化能够提高工作效率，是因为具有特定才能或技能的员工能够更精确地与他们最适合的工作相匹配。

两千多年前，中国哲学家孟子和古希腊哲学家柏拉图就注意到了工作专业化的好处。英国经济学家亚当·斯密（Adam Smith）在 250 年前写过一篇关于工作专业化优势的文章。斯密描述了一个小工厂，10 名针匠在里面共同生产，每天可以生产多达 48 000 根针，因为他们所做的是专业任务。一个人把金属条拉直，一个人把它切开，一个人把切好的金属条的一端磨尖，还有一个人在另一端装上针盖，以此类推。相比之下，斯密解释说，如果这 10 个人单独工作以生产完整的针，他们每天总共最多只能生产 200 根针。

6.4.2　科学管理

工作专业化最有力的倡导者之一是弗雷德里克·温斯洛·泰勒（Frederick Winslow Taylor），他是美国的一位工业工程师，于 20 世纪初引入了科学管理原则。**科学管理**（scientific management）包括一系列活动。其中一些干预措施——员工甄选、培训、目标设定和工作激励在今天很常见，但在泰勒推广之前很罕见。然而，科学管理主要与高水平的工作专业化和任务标准化相联系，旨在实现效率的最大化。

根据泰勒的说法，最有效率的公司都有详细的程序和操作规程——由工程师制定、由主管推动、由员工执行。即使是主管的任务也应该分开：一个人管理运营效率，一个人负责监督，还有一个人负责纪律。泰勒和其他工业工程师证明，科学管理可以显著提高工作效率。毫无疑问，生产率的提高也可以归功于培训、目标设定和工作激励，但工作专业化本身很快就变得流行起来。

6.4.3　工作专业化的问题

泰勒和与他同时代的人专注于工作专业化如何通过提高机械性工作（如技能匹配、加快学习速度、减少转换时间）效率来降低劳动"损耗"。然而，他们似乎没有意识到极端的工作专业化是如何对员工的态度和动机产生负面影响的。有些工作，比如扫描杂货店的物品，可能会变得非常专业，以至于很快就会变得乏味、琐碎和孤单。周期很短的专业工作通常会导致较高的员工流动率和缺勤率。公司有时不得不支付更高的工资，以吸引求职者从事这种不能令人满意、狭窄单一的工作。

工作专业化用两种相反的方式影响生产质量。专业工作人员可能会产生更高质量的结果，因为正如我们前面提到的，他们比从事多种任务的员工更快地掌控工作。这种较高的熟练程度解释了为什么专业律师往往比通才律师更能提供优质服务。相反的结果是，许多工作（如超市收银员）的专业化达到了高度重复和乏味的程度。在这些重复性工作中，由熟练程度带来的积极影响却轻易被乏味的工作模式而导致的注意力和动机降低的消极影响抵消。

工作专业化也会降低工作质量，使员工难以直观地看到或以其他方式理解整个产品或服务。由于只做整体工作的一小部分，员工很难控制整体输出的质量，甚至难以注意到整体输出的缺陷。正如一位汽车装配线的观察者所报告的那样："通常员工不知道他们的工作与总体情况有什么关系。'不知道'意味着没有追求质量的动机，而当质量甚至与你不了解其功能的支架有关时，它意味着什么？"

6.5　工作设计和工作动机

泰勒可能忽略了工作特征的激励效应。工作特征现在是许多工作设计方案的中心。工作本身的动机潜力在工作特征模型中得到解释，如图 6-1 所示。该模型确定了产生三种心理状态的五个核心工作特征。经历这些心理状态的员工往往具有更高水平的内在动机（来自工作本身的动机）、工作满意度（特别是对工作本身的满意度）和工作效率。

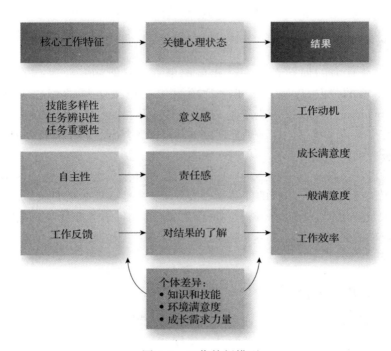

图 6-1　工作特征模型

资料来源：J.R. Hackman and G. Oldham, *Work Redesign* (Reading, MA: Addison-Wesley, 1980), p. 90.

6.5.1　核心工作特征

工作特征模型确定了五个核心工作特征。在适当的条件下，当工作的这五个特征比较明显时，员工的激励水平和满足感会更高：

- 技能多样性。**技能多样性**（skill variety）是指运用不同的技能和才能来完成各种工作活动。例如，平常只服务顾客的售货员也可能会被分配额外的职责，如储备存货和更换店面陈列等。
- 任务辨识性。**任务辨识性**（task identity）是一项工作需要完成整个或可辨识的工作的程度，例如，组装整个宽带调制解调器，而不仅仅是负责电路焊接。

- 任务重要性。**任务重要性**（task significance）是指工作对组织或整个社会的影响程度。这是工作的一个可观察的特征（你可以看到它如何使他人受益），也是一种知觉意识。一些公司有专门的活动来帮助员工更加意识到他们的工作如何影响客户或其他终端用户。在这些活动中，顾客会告诉员工们所生产的产品或提供的服务的重要性和好处。当员工与客户有更多直接接触时，员工意识到的任务重要性会增强。例如，最近的一项研究发现，当厨师能够直接看到点餐的顾客时，他们会感到更受赏识，因此会付出更多的努力，对自己的工作也更满意。

- 自主性。正如我们在第 5 章讲到的，**自主性**（autonomy）是内在动机的一个关键因素，具有高度自主权的工作在工作安排、工作方式及工作节奏方面会提供宽松独立的裁量权。在自主工作中，员工自己做决策，而不是依赖主管的详细指示或程序手册。

- 工作反馈。**工作反馈**（feedback from job）是指员工能从工作本身可直接感知的信息中判断自己做得好不好。民航飞行员知道他们驾驶的飞机降落的效果如何，而地勤人员可以看到路基和沥青铺设得怎么样。

6.5.2　关键心理状态

五个核心工作特征通过三种关键心理状态影响员工的动机和满意度，如图 6-1 所示。技能多样性、任务辨识性和任务重要性直接影响员工所感受到的工作意义，即认为自己的工作有价值或重要。自主性直接增加了员工所感受的责任感，即一种对工作结果负责的个人感觉。第三种关键心理状态是对结果的了解，即基于工作本身的信息对工作结果的认识。

6.5.3　个体差异

工作设计并不保证在什么情况下都能提升工作动机，员工必须具备所需的技能和知识，才能掌控更具挑战性的工作；否则，工作设计往往会增加压力，降低工作绩效。最初的模型还指出，只有当员工对自己的工作环境（如工作条件、工作保障）感到满意，并且具有较高的成长需求强度时，五个核心工作特征的激励才会发生作用。成长需求力量是指个人对个人成长和发展的需求，例如，提供有挑战、有认知刺激、需要学习、需要独立思考和行动的工作。然而，研究结果喜忧参半，这表明无论员工对工作环境的感觉如何，或者他们的成长需求有多强烈，他们都会受到工作设计的激励。

6.5.4　社会和信息处理工作特征

工作特征模型忽略了两类工作特征：社会特征和信息处理需求。其中，社会特征之一是工作要求员工与其他人（同事、客户、政府代表等）互动的程度。社会互动是与情绪劳动联系在一起的，我们在第 4 章讨论了情绪劳动。**任务相互依赖**（task interdependence）是指员工之间需要共享材料、信息或专业知识的程度。工作的第二个社会特征是来自他人的反馈。在第 5 章中，我们了解到反馈是动机的来源。这种反馈从管理者延伸到同事、客户和其他人。这种具有社会反馈的工作与从任务本身获取反馈的工作一样有激励作用。

工作特征模型中缺少的另一组特征与工作的信息处理需求有关。其中一个信息处理需求是工作职责从一天到下一天的可预测性（称为任务可变性）。从事高任务可变性工作的员工的工作模式的常规性很低，他们每天执行不同类型的任务，要很晚才知道需要做什么任务。第二个信息处理需求称为任务可分析性，指的是使用已知的程序和规则可以完成多少工作。具有高任务可分析性的工作有现成的"菜单"，这些"菜单"指导从事这些工作的人做出决策和行动，而具有低任务可分析性的工作则需要员工的创造力和判断力来确定最佳行动方案。任务可变性和任务可分析性都是设计组织结构时要考虑的重要工作特征，因此在第13章我们将进一步讨论它们。

6.6　激励的工作设计实践

有三种主要策略可以增加工作的激励潜力：频繁的工作轮换、工作扩展和工作充实。

6.6.1　频繁的工作轮换

工作轮换是指将员工从一个工作转移到另一个工作的做法，其目的是改善工作的激励和生理状况。频繁的工作轮换特指每天更换一次或多次工作（与员工每年或每两年更换工作的频率相比）。频繁的工作轮换可能有四个好处。

- 更高的激励水平。工作轮换要求员工在整个工作日内使用更多种类的技能，这可能涉及工作设计中的至少一个激励因素（技能多样性），从而提高员工的积极性和满意度。
- 更好地了解质量问题。通过在一个生产或服务过程中执行两个或多个工作，员工可以更清楚地了解整个生产过程以及提高产品质量的方法。
- 更少的健康问题。在短周期时间内执行工作的员工会增加重复性劳损和重伤的风险。工作轮换在一定程度上降低了这些风险，因为轮换周期中的每项工作通常需要不同的肌肉群和身体姿势。
- 更大的劳动力灵活性。通过频繁的工作轮换，员工可以学习如何执行多项工作。这使得公司更容易填补因休假和其他缺勤而空缺的职位。

由于这些好处，岩崎电气株式会社经常进行工作轮换。"工厂里的每个员工每天至少换一次岗位，"日本岩崎电气美国子公司的一位执行官说，"员工们喜欢这种安排，因为他们在日常工作中不会感到无聊。从人体工程学角度讲，这对他们很好，因为当他们来到这里时，他们不会日复一日地做同样的重复性任务。"岩崎电气株式会社的这位高管还指出，在分配工作时，轮岗给公司带来了"极大的灵活性"。

> **争辩点：工作轮换不仅产生收益，还产生成本**
>
> 频繁的工作轮换——员工每天与同事交换一次或多次工作，在许多生产和服务工作群体中被认为是一种有价值的做法。通过减轻员工一天中部分时间的压力，或者至少允许他们在轮换工作中用到不同的肌肉群，它将重复性劳累和重物搬运带来的健康风险降至最低。轮换周期中的员工可以看到生产过程的更多部分，因此他们可以更容易地识别质量问题及其解决方案。工作轮换还通过培训从事多种工作的员工来提高劳动力的灵活性，这使得公司更容易在员工休假和其他缺勤期间填补空

缺。最后，工作轮换增加了工作日技能多样性，这至少支持了工作设计和激励相关的理论。

这些工作设计的好处得到了广泛的认可和赞扬，但对这种做法的潜在问题和局限性似乎关注较少。一个担忧是，当员工每天要从事两种或两种以上的工作时，即使每个工作的任务范围很窄，员工的任务绩效也可能较低。出现这种绩效赤字是因为从事多个工作的员工在每种工作中熟悉和完善绩效的时间较少。一个相关的问题是，工作轮换会产生更高的培训成本，因为员工需要学习轮换集群中每项工作的要求。任务绩效也会受到影响，因为不同的工作可能需要不同的能力，如手指灵活性或情绪智力。因此，轮岗并没有把员工精确地分配到符合他们的天赋的任务上。

由于注意力残留问题，工作轮换中的任务熟练度可能也较低。当我们切换到下一个任务后继续思考上一个任务时，就会出现注意力残留。例如，在轮班开始时从事库存工作的员工在轮换为出纳后，可能会继续考虑库存决策问题。因此，员工不太在意他们的结账职责，更容易在该角色中出错。工作轮换的频率越高，注意力残留在当前职位上影响绩效的风险就越大。

工作轮换也忽略了某些人比其他人更有动力去做某类工作的情况。例如，一些人喜欢体力劳动，而另一些人则喜欢涉及社会交往的工作。事实上，人们通常依据特定的工作来定义自己，比如，做一个以客户为中心的人，而不是一个数字管理员。工作轮换可能会削弱员工的积极性，因为员工被要求去完成他们不喜欢的任务，而且可能与他们的自我概念不一致。

还有一个问题是，工作轮换可能使确定个人绩效或工作现场维护责任更加困难。如果几名员工每两小时换一次工作，那么每一个工作岗位在一个工作班次内将有 3 名或 3 名以上的在职人员。在连续生产系统中，9 名或更多员工将在 24 小时内处于该职位。除非工作输出有标签或时间戳，否则很难知道哪些员工犯了错误，以及有没有为其他人做了充分的准备工作等。工作轮换集群中的一些员工意识到他们的绩效匿名，他们就会偷懒，因为工作产出不易识别，所以他们付出的努力较少，产出的质量或数量也较低。

6.6.2 工作扩展

工作扩展（job enlargement）是指增加分配给员工工作的相关任务的数量和种类。这可能包括将两个或多个完整的任务合并为一个，或者只是在现有的工作中添加更多需要不同技能的任务。无论采用哪种方式，技能多样性都会增强，因为额外的任务需要与任务较少的原始工作不同的技能。视频记者就是工作扩展的一个例子。如图 6-2 所示，传统的新闻团队由一名摄像师、一名音响和灯光专家，以及撰写、呈现或讲述故事的记者组成。现在一名视频记者执行所有任务。

工作扩展提供了与工作轮换相同的好处，因为增加更多不同的任务可以让员工拥有更多的技能，并降低重复性劳损的风险。早期的研究得出结论，工作扩展通常会导致更强的员工激励、更高的工作满意度和工作效率。然而，仅仅给员工更多的任务，远远低于工作特征模型所定义的工作激励潜力。相反，当技能多样性与更多的自主性和工作知识相结合时，工作的全部激励潜力才会出现。换句话说，当员工执行各种任务时，他们会受到激励，并且拥有自由和知识来组织他们的工作，以达到最高的满意度和绩效。这些工作特征是工作充实的核心。

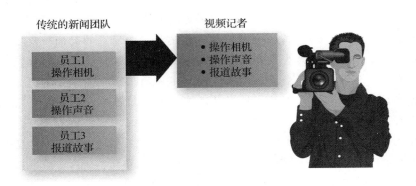

图 6-2　视频记者的工作扩展

6.6.3　工作充实

工作充实（job enrichment）是指员工被赋予更多的责任去安排、协调和计划自己的工作。例如，Dollar Shave 俱乐部、美国运通（American Express）和 Zappos 的客服员工不是照搬客户互动手册，而是接受培训并酌情决定他们应该与客户交谈多长时间以及对客户说些什么。一些呼叫中心的座席甚至有在与客户进行特殊对话后给他们送些小礼物的预算。"你永远不知道他们会提出什么。"一位在 Dollar Shave 俱乐部提供在线聊天客户服务的员工说。他还说："我必须倾听并做出回应，所有都是即兴发挥的。"

使工作充实的一种方法是将高度相互依赖的任务结合到一项工作中。这种自然的分组方法反映在视频记者的工作中。作为一种扩展的工作，视频新闻是工作充实的一个例子，因为它自然地将任务组合在一起，以完成整个产品（即新闻故事）。通过自然形成的工作任务，员工对可识别的工作有更强的责任感。他们有一种主人翁意识，这往往能提高工作质量。形成自然的工作单位会增加任务辨识性和任务重要性，因为员工完成了一个完整的产品或服务，可以更容易看到自己的工作如何影响他人。

第二种工作充实策略被称为建立客户关系，包括让员工与客户直接接触，而不是使用另一个工作小组或主管作为员工与客户之间的联络人。建立客户关系会增强任务重要性的意识，因为员工能在他们的工作和对客户的影响之间看到直接联系。通过直接对特定的客户负责，员工就能获得更多的信息，并能做出更好的影响这些客户的决定。

组建自然任务小组和建立客户关系是使工作充实的常见方法，但工作充实理念的核心是让员工在工作中拥有更多的自主权。这一基本理念是最被广泛提及的，也是经常被误解的——授权实践的核心。

6.7　心理授权应用

使工作充实的员工通常会说他们感到"被赋予权力"。事实上，**心理授权**（psychological

empowerment）是工作充实的一个显而易见的结果，但它也源于其他工作条件和员工的特点。心理授权指的是一种感知和情绪状态。在这种状态下，人们在组织中的角色方面体验到更多的自主性、意义、能力和影响。

- 自主性：员工认为他们对自己的工作活动拥有自由、独立和自由裁量权。
- 意义：员工会重视自己的工作并相信他们所做的事是重要的。
- 能力：员工对自己出色完成工作的能力充满信心，并有能力应对新的挑战。
- 影响：员工将自己视为组织的积极参与者。也就是说，他们相信自己的决策和行动会对公司的成功有影响。

○ 全球链接 6-3

瑞典商业银行（Svenska Handels Banken）授权分行

欧洲最成功的银行之——瑞典商业银行，不相信集中的财务目标、公司激励或预算管理。相反，总部位于斯德哥尔摩的瑞典商业银行为其在 24 个国家的 800 家分行的经理和员工提供了相当大的自主权，使其能将当地分行作为自己的业务去运营。"我们把客户满意度放在第一位，并相信当地分行最适合做出所有的客户决策，"英国奇斯威克瑞典商业银行分行的经理 Dermot Jordan 表示，"我们有权在分行做出这些决策，不受目标或奖金激励的约束。"

瑞典商业银行总裁兼集团首席执行官 Anders Bouvin 问道："在我们的组织中，谁最适合识别和满足客户的需求？是坐在总部象牙塔里的产品所有者，还是在客户居住的地方工作、生活的人？答案肯定是后者。因此，我们会承担这样做的后果，将所有决策权下放给我们的分行，由总部去提供支持，我认为其他银行不会这样做。"

瑞典商业银行的分行决定吸引哪些客户、贷款多少、宣传什么产品，以及雇用多少员工。这种自主性为客户提供了更加个性化的银行业务，通过更好地了解客户，降低了银行的贷款违约风险。瑞典商业银行甚至没有客户来电的集中操作。"没有呼叫中心，因此客户可以通过直拨电话、电子邮件或移动设备直接与客户经理面对面地洽谈。"英国唐卡斯特瑞典商业银行分行经理莎拉·史密斯（Sarah Smith）解释道。

分行的授权似乎运作良好。瑞典商业银行是英国发展最快的银行，在瑞典和英国的银行中拥有最高的客户满意度评级，在全球银行中拥有最高的信用评级，并且是为数不多的安然度过金融危机的欧洲银行之一。

心理授权的支持

当领导者说他们正在"授权"员工时，实际上意味着他们正在改变工作环境以支持心理授权。各种各样的工作场所条件通常被称为结构性授权实践，有可能增强或支持心理授权。

工作特征显然会影响人们感到被授权的程度。当员工在高度自治、官僚控制最少的状况下工作时，他们更有可能体验到自我决策的感觉。当员工从事任务辨识性和任务重要性较高的工作时，他们会体验到更多的意义。在工作中，员工会体验到更多的自信，这让他们能够收到关于自己表现和成就的反馈。

一些组织和工作环境因素也会影响授权。在信息和其他资源易于获取的组织中，员工会获得更多的授权。通过提供正式的培训计划和培养鼓励非正式学习与发现的文化来展示对员工学习的承诺的组织，授权也更高。此外，授权要求企业领导者信任员工，并愿意承担授权带来的风险。

除了工作和环境条件，心理授权还取决于个人的个性特征。特别是员工必须具备必要的能力，以便能够执行工作，并能处理额外的决策要求。

心理授权可以显著提高动机和绩效。例如，得到更高授权的餐厅服务员能提供更好的客户服务，并表现出更多的组织公民行为（帮助其他忙碌的服务员完成工作）。然而，组织和文化条件可以限制授权措施所产生的授权感。例如，一些研究发现，在高权力距离文化中，自主性和自由裁量权的增强不会导致更高的授权感，因为这种自主性与高权力距离的规范（服从上司的权力）相冲突。对领导的信任是另一个重要的权变因素，它关系到员工在授权的结构性条件存在时是否感受到授权。

6.8　自我领导实践

对公司来说，员工最重要的特质是什么呢？领导潜力、团队合作能力和良好的沟通能力很重要，但在一项对 800 名英国雇主的调查中，这些并不是最重要的。相反，员工最重要的特质是自我激励。谷歌负责安卓操作系统工程的副总裁戴夫·伯克（Dave Burke）对这些结果表示赞同。"悠闲是（谷歌）文化的一部分，"伯克说，"另一方面，我们是一家非常有干劲的公司，能把事情做好。要做到这一点，关键是要雇用能高度自我激励的人。"

谷歌、Nurse Next Door 和许多其他公司都在寻找能主动出击、自我激励和积极主动的求职者。这些人都是能**自我领导**（self-leadership）的人。他们建立执行任务所需的自我指导和自我激励，而不需要管理者去激发这些动机或主动性。自我领导包括从社会认知理论和目标设定中借鉴的行为活动工具包。它还包括在运动心理学中广泛研究的建设性思维过程。

图 6-3 所示为自我领导过程中的五项主要活动。这些活动通常按顺序进行：设定个人目标、建设性思维策略、设计自然奖励、自我监控和自我强化。

设定个人目标 → 建设性思维策略 → 设计自然奖励 → 自我监控 → 自我强化

图 6-3　自我领导的过程

◯ 全球链接 6-4

克服消极的自我对话

沙拉·科尔（Sarah Coll）是一名成功的整形外科医生，在澳大利亚从事这个领域工作的人中只有 4% 的女性。偶尔会有人说女性缺乏这个行业的个人素质，她习惯于对这种带有性别歧视的评论置之不理，相较而言，更难以忽视的是她自己消极的自我对话。"当这是你内心的独白时，那就更具有挑战性了，"她说，"它是如此安静，如此具有颠覆性。"

每个人，包括世界级运动员、高绩效管理人员和成功的外科医生，都有一种自然的倾向，那就是更多地进行消极的自我对话，而不是建设性的自我对话。这是人们在走向自我领导的过程中需要应对的巨大挑战之一。

科尔运用了两种策略来最小化消极的自我对话。首先是直面自我怀疑的内心声音。她承认："我让自己接受消极的自我对话的存在，并且我花了很多的精力去注意它，这是非常不愉快的。我认为阻止它的第一步就是要一直正视它。"

科尔的第二个策略是参与建设性的心理意象。她会思考每一次手术的目标，想象着自己完成了一次技术上完美的手术，而这是她整个手术团队都喜欢的。科尔也有意识地称赞自己的成功。她说："在我的职业生涯中，我可以告诉自己，我正在为患者提供世界级的手术，我正在为患者提供世界上最好的服务。"

6.8.1　设定个人目标

自我领导指的是领导自己朝着目标前进，所以这个过程必然要从设定目标开始。这些目标是自主决定的，而不是由主管分配或与主管共同决定的。研究表明，员工设定自己的目标时更有动力，表现也更好，特别是在与其他自我领导的做法相结合时。设定个人目标也需要高度的自我意识，因为人们需要了解自己目前的行为和表现，然后才能建立有意义的个人发展目标。

6.8.2　建设性思维策略

在开始一项任务之前，以及在执行任务时，员工会对该工作及其完成使用两种建设性（积极的）思维策略：积极的自我对话和心理意象。

1. 积极的自我对话

你有没有自我对话过？一项针对大学生的主要研究表明，我们大多数人都是这样做的。自我对话是指我们对自己谈论自己的想法或行为的情况。问题是，大多数自我对话都是消极的；我们批评自己远多于鼓励或祝贺自己。消极的自我对话有损我们执行特定任务的信心和潜力。相反，积极的自我对话创造了一种"可以做"的信念，从而通过提高自我效能感和减少对挑战性任务的焦虑来增加动机。我们经常听到职业运动员在一项重要赛事前会"自我调节"。他们告诉自己，他们能够实现自己的目标，并且他们已经进行了足够的练习来实现这个目标。他们通过积极的自我对话来激励自己。

2. 心理意象

你可能听过这句话："船到桥头自然直！"自我领导则持相反观点。这表明我们需要在脑海中想象特定的未来行为，以及这些行为的成功结果。在我们的头脑中，我们练习一项任务，成功地完成任务，并因成功的表现而获得回报。这个过程被称为**心理意象**（mental imagery）。

从我们的描述中，你可以看到心理意象有两个组成部分。其中一个组成部分包括在头脑中练习任务，预测实现目标的障碍，并在这些障碍出现之前找出解决方案。通过在头脑中练习完成任务所需的活动，我们开始看到可能发生的问题。然后我们就可以想象出对每一种意外情况采取什么反应是最好的。

心理意象的另一个组成部分是想象任务的成功完成。你可能会想象完成任务的经历以及随之而来的积极结果，比如，被提升、获得荣誉奖或放假。想象成功的表现及其奖励会引起充满活力的情绪，从而提高个人的目标承诺和有效完成任务的动机。这是托尼·王（Tony Wang）用来激励自己的策略。"由于我从事销售工作，我想到了我因完成新业务而获得的回报——佣金支票，以及它将使我能做我真正喜欢的事情，"这位华盛顿特区的销售员解释道，"或者想一想当我在某件事情上取得成功时的感觉，以及它是如何让我感觉良好的，然后用它来促使我继续前进。"

6.8.3　设计自然奖励

自我领导认为员工积极地"精心设计"他们的工作。在不同程度上，人们通常在工作中有足够的自由裁量权来做出符合他们需求和偏好的改变，这会让他们更满意和更有动力。员工通过扩展他们本来喜欢的任务，将他们不喜欢的任务或超过合理工作量的任务转移给其他人，以及改变任务的完成方式，使他们更具发展性和趣味性，从而在工作中获得自然奖励。员工还可以通过认知活动的重组来产生自然回报，比如，更加意识到工作对客户的重要性，或者更积极地将困难的任务视为有趣的挑战。

6.8.4　自我监控

自我监控是指通过使用自然发生的反馈，定期跟踪一个人朝着目标前进的过程。自我监控能显著提高员工的绩效。然而，有些自我监控的安排可能比其他安排更好。有些人可以收到工作本身的反馈，比如，草坪维护团队的成员可以看到自己是如何改善客户房产的外观的。但许多人无法如此快速或轻松地观察到自己的工作成果。相反，他们需要借助反馈机制。例如，安排销售人员每月收到他们所在地区的销售水平报告；给生产人员安装量具或计算机反馈系统，这样他们就可以看到生产线上出现了多少错误。研究表明，那些能够控制绩效反馈时间的人比那些接受别人分配的反馈的人能更好地完成任务。

6.8.5　自我强化

自我领导包括自我强化，它是第 5 章所述社会认知理论的一部分。自我强化发生在员工控制了一个强化物，但在完成自己设定的目标之前不"接受"这个强化物的时候。例如，在工作达到预定阶段后休息一下。工作中断是一种自我诱导的正强化形式。你完成了自己不喜欢的工作后决定做一件更令人愉快的事情，这也是自我强化。例如，在费力地完成一份困难的报告后，你决定花时间做一件令人愉快的事，比如通过浏览网站来了解行业新闻。自我强化的挑战之一是在你应该得到奖励之前先接受奖励的诱惑。最近的文章探索用情境和情绪策略去管控这些诱惑，从而使自我强化保持其真实的初衷。

6.9　自我领导的有效性

自我领导正逐渐成为组织环境中一种有价值的应用绩效实践。一项值得信赖的研究表明，大多数自我领导要素都得到了一致的支持。此外，自我领导策略在不同文化中似乎同样有效。完成自我领导训练课程的奥地利陆军士兵与未参加该课程的士兵相比，在身体测试（如完成障碍课程的时间）和教育测试中表现更好。在采矿作业中，员工在设定个人目标和进行自我监控活动后，佩戴安全设备的频率更高。

通过心理意象，纸浆造纸厂的主管和工艺工程师可以更有效地将他们在人际沟通技能课上学到的知识应用到工作中。研究还表明，建设性思维过程可以提高个人在各种体育活动中的表现。事实上，几乎所有的奥运会运动员都依靠心理意象和积极的自我对话来实现他们的竞赛目标。

6.10　自我领导的个人和情境预测因素

一些研究表明，自我领导行为在有较高责任感和较外向的人中更常见。具有积极自我概念评价（即自尊、自我效能感和内部控制源）的人也更可能采用自我领导策略。

工作环境影响员工自我领导的程度。具体而言，员工需要一定程度的自主权才能参与自我领导的大部分情况。当领导授权而非控制、使用激励性语言、对员工表示信任时，他们对自我领导也会更有信心。在强调持续衡量绩效的公司中，员工也更有可能进行自我监控。总的来说，自我领导有望成为提高员工激励和绩效的一个重要概念与实践。

◘ 本章概要

6-1　讨论金钱的意义，并确定几种基于个人、团队和组织层面的绩效奖励

金钱（和其他经济回报）是雇佣关系的基本组成部分，但它也与我们的需求、情感和自我概念有关。它被视为地位和声望的象征，被视为安全感的来源，被视为邪恶的来源，或被视为焦虑或不足的来源。

组织根据员工的成员资格和资历、工作地位、能力和绩效来奖励员工。基于成员资格的奖励可能会吸引求职者，基于资历的奖励可能会减少人员流动率，但这些奖励往往会阻碍表现最差的人离职。基于工作地位的奖励试图保持内部公平，并激励员工为晋升而竞争。然而，它会滋生官僚等级制度及支持地位差异，并激励员工竞争和囤积资源。基于能力的奖励正变得越来越受欢迎，因为它们鼓励技能发展。然而，它们往往是主观衡量的，随着员工花费更多时间学习新技能，可能会导致更高的成本。

奖励和奖金、佣金和其他基于绩效的个人奖励已经存在了几世纪，并被广泛使用。许多公司正在转向基于团队的奖励，如收益分享计划，或者组织奖励，如员工持股计划（ESOP）、股票期权和利润分享计划。虽然员工持股计划和股票期权创造了一种所有权文化，但员工通常认为个人绩效和组织奖励之间的联系很弱。

6-2　描述五种提高奖励效果的方法

经济奖励有很多局限性，但奖励效果可以通过几种方式提高。组织领导人应该确保将奖励与工作绩效挂钩，奖励与员工控制范围内的绩效保持一致，在工作相互依赖的情况下使用团队奖励，奖励对员工有价值，奖励不会产生意想不到的后果。

6-3　列出工作专业化的优势和劣势

工作设计是指将任务分配给作业的过程，包括这些任务与其他作业之间的相互依赖关系。工作专业化将工作细分为给不同人的不同工作。这提高了工作效率，因为员工可以快速掌握任务、花更少的时间更换任务、需要更少的培训，并且可以更紧密地与最适合其技能的工作相匹配。然而，工作专业化可能会降低员工工作动力、造成员工心理健康问题、降低产品或服务质量，以及因员工不满、旷工和离职而增加成本。

6-4　绘制工作特征模型，并描述通过工作设计提高员工激励的三种策略

工作特征模型是工作重新设计的模板，指出了核心工作特征、关键心理状态和个体差异。五个核心工作特征分别是技能多样性、任务辨识性、任务重要性、自主性和工作反馈。工作在需要的社会互动（任务相互依赖）、工作活动的可预测性（任务可变性）和程序清晰性（任务可分析性）方面也有所不同。当代的工作设计策略试图通过频繁的工作轮换、工作扩展和工作充实来激励员工。组织引入轮换工作，以减少工作厌倦、培养更灵活的劳动力，并减少重复性劳损的发生率。工作扩展涉及增加职位内的任务数量。工作充实的两种方法是将高度相互依赖的任务结合到一项工作中和建立客户关系。

6-5　定义心理授权并确定支持心理授权的策略

心理授权是一种感知和情绪状态。在这种状态中，人们在组织中的角色方面体验到更多的自主性、意义、能力和影响。个人特征似乎对授权影响不大。通过鼓励非正式学习和发现、获取充足的信息和资源，以及信任员工的企业领导人的文化，也可在组织层面支持授权。

6-6　描述自我领导的五个要素，并确定具体的个人和工作环境对自我领导的影响

自我领导是指通过自我指导和自我激励来实现个人目标与标准的具体的认知和行为策略。这些策略包括设定个人目标、建设性思维策略、设计自然奖励、自我监控和自我强化。建设性思维策略包括积极的自我对话和心理意象。自我对话发生在任何情况下，比如当一个人自我对话谈论自己的想法或行为时。心理意象包括事先在脑海中练习一项任务并想象成功地完成它。尽责、外向和积极自我概念水平较高的人更有自我领导力。自我领导也更容易出现在支持授权的工作场所，并在员工和管理层之间有高度的信任。

◻ 关键术语

员工持股计划	收益分享计划	工作特征模型	工作扩展	工作充实
工作评价	工作专业化	心理意象	利润分享计划	心理授权
科学管理	自我领导	自我对话	技能多样性	股票期权
任务辨识性	任务相互依赖性	任务重要性		

◘ 批判性思考

1. 作为一名顾问，你被要求为在一家大型零售组织的四个地区从事分销和仓储工作的员工推荐一个收益分享计划或利润分享计划。你推荐哪种奖励制度？请解释你的答案。

2. 在改进组织目标方面，个人、团队或组织的绩效奖励实践哪种效果更好？请以你所选的组织为例进行评论。

3. Waco 轮胎公司围绕团队系统重新设计了生产设施。然而，公司总裁认为，除非员工根据个人表现获得激励，否则他们不会受到激励。给出 Waco 轮胎应该在这种情况下引入团队奖励而不是个人奖励的三个原因。

4. 组织可以做些什么来提高经济奖励的有效性？

5. 我们大多数人在披萨店等待的时候都看过制作披萨的过程。在这些操作中，你通常会注意到什么级别的工作专业化？为什么会存在这种高水平或低水平的专业化呢？如果一些披萨店的专业化程度与其他披萨店不同，找出可以解释这些差异的偶然性因素。

6. 经理或主管可以"授权"员工吗？请充分讨论。

7. 描述一下你为了成功完成一项任务而练习自我领导的一次经历。参照自我领导过程中的每一步，描述你是如何取得成功的。

8. 某城市政府的一位市政经理希望通过鼓励员工在大部分时间里激励和管理自己来降低监管成本。这位经理听说过自我领导，并认为这可能是减少组织中主管人数的关键策略。请讨论员工的自我领导实践能在多大程度上支持该经理的目标。另外，总结一个培训模块的内容，以改善自我领导实践过程中的任意一步。

◘ 案例研究

YakkaTech 公司

YakkaTech 是一家信息技术服务公司，在华盛顿州和俄勒冈州拥有 1 500 名员工。YakkaTech 有一个咨询部门，主要负责安装和升级客户网站上的企业软件系统与相关硬件。YakkaTech 还设有一个客户服务中心，由四个客户联系中心组成，为每个地区的客户提供服务。每个客户联系中心由代表功能专业化（计算机系统、内联网基础设施、存储系统、企业软件系统、客户计费等）的六个部门组成。这些中心通常在每个部门都有 20 多名员工。当客户使用在线表单向中心提交问题时，消息或电话会被分配到最适合回答相关问题的部门。该查询被赋予一个"工单"编号，并被分配给该部门的下一个可用员工。员工个人对分配给他们的工单完全负责。员工调查并纠正问题，当客户确认问题已得到解决时，工单将被"关闭"。

如果客户再次遇到同样的问题，即使是在几天后，也会签发一张新的工单，并将其发送给任何可以接收工单的员工。客户的问题几乎每次总是由不同的员工处理，即使问题被送到同一个部门也是如此。此外，当客户联系中心的部门积压问题严重时，客户会被重新分配至另一个区域中心的同一个部门，在那里，问题可以更快地得到解决。

YakkaTech 曾经在整个地区运营着十几个小型客户联系中心，因为客户问题必须在现场诊断和解决。如今，员工可以通过远程监控系统从中心调查大多数软件和硬件系统故障，而不是亲自访问客户端。因此，在 8 年前，YakkaTech 将其客户服务业务合并为四个大型地区性中心。客服人员完全在中心内工作。当需要拜访客户时，票证会被转给咨询业务中的个人或团队，然后由他们拜访客户。

YakkaTech 的客户服务业务在过去 5 年中几乎翻了一番，但随之而来的是越来越多的客户对服务质量差的投诉。许多人说，员工似乎对客户的问题漠不关心。其他人则评论说，当问题需要多个部门的参与时，对问题的响应速度慢。一些客户还抱怨说，他们一直在向 YakkaTech 的客户服务员工讲解独特 IT 系统基础设施的细节。

另一个令人担忧的问题是，大约 18 个月前，YakkaTech 客户联系中心的自愿员工离职率高于行业平均水平。这一转变增加了劳动力成本，因为招聘新技术人员的成本高，以及新员工的生产率较低。两年前的一项员工调查结果（以及此后的非正式评论）显示，许多员工觉得自己的工作单调乏味。一些人还表示，他们感觉自己与工作的结果脱节。一些人还抱怨他们与其他部门的人产生持续不断的冲突，以及具有要为不满意的客户服务的压力。

作为回应，YakkaTech 的高管团队决定提高其客户服务人员的薪酬，使其成为太平洋西北地区行业中客户服务人员薪酬最高的公司之一。他们的假设是，高工资会提高士气，减少人员流动率，从而降低招聘成本，提高生产率。此外，YakkaTech 还引进了既得利润分享计划，即奖金确定后，员工必须在公司工作两年才能获得奖金。在限定期前辞职或因正当理由被解雇的员工将丧失奖金。

员工流动率大幅下降，导致管理团队认为客户服务质量和生产力将得到改善。相反，客户的抱怨和生产效率仍低于预期，在某些情况下甚至恶化了。经验丰富的员工继续抱怨工作。在一些令人不安的事件中，员工在解决客户问题时粗心大意，或者没有把应该分配给另一个部门的工单进行转发。员工推荐（员工推荐朋友加入公司）已经变得罕见，而在过去，这是合格求职者的重要来源。此外，一些高管最近无意中听到员工说他们想在其他地方工作，但无法负担起离开 YakkaTech 的费用。

讨论题：
1. 这个案例中的哪些症状表明出了问题？
2. 这些症状的主要原因是什么？
3. YakkaTech 高管应该采取什么措施来纠正问题？

◘ 小组练习　学生工作丰富吗

目的： 本练习旨在帮助你了解如何衡量工作的激励潜力，并评估工作应该进一步丰富的程度。

说明（小班）： 学生在很多方面就像是一份工作。你有任务要执行，有人（例如，你的教师）会监督你的学生工作。虽然很少有人想在一生中的大部分时间都当学生（工资太低了），但确定你的学生工作有多丰富可能是一件有趣的事。

（1）学生被分成小组（最好是 4~5 人）。

（2）在本练习中，每个学生单独完成两组测量（见表 6-2）。然后，使用以下指导原则，他们分别计算五个核心工作特征的得分，以及工作的整体激励潜力得分。

（3）每个小组的成员比较各自的结果。小组应识别每个核心工作特征的不同意见。他们还应注意哪些核心工作特征得分最低，并建议如何提高这些得分。

（4）全班同学开会讨论练习的结果。教师可能会要求一些小组针对特定的核心工作特征提出他们的比较结果和建议。

说明（大班）：

（1）在本练习中，每个学生单独完成两组测量。然后，使用以下指导原则，每个学生分别计算五个核心工作特征的分数，以及该工作的整体激励潜力得分。

（2）通过举手或使用课堂技术，学生们展示他们对于每个核心工作特征的结果。例如，教师会询问那些成绩在一定分数范围内的学生。因此，在每个分数范围内都会有几个学生举手。或者，学生可以在上课前完成此活动，并通过在线课堂提交他们的结果。稍后，教师将向全班提供反馈，显示集体结果（即在分数范围内的结果分布）。

（3）在可能的情况下，教师可以要求成绩很高或很低的学生与全班讨论他们的观点。

表 6-2　工作诊断调查

把右边最能描述学生工作的数字圈起来	很少		中等			很多	
1. 学生工作在多大程度上被允许自己决定如何做	1	2	3	4	5	6	7
2. 学生工作在多大程度上涉及做一件完整的或可识别的工作，而不是整个工作过程中的一小部分	1	2	3	4	5	6	7
3. 学生工作在多大程度上要求你做许多不同的事情，并利用你的各种技能和天赋	1	2	3	4	5	6	7
4. 作为学生，你的工作成果会在多大程度上显著影响他人的生活和福祉（例如，在你的学校、家庭、社会）	1	2	3	4	5	6	7
5. 从事学生活动能在多大程度上提供关于你表现的信息	1	2	3	4	5	6	7
把右边最能描述学生工作的数字圈起来	**非常不准确**		**不确定**			**非常准确**	
6. 作为一个学生，需要我运用一些复杂而高级的技能	1	2	3	4	5	6	7
7. 学生工作的安排使我没有机会从头到尾完成整个工作	7	6	5	4	3	2	1
8. 做学生要求的工作给了我很多机会，让我知道自己做得有多好	1	2	3	4	5	6	7
9. 学生们必须做的工作是相当简单和重复的	7	6	5	4	3	2	1
10. 其他人会受到我的学生工作完成的好坏的影响	1	2	3	4	5	6	7
11. 学生工作使我没有任何机会运用个人主动性或判断力	7	6	5	4	3	2	1
12. 学生工作让我有机会完成我开始的工作	1	2	3	4	5	6	7
13. 完成学生工作本身并不能提供我表现好坏的线索	7	6	5	4	3	2	1
14. 作为一个学生，我有相当多的机会独立和自由地做我的工作	1	2	3	4	5	6	7
15. 在更广泛的计划中，我作为学生所做的工作并不是非常重要或重要的	7	6	5	4	3	2	1

资料来源：Adapted from the Job Diagnostic Survey, developed by J. R. Hackman and G. R. Oldham. The authors have released any copyright ownership of this scale [see J. R. Hackman and G. Oldham, Work Redesign (Reading, MA: Addison-Wesley, 1980), 275].

核心工作特征得分： 使用下面的一组计算来估计作为一名学生的工作激励潜力得分。使用你之前完成的工作诊断调查中的答案。

技能多样性（SV）　　　　（问题 3 + 6 + 9）/3 =

任务辨识性（TI）　　　　（问题 2 + 7 + 12）/3 =

任务重要性（TS）　　　　（问题 4 + 10 + 15）/3 =

自主性　　　　　　　　　（问题 1 + 11 + 14）/3 =

工作反馈　　　　　　　　（问题 5 + 8 + 13）/3 =

计算工作激励潜力得分（MPS）：使用以下公式和前面的结果来计算工作激励潜力得分。请注意，技能多样性、任务辨识性和任务重要性在乘以自主性和工作反馈的分数之前是平均的。

$(SV + TI + TS)/3 \times$ 自主性 $\times$ 工作反馈

$(\underline{\quad} + \underline{\quad} + \underline{\quad})/3 \times \underline{\qquad} \times \underline{\qquad} = \underline{\qquad}$

第 7 章

决策与创新

学习完本章，你应该能够：

- 描述决策的理性选择范式。
- 解释为什么人们在识别问题和机遇、评估和选择备选方案、评价决策结果时与理性选择范式方面会有所不同。
- 讨论在决策过程中情绪和直觉所起的作用。
- 描述创新人才特征、工作环境和支持创新的具体活动。
- 描述员工参与的优点以及员工参与的四个问题。

::开篇案例

澳昱冠集团 "为未来做好准备"

澳昱冠集团（Aurecon Group）每年因其创新的工程设计和实践而获得数十个奖项，例如，这家澳大利亚－南非工程和基础设施咨询公司被公认为服务和结构工程领域全球五大"最佳合作伙伴"之一。它曾被评为中东最佳三家咨询公司之一，并被评为澳大利亚最具创新力的公司之一。澳昱冠全球首席执行官詹·斯威格斯（Giam Swiegers）表示，这些奖励反映出公司努力让来自 28 个国家的 7 500 名员工在决策方面变得更好、更有创意，"为未来做好准备"。

斯威格斯建议："随着颠覆性的快速变化给企业带来越来越大的挑战，企业必须做好准备，在尚未确定的未来茁壮成长。创新是建立在深厚的技术专长基础上的，但仅仅投资于'聪明'是不够的，我们需要培养创造力、挑战现状、探索及实践，以思考什么是可能的。"

为了支持员工的创造力，澳昱冠培育了以学习为导向的文化。"创意不会凭空产生，要敢于开始。"澳昱冠在南非的技术总监欧文·费尔（Owen Fair）说，"他们需要这样的组织空间——问题是必要的、风险是受欢迎的、错误是被允许的。"

　　澳昱冠还引入了设计思维作为其解决客户需求的指导方法。"我认为能将所有专业人士区分开来的是他们解决问题和创新的能力。"澳昱冠首席人力资源官利亚姆·海斯表示，"在澳昱冠，我们的人力团队正在做的一件事是，通过应用和发展围绕设计思维的概念来建立这种能力。"

　　设计思维是一个涉及多个利益相关者的整体过程，它接受不确定性而不是快速的解决方案，并依赖低成本的原型来测试想法。在这个过程中，有效决策的关键因素之一是发现问题——寻找真正的问题，而不是把客户最初的问题陈述当作既定事实。

　　海斯说："如果要解决明天的问题，那么今天就迫切需要练习如何发现问题。工程师被训练成善于解决问题的人，但他们往往等着别人告诉他们需要解决的问题。"

　　澳昱冠集团和其他组织都依赖有效的决策——从发现问题到开发创造性的解决方案。事实上，任何组织要有效地分配资源、改进产品和服务，以及更普遍地保持与外部环境良好契合的能力，都需要有能做出良好决策的人。决策制定不仅是一项关键的管理技能，而且是所有员工直接参与工作的核心活动。

　　本章首先描述决策的理性选择范式，接下来，是人们理性选择范式的局限性——被我们称为不完美理性——将在人们如何实际做出决策的背景下讨论。我们还研究了一个新兴的观点，即决策是由逻辑和情感的复杂互动组成的。本章的后半部分重点讨论与决策密切相关的两个主题：创新和员工参与。

7.1　决策的理性选择范式

　　决策制定（decision making）是指在备选方案间做出选择以达到事物期望状态的理性过程。决策对一个组织的健康而言十分重要，正如呼吸对人一样重要。事实上，越来越多的领导者将自己看作心理专家，通过鼓励和教导员工在各个层面上更快、更有效、更具创新性地进行决策来使组织重获生机。所有的企业、政府、非营利组织机构都依赖员工去预测和正确地识别问题，并根据不同利益相关者的利益来研究备选方案，通过选择最佳方案来有效地执行这些决策。

　　人们应该怎么在组织中决策呢？大部分的商业领导者可能会回答，有效的决策包括识别、选择和应用最佳的可能备选方案。换言之，最佳的决策是利用单纯的逻辑和所有可利用的信息，去选择最有价值的备选方案——例如，最高的期望收益、顾客满意度、员工福利或这些变量的一些组合。这些决策有时会利用复杂的数据计算得到一个公式，从而指出最优的选择。

　　在大部分有文字记载的历史中，西方社会将纯粹理性看作决策的理想状态。它始于2 500年前柏拉图和古希腊同时代的人提出的逻辑辩论和美术推理。大约400年前，笛卡尔和其他欧洲哲学家强调，做出逻辑决策的能力是人类最重要的成就之一。在18世纪，苏格兰哲学家们提出，最优的选择是提供"为最多人谋求最大好处"或"效用"的选择。

　　理性选择范式是选择最高**主观期望效用**（subjective expected utility，SEU）的备选方案。主观期望效用是指每一个具体的备选方案所产生的满意度（或效用）的可能性（或期望）。主观期望效用是组织行为理论的基础，包括属性模型和期望激励理论。

为了更好地理解主观期望效用，我们用例子来说明（见图 7-1）：假设你需要从若干供应商中挑选一个作为公司的原材料供应者。根据经验，你估计首选供应商应该提供高质量的产品（+9）、低价格（+6）和准时交货（+4），在这个例子中，数值区间为 −10～10，表示每个结果的效价，即预期满意度或重要性。你发现供应商 A 在准时交货方面表现极好（大约有 90% 的可能性超出公司的预期），而它有 70% 的可能性可靠地提供高质量的产品。供应商 B 有 90% 的机会提供非常高质量的产品，但提供最低价格的可能性（40%）较低。

应该从这两个供应商中选哪一个呢？理性选择决策者会选择供应商 A，因为该公司具有最高的复合效价。这种预期满意度是通过将每个结果的效价乘以该结果出现的概率，然后将所有三个结果相加来计算的。根据现有信息，得分高的供应商是更好的选择。这个例子的关键在于，所有理性决策主要依赖两个信息：每个结果发生的概率，以及每个结果的效价或预期满意度。

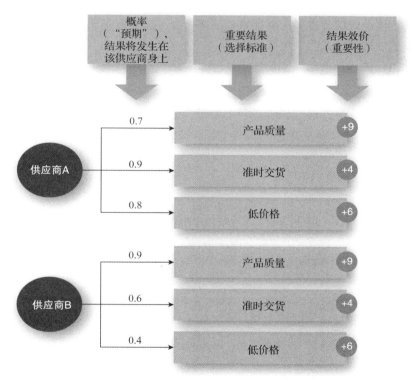

图 7-1　理性选择范式示例

7.1.1　理性选择决策过程

除了关于主观期望效用的决策原则，理性选择范式还假设决策者遵循图 7-2 所示的系统过程。第一步是识别问题或机遇。问题（problem）是指现在情形和理想情形的差异——"是什么"和"应该是什么"的差距。这个差距是许多需要纠正的根本原因的表现。"应该是什么"对应的是目标，这些目标有助于评价被选中的方案。例如，如果目标是在 30 秒内回应客户来电，问题就是目标时间和现实中客服中心回应大多数客户来电的时间的差距。机遇（opportunity）是指现在预期到的与之前未被预期到的潜在更好情形的差异。换言之，决策者意识到，一些决策可能会产生超越现在目标或期望的结果。

第二步是选择最优的决策过程。这一步其实是元决策，即决定如何做决策，因为它对应的是在不同的路径和过程中选择一个去做决策。一个元决策的问题是，决策者是否有足够的信息或者是否需要在决策过程中考虑其他东西。本章稍后也会分析员工参与决策的问题。另一个元决策的问题是，决策是程序性的还是非程序性的。程序性决策（programmed decision）遵循标准的操作程序；人们在过去已将这些程序加以分解，识别并记录了最优对策。相反，非程序性决策（non-programmed decision）需要遵循决策模型中的所有步骤，因为这些问题都是新的、复杂的或没有被很好定义的。

第三步是识别和开发可供选择的对策。这通常从搜索已有对策开始，例如，在类似问题上运作良好的实践。如果现有的解决方案都不能被接受，那么决策者需要制定一个专门的解决方案或修改现有的解决方案。

第四步是通过应用我们在图 7-1 中描述的理性选择计算方法来选择最优的选项。选择提供最高预期满意度或价值的方案需要决策者了解所有可能的方案及其结果，这种情况通常是不可能的，但理性选择范式假设这很容易。

第五步是执行被选择的选项。理性选择专家对这一阶段的决策没有什么看法，因为他们假设执行过程没有任何问题。最后一步是评估决策后果，即评估"是什么"和"应该是什么"之间的差距是否缩小了。在理想情况下，这些信息应该来自系统的基准，因此相关的反馈是客观且容易观察到的。

第六步是评估决策结果。

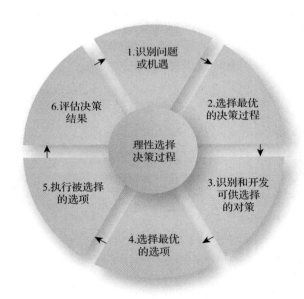

图 7-2　理性选择决策过程

7.1.2　理性选择范式存在的问题

理性选择范式似乎是非常有逻辑的，但是它不可能应用在现实中，因为人是不可能完全理性的。相反，我们需要理论去解释为什么人们会不完全理性。接下来，我们将通过更多现实中的细节,从"不完全理性"的视角来重新看一下理性选择决策过程中的每一步。

7.2 识别问题和机遇

当阿尔伯特·爱因斯坦(Albert Einstein)被问及他如何在 1 小时内拯救世界时,他回答说,应该把大部分时间花在定义问题上,而剩下的时间用来解决问题。无论爱因斯坦还是其他人是否说过这个建议,它都表明了一个重要观点,即问题识别不仅仅是决策的第一步,可以说,它是最重要的一步。但是问题和机遇并不是被清晰标记的物品,它们不会直接出现在我们的办公桌上。相反,它们是我们从模棱两可和相互矛盾的信息中得出的结论。例如,本章的开篇案例描述了澳昱冠集团如何鼓励其工程师寻找真正的问题,而不是将客户最初的问题陈述视为既定事实。

7.2.1 问题识别中存在的问题

只有对问题形成准确的理解,我们才有可能找到有意义的解决方案。不幸的是,问题识别本身就充满了问题,以下是五个被广泛认同的问题。

1. 解决方案导向问题

一些决策者将问题描述为隐晦的解决方案。例如,有人可能会说:"问题是我们需要加强对供应商的控制。"这种表述没有描述问题,只是轻微地改述了某个不确定问题的解决方案。以推出苹果零售店且随后被任命为杰西潘尼新任首席执行官的高管为例,这位高管很快发现了这家境况不佳的零售商的主要问题,他实际上提出了一种隐晦的解决方案:它需要更像苹果公司。由于苹果公司很少给自己的产品打折,所以杰西潘尼广受欢迎的优惠券和实体店销售都被放弃了。杰西潘尼商店被重新设计,看起来更像苹果商店。当一位同事建议在几家商店测试不打折的策略时,这位苹果前高管尖锐地回答:"我们在苹果商店都没测试。"不到两年后,杰西潘尼的销售额暴跌了三分之一,这位苹果前高管也离职了。

为什么决策者会陷入解决方案导向问题陷阱?其中一个原因是,他们在过去使用这一解决方案取得的成功中得到了强化。当出现新问题时,在进行正确的问题诊断之前,过去有效的解决方案很快就会出现在脑海中。亚伯拉罕·马斯洛(他创立了马斯洛需求层次理论)曾经警告说:"我想,如果你唯一的工具是一把锤子,那么你很容易把所有的东西都当作钉子来对待。"解决方案导向问题识别错误的第二个原因是,决策者很乐意看到问题被解决,因此他们无意识地将解决方案嵌入问题定义中。不幸的是,这种解决方案导向的情况不能完全诊断出需要解决的潜在原因。

2. 果断领导

各种研究发现,人们看重高管的果断,包括他们能多快地判断出一种情形是问题、机遇,还是不值得关注的。因此,许多高管在有机会对形势进行逻辑评估之前就宣布了问题或机遇。其结果往往是为了解决一个定义不清的问题而做出的错误努力,或者将资源浪费在一个被错误识别的机遇上。

3. 利益相关者框架

员工、供应商、客户和其他利益相关者以某种方式提供(或隐藏)信息,使决策者将某种情况视为问题、机遇或平安无事。员工认为造成生产延误的原因是外部因素，而不是他们自己的过错。供应商把他们的新产品认为是独特的机遇，而把竞争者的产品看成是避之则吉的问题。许多其他利益相关者对情形先入为主的定性，也会影响决策者将其视为问题或不是问题。决策者之所以成为这些虚构现实的牺牲品，是因为他们需要简化日常复杂且往往模棱两可的信息轰炸。

○ 全球链接 7-1

心智模型的短视使《宋飞正传》屡遭拒绝

历史上最成功的情景喜剧（situational comedies）之一几乎没能在黄金时段播出。《宋飞正传》（Seinfeld）遭到福克斯电视台高管的拒绝，在 NBC 电视试播时也几乎遭遇同样的命运。

该剧之所以差点与成功失之交臂，是因为它是一种新的电视喜剧形式，与电视台高管用来识别未来节目精华的、被深度强化的心智模型截然不同。流行的情景喜剧将幽默融入故事情节，时常涉及当前的伦理或社会问题，而《宋飞正传》则一无所有——只有日常生活中"片刻"的幽默对话（比如，去自助洗衣店或在餐厅的长时间等待）。在电视台高管看来，成功情景喜剧中的主角都有情感依恋或冲突，偶尔也会表现出英雄主义。《宋飞正传》里的人物过着各自独立的生活，没有多少情感关系，也算不上英雄。

NBC 高管里克·卢德温（Rick Ludwin）被广泛认为是将《宋飞正传》从"垃圾箱"中救出来的人。卢德温早期做过单口相声，并阅读了《周六夜现场》的剧本，由此他认识到《宋飞正传》独特幽默的潜力。此外，卢德温负责深夜节目，而不是情景喜剧，过时的心智模型使得情景喜剧高管们对一个成功的剧视而不见，而卢德温则不依赖这种模型。《宋飞正传》的编剧拉里·大卫（Larry David）和杰瑞·宋飞（Jerry Seinfeld）缺乏在情景喜剧行业的经验，这使得他们能够创造出新领域的剧本。

"拉里和杰瑞从来没有写过情景喜剧，我的部门也从来没有写过。"里克·卢德温说，"我们是很好的搭档，因为我们不知道什么规则是不能被打破的。"

4. 知觉性防卫

人们有时无法留意到问题，因为他们把拒绝坏消息当作一种应对机制。他们的大脑拒绝威胁其自我认知的信息。每个决策者的知觉性防卫倾向是不同的。研究表明，当决策者对问题解决仅有有限选择时，知觉性防卫更为普遍。

5. 心智模型

在现有的心智模型下，决策者会成为他们自己问题框架中的受害者。心智模型是我们用来描述、解释和预测我们周围世界的知识结构。它们以视觉或关系图像的形式存在于我们关于外部世界的脑海中。它们填补了我们不能立即看到的信息，这满足了我们理解和认识周围环境的需要。许多心理意象也是理想状态的原型——它们代表了关于事物本来面目的模型。不幸的是，这些心智模型会让我们看不到独特的问题或机遇，因为它们会对偏离心智模型的事物产生负面评价。如果一个想法不符合现有的心智模型，那么它很快就会被认为是不可行的或不受欢迎的。

7.2.2　更有效地识别问题和机遇

识别问题和机遇永远是一个挑战，但是意识到上述五个问题识别的偏差有助于改善这一情况。例如，通过认识到心智模型限制了一个人对世界的看法，决策者更有动力考虑现实的其他观点。在提高对问题识别缺陷的意识的同时，领导者还需要相当大的意志力来抵制在需要对情况进行更深思熟虑的检查时显得果断的诱惑。

第三种改进问题识别的方法是创建一个"神圣的不满"规范。有这种心态的决策者永远不会满足于现状，不管过去有多成功，他们都会更积极地寻找问题和机遇。第四，员工可以通过与同事和客户讨论在某情形下应该怎样做去减少问题识别错误。在倾听他人对情况的看法时，发现问题识别中的盲点要容易得多。当外人从他们不同的心智模型中探索这些信息时，机遇也会变得明显。

7.3　搜寻、评估与选择备选方案

决策制定的理性选择范式认为，人们依靠逻辑来评估和选择备选方案。它意味着决策者对组织目标有清晰的表达和一致的看法。他们能有效地同时处理关于所有备选方案的事实及其结果，并且他们选择具有最有利结果的备选方案。

诺贝尔经济学奖得主、组织学学者赫伯特·西蒙（Herbert Simon）在半个世纪前质疑了以上假设。他争辩说，人们是**有限理性**（bounded rationality）的，因为他们处理着有限的和不完美的信息，同时很少选择最优的备选方案。有限理性是质疑理性选择范式的最广为人知的理论，但它并不孤单，其他理论也指出了人们在如何形成偏好、如何缩短决策过程，以及他们的选择如何被错误的启发和其他知觉偏差扭曲等方面的缺陷。总体而言，如图 7-3 所示，这些不完美理性理论确定了人类决策与理性选择范式假设的几种不同之处。让我们从目标、信息处理与最大化方面看看其中的差异。

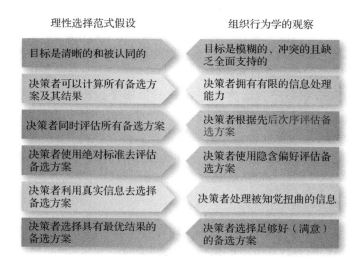

图 7-3　理性选择范式假设与组织行为学的观察的备选方案对比

7.3.1　目标存在的问题

理性选择范式假设的组织目标是清晰的和被认同的。事实上，这些条件在识别"应该做什么"时是必需的，因此，它们提供了评价每个备选方案的标准。不幸的是，组织目标经常是模糊的或相互矛盾的。模糊的目标使人们很难知道特定的选择是否对组织有更大的价值。例如，"满足顾客需求"可能是指提供高效的服务、多种多样的服务、更个性化的服务以及其他可能性。当目标发生冲突时，决策者很少有一个指导图来决定应该优先考虑哪些目标。

7.3.2　信息处理存在的问题

理性选择范式也做出了许多关于人类处理信息能力的假设。它假设决策者可以处理关于所有备选方案及其结果的信息，但是这在现实中是不可能的。现实中，人们只会评估几个备选方案以及这些备选方案的几个主要的结果。例如，可能有许多的计算机品牌可供选择，许多的特征可供考虑，但是人们通常只重点评估几个品牌和几个特征。

理性选择范式还假设人们会同时使用无偏估计的效价和结果概率来评估所有的备选方案。决策者实际上倾向于做的是依次评估每个备选方案，以对抗**隐含偏好**（implicit favorite）。隐含偏好是决策者更喜欢的一个备选方案，会用来与其他备选方案反复比较。例如，当选择一个新的手机时，人们通常有一个隐含的首选型号，然后比较其他型号的手机。首选备选方案被称为"隐含的"，因为决策者并没有明确地决定这种初始偏好，而且通常甚至没有意识到他们的偏好。

为什么决策者遵循带有隐含偏好的顺序评估过程？第一个原因是，所有的备选方案通常不是同时可用的。例如，在针对某一特定工作决定该雇用哪一位应聘者时，一些应聘者可能在后来的应聘者申请或面试之前就已经找到了其他工作。因此，决策者需要根据迄今为止的最佳选择来评估早期申请者。

存在隐含偏好的第二个原因是，人类天生喜欢比较两个备选方案，而不是同时系统地评估许多备选方案。隐含偏好通过充当一个锚定比较器来辅助这一过程。

第三个原因是，人们是认知上的"吝啬鬼"。他们通过快速形成一个首选备选方案（他们隐含的喜爱），然后主要寻找支持这个备选方案的证据，从而最小化脑力劳动。换句话说，他们陷入了**确认偏误**（confirmation bias）。

决策者将备选方案的顺序和隐含偏好比较的第四个原因是减少**认知失调**（cognitive dissonance）的风险。正如人们希望自己的行为与态度一致一样，决策者希望他们的选择与他们的信念和感觉一致，即哪种备选方案能提供最高的预期满意度。因此，他们歪曲信息（通常是无意识的），以确保符合隐含偏好。决策过程中的信息失真包括忽略或低估隐含偏好问题、高估隐含偏好较好属性、低估备选方案较优特征和高估备选方案的问题。

决策启发性偏差

根据理性选择范式，最优的备选方案具有最高的主观期望效用。但是心理学家阿莫斯·特沃斯基（Amos Tversky）和丹尼尔·卡尼曼（Daniel Kahneman）发现，人类有内置的**决策启发性**（decision heuristics）——无意识地使个人对具体结果的发生概率及结果的价值（效应）做出有偏差的估计。最受广泛研究的三个启发性偏差是锚定和调整性启发、可得性启发以及代表性启发。

- 锚定和调整性启发（anchoring and adjustment heuristic）。这种启发性偏差表示，人们有受初始锚定点影响的自然倾向，在接收新信息时无法完全摆脱这一影响。这个锚定点可能是初始报价、某人的初始观点或某事将要发生的初始估计概率。对这种效应的一种解释是，人类倾向于比较不同的备选方案，而不是纯粹根据客观标准来评估它们。因此，如果有人对我们想买的一辆车提出较高的初始价格，我们自然会将我们的替代报价与这个较高的初始价格进行比较，从而锁定我们的报价。
- 可得性启发（availability heuristic）。可得性启发是一种通过我们回忆起这些事件的容易程度来估计某些事件发生的可能性的倾向。但不幸的是，回忆某些事件的容易程度不仅取决于其发生的频率（概率）。例如，我们很容易记住一些能引起情绪的事件（例如，地震、鲨鱼袭击），所以我们会过高估计这些事件发生的频率。最近发生的事件也更容易被我们回忆起来。如果媒体播报了数则空气污染的新闻，我们对空气质量污染的估计会比最近没有听到新闻播报的情况下更高。
- 代表性启发（representative nessheuristic）。这一启发表明人们倾向于依赖事物或事件的相似度（或代表度）而非精确的概率统计信息来判断事物或事件的发生概率。假设一个班上 20% 的学生是工程学专业的，其余的是商科专业的。在统计概率上，班上任何一个学生只有 20% 的概率是工程学专业的，但是如果有位学生的行为举止非常符合你对工程师的刻板印象，尽管在统计概率上他更有可能是商科的学生，你仍倾向于认为他是一名工程学专业的学生。

7.3.3 最大化的问题

理性选择范式的主要假设之一是人们希望（并且能够）选择有最大回报的备选方案（如最大的主观期望效用）。然而，人们寻求的不是最大化，而是**满意度**（satisficing）——人们会选择令其满意的或"足够好的"备选方案。人们会根据自己的需求和偏好，选择第一个被视为高于可接受标准的备选方案。这是一种寻求满意度的决策原则：选择第一个"足够好的"备选方案。

满意度通常是必要的，因为选择最好的备选方案（最大化）需要完整和完美的信息。这在现实中是不可能的，因为信息是不完善的、昂贵的，或者在做出决策时根本找不到。理论上，即使决策者能够接收到完整和完美的信息，他们也没有时间或认知能力来输入和分析大量复杂的数据。例如，我们很难选择最好的手机，因为选择太多了，每个选择都有许多功能需要考虑，每个选择都有许多结果（如寿命、质量等），并且关于这些功能和结果的信息也很模糊。在这些条件下，最大化会导致人们在各种选择之间无休止地权衡，这实际上会导致更糟糕的决策和更不满意的决策。

研究报告发现，人们喜欢有选择，但从几十种备选方案和每种备选方案的许多结果中做出决策，会消耗认知和情感。因此，决策者将满足作为最小化认知努力的一种方式。当面对一大堆选择时，人们还通过使用易于识别的因素（如颜色、大小等）放弃大量备选方案，并仅使用少数可能的结果（选择标准）来评估它们，从而减少了认知努力。

面对大量选择的人通常会选择一种决策策略，这种策略在认知上的挑战性甚至比满意度更低：他们根本不做任何决策！在一项研究中，杂货店的顾客看到了两个果酱品尝摊位。

30% 的消费者购买了展示 6 种果酱的摊位中的一种产品。相比之下，只有 3% 的消费者在看到展示 24 种果酱的摊位后购买。大量的选择使他们不愿做出任何决策。其他研究也揭示了在巧克力、学期论文和养老金计划投资选择等方面的类似结果。

7.3.4　机遇评估

机遇和问题一样重要，但是抓住机遇的过程和解决问题的过程是不同的。当决策者发现一个机遇时，他们很少评估几个备选方案；毕竟，机遇就是解决办法，何必去找其他方案呢！机遇通常是令人兴奋和罕见的启示，所以决策者往往对机遇有一种情感依恋。不幸的是，这种情感偏好会促使决策者利用这个机遇，而忽略了对其可能带来的好处的任何详细评估。

企业家在很大程度上依赖基于机遇的决策，所以创业研究发现了几个关于机遇评估的问题也就不足为奇了。一个问题是决策者是否能"发现"并客观评估机遇。相反，一些专家认为，机遇主要是由决策者和利益相关者社会构建的，因此，机遇是决策者对机遇潜力的"倾向"，取决于决策者对机遇潜力的信念。一个相关的问题是，决策者倾向于将机遇个人化（即机遇属于他们自己），而不是保持对机遇的公正评价。机遇个人化倾向于把决策者的焦点从客观的机遇评估转移到更主观的机遇评估。它更强调企业家的"机遇信念"，而不是对数据进行客观分析，以决定是否要投资于机遇。

7.4　情绪、直觉与决策

7.4.1　情绪与选择

在前面几节中，我们解释了为什么人们在理性决策方面并不完美。赫伯特·西蒙（Herbert Simon）和许多其他专家指出，大量数据表明，人们几乎不会像理性选择范式假设的那样去评估备选方案。正如大脑的理性中枢和情感中枢都会提醒我们警觉问题一样，情绪也会影响我们对备选方案的选择。

1. 早期偏好来自情绪

情绪标签在我们评估备选方案前就决定了我们对每个备选方案的偏好。我们的大脑非常迅速地对每个备选方案的信息赋予具体的情绪，并且我们所偏好的备选方案深受早期情绪标签的影响。当然，逻辑分析也影响我们选择的备选方案，但是它要求强有力的逻辑证据去改变我们的初始偏好（初始情绪标签）。但是，即使是逻辑分析也依赖情绪去支配决策。具体来说，神经科学的证据表明，逻辑分析出来的信息也被贴上了情绪标签，而后激励我们去选择或避免一些特殊的备选方案。最终，是情绪，而不是理性的逻辑，鼓励我们选择所偏好的备选方案。事实上，大脑情绪中枢受损的人就存在选择困难。

2. 情绪改变决策评估过程

大量的文献表明，情绪和具体的情感会影响评估备选方案的过程。例如，我们在情绪消极的时候，会更多地关注细节，原因可能是消极的情绪预示着某件事情出了问题，因此要更加留心。相反，当我们情绪积极时，我们不会那么关注细节，并且依赖于程序化的决策路径。这个现象解释了为什么成功公司的管理团队对竞争者和其他环境威胁会表现出更低的警觉。研究也表明，当决策者生气时，他们会依赖刻板的程序和其他捷径去提高选择过程的速度。生气也使得他们对风险备选方案的成功率更为乐观，但是害怕的情绪可能会使得他们没那么乐观。总体而言，情绪影响了我们如何评估信息，而不仅仅是选择什么备选方案。

3. 评估备选方案时情绪充当了信息

情绪影响备选方案评估的第三个途径是通过一个叫"情绪作为信息"的过程。营销专家发现，当我们在做决策时，会暗中依靠情绪来帮助我们。这个过程和情绪智力的暂时提高很类似。人们尚不能意识到大部分情绪体验，但是当做决策时，人们会积极地试图使这些细微情绪更敏感。

例如，当你买一辆新车时，你不仅很有逻辑地评估每一种车型的特点，而且会想象拥有其中的一辆车的感觉会如何。甚至当你拥有关于每一款车的关键特点和质量的充分信息（价格、耗油率、维修费用、转售价值等）时，你还是会受到对每一款车的情绪反应的影响，并且当你考虑这件事情时，你会积极地尝试感受情绪的反应。但是在某种程度上，所有人都会把我们的情绪作为信息。这种状况与我们的下一个话题紧密相连——直觉。

7.4.2　直觉与选择

当情况不妙时，你是否有过一种直觉或感觉？或者，当你面对一个机遇时，你是否感到有异样的情绪经历在发生？这些情绪经历潜在地（并不是必须地）在暗示着你的**直觉**（intuition）——知道问题或机遇存在的时间，并在无意识的推理指导下选择最佳做法的能力。一些人更关注自己的直觉，而另一些人则更喜欢基于逻辑和数据分析做出决策。然而，直觉和逻辑分析并不是对立的，也永远不会完全相互取代。情绪总是存在于人类的决策中。

所有的内在感觉都是情绪信号，但不是所有的情绪信号都是直觉。当情绪信号依赖于合理和准确地描述我们感知问题或机遇的情形的心智模型时，它才是有效的直觉。直觉涉及快速地将我们的观察结果与这些"思维的模板"进行比较。积极或消极情绪的产生取决于这种情形是否符合我们的心智模型。当棋手通过快速地观察棋盘，感觉到机遇或威胁时，他们会接收到情绪信号。这些情绪信号促使他们进行更紧密的观察，从逻辑上确认情况并对其采取行动。因此，直觉在有意识的理性分析发生之前很久就预示着问题或机遇的存在。

然而，并不是所有的情绪信号都是直觉，因为它们并不总是基于有良好基础的心智模型。相反，我们有时会将当前的情况与更遥远的模板进行比较，这个模板可能相关，也可能无关。新员工可能会对与供应商的关系感到有信心，而有经验的员工则会感觉到潜在的问题。不同之处在于，新员工依赖于来自其他经历或行业的模板，这可能在现在的情形中是行不通的。因此，我们在一个情形中感受到的情绪是否代表直觉，很大程度地取决于我们在这类情形中的经验水平。这里的关键信息是，一些情绪信号不是直觉，所以单凭直觉不能指导我们的决策。

迄今为止，我们已经描述过作为情绪经历（内在感受）的直觉，以及我们将现在情形与确定的心理模板相比较的过程。直觉也依赖行动程式（action script）——程序化的决策路径，使我们对匹配的或非匹配模式的反应提速。从问题识别直接跳到对策选择，行动程式大大缩短了决策过程。换言之，行动程式是程序化决策的一种形式。行动程式是普遍通用的，所以我们需要有意识地针对具体情形进行调整。

7.4.3　更有效地选择

规避人类选择的局限性是非常困难的，但是一些策略可以帮助我们把缺陷最小化。一个重要的发现是，当领导者在选择时果断而不是深思熟虑时，决策失败率往往更高。当然，如果领导者在做出选择时花费过长的时间，则决策也可能是无效的，但是研究表明，缺乏逻辑的评估是更大的问题。通过系统地按照相关因素评估备选方案，决策者可以最小化隐含偏好和满意度带来的问题，这两个问题都是由于决策者依赖大概的主观判断所导致的。这个建议并不意味着我们应该忽略直觉，相反，它建议我们应该运用直觉，并与谨慎分析相关信息相结合。

第二个建议是，我们需要记住决策受到理性过程和情绪过程的共同影响。意识到这一点后，有些决策者就会深思熟虑地重新看待重要的事件，所以他们会在不同的心情下分析同样的信息，从而平息初始情绪。例如，在做重要的有竞争性的决策时，如果你觉得你的团队有点太自信了，你可以决定让团队成员在几天后重新讨论决策，这样他们会更辩证地思考。

另一个策略是**情景规划**（scenario planning），即想象所有可能的未来情形的严谨方法。它通常涉及思考如果重大环境条件发生变化会发生什么，以及组织应该做些什么来预测和应对这种结果。情景规划是在可能的情景发生之前很久就选择最佳解决方案的有用工具，因为它是在没有压力和情绪的情况下评估可供选择的行动方案。

7.5　执行和评估决策

7.5.1　执行决策

在大多数关于决策的文献中，执行决策常常被忽略。然而，领先的商业作家强调，执行——将决策转化为行动——是决策过程中最重要和最具挑战性的任务之一。执行决策主要关于组织变革，我们将在第 15 章中讨论；同时也涉及动机、影响过程、领导力和本书中的其他几个主题。

7.5.2　评估决策

与理性选择范式相反，决策者在评估其决策的有效性时并不完全诚实。在本章的前面部分，我们解释了决策者在决策过程中使用确认偏差来支持他们的隐含偏好。在决策后，这种偏差仍会持续很长时间；在评估阶段，一些专家称之为**后决策辩护**（post-decisional justification）。决策者忽视或低估了他们所做的选择的消极结果，并且过分强调有关其积极特征的新信息。确认偏差让人们对他们的决策做出过于乐观的评价，直到他们收到非常明确且不可否认的相反观点的信息。

1. 承诺升级

人们没有很好地评估决策结果的另一个原因是**承诺升级**（escalation of commitment）——重复明显错误的决策或把更多的资源分配给失败的做法的倾向。为什么决策者会在失败的项目上越陷越深？多年来，人们已经找出并讨论了几种解释，其中的四种主要影响因素是自我辩护效应、自我增强效应、前景理论效应和沉没成本效应。

（1）**自我辩护效应**（self-justification effect）。人们通常会向公众传递他们自身积极的形象。在决策过程中，**自我辩护**是理性的和有能力的体现。人们有动机去展示他们的决策会是成功的，即便当现实表明这个决策并未达到预期结果时，他们仍会继续支持这个决策。这是因为如果停止支持这个决策意味着决策的失败和决策者的无能。当决策者与决策已经混在一起并且在某种程度上把自己的名声押在决策的成功上时，自我辩护会特别明显且伴随着较低的自尊。

（2）自我增强效应（self-enhancement effect）。人们有一种自然的倾向，就是对对于自己重要的事情自我感觉良好——觉得比一般人更幸运、更有能力、更成功。这种**自我增强**支撑了积极的自我概念，但它也增加了承诺升级的风险。当有证据显示某个项目有隐患时，自我增强会让我们对信息的解读产生偏差，认为它只是暂时偏离正确轨道。当我们最终意识到项目并没有按既定方案运行时，我们会对项目持续投资。自我增强使我们高估挽救项目的可能性。自我辩护和自我提升经常同时出现在不理性增值中，但它们是不同的机制。自我辩护是为了维持良好的公众形象而进行的有意识的尝试，然而自我提升大多是通过无意识的运作去扭曲信息，所以我们不能更早地认识到问题所在，从而偏离成功的可能性，所以我们继续投资于失败的项目。

（3）前景理论效应（prospect theory effect）。**前景理论**效应认为，人们失去价值时所感受到的消极情绪要大于得到同等价值量时所感受到的积极情绪。这种效应创造了一个更强大的动机来避免损失，而不是冒险获得有效的收益。潜在损失更强的负面效价会诱发承诺升级，因为对大多数人来说，将停止项目造成的损失与继续投资该项目获得成功的不确定性比较，会让人产生更多的负面情绪。在给定选择的情况下，决策者选择了没那么痛苦的方案，即在失败的项目上投资更多。

（4）沉没成本效应（sunk costs effect）。人们本能地感到有动力将更多的资源投入具有**高沉没成本**的项目中。这与理性选择范式形成对比，后者认为投入的资源应由预期的未来收益和风险决定，而不是已经投入项目中的资源的多少。沉没成本也涵盖时间投资。时间也是一种资源，所以如果决策者对这个项目投入了更多的时间，他们就更会选择对这个项目进行持续投资。最终，沉没成本变成终止成本，即用以关停项目的财务或非财务损失。沉没成本还有其他形式，终止成本越高，决策者越有可能受承诺升级影响。

承诺升级通常被认为是糟糕的决策，但在某些情况下，坚持不懈可能是更好的选择。事实上，正是由于决策者的坚持和乐观，才取得了许多突破。当成本超支相对于项目的成本很小、成功的收益很高且能很快地获得成功项目的回报时，继续一个失败的项目可能需要保持谨慎。也有专家称，向失败的项目投入更多资金有时是理解模糊情形的逻辑尝试，这个策略本质上是一种探索未知的方法。通过增加更多的资源，决策者可以得到关于这些资金有效性的新信息，这可以提供关于项目未来成功的更多反馈。这种策略在项目成交成本高的地方尤其常见。

2. 更有效地评估决策结果

以下几种策略能够最小化承诺升级和确认偏差（后决策辩护）。

（1）改变决策者。当做出最初决策的人被后来评估并根据该评估采取行动的人取代时，决策评估的偏差通常会最小化。当决策评估者与决策者有有限的联盟时，这种策略效果最好。它最大限度地减少了自我辩护效应，因为负责评估决策的人与原始决策无关。

（2）创建一个止损点。公开设定一个放弃或重新评估决策的预设水平，如果投资价值下降或成本超支过多，将迫使决策者放弃该投资。这个解决方案的问题是，条件往往很复杂，以至于很难确定在哪一点放弃项目。

（3）寻求事实和社会上的反馈。在某种程度上，当决策者面对关于项目失败的系统性且清晰明确的反馈时，即使是最强烈的升级和确认偏差的影响也会减弱。此外，决策者还可以从来自几个（最好是公正的）人的持续反馈中获益。来自他人的反馈可能会让决策者更早地意识到问题，并对取消建议有更少的心理依恋。

（4）专注当下。关注当下，而不是纠缠于未来，可能会降低沉没成本效应。在最近的一项研究中，一段 15 分钟的冥想录音通过将决策者的注意力从项目过去的经济损失的负面情绪中转移出来，减少了承诺升级。

7.6　创新

本章的开篇案例描述了创新是如何成为澳昱冠（Aurecon）决策的一个关键特征的。这家澳大利亚－南非的工程公司认为，通过更具创新性思维，澳昱冠的员工在一个充满活力和竞争的商业环境中"做好了未来的准备"。**创新**（creativity）是指能对社会做出公认贡献的一种原创思想的发展。它存在于想象机会中，如发现新产品或服务，或识别从传统角度看不明显的问题。创造力通过用不同的方式想象未来，从而帮助我们选择备选方案，并且弄清楚每个选择在这些情况下可能是有用的或可靠的。简而言之，创新自始至终都是有价值的。

7.6.1　创新过程

创新是如何发生的？这个问题已经困扰专家数百年了，并且使许多由于创新性思维而有重大发现的科学家感兴趣。值得注意的是，一个多世纪前，德国物理学家赫尔曼·冯·赫尔姆霍兹（Hermann von Helmholtz）在公开演说中描述了他创新的过程（能源物理学、检查眼睛的仪器以及其他许多方面）。几十年后，伦敦经济学院的教授格雷厄姆·沃拉斯（Graharn Wallas）基于赫尔曼·冯·赫尔姆霍兹的想法构建了图 7-4 所示的创新过程模型。在随后的一个世纪里，这个模型都是最具声誉和最有影响力的。

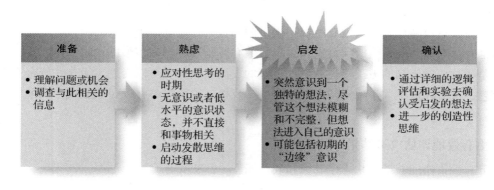

图 7-4　创新过程模型

资料来源：Based on G. Wallas, *The Art of Thought* (London: Jonathan Cape, 1926), Chap. 4.

第一阶段是准备（preparation）——从多方面研究问题或机遇的过程。准备工作包括形成对试图实现的新方案的清晰理解，然后积极研究与该主题相关的信息。这是一个发展和该主题有关的知识与技能的过程。第二阶段被称为熟虑（incubation），是应对性思考的时期。我们把问题放在一边，但是我们的思考还是建立在问题背景上的。在此，重要的是要频繁地重新审视问题以保持低水平的意识状态。熟虑并不意味着你忘记了问题或事件。

熟虑有助于发散思维（divergent thinking）——用独特的方法重构问题，并且产生解决问题的不同方案。这与聚合思维（convergent thinking）恰恰相反——通过计算方法得出某一逻辑问题常规上能被人接受的"正确答案"。发散思维使我们远离既定的心智模型，以使我们可以应用来自完全不同的生活领域中的概念或过程。

维克罗（Velcro）的发明就是其中一个例子。20 世纪 40 年代，瑞士工程师乔治斯·德·梅斯特劳（Georges de Mestral）刚和他的狗从郊外散步回家，就发现他的衣服和狗都沾上了毛刺。在艰难地去除毛刺时，梅斯特劳通过发散思维发现毛刺的黏附力可以把其他东西粘起来。通过若干年的努力，最终他发明了快速尼龙搭扣，被称为维克罗。

创新的第三阶段是启发（illumination，也称为顿悟），是指突然意识到一个独特想法的经历。沃拉斯和其他专家认为这个阶段是从"边缘"意识开始的，而且启发是发生在这一独特想法完全进入我们意识之前的。启发经常被比喻成一个灯泡，但是更准确的比喻是一束短暂的光线或一支短暂闪烁的蜡烛，因为这些灵感是短暂的，并且如果不赶紧记录的话会很快消失。短暂想法的出现没有特殊的规律，它们可能在任何时间（白天或夜晚）造访你。

启发的想法通常是粗糙的、模糊的、未经测试的。因此确认（verification）是创新的最后一步，需要通过详细的逻辑评估、实验来进一步对启发的想法加以确认。在这一步中，当想法最终成为产品和服务时仍需要投入更多的创新。因此，虽然确认被认为是创新的最后一步，但它是通往创意产品或服务开发的创新决策漫长过程的开始。

7.6.2　创新人才的特征

每个人都可以创新，但是只有一些人有很高的创新潜质。具有更大创新潜质的主要特征体现在认知和智力、毅力、知识和经验，以及拥有一系列的代表独立想象力的个性特点与价值观这四个方面（见图 7-5）。

图 7-5　创新人才的特征

1. 认知和智力

创新人才拥有高于平均水平的智力，因此更容易合成信息、分析想法和应用想法。他们可以意识到微小信息的重要性，并且能够通过别人无法想象的方式把它们联系起来。他们也有实践智慧（practical intelligence）——评估想法的潜在实用性的能力。

2. 毅力

创新人才具有毅力，毅力来自更高的成就需要、更强烈的任务动机以及中等或高程度的自尊。毅力是至关重要的，因为人们需要这种动力来继续工作和投资一个项目，尽管面临失败且别人给出了放弃的建议。事实上，人们普遍倾向于拒绝或批评创造性的想法，所以有创造力的人需要毅力来承受这些消极的社会力量。

3. 知识和经验

创新人才需要基础知识和经验来发现或获取新的知识。然而，知识和经验也可能是一把双刃剑。当人们在一个特定领域获取知识和经验时，他们的心智模型会倾向于变得死板，从而使他们对于新知识的接受度变低。有学者认为，专业知识会增加"无意识行为"，同时会削弱对问题发生的质疑。为了突破这一局限，一些公司的领导者喜欢聘用来自不同行业与不同专业领域的人。

4. 独立的想象力

创新人才拥有能支持独立想象力的一系列个性特点和价值观：高经验开放性、低关系需求以及高自我管理与激励的价值观。经验开放性是五大人格维度之一，它代表了一个人的想象力、好奇心、敏感性、开放性与原创性的程度。创新人才有适度低关系需求，当他们犯错误时不会显得那么尴尬。自我管理包括创新与独立思考的价值观。激励包括兴奋和挑战价值的刺激。总之，这些价值观形成了对变化的开放态度——代表了追求创新方式的动机。

○ 全球链接 7-2

雅诗兰黛的每个人都扮演着创新的角色

创新是雅诗兰黛成为全球知名美容行业领导者的关键。"需要说明的是，创新是我们创新模式的中心。"这家总部位于纽约的化妆品和皮肤护理公司的首席执行官法布里齐奥·弗雷达（Fabrizio Freda）强调道，"因此，在我们倾听消费者的意见和研究趋势的同时，我们的大部分努力都是为了创造一些尚不存在的东西。"

雅诗兰黛创新成功的基础是相信组织中的每个人都可以而且应该拥有创造力。

"创新是关于解决问题的，谁不是每天都在解决问题呢？因此，每个人都要凭借他们天生的解决问题的能力，都是有创造力的。"雅诗兰黛负责创意和商业创新的副总裁马克·波尔森说，"无论你在什么领域——无论是供应链、销售、融资，甚至是采购——你都有能力在这个角色中发挥创造力。"

雅诗兰黛的执行集团总裁兼公司创意人才卓越中心的负责人约翰·德姆西也回应了这一观点。"我相信每个学科都有创造力，"他说，"创造力不仅关于创意总监、文案或商店设计师。这是重新想象可能性和以不同方式思考的能力、主动性和自我实现。"

除了鼓励每位员工发挥创造力，雅诗兰黛通过营造学习导向文化支持创新。马克·波尔森解释说，他和雅诗兰黛的其他领导层创造了一个不惩罚失败的环境，希望从失败中吸取教训。雅诗兰黛还通过培训项目和创意活动来支持创新。例如，该公司在位于纽约州皇后区的创新实验室，与产品开发人员、工程师、面向客户的员工和其他团队举办设计思维会议。"我们把他们聚集在一起讨论问题，把他们分成团队，让他们总结想法，把原型放在一起。然后，我们评估这些原型，迭代并且做更多的原型。"波尔森解释说。

7.6.3　支持创新的组织条件

认知和智力、毅力、知识和经验以及独立的想象力代表了一个人的创新潜质，但是一个人创新产出的多少取决于支持创新过程的工作环境。文献著作中提到了很多不同的工作环境，而且不同的环境组合可能同等地支持创新，不存在最好的工作环境。

支持创新实践的最重要的条件之一是**学习导向**（learning orientation）。学习导向是一套信念和规范。它鼓励员工质疑过去的实践，学习新想法并尝试将新想法付诸实践，将错误视为学习过程的一部分。另外，当员工相信他们的工作对组织甚至更大的社区有利（即任务重要性）时，以及当他们拥有自由去追求新想法而无须受到官僚的延误（即自主性）时，他们会更倾向于创新。创新的内容是改变事物，而只有当员工拥有尝试的授权时，改变才是可能的。

除学习导向和充实工作之外，公司还可以通过开放的沟通与充足的资源来培养员工创新。它们也可以提供适度的工作安全感，这解释了为什么当裁员和企业重组时创新会遭受打击。有些公司通过设计非传统的工作环境来支持创新，例如，独特的建筑设计或反惯例的工作区域。谷歌就是其中一个例子，这个互联网创新企业在不同的国家有着千奇百怪的办公室，包括吊床、小船型与蜂窝型的私人空间、滑梯，以及鲜艳明亮的墙壁。

在某种程度上，创新也因为领导者和同事的支持而得以提高。一般来说，当领导者对未来有一个有吸引力的愿景，并鼓励员工尝试新的方法来实现这个愿景时，创新能力就会提高。同事的支持在一些情景下可以促进创新；然而，一些研究表明，同事间的竞争在一些情景下也可以促进创新。同样，对于应该在员工身上施加多大压力去产生创新，目前还不清楚。极端的时间压力是一种著名的创新抑制剂，但是缺乏压力似乎也不能产生最高程度的创新。

7.6.4　鼓励创新的活动

我们已经描述了组织中创新的两个基石：雇用具有强大创造潜力的人员和提供支持创新的工作环境。第三块基石包括举办有助于员工创新思考的活动。四种类型的创新构建活动是：重新定义问题、联想游戏、杂交授粉和设计思维。

1. 重新定义问题

重新定义问题是释放创新思维的一种潜在的强大方式。一种方法是重新考虑已经被搁置的项目。经过一段时间的忽视，这些项目可能会以新的方式被看待。你也可以通过询问不熟悉这个问题的同事从不同的角度来看待这个问题。你陈述目标并给出一些事实，然后让其他人提问以进一步了解情况。通过表达问题、倾听问题，并听到别人的想法，你更有可能从一个新的角度来看待问题。

2. 联想游戏

联想游戏实际上就是指以不寻常的方式玩游戏或接受挑战。联想游戏的一种形式是参与好玩的活动，比如，用葡萄柚作为球玩槌球，或者完成一个线索模糊的寻宝游戏。创新思维从这些有趣的活动中自然产生，然后延续到与工作相关的问题解决过程中。第二种形式是挑战参与者，使用现有的不相关产品（如吹风机和电动牙刷）创造一些具有特定目的（如清洁餐具）的新产品。这些活动锻炼思维，打破关于现有产品和服务的传统心智模型。第三种形式的活动，被称为形态分析（morphological analysis），包括列举某个系统的不同维度以及每个维度的要素，然后考察每种组合，鼓励人们去小心谨慎地分析本来看似毫无意义的组合。例如，乳制品公司的员工可能会通过考虑酸奶产品的含量、场合、目标群体（儿童、老年人等）、尺寸和包装等来考虑酸奶产品的组合。一种新颖的、在商业上成功的创新可能由此产生。

○ 全球链接 7-3

挪威电信通过咖啡中心"杂交授粉"激发创新

挪威电信（Telenor）发现，集中的咖啡中心显著地增加了知识和思想的"杂交授粉"。此前，这家挪威最大的电信公司有数百台咖啡机——大约每 5 名员工就有一台——分布在总部大楼里。咖啡机就在附近，所以员工们只能和自己团队或部门的同事聊天。

挪威电信用了一大笔开支，建立几个大型咖啡中心（每 120 人就有一个）取代了数百个分布式咖啡机。同时，在每个工作单元内建造了一个集中的大型自助餐厅。现在，员工会走出自己的空间去喝咖啡和吃午餐，定期与其他部门的同事互动。在这些变化发生的三个月后，该电信公司的销售额增长了 20%。虽然很难检验因果关系，但该电信公司认为，集中的咖啡中心和自助餐厅的重新设计带来了更广泛的思想交流传播和社会互动，这在很大程度上解释了销售额增长的原因。

3. 杂交授粉

杂交授粉（cross-pollination）发生在来自组织不同领域的人交换意见或新人进入一个组织时。比如，通过安排正式的社交聚会来鼓励员工与其他工作领域的人进行互动，或者要求员工每隔几个月把办公桌搬到另一个只有熟人的地方。

Mother 公司的创意总监和战略主管解释说："每个人都坐在同一张桌子旁，每过六周，在'移动的星期一'，我们都会换不同的地方。"创意机构制订了一个新的座位计划，员工被重新分配，其中大部分人围绕着一个可容纳 100 多人的巨大混凝土板。这里没有资历或纪律方面的规定，这意味着每个人都可以相互了解，想法可以相互交流。杂交授粉强调了这样一个事实：创新很少单独产生。一些创新人才可能是崇尚个人主义的，但大多数创新想法是通过团队和非正式的社会互动产生的。

4. 设计思维

本章的开篇案例描述了澳大利亚–南非的工程公司澳昱冠如何通过设计思维原则和实践

来改变其解决客户问题的方式。**设计思维**（design thinking）是一个以人为本、以解决方案为中心的创新过程，它应用直觉和分析思维来澄清问题并产生创新的解决方案。设计思维不仅针对从事设计工作的人。相反，它是一个有形的"脚手架"，使用创新思维、逻辑分析、同理心和直觉来指导所有员工完成决策过程。设计思维有一些模型和指导方针，但最受推崇的框架之一确定了表 7-1 中概述的四种规则，现总结如下。

人道规则——设计思维是一个团队活动。它依赖于几个具有不同知识和经验的人之间的合作与共同创造，因此可以从几个角度来看待某个问题及其可能的解决方案。设计思维也以人为中心，因为设计师需要与客户和最终用户共情，并让他们参与设计过程。客户的参与促进了对原始问题陈述的重新定义（如客户的简报），以及对潜在解决方案更动态的发现和改进。随着想法和原型的开发，客户和最终用户可以提供关于产品体验的实时反馈。

模糊性规则——只有当问题及其潜在的解决方案存在模糊性时，创新和实验才有可能实现。因此，设计思考者保持模糊性，而不是太快地寻求清晰度。设计师并不认为客户的原始问题声明是准确的。相反，所陈述的问题会被客户质疑和改进。设计思考者避免了用一种解决方案过快解决问题的自然诱惑。相反，他们不断地质疑可能的解决方案，即使发现一个有可能解决问题的方案后，还会开发多个解决方案。

重新设计规则——没有完全原创的创新性解决方案，因为被服务的需求从人类诞生以来就存在。因此，设计师们会回顾过去的解决方案，以了解它们是如何满足人类需求的。他们研究这些解决方案是如何操作的，并了解它们的缺陷和局限性。然后，设计师们使用预见工具来设想未来更好的解决方案。环境扫描、情景描绘和其他预见工具帮助设计师构想可能的未来，如新兴趋势、未来环境的条件和规则的变化。

有形规则——设计思维花更少的时间计划，更多的时间去做。设计师为他们的想法构建了几个低成本的原型，而不是在纯粹的概念层面上分析这些想法。原型代表了一种在概念规划中不存在的丰富的沟通形式。一个设计思维的口头禅是"快速失败，经常失败"，其意思是在最终结果的过程中快速频繁地制作原型，同时还意味着设计思维能够容忍失败、接受学习导向。

表 7-1 设计思维的四种规则

设计思维的规则	描述
人道规则	● 涉及几个人，以便从几个角度来看待问题和可能的解决方案 ● 包括客户和最终用户，以支持问题识别和解决方案开发的迭代过程
模糊性规则	● 保持模糊性，而不是太快地寻求清晰度 ● 提出问题并细化所述问题 ● 开发多个解决该问题的解决方案
重新设计规则	● 回顾过去的解决方案，以了解它们是如何试图满足人类需求的 ● 使用预见工具来构想未来更好的解决方案
有形规则	● 构建几个低成本的原型来测试想法 ● 不要在纯粹的概念层面上分析备选方案 ● 容忍失败、接受学习导向

资料来源：Based on information in C. Meinel and L. Leifer, "Introduction-Design Thinking Is Mainly about Building Innovators," in *Design Thinking Research: Building Innovators*, ed. H. Plattner, C. Meinel, and L. Leifer (Cham, Switzerland: Springer International, 2015), 1-11.

7.7　决策中的员工参与

巴西拉塔（Brasilata）已成为巴西最具创新性和最富有生产力的制造企业之一。每年，钢铁制造商可以收到 10 万多个想法——平均每个员工有 100 多个想法——从如何提高生产效率到新产品设计。这些想法如此重要，以至于巴西拉塔的员工被称为"发明家"，并且每个人都签署一份"创新合同"，以加强他们对持续改进的承诺。巴西拉塔成功的部分原因是它依赖于员工参与——员工影响其工作的组织方式和实施方式的程度。这种参与通常不仅涉及个人工作的决策，还会影响组织其他方面的决策。

员工参与已经成为每个组织的自然过程，但参与的程度因情况而异。如果员工被单独要求提供具体信息，但没有向他们描述问题的内容，则参与程度较低。在描述问题并且向员工单独或集体询问与该问题相关的信息时，会出现更高的参与度。

更高水平的员工参与由员工描述问题的内容，并且由员工共同负责制定建议。然而，决策者不一定接受这些建议。最高水平的员工参与是指将整个决策过程都移交给员工。他们识别问题、发现可行方案、选择最优的备选方案，以及实施备选方案。原来的决策者只作为一个促进者来引导决策过程，并保证每个人都在参与。

7.7.1　员工参与的优点

在过去的半个世纪里，组织行为学专家认为，员工参与可能会提高决策质量和承诺。首先，员工参与有助于识别问题和机遇。在许多方面，员工是组织环境中的"感应器"。当组织的行动偏离了客户期望时，员工经常是最先知道的。员工参与确保了组织里的每个人对这些问题的快速警觉。员工参与也可以潜在地提高解决方案产生的数量和质量。在一个管理良好的会议中，团队成员可以形成协同力，通过汇集所有人的知识来形成新的备选方案。换言之，许多人在一起工作可以潜在地产生比相同的人独自工作时更多和更好的解决方案。

员工参与的第三个优点是，在具体的条件下，它可以改善对备选方案的评估。大量关于参与性决策、建设性冲突与团队动力学的研究发现，参与可带来更多样化的视角、测试不同的想法，以及提供更有价值的知识，这些都有助于决策者选择最优的备选方案。马奎斯·德·孔多塞（Marquis de Condorcet）在 1785 年引入的一个数学定理也支持了这样一个观点：当在两个备选方案中做出选择时，多人决策相比独自决策更有可能是正确的。

除了提高决策质量，员工参与有助于强化员工对决策的承诺。那些参与决策的人不会将自己视为他人决策的代理人，而是觉得自己对决策的成功负有个人责任。参与也对员工激励、满意度和离职产生积极的效应。员工参与也会增加技能多样性、自主性和任务辨识性，这些都增强了工作丰富性和潜在的员工激励。参与也是组织变革中的关键手段，因为员工更有动力去执行决策，也不太可能抵触决策造成的变革。

争辩点：组织应该实行民主吗

大多数组织行为学的专家建议推行一定程度的员工参与，但也有一些专家建议组织应该实行民主，而不是实行等级制度。组织民主包括最高形式的参与，即员工直接或通过代表权对组织决策进行真正制度化的控制。此外，民主型公司中没有人拥有更高的权力，除非其他人明确被授予这种权力（例如，通过员工选举公司领导人）。民主制度还保护所有组织成员，使他们免受武断或不公正决策（例如，防止被无故解雇）的伤害。

一些读者可能认为职场民主是一种极端的组织管理方式，但支持者指出，这是许多社会运行了几个世纪的原则，也是大多数其他社会所渴望的。一些知名和成功的公司已经实现了民主治理，比如赛式公司（Semco SA）和戈尔公司（W. L. Gore & Associates），以及许多的员工持股公司和工人合作社。一些国家（特别是欧洲国家）立法要求公司通过工作委员会或董事会成员给予员工对某些组织决策的控制权。

支持者指出，作为一种参与形式，职场民主可以提高组织决策的质量和员工对决策的承诺。事实上，民主本质上提倡共享领导（每个人都应该以各种方式成为领导者）。共享领导越来越多地被建议用于提高决策和组织效率。民主型公司也可能更加灵活和创新。民主组织的员工不只是顺从地遵循管理层的标准操作程序，而是有机会随着环境的变化而适应和尝试新的工作实践。这种组织形式也鼓励了更多的组织学习。

最后一个论点是，民主型公司在道德上优于传统的等级组织。它尊重个人权利和尊严，更充分地满足道德行为标准，并且比传统管理更有可能采用社会所期望的多方利益相关者的方法。事实上，欧洲一些政府机构一直在争论这样一种观点，即组织民主是一种潜在的有效方式，可以最大限度地减少公司的不法行为，因为它积极监督最高决策者，并让他们持续地对自己的行为负责。

民主型公司模式有许多公开的支持者，但实践者很少。如今的员工参与比几十年前要多一些，但仍未达到理想的民主。大多数公司采用传统模式，管理层保留控制权，员工几乎没有权力。这种不妥协可能是有原因的。反对组织民主的一个原因是，员工与组织有合同关系，而不是所有权关系。他们没有获得公民身份的合法控制权。第二个原因是，员工可能会强调自己的利益而损害其他利益相关者的利益。相比之下，传统的组织赋予了管理层一个明确的义务，即服务多个利益相关者，以确保组织的生存和成功。

另一个原因是，职场民主可能会削弱问责制的作用。虽然适度的员工参与可以提高决策质量和承诺，但当每个人都有发言权时，没有人会对决策承担实际责任。此外，民主往往会导致决策变慢，这可能导致公司对外部环境变化的反应迟钝。最后，民主型公司模式假设员工想要控制他们的组织，但一些研究表明，员工更喜欢适度职场参与。出于这个原因（以及上面提到的其他原因），员工持股公司通常保持更传统的等级关系。

7.7.2 员工参与的问题

如果员工参与那么完美，为什么领导者不把决策全部交给员工呢？答案是，员工参与的最佳水平取决于情景。员工参与模型如图 7-6 所示，其列出了员工参与的四个问题：决策结构、决策知识来源、决策承诺，以及冲突风险。

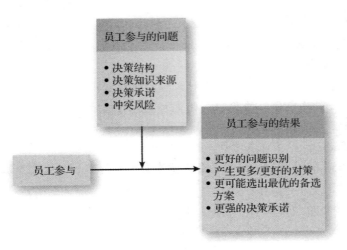

图 7-6   员工参与模型

- 决策结构（decision structure）。在本章的开头，我们描述了有些决策是程序化的，有些是非程序化的。程序化的决策不太需要员工参与，因为人们已经从以往的实践中得到了对策。换言之，员工参与的优点会随着问题或机遇的新颖性和复杂性的增加而增加。

- 决策知识来源（source of decision knowledge）。当领导者缺乏足够的知识，而下属有额外的信息来提高决策质量时，下属应该参与某种程度的决策。在许多案例中，员工更加贴近顾客和生产活动，所以他们通常都知道公司可以怎样节省费用、提高产品或服务的质量，以及识别机遇。这尤其适用于员工掌握相关信息的复杂决策。

- 决策承诺（decision commitment）。参与有助于提高员工对决策的承诺。如果员工不能接受没有自己参与的决策，那么某种程度上的员工参与是有必要的。

- 冲突风险（risk of conflict）。有两种类型的冲突会破坏员工参与的好处。第一，如果员工的目标与组织的目标相冲突，建议实施低水平的员工参与。第二，参与的程度取决于员工是否能在偏好方案上达成共识。如果有可能发生冲突，那么高水平的员工参与（也就是员工集体做出决策）将难以实施。

　　员工参与是决策过程的一个重要组成部分。为了做出最优的决策，我们需要把拥有最有价值信息的员工和可以强化承诺去执行决策的员工纳入决策中。员工参与是团队动力的形成阶段，因此它带来了团队工作的许多好处和挑战。下一章将详细介绍团队动力，包括团队决策过程。

○ 全球链接 7-4

IBM 认知构建活动中的高度参与

　　IBM 推出了认知构建（cognitive build）活动，为期三个月，依赖于各种形式的员工参与来进一步开发该公司的认知技术平台（人工智能）——沃森（Watson）。377 000 名 IBM 用户都被邀请提交一些将沃森的认知能力应用于新的或改进的客户服务或 IBM 内部更有效的流程中的想法。

最初，该活动由 8 361 个团队组成，团队成员有很短的时间来确定他们的想法的可行性；其中超过 2 700 个团队有足够可行的项目，可以进入认知构建挑战的下一阶段。这些项目涵盖了广泛的主题，如数据安全、空气质量监测、反欺凌和社会银行业务。团队使用设计思维原则来发展他们的想法。

IBM 通过另一种独特的员工参与形式选择了 50 个最好的项目——该公司自己的内部众筹平台 ifundIT。每个员工都收到了 2 000 美元的虚拟资金，他们通过虚拟资金"投资"于一个或多个他们认为最有潜力的项目。实际上，虚拟资金是员工投票给首选项目的一种形式。来自 115 个国家的 22.5 多万名 IBM 的员工在这些项目上投资了 2.91 亿美元的虚拟资金。

从 IBM 的员工那里获得最多虚拟投资的 50 个团队有 3 周的时间来进一步构建各自的原型。然后，每个团队的代表向相应行业、流程或市场领域的公司专家评审团提出他们的想法。8 个团队进入了下一个阶段，团队代表向 IBM 的首席执行官和一个外部业务领袖小组展示了他们的项目。

◘ 本章概要

7-1　描述决策的理性选择范式

决策是一个有意识的过程，是指在一个或多个选择中做出选择，目的是朝着某个期望的状态发展。决策的理性选择范式依赖于主观期望效用去识别最佳选择。决策遵循这样一个逻辑过程，识别问题和机遇、选择最优的决策过程、识别和开发供选择的对策，选择最优的选项，执行被选择的选项以及评估决策结果。

7-2　当识别问题 / 机遇、评估 / 选择备选方案、评估决策结果时，人们与理性选择范式有所不同，请解释原因

利益相关者的防御、知觉性防卫、心智模型、果断领导和解决方案导向问题影响了我们识别问题与机遇的能力。我们可以通过正视人类的局限性以及与同事讨论问题，尽量把这些挑战最小化。

7-3　讨论决策中情绪和直觉的作用

情绪塑造了我们对备选方案的偏好与我们评估备选方案的过程。当决策时，我们也聆听来自自己情绪的指引。这个行为与直觉有关——当出现问题和机遇时，下意识地选择最优的行动路径的能力。直觉既是一种情绪经历，也是一个快速的无意识的分析过程，包括模式匹配与行动程式。

7-4　描述创新人才特征、工作环境和支持创新的具体活动

创新是指提出能够做出社会公认贡献的想法。创新的四个阶段是准备、熟虑、启发和确认。熟虑有助于发散思维。发散思维包括通过独特的方法重构问题以及产生解决问题的不同方案。创新人才的四个主要特征是智力、毅力、知识与经验，以及一系列代表独立想象力的个性特点与价值观。当工作环境支持学习导向、工作具有高内在激励、组织提供合理水平的

工作安全感，以及项目领导者提供恰当的目标、时间压力与资源时，创新也会被强化。四种鼓励创新的活动是重新定义问题、联想游戏、杂交授粉和设计思维。

7-5　描述员工参与的优点并识别员工参与的四个问题

员工参与是指员工影响其工作组织和执行的程度。参与的水平可以是员工在不知道问题或事件的情况下向管理层提供具体信息，也可以是完全参与决策过程的所有阶段。员工参与可能会导致更高的决策质量和承诺，但需要考虑几个问题，包括决策结构、决策知识来源、决策承诺和冲突风险。

◨ 关键术语

锚定和调整性启发	隐含偏好	可得性启发	直觉	有限理性
期望理论	创新	理性选择范式	决策	代表性启发
发散思维	满意	员工参与	情景规划	承诺升级
主观期望效用				

◨ 批判性思考

1. 一家制造公司聘请了一位管理顾问来确定其下一个生产工厂的最佳地点。该顾问已经与公司的高级管理人员基于提出建议时要考虑的因素召开了几次会议。请讨论可能妨碍该顾问选择最佳地点的决策问题。

2. 你被要求以个人名义推荐一名旅游中介去处理所有的机票、住宿和你所在组织的 500 名员工相关的旅游需求。你的一个负责公司财务计划的同事，建议通过输入每名中介的相关要素以及每个要素的权重，以数学方式选出最佳的旅游中介。你的同事推荐了什么决策方法？在这个情景下，这个推荐是好的吗？为什么是或为什么不是？

3. 直觉既是一种情绪经历，也是一个无意识的分析过程。但问题是，不是所有表明存在问题或机遇的情绪都是直觉。请解释我们如何感知我们的"内在感觉"是不是直觉，如果不是直觉，指出哪些因素会产生"内在感觉"。

4. 一个开发商获得了资金支持，打算在一片废弃的滨水区建设一个新的商业金融中心。它距离某个欧洲大城市的市中心只有几英里。当时的想法是建造几座高层建筑，吸引大型企业入驻，并将城市交通系统延伸到新的中心。在之后的十年里，该开发商相信，其他人也会在这个区域落户，因此可以吸引许多金融机构的区域性或国家性的办公室。然而，潜在商业租户的兴趣远低于最初的预期，而且该城市也没有像预期的那样快速建设交通系统。尽管如此，开发商仍旧继续着原来的计划，只是在财政支持被削减后，开发商才重新考虑这个项目。利用你掌握的关于承诺升级的知识，讨论开发人员被激励继续推进项目的三个可能原因。

5. 古籍公司（Ancient Book Company）在新书项目上遇到了问题。即使其他人意识到一本书的出版远远落后于计划可能不会引起公众的兴趣，得到赞助的编辑也不愿意终止与作者签署的合同。结果是，编辑们在这些项目上投入的时间比在更有成果的项目上投入的时间要多。作为承诺升级的一种形式，请描述古籍公司可以最大限度地减少这个问题所使用的两种方法。

6. 一个刚毕业的学生，在她还没开始找工作的时候，就被她仰慕的雇主提供了一份工作。该学生认为这是一个机会，并抓住了它。你认为她的决定受到情绪影响了吗？

7. 想想你经历过的一个创新过程。也许你一觉醒来就有了一个绝妙的想法（但通常是粗略的和不完整的），或者你在做其他事情的时候解决了一个令人困惑的问题。向你的班级描述这个事件，并解释这个经历是如何解释创新过程的。

8. 创新人才有两个特征：一是他们有相关的经验，二是他们坚持不懈地追求。这是否意味着经验最丰富、对成就的需求最高的人最有创造力？请解释你的答案。

9. 员工参与既适用于课堂，也适用于办公室或工厂车间。解释学生参与课堂决策（通常由教师单独做出）是如何提高决策质量的。在这个过程中可能会出现哪些潜在的问题？

◘ 案例研究 1

KGame 如何提高员工的创造力

KGame 是一家于 2008 年在上海成立的在线游戏开发公司。该公司主要招聘年轻员工，因为他们熟悉游戏。这家公司的一个关键的管理实践类似于一种老式游戏——纸牌游戏。每个月初，每个员工收到 7 张主题卡片，每张卡片都有一个属性，例如，"超级称职""超级幽默""超级努力"或"超级支持"。然后，员工们把卡片给了他们认为最值得认可的同事。所有的卡片都必须发放出去。

在月底，作为一种绩效评估，KGame 根据累计分数计算每个员工拥有多少张卡片和公开发放的奖励。有时也会分发惊喜礼物，员工似乎觉得这特别令人兴奋。正如一位员工所说："我们不仅在开发游戏，而且在游戏中工作，这让我们更加相信游戏的概念。"

提高员工创造力是其高管议程的首要任务，为了促进创意文化建设，KGame 将所有 400 名员工（称为"队员"）安排在一个开放式房间里，没有把经理和其他员工分开。初级员工可以自由地四处走动，并与各级同事聊天。在这个巨大的主办公室的周围是按摩室、健身房、乒乓球室和一个游戏区，旁边还有讨论室和许多其他设施。工作和游戏环境的设计确保了人们有足够的资源来刺激他们的精神，并有许多机会在不同的情况和环境下相互交流与了解。

高管团队鼓励开放，高度重视平等。例如，为了回应 Twitter 上的电话，KGame 的首席执行官和其他五名成员在办公室参加了"冰桶挑战"。这个行为向整个组织发送了一个信息，即首席执行官支持为患有 ALS（肌萎缩侧索硬化）的人筹集资金，并且他们愿意在整个团队面前进行挑战。这种慈善行为在很大程度上提升了他们的形象。"他不守旧，和我一样，充满激情，"一位年轻成员说，"当他接受挑战时，我真的觉得他是认真的，我个人觉得这很鼓舞人心。他是个实干家，不是空谈家。我相信他，也相信这个组织。"

"我希望我们的成员把自己看作 KGame 的所有者，而不是在这里为了钱而工作的代理人或员工。"KGame 的首席执行官说，"他们不仅是在为 KGame 工作，也是在为自己的理想而努力。"

KGame 在其在线游戏中明确设定了美丽、艺术、创新和玩家满意度的核心价值观。这些价值观会影响到公司的招聘标准及其一般的组织实践。这位首席执行官再次表示："我们相信每个 KGame 成员都相信我们的游戏，并分享我们的价值观。例如，我们希望他们把一个美丽的游戏形象视为对美丽和艺术的独特贡献。创造美没有标准的操作流程，你只能通过探索和测试来实现它。所以，我们给了我们的成员很大的空间来尝试他们的想法，拥有他们需要的所有资源，但不必担心'失败'或'惩罚'。到目前为止，我们成员的离职率非常低。我们很容易吸引有才华的年轻人。"

最初，KGame 的管理风格招来了批评：传统主义者怀疑其有效性，认为员工的行业经验应该和他们的创意价值观一样重要。但该组织惊人的成功让那些批评者哑口无言。2015年上半年，一款 KGame 的产品营收约为 6 000 万美元，在中国在线游戏市场中排名前三。KGame 已经扩展到上海以外，在南京、台北等城市开设了办事处，并进入新加坡等国家，以探索国际市场。基于其核心价值观和组织文化，该公司计划通过整合大数据、IP 管理工程和 VR 等新技术，全面地在内部开发更多在线游戏。

公司的成功体现在资本市场上，注册用户超过 5 000 万人，日活跃用户超过 200 万人。它在中国深圳证券交易所成功上市，成为中国股市排名靠前的游戏股。在过去的三年中，其股价稳步上涨，从平均 84.6 元 / 股上升到 98.4 元 / 股，最后上升到 114 元 / 股。最近的投资报告将 KGame 列为最推荐投资的公司之一。

（本案例基于实际组织，但名称和一些特征已被更改以保持匿名）

讨论题：

1. KGame 是如何提升其学习导向的？
2. 作为一家市场驱动型公司，KGame 是如何提升创造力的？
3. 你认为 KGame 的开放式办公风格有什么好处？
4. 你认为为什么评估游戏（涉及价值卡片分配的游戏）在 KGame 中如此有效？
5. 为什么投资机构推荐 KGame？

◘ 案例研究 2

被错误问题困扰

在美国，每年有 300 多万只狗进入动物收容所，其中近三分之一的狗已经被主人抛弃。直到最近，动物收容所的员工还认为那些宠物的主人不再想要他们的宠物了，所以他们把资源集中在如何让抛弃的狗被新主人重新收养的问题上。

现在，动物收容所意识到他们在某种程度上关注了错误的问题。大多数抛弃狗的主人都喜欢他们的宠物，但由于经济或家庭困难，他们无法再养宠物了。"主人的抛弃不是人的问题，"洛杉矶市中心狗狗救援组织的创始人洛里·韦斯（Lori Weise）解释说，"总的来说，这是一个贫困问题。这些家庭和我们一样爱他们的狗，但他们很穷。"动物收容所的工作人员还了解到，如果主人是因为宠物的行为而抛弃他们的狗，问题往往在于主人缺乏基本训练来改善宠物的行为。

这些发现给动物收容所敲响了警钟。除了为被遗弃的狗狗寻找新家，收容所现在还关注让主人能留住宠物的策略。洛杉矶市中心的狗狗救援中心是采用多种解决方案来减少每年被送到动物收容所的狗的数量的先驱。通过捐赠，该组织提供免费的狗疫苗接种、绝育、医疗援助、办宠物许可证和其他形式的支持，帮助低收入者养宠物，而不是把宠物送到收容所。

直到最近，纽约市动物护理中心（ACC）也只专注于将被遗弃的狗交给新主人。该市政机构每年在纽约市五个行政区的收容所接收 3 万多只宠物。前台的工作人员都知道为什么主人们要抛弃他们的宠物：他们负担不起宠物的医护费用；他们陷入了困境，在新的临时住所不允许养宠物；宠物有行为问题，他们不知道如何纠正等。

不幸的是，接收被抛弃的狗的 ACC 工作人员还有许多其他职责（将宠物交给主人，追踪许可证标签等）。在大多数情况下，为了完成文件处理工作，他们能做的是问宠物主人一些问题。ACC 的主管亚利亚·辛普森（Aleah Simpson）回忆道："他们不知所措，没有时间和客户坐下来进行真正深入的对话，看看我们是否能做些什么来帮助他们留住自己的宠物。"这也是一个尴尬的情况，因为宠物主人们在 ACC 拥挤的前厅回答问题并交出宠物，而很多爱养宠物的客户也在那里听着。

受到洛杉矶市中心狗狗救援组织工作的启发，ACC 现在采取了一种截然不同的方式来处理狗的遗弃事宜。现在，想要交出狗的主人不再需要回答繁忙的前台工作人员提出的几个问题，而是由训练有素、人际交往能力优异的 ACC 顾问来接待。在私人办公室里，这些顾问会听狗主人讲述他们为什么想要交出他们的狗。这些咨询师由持证社会工作者所培训，以保持对狗主人的非评判态度，并处理困难的情况。辛普森说："一旦那个人（宠物主人）觉得在那一刻他们不会被评判，他们可能会敞开心扉，告诉你真实的情况。"

根据这些对话的信息，ACC 顾问指导一些主人找到可以提供帮助的支持团体，比如获得经济支持或为狗提供临时住所。在其他情况下，主人会被邀请参加简单的培训项目，接受关于如何改善宠物行为的指导。这些对话还可以帮助顾问确定哪些宠物最好离开原主人去与新主人相处。随着新情况的出现，ACC 的工作人员发现了更加有创新性和定制化的解决方案，使宠物主人能够养他们的宠物。纽约市动物联盟的珍妮·科菲（Jenny Coffey）说："甚至在两年前，我也认为这些宠物主人和动物们已经没有其他选择了。"

ACC 预测，在该项目实施的前 18 个月，将有 150 名主人会由于该咨询项目继续养他们的宠物。而这项计划每个月减少了 90 多只宠物的收容数量。通过纽约社区信托基金，ACC 为纽约市低收入地区的宠物提供了免费的兽医服务和人文关怀。在获得这笔资金的地区，宠物抛弃率平均下降了 50%。

美国防止虐待动物协会（ASPCA）的首席执行官马修·伯沙德克（Matthew Bershadker）在谈到该行业重新制定的任务时表示："这几乎就像几年前动物福利界的一个'大灯泡'坏了一样。我们不再考虑如何让动物离开收容所，而是开始考虑如何阻止动物进入收容所。"

讨论题：

1. 在这个关于狗弃养的案例中，主要讨论的是决策的哪个阶段？决策阶段的改变在多大程度上以何种方式影响了狗弃养的后续决策阶段？
2. 在本案例描述的事件中，创新发挥了怎样的作用？

资料来源：J. Falconer, " Unnecessary Surrenders? Fuhgettaboutit!," Animal Sheltering Magazine, The Humane Society of the United States, March/April, 2016; T. Wedell-Wedellsborg, " Are You Solving the Right Problems?," Harvard Business Review, January/February 2017; A. Torgan, " Keeping People and Their Pets Together, " CNN, December 18, 2018; L. Lombardi, " Poverty Forces People to Surrender Their Pets. It Doesn't Have to Be This Way.," Talk Poverty, February 4, 2019; " The New York Community Trust Grants $4.8 Million to Invest in a Fairer, More Equitable New York," News release (New York City: The New York Community Trust, April 8, 2019).

◘ 课堂练习 1　员工参与的问题

目的： 本练习旨在帮助你了解员工参与的问题。

说明： 这个练习中有四种场景。假设你是经理或负责人。对于每个场景，从下面描述的五个级别中确定员工参与的程度。对于每个场景，确定并解释是哪些因素使你选择这种程度的员工参与。此外，准备好讨论在这种情况下存在更多或更少的员工参与会发生什么问题。

（1）**独立决策**（decide alone）。利用你的个人知识和洞察力来完成整个决策过程，无须与任何人协商。

（2）**从他人那里接收信息**（receive information from individuals）。向特定的人士询问信息。他们不提出建议，甚至可能不知道问题是什么。

（3）**向他人咨询**（consult with individuals）。向选定的人描述这个问题，并寻求他们的信息和建议。最终的决策是由你做出的，你可以考虑，也可以不考虑别人的建议。

（4）**向团队咨询**（consult with the team）。你召集一个团队（所有部门人员或部门代表，如果部门规模很大），告知团队成员问题的内容，然后让他们提供想法和建议。你做出最终决策，这可能反映也可能不反映团队的信息。

（5）**促进团队决策**（facilitate the teams' decision）。整个决策过程将被移交给一个团队或下属委员会。你只是作为一个引导者来指导决策过程，并让每个人都参与其中。团队确定问题，找到备选解决方案，选择最好的备选解决方案，并实施他们的选择。

场景 1：生产力红利决策

作为某市供水机构（一家政府公司）的传输 / 分配集团（TD 集团）的负责人，你被要求在保证服务不变的情况下降低至少 3% 的成本。部门雇用了约 300 名员工，负责建设和维护整个城市的水管。虽然你有工程学背景，但工作复杂，涉及多个专业和行业。即使是 TD 集团的一线主管（在层次结构中低于你一或两个级别）也不完全了解业务的全部方面。你认为，大多数员工支持或至少接受了该市最近降低成本的要求（被称为"生产力红利计划"）。市政府领导人表示，这一举措不会在今年解雇任何员工。然而，代表供水机构大多数非管理员工的工会（包括你的大部分员工）担心，生产力红利计划将随着时间的推移减少就业人数，并增加员工的工作量。虽然 TD 集团是该市供水机构内的一个独立部门，但它影响了该机构中的很多其他工作单元。例如，降低 TD 集团成本的想法可能会增加其他地方的成本。TD 集团的员工可能没有意识到或不关心这些影响，因为他们与各部门员工的互动或社会关系有限。

场景 2：糖替代品的研究决策

你是一家大型啤酒公司的研发负责人。在研究一种新的啤酒产品时，你所在单位的一位科学家似乎已经初步确定了一种新的化合物，其卡路里低，但味道比目前的糖替代品更接近糖。该公司对这个产品没有可预见的需求，但它可以获得专利并且授权给食品行业的制造商。

糖替代品的发现还处于初步阶段，需要相当长的时间和资源才能商用。这意味着它必然会占用实验室中其他项目的资源。糖替代品项目超出了你掌握的技术专业知识，但一些研发实验室的研究人员很熟悉这个化学领域。与大多数研究形式一样，很难进一步确定和完善糖替代物所需的研究量。你不知道这个产品预计会有多少需求。你的部门有一个针对计划资助的决策流程。然而，对于获得许可但不被组织使用的资助项目，没有任何规则或先例。

该公司的研发预算有限，你的工作组中的其他科学家最近抱怨说，他们需要更多的资源和财政支持来完成他们的项目。其中一些研发项目给未来的啤酒销售带来了希望。你相信，研发部门的大多数研究人员都致力于确保公司的利益得到实现。

场景 3：海岸警卫队快艇的决策

你是一艘海岸警卫队快艇的船长，船上有 16 名船员，其中包括军官。你的任务是常规海上搜救行动。一天凌晨 2 时，在完成 28 天的例行巡逻后前往家乡港口的途中，你收到了附近海岸警卫队站的消息，说一架小型飞机在离岸 60 英里（1 英里 =1 609.344 米）处坠毁。你获得了有关坠机地点的所有可用信息，布置给你的船员新的任务，并设置了新的航线，以最快速度前往现场开始搜寻幸存者和残骸。

你们搜寻了 20 小时。你们的搜寻行动受到巨浪的影响越来越大，而且有证据表明，一场激烈的风暴正在形成。随着天气的恶化，你们已经无法与海岸警卫队通信。你必须尽快做出决策，是放弃搜索，让你的船只在一条可以安全渡过风暴的航线上航行（从而保护船只和船员，但将任何可能的幸存者置于肯定会死亡的危险之中），还是继续一场可能徒劳的搜索，并承担由此带来的风险。

在失去通信之前，你会收到关于风暴的严重程度和持续时间的天气警报更新信息。虽然你的船员非常尽职，但你相信他们对离开或留下来的决策会有分歧。

场景 4：社交媒体的政策决策

行业促进会是一个由 120 名专业人士组成的团队，负责将你所在的州作为公司经营业务或开展新业务的好地方进行宣传。虽然你的直接上司是就业和商务部门的领导，但你所在机构在政策和实践上拥有半自主权，不受上级部门的影响。你的首要任务是为这个成长中的机构招聘和留住年轻、受过良好教育、高潜力的员工。在最近的大学和理工学院的招聘活动中，一些潜在的求职者坦率地表示，州政府似乎与年轻一代脱节，尤其是他们对技术的应用方面。一些人观察到你的机构网站没有提供太多招聘信息，他们也找不到该机制的 Facebook 或 Twitter 网站。

这些评论让你考虑在行业促进会中制定社会媒体政策，特别是该机构是否或在多大程度上允许甚至鼓励其员工拥有与工作相关的 Facebook 网站、个人博客和 Twitter 网站，并在工作时间进入这些网站。你个人对新兴的社交媒体知之甚少，尽管你的许多直接下属（职能经理和团队领导）对它们有不同程度的了解。有些人甚至有自己的个人 Facebook 网站。一位经理也有自己的旅游博客。一些直接下属强烈反对在工作场所中使用社交媒体，而另一些下属则非常支持。然而，你认为他们所有的观点都是出于对该机构最大利益的考虑。

这一社交媒体政策的决策在你的职权范围内。与大多数政府部门不同，无论是州政府还是就业和商务部门都没有这样的政策，也没有对你们机构制定的任何政策进行限制。然而，一些特定的政府部门禁止在工作期间使用 Facebook 和发短信，并且由于担心泄露机密和损坏雇主声誉，不允许员工在任何社交媒体上提及与工作有关的事情。你的决策是制定一项政策，规定是否允许或鼓励机构员工在工作时间参与社交网站活动；如果是的话，在多大程度上允许或鼓励员工参与社交网站活动。

■ 课堂练习2　创新性脑力挑战

目的： 本练习旨在帮助学生理解创新和团队解决问题的动态过程。

说明： 教师描述问题，要求学生独立找出问题的解决方案。经过足够的时间后，教师可能会让已经有解决方案的特定学生来描述（或使用投影技术展示）他们的答案。教师将评论这些解决方案，并讨论本练习的内容。特别注意，要准备好你需要的东西来解决这些问题，以及了解快速解决问题的阻碍是什么。

（1）双圈问题。画两个圆圈。一个圆圈在另一个圆圈的内部，两个圆圈不能互相接触（如图 7-7 所示）。换句话说，你必须在不提起笔（或其他书写工具）的情况下画这两个圆圈。

（2）九点问题。图 7-8 所示是九个点。要求不提起笔，用不超过四条直线段来穿过九个点。

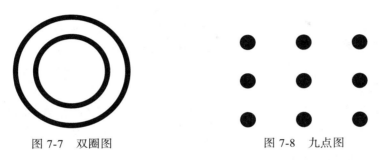

图 7-7　双圈图　　　　　　　　图 7-8　九点图

（3）九点问题再现。参考图 7-8 所示的九点图，描述如何在不提起笔的情况下，用三条或更少的直线段穿过九个点。

（4）单词搜索。在下面的字母行中，删除五个字母，使剩下的字母可以在不改变其顺序的情况下仍是一个你熟悉的英语单词。

CFRIVEELATETITEVRSE

（5）燃烧的绳子。你有两根长度不等的绳子和一盒火柴。尽管绳子长度不同，但每根绳子燃烧完的时间都为 1 小时。每根绳子的不同部分的燃烧速度不同。例如，第一条绳子的前半部分可能会在 10 分钟内燃烧完。使用这些材料来准确地确定 45 分钟已经过去了。

第 8 章

团队动力

学习完本章，你应该能够：

- 讨论团队的优缺点，并解释员工加入非正式群体的原因。
- 概述团队有效性模型，并讨论任务特征、团队规模以及团队构成这些因素如何影响团队有效性。
- 讨论四种团队发展过程——团队发展、团队规范、团队凝聚力以及团队信任——如何影响团队有效性。
- 讨论自我管理团队和远程团队获得成功所需的特征与因素。
- 识别团队决策制定中面临的四大限制条件，并讨论能改进团队创造性决策能力的四种方法的优缺点。

:: 开篇案例

团队是美国陆军成功执行任务的核心

领导美国联合特种作战司令部和北约部队的斯坦利·麦克里斯特尔将军，描述了外部环境如何倒逼美国陆军改变——从一个僵化的等级组织变为一个以庞大的整体网络构建的团队。他们变成了他们所说的"团队中的团队"：一个庞大的指挥部，却可以敏捷地捕捉到那些通常仅限于小团队能发现的问题。

每一位美国士兵和工作人员被灌输的是同一种深刻的信念，即成功是通过团队合作而不是通过一己之力来实现的。"在战场上……没有人是靠自己的力量取得胜利的。"前国务卿詹姆斯·马蒂斯最近向美国陆军学院（西点军校）的毕业生建议道，"战争是靠整个团队赢来的，如果你能赢得士兵的信任和喜爱，他们就会为你赢得所有战斗。"

麦克里斯特尔解释说，团队合作不仅仅是与他人相处。高绩效的陆军团队具备了与其他成功的团队一样的心智模型，因此团队内部成员知道彼此的期望。"团队成员不能简单地依赖命令。"他说，"团队合作是一个重新评估各种要素并进行协商和调整的过程；参与者不断地向队友发送信息，并从队友那里获取提示；参与者必须能够读懂彼此的一举一动和意图。"

美国陆军以多种方式培养团队合作，但最显著的方式也许是各种机构化活动。例如，在AIT勇士挑战赛（AIT Warrior Challenge）中，几组士兵需要依靠团队合作才能完成艰苦的任务。在一场 6 英里（1 英里 =1 609.344 米）的比赛中，每支队伍的成员都背着自己 25 磅（1 磅 = 0.453 592 37 千克）的背包，集体运输一个 35 磅重的沙袋，完成多支团队陆航任务。"我们能够完成任务，是因为我们能够作为一个团队团结起来。"一位参与者说，"我们一开始是六个个体，但后来聚在一起组成了一个团队，这确实帮助我们在比赛中取得了成功。"

美国陆军向团队型组织的转变与大多数行业的发展趋势一致。最近的一项研究报告称，与他人的合作（无论是面对面的合作还是通过技术手段实现的远程合作）现在平均占用了每一位员工 80% 的时间。另一项研究发现，与五年前相比，员工参与的团队数量几乎翻了一番。相比之下，三年前只有 20% 的高管表示他们完全处于团队合作中。团队合作的重要性延伸到科学研究。一项针对近 2 000 万篇已发表论文的研究表明，由团队而非个人撰写的期刊论文的比例在过去的五年中大幅增加。由团队撰写的论文也有更多的后续引用次数，这表明由团队撰写的期刊论文优于由个人撰写的论文。

为什么团队变得如此重要，组织如何才能增强团队成员提高组织有效性的潜力？我们将会在本章中找到这些问题以及其他与团队有关问题的答案。本章首先定义了团队，探讨了组织依靠团队运作的原因，并解释了为什么人们会在组织环境中加入非正式群体。本章的大部分内容考察了团队有效性模型，其中包括组织和团队环境、团队设计以及包括团队发展、团队规范、团队凝聚力和团队信任的团队进程。然后我们将注意力转向两种特定类型的团队：自我管理团队和远程团队。本章的最后一部分着眼于在团队中做出更好的创造性决策的挑战和方法。

8.1　团队和非正式群体

团队（teams）是指由两个或两个以上相互协作并相互影响的人组成的群体。他们有着和组织目标相关的共同目标，并将自己视为组织内的一个社会实体。这个定义有几个值得重复强调的重要部分。第一，所有团队的存在都是为了实现某些目标。例如，从洪水中救人、组装产品、制订新的社会福利计划或做出重要决定。第二，团队成员基于他们相互依存和实现共同目标的需求而聚在一起。所有团队都需要某种形式的沟通，以便成员进行协调、分享信息，并形成与团队目标一致的共同精神。第三，所有的团队成员相互影响，尽管有些成员可能在团队目标与活动方面比其他人更有影响力。第四，只有所有团队成员把他们视作一个团队，这个团队才算存在。团队内部的成员们通过共同的兴趣或目的而有相互联系的感觉。

组织中有许多类型的团队，每种类型的团队都可以通过三个特征来区分：团队持久性、技能多样性和权力分散度（见表 8-1）。团队持久性是指这种类型的团队存在时间的长短。会计、营销和其他部门通常是长期存在的，因此这些部门内的团队具有很高的持久性。相比之下，以特定任务组成的项目组的持久性通常较低，因为大多数项目组是临时组建的，目的是解决一个具体问题、将一个特定机会利用好，或者设计一款产品或服务。一种新兴的趋势是组建存在时间更短的团队，有时只有八小时轮班的时间。

表 8-1 某些团队类型的团队持久性、技能多样性和权力分散度

团队类型	描述	典型特征
部门团队	由拥有相似或互补技能的员工组成的团队，处于同一个职能部门中，通常其任务具有的相互依赖性很小，因为每个人都与客户或其他部门的员工一起工作	团队持久性：高——部门无限期地持续下去 技能多样性：低至中等——部门经常基于共同的技能组织搭建起来（例如，会计部门的会计人员） 权力分散度：低——部门权力通常集中在部门经理手中
自我管理团队	团队的成员是围绕工作流程进行协作的，这些工作流程组成了一项完整的工作。成员之间进行着相互依赖的任务，并且对这些任务的执行有着实质性的操作规程（他们通常在很少或没有监督的情况下控制输入、流程和输出）	团队持久性：高——团队通常被布置完成一类具体的生产或服务活动 技能多样性：中等至高——团队成员通常在完成不同的任务时需要不同的技能配置，不过跨职能训练会在一定程度上降低技能多样性 权力分散度：高——团队成员共享权力，他们通常具有受限的等级权力
任务/项目导向型团队	跨职能团队，其成员通常来自多个专业领域，以解决具体问题，实现一个特定机会或设计一项产品或服务	团队持久性：低——团队通常会在完成特定项目后解散 技能多样性：中等至高——成员通常来自几个与问题或机遇的组合相关的职能专业 权力分散度：中——团队中通常有一个具有正式权力的人（项目负责人），但是由于成员具备专业知识和自身的职能代表性，他们也拥有适当的权力

第二个辨别特征是团队的技能多样性。当团队成员拥有不同的技能和知识时，团队具有高技能多样性，而当团队成员具有相似的能力并因此可以互换时，则存在低技能多样性。大多数职能部门的技能多样性较低，因为这些部门围绕团队成员的共同技能配置员工（例如，具有会计专业知识的人员都在会计部门）。相比之下，我们将在本章后面讨论的自我管理团队负责生产一项完整的产品或服务，这通常需要具有不同技能和知识的成员来执行该工作中的不同任务。交叉训练在某种程度上增加了团队成员的互换性，但是在团队工作复杂的地方，适度的高技能多样性仍是可能的。

权力分散度是团队的第三个辨别特征，是指决策责任分散在整个团队（高分散度）或归属于团队中的一个或几个成员（低分散度）的程度。部门团队往往有较低的权力分散度，因为权力在某种程度上集中在一个正式的经理手上。自我管理团队通常有很高的权力分散度，因为整个团队做出关键决策，而等级权力则是有限的。

非正式群体

本章主要关注正式团队，但员工也会参与非正式群体。所有团队都是群体，然而，许多群体并不满足团队的定义。群体包括聚集在一起的人，无论他们是否有相互依赖或组织关注的目标。你在午餐时遇到的朋友们是一个非正式群体，但他们不会被称为团队，因为他们很少或根本没有相互依赖（每个人都可以很容易地单独吃午餐），也没有组织规定的目的。相反，它们的存在主要是为了作为成员而出现。尽管这两个名词可以互换使用，但一旦提到在一起工作以完成组织任务的员工，"团队"在很大程度上取代了"群体"。

　　为什么会存在非正式群体？原因之一是人类是社会性动物。在进化过程中，人们对联系的渴望是与生俱来的，这就产生了一种归属于非正式群体的需求。人们投入大量的时间与精力来建立和维持社会关系，而没有任何特殊情况或不可告人的动机。人们加入非正式群体的第二个原因是根据社会认同理论提出的。该理论指出，个体通过他们的群体隶属关系来定义自己（见第3章）。因此，我们加入群体——尤其是那些具有积极的公众形象、与我们的价值观相一致的群体——是因为这些群体塑造并强化了我们的自我概念。

　　非正式群体存在的第三个原因是，他们能够实现个人无法通过单独工作实现的个人目标。例如，员工有时会聚集起来反对组织变革，因为这种集体努力比单独的尝试更有力量。这些非正式群体被称为联盟，我们将在第10章讨论。非正式群体存在的第四个原因是，只要有其他人在场，我们就会感到慰藉，由此在遭遇压力时更可能接近彼此。遇到危险时，人们聚集在一起，即使这样做没有任何保护作用。同样，在听到公司可能被竞争对手收购的传言后，员工往往会更频繁地打交道。正如第4章所解释的，这种社会支持通过提供情绪和/或信息资源来缓冲压力的感受，从而最大限度地减少压力。

非正式群体和组织

　　虽然非正式群体成立的初衷不是服务于企业目标，但它对组织及其员工有着深远的影响。非正式群体有着减少员工压力的潜在作用，因为群体成员通过提供情感和信息得到相互的社会支持。非正式群体的这种减压作用提高了员工的幸福感，从而间接地提高了整个组织的效率。非正式群体也是**社会网络**（social networks）的构成基础，是在工作场所建立信任、共享信息、获得权力和影响力以及员工幸福感的重要来源。第10章解释了社交网络是如何在组织环境中产生影响的。拥有强大的非正式人脉网络的员工往往拥有更大的权力和影响力，因为他们从其他人那里得到更好的信息和优待，而且他们的才能更容易被关键决策者看到。

8.2　团队的优缺点

　　门罗创新（Menlo Innovations）公司是一个极端的团队型组织。位于密歇根州安阿伯市的这家软件公司的50名员工中，大多数人整个星期都结对工作。在"结对编程"中，两名员工共用一台计算机。一个人（称为"驾驶人"）编写代码，而另一个人（称为"导航员"）提供指导和验证工作。两个人整个星期都在转换角色，并就下一步工作的方向进行持续的讨论。门罗创新公司的员工经常被重新分配给不同的合作伙伴，并且经常被分配到完全不同的项目中。"团队合作、协作、配对是必需的。"门罗创新公司联合创始人理查德·谢里丹（Richard Sheridan）说，"我们想说的是，我们正在授予我们的团队'协作许可'。"

　　为什么在门罗创新公司、美国陆军和世界各地的许多其他公司中，团队都如此重要？对于这个问题的探讨由来已久。20世纪40年代对英国煤矿开采的研究和20世纪70年代日本经济奇迹，以及此后的大量调查表明，在适当的条件下，团队比个人能做出更好的决策、开发更好的产品和服务，并创造出更有动力的员工队伍。同样，团队成员可以快速共享信息和协调任务。然而，在由主管领导的传统部门中，这些流程较慢，并且比起其他类型的团队更易出错。团队通常能够提供卓越的客户服务，因为他们为客户提供的专业知识比单独工作的个人所能提供的更多。

团队有着更高的潜在效率，因为在许多情况下，他们的成员比其单独工作时更有动力。其中有三种动力在起作用。首先，员工有一种建立联系的动机，并且有动力去实现他们所属团队的目标。当员工的社会身份与团队联系在一起时，这种对于责任感的感受尤其强烈。其次，团队成员对其他团队成员有很高的责任感，他们比传统的主管更密切地监控团队的表现。当团队的表现受到表现最差者的限制时，比如在流水线上，这种责任感尤其强烈。最后，每个团队成员为其他成员创建一个移动的绩效标准。当少数员工更快地完成任务时，其他团队成员意识到他们自己也可以工作得更快。这种基准效应也激发了员工的积极性，因为他们经常担心自己的表现会被拿来与他人的表现相比较。

团队的挑战

虽然团队可能非常富有成效，但他们并不总是像单独工作的个人那样有效。团队存在的主要问题是团队有额外的成本，即**过程损耗**（process losses）——资源（包括时间和精力）花费在团队开发和维护上，而不是花在执行任务上。团队成员需要时间和精力来不断解决他们的分歧、磨合他们对于目标的不同看法、确定实现这些目标的最佳策略、确认他们的具体角色，并商定非正式的行为准则。在一个项目中独自工作的一名员工不会有这些分歧、误解、不同观点或协调问题（至少不会像与其他人一起工作时一样多）。当工作太过复杂以至于需要好几个人的知识和技能时，团队可能是必要的。但是当工作可以由一个人完成时，过程损耗可以使一个团队的工作效率比一个人单独工作时更低。

当团队增加更多的人员或替换成员时，过程损耗就会被放大。新团队成员花费大量的时间和精力来研究如何与其他团队成员合作。当团队成员的注意力从任务绩效转移到适应和整合新成员时，团队绩效也会受到影响。随着团队增加更多的成员，过程损耗往往会增加，因为一个更大的团队需要更多的协调、更多的时间来解决冲突等。软件行业甚至为增加团队成员所带来的问题起了一个名字：**布鲁克斯定律**（Brooks's law）。它是指在一个已经拖延的软件项目中增加更多的人员只会让该项目拖延得更久。虽然过程损耗是众所周知的，但研究发现，当向现有团队增加更多人员时，管理人员总是低估这些成本。

社会懈怠

刚刚所描述的过程损耗主要是指协调工作，但是团队也会遭受动机性质的过程损耗。最著名的动机过程损耗是**社会懈怠**（social loafing）。当人们在团队中比单独工作付出更少的努力（通常表现在更低的水平上）时，就会发生这种情况。

在某些情况下，过程损耗更为普遍。当个人表现被隐藏在团队中或难以与其他团队成员的表现区分时，更有可能发生这种情况。在团队环境中，个人绩效在较大的团队中比在较小的团队中更不明显。第一，当团队产生的是一个整体的输出结果（如解决客户的问题），而不是每个团队成员单独产生输出结果（例如，每个成员每天审查几个会计报告）时，个人绩效更不明显。第二，当工作枯燥或团队的整体任务重要性较低时，社会懈怠更为常见。第三，个体人格解释了为什么有些人更可能表现出社会懈怠。例如，当团队成员的责任感、宜人性和集体主义价值观较薄弱时，社会懈怠更为普遍。第四，当员工缺乏帮助团队实现目标的动力时，社会懈怠更为普遍。当个人成员对团队的社会认同度低、团队凝聚力低时，就会出现这种缺乏动力的情况。当员工认为其他团队成员没有尽到自己的职责时，也会出现这种缺乏动力的情况。换句话说，社会懈怠的人只会提供他们认为其他人会提供的努力，这是他们维护工作分配公平的方式。当员工认为自己对团队的成功几乎没有控制力时，比如团队规模大（他们的贡献对团队绩效的影响微乎其微），以及团队依赖于其他有已知绩效的成员时，他们的努力也会减少。

通过了解社会懈怠的原因，我们可以找到最大限度地缓解这个问题的方法。下面列出一些策略，以通过提高每个人的绩效可见度来减少社会懈怠。其他策略则可增加每个成员完成任务的动力，减少群体内的社会懈怠。

- 组建更小的团队——把团队分成几个更小的团队，可以减少社会懈怠，因为每个人的绩效都会变得更加引人注目，这对团队的整体绩效也很重要。"当集体规模缩小时，就无处可藏，"战略投资负责人大卫·泽布罗解释道，"你必须尽职尽责。"一个较小的团队也可能增加个人对团队的承诺和认同感。
- 任务专业化——当每个团队成员负责不同的工作活动时，个人的努力更容易观察到。例如，每个客户服务代表负责的是一个特定类型的客户，而不是集中精力处理所有客户的咨询。
- 衡量个人绩效——当每个成员的贡献被衡量时，社会懈怠最小化。每个成员可以执行并行任务，例如，在为不同的客户服务时，这是可能的。但是，当团队产生单独的输出（如解决一个客户的问题）时，此策略就很难实现。
- 增加工作的丰富性——当团队成员的任务具有很高的激励潜力时，例如，需要更多的技能变化或与客户有直接接触时，社会懈怠就会减少。更普遍的是，当团队的总体目标具有很高的任务意义时，社会懈怠就不容易出现。
- 提高对社会懈怠和团队义务的关注——最近的一项研究发现，当团队成员意识到这种现象，并签署一份书面声明（附有详细提醒）表明他们对团队目标及其行动的承诺时，团队的社会懈怠情况明显减少。这种干预解决了员工价值观和道德观中的正念问题（见第2章）。
- 选择有动力、有团队精神的员工——仔细挑选会主动与团队产生联系并产生认同感的员工也会减少社会懈怠。他们要具有适度的责任心和宜人的人格特质，以及具备集体主义价值取向。选择自我激励的团队成员也将缓解社会懈怠，因为即使个人工作产出难以衡量，这些人也能很好地执行并完成他们的任务。

总体而言，团队是获得竞争优势的强大力量，却也可以带来比其潜在价值更多的麻烦。要了解团队何时比单独工作的个体更好，我们需要更仔细地审视使团队有效或无效的条件。本章接下来将讨论团队效能模型。

8.3　团队有效性模型

为什么有些团队有效而有些团队失败呢？要回答这个问题，我们首先需要明确团队有效性的含义。一个团队，只有当它使组织及其成员受益，并且能够存活足够长的时间来完成其使命时，才是有效的。首先，团队的存在是为了服务于某种组织目的，因此部分的团队有效性是通过该目标的实现来衡量的。其次，团队有效性取决于其成员的满意度和幸福感。人们加入团体是为了满足他们的个人需求，因此部分的团队有效性是由这种需求满足来衡量的。最后，团队有效性包括团队生存足够长的时间以实现其目标的能力。即使是存在一周或更短时间的团队（称为"快闪团队"）也可能提前解散，无论是实际的（人们拒绝加入或留在团队），还是认知上的（成员在情感上脱离团队）。

多年来，研究人员开发了多种模型来确定使团队有效的特征或条件。图 8-1 整合了这些团队有效性模型的主要组成部分。接下来，我们将仔细考证每个部分。图 8-1 是一个元模型，因为其每个部分（如团队发展、团队凝聚力等）都包含自己的一套理论来解释它们的运作机制。

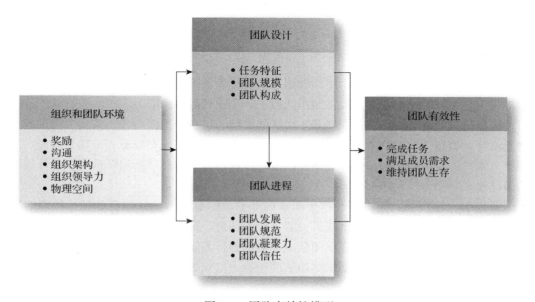

图 8-1　团队有效性模型

○ 全球链接 8-1

欧洲公司通过大房间提高团队有效性

许多年前，丰田汽车公司发现，通过组建一个跨职能团队，并让团队成员定期在一个"大房间"（日语发音为"Obeya"）开会，可以加快新车的设计和制造。

欧洲各地的公司最近都引入了"大房间"，通过面对面的互动来改善团队在处理复杂问题上的表现。法国汽车制造商标致雪铁龙的大房间是指挥中心，墙上贴满了图表和笔记，这样团队成员就可以将工作进度可视化并记录关键问题。耐克位于比利时的欧洲分销中心的"大房间"非常成功，以至于这家运动鞋和服装公司的欧洲信息技术组最近也建起了自己的"大房间"。

荷兰国际集团在几个欧洲国家设立了"大房间"，以便在公司朝着更加灵活的工作文化迈进的过程中，运营团队可以加快沟通和决策的速度。"这是荷兰国际集团转型的核心。"荷兰国际集团首席运营官罗尔·洛霍夫在参观荷兰国际集团位于阿姆斯特丹的"大房间"时，自豪地说道，"目的很简单：全面了解所有项目的状态，并快速解决问题……你马上就能看到所有东西是如何组合在一起的。"

西门子 DF 运动控制组在欧洲各地引进了"大房间",以支持产品开发和生产过程中的决策制定。

例如,在英国的康格尔顿,西门子的员工聚集在"大房间"。在那里,他们面临着寻找更有效的方法来生产特定产品的挑战。一个"大房间"会议提出了 260 个产品改进建议。其余的"大房间"会议已经找到了将生产成本降低 40% 的方法。西门子质量系统经理安妮玛丽·克莱恩贝格注意到,她在德国工作的"大房间"已经改变了公司的文化。她观察到,在大房间里,人们的行为是文化变革进程的一个极好的反映。团队和管理者尝试了新的行为,为整个组织树立了角色榜样。

组织和团队环境

在团队内部的边界之外,整个组织和团队环境代表了影响团队有效性的所有条件。环境通常被视为一个资源池。它支持或抑制团队运作和实现其目标的能力。团队成员基于这些条件时往往能更有效地合作:获得一些基于团队的奖励、组织架构面向各团队的工作进行分散的群集设计、信息系统支持协作沟通,以及团队工作空间的物理布局有利于频繁沟通。团队的领导力也发挥着重要作用,例如,支持团队合作而不只是支持"明星"员工,以及重视团队的多样性。

除了作为一种资源,环境还会产生团队内部变革的驱动力。外部竞争是一种影响团队动力的环境条件,例如,提升团队成员一起工作的动力。另一个环境驱动因素是改变社会期望,例如,更高的安全标准,这要求团队改变他们的行为规范。这些变革的外部力量不仅会激励团队重新设计自己,还会重新聚焦团队的注意力。例如,团队开发更好的合作方式,从而提供更好的客户服务。

8.4　团队设计要素

即使在氛围友好的团队环境中工作,如果任务特征、团队规模和团队构成设计不当,团队的潜力也会大打折扣。

8.4.1　任务特征

正如本章的开篇案例所描述的,美国陆军已经从一个僵硬的科层组织变成了一个"团队的团队"。这种向团队合作转变的主要原因是,战争、应急响应和军事技术发展的复杂性与模糊性不断增加,复杂的工作需要超出个人能力的技能和知识。团队特别适合处理复杂的工作。这些工作可以被划分为更专业的角色,而且担任这些特定社会化角色的人能够频繁地相互协调。

任务复杂性要求团队合作,但是当工作结构设计良好而不是模糊不清或新颖的时候,团队工作效果会更好。汽车装配线上的团队成员具有结构良好的任务,他们每天执行相同的一组任务——他们的任务可变性很低,而且工作对完善的程序(高任务可分析性)来说是足够可预测的。结构设计良好的任务的主要好处是,可以更容易地在几个人之间协调工作。

　　相比之下，模糊不清和不可预测的任务更难以协调，并且更容易导致损耗和错误。幸运的是，当团队更广泛的角色被明确定义时，团队仍可以相当好地执行这些结构较不明确的任务。例如，在手术过程中，即使出现独特的问题，医疗团队成员通常也知道彼此的期望。

　　另一个与任务相关的影响团队有效性的因素是**任务相互依赖性**（task interdependence），即团队成员为了完成工作而必须分享材料、信息或专业知识的程度。除完全独立以外，还有三个层次的任务相互依赖，如图 8-2 所示。最低级别的相互依赖被称为汇集型相互依赖（pooled interdependence），发生在员工或工作单位与其他员工或工作单位共享公共资源（如机器、管理支持或预算）时。

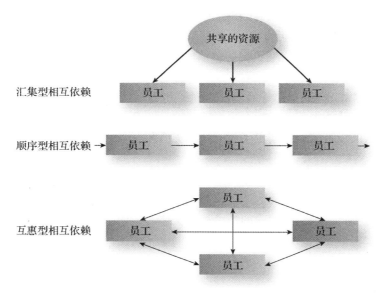

图 8-2　任务相互依赖的程度

　　当每个成员单独工作，但共享原材料或机器来完成他们独立的任务时，这种相互依赖就产生了。在顺序型相互依赖（sequential interdependence）的情况下，一个人的输出成为另一个人或单位的直接输入，彼此相互依赖的程度更高。装配线上的员工通常具有顺序型相互依赖关系，因为每个团队成员的输出都会转发给生产线上的下一个人，以进一步装配产品或服务。

　　互惠型相互依赖（reciprocal interdependence），即工作产出在个人之间来回交换，产生了最高程度的相互依赖。设计新产品或服务的人通常会产生这种相互依赖，因为他们的设计决策会影响参与设计过程的其他人。设计工程师做出的任何决策都会影响制造工程师和采购专家的工作，反之亦然。互惠型相互依赖的员工应组织成团队，以促进其相互交织关系的协调。

　　通常，任务相互依赖程度越高，就越需要将人们组织成团队，而不是让他们单独工作。团队结构可以改善人际沟通，从而更好地协调。高度的任务相互依赖性也激励大多数人成为团队中的一员。

但是，这条规则有一个重要的条件：只有当他们有相同的任务目标，例如，服务相同的客户或集体组装相同的产品时，才应该将高度依赖的员工组成团队。当团队成员有不同的目标（如服务不同的客户），但必须依靠其他团队成员来实现这些独特的目标时，团队合作可能会产生过度的冲突。在这种情况下，公司应该尽量减少相互依赖的程度，或者依靠监督作为员工之间的缓冲或"调解器"。

8.4.2　团队规模

团队的理想规模是多少？在线零售商亚马逊依赖"双比萨团队"（two-pizza team）规则，即一个团队应该足够小，以便舒适地吃两个大比萨。这适用于 5～7 名员工。在另一个极端，一些专家认为任务变得如此复杂，以至于许多团队需要拥有 100 多名成员。不幸的是，前一条规则（"双比萨团队"）过于简单，而后者似乎忽略了真实团队的意义和动态性。

"团队应该足够大，以提供执行工作所需的能力和观点；但又要足够小，以保持每个成员的有效协调和有意义的参与。"BAI 通信集团（该公司设计、构建和运营全球电信网络，包括纽约、多伦多和香港公共交通系统的移动蜂窝与 Wi-Fi 网络）的首席执行官吉姆·哈塞尔（Jim Hassell）建议道。

小团队（如 6 名成员）可有效运作，因为他们的过程损耗较少。小团队的成员也往往更投入，因为他们对团队的规范和目标有更大的影响，并且对团队的成功和失败负有更大的责任。此外，小团队的成员彼此之间更了解，这能提升相互信任感，以及团队成员的支持、帮助和协助。

如果任务非常复杂，公司是否应该拥有 100 人的团队？答案是，这么大的一个团队可能不是一个团队，即使管理层称之为团队。只有当成员相互影响，共同负责实现与组织目标相关的共同目标，并将自己视为组织内的一个社会实体时，团队才存在。在一个 100 人的工作单位中，每个人都很难相互影响并将自己视为同一个团队的成员。但是，这种复杂的任务通常可以由几个较小的团队负责。

8.4.3　团队构成

团队效率取决于团队成员的素质。首先，团队只有在成员有效地执行他们的个人任务时才能表现良好。这种"任务工作"功能要求团队成员积极性高、具备所需能力并具有明确的角色认知来执行分配的任务活动。

但有效的团队需要的不仅仅是碰巧在一起工作的高绩效的个人。团队还需要有动力、有能力并且对执行"团队合作"活动有明确角色认知的人。换句话说，团队成员需要执行支持团队的行为。出于这个原因，许多公司对求职者的评估是基于他们作为团队成员的行为，而不仅仅是他们单独工作的表现。例如，西南航空公司的大多数员工都是在团队中工作的，因此该公司要求求职者描述一次他们超出工作要求帮助同事取得成功的经历。这个问题可以帮助西南航空公司确定哪些求职者具有最强的团队成员行为。

最常被提及的团队成员行为在图 8-3 所示的"5C"模型中被描述：合作、协调、沟通、慰藉和解决冲突。前三组行为主要（但不完全）是基于实际任务支持团队成员的，而后两种行为主要是维持团队中健康的心理和人际关系的。

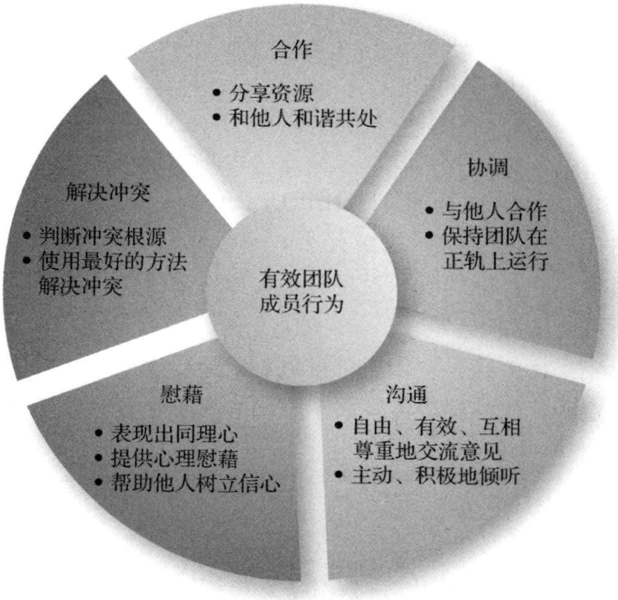

图 8-3 有效团队成员行为的 5C 模型

资料来源：Based on information in V. Rousseau, C. Aubé, and A. Savoie, " Teamwork Behaviors: A Review and an Integration of Frameworks, " Small Group Research 37, no. 5 (2006), 540–70; M.L. Loughry, M.W. Ohland, and D.D. Moore, " Development of a Theory-Based Assessment of Team Member Effectiveness, " Educational and Psychological Measurement 67, no. 3 (2007), 505–24; E. Salas et al., " Understanding and Improving Teamwork in Organizations: A Scientifically Based Practical Guide, " Human Resource Management 54, no. 4 (2015): 599–622.

- 合作。有效团队成员愿意并且能够一起工作，而不是单打独斗。这包括共享资源和充分适应或灵活适应其他团队成员的需求和偏好，例如，重新安排使用机器，以便其他时间紧迫的团队成员可以使用它。
- 协调。有效团队成员积极管理团队的工作，以便高效、和谐地执行工作。例如，有效团队成员使团队保持在正轨上，并帮助整合由不同员工执行的工作任务。这通常要求有效团队成员了解其他人的工作，而不仅仅是他们自己的工作。
- 沟通。有效团队成员自由地传递信息（而不是囤积）、高效地传递信息（使用最好的渠道和语言），以及带着尊重去传递信息（尽量减少负面情绪）。同时，他们也积极倾听同事的意见。
- 慰藉。有效团队成员帮助同事保持积极健康的心理状态。他们表现出同理心，提供情感安慰，并帮助同事建立自信和自我价值感。
- 解决冲突。冲突在社会环境中是不可避免的，所以有效团队成员具有解决团队之间分歧的技能和动力。这也需要有效地使用各种处理冲突的方法，同时需要具备识别结构性冲突根源的技巧。

团队多元化

多元化是团队构成的另一个重要维度。它对团队既有积极影响，也有消极影响。多元化团队的第一个优势是来自不同背景的人倾向于从不同的角度看待问题或机遇。团队成员有不同的心智模型，因此他们更有可能为困难的问题找到可行的解决方案。

第二个优势是多元化团队成员拥有更广泛的技术能力来服务客户或设计新产品，这解释了为什么现在77%的美林财务顾问以团队形式工作，而六年前这一比例仅为48%。财务顾问团队提供涵盖更广泛资产类别（股票、债券、衍生品、现金管理等）的专业知识，以及世界各地的专业知识。美林财富管理（Merrill Lynch Wealth Management）总裁安迪·西格（Andy Sieg）解释说："当你看看客户需要什么——在他们的财务生涯中获得全面的建议时，你很快就会发现，实现这一目标的唯一途径就是通过一个团队。如今，一个人就能满足客户的所有需求几乎是不可能的"。

多元化团队的第三个优势是，它们通常可以更好地代表团队成员，例如，来自不同背景的其他部门或客户。这种代表性给决策带来了不同的参考观点。它还让利益相关者相信他们在决策过程中有发言权。

○ 全球链接 8-2

荷兰国家博物馆的多元化团队重组

阿姆斯特丹国家博物馆是世界领先的荷兰艺术和历史画廊。它也展示了跨职能团队的力量。大多数博物馆围绕绘画、玻璃、装饰艺术和其他专业收藏品组织公共展览区。相比之下，该博物馆最近以世纪为单位重新安排了展览区域。

"当你组织自己的记忆时，你通常是按照重要的日期来做的。"荷兰国家博物馆馆长塔科·迪比茨解释说，"我们说过，如果（荷兰国家博物馆）代表了这个国家的记忆，那么你按照日期来组织它，就会有一个按时间顺序排列的展览。"

为了在每个时期同时展示不同的物品，该博物馆组成了不同的工作组，其中包括众多专门从事收藏的代表人员。在18个月的时间里，每个工作组都提出了关于该世纪的展览区域应该如何组织以及哪些物品应该公开展览的建议。

这一过程并不容易，因为每个专业的策展人以前都有自己负责的独特的博物馆部门，并独立于其他部门自主工作。对于每个时间段，哪些类型的对象应该获得优先级也存在模糊性。但由于团队多元化，他们产生了独特的想法。他们的成员对来自其他专业的同事有了更全面的了解和欣赏。

最初工作组提交的建议是有希望的，但它们包含的项目太多，超出了可用空间。迪比茨说："我们的解决方案基本上是解散工作组，组建新的工作组。他们的新任务是创建规模只有第一组提议的三分之一的选择。"此外，新的多元化团队必须提供书面的理由，说明为什么从第一个团队的列表中保留某些藏品。迪比茨指出，建立第二组团队，并为他们的决定提供书面证明。让所有专家在安排博物馆藏品时都有一种主人翁的感觉，甚至超出了他们自己的专业领域。"

荷兰国家博物馆继续为各种倡议和战略问题组建新的临时团队。团队成员通常限制在5～7人之间。迪比茨指出："如果你的团队超过7个人，就很难进行富有成效的讨论，因为当每个人都开始发言时，你就已经减慢进度了。"在小团队中，员工也更难保持沉默。一个弊端是小团队不能代表博物馆所有专家小组。迪比茨说："归根结底，重要的是要从一开始就与大家沟通，让大家知道每个人在接到这些任务时都会到来。我们继续定期将这些小组中的人混在一起，以便每个人都有机会参与。"

发言权是程序公正的重要组成部分，所以当团队反映其成员的表面多元化或深层多元化时，利益相关者更有可能相信团队的决策是公平的。

与这些优势相对的是团队多元化带来的诸多挑战。具有不同背景的员工需要更长的时间才能被组织成一个高绩效团队，这是因为彼此不同的人之间建立联系较慢，尤其是当团队具有深层多元化（即不同的信念和价值观）时。多元化的团队容易受到"断层线"的影响——无形的分界线可能会根据性别、种族、专业或其他维度将团队分成小组。这些断层线通过减少与部门另一边的队友沟通和协调的动机，削弱了团队有效性。相比之下，多元化弱的团队成员满意度更高，冲突更少，人际关系更好。相比之下，多元化程度最低的团队成员满意度更高，冲突更少，人际关系更好。因此，同质团队往往在执行需要高度合作和协调的任务时更有效，如应急响应团队。

8.5　团队发展过程

团队有效性模型中的第三个要素统称为团队发展过程，包括团队发展、团队规范、团队凝聚力和团队信任。这些要素之所以被称为发展过程，是因为它们代表了持续发展的团队特征。

8.5.1　团队发展

本章的开篇案例指出，美国陆军非常重视团队发展。这是有道理的。团队发展可能是最重要的团队发展过程，因为我们在本节中描述的其他团队发展过程与团队发展密不可分并依赖于团队发展。团队在成为一个最有效的工作单位之前解决了几个问题并经历了几个发展阶段。团队成员需要相互了解和信任、理解并认同各自的角色、发现恰当和不恰当的行为，并学习如何相互协调。团队成员一起工作的时间越长，越能形成共同或互补的心智模型、相互理解的心态和有效的绩效例程来完成工作。

多年来已经提出了几种团队发展模型，其中大多数具有重叠的特征和相似的基础理论。图 8-4 展示的是在大部分团队发展过程中最流行且经过适度验证的模型。该模型显示了团队从一个阶段系统地移动到下一个阶段的过程，而虚线表示团队可能会在新成员加入或其他条件阻止团队发展成熟时退回到早期的开发阶段。组建是团队发展的第一阶段，是一个测试和定位的时期。在此期间，成员相互了解，并评估继续成为成员的收益和成本。人们往往很有礼貌，会服从权威，并试图了解别人对他们的期望，以及自己如何融入团队。

随着成员变得更加积极主动，并竞争各种团队角色，团队进入震荡阶段。它的特点是人际冲突。成员试图建立适当的行为规范和绩效标准。在规范阶段，随着角色的建立，围绕团队目标以及共同或互补的、基于团队的心智模型的共识形成。团队第一次形成真正的凝聚力。在表现阶段，团队成员已经学会了有效地协调和解决冲突。在高绩效团队中，成员高度合作、彼此高度信任，致力于实现团队目标并认同团队。最后，终止阶段发生在团队即将解散的时候。团队成员将注意力从任务导向转移到关系导向。

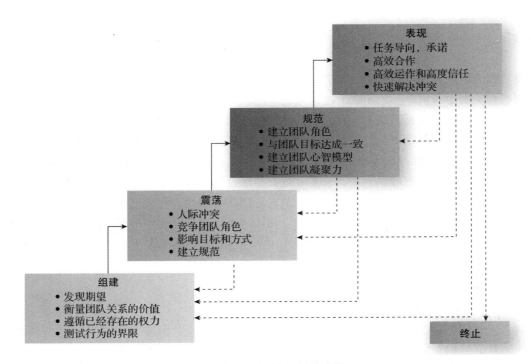

图 8-4　团队发展的阶段

1. 发展团队角色和心智模型

虽然这个模型很好地描述了团队发展，但它并不是这个过程的完美代表。例如，它没有表明某些团队在特定阶段停留的时间比其他团队长，也没有解释为什么团队有时会退回到早期的开发阶段。

该模型还涵盖了两组过程，而这两组过程是团队发展的本质：团队发展的鉴别，以及团队发展的心智模型和协调方法。

- 团队发展的鉴别。当团队成员对于团队的看法从"外在"的东西转变为自己的一部分时，团队发展就很明显了。换句话说，当员工将团队作为他们社会角色的一部分，并获得团队成功的所有权时，团队就搭建起来了。
- 团队发展的心智模型和协调方法。团队发展包括形成共同的工作心智模型和团队关系。团队心智模型是团队成员对集体任务的期望及团队动态所共同持有的知识结构。这些思维模式是共享或互补的。它们包括如何完成工作，以及团队成员如何相互支持的期望和预设。当团队成员形成共同的思维模式时，他们也形成了协调的运作方法。每个成员都形成了习惯性的工作实践，几乎自动与其他成员协调。他们还建立起动作脚本，用来快速调整工作行为，以便响应其他团队成员活动的变化。

2. 团队角色

团队发展过程中的一个重要部分是形成和加强团队角色。**角色**（role）是指人们在一个团队或组织中担任正式或非正式职务时，被外界期望的反复表现的一系列行为。

这个定义表明角色是预期的和有目的的行为模式。它对团队或组织有感知价值。角色并不是指那些在团队中产生不正常行为的模式（吸引眼球、背后中伤等）。此外，一个角色往往会依附于一个或多个团队成员。人们通常不会每天轮换职位（尽管这一职位可能会代表着好几个角色）。

这个定义承认角色可以是正式，也可以是非正式获得的。团队成员通常在其正式工作职责范围内被分配特定的角色。例如，团队领导通常需要发起讨论，确保每个人都有机会表达自己的观点，并帮助团队就讨论的问题达成一致。然而，许多团队角色是非正式地分配或声称作为团队发展过程的一部分。团队成员自然而然地被适合其个性、价值观以及其他团队成员愿望的非正式角色吸引。这些非正式角色是共享的，但许多非正式角色最终通过微妙的定位和协商，与特定的团队成员相关联。

几位专家试图对多年来提出的数十种团队角色进行分类。例如，最近的一个模型确定了六种角色类别：组织者、实干家、挑战者、创新者、团队建设者和联络者。然而，从广义上讲，大多数角色要么直接关注任务绩效，要么关注团队关系。帮助团队实现其目标的角色可能包括协调团队、对团队计划提供建设性的批评，或者在工作滞后时激励团队成员。帮助维持团队内部关系的角色可能包括在团队受挫时提供情感支持、保持团队成员之间的和谐，以及为团队成员之间的社会互动创造机会。

3. 通过团队建设加快团队发展

通过团队建设加快团队发展需要时间，但组织常常试图通过**团队建设**（team building）来加速这一过程。团队建设包括正式的活动，以改进团队的发展和功能。团队建设可能应用于新团队，但对于因为成员流失或失去而对目标的聚焦退回到早期发展阶段的现有团队，团队建设用得更加频繁。团队发展是一个复杂的过程，因此，毫无疑问，有几种类型的团队建设服务于不同的目标。团队建设的干预通常被整合成以下四个目标，尽管一些团队建设活动试图满足多个目标。

- 目标设定。通过一些干预，帮助团队成员明确团队的绩效目标，增强团队实现这些目标的动力，建立团队目标绩效的系统反馈机制。例如，芬兰的一个青少年冰球联盟的团队建设项目在赛季开始时确定了长远的目标（例如，成为联盟前三名的球队之一），然后确定了实现这些长远目标的具体目标。在整个赛季的每个星期，由 3~6 名球员组成的小组都会回应这些团队目标，并确定相关的个人目标和训练内容。
- 问题解决。这种团队建设侧重于决策，包括团队如何识别问题并寻找替代方案。它也可能有利于批判性思维的养成。一些团队建设是在假设的情景下练习问题解决的游戏。
- 厘清角色。这种团队建设方式厘清并重构了每一个成员对她或他的角色的看法，以及特定角色对其他成员的期待。角色定义的团队建设也有助于团队发展，搭建起我们之前讨论过的共有心智模型，例如，如何与客户互动、维修保养机器并使会议开得富有成效。
- 人际关系。这是最古老也是最常见的团队建设。它试图帮助团队成员更多地了解彼此、建立信任、相互配合、管理团队内部的冲突，并加强成员对于团队的社会性认可。如今一些最流行的团队建设，例如，表 8-2 中所描述的那些，试图改善团队内部的人际关系。

团队建设能否作为一种改进团队发展和效率的干预手段？答案是，以上四种类型的团队建设都可能有效，但在某些情况下，有些干预措施比其他干预措施效果更好，也被使用得更加频繁。两项主要检阅将目标设定确定为团队建设中最成功的类型，尽管厘清角色和冒险活动（以改善人际关系）也很有效。此外，当建设活动关注一个而不是多个团队目标时，团队建设也会更为成功。

不幸的是，有大量证据表明，一些团队建设活动对团队发展几乎没有影响。一个问题是，团队建设被当作解决模棱两可的团队问题的一般方案。然而，更好的方法是首先对团队的健康状况进行合理的诊断，然后再选择解决特定弱点的团队建设措施。另一个问题是，每个团队在组建时都认为团队建设是一种一次性的"医疗接种"。事实上，团队建设是一个持续的过程，而不是两三天的快速活动。最后，我们必须记住，团队建设是在工作中进行的，而不仅仅是在障碍训练场或国家公园中进行的。组织应鼓励团队成员反思他们的工作经验，并尝试通过及时学习来促进团队的发展。

表 8-2　流行的团队建设活动

团队建设活动	描述	例子
团队做志愿者活动	团队员工花一天的时间提供服务	伊利诺伊州的 Nicor 燃气公司的员工自愿组建团队来帮助社区，例如，为仁人家园（Habitat for Humanity）建造房屋
团队拾荒或寻宝活动	团队按照指示，从整个建筑群或社区中寻找线索、收集物品	欧洲最大的发廊预订网站 Treatwell 的员工在西班牙巴塞罗那附近进行了一场寻宝游戏，这些团队成员来自 10 个国家
团队运动或锻炼项目	团队成员从事各种各样的运动或健康活动，如跨部门的体育比赛	旧金山 SmartBiz Loans 的团队员工在团队建设期间举行公司年度"奥运会"，有掷环、接力赛、触身式足球等活动
团队烹饪活动	团队成员要么学习怎么做一道好菜肴，要么几个团队一起用给定的食材完成一桌菜肴	Cobalt 软件公司的团队员工参加了一场"铁厨师"比赛；在比赛中，他们有一小时的时间用一种主题食材做出最好的菜肴

8.5.2　团队规范

规范（norms）是指群体为规范其成员行为而建立的非正式规则和共同期望。它们只适用于行为，而不适用于个人的想法或感情。此外，规范只局限于对团队重要的行为。规范的执行方式多种多样。如果我们开会迟到，或者我们没有按时完成项目里自己负责的那部分，同事们就会表现出不满。规范也可以通过来自地位较高成员的表扬、给予有价值的资源或团队获得奖励而得到直接强化。这种形式的同辈压力及其强化，甚至在团队成员远程工作时也会发生。但是，团队成员往往在没有直接强化或惩罚的情况下遵守普遍的规范，因为他们认同团队，并希望自己的行为符合团队的期望。一个人的社会角色与群体的联系越紧密，就越有动力避免来自群体的负面制裁。

1. 团队规范是如何形成的

规范是在团队形成过程中形成的，因为人们需要预判或预测其他人的行为。即使是团队初始交互过程中的细微事件，比如团队成员在最初的几次会议中坐在哪里，都可能形成后来难以改变的规范。规范也会在团队成员发现某种行为有助于他们更有效地完成工作时形成，比如需要快速回复短信。团队的重大事件，比如有关工伤和权益侵犯的合同，往往是形成新规范的有力基础。规范还受到成员带给团队的经验和价值观的影响。如果一个新团队的成员重视工作与生活的融合，他们可能会制定出不鼓励长时间工作和超负荷工作的规范。

2. 阻止和改变使团队功能失调的团队规范

建立理想规范的最好方法是在创建团队时清楚地说明这些规范。另一种方法是选择有合适价值观的人。例如，如果组织领导者希望他们的团队有强大的安全规范，则他们应该雇用那些已经重视安全的人，或者在团队成立时就已经清楚地认识到安全重要性的人。

以上建议都是针对新团队的。但是，组织领导人如何在老团队中保持理想的规范呢？各种研究都表明，团队规范是可以被组织引导的。通过强调声明或积极地指导团队，领导者能在制定有用规范的同时，阻止不合适的规范。第二个建议是引入基于团队的奖励。这些奖励象征着期望的规范，并能打击功能失调的规范。最后，如果不合适的规范根深蒂固，而之前的解决方案又不起作用，那么就有必要解散这个团队，组建一个新团队，让这个团队的成员拥有更好的规范。

8.5.3 团队凝聚力

团队凝聚力（team cohesion）是指人们被团队吸引的程度，以及他们保持团队成员这一身份的动机。它是团队的特征之一，包括团队成员被团队吸引的程度、对团队目标或任务的投入程度以及团队自豪感。因此，团队凝聚力是一种情感体验，而不仅仅是关于留下或离开团队的理性衡量。当团队成员将团队作为他们社会身份的一部分时，团队凝聚力就体现出来了。团队发展有利于提升凝聚力，因为成员在发展过程中加强了他们对团队的认同感。

1. 影响团队凝聚力的因素

影响团队凝聚力的因素主要有以下六种。其中一些因素加强了个体对团队的社会认同；另一些因素则加强了个体层面的信念，即团队成员将满足个人需求。

- 成员相似性。一项成熟的研究发现，我们更容易和与自己相似的同事建立联系。这种"相似吸引"的效应之所以会出现，是因为我们认为，如果人们的外表和行为像我们，则他们就会更值得信任，并更有可能接受我们。我们还认为，这些与我们类似的人将造成更少的冲突，更不可能违反我们的期望。因此，当成员彼此相似时，团队的凝聚力会更高且能更快地增强。相比之下，对成员多元化的团队来说，实现高凝聚力更加困难，也需要更长的时间。然而，这种困难取决于多元化的形式。由不同工作小组的人组成的团队似乎和由同一工作小组的人组成的团队一样容易相处。
- 团队规模。小团队往往比大团队更具有凝聚力。一个原因是，少数人更容易就目标达成共识，并协调工作活动。另一个原因是每个成员在小团队中有更大的影响力，所以他们在团队中有更强的参与感和主人翁意识。然而，当小团队缺少足够合格的成员来执行所需的任务时，他们的凝聚力就会降低。
- 成员互动。当团队成员相互之间有规律地互动时，团队往往更有凝聚力。当团队成员执行高度相互依赖的任务并在相同的物理区域工作时，会发生更频繁的交流。

- 准入难度。当进入团队受到限制时，团队倾向于具有更强的凝聚力。团队的精英越多，成员的声望就越高，他们也越重视自己在团队中的地位。与此同时，研究表明，过于严苛的初始阶段也会削弱团队的凝聚力，即便对于那些已经成功度过初始阶段的团队也一样，因为太严苛会产生一种屈辱的负面作用。
- 团队成功。团队凝聚力随着团队成功程度的提高而增加，因为人们会被满足他们需求和目标的团队吸引。此外，个人更有可能将自己的社会角色与成功的团队联系起来，而不是那些失败的团队。
- 外部竞争和挑战。当团队面临外部竞争或具有挑战性的重要目标时，他们往往更具有凝聚力。员工重视他们在团队中的成员关系，因为这些关系能够帮助其应对威胁或竞争，并作为一种社会支持的形式。然而，当外部威胁很严重时，凝聚力可能会消散，因为这些威胁带来很大压力，并导致团队做出更低效的决策。

2. 团队凝聚力的结果

具有较高凝聚力的团队往往比具有较低凝聚力的团队表现得更好。事实上，团队的存在依赖于最低程度的凝聚力，因为它激励团队成员保持成员身份，并帮助团队实现目标。高凝聚力团队的成员花更多的时间在一起，更频繁地共享信息，彼此之间也更满意。他们在有压力的情况下为彼此提供更好的社会支持，并努力减少功能失调带来的冲突。当冲突出现时，高凝聚力的团队成员倾向于迅速有效地解决他们的分歧。

然而，团队凝聚力与团队绩效之间的关系取决于两个条件。首先，当团队的任务相互依赖性较低时，团队凝聚力对团队绩效的影响较小。高凝聚力激励员工与其他团队成员协调合作，但是当他们的工作不依赖于其他团队成员时，他们就不需要那么多的合作或协调（低任务相互依赖性），所以高凝聚力的激励效果在低相互依赖性的团队中不那么明显。

其次，凝聚力对团队绩效的影响取决于团队的规范是否与组织目标相一致。如图 8-5 所示，当团队规范与团队目标相一致时，具有高凝聚力的团队表现得更好，而当团队规范适得其反时，高凝聚力可能会潜在地降低团队绩效。之所以会产生这种效应，是因为凝聚力激励员工在更符合团队规范的水平上工作。如果一个团队的规范容忍或鼓励旷工，员工将更有动力请不合理的病假。如果团队的规范不鼓励缺勤，员工就更有动力避免请病假。

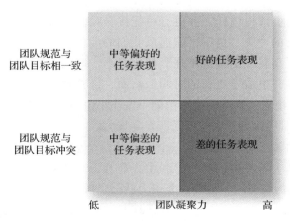

图 8-5　团队凝聚力对团队任务执行的影响

○ **全球链接 8-3**

合餐制助力团队凝聚力

当帕特里克·马修成为加拿大安大略省滑铁卢市消防救援部门的一名消防员时，他很快就了解到，合餐制可以增强团队的凝聚力和信任。"在消防部门，我们为自己的团队精神和团结感到自豪。"马修说，"吃饭和做饭是我们消防员团队文化的一部分，并且我已经看到了一群人一起做饭给团队建设带来的巨大好处。"

最近的一项研究支持了马修的观点。该研究发现，在美国的消防站，队员们经常一起吃饭，他们的表现要好于团队成员单独吃饭的消防站。更好的绩效归因于更好的合作、信任以及其他由高凝聚力带来的正向结果。

马修在他的滑铁卢消防站成为一名很受欢迎的厨师，最近还参加了加拿大烹饪比赛。而他所在队伍的消防员们最喜欢的食物是辣椒炸鱼卷，很大一部分原因是每个人都参与了这道菜肴的制作。他说："每个人都在厨房里，我们一起聊天、大笑、开玩笑，一起创造一些特别的东西。我们变得更亲密，就像参加一次家庭聚餐一样。"马修指出，在消防站做美味的饭菜有一种风险。当你召集大家来吃晚饭时，砰——警报响了，这顿饭就要被晾着，一直等到大家回来。

关于团队凝聚力和绩效的最后一点评论：在前面，我们说过团队成功（绩效）增强了凝聚力，而我们现在说的是团队凝聚力导致了好的团队绩效。对于这两种关系的描述都是正确的。具有较高凝聚力的团队能够表现得更好，而表现更好的团队变得更有凝聚力。对以往研究的主要回顾表明，这两种效应大致呈现相同的程度。但是，这些研究中的大多数团队的凝聚力都相当低，这可能是因为样本涉及的是短期学生团队，而凝聚力需要相当长的时间才能完全形成。当研究寿命较长的团队时，团队凝聚力对团队绩效的影响远大于团队绩效对团队凝聚力的影响。

8.5.4　团队信任

任何关系，包括团队成员之间的关系，都依赖于一定程度的信任。**信任**（trust）是指在有风险的情况下，一个人对另一个人的积极期望。信任最终是感性的；我们信任别人是基于我们对他们的能力、正直和仁慈的信念。信任也是一种情感事件；我们对我们信任的人有积极的感情。信任建立在三个基础上：计算、了解和认同（见图 8-6）。

基于计算的信任代表了一种逻辑计算，即其他团队成员将会适当地行动，因为如果他们的行动违反了合理的预期，他们将面临制裁。它提供了最低的潜在信任，并且很容易因期望的违背而被打破。一些学者认为，基于计算的信任根本不是信任。相反，它可能是对系统的信任，而不是对其他人的信任。无论如何，基于计算的信任是无法维系团队关系的，因为它依赖于威慑。

基于了解的信任建立在另一个团队成员行为的可预测性上。这种可预测性仅指信任状态定义中的"积极预期"，因为你不会信任倾向于从事有害或功能失调行为的人。基于了解的信任包括我们对他人能力的信任，比如我们对医生的信任。它还包括对其他人做好事或执行他们自身价值观的可靠性和一致性的看法。基于了解的信任有着更高潜力的信任水平，也更稳定，因为它会随着时间的推移而发展。

基于认同的信任建立在团队成员的相互理解和情感纽带上。当团队成员的思维、感觉和行为都彼此相像时，就会出现这种情况。有效的团队会表现出这种程度的信任，因为他们共享相同的价值观和思维模式。基于认同的信任是以上三种信任中最强大和最稳健的。个人的自我概念部分建立在团队成员的基础上，他或她认为团队成员的价值观高度重合，因此其他团队成员的任何违规行为都会很快得到原谅。人们更不愿意承认违反了这种高度的信任，因为它触及了他们自我概念的核心。

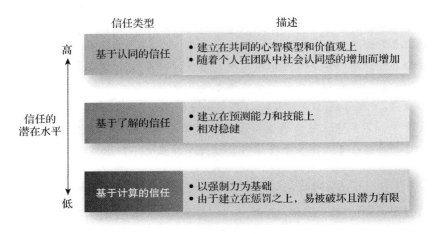

图 8-6 团队中三种不同基础的信任

团队信任的动态过程

员工通常加入一个对新同事有中度或高度信任感，而不是低度信任感的团队。对组织环境中最初的高度信任感（称为快速信任）的主要解释是，人们通常相信团队成员的能力是合理的（基于了解的信任），并且他们倾向于对团队产生某种程度的社会认同（基于认同的信任）。即使是和陌生人一起工作，我们大多数人也会表现出一定程度的信任，哪怕只是因为这支持了我们认为自己是好人的自我概念。然而，在新的关系中，信任是脆弱的，因为它建立在假设而不是成熟的经验之上。研究表明，随着时间的推移，信任倾向于减少而不是增加。这是不幸的，因为随着员工信任程度的降低，他们对他人的宽容度和合作性会降低，这会破坏团队和组织的效率。

团队有效性模型能让我们认识到在组织中团队是如何发挥作用或不发挥作用的。运用我们掌握的这方面的知识，让我们简单认识以下两种团队类型。这两种团队类型已经引起了组织行为学专家和实践者的极大关注。这两种团队类型是：自我管理团队和虚拟团队。

8.6 自我管理团队

通用电气位于加拿大魁北克布罗蒙特的航空工厂，为波音、空中客车和其他航空公司制造世界上最先进的飞机引擎部件，并且它也是自动化和机器人领域的世界领导者。但是你在工厂里找不到管理者。在过去的 30 年里，布罗蒙特工厂一直依靠自我管理团队来完成工作。生产计划、制造过程改进、休假计划和其他管理决策都是由团队自己决定的。通用电气一位人力资源主管解释道："我们说我们需要 X 产量，然后生产团队就得决定他们如何完成所有工作。这就是一个完整的团队体系的运作方式。"

自我管理团队（self-directed team，SDT）是围绕工作过程组织起来的跨职能团队。他们完成由几个相互依赖的任务组成的工作模块，并对这些任务的执行具有实质性的自主权。这个定义抓住了自我管理团队的两个不同特性。第一，这些团队完成一项完整的工作，而这项工作由几个相互依赖的任务组成。一个团队内的员工聚集在一起，而与团队外员工的相互依赖和互动是最少的。其结果是一群紧密联系的员工相互依赖，完成各自的任务。第二，他们在执行任务时拥有实质性的自主权。特别是，这些团队在计划、组织和控制工作活动中，很少或没有高级主管的直接参与。

从飞机引擎制造到家庭护理服务，许多行业都有自我管理团队。显然，北美大多数顶级制造企业都依赖自我管理团队。事实上，自我管理团队已经成为一种非常流行的员工组织方式，以至于许多公司都没有意识到他们有这样的团队。有研究表明，自我管理团队具有提高生产力和工作满意度的潜在作用，这与自我管理团队的流行趋势是一致的。例如，一项研究发现，有自我管理团队员工的汽车经销商服务商店比没有自我管理团队员工的商店利润更高。

在另一项研究中，在德国城市的街道清洁工被组织成自我管理团队后，无论是对于短期还是长期的工作措施，客户的满意度都增加了。

○ **全球链接 8-4**

荷兰博组客护理

博组客（Buurtzorg）在荷兰和其他国家雇用了近 15 000 名专业人员（大部分是注册护士），组成了 1 000 多个自我管理团队。博组客的官网上写道："自我管理团队拥有职业自由和责任。团队通过口口相传决定如何组织工作、分担责任和做出决定，并向团队推荐业务。"该公司总部只有几十名行政人员，另外还有二十几名教练帮助团队改善工作关系。

每个自我管理团队由多达 12 名护士组成，负责 50～60 名家庭护理病人，其中大多数是老年人、残疾人或绝症患者。病人通常由一组员工提供服务，而不只是由一个团队成员。团队成员在照顾病人方面有相当大的自主权。团队成员会在每周的会议上讨论并创造性地解决问题。例如，在一次会议上，一个团队制定了一项策略，以确保其中一名痴呆症患者每天服用药物。团队成员还使用该公司的安全社交网络系统，与博组客中的其他自我管理团队分享解决方案。

博组客在团队层面衡量绩效的指标包括患者满意度、工作效率和成本节省。每个员工都可以查看一个仪表板，该仪表板提供了团队与组织中其他团队相比的绩效反馈。有独立研究表明，尽管博组客的员工接受过更高的教育和更多的培训，但与传统的（大多是非团队的）服务相比，该公司的自我管理团队的成本效率要高得多。博组客的员工也喜欢这种团队结构。该公司连续几年成为荷兰最佳雇主。

自我管理团队的成功因素

自我管理团队的成功推进取决于几个因素。自我管理团队应该负责整个工作流程，例如，制作整个产品或提供服务。这种结构使每个团队与其他团队保持足够的独立性，但它要求团队内员工之间的相互依赖程度相对较高。自我管理团队还应该有足够的自主权来组织和协调他们的工作。自主性使他们能够更快、更有效地响应客户和利益相关者的需求，同时还通过授权来激励团队成员。最后，当工作场所和技术能支持团队成员之间的协调与沟通，并使工作充实时，自我管理团队更成功。管理层经常将一组员工称为"团队"，但在工作布局、流水装配线结构和其他技术方面却将员工彼此隔离。

8.7 远程（虚拟）团队

第1章描述了远程工作如何在组织中迅速扩展。几乎一半的美国员工有时在家里或异地工作。我们甚至目睹了远程组织的出现。这些组织没有实体办公室，每个员工（和承包商）都远程工作。

争辩点：远程团队带来的麻烦是否比其价值多？

在互联网诞生之前，远程团队很少出现。今天，他们几乎和面对面的团队一样常见。这些团队正日益变得更容易创建，因为我们中越来越多的人从事基于知识的工作，而且信息技术使得世界各地的同事彼此进行即时沟通变得更加容易。组织正在变得越来越依赖于远程团队，因为人力资源是一个组织的竞争优势，而这种（远程）人力资源分散在世界各地。

尽管远程团队很重要，但它还是存在争议的。这些争议并不否认创建这些团队的潜在价值。相反，争议者把负面因素加在一起进行评估，结论是它们超过了远程团队带来的好处。当首席信息官被要求确定全球化面临的最大挑战时，70%的人将管理远程团队列为首要问题。一些组织甚至减少了允许员工远程工作的范围，因为员工离开工作场所可能会产生问题。

远程团队的一个持续性问题是他们缺乏足够的面对面交流机会。在第9章中，我们将提供更多细节。但是，到目前为止，还没有一种信息技术能与在同一房间里的人之间传递的信息的数量和种类相匹敌。多人视频聊天越来越接近面对面的实际情况，但它需要相当大的网络带宽支持，并且在交流丰富度方面仍然不足。

另一个问题是，与同一空间的团队成员相比，远程团队成员的信任程度较低，或者他们的信任更加脆弱。事实上，专家们提供了一个主要建议，以增加远程团队成员之间的信任——让他们作为协作团队，花时间在一起。

远程团队的第三个缺点是，人们离得越远，他们在经验、信仰、文化和期望上的差异就越大。当然，这些差异对某些决策来说是有利的，但对团队发展和绩效来说，它们也可能是噩梦。弗吉尼亚州阿灵顿的领导力顾问里克·毛雷尔建议说："对于成功，每个人都必须有相同的想法。如果没有高度专注，班加罗尔人很容易对于成功产生与布鲁塞尔同事不同的想象。当员工所在的地点更多时，结果就更混乱了。"

公司在依赖远程团队之前应该三思的另一个原因是：人们对异地同事的影响力或控制力似乎不如对同一空间同事的影响力或控制力大。一个团队成员在你的小隔间停下来，问你某部分报告做得怎么样了，这样做的效果比一条来自远方的、没有人情味的——甚至是热情的短信的效果要好得多。

也许这就是为什么调查显示远程团队成员的满意度低于同一空间团队成员的满意度的原因。调查显示，与同一空间办公的同事相比，远程办公的员工认为其他团队成员不太愿意支持他们，而且更有可能在背后说他们的坏话。远程办公的员工收到的抱怨是同一空间办公的同事的 2～3 倍。他们的抱怨涉及在共享的项目上工作不认真（或根本不工作）、项目进度落后、没有设定截止日期、没有在错过截止日期时发出警告、没有警告就做出更改，以及提供误导信息。当被问及解决这些问题需要多长时间时，超过一半的受访者表示，同一空间团队成员需要几天时间，而大多数人估计远程团队成员需要几周或更长时间。

大多数员工在团队中完成部分或全部任务，因此远程工作的日益普及导致了远程团队的相应增加。**远程团队**（remote team）（也称为虚拟团队或分布式团队）是指团队成员跨越空间、时间和组织边界进行操作，并通过信息技术相互联系以完成组织任务的团队。远程团队与传统团队有两个不同之处：一个或多个成员在某些时候远程工作，而不总是在同一个物理区域工作；由于他们没在同一空间工作，远程团队的成员主要依靠信息技术，而不是面对面的互动来沟通和协调工作。

团队距离或团队虚拟程度各不相同。团队距离取决于团队成员在地理上的分散程度、团队成员分开工作的百分比，以及团队成员分开工作的时间百分比。例如，当一个团队的所有成员都住在同一个城市，每天只有一两个成员在家工作时，这个团队就具有最小的距离。当团队成员分散在世界各地，而且他们没有亲自见过面时，就存在高度的距离感。

远程团队在大多数组织中已经变得司空见惯。一个原因是，大多数人从事的是知识工作，而不是实际生产工作，所以他们几乎可以在任何地方开展业务工作。另一个原因是信息技术使我们比以往任何时候都更容易与其他知识工作者进行异地沟通和协调。

以知识为基础的工作和信息技术使远程团队的存在与发展成为可能，而全球化和人力资本价值的增加，是越来越需要远程团队的两个原因。全球化使得远程团队变得越来越必要，因为随着企业在全球扩张，其员工分布在全球各地，而不是分布在单个建筑或城市里。此外，组织的竞争优势是它的人力资本——员工为组织带来的知识、技术、能力、创造力和其他宝贵资源。发掘与利用这种人力资本的潜力，通常是通过团队实现的，其中许多团队成员存在一定的距离，因为他们分布在多个城市和国家。即使是在同一城市或国家的企业也会创建远程团队，因为其员工会与位于世界其他地方的供应商、客户和承包商组成临时团队。

远程团队的成功因素

远程团队面临传统团队的所有挑战，更存在由时间和距离带来的问题。这些挑战随着团队的远程化增强而增加，特别是当团队时间紧凑时。幸运的是，组织行为学研究已经发现了以下策略，可以最大限度地解决远程团队存在的问题。

首先，远程团队成员需要践行本章前面描述的有效的团队行为。他们还需要有良好的沟通技能和强大的自我领导能力，以便去激励和指导自己的行为（即使没有同事或管理者在附近监督或指导）；还要有较高的情绪智力，以便可以通过短信和其他有限的沟通渠道，解读其他团队成员的感情。

其次，远程团队应该有一个沟通渠道工具包（消息传递、在线白板、视频会议等），以及能够自由选择最适合他们的渠道。这听起来似乎很容易，但不幸的是，高管层通常根据外部顾问的建议，倾向于将技术强加于团队，并期望团队成员在整个工作中使用相同的通信技术。相反，研究表明，沟通渠道的重要性会随着时间的推移而增加或减少，这取决于任务情况和信任程度。

再次，远程团队需要足够的结构。一份回顾报告披露，成功的远程团队的许多原则主要与创建结构相关，例如，明确的操作目标、文档化的工作过程，以及商定的角色和职责。

最后，远程团队成员应该在团队开发过程的早期进行面对面的交流。这个想法似乎与远程团队的整个概念相矛盾，但到目前为止，还没有任何技术可以取代面对面高水平的联系和相互理解。

8.8　团队决策

自我管理团队、远程团队以及几乎所有其他团队都需要制定决策。在特定条件下，团队比员工个人，在识别问题、解决问题、选择替代方案、评估决策这些方面更有效。然而，为了利用这些好处，我们首先需要了解有效地制定团队决策需要什么限制条件。然后，我们再看一下试图克服这些限制条件的特定团队结构。

8.8.1　团队决策面临的限制条件

任何在工作场所待过很长时间的人都能说出团队决策面临的几种限制条件。最常见的四个是时间限制、评价焦虑、顺从压力和过度自信。

1. 时间限制

有一种说法是："委员会一分钟一分钟地耽搁时间，一小时一小时地浪费时间。"这反映出团队做决策所花的时间比个人要长。团队花费时间组织、协调和维护关系（如过程损耗）。团队成员需要时间来建立融洽关系，在决策过程中就行为规则和规范达成一致，并理解彼此的想法。

在大多数团队结构中，另一个与时间有关的限制是一次只能有一个人发言。这个问题被称为**产生式阻碍**（production blocking）。它从几个方面削弱了创意的产生。首先，团队成员需要倾听谈话，找到一个合适的时间发言，但这种做法使他们很难集中精力在自己的想法上。其次，想法是短暂的，所以他们等待说出想法的时间越长，他们一闪而过的想法就越有可能消失。最后，团队成员可能会通过集中注意力来记住他们转瞬即逝的想法，但这会导致他们对谈话的注意力减弱。如果忽视其他人的话，团队成员就会错过其他潜在的好点子。

2. 评价焦虑

人们通常不愿意提及那些看起来很愚蠢的想法，因为他们相信（通常是正确的）团队中的其他人正在默默地评估这些想法。这种**评价焦虑**（evaluation apprehension）是因为个体想要创造一个良好的自我表现形象，并保护自尊。当有不同地位或专业水平的人参加会议时，或当团队成员正式评价彼此全年的绩效（如 360 度反馈）时，这种心理就会变得非常常见。有创意的想法在第一次提出时，往往会看似很奇怪或不合逻辑，所以评价焦虑往往会阻止员工在同事面前提及这些想法。

3. 顺从压力

团队凝聚力激励员工遵守团队的规范。这种控制使团队围绕共同的目标进行组织，但它也可能导致团队成员压制那些与他们不同的意见，特别是当强大的团队规范与这个问题相关时。当有观点违背了大多数人的意见时，其他成员可能会惩罚违反者或试图说服他或她的意见是错误的。顺从也可以是微妙的——在某种程度上，我们依靠别人的观点来验证自己的观点。如果同事不同意我们的观点，即使没有来自同事的压力，我们也会开始质疑自己的观点。

4. 过度自信（夸大的团体有效性）

在某种程度上，当团队成员对团队合作的程度和团队努力的成功可能性有集体信心时，团队更可能成功。这种**团队有效性**（team efficacy）的力量类似于个人自我效能感的力量。有效团队会设定更具挑战性的目标，也更有动力去实现这些目标。这都能提高团队绩效。不幸的是，团队有效性和团队绩效之间存在着曲线关系，其中包括决策质量。换句话说，当团队过度自信或缺乏自信时，他们会做出更糟糕的决策。过度自信的团队在做决策时不那么警惕，部分原因是他们在这些事件中有更多的积极情感和情绪。他们也会参与较少的建设性辩论，不太可能寻求或接受团队之外的信息，而这两者都会破坏团队决策的质量。

为什么团队会变得过度自信？主要原因是团队层面的自我提升，即团队成员有一种自然的动机去相信团队的能力和情况高于平均水平。在高凝聚力的团队中，过度自信更常见，因为人们会为了对他们重要的事情（如一个凝聚力的团队）而自我强化。当团队有外部威胁或竞争时，它也会更强，因为这些对手会产生"我们对他们"的差异。团队有效性会因团队中相互强化的信念而进一步膨胀。当其他团队成员附和我们的意见时，我们会对团队产生更清晰、更高端的看法。

8.8.2　改进团队中的创造性决策

团队决策充满了问题，但这些揭露了"坏消息"的研究，也提供了一些解决方案。团队要有制衡机制，以防止领导者或其他个人主导讨论。团队还应该足够大，以能够拥有足够的集体知识来解决问题；但又要足够小，这样才不会耗费太多的时间或限制个人的投入。团队成员应该对自己的决策有信心，但也要警惕过度自信。这需要团队有鼓励批判性思维的规范，以及具有足够多元化的团队成员。

有效团队决策的另一个重要因素是团队成员拥有产生心理安全的环境。**心理安全**（psychological safety）是一种共同的信念，即参与人际冒险不会产生不良后果。当员工确信他们可以建设性地反对大多数人、提出奇怪的想法，或尝试新颖的行为，而不必担心同事会贬低他们或公司会限制他们的职业发展时，这种信念就会产生。心理安全需要鼓励员工尊重和重视彼此、表现出对彼此的兴趣、对同事的意见持开放和宽容的态度，并对彼此表现出积极的意图。当讨论不同的观点时，表现出积极的意图包括表现出积极的情绪和非威胁性的行为。

除了这些一般性的建议，组织行为学研究已经发现在团队环境中提高员工创造力的四种方法：头脑风暴、头脑书写、电子化的头脑风暴和名义群体法。这四个方法强调创意的产生（对创意的主要关注点），但有时候也包括一些团队选择的备选方案。

1. 头脑风暴

头脑风暴（brainstorming）是一种团队活动，其目的是让参与者试图说出尽可能多的想法。这个过程是由广告主管亚历克斯·奥斯本在1939年提出的，并通过四个简单的规则来最大限度地促进创意的提出：自由发言——即使是最疯狂的想法；不要批评他人的想法；提供尽可能多的想法——挑选出来的想法的质量，随着备选想法数量的增加而增加；建立在别人提出的想法之上。头脑风暴规则是为了鼓励发散性思维，同时最大程度地减少评价焦虑，以及其他团队运作过程中的动态问题。然而，大量的实验室研究表明，头脑风暴不如个人独立工作产生的想法多，这使得头脑风暴不受欢迎。产出阻碍、评价焦虑和群体懈怠被认为是罪魁祸首。

实验室的研究结果令人费解，因为一些最成功的创意机构和设计公司表示，头脑风暴是一种有用的工具。造成这种差异的原因之一是，有效的头脑风暴需要一个熟练的主持人，他要确保规则得到遵守、鼓励每个人大胆发言、管理占主导地位的参与者、使团队专注于主题，并保持高效的思想流动。相反地，这些研究以那些从未进行过头脑风暴的学生为样本，而这些学生的组织者是从小组中随机挑选的。从业人员还指出，头脑风暴要求参与者提供疯狂的想法，这需要员工有足够的自信及其所处的组织具备以合作学习为导向的文化，同时组织文化优先保护心理安全。相反地，大多数研究都是针对那些几乎不了解彼此的学生而进行的，他们很可能对自己在同龄人中的表现非常敏感，而且很可能对他们完成这项任务的信心非常有限。最后，头脑风暴会议的目的是产生更具创造性的想法，而大多数实验室研究只是计算想法的数量。

头脑风暴能提高团队的创造力，但也有局限性。首先，即使是经过培训和经验丰富的人在进行头脑风暴时，也会受到产出阻碍的影响。当团队成员倾听彼此的想法时，伟大的思想就会被遗忘；如果团队成员不倾听彼此的想法，就会丧失顿悟的火花。第二个问题被称为固定效应或从众效应，是指听到他人的想法往往会限制我们随后想到的各种各样的想法。在头脑风暴中，参与者被要求公开描述他们的想法，但是最初的几个口头描述可能会导致其他参与者将他们的思维限制在与最初的建议相似的想法上，而不是其他类别的想法上。然而，神经系统科学研究报告称，当人们接触到由他人产生的适度创造性（但不是荒谬的）想法时，他们的思维更具创造性。

2. 头脑书写

头脑书写（brainwriting）是头脑风暴的一种变体。它通过在创意产生的过程中删除对话，最大限度地减少存在于传统头脑风暴的产出阻碍问题。头脑书写有许多形式，但它们都有一个共同特征，即个人把自己的想法写下来，而不是口头描述它们。其中一种形式是，参与者把他们的想法写在卡片上，并把这些卡片放在桌子的中央位置。在任何时候，参与者都可以从桌子中央拿起一张或多张卡片，以激发自己的思想或进一步建立想法。另一种形式是，每个人在卡片上写下一个想法，然后把卡片传递给右边的人。接收者在第二张卡片上写下一个新的想法，两张卡片都传给下一个人，然后重复这个过程。关于头脑书写的有限研究表明，因为没有产出阻碍，头脑书写比传统头脑风暴产生更多更好的想法。

3. 电子化的头脑风暴

电子化的头脑风暴（electronic brainstorming）类似于头脑风暴，但参与者通过使用数字网络而不是手写的卡片来记录和分享想法。在收到问题或议题后，参与者使用特殊的数字软件输入他们的想法。这些想法以匿名的方式分发给其他参与者，并鼓励他们对这些想法进行反复讨论。团队成员最终通过电子方式对提出的想法进行投票。接下来通常是面对面的讨论。电子化的头脑风暴可以非常有效地产生创造性的想法与最小程度地产出阻碍、评价焦虑，以及从众效应。它也优于头脑书写，因为创意是匿名产生的，而且更容易被其他参与者看到。尽管电子化的头脑风暴有许多优点，但是它很少被使用，因为它通常被认为太结构化以及有技术限制。

4. 名义群体法

名义群体法（nominal group technique）是头脑书写的另一种变体，它为写作过程增加了口头表述的元素。讨论的问题被描述后，团队成员默默地、独立地写下尽可能多的解决方案，然后将解决方案表述给其他团队成员听。它通常采用循环的形式，并和头脑风暴一样，没有批评或争论，只有澄清。最后，参与者对每个已提出的解决方案，默默地、独立地进行排序或投票。名义群体法已经被应用于实际的决策中，例如，确定提升跨国旅游业务质量的方法。使用这种方法产生的创意比传统互动和头脑风暴产生的数量更多、质量更高。然而，在一定程度上，这种方法仍受限于产出阻碍和评价焦虑。通过培训，能够改善这种团队决策的方法。

▣ 本章概要

8-1 讨论团队的优缺点，并解释员工加入非正式群体的原因

团队是由两个或两个以上的人组成的群体。他们相互影响，共同实现组织目标，并将自己视为组织成员的一个社会实体。所有团队都是群体，因为他们由具有统一关系的人组成；但并非所有群体都是团队，因为有些群体并不是为组织目标服务而存在的。

团队之所以受欢迎，是因为团队倾向于做出明智的决策，支持组织的学习进程，并提供更优质的客户服务。团队并不总是像个人单独工作那样有效，过程损耗和群体懈怠拖累了团队的表现。人们加入非正式群体（并且被激励加入正式团队）有四个原因：人们有一种与生俱来的建立联系的动力；群体成员是一个人自我概念的固有组成部分；有些个人目标在群体中能更好地实现；个人只要有其他人在场就能得到宽慰。

8-2 概述团队有效性模型，并讨论任务特征、团队规模以及团队构成这些因素如何影响团队有效性

团队有效性包括完成任务、满足成员需求和维持团队生存三方面。团队有效性模型考虑组织和团队环境、团队设计和团队进程。团队设计的三个要素是任务特征、团队规模和团队构成。团队往往更适合工作复杂而任务结构合理，且需要员工高度合作的情况。团队规模应该足够大，以能够完成工作；同时也应该足够小，以保证团队合作的有效性以及员工对工作的参与度。有效的团队是由有能力和乐意在组织环境下完成工作的人组成的。团队成员的多

元化对团队绩效有利也有弊。

8-3　讨论四种团队发展过程——团队发展、团队规范、团队凝聚力以及团队信任——如何影响团队有效性

团队的发展经历了组建、震荡、规范、表现和终止等阶段。团队发展可以通过团队建设来加速——任何旨在改进工作团队发展和运作的正式活动。团队制定规范来管理和引导成员的行为。这些规范可能会受到最初的经历、关键事件，以及团队成员带给团队的价值观和经历的影响。团队凝聚力——团队对成员的吸引力和人们想继续作为团队成员的动力——随着团队成员的相似性增加、团队规模的缩小、互动程度的提高、准入难度的增大、团队成功和外部挑战的增加而增强。当团队具有高度的相互依赖性并且其规范与组织目标一致时，凝聚力会提高团队绩效。信任是指在面对危险时，一个人对另一个人的想法或行为怀有积极的期望，这是一种心理状态。人们对别人的信任有三个不同的基础：计算、了解和认同。

8-4　讨论自我管理团队和远程团队获得成功所需的特征和因素

自我管理团队可以完成全部工作，而这些工作又是由几个相互联系的任务组成的，而且他们对任务的执行具有本质上的自主权。远程团队的成员跨越空间、时间和组织边界进行运作，并通过信息技术联系起来以完成组织任务。当团队成员具有一定的能力时，远程团队会更有效率，因为他们有选择沟通渠道的自由，并且其成员在团队发展过程的早期必须面对面地认识一下。

8-5　识别团队决策中面临的四大限制条件，并讨论能改进团队创造性决策能力的四种方法的优点和缺点

团队决策受时间限制、评价焦虑、顺从压力和过度自信（夸大的团队有效性）等因素的阻碍。通过保持一种员工之间共享的信念（心理安全，即参与人际冒险不会产生不良后果）、制衡并防止任何个体主导讨论、尽可能保持小的团队规模，以及对团队过度自信保持警惕，可以尽量减少这些决策阻碍。四种方法可能会改善团队环境中的创造性决策：头脑风暴、头脑书写、电子化的头脑风暴和名义群体法。

◘ 关键术语

头脑风暴	头脑书写	布鲁克斯定律	电子化的头脑风暴	评价焦虑
人力资本	名义群体法	规范	过程损耗	产生式阻碍
心理安全	远程团队	角色	自我管理团队	群体懈怠
社会网络	任务相互依赖性	团队建设	团队凝聚力	团队有效性
团队	信任			

◘ 批判性思考

1. 非正式群体几乎存在于所有形式的社会组织中。你的班级中有哪些类型的非正式群体？为

什么学生们被鼓励加入这些非正式群体？

2. 管理大师彼得·德鲁克曾经说过："现在流行的团队模式——每个人从一开始就在所有事情上相互合作——正迅速变得令人失望。"讨论三个与团队有关的问题。

3. 你被委派负责一个跨职能的工作团队，该团队将为零售端客户开发更好的网上银行服务。该团队包括来自市场营销、信息服务、客户服务和会计这些部门的代表，他们都将在总部的同一地点一起工作三个月。描述在团队发展的每个阶段你可能观察到的行为。

4. 你的公司是一个全国性的电器销售机构，专门为开发商和承包商服务，而你刚刚从该公司处于堪萨斯州的办公室调到其处于丹佛（隶属于科罗拉多州）的办公室。在堪萨斯州，团队成员经常在销售结束后给顾客打电话，询问产品是否准时到达以及他们是否满意。但是当你搬到丹佛的办公室时，似乎没有人再打这些电话了。一位最近入职的同事解释说，其他同事不鼓励她打那些电话。后来，另一位同事建议说，你这样做会让其他人看起来很懒。想出三个合理的理由，解释为什么丹佛办公室的规范会与堪萨斯州办公室的规范不一样，即使顾客、产品销售佣金和工作场所中的其他特点几乎是一样的。

5. 一位来自美国的软件工程师需要与世界上地理位置分散的四个团队成员进行合作。团队将面临什么挑战，以及这些挑战将如何影响团队设计元素？

6. 你和另外五个学生被分配到同一个课堂项目中，他们中没有一个人是你以前见过的，有些人来自不同的国家。团队凝聚力能在多大程度上改善你所在团队在这个项目上的绩效？在这种情况下，你建议采取什么行动来建立学生团队成员之间的凝聚力？

7. 假设你负责领导一个远程团队，其成员分布在世界各地的不同城市。你可以使用什么策略来建立与维护团队信任和绩效，以及最小化团队中经常发生的信任度与绩效的降低？

8. 你负责召开一次重要会议，来自几个州的政府高级官员将努力就环境问题达成协议。众所周知，一些官员采取某些立场是为了让自己显得高人一等，而另一些官员则非常积极地解决跨州的环境问题。在这个政府论坛上，什么样的团队决策问题是最可能出现的？你可以采取什么行动来解决这些问题？

9. Sawgrass Widget 公司的首席营销官希望营销人员和销售人员能为其产品找到新的用途。对于创造性决策，你会推荐四种方法中的哪一种？向 Sawgrass 的首席营销官描述并证明这个过程。

◘ 案例研究

Conifer 公司

　　Conifer 公司是俄勒冈州的一家锯木厂，由一家重要的林产品公司拥有，但独立于母公司运营。它建于 30 年前，于 5 年前完全更新了机器。Conifer 公司从该地区收集原木，用于切割和规划建筑级木材，大部分是 2×4 和 2×6 标准长度的木材。高等级的原木以成品的形式离开 Conifer 公司的锯木厂，并直接送到包装部门。锯木厂剩余的 40% 的产量是从低等级原木中削减的，需要计划部门进一步规划工作。计划部门有 1 名总经理、16 名主管和支持人员，以及 180 名工会雇员。加入工会的雇员按集体协议规定的时薪领取工资，而管理人员和辅助人员按月领取工资。锯木厂分为六个操作部门：吊杆、锯木、刨床、包装、运输和维护。锯木、吊杆和包装部门从早上 6 时开始上早班，下午 2 时开始上下午班，这些部门的员工每两周轮班一次。刨床和运输部门只有上午班。维护人员上夜班（从晚上 10 时开始）。除了包装部门，每个部门每次轮班都有一个主管。刨床主管负责上午班的包装部门，锯木主管负责下午班的包装部门。然而，包装操作是在一个独立的建筑里进行的，所以主管很少看着包装过程，尤其是下午班，因为锯木主管离包装建筑距离最远。

包装质量

Conifer 公司 90% 的产品通过大型营销机构 Westboard 公司在国际上销售。Westboard 代表 Conifer 母公司拥有所有林产品工厂以及该地区的其他几家客户。建筑级木材市场的价格竞争非常激烈，因为有许多工厂销售一种相对无差别的产品。然而，在产品包装和展示方面确实存在一些差异。买家将密切关注产品包装，决定是否从 Conifer 公司或其他工厂购买。

为了鼓励客户更好地包装他们的产品，Westboard 每月赞助一个包装质量奖。市场代理机构每天对客户的包裹进行取样和评分，月底得分最高的锯木厂被授予一个框架式的优秀证书。包装质量涉及木材堆放的方式（例如，缺陷的处理方式）、木带和衬垫的放置位置、模板和印章的使用是否整洁、模板的准确性，以及塑料包装的贴合是否整齐和紧密等。

在过去的五年中，Conifer 公司多次获得 Westboard 公司的包装质量奖，并在没有获奖的几个月中获得了很高的评价。然而，在过去的一两年中，该厂的评级已开始下降，一些客户抱怨其产品的外观。一些大客户转而购买竞争对手的木材，说这个决定基于 Conifer 公司的包装在到达他们的木材场时的外观不合格。

包装中的"瓶颈"

计划部门和锯木部门的生产力在过去几年显著提高。这家锯木厂最近创下了单日生产率的新纪录。刨床的生产率已经提高到去年每天只有一轮班（而不是两轮班）就能完成工作的水平。这些方面提高是由于更好的操作员培训、更少的机器故障，以及更好的原木选择（拥有高质量原木的锯木厂在切割前通常不需要计划工作）。

运输和维护部门一直保持着繁荣时期的生产力水平。然而，在过去的几年里，包装部门的生产力下降。结果，产品通常在进行包装的建筑物外面积压。包装部门上早班的员工无法跟上锯木部门和刨床部门的联合生产，所以未包装的工作就留给了下午班的员工。不幸的是，下午班的员工能完成的产品甚至比上午班的员工还少，所以工作还在继续积压。积压的订单增加了 Conifer 公司的库存成本，也增加了库存受损的风险。

Conifer 公司增加了周六的加班时间，以及加班前后的时间，以便包装部门的员工处理这些积压工作。上个月，包装部门雇用了 10% 的员工，但其占加班费的 85%。Conifer 公司对这样的管理很懊恼，因为最近对时间和运转的研究发现，包装部门在没有加班的情况下，有能力处理所有的锯木部门和刨床部门的日常生产。由于员工的加班费是正常工资的 1.5～2 倍，Conifer 公司的成本竞争力受到了影响。

Conifer 公司的员工和主管知道，包装部门的员工往往延长午餐时间 10 分钟和延长休息时间 5 分钟，他们通常也会在下班时间前几分钟下班。这种弊病最近有所恶化，尤其是在下午班。临时分配到包装部门的员工，在几天后似乎也参与到这种时间损耗模式中。尽管这些临时员工在其他部门工作时很准时、效率很高，但当他们被分配到包装部门时，很快就采用了包装部门人员的非正式时间安排。

讨论题：

1. 在本案例中，可以看出什么问题？

2. 导致这些问题的主要原因是什么？

3. 需要用哪些措施去解决这些问题？

© 版权所有 1995 Steven L. McShane 和 David Lebeter。本案例基于实际事件，但姓名和一些特征已被改动以保持匿名性。

◘ 团队练习 1　团队塔的力量

目的：本练习旨在帮助你理解团队角色、团队发展以及其他有关有效团队的发展和维持的问题。

材料：教师将提供足够的乐高积木或类似材料，让每个团队完成指定的任务。所有团队都应该有相同（或非常相似）数量和类型的原材料。教师需要量尺和秒表。学生可以在设计阶段使用书写材料（参见指示）。教师将给所有队伍分发"团队目标表"和"塔规格效能表"。

指引：教师将把班级成员分成不同团队。根据班级规模和空间可用性，每个团队可能有 4～7 名成员，但所有团队的规模应该大致相等。

每个团队有 20 分钟的时间来独立设计一个只使用提供的材料就能建成的塔，并提供最佳的投资回报。团队成员在纸上或挂图上绘制他们的塔，以方便塔的设计。在这个阶段，团队可以自由练习建造他们的塔。最好每个团队都有一个隐蔽的空间，这样设计就可以保密进行。

在这个阶段，每个团队将完成由教师分发的"团队目标表"。完成这张表需要由教师分发的"塔规格效能表"。

每个团队需要向教师表示已完成"团队目标表"。然后，所有的团队在同一个房间，教师将宣布建设阶段的开始。在允许建设的时间里，各团队将受到密切监视，教师有时会大声喊出已经过去的时间（特别是在房间里没有时钟时）。

每个团队一旦完成其塔，就将马上通知教师。教师也可能会要求团队协助他或她，记录用到的乐高积木的数量和测量塔的高度，此信息将被添加到"团队目标表"中。然后，团队计算它的收益。

在展示结果之后，全班将讨论促进团队有效性的团队动力因素。团队成员将讨论他们的战略、分工（团队角色）、团队内部的专业知识以及其他因素。

资料来源：一些已发表的网上资料描述了这种活动的各个版本，但是没有这种活动的最早已知来源。

◘ 团队练习 2　人体跳棋

目的：本练习旨在帮助你理解团队动力以及决策制定的重要性和应用。

材料：无，但是教师针对每个团队的任务提供更多的信息。

指引：

（1）由八名学生组成一个团队。如果条件允许的话，每个团队应该有一个私人的地方，在那里，团队成员可以在不被其他团队观察或听到的情况下，计划和实践他们的任务。

（2）所有团队在课堂上都会收到关于他们被分配到的任务的特别指示。所有团队的任务都是相同的，并有相同的时间来计划和实践这个任务。在计划和实践时间段结束时，每个团队在课堂上完成任务的时间将会被记录下来。在最短时间内完成任务的团队获胜。

（3）此练习不需要也不允许使用特殊材料（见下面的规则）。虽然这里没有描述具体的任务内容，但是学生应该遵守以下规则来计划和执行任务：

1）你不能使用任何形式的书面沟通或任何道具来协助这项任务的计划或实施。

2）在计划和实践这项任务的过程中，你可以在任何时候与你团队中的其他同学交谈。

3）在执行任务时，你只能向前走，而不能向后走（你不允许转身）。

4）在执行任务时，你可以向前移动到下一个区域，但仅当该区域为空白区域时可行。在图 8-7 中，你（黑点）可以直接移动到空位（白点）。

5）在执行任务时，如果该区域是空的，则可以向前移动两个空格。换句话说，如果你前面的一个区域是空的，你可以绕过挡在你和空位之间的那个人，去空位那里。（在图 8-8 中，两个人占据了黑点，而白点是一个空位，则你可以从前面的人身边绕过，移动到白点处。）

图 8-7   图 8-8

（4）当所有的团队都完成了他们的任务时，全班将讨论这个练习对于团队动力和决策制定的启示。

讨论题：

1. 确定团队在完成此任务过程中，用到的团队动力和决策制定的概念。

2. 团队在完成此任务过程中，用到了哪些个人和工作团队的理论？

3. 还发生了什么其他关于组织行为学的问题，以及采取了（或者应该采取）什么样的行动来解决这些问题？

◙ 团队练习 3 在月球上生存

目的：该练习旨在帮助你理解团队决策的重要性和动态性。

材料：下面提供了练习所需的所有材料。它们用来给每个团队在各个独立项目中的表现评分，包括"在月球上生存的情景"和"在月球上生存的记分表"。

在月球上生存的情景

设想在未来，你和你的机组人员乘坐猎户座宇宙飞船前往月球。"猎户座"是一种橡皮糖形状的宇宙飞船，旨在将人类从地球运送到月球。猎户座宇宙飞船和阿波罗计划中使用的太空舱的形状相似，但比阿波罗计划中使用的太空舱要大。与猎户座相连或对接的是月球表面到达舱（LSAM），你可以使用它单独在月球上着陆（其他人员留在猎户座）。

当你的飞船进入月球轨道时，你发现了月球的前哨。这个前哨基地已经扩大了，在过去的任务中它已经一块一块地建起来了。你很期待看到前哨基地。它位于月球南极陨石坑边缘，阳光几乎持续不断地出现。这个位置离冰水供应点不远。在陨石坑寒冷的并永久性地呈现阴影的地方可以找到冰水。

转移进入 LSAM 并与猎户座分离后，你准备下降到月球表面。突然，你注意到推进器出了问题。你安全着陆，但偏离航线，距离月球前哨大约 80 千米。透过炭灰色、尘土飞扬的月球表面，你意识到你的生存取决于到达前哨站，并要找到一种方法保护你自己，直到有人可以找到你，或者在你的着陆点和前哨站之间的某个地方遇到一个救援队。

你知道月球基本上没有大气层或磁层来保护你免受太空辐射。这里的环境与地球上的任何环境都不同。月壤是由许多物质混合而成的，其中包括锋利的玻璃状微粒。月球的引力只有地球的六分之一。月球超过 80% 的部分是由多坑的高地组成的。在月球上，温度变化很大。它的两极夜间的温度可以达到 −193 摄氏度，赤道白天的温度可以达到 111 摄氏度。

指引： 生存取决于你的交通方式和导航能力，并且必须考虑你对食物、住所、水和空气的基本需求。你的挑战就是选择能够帮助你生存的物品。

第一部分：个人决策

表 8-3 列出了 15 项你可以使用的物品。在"你的排序"一列中，根据你自己的信念和对这些物品对你及你的团队（飞船中的其他成员）的重要性的了解，将这些物品从 1 排到 15。把数字 1 放在最重要的物品旁边，然后继续把这些物品依次排到最不重要的第 15 位。准备好解释为什么你给每个物品这样的排名，以及你打算如何使用这些物品来帮助你生存。

表 8-3　在月球上生存的记分表

物品	你的排序	团队排序	专家排序	你的分数	团队分数
急救箱：基本的止痛药和抗感染的药					
食物：脱水浓缩物					
救生筏：一个可自我充气的漂浮装置					
磁罗盘：利用磁场来确定方向的工具					
地图：显示月球表面 / 地形的文件					
火柴（盒）：头部带硫磺的木棍					
氧气罐：两个 45.5 千克重的氧气罐					
降落伞：一大块丝绸织物					
便携式照明灯：带有太阳能充电电池					
无线电收发两用机：一种太阳能供电通信设备					
绳子：15 米长的尼龙绳					
信号镜：手持式镜子					

（续）

物品	你的排序	团队排序	专家排序	你的分数	团队分数
太空毯：表面涂有金属反射层的薄塑料材料					
太空服修补工具箱：用于修补太空服上的小洞的材料工具箱					
水：被盛在1个38升的容器中					
总分（列内分数之和）：					

第二部分：团队决策

每个人单独排完这15个物品后，教师将把学生组织成人数大致相等的团队。团队成员应该就这15个物品的排名顺序达成共识。将数字1放在最重要的物品旁边，然后继续将其他物品依次排序到第15位（最不重要）。将这些排序记录到"团队排序"一列里。你的生存取决于团队能否同意这些物品的重要性，以及对它们的价值和如何使用它们的合理解释。

第三部分：总分

在这些物品被团队排名之后，教师会报告这15个物品是如何被NASA的科学家（专家）排名的。在"专家排序"一列中写下这些排名。接下来，计算你的排序和专家排序之间的绝对差异，并将这些分数记录在"你的分数"一列中。将这15个绝对差异加起来，得出你的个人总分。在"团队分数"一列中以同样的方式确定你的团队总分。把这些分数写在这两列底部的空格里。

讨论题：

1. 是否大多数团队成员的个人总分比团队总分高（差）或低（好）？为什么会出现这种差异？

2. 在什么情况下（如果有的话），某人的个人总分会和团队总分非常相似？你的团队中有人发生过这种情况吗？为什么？

3. 当团队对物品进行排名时，哪些物品在被评价重要性时会产生最大的分歧？为什么会出现这种分歧？团队又是如何解决的呢？

4. 当团队决定物品的集体排名时，特定的团队成员是否承担了特定的角色，比如领导讨论、鼓励更安静的成员发表意见、管理冲突等？如果是这样的话，你认为这些人为什么要扮演这些角色？

5. 你的团队是否主要由你以前在团队中共事过的人组成？如果是这样的话，你认为这种讨论是否比与你不熟悉的人一起做决策更有效或效果更差？为什么？

资料来源：美国国家航空航天局。

第 9 章

团队与组织中的沟通

学习完本章，你应该能够：

- 解释沟通在组织中的重要性，并讨论影响有效沟通中编码和解码的四个因素。
- 比较数字化的书面沟通渠道、社交媒体沟通渠道和非语言沟通渠道的优点与缺点。
- 讨论在选择最好的沟通渠道时，同步性、社会临场感、社会接受度和媒介丰富度的重要性。
- 讨论有效沟通面临的障碍（噪声），包括跨文化沟通差异和性别差异。
- 解释如何让你的信息更高效地被传达，并总结积极倾听的要素。
- 总结组织层级中高效沟通的策略，并回顾组织内小道消息的角色和相关性。

:: 开篇案例

斯图尔特·巴特菲尔德的抱怨

一位硅谷企业家斯图尔特·巴特菲尔德抱怨说："当我打开电子邮箱时，我看到的是一堆来自家人、朋友和公司相关者的电子邮件的大杂烩。"这位企业家是 Flickr 和 Slack 的联合创始人。"这是一个真正的大杂烩，浏览它需要交很高的认知税，而且它还信息过载。"然而，巴特菲尔德并不认为电子邮件会很快消失，尽管它存在缺陷。"（邮件）从某种积极的角度来说仍是最大众化的东西。比如，它能跨越企业的边界，并且每个人都能拥有它。"

尽管如此，邮件还是被晾在一边了，因为员工发现了使用各种即时电子沟通渠道和产品的好处。软件公司 Basecamp 的创始人兼首席执行官杰森·弗里德解释说："每个团队都需要一系列（沟通）工具来协同工作。"该公司的同名产品与 Slack 竞争。他们需要一种相互发布公告的方式。他们还需要一种进行实时对话的方式，以及不同步的对话方式。

Slack、Basecamp、Microsoft Teams、Facebook Workplace 和其他工作场所合作平台整合了这些形式，以及其他电子沟通形式。然而，许多用户抱怨这些平台会使人分心且噪声过多。比如，最近的研究表明，Slack 的用户平均每五分钟就会中断他们的工作，只是为了查看 Slack 上的信息。"我发现我自己会在没必要的时候不自主地查看 Slack,"旧金山的一位软件工程师 Alicia Liu 说,"结果是我会陷入持续分心的状态中。"

旅游网站 Flightlist 的创始人汉斯·德斯贾莱(Hans Desjarlais)补充说:"数字交流平台创造了无休止的对话,浪费了时间和精力。事实证明,Slack 很容易让人分心,因为谈话往往没有时间限制。"一个相关的问题是,员工对各种各样的沟通渠道感到不知所措。荷兰一位生产力博主 Darius Foroux 警告说:"如果有如此多的渠道和人员参与其中,就会变得混乱。如果我们的大脑太混乱,我们处理的信息太多,我们的效率和注意力就会下降。"

除了开篇案例中提到的,还有一个担忧是,当问题变得复杂和模糊时,员工不愿意从简单的聊天信息切换到更丰富的渠道。"Slack 是一个很棒的工具,关键是要界定清楚在什么情况下能够正确地使用它,以及在什么情况下传统的方式,如电话会议和面对面会议,能够达到更好的效果。"HomeWorkingClub.com 的联合创建人 Ben Taylor 建议道。

奥大维·科斯塔奇(Octavian Costache)同意这一观点。"当我的工程团队必须在接下来的两周内决定他们想要做什么时,不开会是很难做到的,"这位 Stararhealth 的联合创始人兼首席技术官说,"(在面对面的聚会中)有如此大量的信息……我的脑海中浮现出一个巨大的管道的画面,它如此丰富;它不能在 Slack 上运行。"

目前,我们正在经历一生中最重大、最具破坏性的组织沟通变革。数字实时群消息传递(聊天室)、任务管理页面、视频会议、私人消息传递(pings)、文档存储库、内部网 wiki 和其他方法在十年前几乎不存在。事实上,美国和其他国家的许多组织还在纠结是否要在工作场所吸收这些新的互动方式,更别提决定如何做了。数字沟通为信息共享与社会联系提供显著的潜力。同样重要的是,员工在私人生活中也使用这些即时沟通渠道,并希望能在工作中也使用。

沟通(communication)是指信息在两个或更多的人中传播,并被人理解的过程。我们强调"理解"这一关键词是因为沟通只有在接收者准确解读了发送者的信息时才有效。本章首先讨论有效沟通的重要性,概述沟通模型,并讨论提高沟通中编码和解码有效性的因素。接下来,我们确定沟通渠道的类型,包括数字化的书面沟通和社交媒体沟通,其次是选择沟通媒体时要考虑的因素。然后,本章讨论有效沟通的障碍。本章的后半部分着眼于组织层级中的沟通,并提供关于普遍存在于组织内的小道消息的见解。

9.1　沟通的重要性

高效的沟通对所有组织来说都很重要,以至于没有组织能够脱离它而存在。其中的原因是什么呢?在第 1 章,我们把组织定义为一群为实现某一目标而相互合作的人。人们只有通过沟通才能互相有效地合作,这是沟通的第一个功能。尽管组织依赖于各种各样的协调机制,但频繁、及时和准确的沟通仍是员工与工作单位有效同步工作的主要手段。切斯特·巴纳德(Chester Barnard)是一家电信公司的首席执行官,也是组织行为理论的先驱。他早在1938 年就做出了这样的观察:"当人们能够相互沟通时,组织就形成了。"

除了协调工作以外,沟通也是知识进入组织并在员工之间传播的方式,这是沟通的第二个功能。沟通的第三个功能是帮助组织做决策。想象一下:如果没有任何关于决策内容、可获得的选择、这些选择可能带来的结果以及某个决策能够实现目标的程度的信息，做决策是一个多么大的挑战。所有这些要素都需要与外部环境中的合作者和利益相关者沟通。例如，当机长鼓励其他飞行员公开分享信息时，航空公司驾驶舱的机组人员会做出更好的决策，从而减少事故的发生。

沟通的第四个功能是改变行为。当我们把信息传递给其他人时，我们通常在尝试改变他们的信念和感受，最后改变他们的行为。这一影响过程也许是消极的，比如，只是更清楚、更全面地描述情况。但沟通通常有意去改变他人的想法和行动。我们会在本章的后面讨论"说服"的主题。

沟通的第五个功能是让员工工作更愉快、身心更健康。通过沟通减少压力的第一种方式是传递知识，帮助员工更好地管理工作环境。例如，研究表明，当同事们交流微妙的智慧时，比如，如何正确地完成工作程序、找到有用的资源，如何处理难缠的客户、避免办公室政治，新员工会更好地适应组织。通过沟通减少压力的第二种方式是情感上的；在困难时期与他人交谈是一种很好的安慰方式。事实上，当人们有定期的社交活动时，会更少感冒、患有心脑血管疾病和其他生理及心理上的疾病。本质上，人类有着天生的驱动力，想要去与人交往、去认证自己的成长、去保持自己的社会地位。沟通就是这些驱动力和需求得到满足的一种方式。

9.1.1 沟通模型

图 9-1 所示的模型为思考沟通过程提供了一个有用的"管道"隐喻，让我们可以更好地对沟通过程进行确认和思考。根据该模型，沟通信息在发送者和接收者之间通过一个或多个通道（也称为媒体）流动。发送者组织信息并把信息编码成语言、手势、音调和其他符号或信号。接着，这个被编码的信息就通过声音、文本、非语言暗示或其他渠道传递给目标接收者。接收者接收这些信息，并把信息解码成一些有意义的东西。最理想的情况是，解码出来的意思就是发送者想要表达的意思。

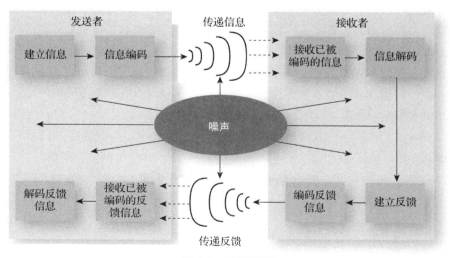

图 9-1　沟通模型

在大多数情况下，发送者寻找对方收到并理解所发送信息的证据。这种反馈可能包括接收者向发送者重复该信息，或者通过接收者的后续动作间接地表明对该信息的了解。需要注意的是，反馈也是一个重复沟通的过程。预期的反馈在原始信息的接收者与发送者之间再一次被编码、传递、接收和解码。

这个模型告诉我们，沟通不是一个自由流动的管道。相反，从一个人到另一个人的信息传递受到噪声的阻碍——心理、社会和结构障碍扭曲与模糊了发送者想要传达的信息。如果沟通过程中的任何一部分被扭曲或中断，发送者和接收者就不会对信息有一致的理解。

9.1.2　影响编码和解码有效性的因素

根据沟通模型可知，有效的沟通取决于发送者和接收者的能力、动机、角色阐释与环境中对于高效、精准编码和解码信息的支持。这四个主要因素影响着编码—解码过程的有效性。

第一，当发送者和接收者有着相似的"编码本"时，他们能够更有效地进行编码和解码。"编码本"是指在沟通过程中使用的符号、语言、手势、习语和其他用来沟通的工具。相似的"编码本"能让沟通的参与者更加准确地编码和解码，因为他们会对传送的符号和标志产生相同或相似的理解。与此同时，沟通的效率也提高了，因为"编码本"能让语言更加精练（例如，避免用不同方式说同一件事），也能减少多次确认信息的需要（"所以，你是在说……"）。

第二，解码—编码的过程会随着发送者的经验增加而得到改善。发送者越是频繁地向相同的受众传达特定的信息，他或她越能了解到哪个词、哪种符号、哪个音调和哪个其他特征会更清晰且更有说服力地传递信息。

第三，当发送者和接收者更有技巧且更有动力去使用精心挑选的沟通渠道时，解码—编码的过程会更好。有的人喜欢面对面的交谈，有的人喜欢短信沟通，而有的人则喜欢书写和接收完整的报告。即使发送者和接收者有相同的"编码本"，但在某一方或双方使用了他们不喜欢或不擅长的沟通渠道时，也会导致信息失真。

第四，编码—解码的过程依赖于发送者和接收者对于沟通语境在心智模型上达成一致的程度。心智模型是对沟通要素可视的或相关的映像，而"编码本"是用来传递信息内容的符号（见第 3 章）。举例来说，一名俄罗斯宇航员和一名美国宇航员也许会对国际空间站的外观和特征有着相同的心智模型（沟通内容），但他们的沟通可能会因为语言的不同（即不同的"编码本"）而一团糟。共同的心智模型能够潜在地实现对沟通内容更精确的传达，并且能够减少对信息语境沟通的需要。

○ **全球链接 9-1**

跨代的编码—解码中的分歧

当代职场是多代际的。这种新的现实情况可能会在编码—解码沟通过程中产生问题，因为每一代人都有越来越不同的沟通渠道偏好、能力，甚至编码本。

最近一项研究调查了 14 371 名来自 7 个不同国家的员工，55% 的 Z 一代员工（18～21岁）说他们更喜欢用线上聊天和即时通信，而只有 45% 的员工喜欢现场会议。超过三分之一（38%）的千禧一代和 23% 的 X 一代员工更喜欢聊天与短信沟通。相比之下，只有 15%

的婴儿潮一代员工喜欢线上聊天和即时通信。绝大部分的婴儿潮一代员工（85%）喜欢面对面会议。这些结果与另一项证据一致，即超过三分之一的婴儿潮一代从不使用即时通信工具，近一半的人从不使用社交媒体与同事或客户沟通。

跨代的解码—编码偏好与能力区别带来的问题已经越来越明显。最近一个横跨 33 个国家（每个国家有 400 个及以上的受访者）的调查显示，80% 员工表示在多代工作环境中工作的最大差异是沟通。另外，31% 的受访者表示难以与非同一代的或其他年龄群组的合作者沟通。

9.2 沟通渠道

沟通模型中至关重要的一部分是信息传播的渠道或媒介。有两种主要的渠道类型：语言的和非语言的。语言沟通是指运用语言进行沟通，所以它包含了口头和书面渠道。非语言沟通是指沟通中不使用语言的部分。口头和书面沟通都属于语言沟通（即它们都使用了语言），但它们是不一样的，因为它们在沟通效果方面有着各自的优点和缺点。这一点我们会在稍后的章节中介绍。另外，从传统上讲，尽管电子邮件、即时信息和其他线上沟通渠道显著地提高了书面沟通的效率，但书面沟通传递信息的速度还是比口头沟通慢。

9.2.1 数字化的书面沟通

在 20 世纪 60 年代初，由美国国防部提供资金，大学教授们开始研究如何通过网络连接他们的计算机，以达到更好的沟通效果。他们对联网计算机的粗略设想在 1969 年成为现实，当时成立了高级研究计划署网络（阿帕网）。阿帕网最初只有十几个连接，按照今天的标准，它的速度非常慢且价格昂贵，但它标志着互联网的诞生。两年后，利用该网络，一位计算机工程师在不同计算机之间发送了第一封电子邮件。到 1973 年，阿帕网上的大多数通信都是通过电子邮件进行的。阿帕网主要局限于美国国防部资助的研究中心，因此 1979 年杜克大学的两名研究生开发了一个公共网络系统，称为 Usenet。Usenet 允许人们发布可以被网络上的任何人检索的信息，使其成为第一个以计算机为媒介的公共社交网络。

从早期的阿帕网和 Usenet 到现在，我们已经走了很长的路。在十多年前的组织内，即时通信、线上聊天、虚拟白板和其他电子信息沟通渠道几乎是不存在的，而如今，它们逐步融入企业的沟通平台中。电子邮件依然占据着公司的舞台。每一天，几乎所有年龄段的员工使用邮件的频率都远高于使用其他沟通渠道的频率。只有 Z 一代的员工——那些二十多岁甚至更年轻的员工——在工作中使用线上聊天多于使用邮件。

如图 9-2 所示，已有迹象表明，电子邮件的流行度正在减弱。在这个大量连续监测的样本中，平均每个人每个工作日使用以计算机为媒介的沟通方式的时间为 1 小时（占 5.5 小时屏幕活跃时间的 18%）。从 2014 年初到 2019 年初，电子邮件使用时间占以计算机为媒介沟通的整体时间的比例从 75% 逐步下降到 56%。尽管视频通信的上升部分抵消了纯语音通信的下降，但纯语音通信的占比还是下降了（从大于 9% 下降到接近 3%）。同时，在这五年间，线上交流与即时通信在以计算机为媒介的沟通渠道中的占比从 6.3% 上升到 28%。

为什么人们喜欢的电子沟通方式会发生改变呢？一个可能的解释是偏好的转换。更年轻的雇员是在手机时代成长起来的，所以线上实时（同步）交流、短信和其他新兴的以文本为基础的沟通渠道已经嵌入他们的生活。另一个可能的原因是机会。Slack、Basecamp、

Microsoft Teams 和其他企业级协作平台正在工作场所迅速应用和普及。事实上，这些通信平台在 2014 年还不存在。这些产品更多是依赖聊天和消息传递，而不是把电子邮件作为核心通信渠道。

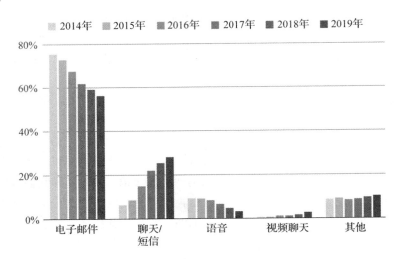

图 9-2　以计算机为媒介的沟通渠道使用情况

注：图中纵轴百分比是指在工作中使用以计算机为媒介的沟通渠道时，员工花费在不同沟通渠道上的总时间的百分比。数据时间为 2014 年—2019 年 1 月。

1. 数字化书面沟通的好处

几乎所有的工作场所都依赖某种形式的数字化沟通。它们比面对面会议（当面或电子）、音频会议等其他媒介更流行。原因何在？答案是人们能够快速地书写、编辑和传送电子信息。人们能够不费力气地追加信息并把它传递给许多人。大多数数字化书面沟通渠道是同步的（信息在不同的时间被发送和接收），所以不需要去协调沟通会议。另外，电子邮件软件和几乎所有的新问世的协作型沟通平台都包含搜索引擎，这使得这些渠道成为某种意义上的文件柜。

大多数数字化书面沟通渠道由于能为决策提供明确的信息而受到人们喜爱。它们还是协调工作的第一选择。现在想要认清线上聊天与即时通信的影响还为时尚早，但我们知道，当电子邮件进入工作场所时，它逐渐改变了信息流的方向，同时提高了信息传播在整个组织中的数量与速度。特别是，电子邮件减少了面对面沟通和电话沟通的频率，但增进了与更高层级的人的沟通。

当电子邮件变成组织中占支配地位的沟通渠道时，会显著地减少发送者与接收者之间的社会和组织地位差异。这主要是因为，与面对面互动相比，在这种情境下，有更少的标志去暗示这些差距。但在某种程度上，地位差距依然存在。例如，一些研究表明，管理者会通过更慢地回复电子邮件并回复更少信息的方式来显示他们的地位。文本信息同时也能够传递地位差异，例如，当信息附带了精英性质的标签时（如"从我的 iPhone 发送"）。

电子邮件和其他形式的数字化书面沟通能够减少由年龄、种族和参与者的其他不为人知或不易被发现的特征所带来的刻板印象和偏见。与面对面的互动相比，数字化书面沟通渠道让发送者有更多时间去精心编制带策略的信息。但这些策略中的努力通常只会出现在书写者意识到潜在的冲突或被感知到的偏见的时候。否则，正如我们接下来讨论的，数字化面沟通有着产生和暗示冲突、加深刻板印象的趋势。

2. 数字化书面沟通存在的问题

电子邮件、在线聊天、即时通信和其他数字化书面沟通渠道主导着组织里的沟通，但它们也有一些局限性。以下是它们常见的四大问题：

（1）糟糕的情感交流。人们依靠面部表情和其他非语言信号来解读文字的情感含义，而数字化的文字信息缺乏这种平行的沟通渠道。事实上，人们常常过分高估他们对数字信息情感基调的理解程度。发送者可以通过使用感叹句（"很高兴收到你的来信！"）、用黑体或引号进行强调，或加入代表某种情绪的生动形象的表情去阐明其信息中所包含的情感。研究表明，信息编辑者能够通过这些表情标志达到更好的沟通效果。然而，它们还是不能取代那些复杂而真实的面部表情、音调和手势。

（2）缺乏礼貌和尊重。电子邮件的信息往往不如书信那么官方和客套。发送带有火药味的电子邮件的一个原因是，个人会在情绪平复之前就发送电子邮件，而纸质备忘录或书信的发送者有冷静三思的时间。另一个原因是，数字化信息的社交存在感较低（它们是去人格化的），这降低了发送者的同理心和敏感性。接收者也要为数字化书面交流产生的敌意负部分责任，因为他们倾向于对数字化信息做出比发送者本意更负面的解读。幸运的是，随着员工提高他们使用电子沟通渠道的技巧，以及公司建立清晰的规范和沟通准则以减少"煽情"式邮件与网络霸凌，这种"煽情"式邮件将会有所减少。

（3）在面对模糊、复杂和新颖的情况时效率低下。电子信息在清晰的情况下是非常高效的，比如，确定会议地址或对常规活动给予指导。但这种沟通形式在面对模糊、复杂和新颖的情况时会变得缓慢和功能失调。正如我们稍后介绍的那样，在这些情况下，需要能够传达大量信息且能够快速得到反馈的沟通渠道。换句话说，当问题变得复杂时，赶快停止发邮件或发短信，改用讨论作为沟通方式，最好是面对面的讨论。

（4）导致信息超载。数字化信息导致信息超载。在一年中，每天大约有 3 000 亿封商业和消费者电子邮件以及类似数量的短信被收发。电子邮件如此泛滥的原因是，人们不需要太努力就可以写信息和把信息发送给很多人。短信通常比电子邮件要简短得多，但它们仍会造成信息超载，因为一些信息经常被用来传达在更少的电子邮件中可以找到的相同信息。

9.2.2 工作场所中的社交媒体沟通

直到目前为止，组织内大多数传统和早期的数字化沟通渠道都把信息从内容创作者（发送者）推向受众。发送给员工的打印文件、备忘录、公司内部网页、公司杂志或电子杂志，以及行政部门发出的视频信息、政策指导等，并没有给收件人对原信息做出公众反应、调整或其他合作性贡献的机会。即使是电子邮件也往往是单向"推动"沟通的，比如，当 CEO 向员工发布公司信息或员工告知同事会议的相关消息时，这些电子邮件很少或根本没有给谈话中的其他人提供对话或纠正的机会。

Slack、Microsoft Teams 和其他企业级平台是快速转变的组织。它们从传统的单项沟通变为多互动的沟通与信息的分享。换句话说，它们把社交媒体引入公司主流沟通。尽管它的意义多种多样且难以捉摸，但我们还是能把**社交媒体**（social media）定义为能让人们在用户生产内容的创造和交换中达成合作的数字化（如网络、内部网络、移动设备等）沟通渠道。当受众成员（用户）部分地或完全地对内容的创造或修正做出反应时，用户生产的内容就出现了。

社交媒体之所以被称作"社交"，是因为它们使互动的内容成为可能，例如，发送者与接收者都成为共享内容社区的"使用者"。这种合作和社区意识通过连接、互动交流和（一些平台拥有的）协作内容开发的公共空间而产生。受众通过提供反馈、连接其他内容或积极地编辑原内容而成为共享内容的创造者。在组织内外，社交媒体囊括了许多类别：社交网络（Facebook、LinkedIn、WeChat）、微博（Twitter）、博客和博客社区（Medium、BlogHer）、网站评论和论坛（Reddit、Whirlpool）、多媒体共享平台（YouTube、Instagram）、出版（Wikipedia）和其他。

每种类型的社交媒体都提供独特的功能组合，如展示个人身份、进行对话、共享信息、感知虚拟空间中其他人的存在、维护关系、揭示声誉或地位，以及支持社区（见图9-3）等。例如，Facebook十分强调保持关系但不太重视分享信息和形成社区（群组）。而Wikis更重视分享信息和社群的形成，不太重视展现个人身份地位。

更多证据表明，Slack、Microsoft Teams、Basecamp和其他企业级沟通平台在某些情况下能够改善员工间分享知识和社交的情况。当某主要的信用卡公司引入了其中一个企业级社交媒体平台时，它的员工查找信息的能力提高了31%，寻找拥有原信息的人的能力提高了71%。Twitter公司大规模的研究表明，这种沟通形式能在传递知识、在合作中保持共议以及增强专业性的网络方面为员工提供帮助。许多社交媒体平台使得反馈成为可能。这提高了员工的话语权，尤其是在管理者鼓励反馈的公司里。

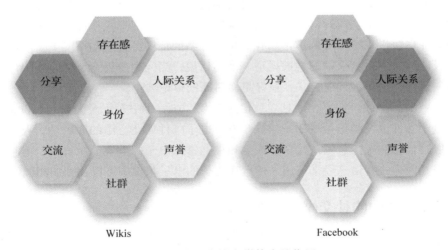

图 9-3　沟通在社交媒体中的作用

资料来源：Based on J.H. Kietzmann, K. Hermkens, I.P. McCarthy, and B.S. Silvestre, "Social Media? Get Serious! Understanding the Functional Building Blocks of Social Media," *Business Horizons* 54, no. 3 (2011): 241–51.

○ 全球链接 9-2

博世的员工通过社交媒体改善沟通

几年前，罗伯特·博世公司（Robert Bosch GmbH）要求数百名员工描述他们对未来支持协作和创意产生的工作场所的看法。根据调查反馈，这家德国工程和电子公司推出了企业协作平台 Bosch Connect。

Bosch Connect 在许多情况下都能支持合作。第一，线上社区是自行组织的，员工不需要经过管理者同意即可建立线上社区。第二，这些社区是透明的，而非被隐藏的或有限制的。也就是说，如果社区是公共的，则所有员工都可以加入；如果社区是审核后方可加入的，则所有员工都可以申请加入。第三，员工被鼓励去提出问题和提供建议，即使不在他们所属领域的社区。

Bosch Connect 大大提高了生产力，现在已成为该公司 30 万名员工中大多数人日常工作的一部分。例如，一个团队使用 Bosch Connect 而不是电子邮件，在 6 天内完成了一个客户本地化项目，相比之下，没有使用 Bosch Connect（即主要使用电子邮件）的类似项目需要长达 4 周的时间。博世的社交媒体平台在年轻员工中尤其受欢迎。博世驻新加坡会计部的经理 Ee Von Lim 表示："我习惯与朋友和家人用电子设备聊天，也习惯在私人生活中使用各种社交媒体渠道进行交流。现在，当我与同事合作时，沟通很直观。这让我更有效率，也让我的工作更有趣。"

9.2.3　非语言沟通

非语言沟通包括面部表情、音调、说话者彼此的距离，甚至沉默。当噪声或距离阻碍了语言传播的有效性或由于需要及时反馈而使书面沟通变得不可能时，非语言沟通渠道就变得相当必要了。但即使是在安静的面对面会议上，大部分信息的沟通都是非语言的。不像平行的交谈，非语言可以通过信号沟通给双方一些微妙的暗示，例如，在语言谈话中强调他们的兴趣爱好，或者说明在这个关系中他们相对的身份地位。不幸的是，我们经常在没有意识到这种对话的情况下以非语言方式传递信息。例如，图 9-4 列出了求职者的 10 种非语言行为。这些行为会显现出他们性格方面的负面信息。

非语言沟通与语言沟通（即书面和口头）在几个方面有所不同。首先，它不像口头交流那样受规则限制。在如何理解口头语言方面，我们受过相当多的正式培训，但在如何理解伴随这些话语的非语言信号方面，我们却很少有这方面的培训。因此，非语言暗示通常更模棱两可，并且更容易被误解。与此同时，许多面部表情（比如表示惊讶）是固有的和普遍的，因此它们是跨文化交流的唯一可靠手段。

语言与非语言沟通的另一个不同点就是，前者一般是有意识的，而大多数非语言沟通是自发的和无意识的。我们一般会针对我们所说或所写的内容组织一下文字，但我们很少在谈话过程中计划好每一次的眨眼、微笑和手势。确实，正如我们刚刚提及的，很多面部表情在不同文化背景下都有着同样的意思，因为那是人们天生无意识对人类情绪做出的反应。比如，愉悦的情绪使得大脑指挥嘴巴张开，而悲伤的情绪则约束了面部表情（眯着眼睛、紧闭双唇等）。

情绪感染

非语言交流最吸引人的一个方面是**情绪感染**（emotional contagion），即一种通过模仿他人的面部表情和其他非语言行为来"捕捉"或分享他人情绪的自动过程。从技术上讲，人类的大脑有感受器，能够反映我们所观察到的东西。换句话说，在某种程度上，我们的大脑让我们表现得好像自己就是我们正在观察的那个人。

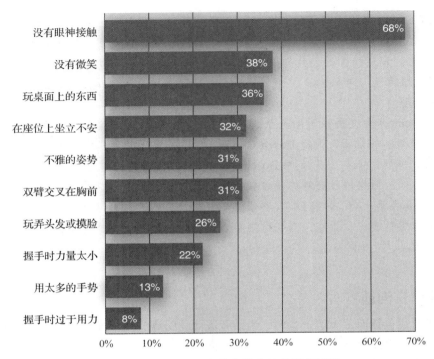

图 9-4   在工作面试中排名前十的非语言错误

注：图中百分比是指 1 014 位美国人力资源和招聘经理做出排名前十的非语言错误的百分比。

设想一下，当你看到一个同事不小心把头撞到档案柜时会发生什么呢？一个可能的结果是，你吃惊地退后一步并把你的手放到自己的头上，仿佛是你的头撞到了柜子上。同样地，当听别人描述一个积极的事件时，我们倾向于微笑和表现出其他高兴的情绪特征。虽然我们的一些非语言交流是有计划的，但情绪感染代表的是无意识的行为——我们会自动模仿并与他人同步我们的非语言行为。

情绪感染通过三种方式影响沟通和人际关系。第一，模仿的技巧能够提供持续的反馈，以表现出我们理解发送者以及与之产生共鸣。为了表现出这一现象的显著性，我们可以想象一个员工在看到同事撞到头后保持面无表情会怎么样。缺乏相应的反应表现出他缺少理解或关心。第二，模仿他人的非语言行为似乎是一种从他人那里接受情感意义的方式。如果一个同事对客户很生气，你在倾听时皱眉和表现出愤怒的倾向可以帮助你更充分地体验那种情绪。换句话说，我们通过表达发送者的情感以及倾听发送者的话来接收意义。第三，实现纽带驱动。亲密关系是通过每个人对集体情感的认识而发展起来的。通过情绪感染的非语言表达，人们看到其他人分享他们所感受到的同样的情绪。这为团队成员之间以及领导者和下属之间的相似性提供了证据，从而加强了他们之间的关系。

9.3   选择最好的沟通渠道

员工可以选择的沟通渠道比以往任何时候都多，从实体和数字化形式的面对面互动到通过多种方式传递书面信息。哪种沟通渠道在特定情况下最合适呢？需要考虑的因素有很多，但最重要的四个因素被列在表 9-1 中，并在本节中进行阐述。

表 9-1　影响选择最好沟通渠道的因素

影响因素	描述	取决于……
同步性	该渠道要求或允许接收者和发送者同时（同步）沟通或不同时（异步）沟通的程度	• 时间紧迫性（即时性） • 话题的复杂性 • 各个组织同时沟通的成本 • 接收者在回应前是否有时间进行反思
社会临场感	该渠道拉近彼此的心理距离，唤醒彼此的人性，并且对人际关系表示理解	• 需要与他人产生共鸣 • 需要影响他人
社会接受度	该渠道被他人（接收者、团队、组织或社区）接受并支持	• 组织、团队和文化规则 • 每个团队对媒介的偏好和技巧
媒介丰富度	该渠道拥有较高的数据传送能力——数量和一定时间内被传递的信息的多样性	• 情况是非常规的 • 情况是模棱两可的

9.3.1　同步性

沟通渠道在同步性方面有所不同。**同步性**（synchronicity）是指沟通渠道要求或允许发送者和接收者同时（同步）或在不同时间（异步）积极参与对话的程度。面对面的交谈几乎总是同步的，而大多数数字化书面沟通可以让双方在不同时间（异步）参与。电子邮件通常是异步的，因为在发送电子邮件时不需要收件人在场。在线短信可以是异步的，但有些形式（在线聊天）通常应用于同步会话。当需要快速得到信息时（高即时性），或者由于问题很复杂，需要各方处理几个相关的决策时，同步通信更好。当问题很简单，问题的时间紧迫性也较低时，让双方同时聚集在一起就太耗成本，这时采用异步通信较好。异步通信还有个好处，就是接收者在回应之前有充足的时间去考虑。

9.3.2　社会临场感

社会临场感（social presence）是指沟通渠道在多大程度上创造了与他人的心理亲密感、对他人人性的认识以及对人际关系的欣赏。有些沟通渠道让我们意识到沟通中还有其他人（或更多）的存在，且它们能够产生一种相互之间有关系的感觉。面对面的互动通常能够产生最高的社会临场感，而当发送电子邮件或发送一长串分配清单时会产生较低的社会临场感。社会临场感在同步通信中也更强，因为另一方对我们信息的即时反应增加了我们与那个人的联系感。虽然社会临场感主要受特定渠道特征的影响，但信息内容也起着一定的作用。例如，社会临场感受到信息传达的随意或正式程度，以及信息中包含的关于发送者的个人信息的多少的影响。

当对话的目的是与他人相互理解和产生共鸣时，沟通渠道通常会因社会临场感效应而被珍视。当双方有一定程度的人际关系或有亲密感受时，人们更愿意倾听和帮助他人。因此，当发送者想要去影响接收者时，选择有高度社会临场感的沟通渠道会更好。

9.3.3　社会接受度

社会接受度（social acceptance）是指沟通渠道在多大程度上能被参与信息交换的组织、

团队和个人接受并支持。其中，第一个影响社会接受度的因素是组织、团队和文化所持有的一套规范。规范解释了为什么在一些公司，面对面的会议是员工的日常活动，而在其他组织中，基于计算机的视频会议（如 Skype）和 Twitter 推文是首选的媒体。国家文化在人们对特定传播渠道的偏好中起着重要作用。例如，与美国人相比，韩国人给公司高管发电子邮件的可能性要小得多，因为在韩国，发电子邮件被认为是对上级的不尊重。其他研究发现，对电子邮件的偏好取决于文化对社会关系中背景、时间和空间的重视程度。

第二个影响社会接受度的因素是发送者和接收者对特定沟通渠道的偏好。你可能已经注意到，有些同事忽略（或很少查看）语音邮件，但他们会很快回复短信或 Twitter。这些偏好是由于人格特质以及以前的经验和特定渠道的强化造成的。

第三个影响社会接受度的因素是渠道的象征意义。一些沟通渠道被认为是非个人的，而另一些则更个人化；一些被认为是专业的，而另一些则是随意的；一些很"酷"，而另一些则很老土。

例如，电话和其他同步通信渠道比短信和其他异步通信渠道传达出更大的紧迫感。假设管理者用电子邮件或短信通知员工被解雇了，这种渠道的象征意义的重要性表现得最为明显，这类故事会成为头条新闻，因为人们认为电子邮件和短信不适合（太没人情味）用来传递这种特定的信息。

9.3.4 媒介丰富度

在本章的开篇案例中，Stellar Health 的联合创始人 Octavian Costache 评论说，Slack 和类似的数字通信技术不如面对面的会议有效，因为在面对面的会议里，他能和公司的工程团队进行激烈及有创造性的讨论。他特别提到，线上文本信息不能提供在这类会议中可能提供的信息交换的数量和丰富度。Costache 发现沟通渠道的媒介丰富度是不相同的。**媒介丰富度** （media richness）是指媒介的信息携带能力——特定时间内能够传递的信息的数量和种类。

图 9-5 展示了以丰富的层次结构排列的各种沟通渠道；面对面沟通在顶部，财务报表在底部。当沟通渠道能够传达多种线索（如口头和非口头信息），允许接收者及时反馈给发送者，允许发送者为接收者定制信息，并使用复杂的符号（如具有多种含义的单词和短语）时，沟通渠道具有高媒介丰富度。

面对面交流有非常高的媒介丰富度，因为它让我们能够同时进行语言和非语言的交流，几乎能立即从接收者处获得反馈，快速地调整我们的信息和风格，并使用复杂的语言，如隐喻和谚语。举例来说，医院越来越依赖简短的日常会议；在会议期间，成员们会分享信息和关于当天工作的期望。丰富度高的媒介往往是同步的，具有很高的社会存在感，尽管有时会例外。

根据媒介丰富度理论，当沟通情况非常规且模棱两可时，丰富度高的媒介比丰富度低的媒介更好。在非常规的情况下（比如一个出乎意料和不寻常的紧急事件），发送者和接收者几乎没有相同的经验，所以他们需要传递大量的伴随着即时反馈的信息。低丰富度的媒介在常规情况下能够发挥很好的作用，因为发送者和接收者通过共享心智模型拥有相同的期望。在模棱两可的情况下也需要丰富度高的媒介，因为各方必须共享大量信息，并提供即时反馈，以更好地解释所获得的多种及相互冲突的信息。

选择错误的媒介会降低沟通的有效性。当情况常规或清晰时，使用高丰富度的媒介，（比如开一场特别的会议）会浪费时间。而如果一个独特、模糊的问题是通过电子邮件或其他简约媒介处理的，那么问题会需要更长的时间来解决，误解更有可能发生。

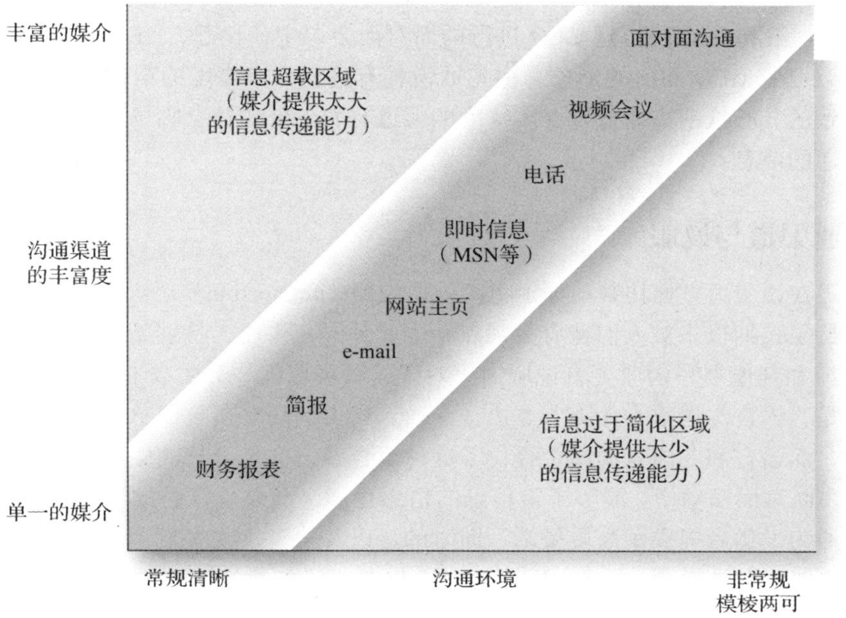

图 9-5　媒介丰富度等级

资料来源：Based on R.H. Lengel and R.L. Daft, " The Selection of Communication Media as an Executive Skill," *Academy of Management Executive* 2, no. 3 (August 1988): 226; R.L. Daft and R.H. Lengel, "Information Richness: A New Approach to Managerial Behavior and Organization Design," *Research in Organizational Behavior* 6 (1984): 199.

媒介丰富度理论的例外

研究普遍支持传统渠道（面对面、书面备忘录等）的媒介丰富度理论。然而，当研究数字化沟通渠道时，该模型与实际情况不太吻合。以下三个因素可以解释为什么数字化渠道的媒介丰富度可能比媒介丰富度理论预测的要高。

（1）能够实现多重通信。一方面，你使用某种媒介与另一个人交流，同时又与面前的人进行面对面沟通是困难的（也是粗鲁的）。另一方面，大多数数字化沟通渠道对社交礼仪和注意力的要求较少，因此员工可以轻松地同时参与两个或更多的沟通活动。换句话说，他们可以进行多重沟通。比如，人们习惯在打电话或视频聊天（如 Skype）的同时浏览网页；员工在一次大会议中听取讨论的同时编辑发送给顾客文本信息。研究一致发现，人们多任务同时处理的效率比他们想象的要低。但通过两个数字化通信渠道同时传输的信息量有时比通过一个高媒介丰富度渠道传输的信息量要大。

（2）沟通熟练度。在本章的前面，我们解释了沟通的有效性取决于发送者对沟通渠道的能力和动机。有高沟通熟练度的人能够通过渠道"推"出更多的信息，从而增加渠道中的信息流。比如，有经验的智能手机使用者能在眨眼间快速浏览信息，而新使用者需要努力地输入和消化接收到的消息。相比之下，我们在随意交谈和通过其他自然渠道进行交流的方面的能力变化较少，因为我们大多数人在一生中都培养了良好的熟练程度，这也许是进化的结果。

（3）社会临场感效果。有高媒介丰富度的渠道倾向于拥有更高的社会临场感。然而高社会临场感同样会使双方对他们相对的地位和自我展现变得敏感，这会歪曲或分散他们对于信息的注意力。面对面沟通拥有非常高的媒介丰富度，然而它的高社会临场感会通过媒介打断高效的信息流。比如，在与公司 CEO 进行的面对面会议中，比起，CEO 对你说了什么，也许你更在意自己在 CEO 面前的形象。换句话说，有高媒介丰富度的渠道的好处也许会被社会临场感导致的分心抵消，而低媒介丰富度的渠道有着更低的社会临场感，所以不容易分散或歪曲被传递的信息。

9.3.5　沟通渠道与说服

某些渠道在说服力方面比其他渠道更高效。**说服**（persuasion）是指改变他人的信念与态度。研究支持了长期以来被人们持有的观点，也就是语言沟通，特别是面对面的互动，比电子邮件、微博和其他书写沟通更有说服力。对于这种说服效应，主要有三种原因可以解释。第一个原因是，语言沟通常常伴随着非语言沟通。当人们同时接收情感和逻辑上的信息时更容易被说服，而语言和非语言的结合提供了这种组合拳。一个漫长的停顿、提高的语调和生动的手势（在面对面互动中）能够丰富信息的情感色彩，凸显着议题的生动性。第二个原因是，语言沟通为发送者提供了高质量的、即时的，以及关于接收者是否理解和接受信息的反馈（也就是说，正在被说服）。这个反馈使得接收者能比书面沟通更快地调整信息的内容和语音语调。第三个原因是，比起低社会临场感，在高社会临场感的环境下，人们更容易被说服。在面对面互动中（高社会临场感），听众有更强的动机去注意和思考发送者的想法。相反，受更高的匿名度和与说服者心理距离的影响，通过微博、电子邮件和其他低社会临场感渠道进行说服的效率更低。

尽管语言沟通更具说服力，但书面沟通在某些程度上也能说服别人。与对话相比，书面信息的优势在于可以提供更多的技术细节。当问题对接收者很重要时，这些事实性信息是有价值的。此外，人们在与朋友和同事的书面交流中会体验到适度的社会临场感，所以书面信息在被亲密的同事发送和接收时可能具有说服力。

○ **全球链接 9-3**

通过高媒介丰富度的晨间会议沟通

每天早上 8 时 45 分，位于盐湖城的 Intermountain Healthcare 的数千名一线员工和经理都会参加 15 分钟的面对面会议，讨论他们工作区域的具体事件和情况。每个小组会议都专门讨论了临床安全、质量、获取和管理资源的四种类别。由于 Intermountain 的 23 家医院和 170 家诊所的工作复杂、变化快速，有时甚至模棱两可，因此这些团队会议（通常是站立式的）是一种关键的媒介丰富度的沟通实践。

来自一级小组的报告会立即传递给大约 170 个中层管理小组，而来自这些管理小组会议的信息马上在由医院行政人员和诊所领导参加的另一系列会议中进行讨论。在上午 10 时之前，来自当天晨间小组会议的信息会被提交给 Intermountain Healthcare 的总经理团队。

"这个过程提供了三个关键的优点——清晰、团结和责任——对病人和看护人两者来说，"Intermountain Healthcare 的主席兼 CEO Marc Harrison 解释道，"报告可以让行政领导层准确了解正在发生的事情，并释放一线智慧。"

9.4　沟通障碍（噪声）

尽管发送者和接收者都有良好的沟通意愿，但有一些障碍（在图 9-1 中被称为"噪声"）阻碍了信息的有效交换。正如美国管理和沟通专家约瑟夫·W. 科夫曼（Joseph W. Coffman）70 年前所说的那样："沟通的最大障碍是以为信息已传达到的错觉。"

9.4.1　认知

其中一个障碍是发送者和接收者都有不完善的认知过程。作为接收者，我们不会像发送者想象的那样认真倾听，我们的需求和期望会影响某些信号被注意到或被忽略。作为发送者，我们也好不到哪里去。一些研究表明，我们很难放弃自己的观点而接受别人的观点，所以我们高估了别人对我们所传达信息的理解程度。

9.4.2　语言

语言问题可能是通信噪声的重要来源，因为发送者和接收者很少有相同的密码本。他们可能说不同的语言，或者对特定的单词和短语有不同的理解。英语（以及其他语言）也会因固有的歧义而导致误解。考虑一下这个问题："你能关上门吗？"你也许会以为发送者是在问是否允许关上门，但这个问题可能是在问你目前的身体状况能够关上门或门是否被设计为能够关上的。事实上，这个问题也许根本不是一个提问，发送者也许只是想礼貌地让你去关门。

语言的模糊性并不总是不正常的噪声。公司领导者有时候会故意使用抽象的语言去反映话题的模糊性，或者为了避免由具体的词引发的不愿意看到的情绪反应。他们也许会使用隐喻展现公司未来的抽象图景，或者使用模糊的词组，如"规模优化"和"重组"来掩盖员工会被解雇这一真实信息。研究表明，有效的沟通者在面对不同的或遥远的（演讲者不太熟悉的）听众讲话时，也会使用更抽象的词汇和符号，因为抽象增加了更多听众理解信息的可能性。

9.4.3　行话

行话——特定职业或群体的专业词汇和短语——通常是为了提高沟通效率而产生的。然而，当它传播给那些没有行话密码本的人时，它是一个沟通噪声的来源。此外，过度使用行话的人会让自己处于不讨人喜欢的境地。例如，不久前，Twitter 的合伙创始人兼 CEO 杰克·多尔斯（Jack Dorsey）在尝试得体地通知上百名 Twitter 员工他们被解雇时，陷入了行话陷阱。他在给全体员工的电子邮件中这样开头："我们正在推进员工结构重组。"在声明"我们计划和 336 人告别"之后，他最后说："我们将组建一支目的性更强的团队。随着时间的推移，我们将继续增强团队的实力，因为我们现在能够重新投资于我们最具影响力的优先事项。"多尔斯试图用公司语言来减轻冲击，但并没有达到预期的效果，即使员工们确实明白了他的意思。

9.4.4　过滤

沟通过程中另一个噪声的来源是过滤信息的倾向。过滤可能包括删除或延迟接收负面信息，或者使用不那么残酷的词语使得信息听起来更讨人喜欢。当企业领导者创造一种"坦率的文化"时，过滤就不太可能发生。当领导者自己真诚地沟通，寻找不同的信息来源，并保护与奖励那些公开和诚实地说话的人时，这种文化就会发展起来。

9.4.5　信息超载

每天都开始于大量的电子邮件，以及短信、PDF 文件下载、手机/移动电话、网页、硬拷贝文档、一些 Twitter 推文、博客、维基和其他信息来源。总之，你已经为**信息超载**（information overload）调配了一个完美的配方。如图 9-6 所示，每当工作的信息负荷超过个人的处理能力时，就会出现信息超载。员工具有一定的信息处理能力，即在固定的时间单位内能够处理的信息量。同时，每个工作具有不同的信息负荷，即单位时间里要处理的信息量。与拥有太多选择的影响类似，试图处理太多信息同样会导致质量较差的决策以及更大的压力。

信息超载问题可以通过增强信息处理能力，减少工作的信息负荷，或者通过两者的结合来最小化。研究表明，员工通常会通过暂时加快阅读速度、更有效地浏览文件、消除减慢信息处理速度的干扰来提高信息处理能力。时间管理也会提高信息处理能力。当信息超载是暂时性的时，员工能够通过延长工作时间来提高信息处理能力。

另外，可以通过缓冲、省略和汇总来减少信息负荷。缓冲包括对传入的信息进行过滤，通常由助手进行过滤。当我们决定忽略邮件时，就会出现遗漏，可以使用软件规则将邮件从通讯组列表重新定向到我们很少查看的文件夹中。汇总包括消化精简版本而不是完整版本，例如，阅读执行摘要而不是完整的报告。

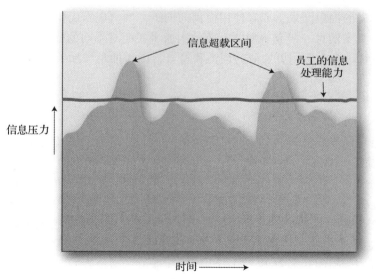

图 9-6　信息超载动态图

9.5　跨文化与跨性别沟通

全球化和组织内部日益增长的文化多样性产生了更多的跨文化交流问题。语音语调是跨文化交际障碍的一种表现形式。人们说话的音量、深沉度和速度在不同的文化中有所不同。

这些语音语调传递的次要信息在不同的社会中具有不同的含义。

语言是一个明显的跨文化交流的挑战。词语在语言沟通中很容易被误解，不是因为接收者词汇量有限，就是因为发送者的口音歪曲了一些词语本来的发音。例如，毕马威（KPMG）的英国员工有时会把另一个人的建议称为"有趣"。他们必须向他们的德国同事澄清，"有趣"可能不是赞美这个想法。

沟通的另一个跨文化维度是人们如何解读对话时的停顿（沉默）和重叠。在日本，沉默是被推崇的，因为它代表着尊重，表明倾听者正在认真思考刚刚说的内容，并且这是一种避免公开冲突的方式。因此，日本和其他国家的口语沟通训练会让人们结束说话后等一两秒再说别的事情。相反，许多来自美国或其他相同文化地区的人会避免沉默，并把沉默理解为不同意的信号。对话中的重叠在日本被认为是粗鲁的，但来自巴西、法国和其他一些国家的人把重叠看作人们感兴趣和对沟通的投入。在其他文化背景的人看来，在期望对话重叠的国家举行的会议简直是一种嘈杂的噪声。

9.5.1　跨文化的非语言差异

非语言沟通是另一个可能会产生跨文化误解的领域。许多无意识的或非故意的非语言形态（如表现出惊讶）在全世界拥有同样的意思，但刻意的手势有着不同的含义。比如，我们大多数人通过左右摇头来表达"不"，但摇头对印度的许多人来说是表示"我明白"；菲律宾人通过抬起眉毛来给出肯定的回答，而阿拉伯人把这个表情（伴随着用舌头发出"喀哒"声）理解为否定的回答；许多美国人被教育要和说话者保持目光接触以示尊重，而一些北美本土居民在很小的时候就学会在与老人或长辈聊天时，要看向低处以示尊重。

○ 全球链接 9-4

礼貌地等待沉默

Miho Aizu 曾经参加过很多与会者用英语沟通的会议。直到最近，埃森哲（Accenture）日本分公司的这位经理还认为她自己在这些会议上沟通良好。但在一个专业的服务公司组织的培训项目中，Aizu 学习到日本文化的规范阻碍了她参与跨文化商务沟通。其中一个问题是，她在等待别人结束谈话时表现得过于礼貌。"有人告诉我，我需要参与讨论，而不是等待每个人都说了他们想说的话。"Aizu 说道。来自北美、南美、中东和大多数欧洲国家的管理者不允许沉默的出现，所以 Aizu 和其他日本参与者常常会在聊天中被忽略。

Aizu 还意识到，日本人过度在意不完美的语言技巧也阻碍了她的参与。"在小组讨论中，我有很多想说的，但我觉得我必须重温一下我的英语语言和表达技巧。"Aizu 承认。相反，来自其他非英语国家的埃森哲管理者会说出自己的想法而不介意自己蹩脚的英语。

在日本，说话得体和等其他人说完话是表示尊重及有修养的标志。但在与大多数其他文化背景的管理者开会时，这种缺乏沟通的做法会传递出不同的信息。"很多人过来告诉我他们不知道日本人在想什么，"埃森哲日本高级公司顾问 Chikamoto Hodo 说，"我们（在埃森哲任职的人）比大多数日本人更健谈，但我们在与外国人交流时仍会面临困难。"

埃森哲希望培养能在其全球业务中进行有效沟通的领导者，因此该公司开发了一些特殊项目，指导经理们与不同文化背景的同事和客户进行更好的对话。在埃森哲的员工学习日本沟通实践的同时，Aizu 和埃森哲在日本的其他员工也接受了培训，以期成为更积极的沟通者。埃森哲日本人力资源高级经理 Satoshi Tanaka 说："经过各种培训项目后，我更能说出我需要说的话，而不用太担心用词。"

9.5.2　沟通中的性别差异

男性和女性有着相似的沟通方式，但他们之间的细微差别偶尔会导致误解和冲突（见图 9-7）。一个区别是男性比女性更可能把沟通视作相对地位和权力的谈判。他们通过直接给别人建议（比如"你应该这样做"）和使用好斗的语言来宣示自己的权力。还有证据表明，男性在与女性的交流中支配着谈话时间，并且比女性更经常打断谈话，比女性更少调整讲话风格。

男性更多地进行"报告式交谈"（report talk）。这种谈话的主要功能是客观和有效的信息交换。女性也会进行报告式谈话，特别是与男性谈话时，但女性间的交流更大概率是通过寒暄式交谈（rapport talk）建立关系。女性使用更多的试探性语言模式，包括修饰语（"这可能是个好主意……"）、免责声明（"我不确定，但是……"）和附加疑问句（"这很有效，不是吗？"）。她们也更多地使用间接请求（"你认为你应该……吗？"），更频繁地道歉，并且比男性更快地寻求他人的建议。但这些性别差异是不太大的，主要是因为男性也会在某种程度上使用这些讲话模式。研究还表明，在面对面交流中，比起男性，女性对非语言的信号更敏感。这些条件加在一起会造成沟通冲突。描述问题的女人会因为男人提供建议而不是融洽交谈而感到沮丧，而男人则会因为他们不明白为什么女人不欣赏他们的建议而感到沮丧。

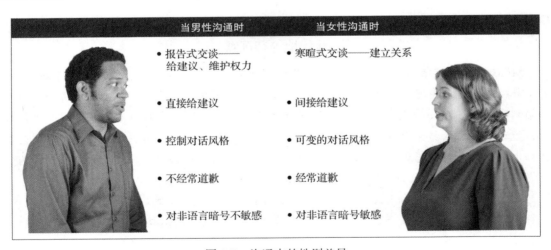

图 9-7　沟通中的性别差异

9.6　改善人际沟通

有效的人际沟通取决于发送者传达信息的能力和接收者作为一个积极倾听者的表现。在本节中，我们将概述有效人际沟通的两个基本特征。

9.6.1　将你的信息传达过去

本章从一开始就强调有效的沟通是指其他人接收并理解信息，但这比大多数人想象的要困难得多。为了让你的信息传达给对方，发送者必须学会与接收者感同身受、重复信息、选择合适的谈话时间，并且用语是描述性的而不是评价性的。

- 感同身受——一个人理解其他人的感觉、想法和情况，并对此敏感的能力。在沟通中，感同身受是指在编码时设身处地地为他人着想。比如，对那些模棱两可或会触发不当情绪反应的词语要保持敏感。
- 重复信息——将要点重复几次。俗话说："告诉他们你要告诉他们什么；告诉他们；然后告诉他们你告诉了他们什么。"这句俗语反映了重复的必要性。
- 高效地使用时间——你的信息和其他信息及噪声竞争，所以选择一个接收者更不可能被其他事情分散注意力的时间。
- 描述性——如果你需要传达负面信息，请关注问题而非人。当信息攻击了别人的自我概念时，他们会停止倾听。同样，提出倾听者能够改善的建议，而不是指出他或她的问题。

9.6.2　积极倾听

倾听至少和交谈一样重要。一个智者充满智慧地写道："大自然给了我们一个舌头，但却给了我们两只耳朵，所以我们听的应该是说的两倍。"但倾听不仅仅是听别人发出声音，而且是一个积极地感受发送者的信号，准确地评价他们并正确回应的过程。

这三个倾听的要素——感知、评价和回应（见图 9-8）——反映了本章开头介绍过的沟通模型里倾听者的地位。倾听者接收发送者的信号，按照预期解码它们，并为发送者提供合适、及时的反馈。积极的倾听者在沟通中会不断循环感受、评价和回应，并参与各种行动来改善这个过程。

感知是指从发送者处接收信号并关注它们的过程。积极的倾听者会通过三种方式改善感受。第一，他们不急于评价，直到发言者说完才发表意见；第二，会话过程中他们会避免打断发言者；第三，他们会保持兴趣去倾听。

评价包括理解信息的意思、评价信息并记住信息。为了改善对沟通的评价，积极的倾听者会对发言者产生同理心——他们会尝试去理解发言者的感受、想法和所处情况，并对此保持敏感。评价也可以通过在沟通过程中归纳发言者的想法来改善。

第三个倾听的要素，即回应，包括为发送者提供反馈。这会激励和引导发言者。积极的倾听者通过保持充足的眼神接触和发送反馈信号（如"我懂"）来完成沟通，这二者都能表现出兴趣。他们也会通过阐述信息——在适当的空隙中重复发言者的想法（"所以你是说……？"）来做出回应（见图 9-8）。

9.7　改善跨层级沟通

到目前为止，我们已经研究了沟通过程中的微观问题，即两个员工之间发送和接收信息或几个人之间非正式的信息交换。但在这个知识就是竞争优势的时代，企业领导者也需要在整个组织中保持上下沟通的畅通。在本节中，我们将讨论三种组织范围的沟通策略：工作场所的设计、基于互联网的组织沟通，以及与高管的直接沟通。

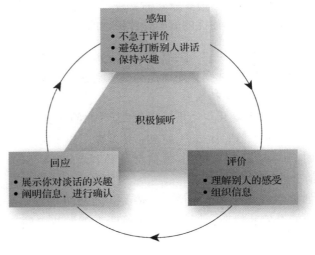

图 9-8　积极倾听的过程和策略

9.7.1　工作场所的设计

为了改善信息分享和创造一个更易于交际的工作环境，许多组织已经拆掉了隔间的墙。此外，他们还为小型团队和偶然的临时集会提供非正式空间。走廊、办公室、小隔间和公共区域（食堂、电梯）的位置与设计都影响着我们交流的对象是谁以及交流的频率。虽然这些开放空间的安排增加了面对面交流的数量，但它们也可能产生更多的噪声、干扰和隐私的缺失。挑战依然在于如何在不增加噪声和干扰的情况下提升社交互动。

另一个工作场所策略是把员工局限在团队空间里，但仍鼓励他们与其他团队的员工进行充分的互动。皮克斯动画工作室正是基于这个策略在加利福尼亚州爱莫利维尔建造了自己的园区。这栋建筑的设计鼓励团队成员互相交流。与此同时，园区设计鼓励与其他团队的人偶有互动。皮克斯的高管们把这种现象称为"浴室效应"，因为团队成员必须离开他们孤立的隔间去取邮件、吃午饭或上厕所。

9.7.2　基于互联网的组织沟通

几十年来，员工通过纸质简报和杂志接收公司的官方新闻。一些公司仍在使用这些通信工具，但传统的公司杂志几乎完全被内部网网页或 PDF 格式的文件取代。这些电子杂志的优点是公司的新闻可以更快地编辑好并发放。

即便如此，员工们还是越来越怀疑那些经过管理层筛选和包装的信息。一些公司试图通过鼓励员工使用内部协作沟通渠道（如博客和维基）发布自己的新闻来适应这种怀疑态度。维基是一个协作的网络空间。在这个空间里，小组中的任何人都可以从网站上编写、编辑或删除材料。广受欢迎的在线百科全书维基百科（Wikipedia）是维基的一个大众化例子。企业内部维基的准确性取决于参与者的质量。另一个担忧是，维基没有获得员工的支持，因为参与维基需要时间，而公司没有奖励或认可那些为维基开发付出时间的人。

9.7.3　与高管的直接沟通

有效的组织沟通需要高级管理者与低层级的员工之间定期进行直接沟通。其中一个直接沟通的形式是召开员工大会。在员工大会中，高管们会向大量员工简要介绍公司当前的战略和成果。虽然沟通主要是从高管到员工，但市政厅会议比视频或书面渠道更人性化，也更可信。此外，这些活动通常为员工提供提问的机会。另一个策略是，高管们与小部分员工代表举行圆桌论坛，其主要目的是听取他们对各种问题的意见。

一种不太正式的直接沟通方法是**走动式管理**（management by wandering around，MBWA）。40 年前，惠普公司的人创造了这个词，本质上是指高管们走出办公室，每天或定期与员工随意聊天。鲍勃·库托通过随机会见员工和浏览社交媒体积极实践 MBWA。"作为惠普方式的一部分，走动式管理是一个全新的想法……并且我在职业生涯中进行了大量实践。"库托说道。他最初在惠普工作，在过去的几年中他一直担任一家总部位于多伦多的大型商业房地产服务和软件公司 Altus 的首席执行官。

当高管们直接与员工进行定期的随意交谈时，过滤就不那么普遍了。直接对话还能帮助高管获得更深层次的含义，并更快地理解内部组织问题。直接沟通的第三个好处是，员工可能会对公司高层做出的决定更感同身受。

9.8　通过小道消息进行沟通

组织领导者可能会尽最大的努力通过电子邮件、Twitter 推文和其他直接的正式渠道将突发新闻迅速传达给员工，但员工在某种程度上仍依赖于公司的**小道消息**（grapevine）。小道消息是一种非结构化的非正式网络，建立在社会关系之上，而不是建立在组织结构图或职位描述之上。员工们对小道消息有什么看法呢？对两家公司（一家在佛罗里达州，另一家在加利福尼亚州）的调查发现，几乎所有的员工都使用小道消息，但很少有人喜欢这种信息来源。加利福尼亚州的调查还显示，只有三分之一的员工相信小道消息是可信的。换句话说，当员工没有其他选择时，他们就会求助于小道消息。

9.8.1　小道消息的特点

几十年前的一项调查显示，小道消息能够快速地将消息传遍组织的各个方向和各个角落。典型的模式是集群链，即少数人主动向许多其他人传输信息。小道消息是通过非正式的社会网络起作用的，所以在员工有相同的背景且沟通很容易时，它会更活跃。许多谣言似乎有真实性，可能是因为它们通过媒介丰富度高的渠道（如面对面沟通）被传递，且员工很有动力进行积极沟通。但小道消息去除了细节并夸大了故事中的关键点，这使得信息变形。

其中一些特点可能仍是真的，但小道消息肯定是已经改变了，因为短信、电子邮件和其他社交媒体已经取代了在饮水机旁的闲聊，成为八卦的来源。例如，一些 Facebook 网站以特定公司为主题，允许员工和客户发泄对组织的抱怨。随着公司小道消息速度和渠道发生改变，互联网已经将这些渠道扩展到了全球，而不仅仅是下一个隔间。

9.8.2　小道消息的优点和局限性

小道消息应该被鼓励、容忍还是制止呢？回答这个问题的难点在于小道消息既有好处又有局限性。正如之前提到的，小道消息的一个优点是，当通过正规渠道无法获得信息时，员工会依靠小道消息。它同时也是传播组织故事和其他组织文化的象征的主要渠道。小道消息的第三个好处是，这种社交互动可以缓解焦虑，并解释了为什么谣言在不确定时期最活跃。最后，小道消息与建立联系的动力有关。进化心理学家表示，成为八卦的接受者是包容的标志。在某些方面，试图压制小道消息是试图破坏人类社会互动的自然动力。

即使小道消息提供了这些好处，但它并不是沟通媒介的首选。小道消息有时会过于失真，以至于它会加剧而不是减缓员工的焦虑。另外，当管理者信息沟通的速度慢于小道消息传播的速度时，员工会产生更多对组织的消极情绪。公司领导者要如何应对小道消息呢？最好的建议是把小道消息作为员工焦虑的信号来听取，然后纠正焦虑的诱因。一些公司也会听取小道消息并介入纠正公然的错误和无稽之谈。最重要的是，公司领导者需要把小道消息视作竞争者，并在小道消息传给员工之前直接通知员工，以此应对这一挑战。

争辩点：管理者应该使用小道消息与员工沟通吗？

自从现代组织诞生后，小道消息一直是管理的诅咒。消息在表面之下以隐秘的方式快速流动，这使得人们很难判断信息在哪里传播、对谁说了什么，或者谁对错误消息负责。尽管在困难时期，员工们会自然地聚集以通过追寻小道消息而寻求社会安慰，但小道消息会过于失真，以致有时比起减轻压力，它会产生更多压力。想象这样的情形是荒谬的：管理层试图通过这种无法控制的、古怪的沟通渠道系统地传递重要信息，或者任何新闻。

但一些沟通专家正在转变对小道消息的看法，把它视作一种资源而非一种惩罚。他们的灵感来自营销。在营销中，病毒式营销和口碑营销已成为热门话题。病毒式营销和口碑营销是指将传播给少数人的信息根据友谊模式传播给其他人。换句话说，信息是第一个接收到信息的人心血来潮传播出去的。在组织内，这一过程本质上是小道消息在起作用。员工在他们日常社交的范围内向其他人传递消息。

小道消息似乎是通过奇怪和不可靠的方式传递的，但有两个相反的论点。第一，由于社交媒体和其他新兴的数字沟通渠道，小道消息渠道变得越来越稳健和可靠。这些媒体产生了比以往任何时候都更强大的"脚手架"，有可能会使小道消息在传播信息方面更加有用。

第二，小道消息比从管理层到员工的传统沟通方式更具说服力。小道消息以社会网络为基础，下一章会讨论这个问题。社会网络是组织力量的一个重要来源，因为其建立在信任的基础上，而信任增加了通过这些组织发送的信息的可接受度。所以，小道消息会比其他沟通渠道更具说服力。

当诺和诺德（Novo Nordisk）公司试图改变其监管事务人员的形象时，就体现了小道消息作为一种沟通工具的力量。在使用传统沟通渠道一年之后，这家欧洲制药公司取得的进展有限。"我们有海报、会议、比赛，还有你能想到的一切。"沟通顾问雅各布·沃尔特回忆道，"到最后，我们取得了一些成果——我们的人普遍意识到了这一点，但除此之外一无所得。"

因此，诺和诺德公司采用了另一条路线。在半年一次的全体员工聚会上，九名监管事务人员得到了蜡封的机密信封，将他们分配到三个"秘密社团"中的一个。在会议间隙，这些员工与总经理会面，由总经理对他们做出安排，包括任务和预算。他们还被告知要对自己的任务保密，对好奇的同事说"我不能告诉你"。

"谣言就在那天开始发酵。"沃尔特说，"人们已经在想到底发生了什么。"这些社团被允许招聘更多的员工，在随后的几个月里确实这样做了。诺和诺德公司的许多员工都很感兴趣，不断地将他们的观点和消息传播给其他人。与此同时，为了改善自己的形象和工作流程，三个秘密社团的成员推出了几项举措，且效果很好。

● 本章概要

9-1 解释沟通在组织中的重要性，并讨论影响有效沟通中的编码和解码的四个因素

沟通是指信息在两人及以上之间传递和被理解的过程。沟通支持了工作协调、组织学习、决策、改变他人行为和员工的身心健康。沟通过程包括建立消息、编码并将消息发送给接收者，接收者随后解码消息并向发送者提供反馈。有效的沟通发生在发送者的想法被传递给接收者并被理解的时候。这一过程的效果取决于发送者和接收者是否拥有相同的编码本、发送者对发送给接收者的信息进行编码的熟练度、发送者和接收者的动机和通过特定沟通渠道传送信息的能力，以及他们对于沟通内容的心智模型。

9-2 比较数字化的书面沟通渠道、社交媒体沟通渠道和非语言沟通渠道的优缺点

两种主要的沟通渠道是语言沟通和非语言沟通。电子邮件依然在组织沟通中占主导地位，但其他形式的数字化的书面沟通（聊天室、短信）越来越常见，因为它们受到年轻员工的喜爱。同时，近期得到发展的协作沟通平台被许多组织采用。数字化的书面沟通的主要优点是它能被快速编写、编辑和传送给许多人。这些渠道大多减少了社会和组织地位的差异，是异步的，具有搜索功能，是某种程度上高效的文件柜。

数字化的书面沟通有许多缺点。它在情感交流方面相对较差，往往会缺少礼貌和尊重，并导致信息过载。在模糊、复杂和新颖的情况下，它的沟通效率也很低。

各组织最近都在安装数字协作平台，其中大多数都强调沟通渠道，鼓励互动对话和信息共享，而不是单向沟通。社会媒体——数字通信渠道，使人们能在创建和交换用户生成的内容方面进行协作。社交媒体使内容能够互动，这样发送者和接收者就成为共享内容社区的"用户"。每种类型的社交媒体都提供独特的功能组合（例如，进行对话、分享信息、维护关系）。

非语言沟通包括面部表情、语音语调、身体距离，甚至是沉默。与语言沟通不同，非语言沟通没有那么多规则约束，而且大多是自动和无意识的。一些非语言沟通是通过一种叫作情绪感染的过程自动产生的。

9-3　讨论在选择最好的传播渠道时，同步性、社会临场感、社会接受度和媒介丰富性的相关性

最合适的沟通渠道取决于许多因素。同步性是指沟通渠道使得发送者和接收者能够同时（同步）或非同时（异步）沟通的能力。当问题紧急或主题复杂时，高同步性的渠道是更好的选择。当在同一时间进行沟通对双方来说成本都很高或当接收者需要在做出回应前有一定时间思考时，低同步性的渠道是更好的选择。当一个沟通渠道能够创造对另一方的心理亲密关系和对他们人性的认识时，它就拥有了社会临场感。当各方需要产生同理心或影响彼此时，这很重要。社会接受度是指该沟通渠道被其他人赞同和接受的程度。这种接受度取决于组织或社会规范、各方对渠道的偏好和能力，以及渠道的象征意义。媒介丰富度是指渠道的数据携带能力。非常规和模棱两可的情况下需要丰富度高的媒介。然而，基于技术的简约媒介也是有效的。用户可以进行多重通信，在技术的支持下有很高的效率，并且没有社交干扰。

9-4　讨论阻碍有效沟通的各种障碍（噪声），包括跨文化沟通差异和性别差异

在沟通过程中，有几种障碍对沟通产生噪声。人们会受不同语言、行话和其他模棱两可的短语的影响而产生不同的编码本，因此会曲解信息。信息过滤和信息超载是另外两种沟通障碍。这些问题往往在跨文化环境中被放大。由于非语言线索、沉默和对话重叠的意义差异，所以会产生沟通问题。在男性和女性之间也会有沟通差异，比如，男性在沟通中更倾向于宣示地位和进行报告式交谈，而女性会使用寒暄式交谈并对非语言暗示更敏感。

9-5　解释如何让你的信息更高效地被理解，并总结高效倾听的要素

为了让信息被理解，发送者必须学习向接收者强调、重复信息，以及为沟通选择恰当的时间并采用描述性而非评估性用语。倾听包括感知、评价和回应。积极的倾听者通过不急于评价、避免打断、保持兴趣、共情、归纳信息、表现兴趣和阐述信息来提升沟通效果。

9-6　总结组织层级中有效的沟通策略，并回顾组织内小道消息的作用和相关性

一些公司试图通过工作场所设计以及基于互联网的沟通渠道鼓励整个组织的沟通。一些高管还通过参与管理、走动式管理（MBWA）和召开员工大会直接与员工会面。

在任何组织中，尤其是在不确定的时期，员工都依赖小道消息。小道消息是一种基于社会关系而非组织结构图或工作描述的非结构化的非正式网络。尽管早期的研究发现了小道消息的几个特征，但随着互联网在小道消息交流中发挥越来越大的作用，其中一些特征可能已经发生变化。

◘ 关键术语

沟通	走动式管理	社交媒体	情绪感染	社会临场感
小道消息	媒介丰富度	同步性	信息超载	说服

批判性思考

1. 你被聘为顾问并需改善一家大型高科技公司中工程师和营销人员之间的沟通。使用沟通模型和四种改善沟通的方式来制定改善这两个职位间沟通效果的策略。

2. 一家消费品公司召开包含 36 位销售经理的季度大会。这些销售经理在不同的城市和国家，所以他们之间超过半数需要远程参加会议。为期一天的会议包括首席执行官和销售副总裁的开场与闭幕演讲，但大部分时间都在公开讨论以及召开关于战略和运营销售问题的小组会议。哪种数字化沟通渠道可能最适合让远程参与者参与这些会议？你可以假设全天可以使用多个数字化沟通渠道，并且对于某些渠道，可以同时使用多种方式。你的答案应该参考选择最佳沟通渠道时要考虑的四个因素（同步性、社会临场感、社会接受度和媒介丰富性）。

3. 维基是每个组内成员都能编写、编辑或删除任何信息的写作网站。在组织中，这种沟通技术在什么情况下最有用？

4. 如果可能的话，在什么情况下你会认为用短信通知一名员工他或她被解雇了是恰当的？为什么短信和其他数字化书面沟通渠道通常被认为不适合用来传递这类信息？

5. 假设你是一个远程小组中的一员并必须在一个重要事情上说服组员（比如改变供货商或改变项目截止日期）。假如你不能与这些人见面，你会如何最大化你的说服力？

6. 在什么情况下，交流信息应该有些模棱两可？在什么情况下模棱两可的信息是无效的？

7. 解释为什么男性和女性会对彼此的沟通表现感到沮丧。

8. 你认为引入数字沟通渠道（电子邮件、即时通信、线上聊天等）是会增加还是减少公司小道消息的数量？解释你的答案。

案例研究

SILVER LINES：团队沟通的挑战

　　一天的工作让 Sarah 感到筋疲力尽，她瘫倒在工作桌旁的椅子上。她感到非常沮丧，并察觉到情况在变糟。SILVER LINES 是一家非常成功的企业，并拥有非常高效的团队，但如今的情况甚至不如一年前乐观。

　　10 年前，Sarah 与她的两个朋友 Stephanie 和 Gloria，还有顾问 Helen 开了一家小公司来出售他们自己设计和制作的银饰。Sarah 梦想着拥有自己的公司，并常常在互联网上追随一些成功女企业家的步伐。Sarah 被她们的故事鼓舞，并决定放弃自己的工作，开创自己的公司。她喜欢以银饰为媒介并对珠宝充满热情。她把珠宝设计和制作作为一种爱好进行钻研，并最终向朋友和熟人卖出几件。这是一条吸引她的道路。

　　Sarah 望向办公室的窗外，回忆起那些充满激情和友情的时光。她经常一天工作 14 小时，尽心经营这家位于澳大利亚墨尔本一个繁忙购物区的公司。尽管 Stephanie 和 Gloria 没有辞职，但她们只会在晚上和周末打理公司。公司的发展速度超出所有人的想象，很快她们就从澳大利亚其他银匠那里采购银制品。她们的产品链从珠宝延伸至家居产品，比如装饰物件、盒子、烛台、盘子和碗等。18 个月后，她们决定在墨尔本开设一家分公司。第三家分公司在这之后很快也开起来了。这时，Stephanie 和 Gloria 放弃了她们的工作来帮助 Sarah 和 Helen。

　　Sarah 和 Helen 组成创意团队，负责采购产品和确定供应商。Stephanie 是管理者和 IT 专家，负责管理库存系统和供应商数据库。Gloria 负责广告与推销。她们取得了突飞猛进的发展。创业 5 年后，公司不断扩张，在墨尔本大都会的购物区和购物中心拥有 8 家店铺，在新南威尔士州拥有 2 家店铺。另外，维多利亚州农村地区的一些小型精品店也会出售她们的商品。

后来，Erica 和 Juliana 加入了该公司，组成了管理团队。Erica 是财务和会计经理，Juliana 负责管理及维护维多利亚州出售他们产品的精品店的关系，以及负责投资扩展机会。SILVER LINES 如今有 55 名员工，每间店铺有 1 名店长和 4~6 名轮班制员工。由于建立了紧密的联系，管理团队合作得非常好。考虑到业务的扩张和他们的不同角色，他们往往会外出活动。随着业务发展和创始人结婚成家，他们承诺，为了履行家庭和养育的责任，他们将会灵活工作。

在灵活工作的文化中，有效管理和事业成功的关键是他们拥有开放和有效的沟通系统。比如，这个管理团队每个月都在各个店铺中轮流召开两次会议，这使得他们能够保持与员工的联系并顺利召开管理会议。另外，他们使用电子邮件、短信和电话来讨论所有紧急事情。但是，去年在不同的地点举办这些会议变得越来越难，并且由于 6 个合伙人中有 4 个因为个人家庭事务而无法外出，之前两个要在附近的新南威尔士州召开的会议不得不被取消。

他们还会每两年为全体员工举办一次招待会，这使全体员工能够彼此见面并使管理者能与每个人讨论他们的计划。通过这种方式，他们能让每个人保持联系。他们最近还举办了每年一次的博览会。在博览会上，他们带领目前的和潜在的供应商、设计师与银匠一起讨论他们的需求和趋势，并观看参与者带来的展览品。他们发现这是一个很好的发展及维系重要商业伙伴关系的方法。展览会为期两天，从前一天晚上的晚餐开始，接着是两天的展览、交流、研讨和会议。虽然由 Juliana 牵头管理这些活动，但这些活动占用了整个管理团队相当多的时间。在一年一度的展览会期间，他们通常每周开一次会，有时候是每周两次。然而去年，在准备博览会期间，管理团队在这些会议上的出席时间开始滞后，Juliana 感到非常沮丧。在那次博览会上，有几件事出了差错，因为团队没有像往常那样完美地计划。Juliana 感到非常失望，在接下来的管理层会议上也出现了一些紧张情绪。

考虑到这个问题，Stephanie 建议他们可以尝试视频会议，把 Skype 作为保证会议参与度的一个方法。每个人都喜欢这个想法，一旦最初的尝试和技术问题得到解决，使用 Skype 召开的虚拟会议就成为常态。他们发现这样做可以完成更多的工作，而且节省了旅行的时间和费用。一旦他们适应了这个系统，他们就开始让轮班制的店员也参加视频会议。但一个星期后，Helen 发现员工不如以往在面对面会议上那样乐于提出意见和反馈，这在墨尔本的一家店铺和悉尼的一家店铺中表现得尤为明显，他们刚刚招聘了新员工。Helen 反思了这个问题并认为这可能是因为他们刚加入这个团队，当他们对工作感到得心应手后就会变得更活跃。

在一个与悉尼员工召开的会议中，Helen 询问他们在之前的会议中讨论的指令是否下达到了店铺，以及销售情况如何。店长 Tanya 对这个问题感到很惊讶，并问她指的是哪个指令。大家很快就知道了，Tanya 并不知道自己要执行指令。她说她记得那次谈话，但她认为 Helen 是在和 Gloria 谈订单的事，而不是向她下达指令。Helen 听到这件事很震惊，她担心他们可能会因为这种混乱而失去一些很好的生意。管理团队讨论了如何解决这个问题，并继续讨论了清单上的其他议程项目。

在随后的几个月中，这个管理团队意识到他们开始失去部分订单和一些重要的外部关系。每当这些问题被问及时，都是因为有些东西被误解或误传了。员工们很疑惑谁在负责什么事、谁被重视了以及谁应该承担何种责任。烦躁和沮丧的情绪在积聚，而有时这种情绪会演变成愤怒。工作人员在会议上的贡献也不再像过去那样丰富。Ingrid 是一位资深的商店经理，她认为会议的议程已经改变，管理层似乎常常急于讨论和结束议程项目。团队中的不安感越来越强烈，尽管很多人都注意到了这一点，但团队问题并没有像以前那样被讨论了。

在 Sarah 坐在桌前的这一刻，她希望 Helen 在她第一次意识到这个问题时就提出来。她希望他们都能在一开始就说说各自的焦虑与不安，这或许能够阻止今天的灾难。这天本该是当年在墨尔本举行的博览会的开幕日，他们发现没有人为上午同时举行的研讨会提前预订一间更小的房间。Juliana 发现这件事后非常慌乱。她把 Sarah 从开幕式环节叫出来并告诉她发生了什么。Sarah 同样非常吃惊，但依然保持着冷静并开始思考如何补救。她让 Tanya 查一下是否还有空房，结果订到了唯一的房间。

Juliana 和 Sarah 一同决定在这间空房里召开其中一场研讨会，在召开开幕式和摆放展览架的大厅中的各个角落召开其他三场研讨会。当研讨会召开时，由于场地不佳，会议效果大打折扣。他们收到许多参会者的抱怨，说很难听清楚讨论内容。Juliana 和其他人一样非常沮丧和愤怒，因为她觉得他们的地位受到了损害。他们发现，在由谁来预订研讨会房间的问题上，他们之间又发生了误解。活动的策划主要是通过 Skype 会议和电话沟通完成的。Sarah 坐在那里，想着他们必须重新采取面对面会议形式。她说："很明显，这项新技术让我们的情况变得更糟糕了！"

讨论题：

1. 最初是什么使得 SILVER LINES 内部的沟通有效的？
2. Skype 如何影响沟通的有效性？
3. 管理者如何提高技术基础上的沟通效果？

◙ 小组练习1　跨文化沟通游戏

目的： 本练习旨在发展与测试你在沟通和礼仪方面对跨文化差异的了解。

材料： 老师会给每个小组一套问题 / 答案卡。

步骤：

（1）课堂被分为偶数个小组。每个小组最好有三名学生。如果与同等规模的小组相匹配，两个或四个学生组成团队是可能的。每个小组和其他小组配对，并且结成一对的小组（小组 A 和小组 B）被分配到一个远离其他匹配队伍的私人空间。

（2）老师将向每一对小组发放一堆卡片，上面的选择题面朝下。这些卡片上有关于沟通和礼仪中的跨文化差异的问题及答案。不允许使用书籍或其他辅助工具。

（3）练习开始时，A 组的一名成员从卡片堆的顶部拿起一张卡片，向 B 组的成员提问卡片上的问题。提供给 B 组的信息包括问题和卡片上列出的所有选项。B 组在阅读问题和选项后有 30 秒的时间给出答案。如果回答正确，B 组得 1 分。但如果 B 组的回答不正确，则 A 组获得这 1 分。卡片上标明了每个问题的正确答案，当然，在正确回答问题或时间到之前，不得揭晓答案。无论 B 组回答是否正确，队内成员都会拿起卡片堆上的下一张卡片，读给 A 组的成员。换句话说，卡片会交替读给每个小组。重复此过程，直到所有卡片都已读取或时间已过。得分最多的小组获胜。

重要提示： 课本中与问题有关的信息很少，你必须依靠过去的经验、逻辑和运气来获胜。

■ 小组练习 2　视觉说明练习

目的： 本练习旨在让你理解媒介丰富度、选择沟通渠道以及沟通相关问题的重要性。

材料： 每个小组将收到一张活动挂图纸和一个非永久性（如白板）标记。老师应该有一些方法来张贴每个小组的最终活动挂图纸，例如，用胶带或可拆卸的黏合剂。

步骤：

（1）课室划分成小组（通常 5～6 人一组）。（注意：老师也可以让学生个人而非小组完成该活动）

（2）老师会让每个小组写下如何组织一个知名活动的说明。这个说明是为从没听过这个活动的人而写的。说明只能用图片——不能出现任何文字。小组有固定的时间来完成这些视觉说明。每个小组都要在提供的活动挂图纸上展示他们的说明。这些挂图纸会张贴在课室各个地方，以便所有学生看到所有小组为这个任务做出的说明。

（3）在张贴完所有视觉说明后，学生将在老师提出的一系列问题的指导下听取练习的汇报。

此练习的灵感来自 XPLANE 公司的 Dave Gray 开发的类似活动。

第 10 章

工作场所中的权力与影响力

:: 学习目标

学习完本章，你应该能够：

- 描述权力的依赖模型和组织中的五种权力来源。
- 讨论权力的四种权变因素。
- 解释员工和工作单位如何通过社交网络获得权力。
- 概括八种影响策略，三种影响策略的后果，以及在决定使用何种影响策略时应当考虑的三种权变因素。
- 识别与组织政治相关的组织条件和个人特征，以及最小化组织政治的方法。

:: 开篇案例

你的个人品牌就是做你自己

安·汉德（Ann Hand）在获得经济学学士学位后马上接受了美孚（Mobil）公司的工作。当时她并不知道石油公司的"营销代表"是干什么的。尽管一开始得知自己要在费城经营8 家加油站便利店时感到很害怕，但汉德还是勤奋地学习了"很多关于经营和盈利的基本知识"。

汉德现在是业余锦标赛平台超级联赛（Super League Gaming）的首席执行官兼董事会主席，她开玩笑说："这就像今天的真人秀一样。找一个天真的并来自中西部的预科生，把她带到费城，让她每天 24 小时、每周 7 天都待在加油站。"

经营加油站便利店，让汉德拥有了独特而有价值的个人品牌。她获得了专家性权力，为未来的工作打开了大门，并在后来的职业生涯中提高了可信度。由于她拥有在便利店工作的经验，几年后，麦当劳找到了她，将其快餐业务扩展到更大的加油站和其他独特的地点。之后，她加入了 Amoco，并被派往中国香港地区担任财务职位。

一年后，英国石油（BP）公司收购了 Amoco，汉德被调到伦敦，担任英国石油公司最高级别女性高管薇薇安·考克斯（Vivienne Cox）的办公室主任。担任伦敦的职位是一个关键时刻，因为在英国石油公司总部的她的同行中只有不到三分之一的人会被选为高管。不幸的是，这也是一个充斥着组织政治的环境。

"当我到那里（BP的伦敦总部）时发现，女性担任这个角色是不寻常的，而且每个人都想炫耀自己，所以也会遇到很多麻烦。"汉德回忆道。她的同事们在这种反常的锦标赛式流动性较量中积极地相互削弱。一些人对汉德的工作时间（她已经根据上司的产假安排进行了调整）和她的穿着进行了尖锐的评论。她甚至被批评说笑得太多！

幸运的是，她的上司（薇薇安·考克斯）在无意中听到了一个尖锐的评论后提出了明智的建议。"你的个人品牌就是做你自己，"考克斯建议道，"所以，不要代入你心目中英国男性的形象，或者仅仅是一般男性的形象。如果你全身心投入工作，你就会脱颖而出。"

汉德在30多岁时就晋升为BP液化石油气部门的高管，后来又晋升为全球品牌营销部门的高管。她是男性主导的运营企业的领导者。这就要求她证明自己在这些高管职位上的可信度。幸运的是，她早年经营加油站便利店的经历再次成为她的一笔强大资产。

她说："每当我谈到从加油站出发时，就有点像从收发室出发。这让我有可信度——我是真正从基层干起的。任何唱反调的人，通常都会闭嘴。"

个人品牌、专家权力、组织政治，几乎每个人在整个职业生涯中都会经历这些以及其他组织权力和影响话题。事实上，一些组织行为学专家指出，权力和影响力是所有组织固有的。它们存在于每一项业务、每一项决策和行动中。

本章按如下顺序展开：首先，我们定义权力，并提出了一个描述组织环境中权力动态的基本模型。其次，论述权力的五种来源。接下来，我们关注有利于将这些来源转化为实质权力的权变因素。然后，我们的注意力转向了社交网络，以及它们如何通过社会资本为成员提供权力。本章的后面部分检验组织设置中各种类型的影响力和有效影响策略的权变因素。本章的最后一节着眼于影响力成为组织政治的情况，以及最小化组织政治的方法。

10.1 权力的含义

权力（power）是指个人、团队或组织影响他人的能力。这个定义有几个重要的特征。第一，权力不是指改变某个人态度或行为的举动；它只是指可以这样做的可能性。人们往往拥有权力而不用，甚至可能不知道自己拥有权力。第二，权力基于目标群体的感知，即权力持有者控制（拥有、使用或管理）着能帮助目标群体实现目标的宝贵资源。人们可能会通过说服他人相信自己控制着有价值的资源来获得权力，无论他们是否真的控制着这种资源。这种认知也来自权力持有者的行为，比如一个不受权威或规范左右的人。例如，人们仅仅通过表现出偏离规范的行为就会被认为更强大，比如把脚架在桌子上。然而，权力不是你自己对权力的感知或感觉，它只存在于别人相信你有权力的时候。

第三，权力涉及一方对另一方的不对称（不平等）依赖。这种依赖关系如图10-1所示。从"个人B"到"个人B渴望的目标"的那条线表明他或她相信"个人A"控制着一种资源，而这种资源可以帮助或阻碍"个人B"实现目标。"个人A"（图10-1中的权力持有者）可能通过控制期望的任务分配、有用的信息、奖励，甚至是与其有关的特权，从而有对"个人

B"的权力。例如，如果你相信一个同事有专业知识（资源），可以极大地帮助你写一份更好的报告（你的目标），那么这个同事便对你有一定的权力，因为你看重他的专业知识来实现你的目标。无论资源是什么，个人 B 都依赖于个人 A（权力持有者）提供资源。这样个人 B 才能达到自己的目标。

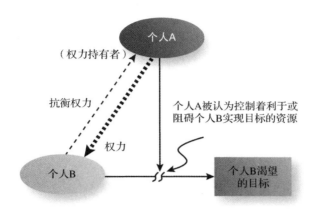

图 10-1　权力的依赖模型

　　虽然依赖是权力关系中的关键要素，但是更确切地说，权力各方是相互依赖的，因为权力较弱的一方仍对较强大的权力持有者有一定程度的权力，即**抗衡权力**（countervailing power）。在图 10-1 中，个人 A 在权力关系中占主导地位，但个人 B 有足够的抗衡力量使个人 A 保持在交换关系中，并确保个人 A 明智地使用他或她的主导权力。例如，虽然管理者在很多方面都对下属有权力（例如，对工作保障的控制和优先的工作任务安排），但员工通过拥有技能与知识来保持生产运转和客户满意，从而拥有抗衡权力，因为管理者无法单独完成任务。

　　另一个关键特征是，所有的权力关系都取决于某种最低级别的信任。信任表示对更强大的一方将提供资源的期望程度。例如，你相信你的雇主会在每个工资期结束时给你一份薪水。即使是那些处于极度依赖状态的人，如果他们对更强大的一方缺乏最低程度的信任，通常也会放弃这段关系。

　　让我们来看看员工－管理者关系中的这种权力依赖模型。你依靠你的管理者来支持你的持续就业、令人满意的工作安排和其他宝贵的资源。同时，管理者依赖你完成必要的任务，并在完成工作任务的过程中有效地与他人一起工作。管理者（以及他们所代表的公司）通常拥有更多的权力，而员工的抗衡权力较弱。但有时，在雇佣关系中，员工确实比管理者拥有更多的权力。请注意，你在员工－管理者关系中的力量并不取决于你对有价值资源的实际控制，而是取决于你的管理者和其他人对你对这些资源的控制的感知。最后，信任是这种关系的一个重要组成部分。即使拥有强大的权力，但当一方不再充分信任对方时，员工－管理者关系也会崩溃。

　　权力的依赖模型只揭示了组织中员工与工作单位之间权力动因的核心特征，我们还需要了解权力的来源和有效地将权力转化为影响力的权变因素。如图 10-2 所示，权力有五种来源：法定性、奖赏性、强制性、专家性和参照性。该模型还确定了权力的四种权变因素：员工或部门的不可替代性、中心性、自主性和可见性。接下来，我们将在组织的背景下讨论这些权力的来源和权变因素。

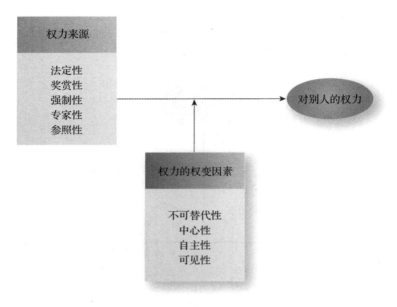

图 10-2　权力的来源和权变因素

10.2　组织中的权力来源

在人类活动中，有五种主要的权力来源。其中三种权力来源——法定性、奖赏性和强制性，大多源于权力所有者的正式职位或非正式的角色。换句话说，某人正式地或非正式地由组织或同事赋予这些权力来源。另外两种权力来源——专家性和参照性——主要源于权力持有者自身的特点。换句话说，人们随身携带着这些权力基础。然而，即使是个人的权力来源也不完全在个人内部，因为它们取决于别人如何看待它们。

10.2.1　法定性权力

法定性权力（legitimate power）是组织成员达成的一个共识，认可特定角色的人可以要求别人做出特定行为。这一权力来自正式的职位描述和非正式的指挥规则。它通常是组织环境中最重要的权力来源，特别是在员工和管理者之间。例如，管理者有合法的权力告诉员工要执行什么任务、与谁合作、可以使用哪些公司资源等。员工必须遵循管理者的要求，因为他们同意遵循上级的一系列要求。员工遵守这些要求的动机与管理者奖赏或惩罚员工的能力是分开的。

法定性权力有限制，它赋予权力持有者要求他人仅执行有限范围内的行为的权力。这一范围被称为"中立区"，即人们愿意接受别人权威的范围。虽然大多数员工都接受上司在上班时间不允许他们浏览 Facebook 的规定，但当上司要求他们在正常工作日之外工作几小时时，有些人可能会拒绝。他们要么公然拒绝服从命令，要么采取拖延和其他回避策略。

有几个因素影响中立区的大小，从而影响法定性权力的大小。中立区的规模随着权力持有者被信任的程度而扩大。员工更愿意遵循值得信任的上司的要求，即使这些要求是不寻常的或在预期的工作职责的边缘。有些人由于他们的价值观和个性特征而更服从权威。具体来说，那些重视顺从和传统以及具有高权力距离（即他们接受不平等的权力分配）的人往往会给他们的上司一个更大的中立区。组织文化是影响员工服从命令意愿的另一个因素。3M 的科学家可能会在被上级告知停止某个项目后继续从事该项目，因为 3M 的文化支持企业家精神，其中包括可以不时无视上级的权威。

法定性权力的适用范围扩展到员工，而不仅仅是管理者。通过法律和行政权力以及非正式规范，员工对他们的上司和同事也拥有合法的权力。组织可能会赋予员工要求拥有其工作所需信息的权力。法律赋予员工拒绝在不安全的条件下工作的权利。更微妙的法定性权力形式也存在。人们会遵守一种**互惠规范**（norm of reciprocity）——一种帮助曾经帮助过你的人的义务感。如果一个同事以前帮助你应对一个麻烦的客户，那个同事就有权力，因为你觉得将来有义务帮助该同事做一些有类似价值的事情。互惠规范是法定性权力的一种形式，因为它是我们所期望遵循的一种非正式的行为规则。

通过信息控制的法定性权力

在某种形式上，人们通过控制（利用法定性权力）别人的信息流而拥有信息权力。这些信息拥有者有两种权力。首先，信息是一种资源，所以那些需要信息的人依赖于信息拥有者来提供这种资源。例如，当其他部门依赖制图部门交付勘探项目所需的地图时，矿业公司的制图部门拥有相当大的权力。

其次，信息拥有者通过有选择性地发送信息来获得权力。这种方式会影响那些接收信息的人对情况的感知，而不是他们接收到所有信息时的感知。正如我们在前一章关于沟通的内容中所了解到的，信息在向上层流动的过程中往往会被过滤，这使得那些传递信息的人能以一种更主动的方式框定情况。这种框架允许信息拥有者引导执行团队做出一个决定而不是另一个。

10.2.2　奖赏性权力

奖赏性权力来源于控制别人重视的奖励的分配、免除负面制裁（如负强化）的个人能力。管理者们拥有正式的权威。这使他们有对组织奖赏分配的权力。组织奖赏包括薪金、晋升、休假、假期时间安排和任务分配等。同样，员工通过 360 度反馈系统的应用也拥有对上司的奖赏性权力。由于员工反馈评价对主管的晋升和其他奖励都会有影响，因此在采用 360 度反馈后，主管往往对员工的态度不一样了。

10.2.3　强制性权力

强制性权力是指应用惩罚的能力。管理者通常有相当大的强制权力，从表示不赞成到将员工解雇。员工也有强制性权力，比如同事使用同伴压力来改变其他员工的行为。事实上，最近的一项研究发现，同伴压力的强制性权力对激励医院员工手部卫生行为的影响比对高额经济奖赏的影响更强。许多公司在组织设置中会依靠这种强制性权力来操纵同事的行为。纽柯钢铁公司就是一个例子。"如果你不为团队做贡献，那么他们一定会让你尝到苦头的。"位于北卡罗来纳州夏洛特市的这家钢铁制造商的一位高管说道，"一些可怜的员工就是被他们的同伴清除掉的。"

10.2.4　专家性权力

绝大部分的权力，如法定性权力、奖赏性权力和强制性权力，都源于所在职位。相反，专家性权力则源自个体自身。它是指个体或作业单元通过具备其他人重视的知识或技能，以影响其他个体或单元的能力。专家性权力的一种重要形式是管理商业环境中不确定性的感知能力。这种能力备受重视。这是因为如果组织能在可预测的环境中管理会更有效。因此，它们重视那些能将消费者趋势、社会变化、不稳定的供应线等方面的动荡最小化的人。专业知识可以通过三种方式帮助企业应对不确定性。这些应对策略按重要性排序，其中预防是最有效的。

（1）预防。最有效的策略是防止环境变化的发生。例如，财务专家通过避免组织发生现金短缺或债务违约而获得权力。

（2）预测。次有效的策略是预测环境的变化或变异。在这方面，一些人作为潮流预测者获得权力。他们有一种不可思议的能力，可以预测时尚和其他消费者偏好的变动，因此公司可以在新的环境条件产生之前做出调整。

（3）吸收。个人和工作单位也通过吸收或弱化环境变化的影响而获得权力。例如，当机器发生故障时维修人员的维修救援能力。

顺从的黑暗面

许多人对专家的反应就像他们对权威的反应一样——他们盲目地听从专家们的指导。在一个经典研究中，研究者假扮成一位医院内科医生打电话给值班护士，吩咐她为一位住院病人配制某一特定剂量的药物。没有哪位护士认识致电者，而且医院规定禁止通过电话接受治疗指令。此外，那个药物是不被批准配制的，而且配药要求是每日最大用量的两倍。然而，所有22位接电话的护士都遵循了那位"医生"的吩咐，直到研究者叫他们停下来。

这项医生－护士的研究已经有几十年的历史了，但专家性权力在今天仍然强大，有时还会带来悲惨的后果。不久前，加拿大司法系统发现其"明星"专家证人之一——一名法医儿童病理学专家——对至少20起案件提供了不准确的死因评估，其中十几起导致了错误或高度可疑的刑事定罪。这位病理学专家拥有作为著名权威的声誉，是他的证据常常很薄弱却被毫无疑问地接受的主要原因。"法庭上的专家——我们非常尊重专家。"一位熟悉这种情况的辩护律师承认。

10.2.5　参照性权力

当其他人认同、喜欢或尊敬某人时，那个人就有了**参照性权力**（referent power）。与专家性权力类似，参照性权力同样来源于个体自身。它大多由人际交往能力构成。参照性权力通常和**魅力**（charisma）有关。专家们对个人魅力含义的解释各有不同，但是通常会将其描述为一种人际吸引力，而这种吸引力使得跟随者认为魅力拥有者具有不同寻常的能力。一些专家形容个人魅力是拥有者的一种特殊"天赋"或特质。也有其他说法是，它主要来源于旁观者的看法。然而，所有人都同意，个人魅力能够引发他人对自身的高度信任、尊重和忠诚。

潮流猎手的力量

　　能够预测未来的人非常有价值，因为他们帮助公司应对环境的不确定性。通过了解甚至管理未来，企业领导人知道是要提高产量，还是在时尚失宠之前采取纠正措施。

　　杰里米·古切（Jeremy Gutsche）是世界领先的趋势预测者之一，但他不喜欢用"趋势"这个词。"很简单，'趋势'这个词太宽泛了。"他解释说。"从明年的时尚色彩到宏观层面的购买行为，这个词可以指向任何东西。我喜欢寻找被我称为灵感集群的东西。"他说，"集群是一种识别对客户有意义的见解的艺术。要创建集群，你需要从趋势中收集你的观察结果，并过滤掉噪声。"

　　古切寻找灵感集群的尝试来自他的企业家父亲。"他曾经让我一个月读几百本杂志，寻找商业点子，并在周末的时候进行头脑风暴，讨论我们可以创建的项目。"他在加拿大皇后大学（Queen's University）攻读 MBA 期间，一位教授向他介绍了"寻酷"的做法。

　　不久之后，古切开发了一个新的"趋势猎手"网站，以作为人们分享商业想法的地方。这个网站取得了惊人的成功，引来了数百万名访问者和 20 万名创意猎手。古切领导的团队分析了这些丰富的信息，以确定未来的趋势，包括奢侈品市场的衰落和"信贷紧缩时装"的兴起。他还在几个国家举办未来节，撰写这个主题的畅销书，并就未来灵感集群向三星（Samsung）、阿迪达斯（Adidas）、美国国家航空航天局（NASA）和其他组织提供建议。

10.3　权力的权变因素

　　假设你拥有宝贵的专业知识，可以帮助组织应对快速变化的外部环境。但拥有这种专业知识是否意味着你很强大？不一定。如图 10-2 所示，只有在特定的条件下，权力来源才会变成权力。权力的四种重要的权变因素是不可替代性、中心性、可见性和自主性。

10.3.1　不可替代性

　　当个人和工作单位提供的资源不可替代时，他们拥有更大的权力。相反，当关键资源的可替代来源数量增加时，权力就会变弱。如果你在组织中对一个重要事项具有专业技能，而公司里的其他人没有，你的权力就会更大。可替代性不仅与其他提供资源的来源有关，还与资源替代物本身有关。你可能是唯一拥有关于某个主题的专业知识的人，但是如果技术或文档化的过程提供了类似的指导，那么这些知识就可以被替代。

　　提高不可替代性的策略是使自己的资源区别于其他人。有些人认为顾问就是运用了这一策略。他们使用其他许多咨询公司也能提供的技能和知识，并把这些技能和知识打包（运用最新的时髦用语），让人认为他们能够提供别人做不到的服务。

　　第二种策略是控制获取资源的路径。一些职业通过控制（和限制）进入该职业的机会，通常是通过培训人们进入该行业的教育项目，来发挥他们的专家力量。工会也能增加权力，因为它们在一个公司或行业中代表的工人比例越来越高（工会密度高）。当员工操作特殊设备或拥有其他未记录或未被他人广泛掌握的知识时，他们的可替代性也较低。

　　对我们大多数人来说，最好的不可替代性策略是发展个人品牌——对当前或潜在雇主有价值的知识、技能和经验的独特组合。"保持与众不同，成为某事的专家，因某事而闻名，推动一些事情。"德勤会计师事务所前全球首席执行官巴里·萨尔茨伯格建议。他现在在哥伦比亚商学院任教。"这对于领导取得成功非常重要，因为有这么多才华横溢的人。你有什么不同——那就是你的个人品牌。"

本章的开篇案例强调了独一无二的个人品牌的好处。安·汉德获得了经营几家零售店（加油站便利店）的独特而宝贵的专业知识，这为她后来的工作打开了大门，并增加了她在高管职位上的可信度。此外，正如安·汉德在英国石油公司的上司建议的那样："你的个人品牌就是做你自己。"我们的公众形象和声誉应该是真实的（我们是谁，我们能提供什么），但它们也需要是独特和有价值的。这利用了不可替代性的力量。

10.3.2　中心性

中心性（centrality）是指权力所有者与其他人相互依赖的程度和性质。中心性随着依赖你的人的数量以及他们受这种依赖影响的速度和严重程度而增加。现在请衡量一下你自己的中心性：如果你决定明天不工作或不学习，有多少人会受到影响？又需要多少时间他们才会受到影响？如果你有很强的中心性，那么组织中的大部分人会因你的缺席而受到不利的影响，而且会很快被影响到。

在时机恰当的工会罢工中，中心性的力量显而易见。比如，在繁忙的圣诞购物季期间的纽约市公交系统罢工，三天的非法息工很快阻塞了道路，使大部分市民不能准时上班。"（大都会运输管理局）对我们说，我们没有权力，但实际上我们很有权力。"一位罢工的运输工人说道，"我们有权力使这座城市停止运转。"

争辩点：CEO 到底拥有多少权力

人们认为 CEO 拥有巨大的权力似乎是合理的。由于他们处于组织层级的顶端，所以他们拥有法定性权力。他们也有巨大的奖赏性和强制性权力，因为他们分配预算和其他资源。拒绝遵从 CEO 的意愿可能是一个不幸的职业决定。一些 CEO 还获得了参照性权力，因为他们的崇高地位创造了一个令人崇敬的光环。即使在这个平等和低权力距离的时代，当高层管理人员来访时，大多数员工仍会感到敬畏。

CEO 的权力在各种突发事件中同样表现得淋漓尽致。高层管理人员几乎总是可见的。有些人在成为公司品牌的代名词时会放大这种可见性。CEO 们也有很高的中心性。除非得到顶尖人物的支持，否则战略决策就会难以实施。CEO 们理应有接班人（让他们成为可替代的人），但很多人都没有花足够的时间来指导接班人。一些 CEO 给人的印象是，他们太独特了，无法被取代。

很明显，CEO 拥有相当大的权力——除了许多 CEO 和少数专家不同意这种观点。新上任的 CEO 很快就会发现，他们不再具备公司某一特定领域的专业知识。相反，他们监督整个组织——这是一个如此广泛的领域，以至于 CEO 必然成为"万金油"和"不懂行的人"。因此，CEO 依靠他人的专业知识来完成工作。CEO 甚至对组织中发生的事情知之甚少。拥有可靠信息来源的员工在与高层沟通时变得更加谨慎。因此，CEO 听到的好消息更多，坏消息更少。

CEO 权力的最大弱点是，他们的自主性受到的限制比大多数人意识到的要多得多。首先，CEO 很少处于权力金字塔的顶端。相反，他们向公司董事会报告，而董事会可以拒绝他们的提议，并且会因他们违背董事会的意愿而解雇他们。当公司拥有一两个主要股东时，董事会对 CEO 的权力尤其强大。但是，即使 CEO 是公司的创始人，董事会也可能会解雇 CEO。有一段时间，一些 CEO 通过担任董事会主席和亲自挑选董事会成员而拥有更大的权力。如今，大多数国家的公司治理规则和法律限制了这种做法，导致董事会的权力增加，CEO 的权力减少。

CEO 的自主性也受到组织内部各群体权力的制约，其中一个群体就是 CEO 自己的执行团队。这些高管经常监视他们的上司，因为他们的职业生涯和声誉受到上司行为的影响，其中一些人渴望自己担任最高职位。同样，医院 CEO 的行动也在一定程度上受到与医院相关的医生的利益和偏好的限制。

一项跨文化研究发现，在法律为许多利益相关者（不仅仅是股东）提供更大权利，并为员工提供更多保护的国家，CEO 的自主性有限。该研究还指出，在高度不确定规避的文化中，CEO 的自主性有限，因为这些社会价值观要求高管采取慎重而不是大胆的变革步骤。

你可能认为 CEO 还剩下一种自由裁量权，但他们仍可以否决他们的副总裁。从技术上讲，他们可以，但专家们指出，这样做会产生恶劣的影响。它会引发员工的怨恨并使员工的士气低落。更糟糕的是，这一行动促使副总裁更早地寻求 CEO 的参与，这让 CEO 的日程不堪重负，留给其他优先事项的时间更少。一个相关的观察是，CEO 是组织的官方代言人，因此他们在公共场合甚至私下谈话中的自主性很小。

最后，尽管可以肯定地说 CEO 具有高度的中心性，但一些高管对他们的处境有不同的看法。伊利诺伊州一家地区医院的 CEO 说："我是这栋楼里最不重要的人。没有我，这个地方可以运转几个星期，但这里最重要的群体是照顾病人的人。"

10.3.3 可见性

权力不会流向组织中不知名的人。相反，当上司、同事和其他人始终把员工的才能放在首位时，他们就会获得权力。换句话说，权力随可见性的增加而增加。一种增加可见性的途径是担任一个以人为导向的职位，负责经常需要与高层领导互动的项目。员工也可以通过"被看见"来获得可见性。有些人策略性地把自己安排在更显眼的工作区域，比如，离上司最近的地方，或者其他员工经常要经过的地方。

人们经常使用公共符号作为微妙的（或不那么微妙的）暗示，让别人知道他们的权力来源。许多专业人士在办公室的墙上展示他们的教育文凭和奖项，以提醒来访者他们的专业性。医疗专家穿着白大褂、脖子上挂着听诊器就象征着他们在医院体系中的法定性权力和专家性权力。也有些人进行"会面时间"的游戏——花更多的时间在工作上，以显示他们的工作效率。

10.3.4 自主性

做出判断的自由，即不用参考特定规则或获得某人的批准而做决定，是组织中权力的另一个重要的权变因素。想想许多一线主管缺乏权力的情况。他们可能对员工拥有法定性权力、奖赏性权力和强制性权力，但这些权力往往受到具体规则的限制。监管人员必须遵守这些规则才能使用他们的权力。

10.4　社交网络权力

"你知道什么不重要，而你认识谁才是关键！"这句耳熟能详的话反映了员工想要获得成功，不仅要发展他们的职业技能，而且要将自己定位在社交网络中——通过一种或多种形式相互依存而彼此联系的个人或社会单元（部门、组织）的社会结构。有些社交网络是由于共同的兴趣而建立起来的，比如养狗或养其他宠物的员工会花更多的时间聚在一起。其他网络是围绕着共同的地位、专业知识、亲属关系而形成的。例如，员工更有可能与拥有共同教育背景和职业兴趣的同事建立联系。

社交网络无处不在，因为人们有建立联系的动力。然而，在积极参与网络的规范方面存在文化差异。在强调关系的亚洲文化中，社交网络可能更像是一种核心生活活动。关系是一个中文术语，指的是个人的社交关系网络。关系是一种表达性的活动，因为与家人和朋友互动可以强化一个人的自我概念。它也是从他人那里获得帮助和机会的工具性活动。然而，关系有时候如此普遍，以至于一些专家说它会破坏组织的有效性。

○ 全球链接 10-2
女性员工资源组——发展成为一个有意义的网络

大多数大型组织都鼓励员工组成员工资源组——围绕性别、缺陷、种族、父母等特定共性的支持和信息网络。一家生物制药公司聘请管理顾问玛雅·汤森评估其新员工资源组——女性成功网络（WSN）的工作状况。

汤森在小组成立一年后和两年后分别进行了一次组织网络分析。网络分析特别询问了每个员工在网络中认识谁，以及她在分享专业知识、指导、创造性讨论或临时决定方面有多少有意义的互动。

WSN 成立后不久，就制定了目标、举办筹款和一些活动，如午餐和学习会议，但建立网络需要时间。第一年的网络图显示，这家生物制药公司的 343 个 WSN 成员之间几乎没有建立起有意义的联系。这些员工中只有一小部分积极参与了这个网络。这些联系大多只和一两个人有关。有几个集群的人与其他集群完全分离。

到了第二年年底，这家生物制药公司旗下的 WSN 群体的网络发展迅速。这个群体的成员已经增加到 634 人。更重要的是，这些成员通过提供和接受指导或通过分享专业知识而更加积极地相互联系。例如，专业知识联系从第一年的平均每人 2.7 个跃升至第二年的每人 4.2 个。分析还显示，虽然第一年的创始人和活跃参与者仍参与其中，但大多数网络集群的中心都是新成员。

总的来说，玛雅·汤森的组织网络分析提供了令人信服的证据，证明了女性成功网络确实取得了成功。成员们互相支持、互相学习，为职业发展打开了大门。虽然因果关系难以证实，但自 WSN 成立以来，生物制药公司董事及以上级别的女性比例显著增加。

10.4.1　社会资本和权力的来源

社交网络通过**社会资本**（social capital）产生权力——社交网络成员可获得的知识、机会和其他资源，以及促进这些资源共享的相互支持、信任、互惠和协调。与非成员相比，社交网络中的成员更有动力，也更有能力交流、分配或以其他方式向社区中的其他人提供资源。

社交网络可能通过三种资源增强和维持其成员的权力：信息、可见性和参照性权力。可能最著名的资源是来自其他网络成员的信息，它提高了个人的专家性权力。社会资本打开了网络内成员的沟通渠道。他们比网络外的人更容易、更迅速地获得有价值的知识。有了更好的信息访问和及时性，成员拥有更多权力，因为他们的专业知识是一种稀缺资源，网络以外的人不能广泛使用它。

通过社交网络，增强可见性是通过社交网络发挥个人影响力的第二个因素。当被要求推荐某人担任重要职位时，网络内的其他成员比网络外的人更容易想到你。当被要求挑选在你的知识领域有专长的人时，他们更有可能提到你的名字。来自社交网络的第三种资源是增加的参照性权力。人们倾向于通过网络获得参照性权力，因为网络中的成员彼此认同或至少对彼此有更大的信任。参照性权力也很明显，因为网络成员之间的互惠性随着他们在网络中的嵌入程度越来越高而增加。

一个常见的误解是，社交网络是自由的灵魂，不能由企业领导人精心策划。实际上，公司结构和实践在某种程度上可以塑造这些网络。但即使组织领导者不想去管理社交网络，他们也需要意识到它们。事实上，人们通过了解他们周围的社交网络而获得权力。

10.4.2　通过社交网络获得权力

个人（以及团队和组织）如何从社交网络中获得社会资本？要回答这个问题，我们需要考虑人们在其网络中拥有的联系的数量、深度、多样性和中心性。

1. 强关系、弱关系和多关系

人们从网络中获得的信息、好处和其他社会资本的数量通常会随着与他们联系的人数的增加而增加。有些人具有惊人的能力，可以与许多人保持联系。新兴的社交网络技术（Facebook、LinkedIn 等）进一步增强了这种保持大量联系的能力。然而，你认识的人越多，你建立"强关系"的时间和精力就越少。强关系是紧密的关系，这可以从我们与他人互动的频率、我们与他人分享资源的强度、我们与他人在心理上的亲密程度，以及我们与他人的关系是多重目的还是单一目的（如朋友、同事、运动伙伴）中明显看出。强关系之所以有价值，是因为它们比弱关系（即熟人）提供的资源更快、更丰富。强关系也提供了更大的社会支持和更多的合作，以获得好处和帮助。

在任何社交网络中，保持最小的联系强度是必要的。强大的联系不一定是最有价值的。相反，与来自不同网络的人拥有弱关系（即只是熟人）可能比与来自相似网络的人拥有强关系（即有密切的友谊）更有价值。强关系——我们亲密的朋友圈——往往与我们相似，而相似的人往往拥有我们已经拥有的相同的信息和联系。另一方面，弱关系涉及与我们不同的熟人，因此他们会提供给我们并不拥有的资源。此外，作为连接几个不相关网络的"桥梁"，我们可从每个网络中接收独特的资源，而不是更多的相同资源。

弱关系的重要性体现在求职和职业发展中。拥有多样化网络的人往往会成为更成功的求职者，因为他们拥有更广泛的网络来捕捉新的工作机会。相比之下，属于类似重叠网络的人往往会收到较少的线索，而且其中许多是他们已经知道的。由于职业需要更多跨组织和行业的流动，因此你需要与不同行业、专业和其他生活领域的人建立联系。

2. 社交网络的中心性

前面我们解释了中心性是权力的一种重要的权变因素，同样，这种权变因素也适用于社会网络。一个人（团队、组织）在网络中的中心性越高，他或她获得的社会资本就越多，从而获得的权力也就越多。中心性体现了你在网络中的重要性。

三个因素决定了你在社交网络中的中心地位。一个因素是你的"介数"（betweenness），字面意思是指你在网络中与多少人有联络。在图 10-3 中，A 具有高介数中心性，因为他或她是控制网络中许多其他人之间信息流的"看门人"。H 的介数稍低一些，而 F 和其他几个网络成员没有介数。你的介数越多，你就越能控制信息和其他资源向你附近的人的分配。

中心性的第二个因素是与网络中其他人相互连接的数量或百分比（称为中心度）。记住，与你建立联系的人越多，你获得的资源（信息、好处等）就越多。连接数也增强了中心性，因为你对于网络的其他成员更可见。虽然成为网络中的一员可以让你接触到网络中的资源，但与网络中更多的人建立直接联系可以让资源共享更加灵活。

中心性的第三个因素是与网络中其他人关系的"紧密性"。高紧密性指的是强关系。它由更短、更直接、更有效的路径或与网络中其他节点的连接来描述。例如，A 具有相当高的紧密性，因为他或她有通往大部分网络的直接路径，而且许多路径都很短（这意味着更强、更密集、更高效和更高质量的沟通链接）。你的中心性随着你与网络中其他人的紧密性的增强而增加，因为他们受到你的影响更快、更显著。

最后一个可见的结果是图 10-3 展示的社交网络中的两组人。这两组人之间的间隙被称为**结构孔**（structural hole）。请注意，A 提供了跨越这个结构孔的主要桥梁（连接到另一个集群中的 H 和 K）。这种桥接角色赋予了 A 在网络中的额外权力。通过弥合这一间隙，A 成了中介人——连接两个独立网络并控制它们之间的信息流。研究表明，你的中介关系越多，你获得提早晋升和更高薪酬的可能性就越大。

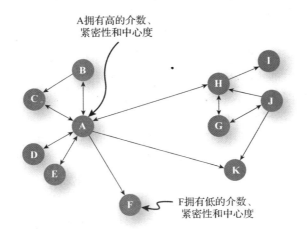

图 10-3 社交网络的中心性

3. 社交网络的阴暗面

社交网络在所有组织中都是固有的，但它们可能会对那些被排除在社交网络之外的人造成巨大的障碍。女性在非正式管理社交圈中经常被排除在外，因为人们天生倾向于与相似的人交往，而女性和男性的兴趣及社交活动往往有所不同。

"根据我的经验，女性和男性主要倾向于与自己同性别的人建立关系网。"美国高尔夫协会（U.S. Golf Association）执行委员会成员且曾在一家保险公司担任高管的莎伦·里奇（Sharon Ritchey）说。她还警告说，性别化的网络对女性是不利的，因为大多数高级管理职位仍由男性担任。因此，男性更有可能听到关于高层岗位的消息，然后将这些信息传递给以男性为主的人际网络。这显然对女性不利，因为男性往往更早、更频繁地听到关于高层岗位的线索。

莎伦·里奇建议，通过鼓励女性将更多男性纳入自己的社交网络来打破男性社交圈障碍。德勤会计师事务所（Deloitte Touche Tohmatsu）积极帮助社交网络中的女性员工。几年前，这家会计和咨询公司的高管发现，许多初级女性员工在达到合伙人级别之前就辞职了，因为她们觉得自己被强大的男性社交圈孤立。德勤现在通过师徒制、正式的女性网络群以及职业发展衡量，以确保女性员工与男性同事有同样的职业发展机会。

10.5　权力的结果

权力是怎样影响权力所有者的呢？这在某种程度上取决于权力的类型。当人们感到有权力（自主权、意义、能力和组织中的影响力）时，他们相信自己能控制自己，不受他人影响。在恰当的条件下，接受更多权力的员工会觉得更有动力，因而有助于增强他们的积极性、提高他们的工作满意度、加强他们的组织承诺和提升他们的工作表现。然而，这种控制感和从他人权威中解放出来的感觉，使他们也倾向于做出不假思索而不是深思熟虑的决定。特别是与权力较小的人相比，感觉自己有权力的人通常更容易依赖刻板印象，难以有同情心，并且通常感知不准确。

另一种权力是指个人对其他人的权力，比如管理者在工作场所对员工的法定性权力、奖赏性权力和强制性权力。这种类型的权力产生了一种责任感。因此，对他人有权力的人往往更注重自己的行为，也更少有刻板印象。即使人们感到有权力，他们也可以将注意力从自我转移到他人身上。因此，这种权力被更多地视为一种社会责任，而不是享受权力本身。

10.6　影响他人

到目前为止，本章主要讨论了权力的来源和权变因素，以及来自社交网络的权力。但权力只是影响他人的能力。它代表了改变别人态度和行为的潜力。另一方面，**影响力**（influence）指的是任何试图改变别人态度或行为的行为。影响力是行动中的权力。它运用一种或多种权力来源去改变人们的信念、感受和行动。因此，我们对本章剩余部分的兴趣在于人们如何利用权力影响他人。

影响策略贯穿所有组织的社会结构。事实上，影响力是领导力概念的核心。发挥影响力是一个重要的过程。通过这个过程，人们协调他们的努力，一致行动，以实现组织的目标。影响力在公司等级制度中上下变化。上司确保下属完成所要求的任务，而员工则通过影响同事来帮助他们完成工作任务。

10.6.1 影响策略的类型

组织行为学研究者对组织环境中的各种影响策略投入了相当多的关注。他们没有对有多少种策略达成一致，但最常提到的影响策略见表10-1。这些策略将在接下来的内容中进行介绍。前五种被认为是"硬"策略，因为它们通过职位性权力（法定性权力、奖赏性权力和强制性权力）来强迫人们改变行为。后三种——劝说、印象管理、交换——被称为"软"策略，因为它们更多依赖于个人自身的权力来源（参照性权力、专家性权力），而且主要聚焦在目标个人的态度和需求上。

表 10-1 组织中影响策略的类型

影响策略	描述
沉默的权威	通过法定性权力来影响行为，而不用明显地涉及权力基础
独断	通过压力或威胁不断地应用法定性权力和强制性权力
信息控制	为了改变其他人的态度和/或行为，明显地操纵他们获得信息的途径
形成联盟	形成一个企图通过共用内部成员的资源和权力来影响他人的群体
上诉	用更高的权威和专业技能从一个人或多人中获得支持
劝说	用逻辑论证、事实真相和情绪感染来劝服别人肯定某一要求的价值
印象管理（包括讨好）	企图通过自我展示及其他方式来积极塑造并改变他人对我们的看法与态度，包括通过讨好来增强某一目标者对我们的喜爱
交换	为了让目标者服从，承诺通过交易给予其好处和资源

1. 沉默的权威

当某人由于施令者的法定性权力以及自己的角色期望而遵从命令时，就是沉默的权威在发生作用。顺从发生在你服从上司的要求去完成一项特定任务的时候。如果这项任务在你的工作范围内，而且上司有权向你分配任务，那么不需要任何辩论、威胁、劝说或其他策略，沉默的权威就可以发挥作用。在权力距离感高的文化中，沉默的权威是最常见的影响策略。

2. 独断

独断可能被称作"有声的权威"，因为它需要应用法定性权力和强制性权力去影响他人。独断包括持续不断地向目标对象提醒其责任，频繁地检查其工作，与目标对象对峙，并用被允许的威胁去强迫其服从。职场欺凌是一种极端形式的独断，因为它涉及明确的惩罚威胁。

3. 信息控制

在本章的前面部分，我们解释了在社交网络中具有中心性的人有控制信息的能力。当权力持有者实际上有选择性地发送信息时，这种权力就转化为影响力，从而重塑了局面，并导致其他人改变他们的态度或行为。控制信息可能包括隐瞒更重要或更有利的信息，或者将信息分发给某些人而不是其他人。一项研究发现，CEO 会通过选择性地提供和保留信息来影响董事会。

4. 形成联盟

当人们缺乏足够的权力来影响组织中的其他人时，他们可能会组成支持提议变更的人的**联盟**（coalition）。联盟的影响力体现在三个方面。第一，它共用许多人的权力和资源，因此联盟潜在地比任何数量的成员单独行动更有影响力。第二，联盟的存在象征着某一事件的合理性，因此它本身就是一种权力的来源。换言之，联盟能够传达一种感觉，即这件事由于拥有广泛支持而应受到重视。第三，联盟利用了社会认同过程的权力。联盟本质上是一个提倡一套新的规范和行为的非正式群体。如果联盟拥有广泛的成员基础（如它的成员来自组织中的不同部门），其他员工就更会认同该群体，并因此接受联盟提出的想法。

5. 上诉

上诉（upward appeal）是指呼吁更高的权威或专业知识，或者象征性地依靠这些来源去支持影响者的立场。例如，当某人说"上司可能同意我对于这件事的意见，让我们来看看"时，上诉便发生了。

上诉的另一方面是依靠公司政策或价值观方面的权威。通过提醒别人你的要求与公司的总体目标是一致的，你就暗示了你得到高层管理人员的支持，虽然没有让高层管理人员正式参与进来。

6. 劝说

劝说（persuasion）通过呈现事实真相、逻辑论证和发挥情绪感染的能力去改变其他人的态度与行为。这是组织中最广泛使用和接受的影响策略。这是有效领导者的一种品质。在许多社会中，这是一种高超的技能。作为一种影响策略，劝说的有效性取决于劝说者的特征、信息内容、沟通渠道和被劝说者的特征（见表 10-2）。当被劝说者相信劝说者拥有专业技能和公信力时，劝说者会更有说服力。例如，当劝说者似乎没有从劝说中获利，提及被劝说立场的局限性，并承认替代方案也有一些小优点时，可信度更高。

表 10-2　劝说的要素

劝说的要素	有效劝说的特征
劝说者的特征	专业 可靠 没有明显的获利动机 表现中立（承认对方观点的优势）
信息内容	多种观点（不要只支持首选的观点） 有限度的低强度争论（避免过多争论） 重复争论，但不要过度 将情绪感染与逻辑论证相结合 提供具体的解决方案，以克服所述问题 接种效应——向被劝说者警示反对者将会提出的反驳
沟通渠道	媒介丰富度高、社会临场感高的渠道往往更有说服力

（续）

劝说的要素	有效劝说的特征
被劝说者的特征	当被劝说者有如下情形时，劝说效果较弱： 自尊水平高 有很高的智商 持有与自我概念相反的立场

当事情对被劝说者很重要时，信息就比传达信息的人更重要。劝说性信息应该涵盖不同的观点，使被劝说者不觉得被强制灌输信息。信息也应该限制在一些强有力的论据下，并重复几次但不能太频繁。信息还应该运用情绪感染（例如，形象地表现出由一个坏决定引起的不幸遭遇），但必须结合克服危险的逻辑论证和特定建议。最后，当被劝说者被反对意见警告时，信息内容会显得更有说服力。这种**接种效应**（inoculation effect）会使被劝说者对预期的劝说企图产生抵抗情绪，这使得对手随后的劝说效果不那么好。

另外，劝说他人时还要考虑沟通媒介和被劝说者的特征。一般来说，劝说工作最好利用面对面交谈和其他多媒体沟通渠道。面对面交谈的个人属性增强了劝说者的可信度，而且这种渠道很丰富，可以为劝说的进程提供更及时的反馈信息。就被劝说者的特征而言，要劝说那些自尊心强、智商高、自我概念与反对观点强烈相关的人会比较困难。

7. 印象管理

沉默的权威、独断、信息控制、形成联盟和上诉都是在某种程度上（或在很大程度上）影响他人的强迫手段。相反，一种非常温柔的影响策略是**印象管理**（impression management）——积极调整他人对我们的感知和态度。印象管理主要是通过自我表现来实现的。我们塑造自己的公众形象来表示身份。这些公众形象可能被塑造成重要的、脆弱的、危险的或愉快的。在大多数情况下，员工通常会进行愉快印象管理行为，以满足社会行为的基本规范。例如，他们的穿着方式以及他们对同事和客户的行为方式。

印象管理对那些想在办公室里获得成功的人来说是一个常见的策略。事实上，正如我们前面提到的，职业专家鼓励人们建立个人"品牌"，也就是说，形成和展示自己独特的竞争优势的准确印象。此外，懂得品牌艺术的人通过某些鲜明的个人特征，比如穿黑衬衫、染头发或独特的签名来进行印象管理。

印象管理的一个子类是讨好（ingratiation），即试图增加目标人物的好感。讨好有多种方式。员工可能会在别人面前奉承他们的上司，表现出他们和上司有相似的态度（如同意上司的建议），或者向上司寻求指导。讨好是推进个人事业成功更有效的影响策略之一。然而，那些过度谄媚的人的影响力会更小（而不是更大），升职的可能性也更小。为什么会产生相反的效果呢？这是因为过分谄媚的人被认为是不真诚的和自私的。"阿谀奉承"（apple polishing）和"拍马屁"（brown-nosing）这两个词用来形容那些过分谄媚或者利用谄媚的方式暗示自私动机的人。

8. 交换

交换是指为了使目标对象服从要求，而向其承诺好处和资源。协商也是交换影响策略活动中不可或缺的一部分。例如，如果你在未来有一个不太情愿的轮班，你想要求休假一天，那么就要与上司协商。这一策略也包括提醒目标对象过去的好处和利益，以期望他们现在加以偿还。这种相互作用的准则是交换影响策略中的一种集中并明确的主题。在本章的前面部分，我们解释了人们如何通过社交网络获得权力。人们还使用互惠规范来影响网络中的其他人。活跃的社交人士通过在短期内帮助同事，以在长期中互惠互利来建立"交换信用"。

10.6.2　影响策略的结果和权变因素

前面描述了主要的影响策略，你可能会问，哪种是最好的呢？要回答这个问题，我们首先需要描述人们在别人试图影响他们时的反应：抗拒、顺从或承诺（见图 10-4）。当人们或工作单位反对影响者所期望的行为时，就会产生抗拒。在极端情况下，他们拒绝参与这种行为。然而，抗拒是有限度的。例如，当人们履行要求的职责时，会通过表现不佳或继续抱怨强加的工作来保持他们的反对意见。

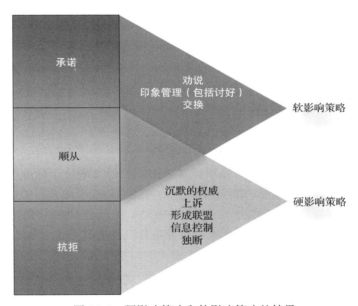

图 10-4　硬影响策略和软影响策略的结果

当人们出于纯粹的工具原因而被激励去执行影响者的要求时，就会产生顺从。如果没有外部资源来激励期望的行为，顺从就不会发生。此外，顺从通常不需要付出很多的努力就参与到行为中。承诺是影响力最强烈的结果。人们认同影响者的要求，并且即使在没有外在激励的情况下也会非常积极地去实现它。

人们通常对软影响策略的反应比硬影响策略更满意。软影响策略依赖于个人权力来源（专家性权力和参照性权力）。这往往会建立起对影响者要求的承诺。相比之下，硬影响策略依赖于地位权力（法定性权力、奖赏性权力和强制性权力），因此它们往往会产生顺从，或者更糟的是产生抵抗。硬影响策略也容易破坏信任并由此损害未来的关系。

除了一般倾向于软影响策略而不是硬影响策略外，最合适的影响策略取决于一些权变因素。第一个显而易见的权变因素是权力来源的强度。拥有专业技能的人趋向于利用劝说而更有影响力，但是那些拥有很强的法定性权力基础的人通常会更成功地应用沉默的权威。第二个权变因素是，与影响者相比，被影响的个人在组织中是更高级、低级还是在同一水平上。

例如，员工面对上司时过于固执己见可能会带来不利的职业后果。同时，采用印象管理（包括讨好）策略的主管可能会失去员工对他的尊敬。

最后，最适当的影响策略取决于个人的、组织的和文化的价值观。拥有强权力取向的人可能会更适合采取独断，然而那些看重顺从的人则更适合采取上诉。在组织层面上，拥有竞争性文化的公司可能会鼓励更多的信息控制和形成联盟，而在学习导向的公司，劝说的影响力则会更大。优先的影响策略也会根据不同的社会文化而变化。研究发现，讨好策略在美国比在中国香港地区更常被管理者采用。在高权力距离文化中，管理者和员工所期望的保持距离可能与谄媚不相容。

10.7　组织政治

组织政治与组织权力和影响力的话题密切相关。不幸的是，组织政治的含义相当混乱。学者和员工们最普遍的观点是，组织政治损害个人绩效和幸福感，并最终损害组织的有效性。员工始终将办公室政治视为破坏其生产力和心理健康的首要因素之一。然而，一些学者和越来越多的大众媒体撰稿人声称组织政治是有益的。这些"积极政治"来源声称"政治是希望把事情做好的管理者的一项基本技能"，并且它是"组织生活中不可或缺的组成部分"。

组织政治对于组织的功能发挥既可以有利又可以不利吗？我们不这么认为。仔细研究"积极政治"的描述就会发现原因。有些人避免定义这个概念，但将网络和联盟建设等特定的影响力活动称为积极的政治活动。一项经常被引用的研究测量了标准的影响力策略（讨好、形成联盟、独断）。它被称为"政治策略"。一本经常被提及的书将组织政治定义为"使用一系列技术和策略的行动中的权力"。这恰好是大多数专家采用的影响力定义。简言之，"积极政治"的倡导者似乎认为所有的影响策略都是政治策略。

我们把**组织政治**（organizational politics）定义为以牺牲他人和组织的利益为代价而使用的影响策略。这个定义承认所有的政治行为都适用于一种或多种影响策略。然而，只有当采用者出于自身利益的动机，并且该行为可能对他人和组织产生不利影响时，影响活动才是组织政治。组织政治必然是对事件的一种感知，因为很难知道肇事者是不是出于自身利益而忽视或乐于为他人带来不利后果。

组织政治对员工的不利影响已在研究中得到充分证明。当员工感知到组织里面充满政治活动时，他们的工作满意度、工作绩效、组织公民行为和组织忠诚度都会较低，同时他们的工作压力更大，以及离开组织的动机更高。这些个体结果产生了不利的组织结果。此外，政治策略可能会将资源从生产性用途上转移，从而进一步破坏组织。巴西圣保罗一家信用机构Serasa Experian的企业项目管理办公室专家雷南·席尔瓦（Renan Silva）说："充满政治色彩的工作环境会阻碍工作效率，破坏信任，导致士气衰落和员工离职问题。"

10.7.1　组织政治中的个体差异

有些人比其他人更有可能参与组织政治。一些人格特质也会影响个人动机去从事自私自利的行为。个人权力需求强烈的员工会为了权力而寻求权力，并试图获得更多的权力。这与社会化权力需求强烈的人形成鲜明对比。他们寻求权力作为实现对组织有利的目标的工具。

一些人拥有强烈的**马基雅维利价值观**（Machiavellian values）。具有强烈马基雅维利（high-Machs）价值观的人有强烈的以牺牲他人为代价的动机来获得自己想要的东西。他们认为欺骗是实现目标的自然和可接受的方式。事实上，他们以误导、巧取和控制他人为乐。具有强烈马基雅维利价值观的人通常使用谎言、操纵、剥削和其他不受欢迎的影响策略。他们很少同情或信任同事，不屑一顾地无视道德原则，并认为得到比自己应得的更多的东西是可以接受的。

○ 全球链接 10-3

利用假期计划玩政治游戏

假期轮休是一种稀缺资源，而资源稀缺会带来最糟糕的办公室政治。一项调查显示，13% 的英国员工拒绝透露他们休假的时间，所以同事们不会预定同样的日期。另有 7% 的人表示，为了保护自己的假期计划，他们会向同事撒谎。5% 的人甚至更不择手段，他们策略性地预定假期日期，打乱不喜欢的同事的计划。

"我知道这是真的，"来自威尔士新港并且没有参与这项调查的员工说，"我有一个同事，他知道我的假期习惯，他会先去预定我习惯每周休假的日子，因为他知道我妻子的假期是固定的，不能改变。他其实并不需要在那些日子休假。他这样做是出于怨恨。"

10.7.2 最小化组织政治

组织行为学专家已经确认了几个鼓励组织政治的条件。根据这些发现，我们可以确定相应的策略，将政治活动保持在最低限度。

1. 提供足够的资源

组织政治是由工作场所的稀缺资源引发的。当预算被削减时，人们依靠政治策略来维护资源以维持现状。虽然维持或增加资源并不容易，但有时这种行动的成本比组织政治的后果要低。

2. 明确资源运用规则

政治策略是由模棱两可或复杂的规则，或缺乏正式的规则所推波助澜的，因为这些策略可以帮助人们在决策缺乏结构性指导时得到他们想要的东西。因此，一个用来约束组织政治的策略是，采用清晰而明确的规定和章程，详细说明稀缺资源的运用。

3. 运用有效的组织变革程序

组织政治还可能会出现在组织变革时期，主要是因为变革会造成模棱两可，并威胁到员工的权利和其他有价值的资源。因此，领导者需要应用组织变革策略，特别是通过沟通、学习和参与。研究发现，那些被告知组织动态和参与组织决策的员工更少陷入组织政治。

4. 清除政治行为规范和榜样

在容忍和强化政治行为的工作单位和组织中，政治行为更为常见。有些公司似乎通过奖励制度和组织领导者的角色榜样来培养利己行为。为了最小化政治规范，组织需要诊断和改变支持自私自利行为的系统和角色模型。应该支持反对政治策略的组织价值观，比如利他主义和以客户为中心。最重要的策略之一是让领导者成为组织公民的榜样，而不是成功的组织政治家的象征。

◯ 本章概要

10-1　描述权力的依赖模型和组织中的五种权力来源

权力是影响他人的能力。它存在于当一方意识到他或她在某种有价值的东西上依赖另一方时。然而，依赖者也有一定的抗衡权力，即对支配方的权力，以维持这一关系，而且双方必须有一定程度的信任。

权力来源一共有五种。法定性权力是组织成员共同达成的一个协议，同意特定角色的人们可以要求别人的特定行为。法定性权力有限制。其限制范围被称为"中立区"。它还包括互惠规范——一种帮助曾经帮助过你的人的义务感，以及对他人信息流的控制。奖赏性权力来源于控制别人重视的奖励的分配、免除负面制裁的能力。强制性权力是应用惩罚的能力。专家性权力是个人或工作单位通过具备其他人重视的知识或技能，从而影响其他人或单元的能力。专家性权力的一个重要形式是拥有（被认为拥有）管理业务环境中不确定性的能力。当其他人认同、喜欢甚至尊敬某人时，那个人就拥有参照性权力。

10-2　描述权力的四种权变因素

四种权变因素决定了这些权力来源是否能转化为真正的权力。当个人和工作单位不可替代，即缺乏替代物时，他们会更有权力。雇员、工作单元和组织可以通过控制任务、知识和劳动力，使自己不同于竞争者，以及发展个人品牌——对当前或潜在雇主有价值的知识、技能和经验的独特组合来降低可替代性。

第二种权变因素是中心性。当人们拥有较高的中心性时，他们的行为很快就影响到许多人。这意味他们拥有更大的权力。第三种权变因素是可见性，是指权力增强到一定的程度，此时，个人或工作单元的能力为人们所知。自主性是权力的第四种权变因素，是指做出判断的自由。权力在能被人们自由运用时会更强大。

10-3　解释个人和工作单位如何通过社交网络获得权力

社交网络是由人们或社会单元（部门、组织）组成的社会结构。它们通过一种或多种形式相互依存而彼此联系。在社交网络中，人们通过社会资本获得权力，而社会资本是指社会网络中成员之间共享的福利和由此产生的资源。来自社交网络的三种主要资源是信息、可见性和参照性权力。

员工通过他们在社会网络中的关系获得社会资本。社会资本随着网络关系的数量增加而增加。强关系（紧密的关系）也能增加社会资本，因为这些关系能更快地提供更多的资源。然而，与来自不同网络的人建立弱关系可能比与来自相似网络的人建立强关系更有价值。弱关系为我们提供了更多尚未拥有的资源。影响社会资本的另一个因素是在网络中的中心性。网络中心性是由几种方式决定的，包括你在网络中处在其他人之中的位置（中间性）、你有多少直接关系（中心度），以及这些关系的紧密程度。人们还通过网络上的结构孔获得权力——

将网络中的两个或多个集群连接起来。

10-4　描述八种影响策略、三种影响策略的后果，以及选择影响策略时需要考虑的三种权变因素

影响力是指任何企图改变他人态度或行为的行为。受到最广泛研究的影响策略是沉默的权威、独断、信息控制、形成联盟、上诉、印象管理、劝说和交换。软影响策略，如友好的劝说，比硬影响策略，如上诉和独断，更容易被接受。然而，最合适的影响策略也取决于影响者的权力基础，即受影响的人在组织中是处于更高的、更低的，还是处于同级的位置，以及个人的、组织的及文化的价值观是什么。

10-5　识别与组织政治相关的组织条件和个人特征，以及最小化组织政治的方法

组织政治是指以他人和组织的利益为代价，利用影响力策略来获取个人利益。当分配稀缺资源的决策规则模棱两可时，以及当组织容忍或强化政治行为时，这种情况更加普遍。对个人权力有强烈需求的和拥有很强的马基雅维利价值观的个人，会更倾向于使用政治策略。通过为资源分配提供明确的规则、让信息自由流动、在组织变革过程中注重教育和参与、建立支持团队规范和不鼓励政治行为的企业文化，以及让领导者成为组织公民的榜样而不是政治玩家，可以最大限度地减少组织政治。

■ 关键术语

中心性	接种效应	权力	魅力
法定性权力	参照性权力	联盟	马基雅维利价值观
社会资本	抗衡权力	互惠规范	社交网络
印象管理	组织政治	结构孔	影响力
劝说	上诉		

■ 批判性思考

1. 抗衡权力在权力关系中扮演什么角色？给出一个你自己在学校或工作中遇到的例子。

2. 直到最近，一家矿业公司的数据还保留在负责这些信息的部门。物业数据保留在土地管理部门的计算机中，油气数据保留在井管理组，地图保留在地图部门，等等。执行团队认为这种安排是功能失调的，所以首席执行官宣布所有的信息在中央服务器系统上可以访问到。例如，如果某人需要彩色地图，他或她可以从中央服务器检索它，而不需要通过地图部门。一些部门的员工不欢迎这一改变而是抱怨，并提出了一些理由，说明为什么其他组不应该直接访问他们的数据文件。一些部门试图退出中央服务器系统。使用权力的来源和权变因素模型，解释为什么一些群体反对数据访问的中央服务器模型。

3. 你刚被聘为一家拥有庞大消费产品的公司的牙膏品牌经理。你的工作主要是鼓励广告部和生产部更有效地促销和制造你的产品。这些部门不在你的直接管理权限内，尽管公司章程

显示它们必须完成你要求的固定任务。描述一下你能使用的权力，以确保广告和生产部会帮助你更有效地销售和制造牙膏。

4. 个人品牌是事业成功的重要形式。你和其他同学可以用什么方法来加强个人品牌？在建立个人品牌时，权力的来源和权变因素是什么？

5. 根据学生们如何应用影响策略来影响他们的授课老师，列出本章描述的八种影响策略。你认为哪种影响策略最常用？哪种影响策略最少用？在什么范围内，每种影响策略都被看成是法定行为或组织政治？

6. 考虑这样一个情况，即在一个由六人组成的团队中只有一名女性成员，而她通常被排除在团队的非正式聚会之外。她可以使用何种影响策略来应对这种情况？

7. 多年前，苹果公司的 CEO 邀请了史蒂夫·乔布斯（当时还没有加入这家公司）担任特别顾问，以提升苹果员工和顾客的士气。与此同时，乔布斯花了更多的时间建议 CEO 如何减少成本、重绘组织机构图和聘请新人。不久之后，苹果公司的大多数高层人士都成了乔布斯的同事，他们开始系统地评估和淘汰苹果的员工团队。在公开场合支持苹果 CEO 的乔布斯私下却批评他，并出售了他收到的 150 万股苹果股票，以示不信任。这一举动引起了苹果董事会的注意，他们很快决定替换掉 CEO 并让乔布斯担任。该 CEO 声称乔布斯是一个阴险的背后中伤者，利用政治策略来达到目的。其他人表示，如果乔布斯不接手苹果，苹果今天就会破产。就你而言，乔布斯的行动能否说成是组织政治？解释你的答案。

8. 成功的公司依靠员工来寻找新的信息，并与组织中的其他人分享他们的发现和想法。组织政治如何干扰了这些有益活动？

◻ 案例研究 1

RESONUS 公司

平时弗兰克·蔡（Frank Choy）是一个安静的人，但他的耐心已经被部门间的争斗消磨殆尽。八个月前，蔡加入了一家助听器设计和制造商 Resonus Corporation，担任工程总监。最新产品的生产已经推迟了两个月，蔡的工程服务部门（ESD）——负责最终的制造规范——被指责为这些延误的罪魁祸首。在过去的几年里，类似的延迟也发生在 Resonus 公司。之前的工程总监在任职 18 个月后被解雇，他之前的主管在差不多同样的时间后辞职。

比尔·亨特（Bill Hunt）在过去的 15 年里一直担任 Resonus 的首席执行官。他敦促每个人礼貌回应这些问题。每当发生争执时，他都会说："我相信，只要我们学会更好地相处，我们就能解决这些分歧。"每当出现争端时，他都会这样说。亨特不喜欢解雇任何人，但他觉得前任工程总监太具有对抗性。"他在这里的时候，我花了太多时间来平息争论。"亨特在蔡被录用后不久这样想，"另一方面，他似乎很适合我们的合作文化。"

亨特是公司创始人培养出来的，他对维护公司的家庭精神感到非常自豪。他还反对官僚主义，认为只有通过管理者之间的非正式关系，公司才能运作得最好。除了生产总监雅基·布兰科（Jacqui Blanc）外，公司的大多数高管也都很随意。亨特容忍了布兰科的正式风格，因为五年前加入 Resonus 公司后不久，她就发现并清理了涉及两名生产经理和几家供应商的欺诈活动。

组织结构图显示，蔡负责管理两个部门：工程服务部门（ESD）和研究部门。事实上，研究主管卡兰德里博士非正式地直接向首席执行官（亨特）汇报，从来没有把工程主管当成他的上司。亨特积极支持这种非正式的报告关系，因为博士在组织中有特殊地位。"卡兰德里博士是一个绝世的天才。"亨特在加入公司不久后告诉乔伊。"有博士领导研究，这家公司将继续在创新领域领先。"亨特在 Resonus 公司的第一份工作是在研究小组，蔡怀疑亨特仍偏爱那个小组。

Resonus 公司的每个人似乎都喜欢博士研发的成功产品，以及他古怪的风格和他超乎平常的热情，但蔡的 ESD 部门里的一些员工私下里也很担心。一位工程师说："当博士得到一个新产品的想法时，他就像一只快乐的小狗。他为这个发现而感到高兴，而且不会放弃。他也让亨特太热情了。但是博士太乐观了，今年我们接到数百份生产变更订单。如果我处在弗兰克的位置，我会坚决反对这一切新的发展。"

在加入公司后不久，蔡意识到 ESD 的员工在工作中受到的指责最多，而功劳却很少。当生产人员发现设计错误时，他们直接联系负责开发技术的研究设计工程师，而不是准备规范的 ESD 部门。研究工程师愿意与生产人员一起工作，因为他们不想放弃他们的项目。蔡解释说："当我们 ESD 部门中的一个人试图帮忙时，设计师们似乎觉得他们失去了一些东西。"

与此同时，生产主管经常批评 ESD 部门的员工，而他们往往接受地位更高的研究部门工程师的解释。一位沮丧的 ESD 技术人员表示："生产部门经常抱怨每一个微小的规格错误，其中许多是由于研究小组的设计更改造成的。我们很多人在这方面有超过 15 年的经验。我们不应该总是去证明自己的能力，但我们花在维护自己上的时间和完成工作的时间一样多。"

博士兴奋地告诉首席执行官亨特，他想在即将推出的高端助听器产品中加入新的纳米处理器技术。与之前大多数最后一刻的修改一样，亨特同意了这一修改，并要求蔡和布兰科（制作总监）表明他们的承诺，尽管制作计划在不到三周内就要开始。蔡想抗议，因为他知道他的部门将不得不解决意想不到的不兼容设计问题。但是，他悄悄地同意了亨特的要求，以避免像他的前任那样行事并面临类似的后果（被解雇）。布兰科简短地表示，如果蔡的 ESD 部门能够准时准备好准确的生产规范，并且销售总监不再向客户做出疯狂的交货承诺，那么她的团队已经做好了准备。

博士修订后的设计规范在一个多星期后到达时，蔡的团队发现了许多必须纠正的不兼容问题。尽管 ESD 部门的一些员工被分配到每天 12 小时的修订，但最终的生产规范仍然直到截止日期后几天才准备好。生产部门在两天后返还了这些规范，并指出了一些需要修改的元素，因为它们的成本太高或以目前的形式难以制造。那时，生产总监不得不把其他工作放在优先位置，并把新的助听器产品移到队列后面。这意味着新产品的生产至少推迟了两个月。销售总监非常愤怒，并暗示弗兰克·蔡的无能是这场灾难的罪魁祸首。

讨论题：

1. Resonus 公司的高管与部门之间存在哪些权力来源和权变因素？

2. 在这个案例中，有什么明显的影响策略？你会将这些影响活动定义为组织政治吗？为什么是或为什么不是？

3. 假设你是一名顾问，被邀请为该组织面临的产品延迟问题提出解决方案，你有什么建议（尤其是关于主管和部门之间的权力冲突）？

◻ **案例研究 2**

摩根大通的鲸鱼

摩根大通（JP Morgan Chase & Co.）伦敦办公室的几名交易员进行了具有高度投机性的投资，造成了 70 亿美元的损失（外加 10 亿美元的政府罚款）。这些失败的交易发生在摩根大通的首席投资办公室（CIO）。它是一个特殊部门，其最初的目标是用摩根大通自己的资金保守地对冲其投资风险。然而，在高层的批准下，CIO 通过投资风险更高的衍生品，成为活跃的利润中心。该部门的投资组合在三年内增长了两倍，达到 3 500 亿美元（占摩根大通总资产的 15%），为银行带来了超过 10% 的净收入。它赢得了高级管理层的最高尊重。

摩根大通对其客户服务交易团队的风险合规情况进行了监控，而首席投资办公室交易员受到的审查要少得多。这可能是因为他们的资产是银行的钱，而不是客户的钱。美国政府一位调查人员打趣说："对 CIO 交易的监管只不过是一个橡皮图章。"CIO 交易员报告业绩的频率低于其他组别。由于这些产品的复杂性，CIO 交易员在估计收益和损失方面也有相当大的自主性。美国一位参议员说道："交易员似乎比高层管理人员更有责任和权威。"

CIO 团队伦敦业务首席交易员布鲁诺·伊克希尔（Bruno Iksil）以大胆押注企业是否会在债券支付上违约而闻名，而且他最终都能获利。几年前，交易员们将伊克希尔戏称为"穴居人"，因为他的交易风格咄咄逼人。后来，伊克希尔以《哈利·波特》中强大的反派角色"伏地魔"（Voldemort）而闻名，因为他的交易默默地影响了他所下注的市场。但伊克希尔最著名的绰号是"伦敦鲸"，因为他押注了 1 000 亿美元的巨额信贷违约，最终损失了该行的 70 亿美元。伊克希尔因他的交易成功和声誉而受到尊敬，这可能给了他相当大的权力去启动可能需要更高权威审定的交易。

但伊克希尔巨大的权力并不能挽救他庞大的信用违约。对冲基金注意到他的交易如何扭曲了市场，所以他们做空了这些交易，最终给摩根大通带来了巨大的损失，而不是利润。仅一天，伊克希尔的交易损失就超过了 5 亿美元。"我们死了，"伊克希尔给他的助手发短信说，"他们会毁了我们。你不可能在损失 5 亿美元后而不承担后果。"

随着这些损失的增加，伊克希尔和他的助手通过低估这些损失的规模，避免了总部的审查。他们歪曲或隐瞒有关交易损失的信息，希望在高层发现问题之前争取时间弥补损失。美国政府文件显示，伊克希尔的上司积极鼓励这种做法，即使伊克希尔最终拒绝继续伪装。当伊克希尔最终拒绝低报损失时，他的上司告诉他"今天休假"。这样初级交易员就可以少报一些损失。

只有在银行完成定期评估后，这些损失才被披露。在那之前，摩根大通的首席投资官声称对伦敦 CIO 的问题毫不知情。她后来抱怨说："伦敦团队的一些成员没有正确评估情况，他们向我隐瞒了关于这些交易账户真正风险的重要信息。"在他被解雇后，伊克希尔声称 CIO 的高级管理层参与了这些交易。伊克希尔在一封公开信中写道："CIO 遭受的损失不是由一个人未经授权的行为造成的。我的职责是执行由 CIO 高级管理层发起、批准、授权和监督的交易策略。"

在摩根大通的高层知道伊克希尔的损失后，他们显然没有及时通知董事会。"摩根大通的高级管理层违反了公司治理的基本原则，剥夺了董事会充分评估公司问题所需的关键信息。"一位美国政府高级官员总结道。

布鲁诺·伊克希尔、他的上司、银行的首席投资官，还有其他几个人已经在摩根大通离职。

讨论题：

1. 是什么权力来源和权变因素让布鲁诺·伊克希尔在摩根大通 CIO 团队中拥有如此大的权力？
2. 如果有的话，什么影响策略被用来掩盖经济损失？
3. 在本案例所描述的事件中，组织政治是否明显？如果是的话，使它们被认为是组织政治行为的特征是什么？

资料来源：K. Burne, "Making Waves against 'Whale,'" The Wall Street Journal, April 11, 2012, C1; E. Schatzker, C. Harper, and M. Childs, "JPMorgan Said to Transform Treasury to Prop Trading," Bloomberg, April 13, 2012; G. Zuckerman, "From 'Caveman' to 'Whale,'" The Wall Street Journal, May 17, 2012, C1; E. Flitter and A. Viswanatha, "Ex-JP Morgan Exec Tries to Dodge Harpoon of 'Whale' Losses," Reuters, March 15, 2013; R. Sidel, S. Patterson, and J. Eaglesham, "J.P. Morgan Faces a Hard-Line SEC," The Wall Street Journal, September 20, 2013, C1; D. Fitzpatrick, J. Eaglesham, and D. Barrett, "Two Charged in 'London Whale' Case," The Wall Street Journal, August 15, 2013, C1; "Ex-JP Morgan Boss Blames London Office for £4bn Loss in 'Whale' Scandal," Mail Online (London), March 16, 2013; B. Laurence, "Whale Leaves Cracks in Wall St," Sunday Times (London), August 18, 2013, 7; M. Cavanagh, Report of JPMorgan Chase & Co. Management Task Force Regarding 2012 CIO Losses, JP Morgan Chase & Co (New York: January 16, 2013); J.B. Stewart, "Convictions Prove Elusive in 'London Whale' Trading Case," The New York Times, July 17, 2015; L. McNulty and G. Zuckerman, "'London Whale' Breaks Silence," The Wall Street Journal, February 23, 2016, C1.

■ 小组练习 1　破译社交网络

目的：本练习旨在帮助学生解释社交网络图及其对组织效能的影响。

材料：指导老师将分发几个社交网络图给每个学生。

说明（小班）：指导老师把学生分成小组（根据班级规模，每个小组一般由 4～7 人组成）。小组将检查每个社交网络图来回答以下问题：

（1）这个图的哪些方面表明该社交网络没有尽可能有效地运行？

（2）这个社交网络中的哪些人看起来最有权力？最没有权力？图中的哪些信息或特征使你得出了这一结论？

（3）如果你对这群人负责，你会如何改变这种情况，以提高他们的效率？

在小组对每个社交网络图进行诊断后，全班将听取每个小组的评估和建议。

说明（大班）：这项活动也可以在大班中进行，方法是将每个社交网络图投影到屏幕上，并给学生一两分钟的时间来检查该图。然后，指导老师可以向全班提出具体问题，比如指向社交网络中的特定个体，询问他或她的权力是高还是低、中心性的水平怎样，以及个人的联系主要是强关系还是弱关系。指导老师也可以问问地图上的哪个象限表示最受关注，然后让几个学生提供他们的解释。

小组练习 2　宾果网络

目的： 本练习旨在通过实践说明如何通过见面并快速获取信息来改善学生的社交网络关系。

材料： 指导老师会给每个学生发一张有规则的宾果卡。学生需要自己准备钢笔或铅笔，在其他学生的宾果卡上签名。活动需要足够的空间。

说明： 根据可用的空间，此练习可以包括任意数量的学生。

每个学生通过在课堂上找到另一个完成了方框中所述活动的学生来完成宾果卡。由那个学生在方框中签名。例如，如果一个方框中写着这个人在过去的五年里骑过马，那么只有满足这个条件的学生才能在方框中签名。

学生需要遵守活动的具体规则。特别是，参与者不能自愿提供关于自己的信息，只能问和回答与宾果卡上特定方框相关的特定问题。

这个活动与经典宾果游戏的相似之处在于，你的目标是沿整行、整列和 / 或对角线填充方框。然而，与经典宾果游戏不同的是，当你完成一系列方框时，活动不会结束。相反，它会在一段固定的时间后结束。完成行、列或对角线后，学生将继续完成更多的方框。

每个人都是这个活动的赢家，因为这是一个社交活动，你可以更好地了解他人。但是，指导老师可能会问有多少参与者完成了一个或多个完整的行、列和对角线。

说明：宾果游戏规则

（1）正式向你遇到的每个人介绍你自己（说出你的名字，握手）。

（2）你不能自愿提供关于你自己的信息，只能回答宾果卡上特定方框中的问题（你不能问"这些方框中哪个适用于你？"）

（3）当有人满足其中一个方框时，他应该在方框中签名。

（4）你不能在自己的卡片上的任何方框中签名。

（5）目标是沿着一个或多个整行、整列或对角线获得签名。

小组练习 3　管理上司

目的： 本练习旨在帮助学生将影响策略应用到实际情况中。在这种情况下，影响层次结构中高于他们的人。

材料： 无。

说明（只适用于小班）： 指导老师将学生分成小组（通常是 4～7 人，取决于班级规模）。小组将确定具体的策略，以影响在组织层次结构中高于他们的人。小组应该考虑每种不同的影响策略，以确定可能改变上司的态度和行为的具体做法。在这个小组讨论中，学生应该确定哪些影响策略最适合和最不适合管理他们的上司。小组还应该考虑其他章节中的相关概念，如知觉、情绪和态度、激励和冲突等。

班级会重新分组。每个小组将提出具体建议，以影响职位更高的人。

第 11 章

工作场所中的冲突与沟通

:: 学习目标

学习完本章，你应该能够：

■ 阐述冲突的定义以及冲突的积极和消极结果。

■ 区分任务冲突与关系冲突，并描述在任务冲突期间最小化关系冲突的三种策略。

■ 构建冲突过程模型，并描述在组织中冲突的六种结构性来源。

■ 概述五种冲突处理方式，并讨论每种方式适应的情境。

■ 将六种结构性方法应用于冲突管理，并描述第三方介入的冲突解决的三种类型。

■ 讨论一些在准备谈判、谈判过程和谈判情景中可以提高沟通效率的活动。

:: 开篇案例

航空公司机组人员之间的公开冲突

在 8 月的一个炎热的下午，一架计划飞去北爱尔兰贝尔法斯特的易捷航空公司的飞机在伦敦盖特威克机场的跑道上滑行时发生了一场风波，导致飞机延误。

这个问题与飞机设备和外部威胁都无关，相反，是两名机组人员在如何正确打开和储存水瓶的问题上产生了不可调和的分歧。当得知争吵时，机舱经理建议那两名员工尝试友好相处并做好工作。不幸的是，冲突仍在继续，所以机舱经理与机长商议决定裁撤并替换这两名争吵不休的员工。面对沮丧的乘客，机长抱歉地说航班会推迟至两名新的机组成员到达。"这太不可思议了。"一位坐在飞机前排座位的英国电视节目主持人惊叹道，"我们都会和一些难以相处的人共事，不是吗？但这次争吵意味着航班延误一小时！"这个易捷航空公司的航班晚了 90 分钟到达贝尔法斯特。

商业航空公司机组人员之间的公开冲突并不常见，但是当这些冲突真的发生时，其造成的后果可能会给航空公司带来高昂的代价，并给乘客带来诸多不便。在这次易捷航空公司冲突发生的几个月前，达美航空公司的一架计划从洛杉矶飞往明尼阿波利斯的飞机执行了一次计划之外的去盐湖城的绕道飞行，因为两名机组人员在工作问题上陷入了恶劣的争执。事实上，当两名女机组成员开始打架时，乘客们就惊恐地看着她们搏斗。第三名没有透露姓名的女士试图让那两名"战斗人员"冷静下来，但被一个"任性的"拳头击中。机舱经理通知了机长，机长之后改变了航线。达美航空公司随后向乘客发送了一封低调的道歉信，说道："我们希望我们的机组成员在任何时间都彬彬有礼且表现专业，而你们所经历的远非如此。"这个航班到达明尼阿波利斯的时间晚了 75 分钟。

最近一次严重的机组人员冲突发生在捷特航空公司从伦敦飞往孟买的航班上，机长和男副驾驶员之间发生了冲突。9 小时的飞行进行到一半多的时候，这位明显愤怒的机长冲出驾驶舱，来到飞机的前舱，向机组人员抱怨说副驾驶员在私事上发生分歧时打了她耳光。据报道，这两名飞行员在恋爱中，在早些时候的飞行中发生了不那么激烈的争吵。机组人员试图安慰机长，但无法说服她返回驾驶舱。最终，副驾驶员从驾驶舱出来，在驾驶舱无人看管的情况下将飞机设置为自动驾驶模式，终于说服机长回到驾驶舱。不幸的是，他们之间的分歧并没减弱。不到一个小时，机长再一次离开驾驶舱，直到意识到机组成员和乘客正越来越担心自己的安危，才回到驾驶舱。捷特航空公司最初宣布这两个飞行员产生了"误会"，并最终"友好地解决"了。然而，几天后，这两位飞行员被解雇了。

这些涉及飞机机组成员的事故说明工作场所冲突的代价可能非常高。但是，正如我们即将在本章中学到的那样，某些形式的冲突对组织来说同样很有价值。挑战就是允许有益的冲突，抑制功能障碍的冲突。我们从定义冲突和讨论一个古老的问题开始这一章：冲突是好还是坏？接着，我们看一下冲突的过程并仔细考察引起和扩大冲突的主要来源，然后描述处理冲突的五种方式，包括处理冲突的权变因素以及性别和文化差异。接下来讨论解决冲突最重要的结构性办法。之后，我们看看管理者和其他人在第三方介入的冲突解决中的角色。本章的最后一节回顾了谈判解决冲突的关键问题。

11.1　冲突的定义及结果

冲突是组织中不可避免的事件。公司在不断地适应外部环境，但没有哪一种做法能被明确表示是最好的。员工们每天都在哪些工作目标应该优先完成、他们应该遵守哪些规范、一些微小的工作任务应该如何完成（比如，怎样在飞行中正确地储存水瓶）等问题上存在分歧。这些冲突事件的发生是出于工作目标的冲突、个人价值观和经验的不同，以及我们在本章中将会讨论到的各种其他原因。

冲突（conflict）是一方认为自己的利益受到另一方的反对或负面影响的过程。当一方以某种方式阻碍另一方实现目标，或者仅仅是一方认为另一方会这样做时，冲突就会发生。冲突最终基于感知：只要一方相信另一方可能会阻碍其努力，无论另一方是否真的有这样的意图，冲突就会存在。

这个定义——也是本章的重点，是关于与他人的冲突的，例如，同一个团队或部门的人员之间、工作单元或业务部门之间，或者组织与外部利益相关者之间。然而，冲突也会发生在我们每个人的内心（称为内在冲突）。在前面的章节中，我们讨论了各种各样的内在冲突，比如当我们的行为与我们的信念和价值观发生冲突时，以及当我们需要协调冲突的任务目标

（如提供客户服务与高效工作）时。

11.1.1　冲突是好是坏

组织行为学中最古老的争论之一是"冲突是好是坏"，最近的争论是"什么形式的冲突是好还是坏"。这一时期的主流观点一直是，冲突会令功能失调。"冲突是坏事"的观点强调组织只有通过和谐的关系才能工作得最好，而冲突，尤其是员工和管理层之间的冲突，会破坏组织的有效性。这种观点认为，即使是轻度的分歧也会破坏职场关系的结构，消耗生产活动的精力。例如，对冲突持批评态度的人声称，与主管的分歧浪费了生产时间、违反了命令的等级制度，并质疑了权力的有效分配（经理做出决定，员工服从命令）。

尽管"冲突是坏事"的观点现在被认为过于简单化，但在某些情况下，冲突确实会产生负面后果（见表 11-1）。冲突可能会消耗员工的工作时间，从而降低员工的绩效。它威胁到个人需求和自我概念，从而让员工产生压力、降低其工作满意度，并提高员工离职率。压力还会使员工工作表现差，因为它消耗精力，分散员工工作的注意力。

表 11-1　工作场所冲突的结果

消极结果	积极结果
• 更差的绩效	• 更好地决策 　测试争论的逻辑 　质疑假设 　产生创造性思维
• 更大的压力、更低的满意度和更高的离职率	• 对环境变化的反应更迅速
• 信息共享与协调合作的减少	• 更强的团队凝聚力（当团队与外部对手之间存在冲突时）
• 增加了组织政治	
• 浪费了资源	
• 团队凝聚力减弱（当团队成员之间存在冲突时）	

人际冲突对信息共享也有负面影响。具体来说，在某些类型的冲突中，团队成员之间不太有动力去询问、关注和传递信息。在某些情况下，分歧会增加组织政治，从而浪费资源，比如，当员工试图破坏对手的信誉时。团队成员之间的冲突会影响团队的凝聚力和绩效。部门间的冲突（如在竞争预算经费时）也可能导致每个工作单元内的员工之间的冲突和权力斗争。

11.1.2　冲突的好处

在 20 世纪 20 年代，当大多数组织学学者认为冲突在本质上是功能失调的时候，教育哲学家和心理学家约翰·杜威（John Dewey）赞扬了冲突的好处，认为它"让我们震惊，摆脱了羊群般的被动"。三年后，政治科学和管理理论家玛丽·帕克·福莱特（Mary Parker Follett）同样解释说，冲突的"摩擦"应该加以利用，而不是将其视为分歧的不良后果来对待。但是，直到 20 世纪 70 年代，冲突管理专家才开始接受某种程度的冲突可能是有益的这一观点。他们形成了"最佳冲突"的观点，即当员工经历某种程度的冲突时，组织最有效。当冲突的强度很低或很高时，组织的效率就会降低。

冲突的好处是什么？第一个好处是，冲突可能会改善决策。正如杜威所说，冲突激发人们更彻底地讨论问题和评估替代方案。当员工提出建设性意见时，他们会探究和测试彼此的思维方式，以便更好地理解需要解决的潜在问题。他们评估对立立场的逻辑，并重新审视每个参与者对问题的基本假设及其可能的解决方案。冲突也会激发创造性思维，从而想出解决分歧的新办法。

第二个潜在的好处是，适度的冲突可以防止组织对外部环境反应迟钝。意见之间的分歧鼓励员工积极思考，这通常包括不断地询问和警惕组织如何能更紧密地与客户、供应商与其他利益相关者保持一致。第三个好处发生在团队成员与外部资源发生冲突时，例如，与其他团队或组织的竞争或威胁。当面对外部威胁时，人们更愿意一起工作，这加强了团队内部的凝聚力。然而，正如前面所提到的，这种部门间的冲突有时会破坏部门内部的关系。

11.2　新兴观点：任务冲突与关系冲突

"最佳冲突"的观点仍很流行，而且在某些方面似乎是正确的。有证据表明，任何形式的冲突在超出一定的强度水平后都会变得功能失调。然而，今天最被广泛接受的思想流派是两种主要类型的冲突：任务冲突和关系冲突。它们代表了人们在发生意见分歧时交流互动的两种截然不同的方式。选择不同的方式对员工和组织产生了不同的后果。

11.2.1　任务冲突

任务冲突（task conflict，也称为建设性冲突）发生在人们围绕某一问题（即"任务"）展开讨论时。在这种情况下，不同的观点出现，同时对存在分歧的人表示尊重。这种类型的冲突让人们关注的是所提出观点的质量（逻辑、事实的准确性等）。以任务冲突为焦点，参与者检查提出想法的假设和逻辑基础。他们的争论避免了对参与者的能力或权力的任何关注。

大多数冲突，包括"个性冲突"以及一些其他人际冲突，都是在员工开展工作或决定应该执行什么任务、应该如何完成任务、员工应该如何表现、谁应该执行不同的任务角色等时候产生的。因此，在几乎所有的组织冲突中，各方可能会关注这些分歧产生的与工作相关的情况（任务冲突）。研究表明，任务冲突倾向于产生前面所描述的有益结果，尤其是更好的决策。然而，正如我们已经提到的，任何分歧的强度都应该有一个上限，即使它针对的是事件而不是冲突的参与者。

11.2.2　关系冲突

当人们关注与工作有关的分歧的逻辑基础时，就会发生任务冲突；而当争论的焦点集中在参与者的品质时，就会发生**关系冲突**（relationship conflict）。当员工通过质疑对方的立场或对方的能力来攻击反对意见时，这种冲突就会很明显。关系冲突不是对某人的建议进行逻辑和事实性的考虑（任务冲突），而是试图通过争辩说这个建议是由缺乏专业知识、智力、可信度或其他提出好建议所必需的特征的人提出或支持的，以驳回对方的想法。

当人们依靠地位或专业知识来捍卫自己的立场时（"我的建议更好，因为我最有经验！"），关系冲突也容易发生。通过声称自己的优越能力来论证一个观点，意味着那些提出相反观点或建议的人是劣等的。它关注的是相关人员的相对素质，而不是提出想法的质量。人际关系冲突甚至会发生在有人粗暴无礼或自信到在谈话中贬低他人的时候。例如，当一位经理在陈述观点时用拳头猛击桌子，就可能会发生关系冲突。肢体动作暗示着说话者有更大的权力，他们需要用强烈的信号来吸引追随者的注意。

关系冲突会令功能失调，因为它威胁自尊、自我提升和自我验证过程。它通常会触发参与者之间的防御机制和竞争取向。关系冲突还会减少相互信任，因为它强调了人与人之间的差异，削弱了存在于参与者之间的任何纽带关系。关系冲突比任务冲突更容易升级，因为对手变得缺乏交流和分享信息的动力，这使得他们更难找到共同点并最终解决冲突。相反，他们越来越依赖扭曲的看法和刻板印象，这往往会强化他们对威胁的看法。

11.2.3　在任务冲突中最小化关系冲突

从我们到目前为止的讨论来看，合理的建议是组织应该鼓励任务冲突并最小化关系冲突。这个想法在理论上听起来不错，但在实践中区分这两种类型的冲突并不容易。研究表明，每当我们进行建设性的辩论时，我们就会经历某种程度的关系冲突。无论别人如何巧妙地质疑我们的想法和行为，他或她都可能威胁到我们的自尊和公众形象，这通常会引发我们反击的冲动。争论的程度越强烈，问题就越与我们的自我观点联系在一起，任务冲突就越有可能演变成（或混合）关系冲突。幸运的是，在任务冲突期间，有三种策略可能将关系冲突的程度降到最低。

- 情绪智力。当团队成员有较高的情绪智力，以及情绪稳定和自我控制等相关属性时，关系冲突不太可能发生，或不太可能升级。高情绪智力的员工在辩论过程中更能控制自己的情绪，从而降低了敌意不断升级的风险。他们也更有可能把同事的情绪反应看作关于这个人的需求和期望的有价值的信息，而不是人身攻击。
- 团队发展。在任务冲突中，团队发展在抑制关系冲突中起着至关重要的作用。第一种解释是彼此相互理解。随着团队发展，他们的成员变得更善于相互理解和预测彼此，这降低了同事的言论或行为被误解为冲突导火线的风险。这也许可以解释为什么新组建的团队（相互理解程度较低）很难区分任务冲突和关系冲突，而经验丰富的团队（如高级管理团队）更能抑制和分离关系冲突。第二种解释是，团队发展产生了更高的团队凝聚力，员工对这个群体有强烈的社会认同感。有凝聚力的团队的成员被激励将关系冲突降到最低，因为这些矛盾会威胁到团队的稳定和成员在团队中的未来。
- 支持心理安全的规范。当团队或更广泛的工作场所达成了支持心理安全的规范时，任务冲突就不太可能演变成长期的关系冲突。正如我们在第 8 章中所描述的，**心理安全**指的是一种共同的信念，即参与人际冒险是安全的。换句话说，员工有信心提出与众不同的想法，并建设性地反对大多数人，或尝试新的工作行为，不会导致同事威胁他们的自我概念、地位或职业生涯。当团队和组织规范鼓励员工尊重和重视彼此，表现出对彼此的兴趣，对同事的意见持开放和宽容的态度，并对彼此表现出积极的意愿时，心理安全就会蓬勃发展。当讨论不同的观点时，表现出积极的意图包括表现出积极的情绪和非威胁性的行为。

争辩点：人们能在分歧中避免关系冲突吗

冲突理论的核心观点之一是：人们可以在一个问题上意见不一致（任务冲突），而不会对彼此产生负面情绪（关系冲突）。最受欢迎的有关谈判的书通过阐述参与者需要"把人从问题中分离出来"来说明这一点。它建议参与者需要把自己看成"并肩工作，共同解决问题，而不是相互合作。"

学者们确实认识到把任务冲突和关系冲突分开并不容易，但他们声称这是可能的。情绪智力高的人能够控制负面情绪反应（愤怒、沮丧、伤害等），能将冲突重新定位为建设性的事件，而不是人身攻击。研究还表明，当双方理解彼此的观点时，比如，在高绩效团队中，关系冲突就不太可能发生。心理安全规范也被认为是在工作冲突中避免关系冲突的一种方法。

在任务冲突中避免关系冲突的能力在理论上听起来很有希望，但在实践中，它可能是"一座遥远的桥"。相反，某种程度的关系冲突可能是不可避免的。最基本的问题之一是，当员工意识到同事或主管不同意他们的想法或行为时，他们会立即自动地产生负面情绪。负面情绪不仅被归因于对立消息中传递的信息，也被归因于该消息的源头。这是因为我们自然地试图理解对立的情况，这包括形成关于为什么同事不同意我们的提议或行为的负面解释。因此，一旦我们意识到我们的想法或行动受到挑战，关系冲突似乎就会形成。

关系冲突也可能是不可避免的，因为它破坏了当前或预期的行为模式，对那些造成破坏的人产生负面情绪。人们有维持现状的自然愿望。即使是那些提出改变的人，也希望看到他们的想法可以预见地在没有反对的情况下走向未来。产生这种效应是因为人们希望相信他们能控制自己的处境，而意见分歧降低了他们在工作环境中的控制感和可预见性。

在任何分歧中，关系冲突都不可避免，因为所有的沟通都具有关系和实质功能。这意味着当人们相互交流时，他们不仅传递和接收信息（实质性的），还强化或巩固他们的关系结构。沟通对于一个人的关系需求很重要，所以挑战另一个观点（实质性的）的信息似乎也挑战了关系。

11.3　冲突过程模型

现在，我们已经概述了冲突的历史、冲突当下的观点及冲突的结果，接下来让我们看看冲突过程模型，如图 11-1 所示。这个模型从冲突的来源开始，我们将在下一节描述它。冲突的来源导致一方或双方意识到冲突的存在。他们意识到一方的语言和行动会干扰或威胁到他们自己的目标或信念。这些感知产生并与冲突中产生的情绪相互作用。

冲突感知通常会产生负面情绪，包括压力（情绪紧张）、焦虑、恐惧、沮丧或愤怒。然而，有些人通过对冲突的认知重新评估来体验积极的情绪，比如，将情况视为一个积极的挑战、一个了解其他观点的机会，以及对可能发生的冲突的担忧公开化并可以得到解决的一种解脱。

冲突外显代表了一方对另一方的决定和行为。这些冲突事件可能包括从微妙的非语言交流到战争侵略。冲突行为受许多个人特征（人格、情绪智力、个人价值观等）的影响。然而，正如图 11-1 所示，这些形式的冲突外显也受到感知局势的方式以及意识到冲突后的情绪体验的影响。例如，经历过愤怒情绪的员工往往对对方更自信和更有竞争力。相反，那些在面对工作场所的冲突时感到恐惧或焦虑的人往往会避开反对自己的同事或让步于他们的意志。

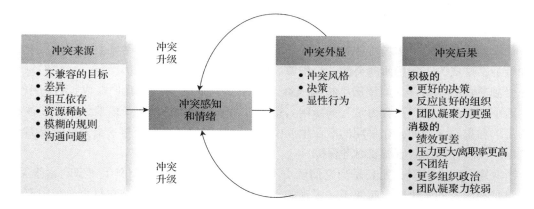

图 11-1　冲突过程模型

图 11-1 显示了从冲突外显到冲突感知和情绪的循环方向。这些箭头说明冲突过程实际上是一系列的事件，这些事件有可能导致冲突升级。引发一场冲突可以很简单——只是一个不恰当的评论、一个误会，或者一个缺乏交际手段的行动就可以。这些行动使对方察觉到冲突的存在。即使第一个参与者无意表现出冲突，第二个参与者的反应也可能造成这种看法。冲突升级的一个典型问题是，原来的任务冲突焦点坍塌后，关系冲突会取而代之。此外，由于转向人身攻击和过去的逻辑讨论未能解决他们的分歧，双方变得不太有动力去与对方沟通。沟通减少后，双方越来越依赖对对方的刻板印象，放大了差异，从而加剧关系冲突。

11.4　组织中冲突的结构性来源

冲突模型从冲突的来源开始，因此我们需要了解这些来源来有效地诊断冲突事件，并随后解决冲突或偶尔在缺乏冲突的地方制造冲突。在组织环境中导致冲突的六个主要条件包括不兼容的目标、差异、相互依存、资源稀缺、模糊的规则和沟通问题。

11.4.1　不兼容的目标

组织将工作分配给部门和团队，而部门和团队又将工作进一步分配给个人。每个工作分工都有相关的目标，因此每个员工和每个部门都有不同的目标。当一个人或部门的目标似乎与另一个人或部门的目标相抵触时，就会出现目标不兼容。例如，生产部门通过安排长时间的生产来追求成本效益，而销售团队则通过尽快交付客户的产品来强调客户服务。如果公司某一种产品已售完，生产团队会希望客户等到下一次生产，而这会惹怒销售代表，因为他们宁愿迅速改变生产以满足消费者的需求。

11.4.2　差异

冲突的另一个来源是差异——人们与业务单元在信仰、价值观和偏好方面的差异。差异不同于不兼容的目标，两个人或部门可能有一个共同的目标（更好地服务客户），但对于如何最好地实现这个目标（比如是通过引入新技术，还是通过员工客户服务培训）有不同的看法。员工由于童年时期的社会化、性别、种族、职业、个人价值观和个性形成了不同的信念、期望和世界观。此外，冲突是一种感知，因此，在分歧真正显现之前，员工会对来自不同背景的同事形成刻板印象和错误期望，从而形成冲突信念。

代际差异是导致工作场所冲突的一种差异形式。不同年龄段的人往往有不同的需求、期望和行为，这成为工作场所冲突的一个根源。产生代际差异有两个原因。第一，我们每个人都深受独特的技术进步（如智能手机与人造卫星）、经济状况，以及我们在成长过程中和整个生活中经历的其他"社会力量"的影响。第二，在事业和生活的每个阶段，我们往往有不同的需求和重心，比如，在早期的职业生涯中更需要技能发展；在抚养一个家庭时更需要工作的保障性；在退休后更需要财务保障。

当两家公司合并时，尤其是当它们位于不同的国家时，差异也会产生典型的紧张关系。这些组织和国家的文化冲突起源于"正确的方式"上的分歧，因为它们在每个组织中都有着自己的独特经验。这种基于差异的冲突出现在 CenturyLink 公司收购 Qwest 公司的事件中，该收购创建了美国第三大电信公司。这两家公司的总部设在美国的不同地区。"他们的语言不同，食物不同，回答也不同。我们的语速很快，有时会打断对方，而他们语速很慢，很有礼貌。"Qwest 公司的一位高管回忆道，"如果我们说向上，他们就说向下。如果我们答应，他们就会拒绝。如果我们说走，他们就说停。"当管理人员试图整合两家公司时，这导致了"不必要的误解"。

11.4.3　相互依存

所有的冲突在某种程度上都是由相互依存引起的，因为只有当一方认为自己的利益受到另一方的反对或负面影响时，冲突才会产生。任务的相互依存是指员工在某种程度上必须共享材料、信息或完成工作所需的专业技能。冲突的风险和强度随着相互依存程度的增加而增加，因为更频繁的互动使每一方更能意识到他们有不同的目标、信念或欲望。

当员工之间存在共同的相互依存关系时，冲突的强度或发生概率最低。共享依存是指除依赖公共资源或权威之外的个人独立操作。在连续的相互依存的工作关系中，如在装配线上，冲突发生的可能性更高。冲突的最高风险和强度往往发生在互惠式相互依存的情况下。在互惠式相互依存的情况下，员工之间的相互依存性和中心性都很高。因此，互惠式相互依存的关系是最强烈的，因为这种关系有最强烈、最直接的干扰彼此目标的风险。

○ 全球链接 11-1

开放式办公室，隐藏冲突

私人办公室在大多数工作场所都很少见。据估计，美国三分之二的大型机构都有开放式办公室（员工在一个大的共享空间里工作）。许多公司还在向非地盘性办公室或无固定办公桌制（办公桌是共享的，而不是分配给特定的员工）转变。这些安排不仅减少了房租成本，而且应该会提高同事之间的沟通与合作。

然而，开放式办公室和非地盘性的工作空间可能会加剧冲突，尽管大多是隐藏的愤怒和怨恨，而不是明显的口头争论。共享的工作空间安排提高了员工之间噪声、视线、领地隐私和空间信息隐私的相互依存性。许多研究发现，这些干扰和骚扰会让人更难集中精力工作，结果就会造成人际冲突，因为干扰会带来不适以及影响工作绩效。

"我们的开放式办公室绝对降低了我的工作效率。"爱达荷州的一位营销专家在开放式办公室工作了三年之后总结道，"我感觉不到自己在想什么，我开始对我的同事感到敌意，我的焦虑已经急剧上升。"另一家公司的员工表示，当公司在开放式空间里塞进更多办公桌时，冲突加剧了。"当我们坐得更近时，小事情突然变成了大麻烦，"一位员工说，"那发生在百叶窗开还是关、窗户开还是关的分歧出现之前。"

在非地盘性办公室里，冲突似乎更加激烈，因为除共享办公空间的烦恼之外，员工还会争夺稀缺的资源。在某个特定的日子里，非地盘性空间里的办公桌数量通常比员工要多，但在一些珍贵的位置，比如靠近窗户的区域、安静的区域、Wi-Fi 信号更强的办公桌，也存在着持续的竞争。

"每天早上，在我的办公室里，就像玩抢椅子的成人游戏，大约有六个人争夺剩下的最后一张办公桌。"办公室的一个初级会计抱怨道，"我们最不需要担心的是因找地方坐而导致的生产力下降，而几乎不加掩饰的怨恨在正常情况下会显现出来。"

11.4.4　资源稀缺

资源稀缺会产生冲突，因为每个需要相同资源的人或单位必然会与其他需要该资源来实现目标的人或单位发生冲突。例如，大多数罢工发生的原因是员工和公司所有者没有足够的资金与其他资源来获得他们想要的结果，如更高的工资（员工）和更高的投资回报（股东）。组织内部的预算审议也会产生冲突，因为没有足够的现金流或债务工具来满足每个工作单位的资金需求。一个组接收的资源越多，其他组接收的资源就越少。幸运的是，在复杂的谈判中，这些利益并不完全对立，但有限的资源通常是冲突的主要来源。

11.4.5　模糊的规则

冲突产生于规则模糊、执行不一致或规则完全缺失的工作环境中。这是因为不确定性增加了一方干扰另一方目标的风险。模糊也助长了政治策略，在某些情况下，员工为了赢得对自己有利的决策而进入一场混战，这就解释了为什么在并购过程中冲突更为常见。两家公司的员工有着相互冲突的习惯做法和价值观，几乎没有制定出什么规则来最小化权力和资源的争夺。而当有明确的规则存在时，员工知道彼此应该期望什么，并且通常同意遵守这些规则。

11.4.6　沟通问题

冲突的第一步往往是不正常的，因为员工缺乏能力或动力以一种外交式的、非对抗性的方式去表达他们的分歧。要想传达一种既不缺乏自信也不过分自信的不同意见是很困难的。受自身对问题的情绪影响，员工倾向于使用充满情绪的语言和攻击性的非语言行为来表达他们的担忧。信息越强烈，接收者就越会认为冲突不仅存在，而且是高风险的威胁。接收者通常也会做出类似的回应，从而使冲突进一步升级。此外，攻击性和情绪性的交流通常会加剧关系冲突，使讨论者更难保持任务冲突的焦点。

　　拙劣的沟通是冲突的来源，但缺乏沟通往往会加剧冲突。有时候，缺乏沟通是因为员工没有机会讨论他们的分歧。更多的情况是，争吵使双方的关系变得非常不舒服，以至于双方都积极地回避对方。不幸的是，交流的减少可能会使冲突进一步升级，因为双方都越来越依赖扭曲的形象和对另一方的刻板印象。感知被进一步扭曲，因为在冲突情境中，人们倾向于和那些与自己不同的人感知更多的差异。这种差异创造了一个更积极的自我概念和一个更消极的对手形象。我们开始不看好对手。因此，在这些冲突情境中，我们的自我概念仍然保持积极。

11.5　人际冲突处理方式

　　冲突的六种来源导致冲突感知和情绪，这反过来激励了人们以某种方式应对冲突。玛丽·帕克·福莱特（她认为冲突是有益的）在近一个世纪前观察到，人们通过各种冲突处理策略来应对感知到的冲突。福莱特的原始列表经过多年的扩展和完善，形成了如图 11-2 所示的人际冲突处理方式。这个模型表明，人们对冲突情况的行为反应取决于他们对自己和对方利益最大化的相对重要性。

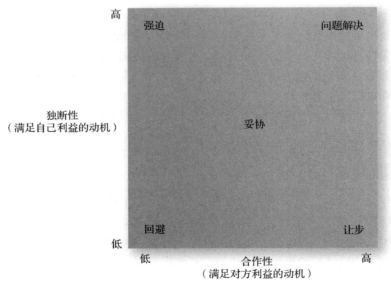

图 11-2　人际冲突处理方式

资料来源：C.K.W. de Dreu, A. Evers, B. Beersma, E.S. Kluwer, and A. Nauta, "A Theory-Based Measure of Conflict Management Strategies in the Workplace," *Journal of Organizational Behavior* 22 (2001): 645–68. Reprinted with permission of John Wiley & Sons, Inc.

- 问题解决：就是要找到一个对双方都有利的解决方案。这被称为**双赢导向**（win-win orientation），因为使用这种方式的人认为，如果各方共同努力找到一个创造性的解决方案，所涉及的资源是可扩展的，而不是固定的。信息共享是这种方式的一个重要特征，因为双方合作可确定共同基础和潜在的使所有相关人员都满意的解决方案。

- **强迫**：试图以牺牲对方为代价赢得冲突。使用这种方式的人通常都有**赢 – 输导向**（win-lose orientation）。他们认为各方都从一个固定的"馅饼"中获益，所以一方得到的越多，另一方得到的就越少。因此，这种方式依靠硬影响策略来达到自己的目的。然而，强迫并不一定是侵略或欺凌，它也包括温和地主动出击，比如把你的想法或要求直言不讳地提出来。

- **回避**：试图缓和或回避冲突的局面。第一种常见的回避策略是避开与冲突有关的同事。第二种回避策略是：当与冲突中的另一方交流时，尽量少讨论敏感话题。尽管回避位于模型的"低 – 低"部分，但人们并不总是因为对自己和对方利益的低关注度而回避冲突。相反，我们可能非常关心一方或双方的利益，但得出的结论是，回避是最好的策略，至少在短期内是这样的。

- **让步**：意味着完全屈服于对方的愿望，或者至少在合作时很少或根本不关心自己的利益。这种方式包括做出单方面的让步和无条件的承诺，以及不指望互惠的回报而主动提供帮助。

- **妥协**：寻找一种能让你的损失被同等价值的收益抵消的平衡点。它涉及积极地在双方利益之间寻找一个中间地带。妥协还与匹配对方的让步和提出有条件的提议有关（"如果你做 X，我就做 Y"）。

11.5.1 选择最佳的冲突处理方式

你也许更喜欢某一种或两种冲突处理方式。你通常会选择回避或让步，因为不同的意见会让你感到不舒服，并且与你喜欢和所有人相处的自我观念不符。或许你更喜欢妥协和强迫，因为它们反映了你对成就和控制环境的强烈需求。人们通常倾向于一种或两种冲突处理方式，这些方式符合他们的个性、个人和文化价值观以及过去的经验。然而，最佳的方式要视情况而定，所以我们需要理解并培养在适当场合使用这五种方式中的任何一种的能力。

表 11-2 归纳了五种冲突处理方式成为首选方式的情境，以及使用每种冲突处理方式存在的问题。只要有可能，问题解决被普遍认为是首选的冲突处理方式。为什么呢？这种方式需要对话和聪明的思维，而这两者都有助于各方找到双赢的解决方案。此外，问题解决的方式有助于改善长期的关系、减轻压力、减少情绪防御和其他关系冲突的迹象。

然而，问题解决并非在所有情况下都是最佳的。如果冲突很简单且完全对立（双方都想在一个固定的"馅饼"中获得更多利益），那么这种方式将浪费时间并增加挫败感。这种方式也需要更多的时间和相当高的信任度，因为它存在另一方会利用你公开分享的信息的风险。当人们经历强烈的冲突情绪时，问题解决的方式会让人感到有压力和困难，很可能是因为这些负面情绪破坏了对另一方的信任。

表 11-2　冲突处理方式成为首选方式的情境和问题

冲突处理方式	成为首选方式的情境	这种方式存在的问题
问题解决	• 利益不是完全对立的（也就是说，不是纯粹的你输我赢） • 各方都有信任、坦诚和有时间分享信息 • 问题很复杂	• 所分享的信息可能会被对方利用

（续）

冲突处理方式	成为首选方式的情境	这种方式存在的问题
强迫	● 争执需要迅速解决 ● 客观来说，你的立场有更强的逻辑或道德基础 ● 另一方会采取更多的合作策略	● 关系冲突的最高风险 ● 可能会损害长期关系，减少未来的问题解决
回避	● 冲突变得过于情绪化 ● 双方都想维持和谐的关系 ● 试图解决冲突的成本超过了收益	● 通常解决不了冲突 ● 会增加不确定性和挫败感
让步	● 问题对你来说没有对另一方重要 ● 你的立场的价值和逻辑并不清晰 ● 双方都想维持和谐的关系 ● 另一方有更多的权力	● 在未来的冲突中增加了对方的期望
妥协	● 单一问题与对立利益冲突 ● 双方缺乏解决问题的时间或信任 ● 双方都希望维持和谐的关系 ● 双方有相同的权力	● 有可能实现互惠的次优解决方案

回避冲突的方式通常是无效的，因为它产生不确定性和挫败感，而不是解决冲突。然而，当冲突变得情绪化或非常棘手，以至于在时间、精力和其他资源方面代价过高时，回避可能是最好的短期策略。在一些文化中，维持关系表面上的和谐比公开解决冲突（表面上的，因为在表面下仍存在分歧）更受欢迎，因而回避是首选的方式之一。

强迫通常是不合适的，因为强烈的进攻倾向于比其他冲突处理方式更快或更强烈地产生关系冲突。这种强迫的负面影响可以从一句古老的谚语中得到体现："你赢得的争论越多，你拥有的朋友就越少。"即便如此，当争执需要快速解决，或者你的想法在逻辑或道德上有明显且客观的更强的基础时，适度的进攻可能是合适的。当另一方想要利用合作性更强的冲突处理方式获益时，这种冲突处理方式也可能是首选。

当另一方拥有更大的权力，这个问题对你来说不像对另一方那么重要，而你又不确信你的立场在逻辑上或道德上有更高的合理性时，让步的方式可能是合适的。另一方面，让步的行为可能会给对方不切实际的高期望值，从而鼓励他们在未来向你寻求更多。从长远来看，让步可能会产生更多冲突，而不是解决冲突。

在冲突简单且完全对立的情况下（双方都想在一个固定的"馅饼"中获得更多利益），妥协的方式可能是最好的。即使冲突对潜在的共同利益来说足够复杂，但当双方缺乏时间、信任和开放性来应用问题解决的方式时，妥协可能是必要的。当双方在争执中优先考虑和谐的关系而不是个人利益时，妥协的方式也很流行。妥协也往往发生在双方权力大致相等的情况下，因为这防止了一方比另一方获得更多优势。主要问题是，许多冲突都有潜在的共同利益，而妥协方式满足于次优解决方案。研究还表明，员工在达成妥协协议后，在某些情况下会经历负面情绪（抑郁、沮丧等）。

11.5.2　冲突处理方式中的文化和性别的差异

文化差异不仅仅是冲突的来源，还会影响冲突处理方式的选择。一些研究表明，来自高集体主义文化的人更有动力维持和谐的关系。在高集体主义文化中，集体目标比个人目标更受重视。因此，他们比来自低集体主义文化的人更有可能通过回避或问题解决来处理分歧。

然而，这种观点可能过于简单。集体主义促进群体内部的和谐，但不一定促进群体与外部的和谐。事实上，研究表明，在一些集体主义文化中，管理者更有可能让那些与自己行为相反的人感到羞愧。文化价值观和规范影响一个社会中最常使用的冲突处理方式，因此，在选择该文化中首选的冲突处理方式时，文化价值观和规范也代表了重要的权变因素。例如，经常使用回避方式的人在经常使用强迫方式的文化中可能会有更多的问题。

在某种程度上，男性和女性处理冲突的方式也不同。最明显的区别是，无论是作为管理者还是非管理人员，男性都比女性更有可能使用强迫方式。女性管理者比男性管理者更倾向于使用回避方式，而女性非管理人员使用回避方式的情况只比男性非管理人员多一点点。在管理和非管理角色中，女性使用问题解决、妥协和让步的可能性只比男性略高。除了男性偏好强迫，冲突处理方式上的性别差异相对较小，但它们有一定的逻辑基础。与男性相比，女性更关注双方的关系，所以她们倾向于保护关系。女性更明显地较少使用强迫方式、更多使用回避方式，也比男性稍微多地使用妥协方式和让步方式。

11.6 冲突管理的结构性方法

冲突处理方式描述了我们在冲突情况下如何接触对方，但冲突管理涉及改变潜在冲突的根本结构性原因。主要的结构性办法与前面讨论的冲突来源相似。这些结构性方法包括强调上级目标、减少差异、增进沟通和相互理解、减少任务相互依赖性、增加资源以及明确规则和程序等。

11.6.1 强调上级目标

解决冲突最古老的建议之一是增加各方对上级目标的承诺，而减少对冲突次要目标的承诺。**上级目标**（superordinate goals）是指相互冲突的员工或部门所看重的目标。实现这些目标需要各方的共同资源和努力。这些目标被称为上级目标，因为它们是更高层次的愿望，如组织的战略目标，而不是特定于个人或所在部门的关键绩效目标。研究表明，最有效的管理团队将他们的决策框定为上级目标，而不是每个管理人员相互冲突的部门目标。同样，高效的领导者通过鼓舞人心的愿景来团结员工，减少下属的目标差异，从而减少不正常的组织冲突。

假设市场营销人员希望快速发布新产品，而工程师希望有更多的时间来测试和添加新功能，则领导者可以通过提醒双方留意公司服务客户的宗旨，或者指出竞争对手目前正在威胁公司在业内的领导地位，以减少部门间可能产生的冲突。通过增加对公司目标的承诺（客户专注、竞争力），工程师和营销人员就减少关注他们部门级目标的竞争，这样就减少了他们之间的感知冲突。与工作相关的目标通常与个人的自我概念相联系，所以当员工加强他们对上级目标的承诺（同时仍重视他们的次要工作目标）时，他们就会对该目标所在的部门或组织形成更强的社会认同感。换句话说，上级目标不仅通过减少不兼容目标来管理冲突，还可能通过与部门或公司建立共同的社会认同感来减少差异。

11.6.2 减少差异

差异是指教育、价值观、信仰和经验方面的差异，早前就被认为是职场冲突的主要来源之一。因此，减少差异是减少不正常冲突的合理途径。当员工越来越意识到或形成了共同的经验、信仰和价值观时，他们就形成了一个共同的社会认同。当一个团队、部门或地区的员工与其他工作单位的成员形成并认识到更多的共同点而不是差异点时，他们就会增加对小组其他成员的信任，从而更有动力协调活动，并通过建设性的讨论去解决分歧。

组织可以采用几种方式去减少个人或工作单位之间的差异，特别是在双方地位相似而解决过程又不会威胁到各自地位的情况下。第一，让员工与其他小组的人进行有意义的互动，例如，通过临时分配到其他单位工作或参加涉及多学科的项目。这些与工作相关的互动不仅通过接触增进了相互理解，还在整个组织的同事之间创造了共同的经历，从而增加了员工对组织的认同感，而不仅仅是狭隘的工作专业化。第二，在员工的职业生涯中，让他们到不同的部门或地区轮岗。这是与上述建议的临时工作相比更长期的职业发展干预。因此，跨职能和跨地区的职业转移可能会对员工对组织的认同产生特别强烈的影响，而不仅是对一个地区或职业群体（工程、营销等）的认同。第三，领导者建立起并保持强大的企业文化。在一个有强大文化的公司里，员工有共同的价值观和理想，有更强的社区意识。

11.6.3　增进沟通和相互理解

减少或防止不正常冲突的第三种方法是通过增进沟通和更加正式的相互理解来干预，以帮助整个组织的员工更好地了解彼此。这些活动不一定会减少差异（员工仍有不同的信念和经验），但互动和讨论可能会使彼此更清楚地意识到双方的情况和观点，并尊重彼此的情况和观点。

这一方法最基本的应用是重新协调时空上的安排或报告安排，以便跨部门的员工有更多的机会相互交流。当挪威电信公司 Telenor 用几个大型咖啡站取代了咖啡机后，互不相识的员工开始在这些公共区域相遇。Balentine 是一家位于亚特兰大和罗利（Raleigh）的员工持股金融服务公司，它是许多定期举办"午餐和学习"会议的组织之一。在 Balentine，员工从同事那里学习新知识（财务规划实践、新软件等），且会议也改善了工作单位之间的协作和融洽关系。

一些公司通过改变乔哈里资讯窗模型来增进来自不同职业、地区或年龄群体的员工之间的相互理解。在由训练有素的引导者主持的研讨会上，个人向同事透露有关自己和自我认知的信息，并向他人反馈他们是如何被感知的。加拿大欧莱雅的全天跨代际培训项目就是一个很好的例子。这个名为"评估代际差异"的会议的目的是"提高人们在职业生涯中对不同工作场所需求的认识"。例如，在该项目的其中一个部分，员工们按年龄分组坐在一起，向其他分组的员工提问。"每个群体都很感兴趣，他们也很惊讶地发现对另一个群体来说什么是重要的。"帮助开发该研讨会的加拿大欧莱雅高管表示。

在冲突升级的地方，一些陷入困境的团体采用了这一过程的更深层次的版本，称为组间镜像。在一位外部顾问的指导下，相互冲突的小组首先确定并优先考虑他们的关系问题。接下来，每一组分别记录（通常在大的活动挂图上）三组感知：该组如何看待自己、该组如何看待另一组、该组认为另一组如何看待自己。接下来是组间镜像的"镜像"阶段，每个组向另一个组展示其三组感知。在比较和讨论这些镜像感知后，双方共同回顾了他们的关系问题。最后，双方建立共同的目标和行动计划，以纠正他们的知觉扭曲，并在未来建立更有利的关系。

关于依靠沟通和相互理解的活动来减少不正常的冲突，有两个要高度重视的警告。首先，这些干预措施应只适用于差异化程度不高的地区。如果双方相信他们在信仰、价值观和经验方面存在巨大差异，那么通过对话的方式来处理冲突可能会导致关系冲突升级而不是缓解。原因是，当被迫与我们认为完全不同且与我们有冲突的人互动时，我们倾向于选择能强化这种观点的信息。其次，在集体主义和高权力距离文化中，人们不太习惯通过直接和公开的对抗来解决分歧。回想一下，在集体主义文化中，人们更喜欢使用回避和妥协的冲突处理方式，因为它们最大限度地维持了和谐、保全了双方的面子。直接沟通是一种高风险的策略，因为它很容易威胁到保全面子和维持和谐的需求。

○ **全球链接 11-2**

通过午餐轮盘增进相互理解

共享办公空间公司 WeWork 将业务扩展到以色列，并在两年内，其特拉维夫科技团队雇用了 100 多名员工。这种快速增长让 WeWork 的员工感到兴奋。但是，随着人数的增加，新成员越来越难以融入，非正式的小团体出现了，一些团队成员彼此从未说过话。这种情况最终可能会导致员工及其小团体之间发生不正常的争吵。

软件工程师班尼·思特本（Benny Sitbon）回忆道："对于那些早期团队的并经历过小团队中亲密的、家庭般的关系的员工来说，有些事情开始逐渐变得'不对劲'。"他和其他几位早期团队的员工开始天马行空地思考如何通过改善特拉维夫的大型科技团队员工之间的关系，来减少不正常的冲突。当有人提及"午餐轮盘"时，思特本和其他人立即行动起来。

WeWork 位于特拉维夫的科技团队每两周举行一次午餐轮盘。科技团队的任何员工都可以参与（平均而言，约有一半的员工会参加）。那些报名的人被随机组织起来，就像轮盘一样，分成三个人的午餐小组。为了鼓励每个三人组之间进行对话，思特本开发了一个应用程序，参与者可以在该应用程序中注册活动并（可选）简要说明他们的爱好及"与我交谈"的类别。该应用程序在活动前几个小时组织参与者，并创建一个私人空间，以便每个午餐三人组可以协调在哪里吃饭和点什么。在经历了几起此类事件后，一项调查显示，特拉维夫科技团队的员工之间的亲密感增加了 66%。

"午餐是交谈和了解彼此的好时机，"思特本说道，"虽然我们的团队已经是中等规模且处于高速增长中，但午餐轮盘有助于保持'小团队'的感觉。这不仅会提高我们团队的幸福感，还会提高我们的协作能力和亲和力，从而提高我们的效率。"

11.6.4　减少任务相互依赖性

冲突发生在人们相互依赖的地方，所以另一种减少不正常冲突的方法是尽量减少各方之间的相互依赖性。减少员工和工作单元之间相互依赖性的三种方法是创建缓冲区、任用综合员和合并工作。

- 创建缓冲区。缓冲区是指任何降低两个或多个人员或工作单元之间耦合的机制。这种解耦降低了产生冲突的可能性，因为缓冲区降低或延迟了一方对另一方的影响。流水线上员工之间的在制品库存是减少组间冲突的缓冲，因为它减少了员工对流水线上前一个人员的短期依赖。

- 任用综合员。综合员是指为了完成一个共同的任务或项目而协调多个工作单元活动的员工。例如，品牌经理负责协调针对特定产品线的研究、生产、广告和营销部门的工作。综合员通常会减少这些不同工作单元间的直接接触，并且综合员很少对他们所整合的部门有直接的权力，所以他们必须依靠参照性权力和说服的方法来管理冲突、完成工作。
- 合并工作。合并工作既是充实工作的一种形式，也是减少任务相互依赖性的一种方式。比如一个烤面包机组装系统，其中一个人插入加热元件，另一个人安装另一面，以此类推。通过将这些任务结合起来，每个人组装一个烤面包机，员工现在有了一种集合而不是有顺序的任务相互依赖形式，发生不正常冲突的可能性也降低了。

11.6.5　增加资源

资源稀缺是冲突的来源，因此增加可用资源的数量会产生相反的效果。由于涉及成本，所以增加资源可能不是将恶性冲突降到最低的可行方法。然而，这些成本需要与由于资源稀缺而导致的恶性冲突的成本进行比较。

11.6.6　明确规则和程序

由模糊的规则引起的冲突可以通过建立规则和程序来将冲突降到最低。如果两个部门正在争夺一个新实验室的使用权，那么我们可以制定时间表，在一天或一周的特定时间内把实验室专门分配给每个组。

11.7　第三方介入的冲突解决

本章主要关注直接参与冲突的人们，然而员工和部门之间的许多纠纷都是在管理者的帮助下解决的。**第三方介入的冲突解决**（third-party conflict resolution）是指一个相对中立的人试图帮助双方解决他们的分歧。有三种主要的第三方介入的冲突解决方式：仲裁、审讯和调解。这些方式可以根据它们对过程和对决策的控制权进行分类（见图11-3）。

- 仲裁——仲裁员对最终决策有很高的控制权，但对过程的控制权很低。这是北美法律程序中使用的"对抗性"模式。在这种模式中，法官拥有决策控制权，而代表对手的律师拥有过程控制权。在组织中，管理者通过遵循事先商定的正当程序规则，听取有争议的员工的论述，并做出有约束力的决策来实施这一方式。在许多国家，仲裁是被工会雇员作为申诉的最后阶段而应用的，但它也适用于有正式冲突解决程序的组织中的非工会冲突。
- 审讯——审讯员控制了所有关于冲突的讨论。和仲裁员一样，审讯员有很高的决策控制权，因为他们决定如何解决冲突。然而，审讯员也有高度的过程控制权，因为他们选择需要审查的信息以及如何审查，并且他们通常决定如何处理冲突解决过程。尽管一些国家正在转向北美的对抗性司法模式，但欧洲的许多司法制度仍适用审讯式司法。与此同时，一些北美专家建议在一些法律冲突中采用审讯法而不是对抗法。
- 调解——调解员对干预过程有高度控制权。事实上，他们的主要目的是管理冲突各方互动的过程和背景。然而，对于如何解决分歧，则由各方做出最终决策。因此，调解员对解决冲突的决策几乎没有控制权。

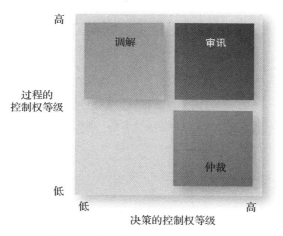

图 11-3　第三方介入的冲突解决的类型

选择最优的第三方介入的冲突解决方式

团队领导、主管和同事经常介入工作场所的纠纷。有时他们扮演调解员的角色，有时他们又扮演仲裁员。另一些时候，他们会在一开始使用一种方式，然后又切换成另一种方式。然而，研究表明，管理者和掌权者通常采用审讯的方式，以控制干预过程并做出有约束力的决策。

管理者们倾向于依赖审讯的方式，因为它与管理工作的决策导向本质上是一致的。这种方式也使他们能够控制冲突的过程和结果，并倾向于有效地解决争端。然而，在组织环境中，审讯通常是最无效的第三方介入的冲突解决方式。一个问题是，那些扮演审讯员角色的领导者往往对问题信息的收集有限，因此他们强行做出的决策可能会产生一个无效的冲突解决方案。另一个问题是，员工往往认为审讯程序和结果是不公平的，因为他们对这种方式几乎没有控制权。特别是，审讯的方式可能违反支持程序公正所需的若干做法。

在组织中哪种第三方介入的冲突解决方式是最合适的呢？其答案部分地取决于当时的情况，如纠纷的类型、管理者和员工之间的关系，以及文化价值观（如权力距离）等。此外，任何第三方介入的冲突解决方式在应用第 5 章所述的程序公正做法时都对结果有帮助。但对于两名员工之间的日常分歧，调解通常是最好的的方式，因为它让员工有更多的责任来解决自己的纠纷，第三方代表只是为冲突解决创造一个适当的环境。尽管不如其他方式有效，但调解可能会使员工对冲突过程和结果有着最高的满意度。当员工不能通过调解来解决他们的分歧时，仲裁似乎最有效，因为预先制定的证据规则和其他程序创造了一种更高的程序公正。当组织的目标优先于个人目标时，仲裁也是首选。

11.8　通过谈判解决冲突

回想一下昨天发生的事情，也许你必须与其他同学就团队项目的任务达成协议。你可能与别人共用一辆车，所以你们必须就乘车的时间达成一致；或许还有谁做晚餐的问题。这些日常事件中的每一件都产生了潜在的冲突，最有可能的是，它们通过谈判得到了解决。当两个或两个以上的冲突方试图通过重新定义其相互依赖的条件来实现其不同的目标时，就会出现**谈判**（negotiation）。换句话说，当人们认为协商可以在交换或共享资源方面产生更令人满意的安排（至少对他们来说）时，他们就会进行谈判。

正如你所看到的，谈判并不是劳资双方达成集体协议时专属的一种默认惯例。每个人每天都在谈判。很多时候你甚至没有意识到你在谈判。谈判在工作场所中尤为明显，因为员工之间是相互依赖的。他们与主管就下个月的工作任务进行谈判，与客户就产品的销售和交货时间表进行谈判，与同事就午餐时间进行谈判。同样，他们偶尔也会在劳资纠纷和集体纠纷中进行谈判。

11.8.1　分配式与整合式谈判方法

在本章的前面，我们注意到一些冲突处理方式采用了赢－输导向，即认为一方必然会输，而另一方必然会赢。在谈判中，这被称为分配式谈判方法，因为谈判者认为那些卷入冲突的人必须从一个固定的"馅饼"中瓜分一部分。与之相对的观点是双赢导向，即所谓的整合式或互利式谈判方法。当谈判者认为，如果双方创造性地共同努力来找到解决方案，所涉及的资源是可扩展的而不是固定的时，这种方法就会出现。

谈判者在什么时候会采用分配式谈判方法或整合式谈判方法呢？实际情况是一个关键因素。当双方只有一个问题需要解决时，如产品价格或起薪，则采用分配式谈判方法是最常见的。当有多个问题可供讨论时，则采用整合式谈判方法更为常见。多个问题为双方提供了更大的机会，因为谈判中的每个问题或要素对双方来说都有不同的价值。举一个例子：一个买家想以较低的价格从一个卖家那里购买几十件制成品，他不需要一次性支付全部订单，但由于现金流有限，他确实需要分期付款。由于成本上升，卖方看重高价格，但也看重稳定的生产，以减少加班和裁员。通过谈判，双方了解到，分期交货对双方都有好处，如果付款可以随交货时间分摊，则买方会同意更高的价格。

谈判者通常以谨慎的整合式谈判方法开始谈判，但有时由于各方显然对有限数量的项目有类似的偏好而转向分配式谈判方法；另一个因素是个人的个性和过去的经历。有些人天生就有竞争的倾向，更倾向于分配式思维，而另一些人则更经常地认为冲突有一个综合的解决方案。

11.8.2　准备谈判

充足的准备工作是成功谈判的关键。除非你知道你想要什么、为什么想要，以及你有多大的力量去得到它们，否则你无法解决分歧。你还需要预测对方对这些因素的反应。

1. 制定目标并了解需求

成功的谈判者会制定他们想要从交易中获得的目标。同样重要的是，他们会反思他们试图从这些目标中满足什么需求。目标和需求之间的区别很重要，因为不同的目标可以满足特定的需求。例如，一个员工可能会为了晋升（一个目标）而谈判，但他真正想要的是更高的地位和有趣的工作（潜在需求）。有效的谈判者努力了解自己的需求，避免被固定的目标束缚。关注需求使谈判者能够积极地考虑不同的提议和机会，其中一些提议和机会可能比他们最初的谈判目标更能满足他们的需求。准备工作还包括在谈判开始前，根据现有信息预测对方的目标和潜在需求。

谈判者会设定一种目标，确定三个关键谈判点：他们在谈判中最初的要求是什么、他们希望在最好的情况下实现什么，以及他们能够接受的最差的结果是什么。在谈判区域模型中，每一方都表现出了这三个关键谈判点——初始点、目标点和阻力点（见图 11-4）。该模型描绘了一种纯粹的分配式谈判方法，因为它说明了一方的收益将是另一方的损失。复杂的谈判区域模型可以描述互惠互利的情况。此外，请记住，这些谈判点和谈判过程的其他方面最终是主观的、可塑的，并受到感知扭曲的影响。

初始点，即双方对对方的初始报价。这需要慎重考虑，因为它会影响谈判的结果。如果最初的报价高于对方的预期，但不会高得离谱，则它可以通过重塑对方对"高"或"低"需求的看法，将谈判定在一个更高的点上。换句话说，较高的初始报价可能会让结果更接近你的目标点，它甚至可能导致另一方降低其阻力点。假设一位未来的雇主认为你的年薪不会超过 50 000 美元，但你最初的要求是 62 000 美元。这种更高的要求可能会改变雇主对高薪的看法，以至于经过一些谈判活动后，公司对 55 000 美元的最终协议感到满意。我们面临的挑战是，要避免最初的报价设定得太高，导致对方中断谈判或形成无法恢复的失去信任的局面。

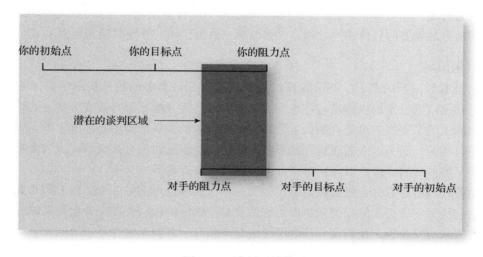

图 11-4　谈判区域模型

目标点是你对最终协议的现实目标或期望。这个谈判点必须考虑为达到这些目标而采取的备选策略，并测试有关形势的基本假设。设定较高且具体目标点的谈判者通常比目标点较低或模糊的谈判者获得更好的结果。在这方面，目标点需要具有与有效目标设置相同的特征（见第 5 章）。不幸的是，感知扭曲导致缺乏经验的谈判者形成过于乐观的预期，只有通过仔细推敲事实才能避免这种预期。

2. 了解你的 BATNA 和权力

谈判区域模型中的阻力点是你将不再做出让步的点。你如何确定你的阻力点——超过了这个阻力点你就会退出谈判？要找到答案就需要仔细比较你的目标和需求是如何通过其他方式实现的。这种比较被称为**谈判协议的最佳替代方案**（BATNA）。BATNA 会评估你在谈判中的权力，因为它代表了你离开这段关系的估计成本。如果当前谈判之外的其他方愿意与你就你需要的产品或服务进行谈判，那么你有一个很好的 BATNA，因为退出当前谈判的成本非常低。

在谈判中拥有一个以上的 BATNA 会增加你的权力。然而，一个常见的问题是，人们倾向于高估他们的 BATNA。他们错误地认为有许多其他方式来达到他们的目标，而不是通过谈判。这里给出的明智建议是积极了解各种选择，而不仅仅是正在谈判的选择。例如，如果你正在找一份新工作，你可以向一些组织具体询问。这可能会让你对自己的 BATNA 有一个更现实的了解，特别是组织对你的才能有多大的需求，以及雇主愿意为你这类人才提供什么等方面。

你在谈判中的权力取决于第 10 章中讨论的权力的来源和权变因素。例如，你有其他人所不具备的宝贵技能和经验（高专业技能和低替代性）；雇主知道你拥有这些才能（高能见度）；如果这个职位不能很快填补，公司将承受高成本或失去机会（高中心性），那么你就有更大的权力来谈判更好的起薪和工作条件。不足为奇的是，对那些拥有有利资源和权变权力的人来说，BATNA 往往更好，因为他们在市场上会有需求。

11.8.3　谈判过程

谈判过程是一个复杂的人际互动过程，涉及本书的许多主题，包括感知、态度、动机、决策和沟通。最重要的具体谈判过程是收集信息、做出让步、管理时间和建立关系。

1. 收集信息

信息是有效谈判的基石。在分配资源的情况下，某些类型的信息揭示了另一方的阻力点。信息还可以通过发现以前没有考虑到的多个维度，将分配式谈判转变为整合式谈判。例如，一次简单的工资谈判可能表明员工更喜欢基于绩效的工资，而不是固定工资。因此，共赢也许是可能的，因为现在需要谈判的变量不止一个。信息在整合式谈判中更为重要，因为各方需要了解彼此的需求，以找到对双方都有利的解决方案。

成功的谈判需要双方自愿提供信息，然而，信息共享也可能是一个陷阱，因为如果机会出现，它会给另一方更多的权力来争取更好的交易。熟练的谈判者在一开始会采取谨慎的问题解决方式来应对难题。他们在开始时缓慢地分享信息，并判断对方是否会回报。通过这种方式，他们试图和对方建立信任。

在谈判中收集信息最重要的部分是倾听和提问。因此，熟练的谈判者听取了管理大师斯蒂芬·柯维（Stephen Covey）的建议："首先寻求理解，然后寻求被理解。"他们把谈判的大部分时间都花在倾听对方并询问细节上。相比之下，缺乏经验的谈判者主要与对方谈论他们的论点和理由。

收集信息的一个核心目标是发现对方隐藏在他们的报价和谈判目标背后的需求。高效的谈判者通过提问积极地寻找信息（见图 11-5）。有些问题是开放式的，比如邀请对方描述他们的情况（工作量、成本等），然后是探究性问题（"哦，是什么导致了这种情况？"），以引出更多细节。另一方的非语言沟通在理解对方的需求方面也起着重要作用，比如他们对某些话题的关注度比其他话题多。

熟练的谈判者还会归纳对方提供的信息，并要求对方澄清，以此测试他们对对方的事实和立场的理解程度（见图 11-5）。最后，熟练的谈判者交流他们对于对方所说的话的内心想法和感受，这个部分不提出论点或建议。然而，通过反思自己的感受，谈判者鼓励对方提供有助于解决问题的更深入的信息（"你刚才说的话让我充满希望，但我对一些细节仍不确定。所以，请进一步阐述你的想法"）。

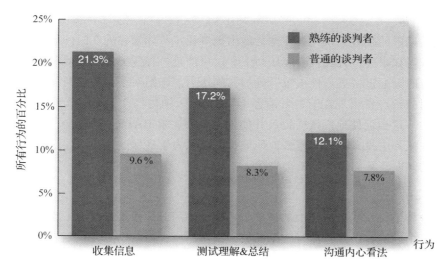

图 11-5　熟练的谈判者与普通的谈判者的信息收集和反应

注：图中百分比是指根据对 100 多个谈判会话中数十名谈判者的观察，熟练的谈判者和普通的谈判者被观察到的行为的百分比。

资料来源：Based on data from N. Rackham and J. Carlisle, " The Effective Negotiator—Part I: The Behaviour of Successful Negotiators," Journal of European Industrial Training 2, no. 6 (1978): 6–11.

2. 做出让步

在谈判时，我们大多数人都想要做出让步。让步是指一方改变谈判立场，以更接近另一方目前的立场。成功的谈判者实际上做出的让步比一般谈判者少，而且每次让步都很小，特别是在双方都知道谈判区域的分配式谈判中。即便如此，做出让步的过程对各方都很重要。

让步是沟通的一种形式，因为它向对方表明正在谈判的每个问题的相对重要性。让步也象征着双方有诚意地讨价还价的动机。事实上，谈判的一个重要特点是，当一方做出让步时，另一方也做出了相应的让步。最终，双方必须都做出让步，才能达成协议。让步需要清楚地表达出来，并应伴随着另一方会做出回报的期望。让步也应该被分期提供，因为人们从几个小的让步中获得的积极情绪比从一个大的让步中获得的更多。一般来说，最好的策略是适度强硬，并给予足够的让步来表达解决冲突的诚意和动力。

有些类型的提议和让步比其他类型的好。关键目标是发现并表明哪些问题对双方更重要、哪些不重要。假设你被要求把你最好的员工借调给另一个部门完成项目，而你正需要这些员工在现场完成其他任务，并指导初级员工。通过问题解决式协商，你发现其他部门不需要这些员工，相反，该部门的主管主要想得到一些保证，以确保这些员工能够随时待命。最终的结果是，你的部门保留了（对你很重要的）员工，而其他部门得到了保证。这些员工将在特定的时间用于完成其他部门的项目（对他们很重要）。

要弄清楚问题对各方的相对重要性，一种方法是提出多个问题，而不是一次只讨论一个问题。例如，你可以向客户提供特定的价格、交货日期和保修期。另一方的还价表明多个项目中哪些对他们更重要、哪些对他们不太重要。你随后的让步同样表明每个问题对你的团队有多重要。

3. 管理时间

随着最后期限的临近，谈判者往往会做出更多让步。如果你处在时间压力下，这可能是一种负担，或者如果另一方处在时间压力下，这可能是一种优势。在彼此关系中握有更多权力的谈判者有时会通过"爆炸性提议"施加时间压力，即给对手很短的时间来接受他们的提议。这些限时报价经常出现在消费者销售（"仅限今天销售！"）和一些工作机会中。他们会产生时间压力。这会促使他们接受提议并使他们丧失探索 BATNA 的机会。另一个时间因素是，一个人在谈判中投入的时间越多，他或她就越致力于确保达成协议。这种承诺增加了做出无理让步的倾向，从而使谈判不会失败。

4. 建立关系

建立和维持信任在所有谈判中都很重要。在纯粹的分配式谈判情况下，信任让双方专注于问题而不是个性。在谈判停滞时激励他们回到谈判桌，并鼓励双方参与未来的谈判。信任在整合式谈判中也很重要，因为它激励各方共享信息并积极寻求互惠互利。

如何在谈判中建立信任呢？一种方法是发掘共同的背景和兴趣，例如，你住过的地方、最喜欢的爱好和运动队等。如果双方之间存在实质性差异（年龄、性别等），请考虑增加与对方背景非常匹配的团队成员。第一印象也很重要。回想一下本书前面的章节，人们会在几分之一秒内对传入的刺激产生情绪。因此，你需要对自己的非语言暗示、外表和最初的陈述保持敏感。

发出可信赖的信号也有助于加强关系。我们可以通过证明我们可靠、信守承诺并与另一方共享目标和价值观来做到这一点。信任度还可以通过对谈判过程达成共识而提升，包括其对速度和时间的规范和期望。最后，建立关系需要情绪智力。这包括管理你向对方展示的情绪，特别是避免出现优越感、侵略感或迟钝感。情绪智力还涉及管理对方的情绪。我们可以使用恰到好处的吹捧、幽默和其他方法来让每个人都保持良好的心情并缓解不正常的紧张情绪。

11.8.4　谈判情景

谈判的有效性在某种程度上取决于谈判发生的环境。三个关键的情景因素是地点、物理环境和观众特征。

1. 地点

在自己的地盘上谈判更容易，因为你熟悉谈判环境，能够保持舒适的作息。此外，谈判过程中不需要应对与旅行相关的压力或依赖他人资源。当然，当事件发生在你自己的地盘上时，你不能轻易退出谈判，但这通常是一个小问题。考虑到主场的战略利益，许多谈判者同意在中立地点进行谈判。电话、视频会议、电子邮件和其他形式的信息技术可能会避免地点问题，但熟练的谈判者通常更喜欢面对面会议的媒介丰富性。零售地产巨头 Westfield 集团的联合创始人弗兰克·洛伊（Frank Lowy）表示："电话对谈判来说'太冷了'。我无法从声音中得到我需要的所有线索。我需要通过触摸和感觉去了解，而且我需要看到另一个人。"

2. 物理环境

双方之间的物理距离和环境的形式会影响他们对彼此和争议问题的定位。座位安排也是如此。面对面坐着的人更有可能对冲突情况产生一种赢 - 输导向。相比之下，一些谈判小组故意将参与者散布在桌子周围，以传达双赢导向。还有人在安排座位时让双方面对白板，以暗示双方面临相同的问题或议题。

3. 观众特征

大多数谈判者都有观众——任何对谈判结果有既得利益的人，比如高管、其他团队成员或公众。与观众只看到最终结果的情况相比，当观众观察谈判或了解有关过程的详细信息时，谈判者往往会采取不同的行动。当观众直接监督程序时，谈判者往往更具竞争性、更不愿意做出让步，并且更有可能对另一方采取强硬的策略。这种"强硬"行为向观众表明，谈判者正在为他们谋取利益。在观众的注视下，谈判者也更有兴趣挽回面子。

11.8.5　性别与谈判

在谈判中，女性的经济成果往往不如男性。女性倾向于设定较低的个人目标点，并且更有可能接受刚好高于她们阻力点的提议。男性设定了很高的目标点，并推动尽可能接近他们的目标点以达成交易。与男性相比，女性也不太可能使用替代方案来改善自己的结果。对这些差异的一种解释是，在交换中，女性比男性更重视人际关系，这与本章前面讨论的冲突处理方式存在性别差异的原因是一致的。给予更多的让步，甚至完全避免谈判过程（接受被雇用时提供的薪水）是女性试图保持良好关系的方式。这也与女性更不喜欢谈判活动的证据相一致。

然而，谈判结果中的性别差异不仅仅是因为能力和动机。各种调查报告显示，女性在谈判时的待遇比男性差。女性谈判者被对方欺骗的风险明显高于男性，并且比男性接受同样的工作或产品时获得的优惠要少得多。例如，一项研究中的男性和女性进入二手车停车场并询问其中一辆汽车的价格，而对于同一辆车，汽车经销商对男性的报价低于对女性的报价。第二个问题是，女性谈判者使用有效而坚定的谈判策略，比如做出更少、更小的让步，会比男性谈判者更不受对方的欢迎。这种反应可能是因为一些有效的谈判活动违反了对女性的刻板印象，所以在做同样的事情时，女性被认为比男性更具侵略性。结果是，谈判的另一方变得不那么信任对方，并采取更强硬的策略。

幸运的是，当女性接受培训并获得经验时，她们在谈判中的表现和男性一样好。当情况表明需要谈判时，女性也会很好地谈判，比如，当一个职位空缺表明工资可以协商时。对女性来说，改善谈判结果的另一个因素是她们对预期讨价还价范围的了解程度。例如，当女性了解该职位的工资范围时，她会协商到一个更好的起薪。克利夫兰 CBIZ 保险服务公司的高管克里斯汀·皮德说："我之所以能在谈判桌前知道自己的价值应该是多少，是因为我做过研究。"皮德在讨论新工作的薪酬待遇之前，查阅了行业薪酬调查数据。

◨ 本章概要

11-1　定义冲突并讨论其在工作场所的积极和消极结果

冲突是一方认为其利益受到另一方反对或负面影响的过程。最早的冲突观点认为它对组织来说是不正常的。即使在今天，我们也认识到冲突有时或在某种程度上会消耗生产时间、增加压力和导致工作不满、阻碍协调和资源共享、破坏客户服务、助长组织政治并破坏团队凝聚力。但冲突也可能是有益的。众所周知，它可以激发人们对问题及问题的解决方案进行更积极的思考，鼓励在环境中更积极地监控组织，并提高团队凝聚力（当冲突源来自外部时）。

11-2　区分任务冲突与关系冲突，并描述在任务冲突期间最小化关系冲突的三种策略

当人们集中围绕问题进行讨论，同时对持有其他观点的人表示尊重时，其结果就是任务冲突。当人们将讨论的焦点集中在争议中的人的品格时，就会导致关系冲突。也就是说，冲突方将彼此而非问题视为冲突的根源。当人们互相攻击对方的信誉、维护自己的优越地位，并对对方表现出攻击性时，关系冲突就会出现。要将任务冲突与关系冲突分开很难。在建设性辩论中将关系冲突降到最低的三种策略或条件是：情绪智力、团队发展，以及支持心理安全的规范（一个共同的信念，即参与人际冒险是安全的）。

11-3　绘制冲突过程模型，并描述组织中冲突的六个结构性来源

冲突过程模型从冲突的六个结构性来源开始：不兼容的目标、差异（不同的价值观和信仰）、相互依存、资源稀缺、模糊的规则和沟通问题。这些来源导致一方或多方感知冲突并体验冲突情绪，并会产生明显的冲突，比如对另一方所采取的行为。冲突过程往往会在一系列事件中升级。

11-4　概述五种处理冲突的方式，并讨论最适合每种方式的情境

有五种已知的冲突处理方式：问题解决、强迫、回避、让步和妥协。使用问题解决的人有双赢的倾向。其他方式，尤其是强迫，需要设定赢 - 输导向。通常，人们倾向于选择一种或两种与他们的个性、个人和文化价值观以及过去的经验相匹配的首选冲突处理方式。最佳方式取决于具体情况。当利益并非完全对立，各方相互信任或问题复杂时，问题解决是最好的。当争端需要快速得到处理，或你的立场在逻辑上和道德上都强势，且另一方会利用合作方式得益时，强迫的效果最好。当冲突变得情绪化，双方有强烈的动机维持和谐，或者问题解决的成本大于收益时，回避是首选。当问题对你来说不那么重要，你的立场的价值或逻辑不太清晰，双方想要保持和谐，而另一方拥有更大的权力时，让步是很有效的。当问题单一（不复杂），利益对立，双方时间紧迫，要保持和谐、权力平等时，妥协是首选。

11-5　将六种结构性方法应用于冲突管理，并描述第三方介入的冲突解决的三种类型

通过六种结构性方法来管理冲突。其一是增加各方对最高目标的承诺。最高目标是指

冲突中的员工或部门所重视的目标，其实现需要各方的共同资源和努力。另一种方法是减少冲突各方之间的差异，例如，将员工临时分配到其他工作单位，在整个组织的整个职业生涯中轮换员工，以及建立强大的组织文化。第三种方法是加强沟通和相互了解。这可以通过工作空间的设计来实现，让不同的群体能够巧合地混在一起，参加跨群体应用乔哈里资讯窗原则的研讨会，以及通过组间镜像干预来实现。第四，可以通过减少相互依赖来将冲突降到最低，例如，通过创建缓冲区、任用综合员或合并作业去进行。冲突管理的最后两种结构性方法涉及增加资源和制定明确的规则和程序。

第三方介入的冲突解决是指由相对中立的人帮助双方解决分歧。第三方介入冲突解决的三种主要方式是调解、仲裁和审讯。管理人员倾向于使用审讯方法，但在某些情况下调解和仲裁通常更合适。

11-6　讨论在准备谈判、谈判过程和谈判情景中提高谈判效率的活动

每当两个或多个冲突方试图通过重新定义相互依赖的条件来解决他们不同的目标时，谈判就会出现。当双方只有一个问题要解决时，分配式谈判是最常见的，例如，产品价格或起薪点。当有多个问题可供讨论时，整合式谈判更为常见。高效的谈判者会做好充分的准备，包括确定谈判的初始点、目标点和阻力点；了解目标背后的需求；并了解谈判协议的最佳替代方案（BATNA）。

在谈判过程中，高效的谈判者更注重收集而不是提供信息。他们试图确定对方的潜在需求，而不仅仅是对方所陈述的立场。他们很少做出让步，但他们会战略性地利用让步来发现对方的重点事项并保持信任。他们尽量避免时间陷阱（在对方设定的最后期限内进行谈判），并通过互动与对方保持积极的关系。谈判情境的特征，包括地点、物理环境和观众特征等。它们对于成功的谈判也很重要。

🔲 关键术语

谈判协议的最佳替代方案	冲突	谈判	心理安全
关系冲突	上级目标	任务冲突	
第三方介入的冲突解决	赢 - 输导向	双赢导向	

🔲 批判性思考

1. 区分任务冲突和关系冲突，解释如何在保持一定程度的任务冲突的同时最小化关系冲突。

2. Creative Toys 公司的首席执行官阅读了日本公司的合作理念，并发誓要将同样的理念带给公司。该政策的目标是避免所有冲突，让员工能够合作共事，并让员工在 Creative Toys 工作时更快乐。讨论该 CEO 实行这项政策的优点和局限性。

3. 在一家法国公司收购一家瑞典公司后不久，管理人员之间发生冲突。瑞典公司认为法国公司的管理层等级森严、傲慢，而法国公司则认为瑞典公司的人天真、谨慎、缺乏成就导向。找出最能解释这种冲突的冲突来源，并描述在这种情况下减少不正常冲突的方法。

4. 假设你是世界上饱受战争蹂躏的地区的维和特派团总司令的特别助理。该部队由来自美

国、法国、印度和其他四个国家的数千名维和部队成员组成，部队内的成员将共同工作大约一年。你将建议采取哪些策略来增进部队内成员的相互了解并尽量减少他们之间的冲突？

5. 首席运营官（COO）注意到，在公司的墨西哥生产部从事制造运营的员工对芝加哥公司总部的工程师做出的一些生产工程决策不满意。与此同时，工程师们则抱怨生产部的员工没有正确应用他们的工程规范，并且他们不明白为什么要制定这些规范。COO认为，解决此冲突的最佳方法是在一些工程师和代表墨西哥生产部的员工之间进行坦率与公开的讨论。这种公开对话的方式最近在该公司芝加哥总部的管理人员中很有效，因此在工程师和生产部的员工之间也应该同样有效。根据你对沟通和相互理解作为解决冲突方式的了解，讨论该COO的提议。

6. 描述解决员工或工作单位之间纠纷的审讯方法，讨论它在组织环境中的适用性，包括它在多代际员工中使用的适用性。

7. Jane刚刚被任命为Tacoma Technologies公司的采购经理。最近退休的前任采购经理以对供应商采取"赢家通吃"的方式而闻名。他不断争取更多的折扣，并对供应商提出的任何特别要求持怀疑态度。一些供应商拒绝与Tacoma Technologies开展业务，但高管层相信这位前采购经理的方法可以最大限度地降低公司的成本。Jane想尝试一种更具协作性的方法来与供应商合作。她的方法会奏效吗？她应该如何在未来与供应商的谈判中采用更具协作性的方法？

8. 你是一名新的项目经理，负责重要的资金和对外关系。由于你所在地区的裁员问题，你失去了两个有价值的员工（实际上是1.5个人，因为第二个人是兼职；她曾是你的经理，并且是培训你的人）。你在新工作岗位上工作了大约两周，然而，你已经在这个部门工作了一年多。从你的经理的角度来看，你已经了解如何管理这个系统。你现在接替了她的工作。突然间，一个资深人士（不是你这个领域的）来找你，说他占用了你的大部分空间（当时公司不得不解雇1.5个人）。他没有征求你的同意，也不关心你的反应。你该怎么办？

9. Laura即将与她的新经理重新就自己的工作角色谈判。她从小道消息中得知，新经理是一个强硬的谈判者，竞争性很强，不愿意考虑别人的需求。她还听说，即使新经理在谈判中做出让步，他也经常不遵守诺言。如果你是Laura，你会为这次谈判做什么准备？

💿 案例研究 1

Maelstrom 通信公司

销售经理罗杰·托德（Roger Todd）怒不可遏。正如他所说的，多亏了"那些近视眼的笨蛋"，他差点失去了一个顶级客户。当被告知托德的投诉时，高级服务人员内德·罗森反驳说："这很重要。只要托德先生察觉到哪怕是最微小的销售可能性，他就会立即向客户信誓旦旦地做出承诺。在他们限定的时间内，我们不可能提供他们要求的服务，也不可能完成他们可以接受的工作。"

这种感觉在罗杰和内德所在的Maelstrom通信公司的部门里很常见。销售和服务是这个公司的两个主要职能，但其似乎从来没有在任何事情上做到意见一致。这些问题可以追溯到公司的历史中，甚至在多年前罗杰或内德被雇用之前。

Maelstrom 通信公司是一家特许分销商，属于全国性公司网络。该公司向中小型公司销售语音、移动、数据和云电信产品。Maelstrom 通信公司与硬件市场上最大的国家电信公司是直接竞争对手。设备安装和维护服务是 Maelstrom 通信公司提供的整套服务的一个组成部分。

现代通信系统的硬件是高度精密的，几乎没有系统用户拥有技术知识来对自己的设备进行维修。良好的服务记录对该领域任何公司的成功都至关重要。在直接销售 Maelstrom 系统之后，销售人员要与客户保持联系。没有什么比听到客户没有得到在销售时承诺的服务更让销售人员讨厌的了。另一方面，服务技术人员抱怨说，每当首选客户需要重新连接哪怕是最简单的光纤电缆时，他们就会被销售人员纠缠。正如内德·罗森所说："我不记得上次收到的服务请求不是来自首选客户的紧急情况是什么时候了。"

Maelstrom 通信公司的所有者兼总裁阿尔·惠特菲尔德（Al Whitfield）拥有强大的销售背景，他将销售部门视为公司的核心部门。他参与所有重大决策，并对他注意的任何事项拥有最终决策权。他大部分时间都与销售和营销人员一起工作，很少关心服务部门的日常活动，除非出现某种重大问题。

Maelstrom 通信公司层级中的下一位是负责生产的副总裁劳伦斯·亨德森（Lawrence Henderson）。亨德森负责所有与工作相关的设备和材料的采购与分配，以及所有服务部门活动的安排。他的关注重点主要在服务部门。

每周，惠特菲尔德、亨德森和销售团队的所有成员都会在 Maelstrom 通信公司的会议室举行会议。销售人员向亨德森提出他们的需求，以便可以订购设备和安排工作。此时，客户向销售人员报告的服务请求也会转达给亨德森。一旦生产部门接到服务订单，销售人员除了在每周例会上得到反馈之外，不会收到任何关于订单处理的反馈（除非客户直接向他们投诉）。销售人员通常认为他或她的账户一切正常，而事实上，他们得到的可能是延迟服务或根本没有服务。当愤怒的客户打电话向销售人员抱怨时，就启动了导致纠纷的机制，例如罗杰·托德和内德·罗森之间的纠纷。

在 Maelstrom 通信公司，当销售人员的要求没有得到服务部门的满足时，他们去亨德森那里投诉已经变得越来越普遍。亨德森越来越倾向于站在服务部门这一边，告诉销售人员必须遵守服务部门现有的优先事项，任何销售请求都必须等待重新安排。在这种时候，销售人员唯一的办法就是去找惠特菲尔德，他总是同意销售人员的意见，并指示亨德森采取适当的行动。这些事情都很耗时，只会在总裁和负责生产的副总裁之间产生摩擦。

讨论题：
1. 是什么情况造成了这个案例中的冲突？
2. 组织应该采取什么行动来更有效地管理冲突？

◻ 案例研究 2

Discord 投资公司

当 Discord 投资公司引入一家全球信息技术（IT）咨询公司来建立一个新的客户/服务

器网络时，该公司没想到会发生如此多的冲突。Discord 没有将其信息系统活动外包的计划，但其 IT 员工担心硬件安装完成后他们会被替换或转移到咨询公司。这种风险使他们有些不愿意向咨询公司的顾问提供其有效完成工作所需的有关 Discord 运营的详细信息。

Discord 的 IT 员工私下互相警告："为什么我们要把我们知道的告诉他们，结果就是我们丢了工作，或者至多被外包给一些不知名的机构。"顾问们感觉到了这种不情愿，但 Discord 的员工将他们的担忧藏在心里。

时间安排是 Discord 的 IT 员工和外部顾问之间产生分歧的另一个原因。每周，顾问们都会从其他城市飞到 Discord 的办公室，通常每天工作 12 小时，从周一到周四，然后在周五又飞回他们自己的城市。Discord 的员工住在公司办公室附近，周一到周五的工作时间固定，通常是朝九晚五，有 1～2 小时的弹性时间。顾问们担心，如果 Discord 的 IT 员工在他们在现场的两三个月内不适应他们的日程安排，项目就会被推迟。IT 员工抱怨说，顾问们的日程安排意味着他们常规的业余生活会受到严重干扰，例如，参加夜校活动、与家人共度时光，或者在一周内参加体育运动和其他社交活动等。

最后，关于谁应该领导这个项目，最严重的分歧爆发了——是 IT 经理还是外部顾问？Discord 的高管试图通过将领导角色交给顾问来平息争端，但这一决定只会加剧紧张局势。问题是 Discord 的 IT 员工会在外部顾问离开后很长一段时间内负责这个系统，因此他们感到被顾问的权力限制住了。

讨论题：

1. 确定并解释本案例中冲突的主要来源。
2. 为了更有效地管理冲突，组织应该立即采取哪些行动，以及为未来的咨询干预采取哪些措施？

◼ 课堂练习　冲突处理事件

目的： 本练习旨在帮助你了解在组织环境中选择首选的冲突处理方式时要考虑的因素。

指导：

第一步：学生将阅读下面列出的三个事件中的每一个，并从每个事件的五个备选方案中选择最合适的回应。

第二步（可选）：教师可以要求每个学生完成冲突处理风格量表（如果教师指定，可在 Connect 中使用）或类似的工具。该工具将估计你首选的冲突处理方式。

第三步：作为一个班级，学生从提供的五个备选方案中找出他们最喜欢的两个备选方案。他们讨论了在做出这些选择时所考虑的情境因素。

第四步（可选）：学生将对三个事件的反应与冲突处理自我评估的结果进行比较。讨论的重点是每个人偏好的冲突处理方式在多大程度上影响他们在这项活动中的选择，以及这种偏好对管理组织冲突的影响。

事件 1

背景

你在一家在大城市拥有十几家影像诊断诊所的公司担任超声医生。超声医生是使用超声医疗设备为医疗诊断创建图像的医疗专业人员。你被分配到多个诊所，在每个诊所停留几天或一周。你通常会轮换离家最近的四家诊所，但偶尔也会被分配到公司在该市的其他七家诊所之一。每天，诊所都会将六名超声医生中的每一个分配到一个特定的诊室，他们会接待由诊所行政人员预先预约的患者。公司拥有多个品牌和型号的超声波设备（GE、东芝、西门子、飞利浦等），因此部分诊室的设备不同。每台超声波仪器都有相似的功能，但工作人员往往对某种型号比其他型号有更多的经验和偏好。此外，某些仪器更易于用于某些目的（如扫描、视频成像）或具有更现代化的控制或显示。

这一天，你被分配到一个你过去只工作过几次的诊所。当你进入指定的诊室时，你看到另一位超声医生已经在准备当天使用的设备了。这位超声医生解释说，她决定使用这个诊室，因为她不喜欢其他诊室里分配给她的超声波设备。她说诊所很少安排她去另一间诊室。她说你可以去她指定的诊室。说完，她转过身去继续准备她的设备。你可以在另一个诊室的设备上工作，尽管它也不是你最喜欢的仪器。此外，你从预约表中注意到，今天有一个患者需要进行一种特殊类型的扫描，使用其他诊室的设备比在你被分配到的诊室里完成扫描要困难得多。你几乎不认识这位超声医生，她漫不经心地进入分配给你的诊室似乎有些冒昧，但她的解释并没有攻击性或威胁性。她经常在这家诊所工作，而你很少被分配到这家诊所。你认为诊所管理层对分配给哪个人、哪个诊室并不太在意。

事件 1 的行动备选方案

请在下表提供的空白处写上适当的数字，从以下备选方案中指明你的第 1 个和第 2 个选项。

行动备选方案	排名（第 1、2 名）
①你告诉另一个超声医生，她必须回到她指定的诊室，或者和另一个超声医生交换诊室。如果她拒绝，你声称将要求诊所经理强制分配诊室	
②你礼貌地告诉这位超声医生，作为对她的帮助，你可以让她使用分配给你的诊室（她已经占用了）	
③考虑到离诊所开业还有半小时，你要求超声医生花几分钟讨论她的需求和偏好，以确定是否有一些解决方案可以让你们双方都受益	
④你告诉该超声医生，她可以在一天中大部分时间使用分配给你的诊室，但当你有预约时，必须与你交换诊室，因为这个诊室的设备能更好地服务患者	
⑤你什么也没说，从指定给你的诊室里走出来，在指定给另一个超声医生的诊室里工作。之后，你找一些借口（比如开车距离太远）向公司的中央管理部门解释为什么他们以后不应该派你去这个诊所	

事件 2

背景

你是一家全国性建筑用品制造商和批发商的区域销售经理，管理一个地区的 8 名销售人员。你和其他 14 位区域销售经理直接向公司的全国销售总监汇报。全国销售总监位于另一个城市的总部。差不多两年前，你被提升到这个职位，并对全国销售总监在几个关键销售管理决策上的模棱两可感到越来越沮丧。全国销售总监告诉区域销售经理，他有权就常见的销售问题做出决策，如大宗采购交易、处理客户投诉，以及分配销售人员培训预算等。然而，在没有任何警告的情况下，全国销售总监往往会介入并推翻你的一些决策（显然还有其他区域销售经理的决策）。这些干预似乎与任何潜在的理由或政策都不一致，而且全国销售总监对这些行动的解释也同样迟钝。

你已经从其他人身上以及个人观察中了解到，当有人不同意全国销售总监的观点时，他有时会变得暴躁。从长期来看，全国销售总监通常对他的区域销售经理相当好，但如果直接下属质疑他的智慧，他可能会短暂地报复。到目前为止，你只是礼貌地要求全国销售总监解释为什么他改变了一些决策。然而，这对你来说正成为一个重要的问题，因为全国销售总监的行为使你很难做出决策。此外，有些直接下属已经感到不太自信，他们不知道你的决策是否会持续足够长的时间，以便他们能够规划自己的工作。大家都知道你工作表现出色，但全国销售总监并不认为你的表现比其他区域销售经理好。

事件 2 的行动备选方案

请在下表提供的空白处写上适当的数字，从以下备选方案中指明你的第 1 个和第 2 个选项。

行动备选方案	排名（第 1、2 名）
①你决定不向全国销售总监提出这个问题，因为这个分歧不值得拿你的职业生涯冒险。相反，你经常提醒销售人员，你的决定可能会被全国销售总监推翻	
②你安排一次与全国销售总监的会面，并坚持认为你应该对具体的区域销售决策有明确的决策权。如果全国销售总监想要改变任何决策，你强调在改变决策之前，他应该先和你谈谈，并达成共识	
③你和全国销售总监谈论他改变决策的做法。你建议他可以在一些特定的事情上改变决策，这些事情的决策变化破坏性较小（如培训预算的分配），但不会干扰区域销售经理其他类型的决策（如处理客户投诉）	
④你与全国销售总监会面，讨论撤销决策的问题。你让全国销售总监想办法让你去做出决策，而不要让全国销售总监觉得有必要推翻某些决策	
⑤你试图通过延迟做出那些你认为被全国销售总监推翻的风险较高的决策，以此来降低你的决策被推翻的风险，即使你最终需要针对这些事情采取行动	

事件 3
背景

你是一家全国性公司的经理，负责运营分析。该公司将柑橘类水果加工成果汁、浓缩液、油与香精、果肉细胞与干果。该公司拥有多个加工厂，并应用特定的测量指标来确定其效率和有效性。公司的执行团队越来越依赖你提供的季度报告和其他分析来做出有关未来投资、产品变更、预算等的重要决策。事实上，你及时提供高质量运营绩效信息的能力提高了你在组织中的声誉和影响力。你的季度报告取决于每个生产设施，这些设施提供完善的在线报告系统中确定的原始数据。

按照既定的时间表，高级管理层预计将在本周晚些时候收到你的下一个季度报告。但是，佛罗里达工厂的葡萄柚生产经理本·埃斯托巴还没有提交关键信息，以让你去完成你的季度报告。本没有回复你的电子邮件提醒，所以你给他打了个电话。在那次谈话中，本说他太忙了，无法在接下来的几天内获得所需的信息。他解释说，他之所以再推迟一两周，是因为现在是葡萄柚加工的旺季。他过去从未有过延迟提交数据的情况。你提醒本，他的信息对完成你的季度报告很重要，而你的季度报告对高管决策和公司长期取得成功非常关键。你在公司的职位和资历都比本·埃斯托巴高。本很友好，很少在任何方面咄咄逼人，但众所周知，他会歪曲事实，让他自己的立场看起来更有利。

事件 3 的行动备选方案

请在下表提供的空白处写上适当的数字，从以下备选方案中指明你的第 1 个和第 2 个选项。

行动备选方案	排名（第 1、2 名）
①告诉本·埃斯托巴，你理解他的工作截止日期，并尝试通过估计他的数据来准备报告，比如通过上个季度的数据来推断	
②与本·埃斯托巴和其他经理会面，找出一个更长期的解决方案，尽可能完全避免一个或多个经理未能按时提交运营数据的风险	
③给本·埃斯托巴下最后通牒，他必须在明天下午之前提交你所需的资料。如果他不这样做，你将要求首席运营官（你和本·埃斯托巴的经理向他汇报）迫使他在本周提供运营数据	
④选择一个折中的时间，让本·埃斯托巴把最重要的信息（大概是所需信息的一半）发给你，然后你将根据自己的判断来填补缺失的信息	
⑤询问高管团队，如果可能的话，他们是否愿意把你的季度报告推迟 1～2 周	

◪ 团队练习 金橘冲突角色扮演

目的： 本练习旨在帮助你了解人际和群体间冲突的动态，以及在特定条件下使用谈判策略的有效性。

材料： 老师将为 Rexa 博士、Chan 博士和一些观察员分配角色。在理想情况下，每次谈判都应在私人区域内进行，远离其他谈判。

指导：

第一步：老师将班级分成偶数个团队（通常每队 4 或 5 名学生，但更大的队可以容纳更大的班级）。一名学生将自己从团队中移除，成为该团队和谈判的独立观察员（例如，若有 10 个团队，则有 10 个观察员）。一半的团队将扮演 Rexa 博士的角色，另一半将扮演 Chan 博士的角色。

第二步：老师描述活动，并宣读农民合作社代表 Cathal 的声明。该农民合作社种植了世界上唯一的 Caismirt 金橘。老师还将说明准备谈判和实际谈判的时间框架。

第三步：组成团队并阅读说明后，老师分配角色。每个团队中的成员都有很短的时间（通常是 10 分钟）来了解他们的角色并决定他们的谈判策略，但老师可以选择其他时间限制。

第四步：在他们阅读自己的角色和讨论策略后，每个 Chan 博士团队与 Rexa 博士团队配对并开始谈判。观察员将从老师处收到观察表，并在谈判前和谈判后观察双方的谈判。

第五步：在练习结束时，全班同学将对谈判进行详细的汇报。观察者、谈判者和老师讨论他们的观察与经验以及对冲突管理和谈判的影响。

资料来源：这个练习是由 Steven L.McShane 开发的。它的灵感来自 D.T.Hall、D.D.Bowen、R.J. Lewicki 和 F.S.Hall，*Experiences in Management and Organizational Behavior*（芝加哥：St.Clair 出版社，1975）。这本书的灵感还来自 R.Fisher 和 W.Ury 所描述的关于两姐妹的事件，*Getting to Yes：Negotiating Agreement without Giving In*（New York：Penguin 出版社，1981）。

第 12 章

组织体系中的领导力

:: 学习目标

学习完本章，你应该能够：

- 定义领导力和共享领导。
- 描述变革型领导的四个基本要素并解释为什么它们在组织变革中很重要。
- 比较管理型领导与变革型领导，并描述以人为本型、任务导向型以及公仆型领导的特征。
- 讨论路径 – 目标领导理论以及领导替代理论的要素。
- 描述内隐领导力理论的两个组成部分。
- 分辨与有效领导相关的八项个人特质，并描述本真型领导。
- 讨论领导力的文化和性别差异。

:: 开篇案例

愿景和榜样的力量

初创公司 Dayforce 曾研发了一款世界一流的劳动力管理软件，拥有员工调度和预测等功能。然而，由于缺乏成熟的市场定位，公司陷入了困境。公司创始人兼首席执行官大卫·奥西普（David Ossip）看到了与总部位于明尼阿波利斯的 Ceridian 公司合作的机会。Ceridian 是一家在薪资系统领域非常成熟的全球性组织，他们正急需新的产品和服务。一年后，Ceridian 公司收购了 Dayforce，不到一年时间，奥西普被任命为整个公司的首席执行官。

奥西普第一次来到 Ceridian 公司的办公室时，他意识到公司需要一场由领导者引领的变革。奥西普回忆道："仔细观察 Ceridian 后，我的结论是，为了推动员工参与，以及提高客户互动和市场份额，这个组织必须改变其文化。"员工对 Ceridian 公司的未来没有兴趣，对高级管理人员也缺乏信任。大部分员工被孤立在各自的行政楼层。

奥西普为员工制定了更具吸引力的愿景。奥西普解释说："我们的全球关注点不仅仅是确保员工薪资合理。在 Ceridian，我们的品牌承诺是'让生活更美好'——我们相信我们的解决方案和我们的员工会让全球各地员工的工作与生活更美好，无论他们在组织内扮演什么角色。"奥西普亲自前往 Ceridian 在全球的办公地点，与员工讨论并展示了他对公司新愿景和新价值的个人承诺。奥西普说："基本上，我的工作是与许多人互动。我经常前往不同地方，与 Ceridian 内部的每个人进行交流。"

奥西普取消了行政楼层，并引入了一个训练计划，以帮助经理们更有效地与员工沟通公司愿景。奥西普谨慎地挑选了一支新的高管团队。他们都相信公司的愿景和价值观。结果，员工对公司的信任度提高了，因为经理们的行为与公司的愿景和价值观相一致。

奥西普表示："当员工看到领导团队遵循他们所信仰的价值观时，有助于提高他们对组织的信任度和信誉。"奥西普最近在 Glassdoor 网站上获得了所有商业领袖中最高的员工评分。这一点得到了 Ceridian 的员工的积极回应。

Ceridian 的一位员工表示："来 Ceridian 之前，我在其他公司工作过，我很欣赏领导团队能一直言出必行，积极寻求反馈并根据反馈做出改进。"

Ceridian 的变革展示了大卫·奥西普和其他领导者如何对组织的生存与成功产生影响。这个案例还突出了一些特定的领导主题，如愿景、榜样作用以及领导者的个人特质（领导力的完整性和自我概念）。领导力是组织行为领域研究和讨论最多的主题之一。谷歌搜索结果中有 14 亿个与领导力相关的网页。谷歌学术列出了 337 000 篇标题包含领导或领导力的期刊文章和书籍。在过去的五年中，亚马逊每年平均新增 2 500 本名字包含领导或领导力的英文书籍。

领导力之所以备受关注，是因为我们都被某些能够激励一大批人的能力吸引了。这一章将从变革、管理、内隐力以及胜任力四个方面探讨领导力。尽管有些观点比其他观点更受欢迎，但每种观点都有助于我们更全面地理解这个复杂的主题。最后，本章还将关注组织领导中的跨文化和性别问题。但首先，先让我们明确领导力和共享领导的含义。

12.1　什么是领导力

几年前，来自全球的许多领导力研究专家达成了一致意见：**领导力**（leadership）是指影响、激励并使他人能为所属组织的有效性和成功做出贡献的能力。这个定义有两个要素，第一，领导者通过劝说和其他影响手段来激励他人。他们运用自己的沟通技巧、奖励方式，以及其他资源激励一个集体去实现有挑战性的目标。第二，领导者是推动事情完成的人。他们分配资源、调整工作关系、减少外界干扰和使其他工作环境发生变化，以使员工更容易地实现组织目标。

共享领导

空中客车工业公司雇用了来自 130 个国家的 13 多万名员工。尽管这家欧洲航空航天公司拥有数以千计的管理人员和高管，但其仍认为员工无论担任什么职位都应承担领导角色。事实上，该公司最近在法国图卢兹开设了空中客车领导大学，旨在服务所有员工，因为该公司坚信每个人都是领导者！

尽管该公司拥有许多正式领导岗位，但其认识到领导不仅仅是组织结构中的一项特定职责。换句话说，领导不仅仅是由特定人员担任的职务。当每个员工在不同的情况下、不同的时刻承担领导责任时，公司能够更加高效。

这种新兴的观点被称为**共享领导**（shared leadership）。共享领导基于这样一个理念：正式的领导者不能，也不应该尝试执行所有的领导任务。取而代之的是，员工在需要时相互领导。当员工说服同事尝试新的工作活动或介绍新技术时，就存在共享领导。当员工通过社会支持或组织公民行为相互帮助时，共享领导也存在。当员工让彼此专注于任务和截止日期时，共享领导也存在。正如菲亚特克莱斯勒（Fiat Chrysler）的前首席执行官塞尔吉奥·马尔乔内（Sergio Marchionne）几年前所宣称的那样："我们摒弃了菲亚特长期以来的伟人领导模式，创造了一种人人都被期待去当领导的文化。"

共享领导是对正式领导的补充，也就是说，员工与正式管理者一起领导，而不是代替管理者。然而，戈尔公司（W. L. Gore & Associates）、塞氏公司（Semco SA）、维尔福软件公司（Valve Corporation）、晨星公司（Morning Star Company）和其他一些公司几乎完全依靠共享领导，因为其组织结构中没有任何正式的领导者。实际上，当戈尔公司的员工在年度调查中被问及"你是领导者吗？"时，50% 以上的人回答"是"。

要实现共享领导，正式领导者需要愿意赋予员工权力、鼓励他们主动行动，而且不害怕承担失败的风险（即以学习为导向的企业文化）。共享领导会在组织中蓬勃发展。共享领导需要合作型而不是内部竞争型的文化，因为当同事支持员工主动时，他们才会承担共享领导角色。此外，由于共享领导缺少正式的权威，所以当员工学会通过热情、逻辑分析以及让同事参与他们的想法和愿景去影响他人时，共享领导的效果最好。

○ **全球链接 12-1**

EllisDon：领先的建筑公司

在 EllisDon 公司，领导者不仅仅是从事管理工作的人。这家加拿大建筑服务巨头认为，领导力延伸到组织中的每一位员工。

"每个人都是领导者，每个人都对对方负责，并且每个人都参与到整个公司的成功中。"EllisDon 公司的首席执行官杰夫·史密斯（Geoff Smith）说，"这是我们公司的领导理念。"EllisDon 公司通过设定目标并给予员工高度的自主性去完成目标，以支持共享领导。史密斯说："找到优秀的人，给他们权力，给他们支持，然后不干扰他们，接着你就培养了身边的领导者。"

12.2　变革型领导观点

大部分领导力理念与实践可归纳为四个观点：变革、管理、内隐力和胜任力。目前最受欢迎且可以说在领导力研究领域最重要的观点就是变革型领导。**变革型领导**（transformational leadership）观点将领导者视为变革推动者。他们使组织或团队朝着新的方向发展。这将提供更好的机会并与外部环境保持一致。

变革型领导有很多相关模型，不过大多数包含了以下四个共同要素，且代表了这一领导观点的核心理念（见图 12-1）。变革型领导者为团队或组织创建和塑造共同愿景。他们鼓励试验，这样员工就可以找到一条通往未来的更好的途径。通过各种活动，变革型领导者也会建立起员工为实现共同愿景而奋斗的承诺。

图 12-1　变革型领导的构成要素

12.2.1　开发和传达战略愿景

变革型领导的核心就是战略愿景（vision）。愿景是对未来公司状况的积极描述，可以给予员工力量并团结员工。有时，这个愿景是领导者创造的；有时，是在员工或其他利益相关者中形成，然后被正式领导者采纳或拥护的。

开篇案例描述了大卫·奥西普如何通过塑造使各地员工的生活更美好的愿景，而不是将员工工资单和调度软件作为服务的平平无奇的形象，带领 Ceridian 公司取得了成功。英国商业无线电台集团（UKRD）的 CEO 威廉·罗格斯（William Rogers）强调了成功领导者的关键特征之一是，他们具有明确的愿景，让人们能够明白目标在哪里、要做什么，以及为什么要去做。对英国商业无线电台集团来说，经营一家无线电台集团不仅仅是为了取得商业成功，更是为了改善人们的生活，对社会产生积极影响。"

有效的战略愿景有几个特征。首先，它指向更高目标的未来理想情形。这个目标与个人价值相关联，直接或间接地满足多个利益相关者的需求。以价值为基础的愿景对员工也是有意义和有吸引力的，它能激励员工为目标而奋斗。

其次，愿景要能激励员工，因为它通常是一个长期的目标，具有挑战性和抽象性。这个未来愿景具有挑战性，因为它需要实质性的变革，如引入新的工作实践和信念体系。愿景通常是抽象的，有两个原因。第一，因为这个愿景尚未在实践中验证过（至少在该公司或行业中尚未实现），所以不可能详细描述它的具体细节。第二，抽象的描述使愿景能够随着时间的推移保持稳定，同时也能灵活地为应对快速变化的外部环境做出适应性调整。因此，一个有效的愿景描述的是广泛的崇高事业，与满足一个或多个利益相关者群体的需求相关联。

有效愿景的另一个特征是它具有统一性。它是将员工联系在一起，使他们的个人价值观与组织的价值观保持一致的最高目标。实际上，一个成功的愿景必然是一个共享的愿景，因为员工都会因为这个未来状态将自己视为组织认同的一部分。这使得员工在追求共同目标时能够更加紧密地协作和合作。

传达愿景

战略愿景的有效性在于领导者如何将其传达给追随者和其他利益相关者。领导者通过象征、比喻、故事以及其他超越平淡语言的载体来创造意义和动力。这些载体帮助他们将愿景具体化。比喻和相关的沟通载体实际上在"塑造"愿景。它们引导或构建了听众对情境的心智模型。

例如，为了将 DaVita 转变为最以客户为中心的透析治疗集团（现在是美国最大的），DaVita 的领导把公司比作村庄，把员工（被称作队员）比作"过桥"的村民，这意味着他们对团体做出了承诺。"我们使用的语言虽然简单，但是充满了意义。"DaVita 的一位管理者解释道。

这些载体借助了其他经历，为尚未实现的愿景赋予了更丰富的内涵。这些沟通载体还能激发愿景所需的情感，激励人们追求这一愿景。例如，当麦当劳在俄罗斯面临艰难的挑战时，其当时的 CEO 乔治·科恩经常提醒团队他们正在建立"汉堡外交"。这种表述激发了渴望和积极性。

变革型领导者也通过谦虚、真诚和热情来传达愿景，以表现出他们对愿景的信仰以及对目标可以实现的乐观态度。他们通过参考团队的优势和潜力来支持团队合作并提高自我效能。通过关注共享经验以及员工在实现愿景中的核心作用，变革型领导者会减少领导者与追随者之间的差异，将注意力从他们自己身上转移，并避免体现出任何凌驾于团队之上的优越感。

○ **全球链接 12-2**

持续变革型领导者的战略愿景

无论从哪方面考量，基斯·克拉奇（Keith Krach）都是一名变革型领导者。这位持续创业者共同创立或领导了几家科技公司，包括数字采购服务公司 Ariba（现为 SAP 所有）和最近的电子签名公司 DocuSign。对于每一项业务，克拉奇都致力于开发和传达一个激励人心的愿景。这些愿景通常涉及探索前所未有的未来。

在 Ariba，克拉奇描绘了"引领电子贸易革命，建立一个卓越、可持续的组织，走向下一个世纪"的愿景。在 DocuSign，他以崇高的使命激励员工"改变经营方式"，最终"简化和改善人们的生活"。克拉奇解释说，战略愿景之所以对组织的成功至关重要，是因为员工需要感到他们正在为之努力的事情具有意义，以至于"早上从床上蹦起来"。

"哪怕只有一个愿景也比大多数人一生所能想到的还要有意义。"普渡大学校长、印第安纳州前州长米奇·丹尼尔斯（Mitch Daniels）说道，"与许多有远见的人不同，他总是能将新概念变为现实，并取得巨大成功。"

Equifax 公司的 CEO 里克·史密斯（Rick Smith）回应了丹尼尔斯关于克拉奇是一位杰出的变革型领导者的评价，称："基斯是一位充满激情的领导者，以吸引顶尖人才、建立高绩效团队并激发以客户成功为中心的共同愿景而著称。"

12.2.2　示范愿景

变革型领导不仅谈论愿景，还致力于实现愿景。他们言行一致，走出高管办公室，积极投身于能够显现愿景的活动中。领导者通过拜访客户、缩小（或扩大）办公室与员工的距离、举行象征着重大变革的仪式等重要事件来示范愿景。同时，他们还通过使公司的日常活动，如会议、着装规范、执行计划等，与愿景及其隐含的价值观更加一致来推动愿景实现。

示范愿景很重要，因为它展现愿景在实践中是什么样子的。示范愿景也能建立起员工对领导者的信任。领导者越言行一致，就有越多的员工信任领导者并愿意追随他们。例如，在开篇案例中，Ceridian 公司的 CEO 大卫·奥西普解释说："当员工能够看到他们领导者的行动与他们传达的价值观一致时，有助于提高员工对组织的信任度和可信度。"

福布斯媒体（Forbes Media）公司副主席迈克·佩利斯（Mike Perlis）也强调领导者需要示范愿景。佩利斯说："好的领导者言行一致。他们以身作则。没有什么事情是他们要求别人做而他们自己不愿意做的。"与这些评论一致，调查报告称"以身作则"是有效领导者最重要的属性，也是公司文化最重要的特征之一。

12.2.3　鼓励试验

变革型领导关乎变革，而任何变革的核心都是寻求与所追求的愿景更加一致的新行为和实践。换句话说，变革型领导支持**学习导向**（learnig orientstion）。他们希望员工不断质疑目前做事情的方式、积极地试验新的想法和实践，并把合理的错误视为学习过程中一个自然的部分。

12.2.4　建立愿景承诺

将愿景变成事实需要员工的承诺。变革型领导者可以通过几种方式建立这种承诺。他们的语言、符号和故事可以产生一种有感染力的热情，激励人们接受某种愿景。领导者通过与愿景一致的行为，展示"能够做到"的态度。他们的坚持与言行一致塑造了诚实、可信和正直的形象。通过鼓励试验，领导者让员工参与改变公司的过程，使改变公司成为一项集体活动。当公司在实现愿景的路上达成里程碑式的成就时，领导者也能通过奖励、认可和庆祝的方式来建立承诺。

12.2.5　变革型领导和魅力

变革型领导同时也是魅力型领导吗？一些研究者把领导者的魅力看作变革型领导者的一个重要因素。然而，有证据表明，魅力型领导不同于变革型领导。魅力型领导提供给追随者相应的力量，而变革型领导力是一系列让追随者朝着更美好的未来前进的行为。

此外，变革型领导通过说服和获取信任这些行为来激励追随者，而魅力型领导通过领导者固有的参照权力直接激励追随者。例如，通过传达鼓舞人心的愿景来激励追随者为之奋斗是变革型领导的行为。这种激励效果区别于领导者的魅力而存在。如果领导者很有魅力，那么他的魅力会增强追随者的动力。

有魅力本身没有好坏之分，但是部分研究发现魅力型领导会产生消极后果。魅力型领导的一个问题是，他们往往会催生依赖型追随者，因为根据定义，追随者希望与有魅力的人相联系。变革型领导则相反，他授权给下属，减少了追随者对领导者的依赖。

另一个问题是，如果领导者有魅力，他可能沉醉于这种特质，从而导致他对个人利益的关注大于集体利益。"魅力毁灭了领导者。"彼得·德鲁克告诫说，"它使领导者死板，坚信自己一贯正确，不能改变。"一个世纪前这位管理学大师见证了欧洲魅力型政治领导的消极后果，并预言这种个人的或与之相关的特质会给组织带来类似的问题。以上的主要观点是，变革型领导不一定是有魅力的，魅力型领导也不一定是变革的。

○ 全球链接 12-3

是魅力型领导导致了 Steinhoff International Holdings 的没落吗

Steinhoff International Holdings 的董事会成员焦急地等待首席执行官马库斯·乔斯特（Markus Jooste）从欧洲回来，并带来支持该公司未经审计且逾期未交的财务报告的文件。然而，令人震惊的是，乔斯特在会议前通过一条短信宣布辞职，表示他将寻求法律顾问的帮助，并且不会出席董事会会议。这导致这家总部位于南非的公司的股价因会计违规的传闻暴跌了 90%。最近的一份法务会计报告证实了最糟糕的情况：Steinhoff International Holdings 的一小群高管"由一名高级管理人员领导"，在过去十年中参与了涉及金额超过 70 亿美元的大型会计欺诈。

Steinhoff International Holdings 的倒闭归结于几个因素，包括定价过高的收购、双重报告结构以及未能对管理层提供充分监督的董事会。然而，另一个经常被提及的解释是，马库斯·乔斯特是一位魅力非凡的领导者，他让 Steinhoff International Holdings 的董事会、高管和许多外部利益相关者着迷。乔斯特被描绘成一个"超人般的商人"、一个"野心勃勃"的零售明星。他拥有"非凡的交易才能"和"不可动摇的信心"。这些特质通过他的大胆收购得到强化，包括收购 Poundland（英国）、Mattress Firm（美国）、Freedom（澳大利亚）和 Conforama（法国）。

乔斯特培养了一小群忠诚的内部人士。他们通过与乔斯特的密切联系而享有社会和经济特权。乔斯特倾向于聘请在母校斯泰伦博斯大学（Stellenbosch University）受过教育的高管。一位南非教授表示，乔斯特的领导风格培养了一种不加批判的服从和自我审查的制度文化，并且只有那些对他卑躬屈膝的下属才能从他的广泛庇护中受益。

乔斯特的魅力甚至被指责为董事会对管理层监督不力的原因之一。现已辞职的 Steinhoff International Holdings 董事长声称，会计舞弊来得猝不及防。然而，德国当局近两年来一直在调查 Steinhoff International Holdings 的会计实务，一家投资公司（Portsea）撰写了一份严苛的报告，其内容涉及该公司的内部交易和潜在的非法财务转移。一位著名的投资分析师用这样的警言总结了 Steinhoff International Holdings 的管理层："在这个时代，你不能让董事会里满是'傀儡'，对一位有魅力的 CEO 想要做的事情听之任之。"

12.2.6　评价变革型领导观点

变革型领导确实有很大的影响力。在变革型领导之下，下属们更加满意并具有较高的情感组织承诺。他们也能更好地工作，参与更多的组织公民行为，做出更好、更有创意的决策。一项关于某银行分行的研究表明，当分行经理完成了变革型领导的培训项目后，组织承诺和财务绩效会增加。

变革型领导是目前最流行的领导理论之一，但它也面临一些挑战。第一，一些模型存在循环逻辑问题。它们通过观察变革型领导对员工的影响（如激发员工）来定义和衡量变革型领导，然后发现这种领导方式有效，因为它能够激励员工。这种循环逻辑可能使我们无法清晰地理解变革型领导的本质，因为它在定义和效果之间存在循环依赖。

第二，一些变革型领导理论将领导者的行为与他们的个人特质紧密结合在一起。例如，变革型领导者通常被认为具有远见、创造力、敏感性和考虑周到等特质，但这些个人特质是否能够真正预测变革型领导的实际行为尚不清楚。

第三，变革型领导通常被描述为一个普遍的概念，也就是说，它应该适用于所有情况。只有少数研究调查了这种形式的领导是否在某些情境下比在其他情境下更有价值。例如，相较于稳定的环境，变革型领导可能在组织需要不断适应快速变化的外部环境时更适用。初步证据还表明，变革型领导观点与不同文化背景相关。变革型领导的效果可能受到特定因素的影响，比如愿景传达和示范的方式，在北美文化中可能更为适用。

12.3　管理型领导观点

领导者并不是花所有（或大部分）的时间改革组织或工作单元。他们也参与**管理型领导**（managerial leadership）的日常活动——提高员工个人及工作部门整体的幸福感和绩效，以支持当前目标的实现。领导力专家意识到领导（变革型领导）有别于管理（管理型领导）。尽管这两种观点的区别还有点模糊，但是它们都有非常明确的一系列行为和坚实的研究基础。

这两种观点的一个区别是，管理型领导假设一个组织（或部门）的目标是固定的，并且与外部环境相匹配。管理型领导关注持续发展，或为了实现既定目标和实践而维持员工和工作单元的效率。相比之下，变革型领导假定了组织当前的方向与外部环境不匹配，因而需要改变。这个区别可以用一句经常被引用的话表述："管理者正确地做事，领导者做正确的事。"管理者通过使员工更有效地实现既定目标来"正确地做事"。领导者通过将组织或工作单位重新导向与外部环境更匹配的道路上来"做正确的事"。

第二个区别是管理型领导更关注细节和具体情况，因为它们与员工个人和直接工作单元的具体绩效与幸福目标有关。而变革型领导则更关注整体和抽象愿景，包括整个组织、部门或团队的抽象战略愿景。

12.3.1　管理型领导和变革型领导相互依赖

尽管这里讨论的变革型领导和管理型领导是两种不同的领导观点，但将它们描述成相互依赖的观点会更好。换句话说，变革型领导和管理型领导相互依赖。变革型领导通过确定方向、传达愿景、建立承诺来为团队创造更美好的未来，但是这些行为还不足以使组织获得成功。要获得成功还需要管理型领导把抽象的愿景转化为更具体的操作实践，并不断提高员工绩效、增加追求未来理想的幸福感。管理型领导依赖于变革型领导设定正确的方向，否则，就算管理者对实现短期目标有运营优势，但是与组织长期的生存不匹配。

与处于较低层级的管理人员相比，高层管理人员通常会执行更具变革性的领导行为。这可能是因为高层领导者承担了更大的责任，需要协调组织与外部环境之间的关系，并且具有更多自主权来推动宏观层面的变革。然而，管理型领导和变革型领导并不局限于不同职位或层次的领导行为，每个管理者都需要在不同程度上应用管理型领导行为和变革型领导行为。即使在基层担任共享领导角色的员工，也可能在某些情况下表现出管理型行为（帮助同事解决问题）或变革型行为（在工作单位中倡导更有利于客户的规范）。

12.3.2 任务导向型领导和以人为本型领导

管理型领导研究可以追溯到 20 世纪 40 年代，当时来自多所大学的研究团队进行了一项深入的调查，以回答一个重要问题——哪些行为构成了有效领导？他们通过让下属对他们上司的行为进行评价，以研究一线管理者的领导行为。这些独立的调查团队从上千个行为条目中总结出了两组领导行为（见表 12-1）。

一组称为**任务导向型领导**（task-oriented leadership），包括定义和构建工作角色。任务导向型领导者给员工分配具体任务，设置目标和截止期限，明确工作职责和步骤，定义工作流程并计划工作活动。另一组是**以人为本型领导**（people-oriented leadership），包括倾听员工的意见和建议，创造宜人的工作环境，表现出对员工的兴趣，表扬和认可员工的努力，对员工的需求表示关注。

这些早期研究试图发现有效的管理者是以任务为导向的还是以人为本的。这是一个难以回答的问题，因为每个风格都有它的优缺点。事实上，最近的证据表明，有效的领导者兼用两种风格，但是方式不同。当领导者在很大程度上采用以人为本型领导行为时，他们的员工往往有更积极的态度，更低的缺勤率、抱怨和离职率。当领导者表现出更多的任务导向时，他们的员工常常有更好的工作绩效。不足为奇的是，员工们通常更喜欢以人为本型领导者，对主要以任务为导向的领导者持有消极的态度。然而，任务导向型领导者在某种程度上也是令人欣赏的。举个例子，大学生看重以任务为导向的老师，因为他们希望上课内容是经过充分准备的，有明确的目标且与单元目标一致。

表 12-1 任务导向型领导和以人为本型领导

领导者是以任务为导向的，当他们……	领导者是以人为本的，当他们……
● 分配工作，明确责任	● 表现出对员工的兴趣
● 设置目标和截止期限	● 聆听员工的声音
● 评估工作质量，给予反馈	● 使工作环境更宜人
● 制定最佳工作流程	● 表扬员工的工作
● 计划未来的工作活动	● 关注员工的需求

12.3.3 公仆型领导

公仆型领导（servant leadership）是以人为本型领导的拓展或变体，因为它将领导力定义为服务他人。公仆型领导通过服务他人来满足他们的需求并促进个人成长。公仆型领导会问："有什么需要帮忙的吗？"而不是期待员工去为他们服务。公仆型领导者被描述为无私的、平等的、谦逊的、培育性的、体贴的且道德高尚的。公仆型领导的主要目标是帮助下属及利益相关者满足他们的需求并发挥他们的潜能，特别是"变得更健康、更明智、更自由、更自主，更有可能成为服务者"。此描述包含了公仆型领导的三个关键特征：

● 天生的服务他人的欲望。这种欲望是仅以帮助他人成长为目的的深刻承诺。这种承诺不仅仅是为了公司的利益，也是一种无私的渴望，超越了领导者角色中帮助他人的义务。

- 与下属维持着一种谦逊、平等和欣赏的关系。公仆型领导并不认为领导力是一种权力。相反，他们提供服务时的注意力不在自身，不居高临下，不对他人随意判断，也不会因为别人的批判而感到被冒犯。
- 合乎道德的决策和行为。公仆型领导表现出对道德价值观的敏感性和示范。他们不会受到异常的社会压力或期望的影响。公仆型领导依靠个人价值观来锚定他们的决定和行为，从而保持道德操守。在这方面，公仆型领导在很大程度上依赖于本真型领导，我们将在本章后面讨论。

公仆型领导的概念在几十年前被引入，多年来一直有稳定的追随者，特别是在从业者和宗教领袖中。近段时间，学者们对这个问题的兴趣大增，但公仆型领导仍存在一些概念上的混乱。尽管公仆型领导的研究者们普遍认可我们所描述的三个特征，但是在许多其他特征上存在异议，并且也可能将公仆型领导概念的前因与后果混淆。事实上，公仆型领导在概念上已经得到广泛传播，早在几个世纪前就在许多宗教的重要原则中得以体现。最近一项研究发现，当公司的 CEO 展现出公仆型领导的行为时，公司会有更高的绩效（资产回报率）。

12.4 路径－目标和领导替代理论

12.4.1 路径－目标领导理论

最早的管理型领导研究不仅确定了任务导向型和以人为本型领导风格，也认为最好的领导风格应该是因情况而定的。这种"因情况而定"的观点，与组织行为学中的权变理论比较一致。换句话说，最合适的领导风格取决于员工的特征、领导与下属的关系以及其他因素。

路径－目标领导理论（path-goal leadership theory）是将权变方法应用于管理型领导的一个主要模型。路径－目标领导理论认为，有效的领导者会选择一种或多种领导风格，以影响员工对预期结果（与工作相关的目标）的期望（他们的偏好路径）以及对这些结果（结果效价）的感知满意度。领导者明确员工行为和结果之间的联系、影响这些结果的效价，并提供一个工作环境来促进目标的实现等。从这个描述中可以留意到，路径－目标领导理论基于激励理论中的期望理论及理性选择范式。

1. 路径－目标领导风格

图 12-2 展示了路径－目标领导理论。这个模型强调了四种领导风格和影响领导有效性的三个指标的若干权变因素。这四种领导风格分别是：

- 指导型（directive）。指导型领导与前面描述的任务导向型领导相同。这种领导风格包括明确行为，为下属建立心理基础。他们设定明确的绩效目标，提供达成这些目标的方法，明确判断绩效的标准，同时也包括奖励和惩罚制度。
- 支持型（supportive）。支持型领导与之前提到的以人为本型领导相似。这种领导风格为下属提供心理支持。领导者是友好的、亲切的。他们使员工工作更加惬意，平等对待员工，关心员工的状态、需求和福利。

- 参与型（participative）。参与型领导鼓励和支持下属参与常规工作之外的决策。领导者与员工商量问题，向员工询问建议，并在决策前充分考虑这些建议。参与型领导使员工参与决策（见第 7 章）。
- 成就导向型（achievement-oriented）。这种领导风格注重激励员工达到最高绩效。领导者设定具有挑战性的目标，期望员工发挥最高水平，不断地提高员工绩效，表现出对员工会承担责任并完成挑战性目标的高度信心。成就导向型领导同时应用了目标设置理论和自我实现预言中的积极期望。

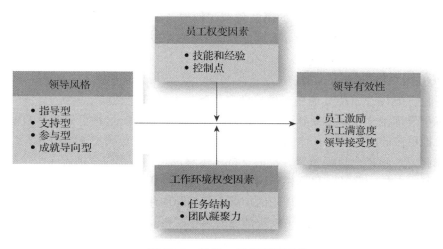

图 12-2　路径－目标领导理论

2. 路径－目标领导理论的权变因素

作为一种权变理论，路径－目标领导理论认为以上四种领导风格都只在某些情境下有效，而在其他情境下是无效的。该理论认为，有效的领导者能根据不同情境选择最合适的行为风格。当这四种领导风格都适用于某个情境时，领导者通常会同时运用两个或多种风格。路径－目标领导理论确认了两组情境变量：员工特征和员工工作环境的特征。员工和工作环境的一些权变因素已经得到研究，而以下四种权变因素受到最多的关注：

- 技能和经验。对缺乏经验和技能（或者自我感知如此）的员工来说，指导型和支持型领导的结合是最好的。指导型领导给予下属关于如何完成工作的信息，而支持型领导帮助他们解决陌生工作环境中的不确定性。当员工技能成熟、经验丰富时，指导型领导反而会因监控过多而造成负面影响。
- 控制点。内部控制型员工相信他们对工作环境有控制力，因此，这些员工倾向于参与型和成就导向型领导风格，而指导型领导风格可能会令他们感到沮丧。相反，外部控制型员工认为他们的绩效更多取决于幸运和命运，所以他们对指导型和支持型领导风格更满意。
- 任务结构。若任务是非常规的，则领导者应该采用指导型领导风格，因为这种领导风格最小化了复杂工作情况下容易产生的角色模糊（尤其是对无经验的员工而言）。当员工从事常规的和简单的任务时，指导型领导风格是无效的，因为管理者的指导可能无济于事，还有可能会被认为是不必要的严密监管。在高度常规化和简单的工作中，员工可能需要支持型领导来减少工作的乏味感和更好地把握工作节奏。对于员工执行非常规任务来说，参与型领导是更好的，因为当规则和程序减少时，可以给予员工更多自主权来完成挑战性目标。参与型领导对于常规任务是无效的，因为无须给予员工自主权。

- 团队凝聚力。具有绩效导向型规范的高凝聚力的团队可以替代大多数领导者的干预。高团队凝聚力可以替代支持型领导，而绩效导向的团队规范可以替代指导型领导或成就导向型领导。因此，当团队凝聚力低时，领导者应该采用支持型领导风格，帮助团队调整阻碍其目标实现的团队规范。例如，如果团队成员形成了松懈而不是及时完成项目的规范，团队领导者可能就需要行使权力。

3. 评价路径－目标领导理论

路径－目标领导理论比其他权变领导模型得到更多的研究支持。事实上，有研究发现，路径－目标领导理论比变革型领导模型更好地解释了有效领导。这种更强的影响可能是因为管理者通常把更多的时间花在具体的管理上，而不是花在采用变革式领导行为上。

即便如此，对路径－目标领导理论的支持还不够理想。一些权变因素（如任务结构）只得到有限的研究支持。路径－目标领导理论中的其他权变因素和领导风格尚未得到研究。另一个问题是，随着路径－目标领导理论的扩展，其实际应用可能变得过于复杂，很少有人能够记住所有的权变因素以及适合各个权变情境的领导风格。

路径－目标领导理论的另一个局限是，它假定领导者能顺畅地改变自己的行为和方式以适应随时变化的环境。在现实中，领导者需要花费相当大的努力去选择和实施不同的领导风格以符合具体情况。领导者通常更倾向于一种最符合其个性和价值观的风格。一些研究者甚至认为领导风格是固定的。尽管存在这些局限，路径－目标领导理论仍是一个相对可靠的权变领导理论。

12.4.2 领导替代理论

路径－目标领导理论讨论了在不同情境下使用不同的领导风格。与之相反，**领导替代理论**（leadership substitutes theory）则指出了情境也会导致领导者影响下属的能力受限或特殊领导风格失效。领导力研究者们提出并找到了某些变量可以在特定条件下代替任务导向型领导和以人为本型领导的证据（见表12-2）。

随着员工技能和经验的增长，他们对任务导向型领导的需要也减弱了。这个观点与路径－目标领导理论一致，后者认为当员工技能成熟、经验丰富时，指导型领导是不必要的，甚至可能是有害的。当基于绩效的奖励体系鼓励员工朝着组织目标努力，工作本身具有内在的激励作用，并且员工积极应用自我领导实践时，任务导向型领导可能变得不那么重要或多余。

在某些情况下，团队可能会取代成就导向型领导。具体来说，支持组织目标规范的团队会鼓励成员完成他们的任务，甚至可能应用成就导向的绩效期望。同事还可指导经验不足的员工参与组织公民行为，从而对来自正式管理者的成就导向型领导的需求减少。

某些情境因素可能会减少对人员导向型领导的需求。如果有其他形式的社会支持（如乐于支持他人的团队成员），工作本身令人愉快，并且员工能采用有效的应对策略来最小化压力，那么正式领导者采用这种风格的价值可能会降低。技术娴熟、经验丰富的员工也有更高的自我效能感，这导致工作压力较小，因此不需要管理者的以人为本型领导风格。

尽管领导替代理论具有直观吸引力，但是到目前还没得到研究的证实。一些研究发现有些替代确实取代了任务导向型或以人为本型领导的需求，但是其他类型并没有。其原因可能是领导替代的统计性检验有一定难度，但是有一些学者认为有限的支持已经足以证明：在任何情境下，领导替代都发挥了关键作用。因此，我们可以认为，在某些情境中，领导替代可以减少对领导者的需求，但不能完全取代领导者。

表 12-2　潜在领导替代

管理型领导风格	该风格的潜在领导替代
任务导向型	• 基于绩效的奖励 • 员工工作熟练且经验丰富 • 同事的指导 • 团队规范强化任务目标 • 内在激励工作 • 员工应用自我领导
以人为本型	• 支持同事 • 员工工作熟练且经验丰富 • 工作愉快 • 员工使用有效的压力应对策略

资料来源：*Based* on ideas in S. Kerr and J. M. Jermier, "Substitutes for Leadership: Their Meaning and Measurement," *Organizational Behavior and Human Performance* 22 (December 1978): 375–403; P. M. Podsakoff and S B. MacKenzie, "Kerr and Jermier's Substitutes for Leadership Model: Background, Empirical Assessment, and Suggestions for Future Research," *Leadership Quarterly* 8 (1997): 117–32.

12.5　内隐领导力观点

对变革型领导和管理型领导的研究发现，领导者有很大的影响力，领导者显著影响着部门和组织的绩效。然而，第三种领导力观点被称为**内隐领导力理论**（implicit leadership theory），其解释了下属的感知也会影响领导者的有效性。内隐领导力理论包含两个组成部分：有效领导者原型和领导者传奇。

12.5.1　有效领导者原型

内隐领导力理论认为，每个人都有领导者原型——对有效领导者的特征和行为的先入为主的信念。这些原型通过社会化，在家庭和社会中产生，塑造了下属对领导者的期待，以及对他人领导的接受。这些期待和肯定会影响员工成为追随者的意愿。领导者原型不仅支持一个人作为领导者的角色，还会影响我们对领导者有效性的看法。换句话说，当领导者的外表和行为与观察者心中的领导者原型一致时，他们通常会被认为更有效率。

这种原型比较过程之所以发生，是因为人们想要在愿意成为追随者之前信任他们的领导。然而，领导者的实际效率通常要几个月甚至几年后才能知道，所以将领导者与原型进行比较是估计领导者未来成功与否的一种快速（尽管是错误的）方法。

12.5.2　领导者传奇

除了依赖有效领导者的内隐原型，下属倾向于扭曲其对领导者影响组织成功的感知。这种"领导者传奇"效应之所以存在，是因为在大多数文化中，人们相信领导者可以改变一切。

人们夸大领导者对结果的影响力有以下两个基本原因。首先，领导力是我们简化生活事件的有效方式。用领导者的能力来解释组织的成败要比分析一系列复杂的其他因素容易得多。其次，在美国和其他西方文化中，人们倾向于相信生活事件更多是由人造成的，而不是由无法控制的自然力量造成的。这种控制错觉是由于人们相信事件的发生是领导者的理性行为所致。换言之，员工相信领导者拥有巨大的影响力，因此他们会主动寻求证据来证明这个看法。

下属认为领导者可以改变一切，其中一个原因是基本归因错误。

领导者通常会因为公司的成功或失败而受到评价，而员工往往难以看到影响公司成败的外部因素。因此，领导者的评价通常受到组织绩效的直接影响，这进一步强化了人们对领导者影响力的看法。"塞氏公司的人的外表和行动一点都不像我。"著名作家、演说家、塞氏公司（Semco Partners）的 CEO、巴西 Lumiar 学校的创始人里卡多·塞姆勒（Ricardo Semler）解释道，"在某种程度上，他们不是随声附和的人……他们因不属于我的成功而相信我，他们忽视了我的错误。"

内隐领导力理论为提高领导者接受度提供了宝贵的意见。它强调领导力既来自领导者的实际行动和正式角色，也来自下属的感知。潜在的领导者必须对这一事实敏感，了解追随者的期望，并采取相应的行动。那些天生不符合领导者原型的人需要提供更直接的证据来证明他们作为有效领导者的证据。

12.6　领导力个人特质观点

自开始记载文明以来，人们就对卓越领导者独特的个人特质产生了兴趣。20 世纪 40 年代后期出现了一个开拓性的观点。它认为以往的研究无法概括出伟大领导者普遍的个人特质。十年后，这个观点得到了完善，强调了某些个人特质与有效领导者之间的相关性。由于这些发现意义不大，许多学者放弃了对有效领导者个人特质的研究。

12.6.1　八项重要的领导力特质

在过去的 20 年中，领导力的研究专家回到了原来的观点：有效领导者可能拥有特定的个人特质。早期研究存在方法上的问题，缺乏理论基础且对领导力的定义存在差异。最新的研究工作已经在很大程度上纠正了这些问题，其结果是，有几个属性一直被认为与有效的领导力或领导者有关。八项重要的领导力特质（排名不分先后）是人格、自我概念、驱动力、正直、领导动机、业务知识、认知与实操能力、情绪智力（见表 12-3）。

表 12-3　有效领导者的能力

领导力胜任特质	描述
人格	领导者高度外向（活泼、健谈、善于社交、决断）和具有责任心（细心、可靠、自律）
自我概念	领导者的自我信念，以及对其领导能力和达到目标能力的积极自我评价

（续）

领导力胜任特质	描述
驱动力	领导者追求目标的内在动机
正直	领导者的真诚和言出必行的倾向
领导动机	领导者为完成团队或组织目标而运用社会化权力的需要
业务知识	领导者所掌握的关于企业环境显性和隐性的知识，能使他做出更直观的决策
认知与实操能力	领导者超常的处理信息的感知能力（认知能力）和解决现实问题的能力，如适应、塑造或选择合适的环境（实操能力）
情绪智力	领导者管理自身及他人情绪的能力，辨别情绪并利用所得信息引导其思考和行动

1. 人格

大五人格维度几乎都与有效领导力相关。但是相关性最强的指标是高度外向（活泼、健谈、善于社交、决断）和具有责任心（细心、可靠、自律）。高度外向的高效领导者乐于在社会环境中扮演有影响力的角色。有较强的责任心的高效领导者为自己（和他人）设定更高的目标。他们有条理并有很强的责任感来履行工作义务。

2. 自我概念

成功的领导者有一个复杂的、内部一致的和清晰的自我概念。这种"领导认同"还包括积极的自我评价，有高度的自尊心、自我效能感和内部控制点。许多处于领导地位的人默认负责日常管理工作，并将自己定义为管理者，相反，有效的领导者认为自己既是变革者又是管理者，并且对这两种自我概念都充满信心。

3. 驱动力

成功的领导者具有高度责任感、外向性和清晰的自我概念。除此以外，成功的领导者对高成就也有较高的需求。这种驱动力体现了领导者所追求的目标和鼓励他人共同进步的内在动机。驱动力会激发人们探索未知领域的好奇心、行为和勇气。

4. 正直

正直包括有强烈的道德原则。它支持诚实和言行一致的倾向。领导者具有很高的道德感，能用正确的价值观来判断困境，并采取相应的行动。请注意，正直最终基于领导者的价值观，这为保持一致性提供了基础。几项大规模研究表明，正直和诚实是高效领导者最重要的特征。

5. 领导动机

有效的领导者积极地带领他人。他们对社会化权力（socialized power）有强烈的需求，也就是说，他们想用权力领导他人来完成组织目标和类似的事情。对个人权力（personalized power）的需求与对社会化权力的需求不同，对个人权力的追求是为了谋取私利或寻求行使权力的快感。领导动机是必备的，因为即使在管理者相互支持的组织中，领导者也在争夺更高层的位置。面对这种竞争，有效的领导者应迎难而上而不是退缩。

6. 业务知识

有效的领导者了解业务开展的环境，包括业务发展出现新趋势的细微动向。业务知识还包括对组织如何有效运作的良好理解。

7. 认知与实操能力

领导者拥有超常的认知能力去处理大量的信息。领导者不一定是天才，但他们拥有出众的能力来分析各种各样复杂的选择和机会。此外，领导者还拥有实操能力。这意味着他们可以思考在现实世界中各种想法的相关性和应用。在问题定义不清、信息缺失、可能有不止一种可行的解决方案的情况下，实操能力尤为明显。

8. 情绪智力

有效的领导者拥有高水平的情绪智力。他们能够感知与调节自身和他人的情绪。例如，有效的领导者可以判断他们的谈话何时对员工产生了预期的情绪影响。他们还能识别并改变自己的情绪状态以适应现实情况，比如，尽管最近业务受挫，但仍保持乐观和有决心。

○ 全球链接 12-4

变革型领导者卡罗琳·麦考尔确定了重要的领导力特质

卡罗琳·麦考尔表示自己不是专业的转型专家。然而，作为英国最大的商业电视公司ITV 的首席执行官，她在多个场合展现了其卓越的变革能力。在她担任易捷航空的首席执行官期间，该公司成功扭转了颓势，而她早年领导的英国卫报媒体集团也蓬勃发展。目前，麦考尔正领导 ITV 从传统的线性广播公司转型为新兴的视频点播模式。

除拥有鼓舞人心的愿景外，麦考尔还表示，成功的领导者需要具备多种个人特质。其中之一是正直。"声誉需要数年时间才能建立，而你可能会在两秒内失去它。"麦考尔警告说，她最近获得了英国的 Damehood 荣誉（相当于女性骑士头衔），"我宁愿告诉人们真相，即使这真的很难，也不愿回避问题。"

此外，麦考尔观察到，有效的领导者有在逆境中继续前进的动力。"你会在职业生涯中受到重创，你必须有毅力继续前进并相信你正在做的事情。"麦考尔强调的第三个领导力特质是理解和管理情绪。"情绪智力对于领导力很重要。"她说，"对我来说，它是能与其他人建立联系并表明你想要培养这种关系的能力。"

麦考尔还认识到了解自己并在领导角色中做真实自己的重要性。"你需要让自己感到舒服才能自信。"她说，"如果你改变自己以适应这种情况，那就更难了。"然而，麦考尔将伪装成别人与根据情况调整她自己的领导风格区分开来。"当然，在不同的情况下，你必须有不同的行为。有时你必须在会议上更加自信，但这只是语气的改变，而不是个性的改变。"她说。

12.6.2　本真型领导

前面我们说过，成功的领导者拥有复杂、内在一致和清晰的自我概念。他们有着强烈的积极自我评价。这些特征为本真型领导奠定了基础。**本真型领导**（authentic leadership）指的是领导者对自己的价值观、个性与自我概念的意识、感觉和行为的一致性。本真是指了解自己，做真实的自己（见图 12-3）。领导者通过对各种情境的反思和个人经历来深化对自己的人格、价值观、思考方式和习惯的认识。他们还依赖组织内外那些值得信任的人的反馈来提高自我认知。这种自我反思和接受他人反馈需要很高的情绪智力。

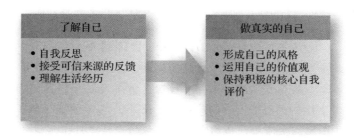

图 12-3　本真型领导

随着人们对自我认识的加深，他们能进一步理解其内心的目标，从而激发其对实现组织或社会有价值目标的长期热情。一些领导力研究专家认为，这种内在目标源于生活经历，尤其是过去发生的重要事件或经历。

本真型领导不仅涉及自我认知，还涉及行为表现与自我概念的一致性，而不是把自己伪装成他人。以自己的本性来领导别人已经够难了，所以在伪装成他人的同时领导别人几乎是不可能的。做真实的自己。伟大的领导者可以通过许多方式调整决策和行为。第一，他们会形成自己的风格，将自己放在最适合的位置上以发挥自身领导风格的最大效果。尽管在某种程度上，有效的领导者会改变行为以适应情境，但是他们总会依赖让自己感觉最舒适的决策方式和人际关系风格。

第二，有效的领导者会不断地思考并始终运用他们稳定的个人价值观等级来做出决策和行动。领导者面临着许多压力和诱惑，比如，牺牲长远利益来达到短期股价目标。专家注意到，本真型领导者通过坚守价值观践行自律。第三，领导者通过强大而积极的核心自我评价来保持自我概念的一致性。他们具有强烈的自尊心、自我效能感和内部控制点（见第 3 章）。

12.6.3　领导力个人特质观点的局限性和实践启示

人格、经验、自我概念和其他个人特质可能有助于提高领导者的效率，然而，领导力个人特质观点存在一些局限性。第一，该观点假定所有的有效领导者都拥有相同的特质，而且这些特质在所有情境下都是同等重要的。这个假设很可能是错误的。领导力太复杂，因此不存在适用于所有情况的普遍特质，并且有些能力可能并非一直都重要。第二，不同个人特质的组合可能同样成功，具有不同个人特质的两个人可能都是优秀的领导者。第三，个人特质观点把领导力视为个人的内在特质，然而，专家强调领导力是与他人相关的。领导者与下属的良好关系也是他们成为有效领导者的原因，不仅是因为他们拥有特定的个人特质。

同样，请记住我们先前的讨论，即在短期内，下属往往基于领导者的个人特质而非领导者对组织成功的影响来判定其有效与否。表现出自信、外向等特质的人往往被称为领导者，因为他们符合人们对有效领导者的固有观念。例如，如果一个人取得成功，我们会把一些难以观察到的个性特质加在他们身上，比如智慧、自信和驱动力。简而言之，个人特质和有效领导者之间的关系会被知觉扭曲。

最后一点很重要，领导力的个人特质并不一定意味着领导力是天生拥有的。相反，个人特质仅仅显示出领导力潜力，而不是实际的领导力表现。具有这些特质的人，只有通过实践形成和掌握了必要的领导行为，才能成为有效的领导者。然而，即使是那些缺乏领导特质的人，也可能通过更充分地发挥他们的潜力而成为非常有效的领导者。

争辩点：领导者真的应该一直保持本真吗？

根据流行的商业书籍和一些学术文献的记载，本真型领导力是有效领导者的核心属性之一。本真型领导者了解自己，并按照这种自我概念行事。他们奉行自己的价值观，并找到最符合自己个性的领导风格。此外，本真型领导者有使命感，而这种使命感通常是在他们生活中经历的危机或类似的严峻事件中形成的。

领导者应该保持本真，这是有道理的。毕竟，正如歌手丽莎·明尼里（Liza Minnelli）经常说的那样："我宁愿做一等的自己，也不愿做二等的他人。"换句话说，领导者更善于表现出他们天生的信念和倾向，而不是像其他人一样行事。此外，本真带来一致性，这是信任的基础。因此，通过保持本真，领导者更有可能得到追随者的信任。

但是，领导者是否应该始终做自己，并且始终按照自己的信念和个性行事？一些专家认为不必如此。本真型领导的概念似乎与公认的概念不一致，即当人们具有高度而不是低度自我监督的个性时，被评估为更有效的领导者。

高度自我监督的人能迅速了解自己所处的社会环境，并很容易使他们的行为适应这种环境。换句话说，高度自我监督的人会改变自己的行为，以满足别人对他们的期望。相比之下，低度自我监督的人的行为与他们的个性和自我概念一致。他们不会在社会环境中改变自己的信仰、风格或行为。相反，他们对自己是谁和他们所做的事情之间的高度一致性感到更满意，即使他们的自然风格不适合这种环境。

员工更喜欢适应性强（即高度自我监督）的领导者，因为他们对领导者应该如何行动有先入为主的原型（内隐领导力理论，我们在本章前面讨论过）。本真型领导者更有可能违反这些典型的期望，因此，他们会被认为不太像领导者。这里传递的信息是，领导是一种要求任职者扮演的角色，而不是使任职者完全"表现自然"。讽刺的是，领导力专家沃伦·本尼斯（Warren Bennis）在赞扬本真型领导优点的同时，也承认"领导是一种表演艺术"。他的观点是，当领导者在角色中表现自然时，他们是最好的，但现实是在任何表演中，人们永远不可能完全做自己。

此外，虽然做自己体现了本真，但它可能会给人一种刻板和麻木不仁的印象。最近，一位管理学教授兼顾问在与一位客户合作时，很明显地发现了这个问题。该客户的员工所遵循的工作流程对该客户来说很合理，但对她的许多员工来说并不合理。当她被要求考虑采用一种对员工来说更合理的流程时，这位客户回答说："听着，这就是我的工作方式。"这位客户是本真的，但却缺乏灵活性，从而影响了员工的表现和士气。

12.7　领导力中的跨文化和性别问题

除了本章提出的四种领导观点外，文化价值观和实践也会影响领导者的行为。文化塑造了领导者的价值观和规范，而这些价值观和规范影响着他或她的决策和行为。文化价值观也会影响追随者对领导者的期望。行为与文化期望不一致的管理者更有可能被视为低效的领导者。此外，偏离这些价值观的领导者可能会受到各种影响，以使他们符合所在社会的领导规范和期望。因此，跨文化领导实践的差异可通过内隐领导力理论来解释，这在本章的前面已经描述过。

过去20年的一项重大全球研究项目发现，领导力的某些特质具有普遍性，有些则在不同文化中存在差异。有一种领导力被称为魅力洞悉，这是一个被普遍认可的概念。世界各地的中层管理者都认为它是有效领导者的特质。魅力洞悉代表了一系列概念，包括有远见、励志、业绩导向、正直和果断。相比之下，在低权力距离文化中，参与型领导被视为有效领导的特质，而在高权力距离文化中则未必如此。总而言之，领导力的有些特质具有普遍性，有些在不同文化中存在差异。

性别与领导力

在对工作环境的研究中普遍发现，男性和女性领导者在任务导向型或以人为本型领导水平方面没有差异。主要原因是现实世界的工作对男性和女性的行为要求是相近的。然而，女性比男性更乐意采用参与型领导风格。一个可能的原因是，与男性相比，女性在成长过程中更看重平等，不那么看重地位，这与参与型领导是一致的。也有一些证据表明，女性比男性有更好的交际能力，这也使得她们更多地采用参与型领导风格。还有一个原因是，由于对性别的刻板印象，他们会期望女性领导者具有更高的参与性，所以女性领导者在某种程度上顺应了下属的期望。

研究显示，在最新的领导力品质（指导、团队合作和员工授权）评估中，女性领导者的得分比男性高。然而，研究也表明，女性在试图运用一整套领导风格，特别是更具指导性和专制的方法时，得到了负面的评价。因此，讽刺的是，女性可能非常适合现代领导角色，然而由于下属的刻板印象和领导原型，女性领导者还继续面临着领导力的限制。总之，男性和女性领导者都需要对下属期望的领导行为保持敏感。如果领导者偏离了这些期望，会面临负面的评价。

◘ 本章概要

12-1 定义领导力和共享领导

领导力被定义为影响、激励组织成员，使其能为组织的有效性和成功做出贡献的能力。领导者用影响力来激励下属和安排工作，以便他们能更有效地工作。共享领导把领导视为一个角色而不是一个正式的职务，所以在某些情况下，组织里的所有员工都会非正式地充当领导角色。而这些情况包括充当特定想法或变革的捍卫者，以及在需要时填补领导角色。

12-2 描述变革型领导的四个基本要素，并解释为什么它们对组织变革很重要

变革型领导始于战略性愿景，这是一种对未来状况的积极呈现，能激励和团结员工。这种愿景是基于价值的长远目标，抽象而又对员工有意义。通过围绕价值建构框架，表现出对愿景的诚意和热忱，使用符号、隐喻和其他载体为愿景赋予更深刻的意义。变革型领导有效地传达了愿景。变革型领导者示范愿景（言行一致）并鼓励员工去尝试潜在的、与预想的未来情况较一致的新行动和实践。他们还通过前面的活动以及庆祝与愿景有关的重要事件来建

立员工承诺。变革型领导不一定有魅力，魅力型领导也不一定适用变革型领导行为。

12-3　比较管理型领导和变革型领导，并描述任务导向型、以人为本型和公仆型领导的特征

管理型领导包括支持引导员工和工作部门的绩效及幸福感以达成当前目标和实践的日常活动。变革型领导和管理型领导相互依赖，但在稳定和变革、微观和宏观方面，两者存在差异。

任务导向型领导行为包括给员工安排具体工作，明确工作职责和流程，确保他们遵守公司的规定，促使他们达成绩效任务。以人为本型领导行为包括与下属相互信任和尊重，真正关注下属的需求以及为他们谋求福利。

公仆型领导把领导定义为服务别人，满足追随者的需求并关注个人发展和成长。公仆型领导有一种天生的欲望去服务别人。他们在人际关系中表现出谦和、平等和包容。不仅如此，公仆型领导还把道德准则作为他们决策和行动的准绳。

12-4　讨论路径-目标领导理论的要素和领导替代理论

路径-目标领导理论认为有效的管理型领导能根据场合选择最合适的方式。核心模型定义了四种领导风格——指导型、支持型、参与型和成就导向型，以及一些与员工个性和场合有关的权变因素。领导替代理论指出了限制领导影响下属的能力或使特定领导风格变得不必要的因素。

12-5　描述内隐领导力理论的两个组成部分

根据内隐领导力理论，人们会以领导者原型来评价领导者的有效性。此外，人们会相信一种领导传奇。他们相信领导者有很大的影响力，所以他们会陷入基本归因错误和其他知觉扭曲中，以支撑他们对领导者影响力的认知。

12-6　确认有效领导者的八项个人特质，并描述本真型领导

个人特质观点识别了有效领导者的特质。最近的文献表明，领导者有特定的个人特质，包括人格、自我概念、驱动力、正直、领导动机、业务知识、认知与实操能力，以及情绪智力。本真型领导指的是领导者感知自身的自我概念，对其感到舒适，并让行动与自我概念保持一致。这个概念主要包括两部分：自我意识和与自我概念一致的行为。

12-7　讨论领导力的文化和性别差异

文化价值观影响领导者的个人价值观，反过来又影响他们的实践。男性领导者和女性领导者在任务导向型领导或以人为本型领导的水平上基本不存在差异。然而，女性领导者更经常采用参与型领导风格。研究也表明，人们基于刻板印象来评价女性领导者，这可能会导致评价有偏差。

◼ 关键术语

本真型领导	学习导向	公仆型领导	内隐领导力理论
管理型领导	共享领导	领导力	路径-目标领导理论

变革型领导　　领导替代理论

◼ 批判性思考

1. 对高层管理者来说，为什么重视和支持组织的共享领导是重要的?

2. 变革型领导理论是最流行的领导理论。然而，它还不够完美。讨论变革型领导理论的局限性。

3. 本章把魅力型领导与变革型领导进行了区分。然而，大多数员工和管理者把魅力当作有效领导者的一个特征。为什么魅力常常和领导力联系起来? 在你看来，最好的领导者是有魅力的吗? 为什么是或为什么不是?

4. 想一下你最喜欢的老师，他或她有效运用了以人为本型领导和任务导向型领导的哪些行为? 通常，你认为学生更喜欢以人为本型的老师还是任务导向型的老师? 说明理由。

5. 你的员工是熟练和经验丰富的客户服务代表，他们从事非常规工作，如解决特殊客户的问题。运用路径－目标领导理论找出最适合此情境的领导风格。请充分说明你的理由，并讨论为什么其他风格不适合。

6. 找出一个现任的政治领导人（如总统、州长、市长）及其近期的成就。现在，运用内隐领导力理论思考他们的成就可能被夸大的途径。换句话说，解释为什么这些成就的实现是因为某些要素而非领导者本身。

7. 找出两则招聘管理职位的报纸广告。哪些领导的个人特质在两则广告中被提及? 如果你在招聘小组中，你会用什么方法去识别求职者的这些个人特质?

8. 你觉得情绪智力、认知与实操能力是如何影响本真型领导的?

9. 你听到两人在讨论女性担任领导者的优点。一个人认为女性比男性更能胜任领导者，因为女性对员工的需求更敏感并能让他们参与组织决策。另一个人反驳说，虽然这些领导风格越来越重要，但大多数女性领导者在面对棘手的情境时很难获得认可，而这些情境更需要一种专制的领导风格。讨论这些观点的准确性。

◼ 案例研究

生活之窗

　　对吉尔伯特·拉克罗斯（Gilbert LaCrosse）来说，没有什么比手工制作的木框窗户更漂亮的了。拉克罗斯对窗户的热情可以追溯到他在威斯康星州欧克莱尔的青年时代。那时，他从一位老木匠那里学会了如何制作住宅窗户。他了解了优质木材的特性、最佳工具以及如何从当地供应商那里选择最好的玻璃。拉克罗斯在老木匠的小作坊里当学徒。在老木匠退休后，他得到了自己经营生意的机会。

　　拉克罗斯在当地做生意时雇用了自己的学徒。随着他的公司制造的窗户质量越来越出名，他的小生意很快就扩大了。在 8 年内，该公司雇用了近 25 名员工，并搬到了更大的工厂，以适应威斯康星州日益增长的需求。早些年，拉克罗斯大部分时间都在生产车间，亲自教授新学徒他所精通的独特技艺，并为熟练工人们的成就而感到骄傲。他一直强调，他公司的产品必须拥有最高的质量，因为这些产品为家庭提供了"生活之窗"。

　　15 年后，拉克罗斯的公司雇用了 200 多名员工，推出了一项利润分享计划，为员工对组织的成功做出的贡献给予经济奖励。由于公司扩张，总部不得不搬到城市的另一个地区，但拉克罗斯从未与员工失去联系。尽管现在的新学徒完全由木匠大师和其他手工艺人教授，但拉克罗斯每周仍会与工厂和办公室员工交谈几次。

每当要加班时，拉克罗斯会在晚上休息时带着咖啡和一盒甜甜圈出现，讨论公司的运作情况以及它如何通过高质量的工艺取得成功，生产员工很享受拉克罗斯将他们聚集在一起，并宣布公司与芝加哥和纽约的开发商签订了新合同的时光。每次宣布好消息之后，拉克罗斯会感谢所有员工为公司的成功所做的贡献。他们知道其公司产品的质量已经达到该国东部地区窗户制造的卓越标准。

每次访问时，拉克罗斯都会重复现在广为人知的一句话，即他公司的产品必须是最高质量的，因为它们为许多家庭提供了一个了解生活的窗口。员工们从不讨厌从公司创始人那里听到这句话。当拉克罗斯开始发布客户家庭透过他公司生产的窗户观望的照片时，这句话具有了额外的意义。起初，拉克罗斯会亲自带着相机拜访开发商和房主。后来，随着"生活之窗"的照片被开发商和客户熟知，他们会发送自己家人透过拉克罗斯的公司制造的优雅窗户观望的照片。公司的营销人员开始在他们的广告中使用这个想法和那句拉克罗斯名言。在这个营销活动的推动下，满意的客户寄来了数百张照片，生产部门和办公室的员工们都会在下班后抽出时间给那些提供照片的人写感谢信。

随着公司成立已久，50多岁的拉克罗斯意识到该组织的成功和生存取决于向美国其他地区的扩张。在与员工协商后，拉克罗斯做出了艰难的决定，即将多数股权出售给Build-All产品公司。它是一家在建筑产品方面拥有国际营销专业知识的企业集团。根据协议的一部分，Build-All引入了一名副总裁来监督生产运营，而拉克罗斯花更多时间与开发人员会面。拉克罗斯一有机会就回到工厂和办公室，但通常一个月一次。

新任生产副总裁简·弗洛多斯基（Jan Vlodoski）很少离开位于公司市中心总部的办公室，极少到访生产工厂。取而代之的是，生产订单仅仅通过备忘录发送给主管。尽管之前产品质量一直是公司历史上的重中之重，但对库存控制的关注较少。弗洛多斯基引入了严格的库存指南，并概述了每个班次使用耗材的程序，为主管制定了目标，以满足特定的库存计划。以前员工可以扔掉几块翘曲的木头，但现在他们通常必须以书面形式证明这种行为的合理性。

弗洛多斯基还宣布了采购生产用品的新程序。拉克罗斯工业公司（拉克罗斯的公司名称）拥有训练有素的采购人员，他们在选择供应商时与高级工艺人员密切合作，但弗洛多斯基想引入Build-All的程序。这一新的采购方法将生产负责人从决策过程中剔除，有时会导致拉克罗斯工业公司的员工不得不做出以前从未面临的取舍。在此期间，一些员工选择辞职，因为他们感到难以接受制造窗户的新工艺和要求。但由于缺乏类似的工作机会，大多数员工仍留在了公司。

一年后，库存费用下降了约10%，但开发商和批发商退回的缺陷窗户数量显著增加。工厂员工知道有缺陷的窗户数量会增加，因为他们被要求使用质量稍差的材料来降低库存成本。然而，直到弗洛多斯基向所有生产人员发送了一份备忘录说必须保证质量之前，他们几乎没有听到关于问题严重性的消息。在由弗洛多斯基领导的第一年的下半年，一些员工有机会亲自向拉克罗斯询问这些变化并表达了他们的担忧。拉克罗斯表示歉意，并表示由于调到新的地区，没有听说过这些问题，他会调查此事。

在Build-All成为拉克罗斯工业公司的大股东18个月后，拉克罗斯召集了工厂的5名原始员工。这位公司创始人脸色苍白、浑身发抖，称 Build-All 的行为与他对公司的愿景不符，在他的职业生涯中，他第一次不知道该怎么办。Build-All 对这种安排也不满意，尽管拉克罗斯工业公司仍享有适当的市场份额并且在公司价值方面具有竞争力，但该公司并没有完全提供 Build-All 预期的最低 18% 的股本回报率。拉克罗斯向他的长期伙伴寻求建议。

讨论题：

1. 找出拉克罗斯工业公司存在的问题。

2. 使用一个或多个领导理论来分析当前拉克罗斯工业公司存在问题的根本原因。还有哪些组织行为学理论可能有助于解释这些问题？

3. 吉尔伯特·拉克罗斯在这种情况下应该怎么做？

© 版权所有 2000，Steven L. McShane。

▣ 团队练习 领导力诊断分析

目的： 本练习旨在帮助学生了解不同的路径 - 目标领导风格，以及何时使用哪种风格。

说明：

第一步：学生各自写下两个事件，其中包含一名有效的管理者或领导者。领导者和情境可以来自一个体育团队、一个学生工作团队或其他会出现领导的场景。例如，学生可以描述一下在暑假工作中上司是怎样让他们完成比预期更高的业绩目标的。陈述一个事件中上司的行为，而不仅仅是做一个笼统的陈述（例如，"我的上司和我坐下来，确立了明确的工作目标和工作完成期限，然后他多次强调接下来的几周内我能够完成这些目标"。）。每个事件仅需要两三句话来陈述。

第二步：在每个人都写下他的两个事件后，老师会将其分成团队（通常 4～5 人组成一个团队）。每组将针对团队成员写下的事情回答以下问题：

（1）在这个事件中，领导者运用了哪（几）种路径 - 目标领导风格——指导型、支持型、参与型和成就导向型。

（2）询问写下这个事件的人使用这种（些）领导风格的情形。在这种情形下它（们）适用吗？团队必须要清楚地列出其中的权变因素，可能的话把它们与路径 - 目标理论中描述的权变因素联系起来。（注意：团队可能会发现书中没有提到的路径 - 目标领导权变因素。这些因素也应该记录下来并讨论。）

第三步：在团队分析事件之后，每个团队要向全班展示最有趣的事件以及对它的分析。其他团队要对此分析做出评价。任何书中没有提到的领导权变因素都要呈现出来并供大家讨论。

第 13 章

组织结构设计

:: 学习目标

学习完本章，你应该能够：

- 描述组织结构中的三种协调机制。
- 讨论控制幅度、集权与分权和规范化的作用与影响，并将这些要素与有机结构和机械结构联系起来。
- 识别并评价六种部门化的形式。
- 解释在设计组织结构时，外部环境、组织规模、技术和组织战略是如何产生影响的。

:: 开篇案例

三星的新组织结构

三星（Samsung）电子是全球最大的科技公司之一。然而，这家韩国制造商希望在智能手机、平板电脑、电视和家用电器领域像一家高科技初创公司一样保持灵活性。这一转变的关键在于其全新的组织结构。三星公司解释称："三星将摆脱传统的自上而下的组织结构，引入自下而上的组织结构，并专注于推动员工自我激励计划，以提高效率。"

这种被称为"创业型三星"的转型具有挑战性，因为该集团现有的组织结构几乎与大多数初创公司背道而驰。与大多数韩国大公司一样，三星拥有一个高度垂直和严格的层级制度，权力高度集中在高层领导手中。这种集权和机械化的结构包括七个明确定义的行政级别，从初级员工到部门经理。直到最近，员工之间通常使用职级而不是个人的名字相互称呼。例如，当泰勒·金（Tyler Kim）加入三星韩国分公司时，他的同事会称他为金经理。金回忆道："一开始有点尴尬。"因为他之前在美国工作时，员工们习惯使用名字相互称呼。

三星的新组织结构更加扁平化，只包含四个职业级别。员工不再使用级别称呼同事，而是使用尊敬的后缀"nim"，这是对先生和女士的一种高度尊重的方式。他们还可以礼貌地提到同事的高级或初级职位（"seonbae"和"hubae"）。

在过去，三星的员工倾向于无条件服从命令，主要通过经理与其他部门进行沟通。员工经常撰写冗长的、烦琐的报告，并频繁参加由经理主持的会议。在新的组织结构下，员工被鼓励积极分享新的想法，并使用公司内部通信平台与全公司的同事进行非正式、自发的协作。不再强调对领导的正式报告，也不再推崇开会。三星在一份声明中表示："三星高管计划取消不必要的内部会议，并要求高层领导结束僵化的内部报告制度。"

三星的新结构需要一段时间才能在整个组织中建立起来，不过在过去的几年里，该公司一直在尝试一种更扁平的结构。它引入了一个名为创意实验室（Creative Lab，C-Lab）的内部孵化器，约有350名工程师可以在这里抽出长达一年的时间，脱离常规工作来开发独特的创意项目。有前景的项目会被指派额外的人员（设计师、营销人员等），且没有任何直接的管理控制。一位工程师解释道："在三星的其他部门，所有决策都是由高层管理人员做出的，在C-Lab，感觉就像在经营自己的公司。"

三星电子正试图通过引入新的组织结构来提高员工的创造力、适应性和竞争力。**组织结构**（organizational structure）指的是指导组织活动的分工、协调、沟通、工作流程以及正式权力的模式。它规定了哪些活动受到特别关注，以及如何分配财务、权力和信息资源。例如，三星的新结构将把更多的权力和资源下放给一线工程师与管理人员，同时将关注点重新集中在绩效上，而不是地位上。员工被鼓励通过非正式的沟通方式更流畅地相互协作，而不仅仅依赖于经理的正式指示。

提及组织结构，人们通常会联想到组织结构图。然而，组织结构不仅包括上下级关系，还包括与其他工作标准和规则、团队协作、权力关系、信息流动以及工作设计相关的各种特征。组织结构在高层管理推动组织变革时是一个关键工具，因为它建立了新的沟通模式，使员工的行为与公司的愿景保持一致。实际上，最近一项针对130个国家7 000名商业和人力资源领导者的全球调查报告显示，组织设计是公司提高人力资本最重要的趋势或优先事项（领导力和企业文化分别位列第二和第三）。

本章首先介绍组织结构中的两个基本过程：劳动分工与协调。随后详细讨论组织结构的四个要素：控制幅度、集权与分权、规范化和部门化。本章的后半部分还将探讨组织设计的灵活性，包括外部环境、组织规模、技术和组织战略。

13.1 劳动分工与协调

所有的组织结构都包括两个基本要素：将劳动分为不同的任务，并协调劳动，使员工能够实现共同的目标。组织是指一群为了实现某种目标而相互依赖地工作的人。为了高效地达成这些共同目标，尤其是在需要执行多种不同任务的情况下，工作通常被分为可管理的模块。组织还引入各种协调机制，以确保每个人都朝着相同的目标协同工作。

13.1.1 劳动分工

劳动分工是指将工作细分为不同的任务，然后分配给不同的人。这种工作细分导致了工作的专业化，因为每个工作现在只需要完成产品或服务的一小部分任务。三星将其员工分成数千个特定的工作岗位，以便更有效地设计、制造和推广新产品。随着公司规模的扩大，这种横向分工通常伴随着纵向分工。一些员工被指派去监督员工的任务，另一些人负责管理这些监督者，以此类推。

为什么公司要将工作分成多个不同的职能？正如我们在第 6 章中所描述的，工作的专业化可以提高工作效率。专业的员工可以更快地掌握任务。他们缩短了工作周期，在任务之间转换所需的时间也更少。由于员工完成特定工作所需的体力和脑力技能减少，培训成本也降低了。

13.1.2　工作活动的协调

当人们彼此分工时，他们需要协调机制来确保每个人都协同工作。事实上，工作能在多大程度上有效地分配给多少人和工作单元取决于分工的协调程度。当一个组织将工作分割得超出其协调能力时，由于任务错位、重复和时间安排不当，个人的努力就会被浪费。随着分工程度的增加，协调也常常变得更加昂贵和困难。因此，公司只会将工作分割到一种程度，即协调这些工作的成本既不会太高，也不会太具有挑战性。

无论是小型的街角便利店还是全球最大的企业实体，每个组织都使用一种或多种协调机制，包括非正式沟通、正式层级和标准化（见表 13-1）。这些协调机制使同一部门内以及跨工作单元的员工的工作保持一致。当多个组织合作时，例如，在合资企业和在人道主义援助项目中，协调机制也至关重要。

表 13-1　组织中的协调机制

协调机制	描述	子类型 / 策略
非正式沟通	分享共同任务的信息；形成共同的心智模型，同步工作活动	● 直接沟通 ● 联络角色 ● 集成角色 ● 临时团队
正式层级	将合法的权力分配给个人，然后个人使用这种权力来指导工作流程和分配资源	● 直接监督 ● 正式沟通渠道
标准化	建立行为或产出的常规模式	● 标准化的流程 ● 标准化的输出

资料来源：Based on information in J. Galbraith, *Designing Complex Organizations* (Reading, MA: Addison-Wesley, 1973), 8–19; H. Mintzberg, *The Structuring of Organizations* (Englewood Cliffs, NJ: Prentice Hall, 1979), Chap. 1; D.A. Nadler and M.L. Tushman, *Competing by Design: The Power of Organizational Architecture* (New York: Oxford University Press, 1997), Chap. 6.

1. 通过非正式沟通进行协调

所有组织都把非正式沟通作为一种协调机制。这个过程包括分享共同任务的信息，以及形成共同的心智模型，以便员工使用相同的心理路线图同步工作活动。在不规律和模棱两可的情况下，非正式沟通至关重要，因为员工需要通过面对面的交流和其他多样化的媒介来交换大量信息。三星的新组织结构鼓励更多的非正式交流，因为工程师之间的大部分工作都涉及新颖的想法，而这些想法往往是非常规的和模糊的。

虽然在小型公司中，通过非正式沟通进行协调是最容易的，但信息技术的进步已经推动了像三星和其他大型组织这样的公司采用这种协调机制。即使雇用数千人的公司也可以通过保持每个生产基地的小规模化来支持非正式沟通。麦格纳国际公司便积极践行这一原则，将其许多工厂的员工规模保持在 200 人以下，包括它最近在斯洛文尼亚 Hoče 开设的油漆店。这家全球汽车零部件制造商发现，在规模更大的工厂中，员工很难记住彼此的名字，这使非正式沟通作为协调机制变得更加困难。

较大的组织还鼓励通过非正式沟通进行协调，为员工分配联络角色（liaison roles），希望员工与其他工作单元的同事沟通和共享信息。在需要几个工作单元之间进行协调的情况下，公司会创建整合角色（integrator role）。这些人负责鼓励每个工作单元的员工通过共享信息和非正式协作活动来协调工作流程。整合者对参与这个过程的人来说没有权力，所以他们必须依靠说服和承诺去推动。奢侈香水的品牌经理扮演着整合者的角色，因为他们要确保香水开发人员、瓶子设计师、广告创意人员、生产人员和其他团队的工作与品牌的形象和内涵保持一致。

大型组织还鼓励通过非正式沟通进行协调，将几个部门的员工组织成临时团队。这种基于跨学科团队的协调被称为并行工程（concurrent engineering），由丰田（Toyota）公司在近 40 年前开创，现在在整个行业广泛应用。当设计工程师制定产品规范时，来自生产工程、制造、营销、采购和其他部门的团队成员会提供即时反馈，并为流程做出贡献。如果没有这种基于团队的非正式协调，产品开发的每个阶段的员工都面临着将他们的工作"翻墙"交给下一个部门的烦琐任务，而且反馈的信息可能有限或出现严重延迟。

2. 通过正式层级进行协调

非正式沟通是最灵活的协调形式，但随着员工数量的增加，它可能会变得混乱。因此，随着组织的发展，它们越来越依赖第二种协调机制：正式层级。层级将合法的权力分配给个人，之后个人利用这种权力来指导工作流程和分配资源。换句话说，工作是通过直接监督，即指挥系统来协调的。例如，沃尔玛商店有经理和副经理，他们负责确保员工接受适当的培训，执行各自的任务，并与其他员工有效协调。

一个世纪前，管理学者称赞正式层级是大型组织的最佳协调机制。他们认为，当管理者行使权力，而员工只接受一名管理者的命令时，组织最有效。指挥链——信息只通过主管和经理在工作单元之间流动——被视为组织力量的支柱。

尽管正式层级仍很重要，但在今天已经不那么流行了。三星正试图通过其新结构最大限度地解决一个问题，即层级组织在复杂和全新的情况下协调起来不够灵活。通过指挥链的正式沟通很少像员工之间的直接沟通那样快速或准确。正式层级中的另一个问题是，管理者只能密切监督数量有限的员工。随着业务的发展，管理层必须增加，从而导致代价高昂的官僚作风。第三个问题是，当今的员工要求更多的工作自主权和更高的公司决策参与度。通过正式层级进行协调往往会限制员工的自主权与参与性。这增加了员工对"微观管理"的抱怨。

○ **全球链接 13-1**

欧洲航天局通过并行工程协调卫星设计

　　欧洲航天局（ESA）拥有 2 000 多名员工，但该组织广泛运用非正式沟通来协调卫星的设计及其任务。政府机构组成跨学科团队，在荷兰一个专门建造的并行设计机构（CDF）开会。这种并行工程安排非常有效，因为它允许来自十几个相互依存的部门的代表通过面对面互动进行流畅的协调。

"并行工程包括把所有重要的专家聚集到一个房间里，实时地一起工作。"20 年前创建ESA 并行设计机构的马思莫·班德克奇（Massimo Bandecchi）解释说，"随着所有学科在同一时间和地点做出贡献，我们从各种角度去解决问题，将自然顺序的过程变成更'并行'的过程。"

CDF 技术专家安德烈·皮克林（Andrew Pickering）描述了顺序过程的低效性。"传统的任务设计是一个'翻过围栏'式的过程，其中一个领域的团队（例如任务分析）根据最初的任务需求开始工作，将其'翻过围栏'交给下一个子系统团队，例如推进系统，然后依次传给下一个子系统团队。"

一个典型的欧洲航天局设计团队由代表多个学科的二三十人组成，包括推进、结构与机械、飞行动力学、电气系统、热控制，以及技术风险、组织和成本工程方面的专家。团队每周两次在 CDF 进行为期 4 小时的会议。

CDF 研究负责人哈利阿·罗马（Haria Roma）表示："这可能会让人筋疲力尽，但同时也令人兴奋，因为总会出现挑战。作为团队领导者，这就像领导一个管弦乐队，保持良好的沟通，指导过程，并不断寻求解决方案。"

3. 通过标准化进行协调

标准化是第三种协调机制，它涉及建立行为或产出的常规模式。这种协调机制有三种不同的形式：

- 标准化流程（standardized processes）。产品或服务的质量和一致性通常可以通过工作描述和程序标准化工作活动来提高。例如，流程图代表了通过标准化流程进行协调的一种形式。这种协调机制在处理常规任务（如大规模生产）或简单任务（如货架管理）时效果最好，但在非常规和复杂的工作中，如产品设计（如三星创意实验室的员工所从事的工作），效果较差。
- 标准化产出（standardized outputs）。这种形式的标准化包括确保个人和工作单元有明确的目标和产出衡量标准（如客户满意度或生产效率）。例如，为了协调销售人员的工作，公司会设定销售目标，而不是具体的行为。
- 标准化技能（standardized skills）。当工作活动过于复杂，无法通过流程或目标实现标准化时，公司通常会通过确保在职人员具备必要的知识和技能来协调工作。三星和其他科技公司依靠标准化技能进行协调。他们会根据软件工程等学科的技能精选员工，使员工能在没有持续监督、详细的工作描述或严格的工作流程指导的情况下执行任务。培训也是一种提高标准化技能的方式。许多公司都设有内部培训计划，教导员工如何按照公司的期望执行任务。

劳动分工与协调是所有组织中的两个基本要素。然而，工作如何分配、重视哪种协调机制、由谁做出决策，以及其他方面与组织结构的四个要素有关，我们将在接下来的章节中讨论。

13.2　组织结构的要素

组织结构包含四个适用于每个组织的要素。本节将介绍其中的三个：控制幅度、集权与分权、规范化。第四个要素为部门化，将在下一节中介绍。

13.2.1　控制幅度

如今，大公司的首席执行官可能比二三十年前更忙于管理他们的直接下属。20 世纪 80 年代，在大公司里，平均有五个人（通常是副总裁）直接向首席执行官汇报工作。到 20 世纪 90 年代末，这一控制幅度增大到平均 6.5 名直接下属。如今，北美最大公司的首席执行官平均有 10 名直接下属，是几十年前的两倍。这一增长反映了一个事实，即如今大多数大公司都越来越复杂，它们在许多市场中开展业务，产品种类更多，雇用的人员具有更广泛的技术专长。每种类型的变化都需要高层的关注，因此有比以往更多的副总裁直接向首席执行官汇报工作。换句话说，他们的控制幅度更大。

控制幅度（span of control），也称为管理幅度，是指在组织制度中直接向上一级汇报的人数。当直接向经理汇报的人很少时，控制幅度就很小，而当经理有很多直接汇报的下属时，则控制幅度就很大。一个世纪前，法国工程师和管理学者亨利·法约尔（Henri Fayol）强烈建议采用相对较小的控制幅度，通常每个主管管理的员工不超过 20 名，每个经理管理的员工不超过 6 名。法约尔支持将正式层级作为主要的协调机制，因此他认为主管应该密切监督和指导员工。他的观点与拿破仑相似，拿破仑宣称直接向高级军事领导人汇报的军官不应超过 5 名。这些建议基于这样一种信念，即管理者无法有效地密切监督和控制更多的下属。

今天，我们有了更深刻的认知。表现最好的制造工厂平均每位主管管理 38 名生产员工（见图 13-1）。这里的秘诀是什么呢？法约尔、拿破仑和其他人是否错误地估计了最佳控制幅度？答案是，那些提倡分级控制的人认为员工应负责完成体力任务，而主管和其他管理人员则应负责决策并监督员工，以确保任务的完成。相比之下，如今表现最好的制造企业依赖于自主领导的团队，因此直接监督（正式层级）是与其他协调机制相辅相成的。自主领导的团队主要通过非正式沟通和各种形式的标准化（即培训和流程）进行协调，因此正式的层级结构更多地发挥辅助支持作用。

管理人员通常可以接受更大幅度的控制，因为工作人员能够通过标准化技能来自我管理和协调。例如，护士经理通常有 25～50 名直接下属，因为护士受过专业培训，并有具体的规定程序来指导他们的大部分工作活动。

影响最佳控制幅度的第二个因素是员工执行的是否为日常任务。当员工所做的是日常任务时，管理者可能会有更大的控制幅度，因为员工需要更少的主管指导或建议。当员工执行新颖或复杂的任务时，缩小控制幅度是必要的，因为员工往往需要更多的监督和指导。这一原则在对财产和意外伤害保险公司的调查中得到了佐证。商业保单处理部门的平均控制幅度约为每位主管管理 15 名员工，而索赔服务部门的控制幅度为 6.1 个，商业承保部门的控制幅度为 5.5 个。后两个部门的工作人员执行的技术工作更多，因此他们的任务更新颖、更复杂，需要更积极的监督。另一方面，商业政策处理就像生产工作，其任务是例行公事，很少有例外，因此经理们对每项任务的协调较少。

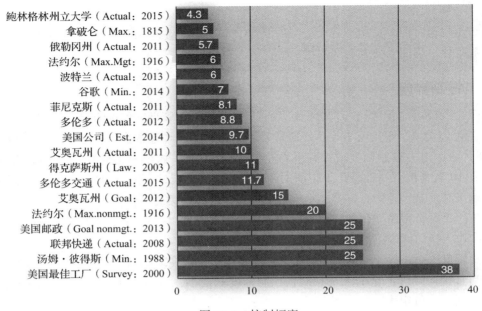

图 13-1　控制幅度

注：数据代表每位管理者所管理直接下属的平均数量。"Max."是指拿破仑·波拿巴和亨利·法约尔推荐的
　　最大控制幅度。"Min."是指谷歌应用于团队的最小控制幅度，由汤姆·彼得斯推荐。根据咨询公司德勤
　　（Deloitte）的数据，"Est."是指美国所有主要公司的平均控制幅度。"Goal"是指美国邮政和艾奥瓦州试
　　图实现的控制目标的幅度。（美国邮政目前已经超过了目标。）得克萨斯州的数据是法律授权的控制幅度。
　　"美国最佳工厂"对应的是由《工业周刊》评选出的美国制造工厂的最有效的平均控制幅度。"Actual"
　　是指菲尼克斯、波特兰与多伦多、俄勒冈州与艾奥瓦州的公共服务部门、鲍林格林州立大学、多伦多交
　　通和联邦快递在上述年份报告的控制幅度。多伦多的数字不包括消防员和公园，因为它们的控制幅度异
　　常大。当它们被包含在内时，多伦多的控制幅度是16.29。

　　影响控制幅度的第三个因素是部门或团队内员工之间的相互依赖程度。通常，对需要高
度相互依赖的工作来说，控制幅度较小是必要的，因为员工之间往往会经历更多的冲突，这
需要经理花更多的时间来解决。此外，员工在高度相互依赖的任务中不太清楚自己的个人工
作表现，因此主管会花更多时间提供指导和反馈。

多层级结构 vs. 扁平结构

　　控制幅度与组织规模（员工数量）及组织层次结构中的管理层数量相互关联。假设有两
家员工数量相同的公司，如果 A 公司的控制幅度比 B 公司更大（每个经理有更多的直接下
属），那么 A 公司的管理层必然更少（即结构更扁平）。其原因是，一个控制幅度更大的公司
中的每个主管有更多的员工，每个中层管理人员有更多的主管，以此类推。与控制幅度较小
的公司相比，要想管理更多的直接下属，只有通过取消管理层才能实现。

　　控制幅度、组织规模（员工数量）和管理层数量的相互关联对公司具有重要意义。随着
组织的发展，它们通常会雇用更多的人。这意味着它们必须扩大控制幅度，建立更多的层
级，或者两者兼而有之。大多数公司最终都会建立更多的层级，因为它们在某种程度上依赖
直接监督作为协调机制，而且每个经理可以协调的人数是有限的。

　　不幸的是，建立更多的层次结构（更多的管理层）也会产生问题。一个令人担忧的问题

是，高层管理人员往往收到质量较差以及更新不及时的信息。人们倾向于在信息传递到更高级别之前对其进行过滤、扭曲和简化，因为他们有动机以积极的视角构建信息或更有效地总结信息。相比之下，在扁平结构中，信息被操纵的次数更少，而且通常比在多层级结构中传输得更快。菲亚特克莱斯勒汽车公司的前首席执行官 Sergio Marchionne 警告说："任何试图在多层级、规避风险的管理结构中构建的新想法都是一个看不到曙光的想法……直到为时已晚。"

第二个问题是，较高的层级结构有更高的管理成本。由于每个员工受更多的经理管理，更多层的结构必然需要更多的人管理公司，从而减少了实际生产产品或提供服务的员工的比例。高层级制度的第三个问题是，员工通常觉得自己的权力和参与度较低。正式层级是一种权力结构，因此更多级别的正式层级往往会将权力从底层的人手中夺走。事实上，正式层级往往将权力集中在管理人员身上，而不是员工身上。

这些多层级带来的问题促使一些公司减少了管理层。例如，麦当劳公司和加拿大最大的电信公司 BCE 最近将管理层分成了三层。麦当劳首席执行官 Steve Easterbrook 表示，层级的减少意味着我们在做出商业决策时，想法的可见性、流动性和透明度对于我们来说都高得多。Conagra Foods 公司最近也重组为一个更扁平的组织，其首席执行官肖恩·康诺利（Sean Connolly）表示："这家包装食品公司现在层次更少，控制幅度更大。我们相信，员工队伍的规模可适应速度、授权和灵活性，以及我们需要做的所有事情。"

然而，层级扁平化也有潜在的负面后果。批评者警告说，所有公司都需要管理者将公司战略转化为连贯的日常运营。去层级化扩大了控制幅度，使管理者在工作单元内有效指导员工、解决冲突和减少做出运营决策的时间。更少的层级也会降低公司培养员工管理技能的能力，因为培养管理人才的职位和程序更少了。此外，晋升的风险也更大，因为与更多级别的正式层次相比，晋升涉及的责任和挑战更大。

几年前，组织层级扁平化的风险在 Treehouse 公司变得显而易见。这家位于俄勒冈州波特兰的在线教育公司将其所有管理者（首席执行官除外）转为一线职位。这件事在当时成为头条新闻。Treehouse 公司的 100 名员工将进行自我管理。两年后，该公司改变了方向。Treehouse 公司的首席执行官丽安·卡森（Ryan Carson）表示："没有管理者，员工会感到漂泊不定，就像没有得到支持的'孤岛'。"卡森还发现，完全扁平的层级制度导致了生产力问题。卡森承认："有些人没有尽到自己的责任，这一点很快就变得非常明显，而当你有管理人员时，你可以更好地重新分担责任。"

13.2.2　集权与分权

集权（centralization）意味着正式的决策权掌握在一小群人手中，这些人通常位于组织层级的顶层。大多数组织都是从集权结构开始的，因为创始人做出了大部分决策，并试图将业务导向他或她的愿景。然而，随着组织的发展，组织结构变得多样化，环境也变得更加复杂。高级管理人员无法处理所有对业务产生重大影响的决策。因此，较大的组织通常下放权力，实现**分权**（decentralize），也就是说，它们将决策权和权力分散到整个组织。

最佳的集权或分权水平取决于我们将在本章稍后讨论的几个权变因素。然而，不同程度的权力下放可能同时发生在一个组织的不同部门。例如，7-Eleven 在信息技术和供应商采购方面采用了集中决策，以提高采购能力和提升成本效率，并最大限度地降低整个组织的复杂性。然而，对于当地库存的决策，7-Eleven 将权力下放给了商店经理，因为商店经理拥有关于客户的最佳信息，并且能够快速响应当地市场需求。7-Eleven 的一位高管解释说："我们永远无法预测周五晚上会有多少足球运动员光顾，但商店经理可以。"

13.2.3　规范化

规范化（formalization）是指组织通过规则、程序、正式培训和相关机制来规范行为的程度。换句话说，随着公司越来越依赖各种形式的标准化来协调工作，公司变得更加规范化。

历史更为悠久的公司往往会变得更加规范化，因为它们的工作活动逐渐常态化，这使得它们更容易将工作转化为标准化运行。此外，大型公司也倾向于更加规范化，因为当员工数量较多时，直接监督和非正式沟通变得更加困难。外部因素，如政府安全法规和严格的会计准则，也鼓励组织更加规范化。

尽管规范化可能会提高效率和合规性，但也会带来问题。规则和程序会降低组织的灵活性，导致员工即使在明显需要灵活应对的情况下，也会遵循规定的行为方式。高度规范化往往会抑制创造力，因为有些工作规则变得非常复杂，以至于按规定执行可能会降低组织的效率。此外，规范化也是工作不满和工作压力的根源。最后，众所周知，规则和程序在一些组织中变得过于重要，成为关注焦点，而忽视了组织生产产品，或为主要利益相关者提供服务的最终目标。

机械结构 vs. 有机结构

我们一起讨论了控制幅度、集权与分权、规范化，因为它们围绕着两种更广泛的组织形式：机械结构和有机结构（见图 13-2）。**机械结构**（mechanistic structure）的特点是控制幅度小，规范化和集权程度高。机械结构有许多规则和程序，较低级别的决策权有限，专业管理人员的层级很高，沟通主要沿着垂直方向进行。任务是被严格定义的，只有在上级机关批准的情况下才会更改。尽管三星目前正在改变其组织结构，但这家韩国公司长期以来一直采用机械结构，这可以从其集中决策、清晰的工作职责描述，以及严格遵守既定规则和程序的工作活动中明显看出来。

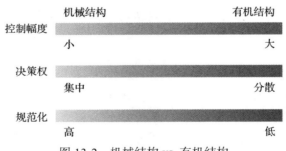

图 13-2　机械结构 vs. 有机结构

有机结构（organic structure）的公司具有相反的特点。它们具有较大的控制幅度、分散的决策权和较低的规范化。任务是灵活的，可以适应新的情况和组织需求。在采用极端有机结构的组织中，决策权被下放给团队和个人，员工有足够的自主权来调整他们的工作职责以适应不同的情境。

一般来说，机械结构在稳定的环境中更有效，因为它们注重效率和日常的规范化运作。有机结构在快速变化（即动态）的环境中更具竞争力，因为它们更有灵活性，能够迅速应对变化。有机结构也更适合高绩效的工作场所，因为它们强调员工的能力，而不是层级制度和地位。然而，有机结构的有效性取决于员工角色和专业技能的发展水平。如果没有这些条件，员工就无法有效地相互协调，会导致错误和严重的效率下降。

13.3　部门化的形式

控制幅度、集权与分权、规范化是组织结构的重要组成部分，但当讨论组织结构时，大多数人会想到组织结构图。组织结构图代表组织结构中的第四个要素，即部门化。部门化规定了如何将员工及其活动组合在一起。它是协调组织活动的基本策略，因为它通过以下方式影响组织行为：

- 部门化建立起指挥链，即组织内各职位和单元之间的共同监督系统。它确定了正式工作团队的成员资格，通常决定哪些职位和单元必须共享资源。因此，部门化建立了员工和子单元之间的相互依赖关系。
- 部门化将人们集中在共同的心智模型或思维方式上，例如，服务客户、开发产品或支持特定的技能组合。这一重点通常联系着每个部门单位内分配给员工的共同预算和绩效衡量标准。
- 部门化鼓励特定的员工和工作单元通过非正式沟通进行协调。有了共同的监督和资源，每个部门中的成员通常在彼此靠近的空间工作，因此他们可以使用频繁和非正式的交流来完成任务。

组织结构有很多不同类型，但最常见的六种部门化类型是：简单型、职能型、事业部制、团队型、矩阵型和网络型。

○ **全球链接 13-2**

查普曼冰激凌的组织结构

1973 年，大卫和彭妮·查普曼开始创业时，查普曼冰激凌有限公司有一个经典的简单组织结构。这对夫妇和四名员工在加拿大安大略省马克代尔一家有百年历史的奶油厂完成了所有工作。

公司总裁彭妮·查普曼回忆道："我们做了所有事情。我们制作混合物，制作包装，在冷藏室工作……大卫外出销售。"查普曼冰激凌店通过提供独特的冰激凌口味而迅速发展。这项工作最终被划分为更专业的任务，围绕生产、营销、研究和其他部门出现了职能结构。如今，查普曼是加拿大最大的独立冰激凌制造商，拥有 700 名全职员工，在 20 条生产线上生产 200 多种产品。该公司也是全球冰激凌产品创新奖的获得者。

13.3.1　简单型结构

大多数公司在创立时采用**简单型结构**（simple structure）。它们雇用的员工数量有限，通常只提供一种独特的产品或服务。公司的层级结构扁平，通常只有员工向上司汇报，因为没有足够的规模来支持专门化的工作。员工在这种情况下扮演着广泛的角色。简单型结构具有高度的灵活性，同时最大限度地减少了员工之间形成的障碍。然而，简单型结构通常依赖管理者的直接监督来协调工作活动，因此，随着公司不断发展且变得更加复杂，运营会变得非常困难。

13.3.2   职能型结构

随着组织的发展，它们通常会从简单结构转变为职能型结构。即使之后它们采用了我们稍后要讨论的更复杂的组织结构，它们也会在层次结构的某个级别上保留职能型结构。**职能型结构**（functional structure）根据特定的知识或资源来组织员工（见图 13-3）。

拥有营销专业知识的员工被分配到营销部门，具备生产技能的员工被分配到生产部门，工程师则被安排在产品开发部门等。拥有职能型结构的组织通常是集权的，以有效地协调它们的活动。

图 13-3   职能型结构

评价职能型结构

职能型结构创建了专门的人才库，通常为组织中的每个人提供服务。与将职能专家分散到组织的不同部门相比，将这些专业人才集中在一个小组中可以提高规模经济效益。此外，职能型结构还可以增强员工对其专业或职业的认同感。在职能型结构中，由于管理人员所监督的员工拥有相同的问题和专业知识，直接监督变得更加容易。

然而，职能型结构也存在一些局限性。当根据职能对员工进行分组时，往往会将注意力集中在这些技能和相关的专业需求上，而忽略了公司的产品、服务或客户需求。除非员工从一个职能部门调动到另一个职能部门，否则他们可能无法对业务有更全面的理解。与其他组织结构相比，职能型结构下的各部门在服务客户或开发产品方面通常会产生更多的功能性冲突，并且相互间的协调性也较差。这些问题的出现是因为员工需要与其他部门的同事合作才能完成组织任务，但他们在如何有效地完成工作方面可能有不同的子目标和思维模式。总之，当人们围绕职能被组织起来时，这些问题的解决需要大量的正式控制及协调。

13.3.3   事业部制结构

事业部制结构（divisional structure，有时也称多部门制或 M 型结构）是指根据地理区域、产出（产品或服务）或客户群体设立事业部，对员工进行分组。图 13-4 展示了三种不同的事业部制结构。地域型事业部制结构根据国家或世界的不同地区划分部门，图 13-4a 是总部位于芬兰的全球电梯和自动扶梯公司 Kone 所采用的地域型事业部制结构的简化版。产品型事业部制结构根据不同的产出划分部门。图 13-4b 展示了总部位于法国的全球食品公司达能的四个产品部门。顾客型事业部制结构根据特定客户群划分部门。图 13-4c 展示了美国国税局采用的顾客型事业部制结构。

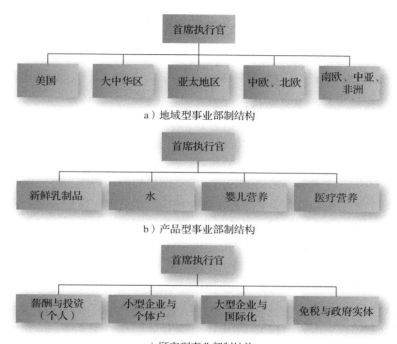

a）地域型事业部制结构

b）产品型事业部制结构

c）顾客型事业部制结构

图 13-4　三种类型的事业部制结构

注：图 a）显示了与 Kone 公司类似的地域型事业部制结构；图 b）描绘了达能的四个产品部门；图 c）类似于美国国税局的顾客型事业部制结构。

资料来源：Based on ideas in S. Kerr and J. M. Jermier, "Subsitutes for Leadership: Their Meaning and Measurement," Organizational Behavior and Human Performance 22 (December 1978): 375—403; P. M. Podsakoff and S B. MacKenzie, " Kerr and Jermier's Substitutes for Leadership Model: Background, Empirical Assessment, and Suggestions for Future Research," Leadership Quarterly 8(1997): 117-32.

　　大型组织应采用哪种形式的事业部制结构呢？这主要取决于环境多样性或不确定性的主要来源。假设某组织向全国各地的客户销售一种产品，如果不同地区的客户有不同的需求，或者各州政府对产品有不同的规定，那么最好采用地域型事业部制结构，这样公司就能对这种多样性保持更高的警惕性。另一方面，如果公司在全国范围内销售多种类型的产品，而各地的客户偏好和政府法规相似，那么产品型事业部制结构可能是最佳选择。

　　Kone 是一家全球性的电梯和自动扶梯公司，其组织结构主要根据地理区域划分事业部。这可能是因为不同地区的法规和销售渠道的差异远大于产品的差异。麦当劳（McDonald）的组织结构为四个地区分部（高增长、成熟、特许经营），并在每个分部内按具体国家或地区进一步划分。这种地域型事业部制结构是合理的，因为尽管麦当劳在全世界生产同样的巨无霸，但它在中国香港生产更多的鱼类产品，在印度生产更多的素食产品，以符合这些国家和地区的传统饮食习惯。达能（Danone）有来自几十个国家的经理来预测和应对文化差异。不过，这家法国乳制品生产商将产品组（水、新鲜乳制品、医疗营养、婴儿营养）置于组织结构的首位，这可能是因为不同产品部门之间的营销和生产活动的差异要比不同地区之间的差异大得多。

许多公司正在摒弃地域型事业部制组织结构。原因之一是，客户几乎可以在世界任何地方在线购买产品并与企业沟通，因此地方代表变得不那么重要了。地域差异的减少是摆脱地域型事业部制结构的另一个原因。贸易自由化减少了政府干预。世界各地的消费者对许多产品和服务的偏好也变得越来越相似（趋同）。第三个原因是，大公司越来越多地拥有全球性业务的客户，这些客户要求在全球范围内设立一个采购点，而不是在每个国家或地区都设立一个采购点。

评估事业部制结构

事业部制结构是一种积木式结构，可相对容易地适应公司的发展。当公司开发出新产品、新服务或新客户时，就可以成立新的部门。事业部制结构还注重结果。它引导员工关注客户和产品，而不是他们自己的专业知识。

然而，事业部制结构也存在一些局限性。首先，事业部制结构往往会造成资源重复，如生产设备、工程或信息技术专业知识。其次，除非部门规模相当大，否则事业部制结构的资源使用效率不如职能型结构的资源使用效率高。再次，事业部制结构还会造成知识孤岛。专业知识分散在各个独立的业务部门，降低了员工在不同部门之间分享知识的能力和动力。相反，职能型结构将专家集中在一起，有助于知识共享。

最后，选择采用何种形式的事业部制结构取决于公司所面临的多样性和不确定性的主要来源。在某些情况下，如达能公司和美国国税局，这一原则相对容易应用，但对许多全球性组织来说，它们面临着地域、产品和客户多样性以及环境的综合不确定性。因此，一些组织可能会反复调整其结构，或者创建复杂的结构，试图平衡这三个方面。这种频繁的变化增加了组织的复杂性，因为结构的改变会导致管理层权力和地位的转移。如果公司从地域型事业部制结构转向产品型事业部制结构，那么原本在地域部门中的高管可能会被降级到产品部门之下。总之，尽管全球组织的领导者们一直在努力寻找最佳的事业部制组织结构，但结果往往是一些高管离职，剩下的高管也感到沮丧。

○ **全球链接 13-3**

丰田公司不断发展的组织结构

由于在油门踏板安全问题上"误导监管机构、误导客户，甚至向国会歪曲事实"，丰田汽车公司被美国政府罚款 12 亿美元，这是有史以来对汽车制造商的最大经济处罚。此后美国将对这家日本公司的安全流程和报告程序进行为期三年的监督。作为世界上最大、最受尊敬的汽车制造商之一，丰田是如何陷入这种境地的呢？丰田委托的一个独立专家小组发现，从供应商产品质量到业务流程的多个领域存在问题。然而，专家们的主要结论是，丰田的职能型组织结构不适合它这样一个全球性组织。

丰田公司的职能型结构令每个专业领域（销售、工程、制造）都形成了"孤岛"，各领域有选择性地向日本总部传递信息。结果，大多数决策都由日本的高管做出，但他们对特定地区的情况和问题知之甚少。根据这次审查，丰田在现有职能型结构的基础上，又增加了两个地区分部（实质上是将全球分为两个集团）。丰田公司当时的首席执行官丰田章男在宣布更新组织结构时表示："在处理海外业务时，以地区为基础，而不是以职能为基础。这将使我们的决策更加全面。"

丰田修订后的组织结构仅持续了两年。面对快速的技术变革和日益激烈的竞争，这家汽车制造商最近宣布进行大规模重组，将公司划分为几个汽车产品组，如小型轿车组和商用车组等，以及关键职能领域（动力传动系统和互联技术）。新的部门结构还包括两个区域集团。"这种结构变化可能不是最终的解决方案，但它无疑是一个机会……加强我们的员工队伍，并进一步促进更好汽车的制造。"丰田公司宣称。

13.3.4　团队型结构

大多数人可能认为军事组织具有严格的等级制度，自上而下地集中决策。有些军事组织仍是这样的，但美国陆军多年来已经认识到，保护社会和应对紧急情况需要前线的团队合作，而这些团队也需要得到资源支持团队和领导团队的支持。曾在阿富汗战争中领导美国联合特种作战司令部和北约部队的斯坦利·麦克里斯特尔将军说："我们成为所谓的'团队中的团队'，即一个大型指挥部拥有了通常仅限于小型团队的敏捷特征。"这种从科层制度到"团队的团队"的转变有时是通过失败的战斗和对紧急情况的低效反应中学习得来的。事实上，美国陆军领导人承认，他们的团队型组织结构存在一些有利于敌军的流动结构特征。

团队型结构（team-based organizational structure）以自我管理的团队为基本构成单位。这些团队可以完成整项工作，如制造产品或完成军事任务。这种组织结构通常是有机的。组织的管理幅度大，因为团队的运作只需要极少的监督。在极端情况下，团队型结构没有正式的领导者，只由其他团队成员选出来的成员帮助协调工作，并与高层管理者联络。

团队型结构的权力高度分散，因为几乎所有的日常决策都是由团队成员做出的，而不是由组织高层做出的。许多团队型结构的规范化程度也很低，因为团队在如何组织工作方面的规定相对较少。相反，高管会给每个团队分派关于质量和数量的任务目标，通常还有生产率提升的目标，然后鼓励团队利用现有资源和自身能动性来实现这些目标。

团队型结构通常出现在较大的事业部制结构中的制造或服务运营中。通用电气飞机发动机公司的几家工厂就是团队型结构，但这些工厂是在通用电气较大的事业部制结构内运作的。不过，也有少数公司自上而下都采用团队型结构，比如戈尔公司（W. L. Gore & Associates）、塞氏（Semco SA）、晨星（Morning Star）公司和 Valve 公司。在这些公司里，几乎所有员工都在团队中工作。

○ **全球链接 13-4**

海尔集团的团队型结构

海尔集团是全球最大的家用电器制造商，最近采用了激进的团队型组织结构，鼓励一线员工参与企业决策，并增强他们与客户的联系。这家中国公司改进后的组织结构是以组织的工作团队为基础建立起来的。这些工作团队被称为 ZZJYT（"自主经营体"的汉语拼音首字母缩写）。

一级 ZZJYT 由 10～20 人的销售、研发、营销和财务团队组成，他们最接近客户，因此最适合做出运营决策。"过去，员工等着听上司的意见；现在，他们倾听客户的意见。"海尔首席执行官张瑞敏说。他在 1984 年将海尔集团从一家亏损的政府企业转变为目前的行业领导者。二级 ZZJYT 本质上是指监督一线团队，为一级团队提供支持。三级 ZZJYT 是指部门经理和职能经理。

海尔创建了一个内部市场。在这个市场中，ZZJYT 和员工个人相互竞争。当负责某一型号洗衣机的海尔团队需要进行市场调研时，它会让提出最佳方案的 ZZJYT 来调研。创业型员工也会相互竞争，以获得开发创新产品的批准（基于员工的投票，有时也基于供应商的投票）。成功的员工会组建一个由海尔集团员工组成的团队，并从其他 ZZJYT 和外部资源（供应商、研究中心）中获得帮助。

评价团队型结构

团队型结构越来越受欢迎，因为它在动荡的环境中更加灵活、反应更快。它往往能降低成本，因为团队对正式科层制度（直接监督）的依赖较少。跨职能的团队结构改善了跨越传统界限的沟通与合作。这种结构由于有更大的自主权，所以能更快、更明智地做出决策。因此，一些医院已从组建职能型结构转向组建跨职能团队。由护士、放射科医生、麻醉师、药理学代表，可能还有社会工作者、康复治疗师和其他专家组成的小组能更有效地沟通和协调，从而减少延误和错误。

团队型结构也存在一些局限性。由于其需要持续的人际关系技能培训，维持成本可能很高。在团队发展的早期阶段，团队合作可能需要比正式科层制度更多的时间来协调。由于角色模糊性的增加，员工可能会承受更大的压力。团队领导者也会因冲突增加、职能权力丧失以及职业发展前景不明确而承受更多压力。此外，团队结构还存在资源重复和团队间潜在竞争（以及缺乏资源共享）的问题。

13.3.5　矩阵型结构

ABB 集团是全球最大的电力和自动化技术工程公司之一，拥有四个产品部门，如电网和过程自动化部门。它在 100 个国家拥有超过 13.5 万名员工和多个地区集团（美洲、亚洲、中东和非洲地区以及欧洲）。什么样的组织结构最适合 ABB 呢？例如，北美地区的电网主管究竟应该向位于瑞士苏黎世的全球电网主管报告，还是向北美业务负责人报告？

ABB 选择了**矩阵型结构**（matrix structure），即将两种结构（在本例中是产品事业部制结构和地区事业部制结构）结合在一起，以充分利用两者的优势。图 13-5 显示了产品-地区矩阵结构。它是 ABB 结构的简化版。点代表拥有两个上司的个人，例如，欧洲电网负责人不仅向 ABB 全球电网总裁汇报工作，同时也向 ABB 欧洲地区运营总裁汇报工作。

一个常见的误区是，在这种矩阵结构中，每个人都要向两个上司报告。实际上，只有组织中某个层级的经理（通常是特定国家的产品经理）有两个上司。例如，ABB 负责欧洲电网业务的高管同时向产品和地区的负责人汇报。但是，该国家产品负责人以下的员工只需要向欧洲业务部门经理报告。

产品-地区矩阵结构是全球公司中最常见的矩阵结构设计。例如，资生堂（Shiseido）、宝洁公司（Procter & Gamble）和壳牌石油公司（Shell）都采用了不同的矩阵结构，因为这些公司认识到地区分部和产品/服务部门同等重要。全球公司中还存在其他矩阵结构的变形。瑞典快时尚零售集团 H&M 就采用了矩阵结构。它将旗下以品牌为基础的部门（H&M、H&M Home、Cheap Monday、Monki、Cos 等）与近十个职能部门（物流、生产、会计、人力资源等）相结合。

全球组织的结构往往是复杂的。它们通常会结合不同类型的组织结构。因此，纯粹的矩阵结构设计在实际中相对少见。在纯粹的矩阵结构中，两个小组（如产品和地区）的负责人拥有同等的权力，但在实际操作中，公司通常会给予其中一个小组更多的权力，而另一个小组则更多地扮演联结或顾问的角色。因此，尽管 ABB 的电网主管有两个上司，但全球电网总裁可能比地区负责人拥有更多的最终决策权或直接权力。

有些公司还取消了纯粹的矩阵结构，只在某些地区采用这种结构。康明斯公司（Cummins Inc.）就是这样一个例子，它主要围绕产品类别进行组织，但在中国、印度和俄罗斯采用了矩阵结构。这些市场规模大、潜力高，而且可能不太受总部关注，因此在这些地区的负责人被赋予了与产品经理同等的权力。

第二种矩阵结构可同时适用于小型或大型公司。它将职能型结构与项目结构重叠。BioWare 公司在 20 年前成立电子游戏公司后不久就采用了这种项目 – 职能矩阵结构。最近，该公司在发现其他形式的矩阵结构效果不佳后，又重新采用了这种矩阵结构。BioWare 的大多数员工都有两名上级经理。一位经理管理分配给员工的具体项目，如《星球大战》《质量效应》《龙腾世纪》；另一位经理是员工所在职能部门的负责人，如美术、编程、音频、质量控制和设计。员工归属于其职能部门，但实际与临时项目团队一起工作。当项目接近尾声时，职能部门主管会将员工重新分配到另一个项目团队。

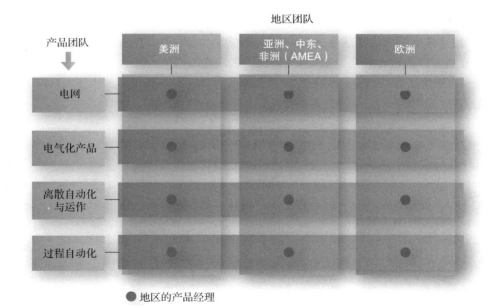

图 13-5　ABB 集团矩阵型结构

注：此图仅供说明之用。它代表了 ABB 最新结构的简化版本。完整的顶层结构还有三个非矩阵功能组（财务、法律、人力资源），其向 CEO 汇报。此外，该图假设 ABB 具有纯矩阵结构，即产品和地区负责人的权力相等。ABB 表示，它将继续采用矩阵结构，但其最近的重组似乎赋予了产品团队更多的直接权力。

评价矩阵结构

项目 – 职能矩阵结构通常能很好地利用资源和专业技能，因此非常适合以项目为基础、工作负荷不稳定的组织。如果管理得当，与纯粹的职能或事业部制设计相比，它能提高沟通效率、项目灵活性和创新性。它能让员工专注于服务客户或创造产品，同时又能根据员工的专长将其组织起来。这样做能更有效地利用人力资源。

矩阵结构也是全球组织的合理选择，例如，在 ABB 集团，两个不同的维度（地区和产品）同等重要。结构决定了高管的权力，也决定了什么应该得到优先考虑。当业务环境复杂，两个不同的方面值得获得同等关注和整合时，矩阵结构就会发挥最佳作用。在采用全球矩阵结构的企业里工作过的高管还表示，他们会有更多的自主权，这可能是因为他们的两位上司更注重咨询建议，而不那么注重指挥和控制。

一些常见的问题抵消了矩阵结构的诸多优点。其中一个问题是，矩阵结构会加剧分享权力的管理人员之间的冲突。在矩阵结构下工作的员工有两个上司，因此也有两套可能发生冲突的优先事项。项目部门领导可能会与职能部门领导就特定员工的项目分配以及员工的技术能力发生争执。不过，成功的公司都会通过培养和提拔能在矩阵结构中有效工作的领导来处理这种冲突。"当然有可能出现摩擦。"印度 IBM 公司的一位高管说，"事实上，在 IBM 担任领导职位的先决条件之一就是能在矩阵结构中发挥作用。"

责任不明确是矩阵结构面临的另一个挑战。在职能或事业部制结构中，一名经理负责所有事务，包括最意料不到的问题。但在矩阵结构中，不寻常的问题无法得到解决，因为两名经理都不承担责任。由于这种模糊的问责制，矩阵结构被指责为企业道德失范的罪魁祸首，比如韩国韩亚金融集团（Hana Financial Group）的挪用公款事件和德国西门子股份公司（Siemens AG）的大规模贿赂事件。甲骨文公司联席首席执行官 Mark Hurd 对这一问题提出了警告："我让你承担的责任越多，就越容易表现出你是一个出色的执行者。"他还说："我使用的矩阵越多，就越容易让人们指责别人。"在矩阵结构中，功能失调的冲突和责任模糊的同时存在也解释了为什么一些员工会有更大的压力，以及一些管理者为什么对他们的工作安排不太满意。

争辩点：组织真的需要采用矩阵结构吗

矩阵结构越来越受到大型组织领导者的青睐。跨国公司通常采用产品－地区矩阵结构，因为该结构可以兼顾公司核心产品／服务的重要性和地区多样性。矩阵结构在小型企业中也越来越受欢迎，尤其是项目－职能型结构，因为领导者试图让他们的员工更加"敏捷"。

咨询公司盖洛普欣喜地表示："敏捷的矩阵结构可以使公司更加灵活，因为这种方法强调跨领域功能，使员工能根据项目需要在不同团队之间流动。"该公司称，矩阵结构下的员工更有动力，并且更专注于组织的使命和愿景。

尽管有这些潜在的好处，矩阵结构长期以来也存在一些问题，而这些问题可以通过其他形式的职能型或事业部制结构来避免或减少。宝洁（Proctor & Gamble）公司、飞利浦（Philips）公司、韩亚金融（Hana Financial）集团、西门子（Siemens）公司以及其他曾一度以矩阵结构而自豪的公司，后来都转而采用事业部制或职能型结构。迈凯轮车队（McLaren Racing）就是最新的例子。这家著名的 F1 赛车组织最近放弃了矩阵结构，因为这种结构有损决策效率和整体协调。"目前的'矩阵'结构无法让某些人迅速做出决策，也无法像我希望的那样以企业家的方式行事。"迈凯轮车队首席执行官 Zak Brown 说。

最常提到的问题是，矩阵结构依赖于组织中一个或多个层级的共同管理。这样做的风险是，当员工向两名管理人员汇报工作时，某种程度上的责任确定和问责机制就会出现漏洞。例如，英国税务海关总署（HMRC）丢失了两张计算机光盘，其中包含 2 500 万名儿童福利申请者的机密信息。一份审查认为，安全措施松懈的部分原因是新部门采用矩阵结构造成"责任不明"。事实上，数据安全的责任被分配给了至少五个部门，每个部门向不同的总干事汇报。最后报告的结论是，HMRC 不适合采用在数据丢失时实行的所谓的"建设性摩擦"矩阵结构。

长期存在于矩阵结构中的第二个问题是，它会产生不必要的冲突和组织政治。模糊性是造成冲突的主要结构性原因之一。矩阵结构必然会产生更多的模糊性，因为联合管理者及其员工需要相互协商优先事项，而单线授权则将决定权分配给一个人。此外，无论企业文化如何推崇团结合作，管理者都会有一定程度的领地意识和固有的竞争心态，很难保持长期的合作。换句话说，管理者愿意通过问题解决、让步和其他支持性行动来解决冲突的程度是有限的。

最后，矩阵结构假定两个维度——无论是产品和地区，还是项目和职能——完全同等重要，但事实是，现实中很少如此。在层级结构的顶端，一个群体几乎总是优先于其他群体。然而，首席执行官们采取的权宜之计是采用矩阵结构，而不是采用事业部制结构来决定一组高管（如产品负责人）从属于另一组高管（如地区负责人）。一位首席执行官坦率地将矩阵结构描述为一种"逃避式管理"。

大多数采用矩阵结构的组织，如果采用另一种问责关系更明确的结构，其出现的问题会更少。例如，一个组织的足迹可能遍布全球，但如果不同的产品组代表了核心重点和竞争优势，则应围绕这些产品组进行组织。地区多样性可以嵌入顶层结构之下，如全球销售或制造部门。另一种方法是采用"点线式"汇报关系，明确指出高管和下级管理人员之间的关系，并且通常要具体说明后者在哪些方面享有权利。

13.3.6 网络型结构

宝马公司（BMW AG）和戴姆勒公司（Daimler AG）不会想让你知道这一点：它们的一些以德国的严谨设计和精密构造著称的汽车并不是由它们的员工制造的，也不是在德国制造的。宝马最新的 Z4 跑车和戴姆勒的奔驰 G 级豪华 SUV 都是由麦格纳集团旗下的麦格纳斯太尔（Magna Steyr）公司在奥地利生产的。至少就这些汽车而言，宝马和戴姆勒都是拥有并销售各自品牌产品的中心，而麦格纳斯太尔和其他供应商则都是围绕该中心的"卫星"——提供生产、工程设计和其他服务，将汽车公司的豪华产品送到客户手中。

宝马、戴姆勒与许多其他组织在设计和制造产品或通过几个组织的联盟为客户服务时，正朝着**网络型结构**（network structure）发展。如图 13-6 所示，这种协作结构通常围绕中心或核心公司以及多个卫星组织组成。核心公司协调网络型组织的工作流程，并提供一个或两个其他核心能力，如营销或产品开发。在我们的示例中，宝马或戴姆勒是提供营销和管理的中心，而其他公司则执行许多其他职能。核心公司可能是客户的主要接触者，但大多数产品或服务交付和支持活动都外包给位于世界各地的卫星组织。外联网（与合作伙伴建立的联结网络）和其他技术确保信息在核心公司及其一系列卫星组织之间方便、公开地流动。

推动网络型结构发展的主要力量之一是，人们认识到，一个组织只有少数几个核心竞争力。核心竞争力是一个知识基础，它贯穿整个组织并提供战略优势。当公司发现自己的核心竞争力时，就会将非关键任务外包给其他具有执行这些任务的核心竞争力的组织。例如，宝马公司很久以前就决定，设施管理不是它的核心竞争力之一，所以它把英国业务的这项职能外包给一家专门从事设施管理的公司。

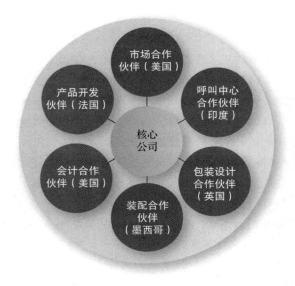

图 13-6　网络型结构

当技术快速变化、生产流程复杂多变时，公司也更有可能形成网络型结构。许多公司无法跟上信息技术的飞速变化，因此它们将整个信息系统部门外包给 IBM、HP 等其他专门提供信息系统服务的公司。同样，许多高科技公司与在各种生产过程中具有专门知识的电子设备制造商合作形成网络。

评价网络型结构

长期以来，组织行为学理论家一直认为，高管们应该把他们的公司比喻成等离子体一样的有机结构，而不是僵化的机械结构。网络型结构接近于有机结构，因为它们可以根据不断变化的环境要求灵活调整结构。如果顾客需要一种新产品或服务，核心公司就会与提供相应资源的其他公司结成新的联盟。例如，通过与麦格纳斯太尔合作，捷豹路虎（Jaguar Land Rover）得以推出更多种类的新车型。当麦格纳斯太尔的客户需要一种不同类型的制造方式时，捷豹路虎就不会为非必要的设施和资源所累。网络型结构还能提高效率，因为核心公司可以在全球范围内以最优惠的价格寻找拥有最优秀人才和最先进技术的分包商，从而提高全球竞争力。事实上，全球竞争的压力使网络型结构变得更加重要，而以计算机为基础的信息技术使其成为可能。

网络型结构的一个潜在缺点是，它们使核心企业暴露于市场力量之下。其他公司可能会抬高分包工作的价格，而如果公司雇用自己的员工来履行同样的职能，短期成本会更低。另一个问题是，信息技术使全球范围内的交流变得更加容易，但它永远无法取代企业内部人员在生产、营销和其他职能方面的控制程度。核心公司可以使用公平交易的激励机制和合同条款来保持分包商的质量，但与保持内部员工的工作质量相比，这些措施的作用不大。

13.4 组织设计的权变因素

大多数组织行为理论和概念都受权变因素的影响。在某种情况下行之有效的理念，在另一种情况下可能并不奏效。接下来，我们将介绍组织设计的四种权变因素：外部环境、组织规模、技术以及组织战略。

13.4.1 外部环境

一个组织的最佳结构取决于其外部环境。外部环境是指组织之外的任何事物，包括大多数利益相关者（如客户、供应商、政府）、资源（如原材料、人力资源、信息、财务）和竞争对手。外部环境的四种特征影响着最适合组织结构的外部状态，即动态性、复杂性、多样性和敌对性。

1. 动态环境与静态环境

动态环境具有很高的变化率。这导致新情况频繁出现，难以建立可预测的模式。在组织中，采用员工经验丰富、团队协调良好的有机结构可更快地适应动态环境。相比之下，静态环境的特点是，活动具有规律性的周期，投入和产出的供求变化稳定。在这种情况下，事件更容易被预测，公司可以更好地应用规则和程序来管理及优化运营。当环境可预测时，机械结构的效率更高。在某些条件下，机械结构往往比有机结构更有利可图。

2. 复杂环境与简单环境

复杂环境中有很多要素，而简单环境需要监控的东西很少。例如，一所大学的图书馆的运作环境比一个小镇公共图书馆的运作环境要复杂得多。大学图书馆需要为用户提供图书借阅、在线全文数据库、研究中心、课程馆藏等服务，而一个小镇的公共图书馆很少有这样的要求。越是复杂的环境，分权就越有必要。分权对复杂环境来说是合乎逻辑的选择，因为决策应该下沉到掌握必要信息的人和单位中，以便他们能够做出正确的选择。

3. 多样化环境与单一化环境

处在多样化环境中的组织拥有更多种类的产品或服务、客户和地区。相比之下，处在单一化环境的组织只有一种类型的客户、产品和地区。环境越多样化，企业就越需要采用与这种多样化相一致的部门结构。例如，如果企业在世界各地销售单一产品，那么地区事业部制结构将最符合它的地理多样化。多样化环境也需要将权力下放。通过将决策权进一步下沉，企业可以更好、更快地适应不同的客户、政府需求以及与这种多样化相关的其他需求。

4. 敌对环境与融洽环境

处于敌对环境中的企业在市场上面临着资源短缺和竞争激烈的问题。敌对环境通常是动态的，因为它们降低了获得资源和需求的可预测性。有机结构往往是应对敌对环境的最佳结构。然而，当环境极其恶劣时（例如供应严重短缺或市场份额急剧下降时），组织往往会暂时集权管理，以便更快地做出决策，让高管们感到更有安全感。讽刺的是，在组织危机期间，集权可能会导致决策质量下降，因为最高管理层掌握的信息较少，特别是在环境复杂的情况下。

13.4.2　组织规模

大型组织的结构不同于小型组织，这是有依据的。随着员工数量的增加，由于分工更细，工作专业化程度也会提高。更专业化的分工需要更精细的协调机制。因此，大型企业更多地采用标准化（特别是工作过程和结果）来协调工作活动。这些协调机制形成了正式科层制度和更高的规范化。有一段时间，成长中的组织减少了对非正式沟通作为协调机制的依赖。然而，新兴的信息技术和对授权的日益重视使非正式沟通在大型企业中重新获得重视。

较大的组织也往往比较小的组织更倾向于分权。管理人员既没有足够的时间，也没有足够的专业知识来处理所有在业务发展过程中对其产生重大影响的决策。因此，决策权被下放给较低层级的员工，使得他们能在较小的责任范围内对事情做出决策。

13.4.3　技术

在设计最佳组织结构时，技术是另一个需要考虑的因素。技术是指一个组织生产产品或服务所依赖的机制或程序。换句话说，技术不仅仅是用于生产的设备，还包括如何安排生产过程以及如何在员工之间分配生产任务。

两种主要的技术权变因素是任务可变性和任务可分析性。任务可变性指的是工作职责从第一天到第二天的可预测性。在具有高度可变性的工作中，员工执行几种类型的任务，但他们不知道哪一种任务会在第二天重复出现。低可变性发生在工作高度常规和可预测的情况下。任务可分析性指的是使用已知的程序和规则可以完成多少工作。在任务可分析性高的工作中，员工有明确的指导方针来指导他们完成工作过程。在任务可分析性较低的工作中，员工在处理特殊情况时几乎没有（如果有的话）指导方针来帮助他们确定最佳行动方案。

在员工执行具有高可变性和低可分析性的任务时，例如，在研究环境中，应该采用有机结构，而不是机械结构。其原因在于，员工面临的是独特的情况，很少有机会重复。相反，在任务具有低可变性和高可分析性的情况下，如装配线，机械结构则是首选。装配线工作是常规的、可预测性高的，并且有完善的程序——这是机械结构有效运行的理想情境。

13.4.4　组织战略

组织战略（organizational strategy）是指基于给定的资源、能力和使命，组织在其环境中相对于利益相关者的定位方式。换言之，组织战略代表了用于实现组织目标而做出的决策和采取的行动。虽然组织规模、技术和外部环境影响了组织结构的最佳选择，但并不一定决定组织结构。相反，企业领导者制定和实施的战略既塑造了这些权变因素的特征，又决定了组织的最终结构。

这个概念可以简单地概括为"结构服从战略"。组织领导者决定企业要发展到多大规模以及使用哪些技术。他们采取措施来定义和操纵所处的环境，而不是让组织的命运完全由外部因素来决定。此外，组织结构的演变并不是对环境条件的自然反应，而是源于人类有意识的决策。因此，组织战略既影响结构的改变，也影响结构本身。

如果一家公司的战略是通过创新去竞争，那么有机结构将是首选，因为它更容易让员工分享知识并发挥创造力。如果一家公司选择低成本战略，那么机械结构是首选，因为它最大限度地提高了生产和服务效率。总的来说，现在的组织结构显然受到组织规模、技术和外部环境的影响，但组织战略可能会重塑这些因素，并减少它们与组织结构的联系。

◘ 本章概要

13-1　描述组织结构中的三种协调机制

组织结构是指劳动分工以及协调、沟通、工作流程和正式权力等指导组织活动的模式。所有的组织结构都将劳动划分为不同的任务，并协调这些任务以实现共同的目标。协调的主要机制有非正式沟通、正式层级和标准化。

13-2　讨论控制幅度、集权与分权、规范化的作用和影响，并将这些要素与有机结构和机械结构联系起来

组织结构的四个基本要素是控制幅度、集权与分权、规范化和部门化。最优的控制幅度——直接向上级汇报的人数——取决于除正式层级制度外，还与组织有哪些协调机制、员工是否执行常规任务，以及部门内员工之间的相互依赖程度有关。

当正式决策权由一小部分人（通常是高级管理人员）掌握时，就是集权的体现。许多公司随着规模的扩大和复杂程度的增加，都会实行权力下放，但是公司的某些部门可能会保持集权，而其他部门会进行分权。规范化是指组织通过规则、程序、正式培训和相关机制来规范行为的程度。公司历史越长、规模越大，规范化程度就越高。规范化往往会降低组织的灵活性、组织学习、创造力和工作满意度。

控制幅度、集权与分权、规范化存在于机械结构和有机结构的组织中。机械结构的特点是控制幅度小、规范化和集权程度高。有机结构的公司则具有相反的特征。

13-3　识别和评价六种部门化的形式

部门化规定了员工及其活动的分组方式。它建立了指挥链，将人员集中在共同的思维模式上，并鼓励通过人员和子单元之间的非正式沟通进行协调。简单结构只雇用很少的人；正式层级最少，通常只提供一种独特的产品或服务。职能型结构围绕特定知识或其他资源组织员工。这种结构有利于提高专业化程度并改善直接监督的效果，但会削弱对客户服务或产品开发的关注。

事业部制结构根据地理区域、客户或产出对员工进行分组。这种结构有利于员工的成长，并将员工的注意力集中在产品或客户上，而不是任务上。然而，这种结构也会使资源重复，并造成知识孤岛。团队型结构非常扁平，规范化程度很低，并且围绕工作流程而不是工作任务组织自我领导的团队。矩阵结构结合了事业部制结构和团队型结构，并利用两者的优势。然而，这种做法比职能型结构或纯粹的事业部制结构需要更多的协调，可能会降低责任感，并增加冲突。网络型结构是多个组织为了创造产品或服务客户而结成的联盟。

13-4　解释在设计组织结构时，外部环境、组织规模、技术和组织战略是如何产生影响的

　　最佳的组织结构取决于环境是动态的还是静态的、是复杂的还是简单的、是多样化的还是单一化的，是敌对的还是融洽的。另一个权变因素是组织规模。规模较大的组织更要分权、更要规范。工作单元的技术——包括任务可变性和任务可分析性——影响着组织应该采用有机结构还是机械结构。这些权变因素影响但不一定决定结构，相反，企业领导者制定和实施的战略既塑造了这些权变因素的特征，也决定了组织的最终结构。

◘ 关键术语

集权	事业部制结构	规范化	职能型结构	矩阵结构
机械结构	网络型结构	有机结构	组织战略	组织结构
控制幅度	团队型结构			

◘ 批判性思考

1. 本章开头介绍了三星电子的组织结构。在这个组织中最常见的协调机制是什么？描述其他两种协调机制在三星电子中可能存在的程度和形式。

2. 想想你目前正在上的商学院或其他单位的课程。用于指导或监督教师的主要协调机制是什么？为什么这种协调机制在这里用得最多？

3. 管理学者们几十年前就得出结论，最有效组织的控制幅度小。然而，如今表现最出色的制造企业拥有较大的控制幅度。为什么会出现这种情况呢？在什么情况下（如果有的话）制造企业应该有一个小的控制幅度？

4. 大型组织的领导者很难确定集权与分权的最佳水平和类型。在确定分权程度时，企业应该考虑什么因素？

5. DTI 公司生产四种类型的产品，每种产品都销售给不同类型的客户。例如，一种产品专门销售给汽车制造商，而另一种产品主要用于医院。在世界各地，每个客户群体的期望值是相似的。该公司在亚洲、北美洲、欧洲和南美洲拥有独立的营销、产品设计与制造工厂。直到最近，每个司法管辖区都制定了关于管理这些产品的生产和销售的独特法规。然而，一些政府已经开始放松对 DTI 设计和制造的产品的管制，并且贸易协定也为外国制造的产品打开了一些市场。当放松管制和签订贸易协定时，哪种形式的部门化对 DTI 来说可能是最好的？

6. 机械结构和有机结构是两种组织形式。三种协调机制如何通过这两种形式运作？

7. 从员工的角度来看，在矩阵结构中工作的优点和缺点是什么？

8. 假设你被聘为顾问来诊断你所在学校的环境特征。你如何描述学校的外部环境？学校现有的结构是否适合这种环境？

◘ 案例研究

梅里特面包店

　　1979 年，拉里·梅里特和博比·梅里特夫妇买下了 The Cake Box，这是一家位于俄克

拉何马州塔尔萨的小店，占地 40 多平方米。这对夫妇是仅有的员工。"我会做蛋糕，博比会装饰它们。"拉里回忆道。博比·梅里特在装饰蛋糕方面已经很熟练了，而烘焙对拉里·梅里特来说却是一项新职业，因为他之前是一家折扣店的经理。因此，拉里花了几小时在当地图书馆翻阅烘焙书籍，并通过反复试验来测试食谱。"第一年，我扔掉了很多原材料。"他回忆道。

最初销售缓慢。后来，街角的一家甜甜圈店要出售，梅里特夫妇买下了这家店。他们搬到了更大的地方，并将店名更改为梅里特面包店，以反映其所销售的广泛的产品种类。梅里特夫妇最初雇用了两名员工，由他们负责店面销售和服务。在接下来的十年里，梅里特面包店的实体空间翻了一番，收入增长了 13 倍。到下一次搬迁时，店内已有 20 名员工。

1993 年，梅里特面包店搬到了街对面占地 500 多平方米的地方。这家店非常受欢迎，顾客们在街上排队购买新鲜出炉的食品。博比说："这在很多人看来是成功的，但其实是失败。"问题在于这对夫妇不想把生产委托给员工，但他们无法足够快地烘焙食品或装饰精心制作的蛋糕以满足需求。"我们觉得自己很失败，因为我们必须每天工作 20 小时。"她回忆道。

后来，梅里特夫妇意识到他们必须成为企业主和管理者，而不是面包师。他们制订了一项业务发展计划，并建立了一个组织结构，将角色和职责规范化。2001 年，当第二家梅里特面包店在镇上开业时，与第一家店一样，配备了一名经理、一名负责烘焙生产的员工、一名负责蛋糕装饰的员工，以及一名销售员。几年后，第三家店开业了。拉里通过培训每家店的员工来保证产品质量。"由于现在很难找到合格的面包师，所以我想花更多的时间在培训和开发产品上。"他当时说。

拉里和博比的儿子之一克里斯蒂安·梅里特于 2000 年加入并经营梅里特面包店。作为一名具有电信行业经验的工程师，克里斯蒂安很快就开发出了流程图，描述了大多数工作活动的精确程序——从简单的店面任务（收银）到不寻常的事件（如停电）。这些文件规范了工作活动，减少了对直接监督的依赖，从而保证了工作质量。克里斯蒂安还引入了计算机系统，以便汇集各门店信息，了解库存量、畅销产品、梅里特著名的定制蛋糕有多少需求等。这些信息改善了有关生产、人员配备和采购的决策，而不需要直接联系或密切监督每个门店。

2007 年底，梅里特面包店在原店附近开设了一个专门的生产中心，并将所有生产人员搬进了被亲切地称为"堡垒"的大楼。通过集中的生产设施来解雇重复的人员和清理设备以降低成本，提供更稳定的质量，并使门店有更多的前台空间。

梅里特面包店还改进了培训计划，从最初的培训课程到一系列特定技能模块。例如，门店前台员工要完成一系列的培训，总共需要 20 小时。该公司还引入了特殊的选拔程序，以便雇用具有合适个性和技能的人到岗位上。梅里特生产工厂的员工通过长期的分级课程接受装饰师培训。生产现场的 1～2 名经理密切指导多达 5 名新员工。

如今，梅里特面包店拥有 80 多名员工，包括生产经理、门店经理和营销总监。该店三分之二的业务是为生日、婚礼和其他活动制作蛋糕，并且在塔尔萨又有三家繁忙而受欢迎的分店。"我们现在才开始把梅里特面包店当作一家企业来对待，很多部分都是我们远程管理的。"克里斯蒂安表示，"我们在场，但与之脱离；我们涉足很多领域，但主要是管理门店，而不是经营门店。"

讨论题：

1. 从成立之初到今天，梅里特面包店的分工和协调机制是如何演变的？

2. 描述这些年来梅里特面包店的控制幅度、集权与分权、规范化程度是如何变化的。如今公司采用的是机械结构，还是有机结构？这三个组织结构要素是否适合梅里特面包店目前的形势？为什么？

3. 梅里特面包店目前存在哪种形式的部门化？你会向它推荐这种部门化形式吗？为什么？

资料来源：S. Cherry, "Not without Its Merritt's," Tulsa World, April 13, 2001, 19; D. Blossom, "Bakery Has Recipe for Success," Tulsa World, October 28, 2002, A7; M. Reynolds, "A Difficult Choice Pays Off for Merritt's Bakery," Modern Baking, March 2010, 39; "Flour Power," Tulsa People, May 2011. Information also was collected from the company's website, www.merrittsbakery.com.

◻ 小组练习　ED Club 练习

目的： 本练习旨在帮助你理解在设计处于不同发展阶段的组织时需要考虑的问题。

材料： 每个学生小组应该有几张活动挂图或其他工具来绘制并向全班展示几张组织结构图。

步骤： 各小组最多收到四种场景图，按时间顺序一次一种。对于每个场景，小组都有固定的时间（如 15 分钟）来绘制最适合该场景中的公司的组织结构图。下面介绍第一种场景。练习和汇报大约需要 90 分钟，尽管减少场景可以在一定程度上缩短时间。

第一步： 将学生分成若干小组（通常是 4～5 人）。

第二步： 在阅读场景内容（如下所示）之后，每个团队将设计一个最适合这种场景的组织结构图（部门划分）。学生将描述所绘制的组织结构的类型，并解释为什么它是最好的选择。组织结构应该画在一张活动挂图纸上，以便其他人在以后的课堂讨论中能看到。教师将设置一个固定的时间（如 15 分钟）来完成这个任务，然后再呈现下一个场景。

场景： 你决心不再忍受寒冷的冬天，于是决定在加勒比海的一个小岛上为一家名为 ED Club 的新度假村进行风险投资。该度假村正在建设中，计划在不到一年的时间内开业。该度假村将雇用大约 75 名员工（大多数是全职员工）。绘制一幅最适合该度假村开业时的组织结构图，并说明理由。

第三步： 在规定时间结束时，教师将呈现场景 2，每个小组将绘制另一个组织结构图以适应该场景。同样，学生将描述所绘制的组织结构的类型，并解释为什么它是该场景下最好的组织结构的类型。

第四步： 在规定时间结束时，教师将展示场景 3，每个团队将绘制另一个组织结构图以适应该场景。

第五步： 如果时间允许，教师可能会展示场景 4。全班将聚集在一起展示他们对每个场景的设计。在每次的展示中，小组需要描述所绘制的组织结构的类型，并解释为什么它是该场景下的最佳选择。

资料来源：Based on C. Harvey and K. Morouney, Journal of Management Education 22 (June 1998), 425–29.

第 14 章

组织文化

学习完本章，你应该能够：

- 描述组织文化的要素，讨论组织子文化的重要性。
- 列出用来解释组织文化的四类文化制品。
- 讨论组织文化的重要性以及在什么情况下强文化能够增强组织绩效。
- 比较融合组织文化的四种战略。
- 描述五种改变和加强组织文化的策略，包括吸引－筛选－流失理论的运用。
- 描述组织社会化的过程以及促进社会化过程的策略。

:: 开篇案例

优步的价值观清单

　　交通网络公司优步（Uber）成立仅 6 年，就已经雇用了 5 000 多名员工。为了在这个快速扩张的组织中指导员工的行为，联合创始人、前首席执行官特拉维斯·卡兰尼克和首席产品官杰夫·霍尔登起草了一份清单，列出了代表优步"工作哲学"的 14 种价值观。这些价值观代表了优步实际的文化或理想的文化。

　　身穿白大褂的卡兰尼克在拉斯维加斯的一个闭门会议上介绍了这份清单，几乎所有优步员工都出席了会议。他用几张幻灯片和视频详细解释了每一种价值观，然后请优步的高管讲述一个故事，以体现每一种价值观。卡兰尼克在文化价值观公开后说："当你经历这种成长时，你必须巩固你的文化价值观，并一直谈论它们。"

　　卡兰尼克提出这 14 条价值观是为了保持优步进取的创业精神。然而，许多观察人士表示，这些价值观和相应的领导角色模型创造了一种"有毒文化"和"文化内爆"，导致诉讼、员工离职和解雇，以及政府调查。优步曾面临性骚扰、霸凌、侵犯隐私、商业间谍、反竞争活动和盗窃专有技术的指控。

在卡兰尼克戏剧性的企业文化演讲三年后，他的首席执行官的职位被外部人士达拉·科斯罗萨西取代。科斯罗萨西的首要任务之一是重新调整公司文化，使其与更具生产力的行为和社会期望结合起来。科斯罗萨西在接任首席执行官不久后表示："让优步走到今天的文化和方法，并不会让我们更上一层楼。我们的价值观决定了我们是谁，以及我们如何工作，但我听到很多员工说，某些价值观根本不能代表我们想成为的那种公司。"

优步最初的价值观清单是由两名优步高管私下制定的，而科斯罗萨西邀请所有员工参与制定新的文化"规范"。全球超过 1 200 名员工提交了想法，并举行了近 24 次员工焦点小组会议。员工们对得出的价值观进行投票，这些价值观随后被浓缩为 8 个核心主题。

只有少数原来的价值观保留了下来，比如"大胆发言"和"主人翁精神"，其他价值观则被抛弃了，因为它们强化了一些让优步陷入困境的活动。科斯罗萨西特别评论道："'行动快于思考'是为了鼓励各级员工分享自己的想法，但它却经常被用作一些糟糕行为的借口。"同样重要的是，新的价值观包括"做正确的事情"的明确的道德要求，而在原来的价值观中没有类似的内容。

优步的"有毒"组织文化几乎把这家交通网络公司推到了悬崖边上。然而，大量的研究表明，在特定条件下，拥有强文化的公司会更成功。这就解释了为什么现任 CEO 达拉·科斯罗萨西（Dara Khosrowshahi）精心设计了一套新的文化价值观，引导员工朝着更有生产力、更能为社会所接受的方向发展。**组织文化**（organizational culture）由一个组织内共同分享的价值观和假设组成。它定义了在公司里什么是重要的、什么是不重要的，因此也指导了组织中的每个人以"正确的方式"做事。你可能会认为组织文化就像是组织的 DNA——虽然肉眼不可见，但它却是一个强大的模板，塑造了工作场所的方方面面。

本章首先描述组织文化的要素，然后讨论如何通过文化制品来解释文化。接着探讨组织文化与绩效之间的关系，包括文化的优势、匹配和适应性的作用。最后，本章关注融合组织文化的策略，并考察改变或加强组织文化的方法，包括进一步讨论与组织社会化相关的议题。

14.1 组织文化的要素

组织文化由价值观和假设组成。图 14-1 阐明了这些共享的价值观和假设是如何互相关联的，并阐明了它们与四类文化制品的联系。对于这些我们将在本章稍后讨论。价值观是指导我们在不同情况下选择行为结果或过程的稳定的、可评估的信条，代表了我们对好与坏、对与错的有意识的感知。在组织文化的环境中，价值观被定义为共享的价值观，是同一组织或工作单元中人们共有的价值观，并且被视为在其价值观等级中的最高级别。例如，在过去几年里，优步的企业文化已经从不惜一切代价（包括虐待和非法行为）的文化，转变为以德为先、以客户为中心及合法创新的文化。

组织文化的另一个组成部分是共享的假设。一些专家认为它是组织文化更深层次的本质要素。共享的假设是一种深藏于心智中的无意识信念和行为原型，通常被认为是在面对挑战与机遇时正确的思考和行动方式。这些假设根植于员工的思维和行为中，往往不容易被直接观察或调查发现。要理解这些共享的假设，通常需要去仔细观察员工的实际行为，分析他们的决策过程，并倾听他们的行动报告。

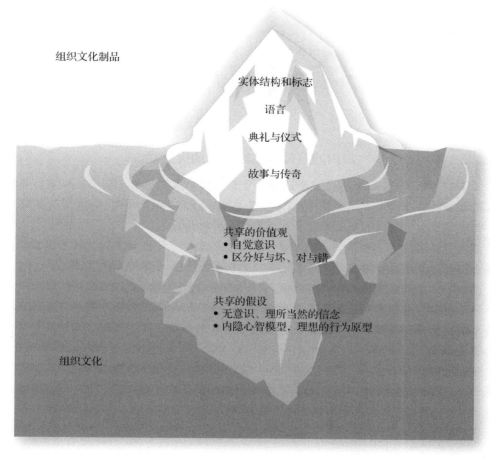

组织文化制品

实体结构和标志

语言

典礼与仪式

故事与传奇

共享的价值观
• 自觉意识
• 区分好与坏、对与错

共享的假设
• 无意识、理所当然的信念
• 内隐心智模型，理想的行为原型

组织文化

图 14-1　组织文化的假设、价值观及文化制品

14.1.1　信仰价值观和行动价值观

大多数公司网站都为求职者提供"加入我们"的网页，其中许多网站自豪地列出了公司的核心价值观。例如，社交网络公司 Facebook 的核心价值观是专注于影响力、快速行动、勇敢、开放及建造社会价值。"我们想要员工勇于冒险并且真正努力地去做会有巨大影响力的事情。"Facebook 的一个员工说道。新西兰 TrustPower 公司的六个核心价值观"PRIDE"是激情、尊重、正直、创新、传递与授权。"无论我们如何成长，无论技术如何变化，我们始终重视与客户的关系，我们的价值观指导着我们的行动。"TrustPower 的一位高管说道。

这些价值观真的代表了 Facebook 和 TrustPower 的文化吗？这两个组织可能会这样做，因为它们的文化是众所周知的，并且通过各种文化制品而根深蒂固。然而，大多数公司网站倾向于描述所谓的信仰价值观——企业领导人希望这些价值观最终成为组织的文化，或者至少是他们想向外界展示的、引导着组织决策和行动的价值观。信仰价值观通常是迎合社会期望的，因此它呈现出积极的公共形象。但即使高层管理者的行动与信仰价值观一致，低层员工也可能不会共享这些价值观。员工给组织带来了多种多样的个人价值观。这些个人价值观中的某些观念可能会与组织的信仰价值观冲突。一些公司甚至描述了与它们实际文化完全不同的价值观。

一个组织的文化不是由其信仰价值观所定义的，而是由其行动价值观所定义的。当价值观真正指导和影响决策与行为时，价值观才会生效。它们是付诸实践的价值观。通过观察高管和其他员工的行为，包括他们的决策、他们的关注点和资源集中在哪、他们如何对待利益相关者，以及这些决策和行为的结果，才可以观察到组织的行动价值观。

○ 全球链接 14-1

高田的信仰价值观与行动价值观

多年来，高田（Takata）公司自豪地描述了其高田之道文化的三个组成部分：开放的沟通、承诺和坚持以事实为基础的问题解决原则（主要是所谓的"三实"：去看看实际发生了什么；实事求是地看待你的产品或服务；用事实来得出结论）。

然而，有证据表明，这些信仰价值观并不代表日本安全气囊和安全带制造商的行动价值观。高田因设计危险的安全气囊而臭名昭著。高田安全气囊爆炸的碎片造成至少 24 人死亡、数百人受伤。这些灾难性的产品可以追溯到一种与高田所宣称的文化基本相反的文化。相比于鼓励公开交流，高田的高级管理层显然不鼓励公开讨论。高田的领导们非但没有支持"三实"的原则，反而积极抑制对其产品进行的基于事实的分析。该公司因隐瞒其安全气囊存在灾难性安全缺陷的证据而被判有罪。一个独立专家小组得出结论："该组织需要文化变革。高田必须采取措施将质量纳入其文化中。"

高田公司因面临大量索赔而进入了破产保护，并在最近被卖给了一家来自中国的竞争对手公司。

14.1.2　组织文化的内容

各个组织在文化内容上各有不同，具体体现在价值观的相对顺序不同。专注于图片的社交媒体网站 Pinterest 有着明确的合作文化，以避免不必要的争论，以及其他有可能冒犯同事的风险。Pinterest 的一位发言人表示："我们渴望创造一种让人感到尊重和重视的文化。"Netflix 则优先关注内部竞争下的个人绩效，比如，这个在线媒体公司声称"我们是一个团队，不是一个家庭"，因此，Netflix 的领导人掌控雇用、发展和裁员，好的工作表现会得到好的回报。

公司的文化价值观有多少种呢？专家们尝试将组织文化分成少量便于记忆的类别。其中，一种模型见表 14-1，定义了 7 种公司文化。另一个模型定义了 4 种组织文化，呈现在一个 2×2 表格中，分别代表关注内部与外部以及灵活性与控制的 4 种组合。还有一种模型将组织文化分为一个有 8 种或 12 种类型的圆形。这些环状模型表明某些文化是彼此相反的，比如规避错误的文化与自我实现的文化，或强权文化与合议文化。

这些组织文化模型在公司管理者需要诊断公司文化并定义他们希望发展的文化类型时确实受到欢迎。然而，不幸的是，他们常常过于简化了组织中文化价值观的多样性。事实上，组织内存在多种个人价值观以及各种各样的价值观组合，因此这些模型描述的组织文化类型可能大大少于实际存在的种类。

表 14-1　组织文化维度和特征

组织文化的维度	维度的特征
创新	乐于尝试、追寻机会、承担风险、少规则、低度谨慎
稳定	可预测、安全、规则导向
尊重他人	公平、宽容
重细节	精细、分析
团队导向	合作、以人为本
结果导向	行动导向、高期望、成果导向
勇于进取	有竞争性、较少强调社会责任

资料来源：Based on information in C.A. O'Reilly Ⅲ, J. Chatman, and D.F. Caldwell, "People and Organizational Culture: A Profile Comparison Approach to Assessing Person–Organization Fit," Academy of Management Journal 34, no. 3(1991): 487–518.

最近一项针对美国 500 强企业信仰价值观的研究显示，企业文化的多样性显而易见。该研究将这些价值观归纳为 9 类。正直是最常见的，其次是团队合作、创新、尊重、质量、安全、社区、沟通和努力工作。但每一类都包含大量的特定价值观。例如，"尊重"这一类别包含了多样性、包容、发展、赋权和尊严等具体价值观。既然有几十种信仰价值观，那么也会有一系列的行动价值观。

另一个担忧是，组织文化模型和衡量通常忽略了文化的共同假设。这是因为衡量共享的假设相对于度量共享价值观更加困难。第三个担忧是，这些组织文化的模型和衡量方式主要采用一种"整体"视角，它们假设大多数组织有一个相当清楚的、统一的、易于解释的文化。在现实中，一个组织的文化通常是模糊和分散的，每个员工都有不同层次的价值观，所以一个组织的文化必然具有明显的多样性。此外，企业由跨组织的员工群体构成，这些员工优先考虑的价值观可能不同于公司文化。因此，许多流行的组织文化模型和衡量方法过于简化了组织文化的多样性，错误地认为组织可以很容易地在这些类别中被识别出来。

14.1.3　组织的子文化

当讨论组织文化时，我们实际上是指主流文化，即被组织成员最一致、最广泛共享的价值观和假设。主流文化通常被高级管理者理解并内化，尽管有时高级管理者可能希望看到不同的文化，但主流文化也可能继续存在。

组织是由子文化组成的，而这些子文化是由组织的不同部门、地理区域以及职业团队所决定的。有些子文化通过支持类似的假设和价值观来加强主流文化。一些子文化即使不同于主流文化，也不会与主流文化相冲突。还有一些被称为反文化，因为它们包含的价值观和假设与组织的主流文化相反。某些组织（根据一项调查表明，包括一些大学）可能只有子文化而识别不出任何的主流文化。

子文化，尤其是反文化，可能会引发员工之间的冲突与纠纷，但是它们有两个重要的功能。第一个功能是，它们维持了组织绩效和道德行为的标准。持有反文化价值观的员工是监督和批评主流文化的重要来源，他们促进了组织与其环境之间的建设性冲突，并使创造性的想法能够出现。子文化通过阻止员工盲目追随一类价值观，间接地支持了道德行为。子文化成员持续质疑组织中大部分"明显的"决策和行动，使每个人对行动产生的后果更加警觉。

第二个功能是，它们是生成新价值观的温床。这些价值观使公司与客户、供应商、社会以及其他利益相关者的需求和期望保持一致。公司需要用更适合动态环境的价值观去代替主流价值观。这些新兴的文化价值观和假设通常在成为组织的理想之前就存在于子文化中。如果子文化受到抑制，组织可能需要花更多时间去发现和采纳与新兴环境一致的价值观。

14.2 通过文化制品解读组织文化

共享价值观和假设通常难以用调查去轻松测量，也可能无法精确地反映在组织的价值观陈述中。但如图 14-1 所示，组织文化需要通过对文化制品的详细调查来解释。**文化制品**（cultural artifacts）是指一个组织文化中可观测的符号和标志，例如迎接来宾的方式、组织的实体布置以及如何奖励员工。少数专家认为文化制品是组织文化的本质，而其他大部分专家（包括本书作者）认为文化制品是文化的标志或象征。换句话说，组织文化是一种认知（人们脑中的价值观和假设），然而文化制品是组织文化可观测的表现。不管怎样，文化制品是重要的，因为它们可以强化并间接支持组织文化的变化。

文化制品提供了关于组织文化可评估的证据。一个组织的文化通常是模糊和复杂的，最好通过观察工作场所的行为，倾听员工与员工、员工与客户之间的日常对话，研读书面文件和电子邮件，观察实体结构和设置，以及采访员工来了解公司情况。换句话说，为了真正理解一个组织的文化，我们需要从多种不同的组织文化制品中挑选信息。

梅奥医院（The Mayo Clinic）几年前做了这样一个评估。它聘请一位人类学家到位于明尼苏达州的总部解释这个医疗组织的文化，并确定给其在佛罗里达州和亚利桑那州两个新分部传递文化的方法。在六周时间里，这位人类学家尾随员工，在候诊室里装成病人，做了无数采访，并且陪同内科医生给病人看病。最终的报告总结了梅奥医院的主流文化以及与主流文化有差异的子文化。

在接下来的讨论中，我们将回顾文化制品的四个大类：组织的故事和传奇、组织语言、仪式和典礼，以及实体结构和标志。

14.2.1 组织的故事和传奇

组织的故事和传奇为强大的社会惯例服务，这些惯例决定了事情应该怎样完成。它们把人生现实主义加入公司期望、个人绩效标准以及解雇准则中。故事也会影响倾听者的情绪，这些情绪有助于提升倾听者对故事的记忆。当描述真人真事，并被公司大多数员工知道时，便能对公司文化的传播产生重要影响。故事同样也是有规范作用的——它们建议人们什么该做，什么不该做。

14.2.2 组织语言

组织语言代表着公司的文化。员工们如何交谈、描述客户、表达愤怒、与利益相关者打招呼都是文化价值观的语言标志。设计公司 IDEO 的领导者汤姆·凯利和大卫·凯利建议说："我们所说的内容以及我们表达的方式会深刻地影响一个公司的文化。"当员工习惯性地使用定制的短语和标签时，一个组织的文化就会特别突出。例如，在 The Container Store，员工们互相称赞彼此"像冈比",这意味着他们像曾经流行的绿色玩具一样灵活,可以帮助顾客或其他员工。

语言也能捕捉到一些引发争议的文化价值观。在高盛公司,"大象交易"显然是具有巨大利润潜力的大型投资交易,因此这家投资公司鼓励其销售人员"猎象"(从客户那里寻找这些大型交易)。一位前高盛经理报告称,该投资公司的一些员工也经常把他们的客户描述为"木偶"。一位销售人员说:"我的'木偶'客户没有比较不同交易的价格",这意味着这位客户很愚蠢,因为他没有比较价格,所以销售人员多收了他的钱。"木偶"这个标签似乎揭示了一种对客户持贬损态度的文化。当这种语言被公开后,高盛调查了内部邮件,寻找"木偶"的标签,并警告员工不要使用这个词。

14.2.3 仪式和典礼

仪式(rituals)是指组织日常生活中的程序化规范,也是组织文化的一部分。仪式包括如何迎接来访者、上级视察下级的频率、人们之间怎样交流、员工的午餐时间有多久等。这些仪式是重复的、可预测的,是组织文化价值观和假设中具有象征意义的本质事件。例如,宝马的快节奏文化通过员工在这个德国汽车制造商的办公室中的行走方式上体现得相当明显。"当你穿过其他公司的走廊和大厅时,你会发现人们走得很慢,有点像在爬,"宝马的一位经理说道,"但是宝马的员工则走得更快。"**典礼**(ceremonies)是比仪式更正式的文化制品。典礼是特别为了观众而做的有计划的活动,如公开奖励(或惩罚)员工或庆祝一个新产品的发布或新合同的签订。

14.2.4 实体结构和标志

温斯顿·丘吉尔曾说过:"我们虽然在塑造建筑,但建筑也会重新塑造我们。"这位英国前首相是在提醒我们,建筑反映并影响着一个组织的文化。它的形状、位置以及建筑的年龄都可能体现一个组织关于团队工作、环境友好、等级制度或任何其他价值观。

玛氏公司就是这样一个例子。玛氏是世界上最大的食品制造商之一(有 Uncle Ben's、Pedigree 宠物食品、Wrigley's 口香糖等品牌)。这家私人控股公司的低调(有人说隐秘)文化从它在大多数国家的不起眼的总部就可以明显看出。玛氏在英国和加拿大的分公司总部设在制造工厂内,只有很小的标识显示公司的名字,甚至很少有标识表示公司高管驻扎在此。它在弗吉尼亚州的全球总部会被认为是一个砖砌的普通仓库,根本没有企业标识,仅有一个"私人资产"的标志。玛氏的总公司外观太低调,以致雀巢的高层在拜访他的主要竞争者时以为走错了地方。

即使建筑没有传达太多的意义,但它也保存了珍贵的实体文化制品。桌子、椅子、办公空间以及墙上的挂饰(或缺少挂饰)都可能是反映文化意义的物品。每个单独的文化制品可能没法说明很多问题,但如果将足够多的文化制品放在一起,你就会看到它们是如何象征组织文化的。例如,一家著名的工作空间设计和制造公司最近确定了工作空间特征,这些特征通常出现在具有几种不同文化的公司中。表 14-2 强调控制(效率)和竞争文化与协作和创新文化在物理空间设计方面的差异。协作和创新文化更注重团队合作和灵活性,所以空间设计是非正式的,可以进行自发的小组讨论。控制和竞争文化往往有更多结构化的办公室安排,为个人工作提供更多空间,而不是团队合作。

表 14-2　工作空间设计和组织文化

协作和创新文化	控制和竞争文化
更多的团队空间	更多的个人空间
非正式的空间	更多的正式空间
低 / 中等封闭性	高 / 中等封闭性
灵活的环境	更固定的环境
有机布局	更加结构化、对称的布局

资料来源：Based on information in How to Create a Successful Organizational Culture: Build It—Literally (Holland, MI: Haworth Inc., June 2015).

14.3　组织文化的重要性

组织文化能提高组织效率吗？奥托·曼宁是这么认为的。曼宁是总部位于奥斯汀的软件公司 YouEarnedIt（最近更名为 KazooHR）的联合创始人，他建议："企业领导者需要把企业文化作为战略重点。"托尼·古兹对此表示赞同。"我坚信，我的工作是定义我们想要的文化，塑造我们想要的文化，滋养我们想要的文化。"这位 EMCOR 集团的首席执行官说。EMCOR 集团是一家财富 500 强公司，提供建筑、工业和能源基础设施以及设施服务。"最终，你（作为首席执行官）能尝试塑造的最大的东西就是组织中的文化。"古兹说。

奥托·曼宁、托尼·古兹、优步的首席执行官达拉·科斯罗萨西以及其他许多领导者都认为，一个组织的成功在一定程度上取决于其文化。很多管理学畅销书的作者同样声称，最成功的公司往往拥有强大的企业文化。实际上，管理学畅销书 *Built to Last* 称，成功的企业就像宗教信徒一样（虽然不是真正意义上的信徒）。那么，公司拥有强大的企业文化会更成功吗？或许如此，但调查结果显示这取决于某些条件。

14.3.1　强文化的意义和潜在好处

在讨论这些权变因素之前，让我们先考察一下组织文化的意义及其潜在的好处。组织文化力量是指员工持有公司的主流价值观和假设的广度与深度。在强大的组织文化中，公司的核心价值观被所有下属部门的大多数员工"共享"。当员工对价值观有相似的理解，并将其内化为个人价值观的一部分时，价值观就"共享"了。

在强组织文化中，这些价值观和假设同时通过牢固的文化制品得以制度化，而这些价值观和假设进一步巩固了文化。除此之外，强文化存续时间很长；一些甚至可以追溯到公司创建者打造的价值观和假设。相反，在弱文化的公司中，主流文化仅被少数的组织高层人士掌握，员工缺乏对这些价值观意义的感知和认同。随着时间的推移，这些价值观和假设会变得不稳定，或者在组织中有不同的理解，从而使得组织文化很难通过文化制品来诠释。

在合适的条件下，拥有强文化的公司会更有效率。这是因为图 14-2 中列出的三个重要功能发生了作用，如下所述：

（1）控制系统。组织文化是社会控制的一种根深蒂固的形式。文化无处不在并潜意识地运转着。把文化看成一架自动飞机，它无意识地引导着员工，所以员工的行为和组织期望是保持一致的。因此，有些学者将组织文化描述成一种为每个人指引同一方向的指南针。

（2）社会黏合剂。组织文化是社会黏合剂，它将员工联系在一起，让他们产生组织归属感。员工会受到激励并内化组织的主流文化，因为它满足了员工对社会身份的需求。这种社会黏合剂作为吸引新员工和留住顶尖员工的方式变得越来越重要。它也成为全球组织中把员工联系在一起的共同纽带。印度第二大信息技术公司 Infosys 的联合创始人兼非执行董事长南丹·尼勒卡尼强调说："公司的价值观是真正的基石，是把公司凝聚在一起的黏合剂。"

（3）解惑。组织文化帮助员工理解公司的发展和决策背后的原因，同样能使员工更容易地理解公司对他们的期望。例如，调查发现，在强组织文化中，售货员有更清晰的角色认知以及更少的角色相关压力。

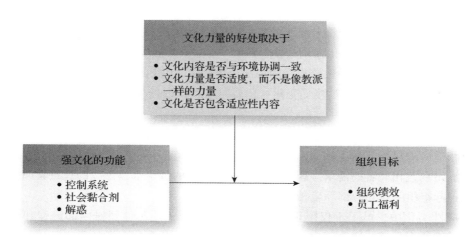

图 14-2　强文化的潜在好处与权变因素

14.3.2　影响组织文化和组织有效性的权变因素

研究表明，文化强度和组织有效性之间只有较低的正相关关系。造成这一关系不强的原因是，强文化只有在特定条件下才能提高组织的有效性（见图 14-2）。三个主要的权变因素是：文化内容是否与环境协调一致；文化力量是否适度，而不是像教派一样的力量；文化是否包含适应性内容。

1. 文化内容与环境协调一致

强文化是否对组织的有效性产生影响，部分取决于该文化的主导价值观和假设与外部环境的一致程度。如果企业文化与环境一致，那么员工就会更有动力，也会有更清晰的角色认知，从而采取行动来改善组织与环境的互动。但是，当企业文化与环境不一致时，强文化可能鼓励员工采取破坏性的决策和行为，这可能损害组织与利益相关者之间的关系。

开篇案例中优步文化的阐述揭示了与外部环境严重错位的文化可能带来灾难性风险。尽管有人认为优步的成功是由于其最初的激进且可能违法的策略，但该公司面临着因法律诉讼、政府立法、客户和司机反抗，以及极度恶劣的公众声誉而崩溃的风险。

2. 文化力量别高于教派

第二个权变因素是文化力量的程度。许多专家认为，文化非常浓厚的公司——被称为企业"教派"——可能不如文化适度浓厚的公司有效率。其中一个原因是过于强势的企业文化会令决策者陷入固有的心智模型中，这会使他们对新的机会和独特的问题视而不见，忽视或错误地理解组织活动与不断变化的环境之间的微妙偏差。

另一个原因是，过于强势的企业文化会压制与主流文化有差异的子文化价值观。组织领导者面临的挑战不仅是维持一个强文化，同样还要维持一个允许多元子文化的强势企业文化。子文化能激励建设性冲突，这种冲突能促进创造性思维并为主流文化提供一定程度的伦理提醒。从长远来看，子文化价值观随着环境的改变可能会成为重要的主流价值观。拥有过于强势的企业文化的公司会压制子文化的发展，也因此削弱了这些益处。

3. 文化是一种适应性文化

第三个决定文化强度能否提升组织效果的权变因素是，文化内容是否包含了**适应性文化**（adaptive culture）。适应性文化强调改变、创新、谦虚、成长以及学习。很多组织管理者逐渐将适应性文化视为组织取得长期成功的一个重要因素。通用电气前 CEO 丹·阿克森表示："最终，你必须创造一种不仅要接受变化，还要寻求如何改变的文化。在我们的文化中灌输这一点非常重要。"

适应性文化是怎样的呢？拥有适应性文化的员工将组织的生存和成功看作与不断变化的外部环境相适应的过程。员工认为他们的未来取决于对外部环境的监测，并积极利用可获得的资源来满足利益相关者的需求。因此，适应性文化中的员工都以开放的观点看问题，并且会主动承担起组织绩效与外部环境相协调的责任。

在适应性文化中，员工不仅限于对外部变化的应对，还延伸到对内部流程和角色的持续改善。员工认为只有持续改善内部工作流程，才能满足利益相关者的需求。他们承认维持工作角色的灵活性非常重要。只有在非适应性文化中才会出现"这不是我的工作"之类的话语。最后，适应性文化具有很强的**学习导向**（learning orientation），乐意接受变化，并以此支持行动导向。拥有学习导向，员工会迎来新的学习机会，并积极尝试新想法和做法，将合理的错误视为学习过程中的一个自然部分，并不断反省过去的实践。

争辩点："企业文化"一词被过度使用了吗？

"企业文化"大概是现在组织中最常提到的词语之一。对"企业"和"文化"这两个词来说，将其结合是一个伟大的成就，因为在 1982 年之前，它们从未被组合成一个词语。管理者们说努力创建企业文化是为了吸引高端人才和更好地服务客户。应聘者也将企业文化列为是否加入这家企业的首要因素之一。

本章为企业文化提供了很多论据并解释了员工的决策和行为。强文化是一个控制系统，它引导员工的决策和行为，是"我们在这里做事的方式"。企业文化的潜在假设无意识地进一步引导员工的行为。强文化同样作为"社会黏合剂"为企业服务，这一黏合剂提升了员工的内部凝聚力。换句话说，处于强文化下的员工有相似的信仰和价值观，这些信仰和价值观反过来强化了他们追随企业的动机。

企业文化是解释工作场所活动的一个有用的概念，但一些组织行为专家认为这个词语被过度使用了。首先，企业文化通常由公司内部的单一事物呈现——一个企业只有一种文化。这种同质文化的假设——每个员工都理解并接受相同的少数主导价值观——根本就不存在。每个组织都有不同程度的碎片化文化。此外，许多员工都有从众行为，他们假装遵循企业的价值观，但实际上并没有这样做，因为他们并不相信这些价值观。碎片化的文化表明，文化不像无脑的万能机器人那样操纵人，相反，员工最终会根据各种影响做出自己的决策，而不仅仅是根据组织的价值观和假设。

另一个表明企业文化被过度用于解释工作场所的因素是组织价值观。组织价值观并不像人们想的那样经常地驱动个体行为。当个人价值观与组织价值观发生明显冲突，或者在决策过程中受到质疑时，员工更倾向于以个人价值观来引导自己的行为。一线人员在大部分工作时间里，并没有对他们的价值观有太多想法。他们的决策通常基于技术考虑，而不是价值观。同样地，企业文化在工作场所中是相当次要的角色。

第三个问题是，在解释工作场所行为和建议如何改变这些行为时，企业文化是一种蹩脚的工具。"修复文化"几乎毫无意义，因为引出这个问题的可以是众多文化制品中的一件。此外，一些归因于糟糕企业文化的问题，可能是由普通和具体的功能失效引起的，如设计不当的奖励制度、无效的领导、不清晰的企业战略、有偏见的信息系统，以及许多其他意外情况等。

我们不应该仅仅责怪企业文化，而应该更多地关注涉及问题的具体系统、结构、行为和态度。此外，正如最近的一篇论文所指出的，企业文化通常是这些特定制品的结果，而不是这些制品产生问题的原因。

14.3.3　组织文化和商业道德

一个组织的文化影响员工的道德行为，因为良好的行为是受道德价值观驱动的，而道德价值观扎根于组织的主流文化中。例如，友邦保险集团（AIA Group）是中国香港最大的人寿保险公司（按保单数量计算），其强文化专注于"正确的人用正确的方式做正确的事情，就会有结果"。这意味着员工应该考虑他们行为的后果（正确的做法），并确保他们始终以诚信和团队精神（正确的方式）工作。

反之亦然，企业文化导致不道德行为的例子不胜枚举。正如开篇案例所描述的，优步的组织文化导致了性骚扰、霸凌、侵犯隐私、反竞争活动和盗窃专有技术的指控，它还创建了一个臭名昭著的充满竞争、政治手腕和冲突的工作场所。

一些领导者试图通过改变和加强组织文化来改善道德行为，使文化围绕更受社会欢迎的价值观展开。例如，巴克莱银行（Barclays Bank）曾采取过这种策略。该银行几年前被指控操纵利率。在该银行的大多数高管因丑闻被迫辞职后，新任首席执行官专注于建立一套明确的道德价值观（尊重、诚信、服务、卓越、管理）。然后，他建议巴克莱的 14 万名员工以这些价值观为指导，以使巴克莱成为一个更加注重道德的组织。

巴克莱首席执行官告诫说："可能会有一些人觉得，他们不能完全接受这种将业绩与我们坚持的价值观直接联系在一起的做法。我向这些人传达的信息很简单——巴克莱不是你们应该去的地方。规则已经改变了，你在巴克莱不会感到舒服，坦率地说，我们和你在一起也不会感到舒服。"这里的重点是，组织文化和道德之间存在密切关联。为了创建一个更讲道德的公司，领导者需要致力于创设一种文化去引导员工的行为。

14.4   组织文化融合

当合并的组织具有不相容的文化时，兼并和收购往往会在财务方面失败。除非被收购公司被允许独立运营，否则文化冲突的公司往往会影响员工绩效和客户服务。因此，一些研究估计，只有 30%～50% 的企业收购增加了价值。

以强生公司的一次收购为例。多年来，这家受人尊敬的医疗设备和消费品公司进行了多次收购，其中大多数交易都仔细分析了两家公司的文化兼容性。但艾琳·斯托克伯格（Aileen Stockburger）回忆说，有一笔收购没有成功。"我们对现有的组织文化做了非常草率的评估。"这位前强生并购副总裁承认，"基于那些评估，我们认为两国的文化非常相似。直到后来，我们才认识到两国的文化是多么不同，尤其是在决策风格方面。"强生重视决策过程中的辩论和建设性讨论，而被收购的公司则重视自上而下的权威。在整合过程中，被收购公司的高管感到越来越不舒服和不满，因为他们的决定受到了其他人的质疑。大多数被收购公司的高管最终都辞职了，因此强生在收购过程中损失相当大。

14.4.1   二元文化调查

组织领导者可以通过实行二元文化调查，将企业合并中的文化冲突降到最低，以履行尽职调查的责任。**二元文化调查**（bicultural audit）可以诊断出双方公司的文化关系，并判定发生文化冲突的可能性。二元文化调查首先识别即将合并的公司间的文化差异。通过对员工的调查，或通过一系列的会议，让两家公司的高管和员工讨论他们如何思考业务中的重要决定。从调查数据或会议中，各方确定两家公司之间的哪些差异会导致冲突、哪些文化价值观有共同点，从而作为合并后的组织中的文化基础。最后阶段包括确定战略和准备行动计划，以架起两个组织文化之间的桥梁。

14.4.2   不同组织文化的融合战略

在某些情况下，二元文化调查导致终止合并谈判的决定，因为两种文化差异太大，无法有效合并。然而，即使两家公司有着截然不同的文化，如果它们采用适当的融合战略，也可能形成一个可行的联盟。融合不同企业文化的四种主要战略是同化、去文化、整合和分离（见表 14-3）。

表 14-3   不同组织文化的融合战略

融合战略	描述	适用情况
同化	被收购公司拥护收购公司的企业文化	被收购公司的文化较弱，而收购公司的文化是强大而成功的
去文化	收购公司将其文化强加于被收购公司	很少奏效，只有当被收购公司的文化功能失调，但其员工还没有意识到问题时，才有必要这样做
整合	合并的公司将两种或两种以上的文化整合在一起，形成一种新的复合文化	两家公司的现有文化相对薄弱或价值观重叠，但同时可以改进
分离	合并的公司仍是不同的实体，文化或组织实践的交流很少	公司在不同的业务中运作需要不同的文化

资料来源：Based on ideas in A.R. Malekzadeh and A. Nahavandi, " Making Mergers Work by Managing Cultures," *Journal of Business* Strategy 11 (May/June 1990): 55–57; K.W. Smith, " A Brand-New Culture for the Merged Firm," *Mergers and Acquisitions* 35 (June 2000): 45–50.

1. 同化

当被收购公司的员工愿意接受收购公司的文化价值观时，同化才能实现。通常，如果被收购公司的文化薄弱或运行不良，而收购公司的外部文化环境强大并且与外部环境协调一致时，这种战略最有效。采用同化战略很少会产生文化冲突，因为收购公司的文化被高度认同、尊重，而被收购公司的文化薄弱或与对方的文化相近。

2. 去文化

文化同化很少奏效。员工通常会抵触组织变革，特别是当他们被要求放弃个人习惯和文化价值时。在这种情况下，一些收购公司通过将其文化和商业实践强加给被收购的组织来实施去文化战略。收购公司剥离了奖励系统和其他支持旧文化的制品。不能接受收购公司文化的人往往会失业。当被收购公司的文化不起作用时，即使被收购公司的员工对此并不信服，去文化也可能是必要的。然而，这种战略很难有效应用，因为被收购公司的员工会抵制来自收购公司的文化入侵，从而推迟或破坏了收购进程。

3. 整合

第三种战略是将两种或两种以上的文化整合成一种新的复合文化，并保留前一种文化的最佳特征。整合是缓慢的，而且有潜在的风险，因为有很多力量在保护原有的文化。当两家公司的文化都可以得到改善时，整合效果最好，这会激励员工采用独立实体的最佳文化元素。将原公司最好的文化元素融合在一起，表明两家公司的员工认可合并后的组织的价值观。一位领导过几次并购的受人尊敬的高管建议：“在组织中找到一件好的事情，并将其作为新文化的基石。人们不想为一个组织工作多年，然后被告知它很失败。”

4. 分离

当收购公司同意保持独立的实体，尽量减少文化或组织实践的交流时，实行的就是分离战略。当两个组织处于不相关的行业或在不同的国家经营时，这种战略是最合适的，因为最合适的文化价值观往往因行业和国家文化而异。这一战略也适用于多元化企业集团的企业文化。然而，文化分离战略是罕见的。收购公司的高管通常很难不干涉被收购公司。据估计，只有 15% 的并购会让被收购公司成为一个独立的部门。

○ **全球链接 14-2**

阿拉斯加航空收购维珍美国航空：从分离到整合

阿拉斯加航空（Alaska Air）收购维珍美国航空（Virgin America）的决定，让客户和投资分析师都感到吃惊。两家航空公司都很成功，它们的航线也是互补的，但许多观察人士质疑，合并后的航空公司在文化上是否适配。“我认为维珍美国航空是一家年轻、时髦的航空公司，”一位商务旅客说，“而阿拉斯加航空更像是一位友善的‘阿姨’。”

起初，阿拉斯加航空首席执行官布拉德·蒂尔登坚称，两家航空公司的文化相似，都注重员工、客户和安全。但蒂尔登的执行团队很快就开始考虑，两家航空公司的文化差异是否过大、是否应该保留各自的文化。创建一个具有两种文化元素的单一航空公司（整合策略）将更节省成本，但是如果阿拉斯加和维珍作为不同的业务运营（分离策略），可能会避免内部文化冲突，并且能留住维珍重要的员工和客户。

蒂尔登和他的高管团队最终选择了两种文化整合的策略。在最初的两年里，阿拉斯加和维珍保持独立，有各自不同的文化和习俗，但两家航空公司正在慢慢地合并成一个具有整合文化和单一品牌的组织。阿拉斯加航空公司总裁兼首席运营官本·米尼库奇（Ben Minicucci）解释说："在许多合并事件中，文化一直是真正的挑战，所以我们正在努力采取不同的做法。"

"阿拉斯加航空公司和维珍美国航空公司是不同的航空公司，我们相信它们有不同的工作。"蒂尔登说。他使用了合并的官方标语"不同的工作"。阿拉斯加航空公司的高管们表示，他们希望在合并后的航空公司中融入维珍的一些"时尚文化"。许多维珍美国航空的粉丝对此持怀疑态度，但旅行作家已经注意到了新成立的阿拉斯加航空公司中包含维珍文化的某些方面。

14.5　变革和强化组织文化

变革组织文化可能吗？答案是肯定的，但做起来并不容易。改革很难快速地进行，并且改革组织文化的过程经常会随着更换团队领导而中断。一些专家认为组织文化"不能被管理"，所以试图改变企业价值观的行为是在浪费时间。这或许是很极端的观点，但研究组织文化的专家普遍认为改革组织文化是巨大的挑战。外界环境会随着时间改变，所以组织必须改变其文化并与新环境保持一致。

在接下来的内容中，我们将提出在一定程度上能够有助于成功变革组织文化的五种策略。虽然图 14-3 罗列得不够全面，但是每项活动在合适的环境下能够运作良好。

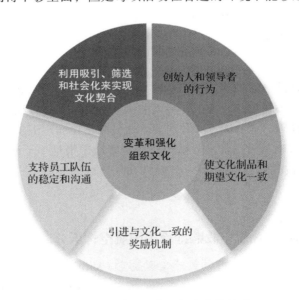

图 14-3　变革和强化组织文化的战略

14.5.1　创始人和领导者的行为

无论是有意的还是无意的，一个组织的文化起源于它的创始人。创始人的个性、价值观、习惯和关键事件都在建立公司的核心价值观和假设方面发挥着作用。创始人往往是一个鼓舞人心的梦想家，为其他人提供一个令人信服的榜样。在往后的几年里，通过象征核心价值观的创始人的故事和传说，组织文化得到加强。

尽管创始人通常会建立组织文化，但随后的领导者需要积极地引导、强化，有时还需要改变这种文化。这一点在本章的开篇案例中表现得很明显。在优步的联合创始人特拉维斯·卡兰尼克记录了公司的 14 项核心价值观之前，他已经对优步的文化产生了深远的影响。达拉·科斯罗萨西接任最高领导职务后，他的主要目标之一就是改变优步文化中的异常元素。

领导文化变革的过程与变革型领导和本真型领导有关。在每一种模式中，领导者的言行都基于个人价值观，而这些价值观有可能反映组织的价值观。例如，一项研究发现，领导者偏爱的冲突处理风格会影响工作单元或组织里员工处理冲突的方式。另一项研究表明，强有力的服务型领导所在的工作单位或公司更有可能形成一种重视为他人服务的文化。

14.5.2　使文化制品和期望文化一致

文化制品不只是企业文化的展示窗口，也是重塑和巩固文化的机制，正如下一章关于公司变革、系统和结构的讨论是帮助企业塑造期望文化的有效方法那样。这些系统和结构是人造产物，例如工作场所的布局、报告结构、办公室制度、信息描述类型和语言的强化或削弱。企业文化可以通过一些故事和事迹进行强化或改变。根据 Herman Miller 家具制造商的前首席执行官马克斯·德·普雷（Max De Pree）所说，每个公司都要有"企业故事"来传承公司历史和企业文化。领导者通过创造令人难忘的事件来发挥作用，而这些事件象征着他们想要发展或维护的文化价值观。

14.5.3　引进与文化一致的奖励机制

奖励机制和非正式的认知练习都属于文化制品。它们对于强化或改善企业文化都具有显著的影响，因此有必要将它们分开讨论。以优步为例，该公司通过改变评估和奖励员工的方式重塑了自己的文化。最近，优步还采用了"逐级递进"（rank-and-yank）的绩效评估和绩效加薪制度。经理们会分别对员工的三个表现维度打分，这三个表现维度与公司最初的文化价值观有关。这些评级被输入一个系统，该系统根据员工的整体表现对其进行排名。"这就像是，'这是你擅长的，这是你不擅长的，这是你的分数'。"一名员工抱怨道。

作为文化转型的一部分，优步抛弃了内部竞争激烈、可能存在偏见的绩效评估体系。该公司的新系统不再以员工为焦点群体，对员工进行评级或排名。相反，员工要记录具体的绩效目标以及一个"公民目标"（比如帮助同事、在公司外做志愿者）。新的奖励制度鼓励合作、社区参与和个人发展，而不是与同事竞争。"通过这一过程，我们正在极大地改变企业文化。"支持新奖励制度的优步人力资源高管表示。

14.5.4　支持员工队伍的稳定和沟通

公司的组织文化存在于员工的心里。企业故事并不会被记载下来，仪式和典礼通常也不会存在于程序手册，企业内部语言也不会记录在公司指南中，所以，强大的组织文化依靠稳定的员工。员工的高稳定性非常重要，因为员工需要花时间去充分理解组织文化以及如何在日常工作生活中运用文化。在高流动率和频繁裁员的情境下，组织文化会被稀释，以前的公司记忆也随着员工一起离开。强大的组织文化还依赖员工之间经常互动的工作场所。这种持续的交流使员工能够开发共享的语言、故事和其他文化制品。

14.5.5　利用吸引、筛选和社会化来实现文化契合

　　一个强化并改变组织文化的有效方法就是招聘和选择那些价值观与组织文化兼容的求职者。在 31 个国家中接受调查的 23 万名员工中，超过三分之一的人表示，组织文化是促使他们决定接受一份工作或职位的一个重要因素。一项针对 2 175 名美国招聘和人力资源经理的调查发现，求职者是否适合组织文化是他们是否被录用的第二大重要因素（求职者的技能是第一位）。

　　吸引 - 筛选 - 流失（attraction-selection-attrition，ASA）**理论**解释了招聘、选择和保留价值观与组织文化一致的求职者的过程。ASA 理论认为，组织对吸引、筛选和留住价值观和个性符合组织特点的人才有一种自然趋势，这导致了更加同质化的组织和更强大的文化。

　　（1）吸引。求职者为避免进入与个人价值观不符的企业，倾向于自主选择雇主。他们在面试前寻找相关的文化制品并通过公开信息了解组织文化。组织往往也会主动展示自己的文化，从而鼓励这种自主选择。

　　（2）筛选。求职者能否很好地适应组织文化通常决定了他们能否被企业聘请。Zappos 会仔细挑选个人价值观与公司价值观一致的求职者。该公司首席执行官谢家华（Tony Hsieh）表示："我们首先对求职者的技术技能和在相关行业的工作经验进行评估，然后对求职者的文化契合度进行单独的面试，有时甚至会用不寻常的方法来评估求职者的文化契合度。例如，为了确定求职者是否谦逊（这是 Zappos 的核心价值观之一），会询问 Zappos 雇用的司机在去公司拉斯维加斯总部的路上，求职者对他 / 她的态度如何。"

　　（3）流失。人们会寻求与自己价值观契合的环境，离开与其价值观不一致的环境。这是因为个人和组织价值观的契合能使人们得到社会认同并且最小化内部角色冲突。与组织价值观严重不符的员工，即使没有被解雇，也会选择自动退出。有几家公司（如 Zappos、G Adventure 等）甚至会在新员工入职的头几周（如果新员工认为自己的个人价值观与公司文化相冲突），就向他们支付离职费。

○ **全球链接 14-3**

转动文化契合的轮子

　　G Adventures 公司谨慎地聘用那些价值观与公司一致的人。"你可以教人们他们需要的技能，但你不能教他们文化。"G Adventures 的创始人布鲁斯·潘·蒂普解释道。

　　经过筛选的求职者参加了一次不同寻常的面试。面试随机抽取三名一线员工。在 Base Camp（该公司的总部位于加拿大多伦多）的面试是在"球坑"里进行的。一个小房间里装满了大约 30 厘米高的塑料球。求职者要回答几个问题，这些问题是从墙上一个大转盘中随机选择的。

　　这些问题很不寻常，比如："如果你额头上有个纹身，会是什么？"。员工们会仔细倾听求职者的回答，以确定求职者的价值观是否与 G Adventures 公司的文化相符。即使求职者有非凡的技能，但如果面试失败，也不会被录用。

14.6　组织社会化

　　组织社会化是公司维持强大企业文化的另一个过程，更广泛地说，它可帮助新员工适应

新工作。**组织社会化**（organizational socialization）是指个体学习价值观、预期行为和社会知识的过程，而这些都是承担其在组织中的角色所必需的。这个过程可能会改变员工的价值观，使其更符合公司的文化。然而，改变员工的个人价值观通常比想象的要困难得多，因为价值观在员工成年之后已相当稳定。更有可能的是，有效的社会化会让新人更清楚地了解公司的价值观，以及如何将这些价值观转化为具体的工作行为。

除了支持公司文化，社会化还能帮助新人适应同事、工作流程和其他公司实践。研究表明，当采用基于证据的组织社会化实践时，新员工往往表现更好，工作满意度更高，在组织中待的时间更长。

14.6.1 学习和适应过程

组织社会化是学习和适应的过程。它是一个学习过程，因为新员工会设法去理解公司的工作场所、社会互动、战略和文化环境。他们会学习到组织的业绩期望、权力结构、公司文化、公司历史和专业术语。他们还需要成功与其他人建立令人满意的关系，以便从他们那里学习窍门。换句话说，有效的社会化支持新员工对组织的理解。它加速了新员工对组织的实体、社交、战略和文化动态的准确认知。在理想情况下，这种学习应该循序渐进，尽量减少信息过载。

组织社会化也是一个适应的过程，因为个体需要适应新的工作环境。他们要建立新的工作角色，重新思考自己的社会身份，接受新的工作规范，并采用新的行为方式。对很多人来说，适应过程是比较快的，通常在几个月内就可以完成。同时，有多元化工作经验的新员工能更好地适应新环境，可能是因为他们拥有更广泛的知识和技能。

14.6.2 心理契约

心理契约（psychological contract）是指个人对自己与另一方（在大多数工作情况下是雇主）之间互惠交换协议的条款和条件的信念。心理契约是在招聘过程和整个组织社会化过程中形成的一种感知，即员工有权获得什么，以及有义务向雇主提供什么作为回报。

求职者通过职业和学习机会、工作资源、薪酬与福利、管理质量、工作保障等方式形成对公司将为他们提供什么的看法。他们还对公司对他们的期望形成了看法，比如工作时间、持续的技能发展和表现出的忠诚度。求职者成为员工后，心理契约继续发展和演变，但他们也在不断测试雇主对这种交换关系的履行情况。

心理契约的类型

有些心理契约更多涉及交易，而另一些则更关注关系。交易契约通常涉及短期的经济交易。公司对员工的义务相对较小，不会对员工的生活产生深远影响。例如，处于临时职位的员工拥有的就是交易契约。在某种程度上，在确定继续留下去之前，新员工拥有的也是交易契约。

关系契约更类似于婚姻，它包括一系列广泛的主观共同义务。有关系心理契约的员工更愿意贡献自己的时间和努力，而不期望组织在短期内回报。关系契约更强调长期关系，员工愿意在长期内为组织做贡献，并不期望立即获得回报。关系契约也是动态的，意味着短期内各方的投入和义务不一定平衡。不出意料的是，拥有关系契约的员工的表现更有可能胜过拥有交易契约的员工，而处于公司固定职位的员工也更倾向于拥有关系契约。

14.6.3　组织社会化的阶段

社会化是一个持续的过程，始于员工进入公司的第一天，并贯穿员工在组织中的职业生涯。当员工跨越组织边界时，例如，他们初次加入公司或转换职位时，组织社会化的感觉最强烈。每个这样的变迁过程都可以分为三个阶段。我们关注的重点是新员工社会化的阶段，所以这三个阶段分别是录用前社会化、碰撞和角色管理（见图 14-4）。这些阶段与个人从局外人到新人再到局内人的阶段是相互对应的。

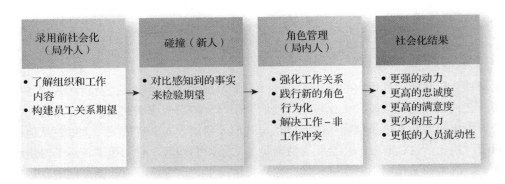

图 14-4　组织社会化的阶段

阶段 1：录用前社会化

回想一下你开始从事一份新工作（去往新学校）前的几周或几个月。你会积极地搜集公司的信息，假想在那里工作的情形，也对融入工作环境充满期待。录用前社会化阶段包含了入职前的所有学习和调整。事实上，大部分社会化调整过程都发生在这个阶段。

录用前社会化的主要问题是，局外人依赖间接消息来了解公司内的工作情形。由于雇主和求职者之间的需求与目标存在冲突，这些信息往往会受到扭曲。雇主希望吸引符合要求的求职者，而求职者则需要全面的信息来做出正确的就业决策，这导致了矛盾的出现。许多公司只描述工作和公司的积极方面，导致求职者在接受工作时期望不完整或虚假。

另一个问题是，当求职者试图在与未来雇主的互动中传达最佳印象时，他们可能会回避关于公司的关键问题，从而阻碍了准确的信息交流。例如，求职者通常不喜欢被问到起薪和晋升机会，这会让他们显得贪婪和争强好胜。除非雇主提供此信息，否则求职者在填写这些内容时，可能会有签订不准确心理契约的错误预期。

另外两种类型的矛盾往往会扭曲雇主的就业前信息。求职者在找工作时会进行印象管理，这往往会促使他们隐藏负面信息，表现得不符合他们的性格，偶尔还会美化他们过去的成就。与此同时，雇主有时不愿意问某些类型的问题，也不愿意使用潜在的有价值的选择工具，因为那样可能会吓跑求职者。不幸的是，雇主对求职者的期望不准确，因为他们收到的简历被夸大了，而且雇主往往不愿向求职者索取更详细的信息。

阶段 2：碰撞

工作的第一天标志着组织社会化的碰撞阶段开始。处于这一阶段的新员工会在实际工作中努力朝自己的预期目标奋斗。在许多企业中，新员工都会失败，并导致其受到**现实冲击**（reality shock），即在感知到入职前期望与现实工作的差距时产生的压力。现实对新员工的冲击不一定会发生在工作的第一天。当新员工对工作环境形成一定了解后，可能会在几周或几个月之后爆发。

现实冲击在许多组织中很常见。由于雇主经常不能兑现承诺，因此新员工时常会感到预期得不到满足。例如，雇主没有给新员工一些具有挑战性的项目，或者没有给新员工足够的资源去完成工作。而如果有新员工由于上述信息交换冲突而形成了扭曲的工作预期，那么他们也会受到现实冲击。无论出于哪些原因，现实冲击迫使新员工投入大量精力来应对工作中的压力，从而使新员工不能全身心投入到对组织知识的学习和对组织角色的适应中，妨碍了组织社会化进程。

阶段 3：角色管理

角色管理是组织社会化的第三阶段，始于录用前社会化阶段，突显于员工从新人到局内人的碰撞阶段。局内人加强与同事和上级的联系，熟悉新的工作岗位，采取符合新职位和新组织的工作态度及价值观。角色管理还包括解决工作和非工作活动之间的冲突，解决员工的个人价值观和组织文化所强调的价值观之间的差异。

14.6.4　改善社会化进程

公司通常倾向于夸大工作的优点，而忽略工作的缺点，这是因为他们希望吸引尽可能多的求职者，以便有更多选择。然而，这种方法往往会导致不良后果。被雇用的员工很快会发现，实际的工作环境与雇主的营销宣传存在差距，从而导致现实冲击和心理契约的破裂。相反，**真实工作预览**（realistic job preview，RJP）能够同时提供关于工作与工作环境的正面信息和负面信息。这种对公司和工作的平衡描述有助于求职者更好地了解他们的技能、需求和价值观是否与工作和组织相匹配。

虽然真实工作预览会吓跑一些求职者，但它能够减少员工离职率，提高工作绩效。这是因为真实工作预览能帮助求职者形成更加准确的录用前期望，将现实冲击降到最低。通过展示工作中具有挑战性和令人烦恼的方面，真实工作预览可以预防不适合的员工入职。此外，有证据表明，真实工作预览还可以增加员工的组织忠诚度。其中一个可能的解释是，提供真实信息的公司更容易赢得求职者的信任。这也表明，公司尊重求职者的心理契约，关心员工的福祉。

社会化的主体

当问及员工是什么帮助他们适应工作和抓住机会时，他们会提到乐于助人的同事、上司，甚至是在组织其他部门工作的朋友。事实上，社会化主要靠这些社会化主体推进。管理者主要提供技术信息、绩效反馈和工作职责信息。管理者也能通过为新员工提供第一份合理的有挑战性的任务，减少不必要的要求，帮助他们与同事建立社会关系纽带，以及为他们提供有良好氛围的工作环境等方法来促进社会化进程。

同事是重要的社会化主体，因为他们很容易接近，在出现问题时可以回答问题，并可作为适当行为的榜样。当新员工加入团队并获得团队里同事的欢迎时，他们能够更轻松地获取所需的信息和资源，从而更好地融入工作环境。同事们如果能在与新员工互动时表现出灵活性和宽容性，将有助于促进社会化进程。

公司在加强新员工与现有员工之间的社会联系方面也扮演着重要角色。例如，思科系统就是一个良好的示范。它通过组织各种社交活动，如团队聚餐、游戏之夜等，来帮助新员工融入团队，并在工作之外建立更深层次的社交关系。

■ 本章概要

14-1　描述组织文化的要素，描述组织子文化的重要性

组织文化由组织共享的价值观和共享的假设组成。共享的假设是指潜意识的、理所当然的认知或信仰。它在组织中发挥着很好的作用，所以将其视为在面对问题和机遇时进行思考和行动的正确途径。价值观是稳定的、可评估的信念。它引导我们在不同情境下对结果或行为的偏好。

组织文化的内容是不同的，即价值观的相对顺序不同。尽管可以将组织文化划分为不同的类型，但通常它们都会趋向于简化文化的多样性，并完全忽视文化中的潜在假设。在一个组织内，可以同时存在主流文化和各种子文化。这些子文化有助于维持组织内的绩效标准和道德行为。此外，子文化还可以成为新兴价值观的来源，取代过时的核心价值观。

14-2　列出用来解释组织文化的四类文化制品

文化制品是指一个组织文化中可观测的符号和标志。文化制品分为四大类，包括组织的故事和传奇、仪式和典礼、组织语言以及实体结构和标志。由于组织文化是微妙并且模棱两可的，因此想要了解一个组织的文化，需要对大量的文化制品进行评估。

14-3　讨论组织文化的重要性以及在什么情况下强文化能增强组织绩效

组织文化有三个主要功能：作为社会控制的一种形式、作为将人们联系在一起的"社会黏合剂"，以及作为帮助员工理解工作场所的一种方式。一般来说，拥有强文化公司的业绩要比拥有弱文化公司的业绩好，但只针对文化内容适合自身环境的组织。同时，文化不应强到排斥不同的价值观，从而阻碍未来新文化的形成。组织应该拥有适应性文化，使员工支持组织的持续变化并扮演好自己的角色。

14-4　比较融合组织文化的四种战略

组织文化间的冲突在并购中很常见。利用二元文化调查诊断组织文化的兼容性可以最小化这个问题。融合不同企业文化主要有四种战略，分别是同化、去文化、整合和分离。

14-5　描述五种改变和加强组织文化的战略，包括吸引－筛选－流失理论的运用

组织文化起源于创始人和领导人，他们向组织传播自己的价值观。创始人的事迹被作为组织故事在员工之间口口相传。企业也会讲解组织文化，并利用企业制度来维持或改进企业文化。另一种与其相似的战略是向员工介绍符合组织文化价值观的成功案例。第四种战略是改变和加强组织文化去支持员工队伍的稳定与交流。组织文化扎根于员工之中，因此员工队伍必须稳定。交流活动有助于分享文化知识。最后，企业通过吸引和选择那些适合企业文化的求职者，鼓励不适合企业文化的员工离开企业，以实现组织社会化。个体通过学习企业价

值观、期望行为、必要的社会知识来保证成功扮演组织中的某个角色。

14-6　描述组织社会化的过程以及促进社会化过程的战略

组织社会化是指个体通过学习组织价值观、期望行为、必要的社会知识来扮演组织中某个角色的过程。这是一个学习和适应的过程。在这个过程中，个人与雇主基于互惠互利的原则发展和检验他们之间的心理契约。

员工通常会经历三个社会化阶段：录用前社会化、碰撞和角色管理。为了管理社会化过程，组织应该提供真实工作预览（RJP），并充分认识到社会化主体在社会化过程中的作用。RJP 给求职者以真实的、准确的、完整的有关企业和职位的信息，包括正面信息和负面信息。社会化主体在社会化过程中提供信息和社会支持。

◘ 关键术语

适应性文化	文化制品	吸引－筛选－流失理论	二文化调查
典礼	学习导向	组织文化	组织社会化
心理契约	真实工作预览	现实冲击	仪式

◘ 批判性思考

1. 卓越咨询公司提出了一个分析组织文化的方案。该方案声称卓越已经创造了一种革命性的新调查方法，用于深入探究企业真实的文化情况。这个调查只需要 10 分钟就能完成。据专业人士所说，调查结果基于小型员工群体。讨论这个方案的优缺点。

2. Claybuild 是一家全国性的砖块及相关建筑材料制造商，其管理团队的所有成员都坚信，质量控制和效率是公司未来成功的两大基石。Claybuild 的每一次高管会议都以讨论如何提高产品质量和在生产过程、分销系统和管理过程中更有效地操作开始。该公司的网站自豪地描述了其致力于质量和效率。这位 CEO 曾几次在零售客户活动上就 Claybuild 的质量－效率文化发表演讲。一位行业专家认为，质量和效率代表了 Claybuild 的理想文化，而不仅仅是行动文化。行业专家这么说的意思是什么？有什么证据可以证明他或她的观点是正确的？

3. 一位制造企业的 CEO 希望建立一个高效和努力工作的主流文化。为了强化公司文化，CEO 引入了新的奖励机制，并亲自面试了所有专业岗位和管理岗位的求职者，以确保他们的价值观与公司的价值观一致。然而，一些员工对这些价值观提出了质疑，最终选择了离职。此外，两名中层管理人员因支持不同的价值观，如劳逸结合，而被解雇。基于你学到的关于组织子文化的知识，预测这位 CEO 的做法会导致哪些潜在的问题。

4. 选择你所在公寓或学校中的至少两种文化制品进行分类。共有四类：①组织故事和传奇；②仪式和典礼；③组织语言；④实体结构和标志。

5. "当采用适应性文化时，组织更容易成功。"组织怎么做才能培养出适应性文化？

6. 假设某一城市的行政官员请你找出能增强团队合作与协作新文化的方法，你必须说服组织里各个层次的人都支持他的价值观。请说出四种有助于大家接受这种价值观的活动。

7. 你正在考虑加入三家会计师事务所中的一家，这将成为你职业生涯中的第一份全职工作。

第一家事务所位于一个大城市，拥有该市大部分的小企业税务和审计业务。第二家是全国性的公司，在全国各地设有办事处，包括你打算工作的城市。第三家是全球三大会计和专业服务公司之一，并在你打算工作的城市设有办事处。只有第三家跨国公司才有详细的"职业"网页，来描述工作期望、文化和职业发展机会。另外两家公司网站上的信息很少。这三家公司都有一个标准的面试流程，包括参观当地办事处。所有的公司都会在你参加的招聘会上设立摊位。作为一名求职者，你会用哪些方法和信息来评估这三家会计师事务所的组织文化与你的个人价值观是否相符？

8. 当人们踏入某一组织的门槛后，社会化便变得很迫切。其中一个例子就是你刚进入某一所大学所遇到的情况。当你从一个局外人变成一个新人，又变成一个局内人时，你学到了什么？你做了哪些调整？

■ 案例研究

希尔顿的转变

20 年前，希尔顿还是一个小城市（约有 7 万名居民），是一个大城市的远郊。希尔顿的市政府对待员工就像对待家人一样，在工作中给予他们很大的自主权。组织中的每个人，包括代表员工的两个工会，都默认组织的领导和主管应该根据他们的经验逐步晋升。外部招聘人员担任中级或高级职位的情况很少见。希尔顿的雇用规则是，员工需要学习工作技能，保持良好的工作记录，然后等待升职的机会。

随着希尔顿人口的增长，为了满足日益增长的市政服务需求，该市的政府员工需求也在增长。这就意味着员工晋升得相当快，几乎可以保证终身被雇用。直到最近，希尔顿还从未解雇过任何员工。这个组织的文化可以说是一种被授权和舒适的文化。无论是当选的市议员还是市长，都没有监督部门经理的工作。这里也几乎没有成本控制，因为快速的经济增长更需要注重人口增长跟上步伐。公众对该市糟糕的服务越来越不满，包括在不适当的时间修建道路，以及一些员工明显对纳税人缺乏尊重。

在扩张阶段，希尔顿把大部分资金投入了"外部"市政服务（也称为"硬"服务），包括道路建设、公用事业建设和维护、消防和警察保护、娱乐设施和土地使用控制。之所以强调这一点，是因为不断扩大的人口对这些服务的需求越来越大，而希尔顿的大多数老员工都来自外部服务群体。例如，希尔顿的城市管理者多年来一直是一名道路开发工程师。"内部"员工（税收、社区服务等）往往资历较低，他们所在部门的优先级也较低。

随着交通和道路系统的发展，希尔顿吸引了更多社会地位高的专业人士。基础设施需求依然保持着良好水平，但现在这些郊区居民需要更多的"软"服务，如图书馆、社会活动和社区服务。他们还开始抱怨市政当局的管理方式。20 世纪 60—90 年代，人口增加了两倍多，城市需要更多的企业规划、信息系统、组织发展和成本控制系统。居民们以不同的方式表达了他们的担忧。他们担心市政府不能达到他们期望的大规模城市管理质量。

几年前，为了改善市政管理结构，新的市长和议会取代了大部分的原有员工。新的议会给了城市管理者和另外两名高级管理者提前退休的补偿金。议会决定，不从基层晋升，而是从地区内的大型地方自治团体中选拔合格的候选人。第二年，几位长期任职的管理人员离开了希尔顿，其中至少有一半的职位是由公司之外的人填补的。

在不到两年的时间里，希尔顿聘请了 8 名来自其他城市的高级管理者或部门管理者。他们在改变该组织的价值体系方面发挥了关键作用。这 8 位管理者作为"专业人士"被熟知。他们密切合作，以改变中下层管理人员多年来的运作方式。他们引进了一种新的计算机系统，并强调了成本控制，而在此之前，管理者们拥有完全的自主权。晋升越来越多地基于业绩而非资历。

专业人士经常在会议和简报中声称，市政雇员必须提供最好的客户服务，希尔顿将成为市民和那些与市政当局做生意的人最友好的客户服务场所之一。为此，这些管理人员迅速满足公众日益增长的"软"服务需求，包括扩大图书馆服务和娱乐活动。当人口增长最近趋于平缓时，城市管理者和其他专业人士获得了议会的支持，以对"硬"服务的需求不足为由解雇了一些外部员工。

最显著的变化之一是，外部部门不再占据城市管理的主导地位。大多数职业管理者只从事行政及相关的内部工作。其中两人拥有工商管理硕士学位。这导致了职业管理者和年长的外部管理者之间关系紧张。

即使在裁员之前，外部部门的管理者也比其他人更抵制这些变化。这些管理者抱怨说他们那些资历最高的员工升职都被拒绝了。他们主张增加预算，并警告说基础设施问题将导致债务问题。这些外部管理者得到了代表外部工人的工会的支持。工会领导人试图为更多的工作岗位讨价还价，而代表内部工人的工会更关注提高工资和福利。外部工会的领导人在当地媒体上发表了几份声明，称对这座城市已经"失去了信心"，公众将受到这些新专业人士行为的影响。

讨论题：

1. 将希尔顿早期的组织文化与新兴的文化价值观进行对比。
2. 考虑改变组织文化的难度，为什么说希尔顿的管理层在这一转变中是成功的？
3. 为城市找出另外两个可以考虑的策略来加强新的组织价值观。

◼ 课堂练习　诊断组织文化

目的： 本练习旨在帮助你理解组织文化的重要性，以及在什么环境下组织会识别和讨论组织文化。

说明： 该练习是带回家的课外作业，它也可以在课堂上利用计算机和网络完成。指导者会将全班分为几个小组（一般 4～5 人一组）。给每个组布置一个具体行业，如能源、生物技术或计算机硬件。

每组的任务是去搜索选定行业的几个公司的网站，了解公司陈述的企业文化。用公司网站的搜索引擎（如果存在）去找到关键短语，例如带有"企业文化"或"公司价值观"等关键词的文档。

下节课中或本节课剩余时间里，学生需要围绕下列三个讨论题做汇报。

讨论题：

1. 什么价值观主导着你所搜索的公司的组织文化？这些价值观在同一个行业的不同公司里是相似的还是不同的？
2. 这些公司在网页上描述其组织文化时，用更多篇幅阐释的是什么？
3. 这个行业的公司是否比班上其他组搜索的其他行业的公司在网站上更多地提及它们的企业文化？

□ 团队练习　组织文化隐喻

——巴特勒大学 David L. Luechauer 和迈阿密大学 Gary M. Shulman 提供

目的：本练习的两个部分都用隐喻帮助你理解、评估和解释组织文化。

A 部分：评估学校的文化

说明：

隐喻是一种强大的修辞手法，通过将一个事物或概念与另一个不同但相关的事物或概念联系起来，以便更好地传达想法、情感或概念。隐喻还具有大量隐藏的意义；它表达了很多关于我们对一个物体的所想与所感。因此，这个活动需要你用隐喻去定义你的大学、学院或机构的组织文化（指导者或许会让学生评估另一个大家都熟知的组织）。

第一步：全班分成 4～6 人一组的小组。

第二步：每组在下面空白处填入的词或短语需要达成一致。这些信息需要记录在图表中以便做课堂展示。指导者会提供 15～20 分钟给每组来讨论什么词或短语最好地描述了学校的文化。

如果我们的学校是一个动物，那么它会是（　　　），因为（　　　）。

如果我们的学校是一种食物，那么它会是（　　　），因为（　　　）。

如果我们的学校是一个地方，那么它会是（　　　），因为（　　　）。

如果我们的学校是一个季节，那么它会是（　　　），因为（　　　）。

如果我们的学校是一个电视节目或电影，那么它会是（　　　），因为（　　　）。

第三步：全班将讨论每组展示的用来象征学校文化的隐喻。例如，一组选择了冬天这个季节，可能意味着他们对学校和学校里的人感到冷漠或疏远。

第四步：全班讨论接下来陈述的讨论题。

A 部分的讨论题：

1. 你们组关于这些隐喻达成一致的容易程度如何？它展示了你的学校文化的什么方面？

2. 你怎么看实践中的这些隐喻？换句话说，有哪些学校行为或其他方面展示了学校的文化用词？

3. 想想你所属的其他组织（如工作的公司、教会）。它们的主流价值观是什么，在实践中你怎么看，以及它们怎么影响组织绩效？

B 部分：分析和解释文化隐喻

说明：

你已经完成了一个隐喻练习来描述你学校的组织文化。这个练习让你尝试怎样去使用这样一个诊断工具以及从产生的结果中得出结论。这个活动基于之前的经历，旨在帮助提高你分析这些数据并提出改进建议的能力。辛辛那提的一个组织有五个工作团队，每个团队都由 4～7 名成员组成，并且每个团队都包括了不同性别的成员。这些团队也完成了类似于你在课堂上进行的 A 部分的隐喻练习，并且他们的回应已经列在表 14-4 中。以团队为单位，分析表 14-4 中的信息并回答这些问题。

B 部分的讨论题：

1. 在你看来，这个组织中的主流文化价值观是什么？解释你的答案。

2. 这个类型的文化的积极面是什么？

3. 这个类型的文化的消极面是什么？

4. 在你看来,这个组织的主要业务是什么?解释你的答案。

5. 这些团队都报告给了一位管理者。关于这个单元,你将会给她什么建议?

表 14-4 辛辛那提的一个组织中五个团队的隐喻结果

团队	动物	食物	地方	电视节目	季节
1	兔子	巨无霸	俱乐部	48 小时(电影)	春天
2	马	玉米卷	跑道	迈阿密风云	春天
3	大象	排骨	马戏团	罗珊娜	夏天
4	鹰	巨无霸	拉斯维加斯	CNN	春天
5	豹	中国菜	纽约	LA Law	赛马季

第15章

组织变革

学习完本章，你应该能够：

- 描述勒温力场分析模型的要素。
- 讨论人们抵制组织变革的原因，以及变革推动者应该如何看待这种抵制。
- 概述最大限度地减少对变革的约束力的六种策略，并讨论如何有效地激发变革的紧迫性。
- 讨论领导、联盟、社交网络和试点项目如何帮助组织变革。
- 描述和比较作为组织变革的正式方法的行动研究法、赏识探询法、大群体干预法和平行学习结构法。
- 讨论组织变革中的两个跨文化问题和三个道德问题。

:: 开篇案例

渴望变革的专业团队

  Blueshore Financial 公司成立于 20 世纪 40 年代，主要服务于生活在温哥华北岸的造船工人和远洋渔民。之后，北温哥华成为加拿大最富裕的地区之一，其居民产生了更复杂的信贷需求。然而，信用合作社直到最近才发展起来。"在'白领'的世界里，我们是一个'蓝领'信用社，"Blueshore Financial 公司的首席执行官克里斯·卡特利夫（Chris Catliff）承认，"我们的业务仅仅是依托纸质单据的储蓄和贷款……我们没有差异化的品牌，我们也在挣扎着生存。"

  卡特利夫向员工解释说，组织的生存依赖于自身的重塑。通过差异化的金融服务来更好地为客户服务。他还强调，这种转变离不开"一个渴望变革的专业团队"，以及他们强大的适应性和组织承诺。

  一个由员工和经理组成的特别工作组与外部顾问合作开发新的商业模式。"他们在会议室里待了两周，在披萨、啤酒和创新欲望的支持下工作。"卡特利夫回忆道。他激励团队在他们完成任务之前不要回来。

特别工作组提出了一系列引人注目的创新想法，包括在"金融 spa"的环境下，只关注财富导向型服务，而不是像豪华酒店那样面面俱到。"商业上的成功并不仅仅是建立一个庞大的全球性组织，有时你必须有伟大的想法。"卡特利夫说道。Blueshore Financial 公司的营销副总裁凯瑟琳·道恩斯（Catharine Downes）将信用社的变革过程描述为一个涉及业务、文化和运营等方方面面的浩大工程。这要求通过高度协调的方法来确保每个员工都能充分理解变革的范围。无论是从战术还是从文化的角度来看，品牌重塑对公司的员工和客户来说，都是一个重大的管理变革过程。

保持与员工的良好沟通是 Blueshore Financial 公司转型成功的关键。"我能给大家最实际的建议是，认识到沟通在变革时期的至关重要性。要保持目标一致、重复、真实，并且待人真诚。"卡特利夫建议道，"要告诉他们（员工和其他人）你为什么要变革、你希望从变革中获得什么。"卡特利夫还强调员工参与组织变革的力量。"向你的员工征求意见，积极倾听他们的想法，并鼓励他们向你提出建议。通过这些方式，你将和员工建立一种基于互信和尊重的关系，这将使你更容易发起和整合变革。"

Blueshore Financial 公司的转型面临诸多挑战，这需要花费很长时间。"其中一部分挑战来自一些员工不喜欢这种变革，并主动选择退出。"卡特利夫说。但是变革的结果远超预期。Blueshore Financial 公司管理的资产从 20 年前的 7 亿多美元跃升至如今的 57 亿美元。Blueshore Financial 公司的十几个分支机构已经成为横跨温哥华到惠斯勒的一流金融规划中心。Blueshore Financial 公司还一直被评为加拿大最佳公司之一（中小型雇主）。

Blueshore Financial 公司从一个陷入困境的大众市场信用合作社转变为温哥华一流的金融服务公司之一，说明了成功的战略和实践对于组织变革的必要性。克里斯·卡特利夫和其他寻求组织变革的领导者一样，强调变革的紧迫性；在变革过程中积极沟通，并让员工作为合作伙伴参与到这一过程中。Blueshore Financial 公司的转型耗时数年，需要艰难的调整。事实上，大多数组织变革都是混乱的，需要领导者付出相当大的努力，并保持高度警觉。

正如我们将在本章中描述的那样，组织变革的挑战与其说在于选择哪条道路，不如说在于如何执行战略。当领导者确定组织变革的必要性，并提出一些构建美好未来的设想时，变革的过程就包括克服众多障碍，从而获得组织内部对变革的支持。

本章按如下顺序展开。我们首先介绍勒温的变革模型及其组成部分。这些讨论包括变革阻力的来源、减少阻力的方法，以及稳定期望行为的方法。接下来，本章探讨四种组织变革方式——行动研究、赏识探询、大群体干预和平行学习结构。本章的最后一部分讨论组织变革中的跨文化和伦理问题。

15.1　勒温力场分析模型

"我一直认为，当一个组织内部的变化速度慢于外部的变化速度时，组织必然面临危机。问题在于，危机什么时候降临。"通用电气公司前 CEO 杰克·韦尔奇的言论强调了贯穿本书的一个主要论点：组织作为一个开放性的系统，需要适应外部环境的持续变化，如消费趋势、全球竞争、技术、社区期望、政府监管和环境标准。成功组织的管理者会监控其环境，并采取适当的步骤与外部条件保持一致。他们的员工不会抗拒变革，而是将变革视为组织生活中不可分割的一部分。

　　环境力量对公司变革的驱动作用很容易辨别，而这些力量对组织内部动态性的复杂作用却很难捕捉。社会心理学家库尔特·勒温开发了力场分析模型来描述这一过程（见图 15-1）。尽管该模型产生于 50 多年前，但最近的研究肯定了勒温力场分析模型仍是剖析组织变革最权威的模型之一。

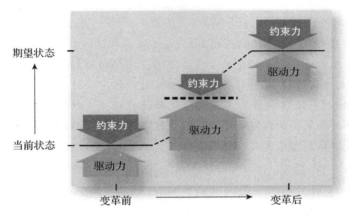

图 15-1　勒温力场分析模型

　　勒温力场分析模型的一边代表了推动组织走向新状态的驱动力。这些驱动力可能包括新的竞争对手或技术、不断变化的员工预期，或其他一系列的环境变化。即使外部变革的力量并不明显，企业领导人也能自己创造驱动力。例如，一些专家呼吁将"治理层的苛求"作为成功组织的一个关键特征。这意味着领导者将不断敦促员工取得更高的绩效或更好的实践。即使公司在竞争中是一枝独秀，但员工仍相信自己可以做得更好。"我们对自己的表现有一种苛求完美的习惯，这是防止自满的良方。"创意机构奥美（Ogilvy & Mather）如此描述其企业文化。

　　勒温力场分析模型的另一边代表了维持现状的约束力。这些约束力通常被称为"变革阻力"，因为它们似乎阻碍了变革过程。当驱动力和约束力大致处于平衡状态时，即它们在相反方向上的强度大致相等时，就会产生稳定性。勒温力场分析模型强调，有效的变革是通过**解冻**（unfreezing）当前状态，转变到一个期望状态，然后**再冻结**（refreezing）系统，使其保持在期望状态而完成的。解冻包括在驱动力和约束力之间产生不平衡。正如我们将在后面描述的，这可以通过增加驱动力、减少约束力或两者的组合来实现。当组织的系统和结构与期望状态一致时，就会进入"再冻结"阶段。领导者必须维持和增强新的角色模式，以防止组织重新回到旧的状态。在接下来的内容中，我们将使用勒温力场分析模型来解释为什么变革会受阻，以及变革过程如何做才能更顺利地开展。

15.2　理解变革的阻力

　　美国联合航空公司在与美国大陆航空公司合并后，努力解决运营和客户服务问题。联合航空高管表示，业绩不佳的部分原因是其面临将复杂的预订和运营系统结合起来的挑战。但他们也对员工抵制变革的巧妙形式感到沮丧。大陆航空的一些员工反对联合航空的运营做法，而联合航空的一些员工未能采用大陆航空的客户服务标准。"你知道，文化的改变需要时间，"策划合并的联合航空公司前首席执行官解释道，"而人们抗拒改变，人们有自己的生活方式。"

在美国联合航空公司与美国大陆航空公司合并后，美国联合航空公司的高管们经历了相当大的变革阻力。对变革的抵制有多种形式，比如，公开罢工和试图延续旧模式的微妙尝试。一项针对银行员工的研究报告称，非公开的抵制比公开的抵制普遍得多。一些员工通过跳槽来避免当前状态的变化，其他人则阳奉阴违，继续以旧的模式执行任务。即使员工遵守了变革的条例，他们也表现出抗拒，比如，一边执行新任务，一边让客户知道他们不赞成公司强加给他们的变革。

大多数变革推动者都会对自己的计划遭到被动或主动抵制这一事实感到沮丧。这是可以理解的，但抵制心理是一种常见的人类自然反应。正如经济学家约翰·肯尼思·加尔布雷思（John Kenneth Galbraith）调侃的那样："在'改变主意'和'证明没必要改变'之间做选择时，几乎每个人都选择了后者。"即使人们支持变革，他们通常也认为需要变革的是别人，而不是自己。

抵抗是冲突的一种形式，但不幸的是，变革推动者有时会将这种分歧解释为关系冲突。他们把反对变革的人描述为不讲道理的、功能失调的、非理性的反动派。这种观点塑造了变革推动者对阻力的反应。遗憾的是，变革推动者对阻力的冲突导向反应往往会使冲突升级，从而对变革计划产生更强烈的阻力。

一种更有效的方法是将对变革的抵制视为任务冲突。从任务冲突的角度来看，阻力是一种信号，表明变革推动者没有为员工迎接变革做好充分准备，或者变革计划应该调整或改进。员工对待变革可能没有足够强烈的紧迫感，或者他们可能觉得变革战略考虑不周。即使他们认识到变革的必要性并同意这一战略，员工也可能会抵制，因为他们缺乏变革的信心，或者认为变革会恶化他们的处境。阻力有多种形式，变革推动者需要解读这些不同类型的阻力，以了解其产生的根本原因。

阻力也是一种建言形式，因此上下级沟通有可能通过建言以及通过参与来改善程序公正。通过将最初形式的抵制转变为建设性的对话，变革推动者可以更新员工对公平的看法和感受。再者，抵抗是一种有动机的行为；它潜在地促使人们思考变革的战略和过程。变革推动者可以利用这种激励力量，最终加强员工对变革计划的承诺。

员工为什么抵制变革

变革管理专家列出了一长串人们抵制变革的原因。有些人反对变革是因为他们的个性和价值观。除了性格因素之外，员工反对组织变革通常是因为他们缺乏足够的动机、能力、角色清晰度或情境支持来改变他们的态度、决策和行为。换句话说，员工对变革的接纳程度取决于 MARS 模型的四个要素。在这些要素的基础上，我们总结了人们抵制变革的最常见的 6 个理由：变革的负效价、对未知的恐惧、非我发明症、打破常规、不协调的团队动力、不协调的组织系统。

1. 变革的负效价

当员工相信在新情况下会产生更多的负面反馈时，他们会倾向于抵制变革。换句话说，他们应用（尽管不完美）理性选择决策模型来预测变革是否会使他们的处境变好或变坏。这种成本效益分析主要考虑变革对员工个人的影响。然而，当员工认为变革对团队、组织或社会弊大于利时，阻力也会增加。

2. 对未知的恐惧

组织变革通常具有一定程度的不确定性。当员工不确定变革的结果是好是坏时，他们倾向于假设最坏的情况。不确定性还与缺乏自控力有关，这是负面情绪的另一个来源。因此，组织变革的不确定性通常不如倾向于维持现状的相对确定性可取。这种"现状偏差"给我们上面描述的成本收益计算增添了更多的负效价。

3. 非我发明症

员工有时会抵制甚至暗中破坏其他来源的组织变革计划。这种"非我发明症"通常在从事知识性或创新性工作的员工中最为明显。例如，IT员工更有可能抵制由营销或财务人员倡导的新技术。如果IT人员支持这一变革，则他们就是在含蓄地承认另一个团队在信息技术专业领域的优势。为了维持自己的价值，一些员工故意用某些尚未实施的变革来夸大问题，只是为了"证明"这些想法并不比他们自己的好。正如一位顾问警告的那样："除非他们害怕到不得不倾听，否则他们永远不会承认你是对的，也不会承认你知道一些他们不知道的事情。"

4. 打破常规

人类是习惯的产物。他们通常会抵制要求他们打破自动化惯例并学习新角色模式的计划。除非新的行为模式得到有力的支持和强化，否则员工往往会回归到过去的套路和习惯。"当你在引领增长时，你知道你会打破舒适的常规，要求新的行为、新的优先事项、新的技能。"雷·戴维斯（Ray Davis）说。他曾将总部位于俄勒冈州的乌姆普夸银行转变为美国最具创新性的金融机构之一。"即使我们想改变，并且确实改变了，但我们也倾向于放松，因为习惯会把我们拉回到舒适区。"

5. 不协调的团队动力

团队会制定并执行一套指导行为的规范。然而，遵守现有团队规范可能会阻碍员工接受组织变革。例如，改善客户服务的变革计划可能会受到团队规范的阻碍。这些规范削减了以更高标准为客户服务的热情。

6. 不协调的组织系统

奖励、信息系统、权威模式、职业道路、选择标准以及其他系统和结构，对组织变革来说是一把双刃剑。当互相契合时，它们会强化期望状态；当发生错位时，它们会把人们拉回到以前的态度和行为上。如果不能克服过去的结构性局限，即使是热情的员工也会失去动力。

15.3　解冻、变革和再冻结

根据勒温力场分析模型，有效的变革是通过解冻当前状态，转变到一个期望状态，然后再冻结系统，使其保持在期望状态来实现的。当驱动力大于约束力时，就会发生解冻。这是通过增强驱动力、削弱或消除约束力，或者两者合并来实现的。

第一种选择是增强驱动力。通过施加恐惧或威胁（客观的或人为的）来激励员工改变。然而，这种策略很少起作用，因为单独增强驱动力的行为通常会伴随相等且相反的约束力的增强。一个形象的比喻就是压床垫的弹簧。企业领导人推动变革的力度越大，反制的约束力就越强。这种对抗通过在组织内部制造紧张和冲突来破坏变革计划。

第二种选择是削弱或消除约束力。这种变革策略的问题在于，它没为变革提供动力。在某种程度上，削弱约束力就是为变革扫清道路。一条畅通无阻的道路会让你更容易到达目的地，但不会激励任何人去那里。因此，最优的选择是既增强驱动力又削弱或消除约束力。增强驱动力会产生变革的紧迫感，而削弱或消除约束力会降低反对变革的动力，并消除能力不足和情境限制等障碍。

15.3.1　创造变革的紧迫性

在成为诺基亚公司 CEO 的几个月后，史蒂芬·埃洛普（Stephen Elop）给员工发了一封饱含激情的电子邮件，以警告他们变革的紧迫性。埃洛普写道："据我所知，我们正处在一个炙手可热的平台上。而且，我们不止有一次爆炸——我们有多个滚烫的热点，这些热点正在我们周围燃起熊熊大火。"埃洛普特别描述了来自苹果和谷歌的激烈竞争、诺基亚不断下滑的品牌偏好，以及其不断下降的信用评级。

诺基亚曾卖掉了它的手机部门（该部门后来被前诺基亚员工回购）。这一事件说明了高管们对变革紧迫性的认识。培养变革的紧迫性通常是通过向员工通报竞争对手的举动、不断变化的消费趋势、即将出台的政府法规以及外部环境中的其他形式的动荡来实现的。这些都是勒温力场分析模型的主要驱动力。它们把人们推出舒适区，激励他们面对变革带来的风险。然而，在许多组织中，领导者把员工和紧张的外部环境隔离开，以至于高层以下的任何人都很难感受到这些驱动力。这样做的结果是员工不理解为什么他们需要改变。因此，当自上而下的变革举措没有太大效果时，领导者会感到惊讶。

一些公司通过让高管和员工与客户直接接触来增加变革的紧迫性。不满意的客户和其他利益相关者代表着变革的强大驱动力，因为组织的生存发展通常取决于对产品和服务满意的客户。与客户的互动也能增强个人的驱动力，进一步激励员工改变当前的行为模式。

○ **全球链接 15-1**

松下公司通过揭露事实来激发变革的紧迫感

作为松下公司的总裁，津田一郎的首要行动就是关闭公司的等离子平板电视屏幕业务。近年来，松下公司的高管和工程师一直为该公司在等离子屏幕上的巨额投资进行激烈的辩护。等离子电视屏幕可提供更高质量的图像，但比流行的液晶电视屏幕更贵、更重。员工也缺乏变革的紧迫感，因为松下的前任高管隐瞒了销售额下降的严峻事实。"只有少数管理团队成员知道（电视业务）损失有多严重。"津田一郎解释道，"我所做的就是告诉他们'我们产生了亏损，巨大的亏损'。我向他们详细展示了每个阶段的损失。一旦员工了解了真实情况，他们就不想继续亏损了。"

在没有外力的情况下创造变革的紧迫性

将员工置于外界压力之下可以增强变革的紧迫性，但领导者通常需要在问题来临之前就开始实施变革。当公司在市场上取得成功时，变革的挑战也是最大的。研究发现，当组织表现良好时，决策者对外部威胁变得不那么警惕，且更抗拒变化。"我们没有任何有效的竞争对手，"Slack 公司的联合创始人斯图尔特·巴特菲尔德解释道，"一方面，这是个好消息，但拥有一个真正的竞争对手也很有动力。因此，我有责任向大家传递这样一个信息，那就是我们有一年的时间，也可能是 18 个月的时间来实施变革，否则就会丧失主动权。"

当组织在竞争中领先时，创造变革的紧迫性需要大量有说服力的证据，以期让员工意识到未来的竞争威胁和环境变化。然而，专家警告说，员工可能会认为这种策略具有操纵性，从而对变革冷嘲热讽，进而不再信任变革的推动者。幸运的是，变革的紧迫性不一定来自公司面临的问题或威胁，也可以从领导者对未来的美好愿景中获得。一个更美好的愿景有效地降低了当前形势的吸引力。即使不存在外部威胁，当愿景与员工的价值观和需求相联系时，它也可以成为变革的动力。

15.3.2　降低约束力

仅仅增加驱动力并不会带来变革，因为员工通常会更畏缩以抵消驱动的力量。相反，变革推动者需要解决每一个阻力来源。表 15-1 概述了六种主要策略。如果可行，应首先尝试沟通、学习、员工参与和压力管理。然而，对于显然会从变革中受损的人以及在变革速度至关重要的情况下，谈判和胁迫仍是必要的。

表 15-1　最小化变革约束力的策略

策略	例子	应用场景	问题
沟通	将客户投诉信直接展示给员工	当员工感觉不到变革的紧迫性，不知道变革将如何影响他们，或由于对未知的恐惧而抵制变革时	耗时，潜在成本高昂
学习	由于公司采用了以团队为基础的结构，员工学习如何在团队中工作	当员工需要打破常规，采用新的角色模式时	耗时，潜在成本高昂，并且一些员工可能无法学习新技能
员工参与	公司组建了一个工作团队来推行新的客户服务实践	当完成变革需要更多的员工承诺，一些员工需要保护他们的自我价值，以及员工的想法可以改进变革策略时	非常耗时，如果员工的利益与组织需求不相容，可能会导致冲突和糟糕的决策
压力管理	员工召开会议，讨论他们对变革的担忧	当沟通、培训和员工参与不足以减轻员工的焦虑时	耗时，潜在成本高昂，某些方法可能无法减轻所有员工的压力
谈判	员工同意将严格的职务类别替换为多技能职务集群，以换取更高的岗位安全性	当员工显然会从变革中失去一些东西，并且不支持变革，必要的时候公司也必须迅速变革时	成本可能是高昂的，特别是其他员工想要就支持转变进行谈判时。谈判也倾向于建立稳定性，而不是对变更的承诺
胁迫	公司总裁告诉经理们要么接受变革，要么走人	当其他策略无效，公司需要快速改变时	可能导致更微妙的抵抗形式，以及与领导者的长期对抗

资料来源：Adapted from J.P. Kotter and L.A. Schlesinger, "Choosing Strategies for Change," Harvard Business Review 57 (1979): 106–14; P.R. Lawrence, "How to Deal with Resistance to Change," Harvard Business Review (May/June 1954): 49–57.

1. 沟通

沟通是任何组织变革都需要考虑的第一事项和首要策略。根据一项调查，人们普遍认为沟通（连同参与）是促使员工参与变革过程的最佳策略。沟通至少在两个方面改进了变革过程。首先，沟通是必要的，以便产生我们之前所描述的"变革的紧迫性"。领导者通过让员工直面外部威胁和机遇、展示变革的重要性，以激励员工支持变革。

本章的开篇案例说明了这种沟通功能。当北温哥华信用社（Blueshore Financial）的严峻未来变得显而易见时，首席执行官克里斯·卡特利夫就面临的问题以及变革的紧迫性与员工进行了直接沟通。"我能给大家最实际的建议是，认识到沟通在变革时期的至关重要性。"卡特利夫说，"要保持目标一致、重复，而且要真实可信。告诉他们（员工和其他人）你为什么要变革、你希望从变革中获得什么。"

沟通能够最大限度地减少变革阻力的第二种方式是，通过规划未来蓝图来减少对未知的恐惧。领导者越是详细地传达愿景以及已实现的成就，员工就越容易理解自己在未来的角色。

○ **全球链接 15-2**

EE 通过沟通的方式支持变革

EE 公司（"Everything Everywhere"）是英国最大的移动网络商，在过去的十年里已经取得了长足的进步。它是由法国公司 Orange 和德国公司 T-Mobile 合并而成立的，后者最近将 EE 出售给了英国最大的互联网服务提供商 BT。

在 EE 动荡的转型过程中，沟通一直是成功变革的关键因素。"在变革过程中，员工参与度需要与内部沟通紧密挂钩。"琳达·肯尼迪－麦卡锡（Linda Kennedy-McCarthy）建议道。她曾在并购期间和并购后担任 EE 的首席变革执行官。"我们想尽一切办法来保证信息始终存在。我们甚至在所有的厕所隔间都贴了海报！我们密切关注政策是否得到了有效传播。"她说。

在 EE 转型期间进行沟通的一个重要目的是建立变革的紧迫感。肯尼迪－麦卡锡警告称："高层管理人员可能会因为平台'起火'而上蹿下跳，但在平台之下，每个人都可以舒舒服服地坐着。如果一线员工不理解你的政策，或者他们根本不知道你的政策，你就永远无法带来真正有意义的改变。"

EE 还依靠持续的沟通来保持发展势头，并减少员工对未知事物的恐惧。肯尼迪－麦卡锡说："领导者必须让员工看到变革是真实存在的，而且这种变革适用于他们。你有责任使他们明白变革会给他们带来什么好处，以及故步自封会让他们付出什么代价。"

2. 学习

在大多数组织变革计划中，学习是一个重要的过程，因为员工需要新的知识和技能来适应组织不断发展的需求。学习不仅有助于员工跟随变革表现得更好，还可通过增强他们在新形势下争取成功的信念（称为变革自我效能感）来提高他们对变革的准备程度。当员工发展出更强的变革自我效能感时，他们对变革的接受度和承诺也会更强。

3. 员工参与

尽管当变革非常紧迫或与员工利益冲突时，员工参与水平可能很低，但是在变革过程中，员工参与几乎是必不可少的。本章开篇案例说明了员工参与变革的价值。Blueshore Financial 的转型始于一个由员工和高管组成的工作团队。他们为北温哥华信用社的未来发展提出了创造性的想法。随着变革的进行，员工就新兴"金融 spa"模式中改进的运营实践进行了讨论，并向执行团队提出了建议。

员工参与变革的潜在益处我们在第 7 章中讨论过。参与变革决策的员工往往会对变革的成功实施产生更多的个人责任，而不是对领导者的决策毫无兴趣。这种主人翁意识也最大限度地降低了非我发明症和对未知的恐惧。此外，工作环境十分复杂，以至于确定变革的最佳方向需要汇集大量员工的想法和知识。由于员工参与是组织变革的一个重要组成部分，因此我们制定了特殊的规则，允许大型团体参与组织变革决策。本章稍后将介绍这些大规模的变革干预措施。

4. 压力管理

对许多人来说，经历组织变革是一种颇有压力的体验，因为它会威胁自尊，造成对未来的不确定性。沟通、学习和员工参与在一定程度上可以减少压力，然而研究表明，公司也需要引入压力管理策略，帮助员工应对变革。特别是，压力管理通过消除负面效价和减弱对未知的恐惧，以最大限度地减少阻力。压力也会消耗精力，所以最小化压力能够增强员工支持变革的动机。

5. 谈判

只要员工抵制变革，组织变革战略就需要采取各种战术化解冲突。谈判是一种影响形式，涉及以报酬或资源的承诺来换取目标人员遵从领导者的要求。这一策略可能会赢得那些因变革而受损的人的支持。然而，这种支持通常只能产生对变革的顺从，很少产生对变革的承诺，因此从长期来看，效果并不显著。

6. 胁迫

如果所有其他方法都失败了，领导者可以把胁迫作为变革过程的一部分。胁迫包括一系列影响自信的行为，例如，持续提醒人们注意自己的义务，频繁地监控人们的行为以确保他们服从，与抵制者对抗，以及使用惩罚威胁（包括解雇）迫使他们服从。

解雇或威胁不支持变革的人是一个极端的做法，但在重大的组织变革中相当普遍。例如，德里克·安德森因成功改造伦敦兰贝斯区而获奖。这位前兰贝斯首席执行官表示："变革最重要的原则就是沟通，但也非常依赖谈判和其他形式的参与。"但安德森认为，当这些变革工具不起作用时，就需要采取更严厉的行动。"我们将支持员工做好本职工作。但如果他们不这样做，就会让我们的居民失望，"安德森说道，"我有一个简单的座右铭——如果你不能改变你的员工，那你就必须更换你的员工。"

解雇员工是改变组织最不可取的方式。然而，当追求速度且其他策略无效时，解雇和其他形式的胁迫有时是必要的。特别是，当一个执行团队中的几个成员不愿意或不能改变他们现有的心智模型时，领导者有必要解雇他们，因为当那些（被解雇的）高管离开后，员工就会忘记公司过去那些运转不良的惯例。即使如此，胁迫也是一种有风险的策略，因为幸存者（留下的员工）可能对公司领导人缺乏信任，并会采取更多的政治策略来保证自己的工作安全。

15.3.3　再冻结所需的条件

解冻和改变行为不会产生持久的变化。人是习惯的产物，所以很容易重蹈覆辙。因此，领导者需要通过调整组织系统和团队动力来重新定义行为变革。

期望的行为模式可以通过改变物理结构和情境条件而"定型"。组织奖励也是改变行为的强大支持。如果变革的过程鼓励效率，那么领导者应该重新调整奖励，以激励和加强有效率的行为。信息系统在变革过程中起着补充作用，尤其是作为反馈的渠道。反馈机制帮助员工了解他们追逐目标的进度，并且提供一个永久的架构来支持新的长期行为模式。格言"能衡量，始能执行"便适用于此。当员工收到关于他们如何实现目标的持续性反馈时，他们就会专注于新的优先事项。

○ **全球链接 15-3**

Zenefits 鼓励员工变革，为他人"腾出空间"

Zenefits 提供基于云的员工福利软件，并作为通过该软件销售的健康保险的经纪人获得收入。然而，虽然这家初创公司在校园社团中声名鹊起，但没有对规章制度给予足够的关注。正是这种无视法规的行为将 Zenefits 推入了动荡的深渊，导致该公司的创始人离职。资深互联网领袖大卫·萨克斯就任 Zenefits 新任（临时）首席执行官的第一天就强调："在保险行业，合规就像氧气；没有氧气，我们就会窒息，从而引发变革的紧迫性。"他还依靠更具强制性的变革领导策略来确保公司未来的员工支持组织变革，另有几十名员工因违反法规而被解雇。任何不想全力支持公司变革的员工都可以自愿离职。

"接下来的几个月将是 Zenefits 最激动人心的时刻，我们希望每个人都参与其中。"在成为首席执行官四个月后，萨克斯给每位员工发的一封电子邮件中写道，"但如果你对此不能感到兴奋，那么坦白讲，我们需要你为其他人腾出空间，因为 Zenefits 正处在一个意志力和技能同等重要的阶段，我们需要每个人都全力以赴，为团队的前进做出贡献。"

15.4　领导、联盟、社交网络和试点项目

勒温力场分析模型是解释组织变化动力学的通用模板，但它忽略了有效变革过程中的其他四个要素：领导、联盟、社交网络和试点项目。

15.4.1　变革型领导和变革

本章开篇案例描述了克里斯·卡特利夫如何将北温哥华信用社从一个挣扎中的无差别储蓄和贷款机构转变为 Blueshore Financial——一家非常成功的投资理财机构，专注于具有复杂金融需求的客户。卡特利夫和 Blueshore Financial 的其他高管是这一变革过程中的变革领导者（见第 12 章）。他们制定了组织期望状态的愿景，以对他人有意义的方式传达这一愿景，以符合这一愿景的方式做出决策和行动，并鼓励员工尝试将工作活动与愿景更紧密地联系起来的方法。

○ 全球链接 15-4

RSA 保险开创病毒式变革

RSA 保险集团推出了一套灵活的福利计划，要求员工选择他们喜欢的福利内容。但这家英国保险公司的人力资源部门并不仅仅通过电子邮件提醒员工，还采用了一种病毒式的变革方法，更有效地激励员工做出选择。

RSA 的内部沟通主管解释说："我们利用网络中的人来传达他们最喜欢的要素是什么。"具体来说，RSA 的人力资源专员仔细地向 500 名"先驱者"——公司新型内部协作通信网络的早期采用者，详细介绍了这一灵活的福利计划。"先驱者"很快就发表了他们对首选福利内容的看法。成千上万的员工阅读了这些帖子，其中许多人可能会忽略来自人力资源部门的电子邮件备忘录。

"先驱者"不仅是内部社交媒体的早期采用者，同时也是榜样。他们的想法受到其他员工相当大的关注。因此，比起人力资源部门通过群发的电子邮件所能做到的，这些"先驱者"的行动和他们发布的信息在改变员工行为（推动福利计划）方面要有效得多。

领导变革的一个关键要素是战略愿景。领导者的愿景为变革提供方向感，并确定评估变革成功与否的关键因素。此外，愿景为变革提供了情感基础，因为它将个人的价值观和自我概念与期望的变革联系起来。战略愿景还可以最大限度地减少员工对未知的恐惧，并更好地了解员工为了达到期望状态所必须学习的行为。

15.4.2　联盟、社交网络和变革

组织变革的一个伟大真理是，变革推动者不能单独领导变革，他们需要得到对变革有着类似程度承诺的人的帮助。事实上，一些研究表明，这个群体——通常被称为领导者联盟——可能是公共部门组织变革计划成功的最重要因素。

领导者联盟的成员不限于管理团队。在理想情况下，它应该包括代表组织不同职能和大多数级别员工的成员。领导者联盟有时由最初调查变革策略的特别工作组组成。领导者联盟的成员也应该是有影响力的领导人，也就是说，他们应该受到本组织所在领域同行的高度尊重。

社交网络和病毒式变革

通过社交网络可以加强变革过程，社交网络是人们通过一种或多种形式的相互依赖而建立的相互联系的结构。他们在沟通和影响员工方面发挥着重要作用，这两者都是组织变革的关键因素。在某种程度上，联盟成员通过对这些社交网络的投入来支持变革进程，但无论变革推动者是否有正式的联盟，社交网络都有助于组织变革。

社交网络不容易控制，但是一些变革推动者已经利用社交网络来建立对变革倡议的支持体系。这种病毒式的变革过程采用了在口碑和病毒式营销中发现的原则，当传递给少数人的信息通过他们的友谊联系传递给其他人时，就会出现这种情况。在组织内部，社交网络代表了传播关于变革举措的新闻和意见的渠道。社交网络中的参与者具有相对较高的信任度，因此他们的信息和观点比来自更正式渠道的信息和观点更有说服力。社交网络也为行为观察提供了机会——员工观察彼此的行为，并经常让自己采用某种行为。当社交网络中的关键意见领袖改变他们的行为时，这种行为就会被社交网络中的其他人复制。

15.4.3　试点项目和变革的传播

许多公司在变革中引入试点项目，这涉及将变革应用于组织的一个工作单位或部门。这种谨慎的方法测试了变革的效果以及争取员工支持的策略，但比公司范围内的举措更灵活，风险更低。试点项目还能更有效地识别出最具变革意愿的组织团体，从而增加了变革成功的可能性。

变革如何从试点项目扩散到组织的其他部分？以 MARS 模型为模板，表 15-2 概述了几个策略。第一，当员工受到激励时，他们更有可能采用试点项目的做法。当试点项目取得成功，试点项目中的人员因改变其以前的工作做法而获得认可和奖励时，就会出现这种情况。当管理者支持和强化期望的行为时，推广也会更成功。换句话说，变革推动者需要最大限度地减少我们在本章前面讨论的变革阻力。第二，员工必须有能力——具备所需的技能和知识——采用试点项目中引入的实践。根据创新扩散研究，当人们有机会与已经应用新实践的人互动并向他们学习时，他们更容易采纳新思想。

表 15-2　在试点项目中推广变革的策略

激励

- 广泛沟通并庆祝试点项目的成功
- 奖励和认可试点项目的员工以及那些致力于将变革转移到组织其他部门的员工
- 确保管理者支持并强化与试点项目成功相关的期望行为
- 识别并解决潜在的变革阻力来源

能力

- 让员工有机会与试点项目的团队成员互动并向他们学习
- 将部分试点项目的员工重新分配或临时调动至其他工作单位，以便他们进行培训并成为榜样
- 对员工进行技术培训，以实施试点项目中提及的做法

角色认知

- 沟通并教导员工试点项目实践如何与他们自己的职能领域相关
- 确保试点项目的描述既不过于细化，也不过于笼统

环境

- 给予员工足够的时间和资源，让他们在各自的工作单位学习和实施试点项目实践

第三，当员工有明确的角色认知时，试点项目就会被推广，也就是说，当他们理解试点项目中的实践如何应用时，即使他们处于完全不同的职能领域，也不妨碍推广。例如，会计部门的员工不容易认识到他们可以如何采用由生产部门的员工开发的质量改进实践。这里的挑战是变革推动者只能提供笼统（宽泛地围绕试点项目的环境定义）的指导，因为它似乎与组织的其他领域不相关。同时，试点项目的描述不应过于宽泛或抽象，因为这会使得信息和参考标准过于模糊。第四，员工需要有利的环境，包括获得试点项目中的实践所需的资源和时间。

15.5　组织变革的四种方法

到目前为止，本章已经探讨了组织中每天发生的变革的动态过程。然而，组织变革推动

者和顾问也采用各种结构化的方法进行组织变革。这一部分介绍了四种主要的方法：行动研究法、赏识探询法、大群体干预法和平行学习结构法。

15.5.1　行动研究法

除了引入力场分析模型，勒温还推荐了一种针对变革过程的**行动研究**（action research）法。行动研究的原理是，有意义的变革是行动导向（改变态度和行为）和研究导向（测试理论）的结合。一方面，变革过程需要行动导向，因为其最终目标是改变工作场所。行动导向涉及诊断当前问题并采取干预措施来解决这些问题。另一方面，变革过程是一项研究，因为变革推动者将概念框架（如团队动力或组织文化）应用于实际情况。与任何卓越研究一样，变革过程包括收集数据，以便更有效地诊断问题，并系统地评估理论应用到实践中的效果。

在这种行动和研究的双重框架内，行动研究法采纳了开放的系统观点。它认识到组织有许多相互依赖的部分，因此变革推动者需要推测他们的干预措施的预期和意料之外的后果。行动研究也是一个员工高度参与的过程，因为开放系统的变革需要该系统内成员的知识和承诺。实际上，员工本质上既是干预的参与者，也是合作者。总体而言，行动研究是一个基于数据、直面问题的过程。它诊断变革的需求，引入干预，然后评估和维护期望的变革。行动研究过程的主要阶段如图 15-2 所示。

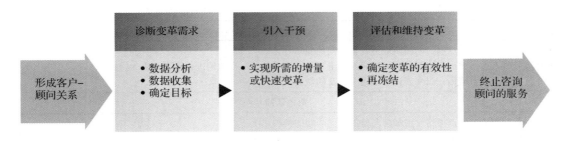

图 15-2　行动研究过程

（1）形成客户 – 顾问关系。行动研究通常假设变革代理人来自系统之外（如顾问），因此该过程将从形成客户 – 顾问关系开始。顾问需要确定客户对变革的准备程度，包括他们是否有动力参与这一过程、是否愿意接受有意义的变革，以及是否具备完成这一过程的能力。

（2）诊断变革需求。行动研究是一项直面问题的活动，需要仔细诊断问题，以确定变革努力的适当方向。组织诊断依赖于对当下情况的动态分析。它涉及收集和分析关于正在进行的系统的数据，包括对员工和其他利益相关者的访谈与调查。组织诊断还涉及引导员工，使他们改进、理解并支持适当的变革方法、所涉及的行动计划以及成功变革的预期标准。

（3）引入干预。行动研究模型中的这个阶段应用一个或多个行动来纠正问题。它可能包括本书中提到的任何方式，如建立更有效的团队、管理冲突、建立更好的组织结构或改变企业文化。一个重要的问题是，变化发生的速度应该有多快。一些专家建议进行渐进式的变化，即组织对系统进行微调，并朝着理想状态迈出一小步。另一些人声称，需要快速变革，即果断、快速地对系统进行全面改革。

（4）评估和维持变革。行动研究建议对照诊断阶段建立的标准评估干预的有效性。不幸的是，即使明确说明了这些标准，干预的有效性在几年内也可能并不显著，或者很难分辨。如果活动达到了预期的效果，变革推动者和参与者需要维持新的条件。这指的是本章前面描述的再冻结过程。在这一过程中，奖励机制、信息系统、团队规范和其他条件都经过重新设计，以支持新的价值观和行为。

行动研究法自 20 世纪 40 年代引入以来，一直主导着组织变革思维。然而，一些专家担心行动研究法以问题为导向的性质，因为在这种性质下，势必会纠正一些问题——往往侧重于群体或系统的消极动态，而不是其积极的机会和潜力。这种对行动研究法的担忧导致了另一种更积极的组织变革态度产生，即赏识探询法。

15.5.2 赏识探询法

赏识探询（appreiative inquiry）试图打破传统变革管理实践中的问题导向思维，围绕潜在的积极关联点重新构建关系。它搜索组织（或团队）的优势和能力，然后将其应用于组织未来的福祉。因此，赏识探询法强调关注个人积极品质，而不是关于个人问题的**积极组织行为**（positive organizational behavior）。这将提高组织福祉和个人幸福感。换言之，这种方法强调在优势的基础上发展，而不是试图直接纠正问题。

争辩点：组织变革的最佳速度是多少

组织变革专家们最大的辩论点之一就是变革应该多快发生。一种观点认为，缓慢而渐进的变革更好，因为它让员工有更多的时间适应新的情况，跟上需要学习的内容，并在这个过程中管理他们的压力。增量变革也是可取的，如果当前的变革方向没有达到理想状态，它会给变革倡导者更多的时间来改变路线。

Ergon 能源发现了增量变革的重要性。政府立法要求该公司升级其记录保存系统，但这家澳大利亚能源供应商决定逐步做出改变，因为员工在过去几年中已经经历了长久的变化。一位在此次转型中与 Ergon 能源的员工共事的顾问解释道："就连像 Ergon 能源公司那样韧性十足的员工，也有一个对变化的容忍极限。因此，这种情况导致人们抛弃了采用革命性的'大爆炸'方法来改进记录保存的路径。增量变革显著提高了员工在过程中的参与度。员工更愿意参与变革，并提出改进建议。他们这样做是因为他们知道，变革将逐渐发生，并留出时间来充分学习新的做法，而完成整个企业范围的变革需要他们的帮助。"

尽管增量变革具有明显的优点，但一些专家声称，快速变革通常要好得多。他们并不要求变革必须始终是激进的，甚至是迅速的，而是认为大多数变革举措的平均速度比增量变革的举措快。第一种支持观点是，公司在快节奏的环境中运营，任何低于"快速"的速度都是有风险的；一个缓慢的变革倡议将使他们进一步落后，以致任何变革似乎都是徒劳的。

第二种支持观点认为，快速变革会产生集体荣誉感，而惯性最终会赶上增量变革。换句话说，当变化迅速发生时，员工会获得进步感。这种前进的动力会产生能量，激励员工朝着未来的目标前进。相比之下，增量变革是缓慢而乏味的。与之相关的一个观点是，任何组织变革都需要大量的精力，尤其是领导者必须持续沟通、树立榜样、提供指导，并以其他方式支持和影响员工，使其适应新的情况。然而这种精力是有限的，当变革分散在很长一段时间内而不是很短的一段时间内时，这种精力就更有可能耗尽。

第三种支持观点认为，增量变革无法给员工足够的时间来调整适应；相反，这通常会更多地要求他们磨砺自己。另一方面，快速的变革以如此快的速度发生，以至于员工没有机会找到抑制、逃避，甚至抵制变革的方法。最后，增量变革的支持者指出，从表面上看，它有利于减少压力，但它往往会产生相反的效果。缓慢的变革就像延迟版的火车失事——你越是预见它的到来，就越感觉痛苦。更快的变革，尤其是当有支持系统帮助员工完成这个过程时，将会比增量变革少经历很多痛苦。

赏识探询可以将团队的注意力从自身关注的事情上转移，从而改善公开对话。当员工意识到他们的问题或已经在与组织的关系中感受到负面情绪时，这是特别有用的。赏识探询的积极取向使群体能够克服这些消极的紧张关系，并通过关注可能发生的事情，建立对未来更有希望的看法。这种积极的变革方法也表明变革推动者应当对各种可能性采取乐观的看法，例如，看到一个杯子是半满的，而不是半空的。因此，赏识探询是以一种为未来发展提供建设性价值的方式积极地刻画现实。

几年前在美国海德堡公司进行的干预说明了赏识探询的积极导向。这家全球最大印刷机制造商的美国子公司由于经济衰退，经历了士气低落的市场溃败以及裁员。为了重建员工士气和积极性，海德堡公司召开了为期两天的赏识探询峰会，有三分之一的员工参加。参与者被划分成不同的团体，并让他们设想海德堡公司的未来会是什么样子的。

赏识探询峰会为雇员提供了服务客户的新愿景和更大的自主权。美国海德堡大学的一位高级管理人员说："即使在困难时期，赏识探询也能给一个组织注入活力，因为它是以可能性而不是以问题开始对话。"

1. 赏识探询的原则

赏识探询包括五个关键原则（见表15-3）。其中之一是我们刚才描述的积极原则。第二个原则被称为建构主义原则。它认为我们提出的问题和使用的语言构成了不同的实际情况，我们提出的问题决定了我们获得的信息，而信息又反过来影响我们选择哪种变革干预。第三个原则被称为同时性原则。它指出探询和变革是同时发生的，而不是相继发生的。从我们问别人问题的那一刻起，我们就在改变这些人。因此，变革推动者需要注意探询进程对变革方向的影响。第四个原则被称为诗意原则。它指出，组织像一本开放的书籍，所以我们可以选择如何看待、构建和描述它们。该原则鼓励变革推动者以一种为未来发展提供建设性价值的方式积极构建现实。第五个原则被称为预期原则。它确认人们受到与其个人价值观相一致的对未来的愿景的激励和指导。我们在本章前面的部分（变革推动者）和我们对变革型领导的讨论中提到了愿景的重要性。

表 15-3　赏识探询的五大原则

赏识探询的原则	描述
积极原则	专注于积极的事件和潜力会产生更积极、有效和持久的变化
建构主义原则	人们如何感知和理解变革过程取决于在整个过程中提出的问题和使用的语言

（续）

赏识探询的原则	描述
同时性原则	探询和变革是同时进行的，而不是相继发生的
诗意原则	组织是敞开的大门，人可以自由选择如何看待、构建和描述它们
预期原则	人们受到他们对未来看法与信念的激励和引导

资料来源：Based on D.L. Cooperrider and D.K. Whitney, *Appreciative Inquiry: A Positive Revolution in Change* (San Francisco: Berrett-Koehler, 2005), Chap. 7; D.K. Whitney and A. Trosten-Bloom, *The Power of Appreciative Inquiry: A Practical Guide to Positive Change*, 2nd ed. (San Francisco: Berrett-Koehler, 2010), Chap. 3.

2. 赏识探询的四维模型

赏识探询的四维模型如图 15-3 所示。该模型指的是赏识探询的四个阶段，首先是发现（discovery）——确定所观察到的事件或组织的积极因素。这涉及在组织内部记录积极的客户体验，或者可能包括采访其他组织的成员，以发现其根本优势。进入构想（dreaming）阶段，参与者将讨论他们的发现，设想在一个理想的组织中可能发生的事情。通过指出一个假设的理想组织或情境，参与者会感觉表达自己的希望和愿景比讨论自己组织的困境更舒适。

图 15-3　赏识探询的四维模型

资料来源：Based on F. J. Barrett and D. L. Cooperrider, "Generative Metaphor Intervention: A New Approach for Working with Systems Divided by Conflict and Caught in Defensive Perception," *Journal of Applied Behavioral Science* 26 (1990): 229; D. Whitney and C. Schau, "Appreciative Inquiry: An Innovative Process for Organization Change," *Employment Relations Today* 25 (Spring 1998): 11–21; D.L. Cooperrider and D.K. Whitney, *Appreciative Inquiry: A Positive Revolution in Change* (San Francisco: Berrett-Koehler, 2005), Chap. 3.

随着参与者向组织公开他们的想法，这个过程将进入设计（designing）阶段。这一阶段要求参与者在对话中无私地接受对方的模型和假设，并最终在团队内形成集体思维模式。实际上，他们创造了一个关于组织"应该是什么样"的共同形象。随着这种模式的形成，团队成员会将关注点移回到他们自己的情况。在赏识探询的最后一个阶段，也就是所谓的交付（delivering，也称为决定命运），参与者根据自己的未来模式为自己的组织设定具体的目标和方向。

赏识探询已在各行各业的组织中成功实施，包括美国海德堡、多伦多西部医院、英国广播公司、马萨诸塞州、加拿大城市学区的几个地点以及治疗老年痴呆症患者的医院。然而，这并不总是组织变革的最佳办法。赏识探询取决于参与者是否有能力抛开以问题为导向的方法，包括"指责游戏"，以决定谁可能对过去的失败负责。它还要求领导者愿意接受赏识探询的不那么有条理的过程。总体而言，赏识探询法可以成为组织变革的有效方法，但我们仍在探索它的潜力和局限性。

15.5.3　大群体干预法

赏识探询可以在小团队中进行，但通常被设计成可以适用于大量样本的形式，比如，在美国海德堡的实验中，参与该过程的有数百名员工。因此，赏识探询往往被认定为几个大的群体组织变革干预措施之一。大群体的干预措施采用"整个系统"的观点来看待变革进程。这意味着它们将各组织视为开放系统（见第 1 章），并假定当尽可能多的雇员和与组织系统有关的其他利益相关者被纳入这一进程时，变革将会更加成功。大群体的干预措施是高度参与性的活动，因为参与者与其他人讨论他们的经验、期望和想法，通常是在大的群体环境中以小群体的形式进行讨论的。

与赏识探询法类似，大群体干预法采用了面向未来的积极导向，而不是面向过去的问题导向。例如，未来探询会议是通常在几天内举行的大规模群体干预活动。参与者在会上确定新出现的趋势，并为组织制定战略，以便在这些未来条件下展现潜力。除了这一战略发展，大规模群体干预产生了关于组织及其未来的集体愿景或意义。这种"意义形成"过程对于组织不断演变的身份以及参与者如何与该身份相关联非常重要。

未来探询会议和类似的大型团队变革活动会最大限度地减少变革阻力，并有助于提高变革过程的质量。但它们也有局限性。第一个问题是，涉及太多人必然会限制个人贡献的机会，并增加少数人主导这一过程的风险。第二个问题是，这些活动侧重于寻找共同点，这可能会阻止参与者发现妨碍未来进展的实质性差异。第三个问题是，这些事件产生的是对理想未来状态的高期望，而这些高期望在实践中难以被满足。如果员工感受不到这些会议产生了有意义的决定和行动，那么他们会变得更加愤世嫉俗，抵制变革。

15.5.4　平行学习结构法

平行学习结构（parallel learning structures）法是由跨组织层级的人员组成的具有高度参与性的一种安排。这些人员应用行动研究模型来产生有意义的组织变革。它是与正式等级制度并行发展的社会结构，目的是强化组织学习。在理想情况下，平行学习结构的参与者能够充分摆脱庞大组织的限制，有效解决组织问题。

荷兰皇家 / 壳牌公司依靠平行学习结构引入了一个更强调客户导向的组织。高管们没有试图立即改变整个组织，而是与来自六个国家的团队举行了为期一周的"零售训练营"——由一线人员（如加油站经理、卡车司机和营销专业人员）组成。与会者了解了各自区域的竞争趋势，并学习了强有力的营销工具，以确定新的机会。随后，这些团队回国研究他们的市场，并提出改进建议。四个月后，训练营团队再次召开第二次研讨会，会上的每个提议都受到了荷兰皇家 / 壳牌公司高管的点评。每个团队有 60 天的时间将想法付诸行动；然后，这些团队再次召开第三次研讨会，分析哪些做法可行、哪些做法不可行。这种平行的学习过程不仅仅是引入了新的营销理念，还激发了参与者的热情。当他们返回祖国时，这种热情会传染给他们的同事，包括上级领导。

15.6　组织变革中的跨文化和道德问题

　　在本章中，我们一直强调变革是不可避免的，而且往往是持续的，因为企业需要与动态的外部环境保持一致。然而，我们也需要意识到任何变革过程中的跨文化和道德问题。许多组织变革实践都是围绕着西方文化的假设和价值观而建立的，但这些假设和价值观可能不同于其他文化中的假设和价值观，有时还会与之发生冲突。一个潜在的跨文化局限性是，西方的组织变革模型，如勒温力场分析模型，往往假设变革有一个逻辑线性序列的开始和结束（即从 A 点到 B 点的直线）。然而，在一些文化中，变革更多地被视为一种周期性现象，比如，地球绕着太阳转，或者钟摆来回摆动。其他文化对变革有更多的相互联系的观点，即一种变革导致另一种（通常是无计划的）变革，以此类推，直到最终以更迂回的方式实现变革目标。

　　另一个关于组织变革的跨文化问题是，假设有效的组织变革必然会被紧张和公开的冲突打断，而事实上，一些变革措施助长了这种冲突。但这种直接对抗的观点和强调和谐与平衡的文化格格不入。这些跨文化差异表明，要使组织变革在这个全球化的时代有效地发挥作用，就需要有一种更注重临场应变的观点。

　　一些组织变革的做法也面临道德问题。其中一个道德问题是侵犯个人隐私权的风险。行动研究模式建立在从组织成员收集信息的想法上，但这假设成员将提供个人信息，并透露他们通常不会透露的情绪。第二个道德问题是，一些变革活动可能通过促使组织成员顺从和从众来增加管理层的权力。例如，行动研究是一项需要员工参与的全系统活动，而不允许个人自愿参与。第三个担忧是，一些组织变革干预会损害个人的自尊。解冻过程要求参与者瓦解他们现有的信念，有时包括他们自己在某些任务或人际关系方面的能力。

　　组织变革通常比最初看起来更加困难。然而，目前的困境在于，大多数企业都在超高速环境中运营，而这种环境需要持续快速的适应。组织的生存和竞争优势是通过把控复杂的动态，使人们在与外部环境的变化一样快的不断变化的过程中来取得的。

15.7　组织行为：征程仍在继续

　　一个多世纪前，实业家安德鲁·卡内基说过："如果带走我的员工，但留下我的工厂，那工厂的地面上很快就会长满草；如果带走我的工厂，但留下我的员工，那我们很快将有一个更新、更好的工厂。"卡内基的宣言反映了贯穿本书的宗旨：组织不是指建筑物、机器或金融资产，而是指其中的人。组织是人的实体——充满活力，虽然有时是脆弱的，但总是给人惊喜。

◘ 本章概要

15-1　描述勒温力场分析模型的要素

　　勒温力场分析模型指出，所有系统都有驱动力和约束力。变革发生在解冻、变革和再冻结的过程中。解冻会造成驱动力和约束力之间的不均衡。再冻结将组织的系统和结构与期望的行为重新组织起来。

15-2　讨论人们抵制组织变革的原因，以及变革推动者应如何看待这种抵制

阻力表现为员工对变革的抵制。人们抵制变革的主要原因有变革的负效价、对未知的恐惧、非我发明症、打破常规、不协调的团队动力以及不协调的组织系统。抵制变革应被视为一种资源，而不是变革的固有障碍。变革推动者需要将阻力视为任务冲突，而不是关系冲突。阻力是一个信号，说明变革推动者没有充分加强员工对变革的准备。这也是一种表达意见的方式，因此谈判有可能改善程序公正。

15-3　列出六种减少变革约束力的策略，并讨论如何有效地激发变革的紧迫感

组织变革要求员工具有变革的紧迫感。这通常通过向他们通知外部环境中的驱动力来实现。通过让员工与客户直接接触，变革的紧迫性也得到发展。在感受到外部压力之前，领导者往往需要创造一种变革的紧迫感，而这可以通过对更有吸引力的未来的愿景来实现。

通过让员工了解对变革努力的期望（沟通），可以最大限度地减少其对变革的阻力；为了期望的未来向员工传授有价值的技能（学习）；让员工参与变革进程；帮助员工应对变革的压力；与那些显然会从变革努力中损失的人谈判权衡；使用胁迫手段（谨慎地和作为最后的手段）。

15-4　讨论领导、联盟、社交网络和试点项目如何帮助组织变革

每一次成功的变革都需要变革型的领导者，他们要对期望的未来状态有清晰的愿景。他们还需要几个人（一个指导联盟）的帮助。这些人分布在整个组织中。此外，更多变革是非正式地通过社会网络发生的。病毒式变革往往通过社交网络产生影响。

许多组织变革举措都是始于一个试点项目。试点项目的成功随后将传播到本组织其他部门。这可以通过以下方式实现：激励员工采用试点项目的方法，培训员工了解如何采用这些方法，帮助阐明如何将试点项目应用于不同领域，以及提供时间和资源来支持这种推广。

15-5　描述并比较作为组织变革正式方法的行动研究法、赏识探询法、大群体干预法和平行学习结构法

行动研究是一种高度参与性的开放系统变革管理方法。它将行动导向（改变态度和行为）与研究导向（测试理论）相结合。这是一个基于数据、面向问题的流程，可用于诊断变革需求，引入干预，然后评估和维持所需的变革。

赏识探询通过将参与者的注意力集中在积极的和可能的方面来遵循积极的组织行为原则。这种改变的方法也应用了建构主义原则、同时性原则、诗意原则和预期原则。赏识探询的四个阶段包括发现、构想、设计和交付。

大群体干预是指将组织视为开放系统（即让尽可能多的员工和其他利益相关者参与）并采取未来和积极的变革重点。

平行学习结构依赖于与正式等级制度同时发展的社会结构，目的是增加组织的学习。它们是高度参与性的安排，由来自组织的大多数层级的人组成。这些人遵循行动研究模型来产生有意义的组织变革。

15-6　讨论组织变革中的两个跨文化问题和三个道德问题

一个值得关注的问题是，以西方文化取向发展起来的组织变革理论可能与其他一些国家的文化价值观相冲突。此外，组织变革实践可能会引发一个或多个道德问题，包括增加管理层对员工的权力、威胁个人隐私权和损害个人自尊。

◘ 关键术语

行动研究	平行学习结构	解冻	赏识探询	积极组织行为
力场分析	再冻结			

◘ 批判性思考

1. 假设你就读的学校可能正在经历某种变革，以便更好地适应其周围的环境。讨论推动变革的外部力量。你认为还存在哪些变革的内部驱动因素？

2. 使用勒温力场分析模型来描述 Blueshore Financial 的组织变革过程。本章的开篇案例提供了一些信息，在已提供的信息之外，想想其他支持和反对变革的力量。

3. 在变革过程中，员工阻力是一种症状，而不是一种问题。员工抵触情绪背后可能存在哪些真正的问题？

4. 一家大型跨国公司的高级管理层正计划重组该组织。目前，该组织分散在各个地理区域，因此负责每个区域的主管在制造和销售方面拥有相当大的自主权。新结构将把权力移交给负责不同产品组的行政人员；负责每个地理区域的主管人员将不再负责其区域内的制造活动，但将保留对销售活动的控制权。描述一下高级管理人员可能会在这次组织变革中遇到的两种阻力。

5. 讨论奖励制度在组织变革中的作用。具体来说，明确哪些奖励制度与勒温力场分析模型有关，而哪些奖励制度会破坏组织变革过程。

6. Web Circuits 是一家马来西亚高科技公司的定制制造商。高级管理层希望引入精益管理实践，以降低生产成本并保持竞争力。一位顾问建议该公司从一个部门的试点项目开始，如果成功，则将这些做法推广到公司的其他领域。讨论此建议的优势，并确定可使变革努力的传播更加成功的三种方式（除试点项目的成功外）。

7. 在有意进行变革的组织中，正式网络和非正式网络的作用是什么？

8. 假设你是东兰辛银行的分行服务部的副总裁。你会注意到，尽管在资源或员工特征方面没有明显差异，但几个分行的客户服务评级一直较低。描述在其中一个分行中有助于克服这个问题的赏识探询过程。

◘ 案例研究

交易保险公司

TransAct 保险公司（TIC）在美国东南部地区提供汽车保险服务。去年，TIC 的董事会聘请了一位新总裁来提高公司的竞争力和客户服务水平。在花了几个月评估形势后，新总裁提出了一项战略计划，以加强旅游业议会的竞争地位。他还替换了三位副总裁。吉姆·莱昂被聘为理赔部副总裁。理赔部是 TIC 最大的部门，拥有 1 500 名员工、50 名理赔中心经理和 5 名区域总监。吉姆立即会见了所有理赔经理和董事，并访问了公司 50 个理赔中心的员工。作为一个局外人，这是一项艰巨的任务，但他强大的人际交往能力和强大的记住名字与想法的能力帮助他完成了这个过程。通过这些访问和讨论，吉姆发现理赔部一直以相对独裁、自上而下的方式进行管理。他还能看出，员工士气低落，劳资关系紧张。高工作负荷和与外界隔绝（理算师在狭小的隔间里工作）是另外两种常见的抱怨。若干管理人员承认，理赔理算员的更替率高，部分是因为这两种抱怨。

在与 TIC 总裁讨论之后，吉姆决定将士气和监管领导力作为首要任务。他发布了一份部门通讯，附带一份反馈表，以供员工填写他们的意见。他宣布了一项"门户开放"政策，要求理赔部的任何员工都可以与他直接进行保密交谈，而不必先联系直接主管。吉姆还努力克服组织障碍，推出了弹性工作时间计划。这样员工就可以根据自己的需求设计工作日程。这个项目后来成为 TIC 其他领域的一个典范。

吉姆最明显的变革标志之一是"理赔管理信条"。它概括了每位理赔经理都应遵循的理念。在他与整个理赔管理团队召开的第一次会议上，他列出了一份清单，其中包括他认为有效的经理应该遵循的重要理念和采取的行动。管理组被要求从该清单中选择项目并确定其优先顺序。他们被告知，由此产生的名单将成为该公司的管理哲学。所有管理人员都将被追究遵守其原则的责任。大多数理赔经理对这一流程感到不安，但他们也明白，公司面临着竞争压力，吉姆正在利用这一活动来展示他的领导力。

理赔经理列出了 10 个项目，比如，鼓励团队合作、营造信任的工作环境、设定清晰合理的目标等。该清单已分发给本公司的高级管理层，供其提出意见和批准，并发回所有理赔管理人员，供其认可。一旦这样做了，一份最终文件的副本被发送给每个理赔部门的员工。吉姆还宣布，计划跟进年度调查，以评估每个理赔经理的表现。这与管理者有关，但大多数管理者认为这项信用调查是吉姆最初的热情使然，而且他在适应了这份工作后会无暇调查。

信条颁布一年后，吉姆宣布进行第一次年度调查。所有理赔员工将完成调查，并以保密方式将其返回给人力资源部门。人力资源部门将为每个理赔经理编制调查结果。调查询问了这位经理在多大程度上实现了信条中的 10 项要求。每份调查表格还提供了评论空间。

理赔中心的经理们对将要进行的调查感到惊讶，但他们更担心吉姆的说法，即调查结果将与员工共享。员工将会看到什么样的结果？谁来发布这些结果？如果一个经理从他或她的下属那里得到了糟糕的评级将会发生什么？吉姆在回答这些问题时说："我们以后再讨论细节。即使调查结果不是很好，这些信息也将为我们明年的调查提供一个良好的基准。"

理赔部的调查答复率很高。在一些中心，每个员工都填写并返回一份报告。每份报告都显示了理赔中心经理在 10 个项目中的每一个项目的平均得分，以及有多少员工在五分制的每个级别对该经理进行了评级。报告还包括了该中心员工的每一条评论。

没人对第一次的调查结果做足了心理准备。大多数经理在这 10 个项目中得到的评价都是中等或很差。很少有经理有超过两个项目的平均得分超过 3 分（满分为 5 分）。这表明，对于自己的理赔中心经理是否遵守了这 10 项管理理念，员工大多怀有矛盾心理。这些评论甚至比评级更具破坏性。他们对理赔经理的评价从轻微失望到极度挑剔不等。员工还描述了他们对 TIC、高工作负荷和孤立的工作环境的长期沮丧。有几个人直截了当地说，他们对吉姆所承诺的变革持怀疑态度。一位理赔员工写道："我们以前听说过这些承诺，但现在我们失去了信心。"

调查结果将发送给每个理赔经理、区域总监和理赔中心的员工。吉姆指示理赔经理与区域经理直接与员工讨论调查数据和意见。理赔中心的经理们原以为员工得到的只是平均分数，但当他们意识到这些报告包含了个人评论时，他们大吃一惊。一些经理去找他们的区域总监，抱怨说透露个人评论会毁了他们的职业生涯。许多董事对此表示同情，但员工已经看到了结果。

当吉姆听到这些担忧时，他同意结果比预期的要低，而且这些评论不应该显示给员工看。在与董事讨论情况后，他决定按计划进行理赔经理与其员工之间的讨论会议。推迟或撤回这些报告将损害吉姆试图与员工建立的信誉和信任。不过，区域总监参加了每个理赔中心的会议，以尽量减少理赔中心经理与员工之间的直接冲突。

虽然大多数会议进行得很顺利，但也有少数会议在管理者和员工之间造成了恶劣影响。一些评论的来源很容易从其内容中找到。这在几次会议中创造了一些微妙的时刻。会议结束几个月后，两名理赔中心经理辞职，另外三人要求调回 TIC 的非管理职位。与此同时，吉姆想知道如何更有效地管理这个过程，特别是因为员工们预计第二年会进行另一次调查。

讨论题：

1. 在这种情况下，有哪些现象表明出了问题？
2. 出现这些现象的主要原因是什么？
3. 公司应该采取什么措施来纠正这些问题？

资料来源：Steven L. McShane and Terrance J. Bogyo, 2000. This case is based on actual events, but names, industry, and some characteristics have been changed to maintain anonymity.

◙ 小组练习 战略变革事件

目的： 本练习旨在帮助你确定在各种情况下促进组织变革的战略。

说明：

（1）教师将学生分成小组，每个小组将被分配一个或两个场景。

（2）每个小组将分析场景，以确定最合适的管理变革实践。在适当的情况下，这些做法应包括：创造变革的紧迫感、最大限度地减少变革阻力，以及使形势再冻结以支持变革举措。这些场景中的每一个都基于真实事件。

（3）每个小组将展示并捍卫其管理变革的战略。关于每种战略的适当性和可行性的课堂讨论将在被分配相同场景的所有小组展示后进行。然后，教师将描述组织在这些情况下实际做了什么。

场景 1：绿色电信

一家大型电话公司的董事会希望其高管通过鼓励员工减少工作场所的浪费，使公司更环保。政府和其他股份持有人期望公司采取这一行动，并在公开场合取得成功。因此，首席执行官希望大大减少公司众多办公室的纸张使用、垃圾和其他浪费。不幸的是，一项调查表明，员工不重视环境目标，也不知道如何"减少、再利用、再循环"。作为负责这一变革的执行官，你被要求制定一项战略，以为实现这一环境目标带来有意义的行为变革。你会怎么做？

场景2：前进航空公司

一家大型航空公司经历了十年的动荡，包括两次破产保护，十名高管和员工的士气很低落。员工出于尴尬从制服上取下公司标志。其服务很糟糕，飞机很少准时到达或离港。这给航空公司造成了大量的乘客滞留费用。经理很焦虑。许多人在公司工作太久，不知道如何制定有效的战略目标。五分之一的航班都在亏损，公司整体濒临财务崩溃（只差三个月就要拖欠工资）。你和新上任的 CEO 必须让员工迅速提高运营效率和客户服务水平。你会采取什么行动来进行变革？

理论构建与系统研究方法

理论构建

　　人们需要理解自己的世界，因此他们构建了关于世界运作方式的理论。**理论**（theory）是指一组描述几个概念之间相互关系的一般性命题。我们构建理论的目的是预测和解释我们周围的世界。一个好的理论是什么样子的呢？第一，它应该尽可能清晰和简单地进行陈述，以便概念能被衡量，并且没有歧义。第二，理论的要素必须在逻辑上相互一致，因为不具备逻辑一致性的理论没有意义。第三，一个好的理论应该为社会提供价值，帮助人们更好地理解自己的世界。

　　理论构建是一个连续的过程，通常包括归纳阶段和演绎阶段，如图 A-1 所示。归纳阶段利用个人经验形成初步理论，而演绎阶段则使用科学方法来检验理论。

　　理论构建的归纳阶段包括观察我们周围的世界、识别并确定一种关系模式，然后从这些个人观察中形成理论。例如，你可能会不经意地注意到新员工希望他们的主管给出指导，而这种领导风格会激怒有经验的老员工。从这些观察中，你形成了一个关于指导型领导有效性的理论。

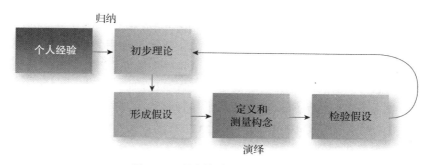

图 A-1　理论构建和理论测试

实证主义与解释主义

　　研究需要对现实进行解释，而研究人员倾向于以两种方式之一来感知现实。一种常见的观点被称为**实证主义**（positivism）。实证主义认为现实独立于人而存在。它"就在那里"等待发现和检验。实证主义是大多数定量研究（统计分析）的基础。它假设我们可以测量变量，并且这些变量与其他变量有固定的关系。例如，实证主义的观点认为，我们可以研究指导型领导风格是否能减轻压力。如果我们找到了证据，那么其他研究领导力和压力的人就会"发现"同样的关系。

解释主义（interpretivism）对现实持不同的看法。它表明现实是由人们在特定环境中共同构建的。它强调个体对现实的个人解释，而不是试图将现实量化并应用于所有情境。例如，指导型领导是对现实的个人解释，而不是可以跨越时间和人来衡量的。解释主义者主要依靠定性数据，如观察和非指导性访谈。研究者会特别关注人们的语言表达方式，以理解他们赋予各种事件或现象的共同意义。举个例子，解释主义研究可能会认为，如果想要有效地研究指导型领导，你需要亲自体验和观察指导型领导的情境。此外，解释主义认为现实是由情境决定的，因此不同情境下的现实可能会有所不同。这也使得预测人际关系变得更为复杂。

大多数组织行为学学者认为自己介于实证主义和解释主义的两个极端观点之间。许多人认为，在进行归纳研究时，应该从解释主义的角度出发。这意味着研究人员应该保持开放的心态，探索新话题，并在研究的具体情境中寻求人们之间的共同理解和意义。换句话说，研究人员应该让参与者来定义现实，而不是提前将研究人员的假设和观点强加给研究对象。这个过程通常包括收集定性信息，并让这些信息来塑造他们的理论。在该理论出现后，研究人员通过定量测试该理论中的关系，从而转向实证主义观点。

理论测试：演绎过程

一个理论一旦形成，我们就进入了理论构建的演绎阶段。这一过程包括形成假设、定义和测量构念，以及检验假设（见图 A-1）。**假设**（hypothesis）是指在经验方面可检验的陈述，即某些变量及其相应的测量以理论提出的特定方式相关联。例如，为了找到对指导型领导理论的支持，我们需要从该理论中提炼并检验一个特定的假设。假设可能是这样的："相比于非指导型领导风格，新员工对拥有指导型领导风格的管理者更满意。"假设是科学研究不可或缺的工具，因为它们提供了理论和实证检验之间的重要联系。

- 定义和测量构念。只有当我们能够定义并形成这些假设中所述概念的可测量指标时，这些假设才是可检验的。考虑上一段中关于新员工和指导型领导的假设。为了验证这一假设，我们首先需要定义"新员工""指导型领导""管理者"等概念。这些概念被称为**构念**（construct），因为它们是研究人员构建的抽象概念，可以与可观察的信息联系起来。组织行为研究人员开发了一种被称为指导型领导的构念，以帮助他们理解领导者对追随者的不同影响。我们无法直接看到、感受到指导型领导；相反，我们依赖于它存在的间接指标，例如，观察某人的指示、保持明确的绩效标准，以及确保程序和实践得到遵守。

正如你所看到的，定义好构念是非常重要的，因为这些定义成为找到或开发这些构念的可接受测量方法的基础。如果我们对构念的概念很模糊，我们就无法衡量指导型领导。构念定义得越好，我们找到或开发构念的良好测量的机会就越大。然而，即使有一个好的定义，构念也很难测量，因为经验表示必须捕获定义中的多个元素。指导型领导风格的衡量标准不仅必须能够识别给出指导的人，还必须能够识别那些保持绩效标准并确保程序会被遵守的人。

- 检验假设。演绎过程的第三步是为变量的实证测量收集数据。拿我们的指导型领导为例子，我们可能会进行一个正式的调查，让新员工指出他们主管的行为和他们对主管的态度。或者，我们可以设计一个实验，让人们与采用指导型或非指导型领导风格的人一起工作。当收集到数据后，我们可以使用各种程序来统计检验我们的假设。

理论构建中的一个主要问题是，一些研究人员可能会因为在归纳阶段使用了与构建理论相同的信息而无意中找到对他们理论的支持。因此，在演绎阶段必须收集完全独立于归纳阶段使用的数据的新数据。例如，你可能决定通过研究另一个组织的员工来测试你的指导型领导理论。此外，归纳过程可能主要依赖于个人观察，而演绎过程可能使用调查问卷。通过研究不同的样本和使用不同的测量工具，我们将进行循环研究的风险降至最低。

用科学的方法

前面我们说过，理论构建的演绎阶段是遵循**科学方法**（scientific method）的。科学方法是对关于自然现象之间假定关系的假设命题进行系统的、可控的、实证的和批判性的调查。这个定义有几个要素，让我们逐一来看看。首先，科学研究是系统的（systematic）和可控的（controlled），因为研究人员希望排除对一系列相互关联事件的除一种解释外的所有解释。为了排除替代解释，我们需要以某种方式控制它们，例如，保持它们不变或将它们完全从环境中移除。

其次，我们说科学研究是实证的（empirical），因为研究人员需要利用客观现实——或者尽可能接近客观现实——来检验一个理论。他们测量环境中可观察到的证据，比如一个人的言行，而不是依靠自己的主观意见来得出结论。此外，科学研究使用可接受的数学和逻辑原理来分析这些数据。

最后，科学研究涉及批判性的调查（critical investigation）。这意味着该研究的假设、数据、方法和结果都是公开描述的，以便该领域的其他专家能够正确评估该研究。这也意味着鼓励学者对先前的研究进行批判和借鉴。科学方法鼓励对一个特定的理论进行提炼，并最终用一个更符合我们对世界的理解的理论来取代它。

扎根理论：另一种方法

科学方法主导了系统研究的定量方法。另一种被称为**扎根理论**（grounded theory）的方法主导了使用定性方法的研究。扎根理论是通过数据收集、分析和理论发展的不断相互作用来发展知识的过程。它主要依靠定性方法来形成范畴和变量，分析这些概念之间的关系，并在观察和分析的基础上形成模型。扎根理论通过在数据收集和分析之间来回循环，将理论发展的归纳阶段结合在一起，以收敛于一个稳健的解释模型。这种持续的往复过程（reciprocal process）产生了以数据为基础的理论（因此被称为扎根理论）。

与科学方法一样，扎根理论是一个系统而严谨的数据收集和分析过程。它需要具体的步骤和文件，并通过假设结果可推广到其他环境下来采用实证主义观点。然而，扎根理论也采用了解释主义的观点，从主体的感知现实中构建范畴与变量，而不是从假设的普遍真理中构建。它还认识到，个人偏见不容易从研究过程中消除。

组织行为研究中的若干问题

在理论构建中有许多问题需要考虑，特别是当我们在演绎阶段来检验假设时。一些更重要的问题是组织研究中的抽样、组织研究中的因果关系和组织研究中的伦理实践。

组织研究中的抽样

为了找出组织中发生某些情况的原因，我们通常从几个来源收集信息，然后得出关于更大群体的结论。如果我们调查了几名员工，并确定年长的员工对公司更忠诚，那么我们希望将这一说法推送给所有组织中的所有年长员工，而不仅仅是我们调查的那些人。科学调查通常要求研究人员进行**代表性抽样**（representative sampling），也就是说，对一个群体进行抽样。这样我们就可以将样本的结果推广到更大的群体中。

影响代表性的一个因素是样本是否以无偏见的方式从总体中选择。假设你想研究组织中员工的组织承诺。如果抽样程序不是随机的，可能会导致从总部抽取的员工太少，而在国内其他地方抽取的员工又太多。如果总部员工的忠诚度实际上高于其他地方的员工，那么有偏见的抽样将导致结果低估公司员工的真实忠诚度水平。如果你明年再次重复这个过程，但总部的员工不知什么原因大幅度增加了，结果可能会错误地表明员工在过去一年中增加了组织承诺。事实上，唯一的变化可能是抽样偏差的结果。

我们如何最大限度地减少抽样偏差？答案是随机选择样本。随机抽取的样本使群体中的每个成员被选中的概率相等，因此该群体中的某一个子群体主导研究结果的可能性较小。

同样的原理也适用于实验设计中参与者的随机分组。如果我们想测试团队发展培训计划的效果，我们需要将一些员工随机放入培训组，并将其他员工随机放入未接受培训的组。如果没有这种随机选择，每组可能有不同类型的员工，所以我们不知道培训是否解释了两组之间的差异。此外，如果员工对培训计划的反应不同，我们无法确定培训计划的结果是否能代表更大的群体。当然，随机抽样不一定能产生完全有代表性的样本，但我们知道这是确保无偏见选择的最佳方法。

影响代表性的另一个因素是样本量。每当我们选择一部分样本时，我们对总体值的估计都会有一些误差。样本越大，我们的估计误差就越小。假设你想了解一家 500 人的公司的员工对在工作场所吸烟的感受。如果你询问了其中 400 名员工，这些信息将很好地评估该组织全体员工的感受。如果你只调查 100 名员工，估计值可能会有更大的偏差。如果你只问了 10 名员工，估计值可能与所有 500 名员工的感受大相径庭。

请注意，样本大小与随机选择密切相关。你必须有足够大的样本量，随机化原则才能有效地发挥作用。在关于吸烟态度的例子中，如果我们的样本仅由 500 人组织中的 10 名员工组成，那么我们在随机抽样方面就做得很差。原因是这 10 名员工可能无法代表整个组织员工的多样性。事实上，人口越多样化，样本量就越大，应该通过随机选择提供足够的代表性。

组织研究中的因果关系

理论提出了关于构念之间关系的概念。通常，命题暗示了一种因果关系，即一个变量对另一个变量有影响。在讨论因果关系时，我们把变量称为自变量或因变量。自变量是因变量的假定原因，因变量是假定的结果。在之前的指导型领导的例子中，主要的自变量（可能还有其他）是管理者的指导型或非指导型领导风格，因为我们假设它导致因变量（对监督的满意度）发生变化。

在实验室研究中（后面会描述），自变量总是由实验者操纵的。我们在研究指导型领导时，可能会让受试者（新员工）与表现出指导型或非指导型领导行为的管理者一起工作。如果受试者在指导型领导下更满意，我们将能够推断出自变量和因变量之间的关联。

研究者必须满足三个条件才能充分证明两个变量之间的因果关系。因果关系的第一个条件是变量在经验上相互关联。当一个变量的度量与另一个变量的度量系统地变化时，两者就存在关联。这种因果关系的条件是最容易满足的，因为有几种众所周知的相关联的统计度量。例如，一项研究可能会发现，异质群体（成员来自不同背景）针对问题的解决方案更具创造性。这可能是显而易见的，因为创造力的衡量标准（比如在固定时间内产生的创造性解决方案的数量）对在群体异质性衡量标准上得分较高的团队来说更高。它们在统计上是相关的。

因果关系的第二个条件是自变量在时间上先于因变量。有时，通过简单的逻辑推导可以满足这个条件。在群体的异质性例子中，讨论创造性解决方案的数量导致了群体的异质性是没有意义的，因为群体的异质性在群体产生创造性解决方案之前就存在了。然而，在其他情况下，变量之间的时间关系就不那么清楚了。正在进行的关于工作满意度和组织承诺的争论就是一个例子。公司是通过提高员工的工作满意度来培养更忠诚的员工，还是组织忠诚度的变化会导致工作满意度的变化？简单的逻辑无法回答这些问题；相反，研究人员必须使用复杂的纵向研究来积累证据，证明这两个变量之间的时间关系。

因果关系的第三个条件是，两个变量之间的统计关联不能用第三个变量来解释。我们很容易误将许多关联视为因果关系。例如，在一个地区的鹳的数量与该地区鹳的出生率之间存在统计关联。我们知道鹳不带孩子，所以这两个变量之间的关联一定有别的原因。真正的解释是，在农村地区，鹳的数量和出生率都比较高。

在一些研究中，第三个变量不太容易被识别。多年前，在脊髓灰质炎疫苗问世之前，美国的一项研究报告称，某种软饮料的饮用量与脊髓灰质炎发病率之间存在惊人的强烈关联。是喝这种饮料导致了脊髓灰质炎，还是患有脊髓灰质炎的人对这种饮料有一种不寻常的渴望？都不是。脊髓灰质炎和软饮料的消费都是由第三个变量引起的：气候。脊髓灰质炎在夏季和温暖的气候中发病率更高。在这些气候条件中，人们也会饮用更多的饮品。从这个例子中可以看出，研究人员很难完成因果推论，因为第三个变量的效应有时很难检测到。

组织研究中的伦理实践

组织行为学研究者需要遵守社会的道德标准。最重要的关于伦理的考虑之一是受访者个人参与研究的自由。例如，仅出于研究目的而强迫员工填写问卷或参加实验干预是不合适的。此外，研究人员有义务告诉潜在的受试者研究中可能存在的风险，以便参与者可以在知情的情况下选择是否参与研究。

最后，研究人员必须注意保护参与研究者的隐私。这通常包括让人们知道他们什么时候被研究，以及保护他们的个人信息（除非另有许可公布身份）。研究人员通过谨慎的数据安全保护措施来保证匿名性。研究结果通常汇总的数据量足够大，以至于它们不会暴露任何特定个人的观点或特征。例如，我们会报告一个部门员工的平均缺勤率，而不是说明每个人的缺勤率。当研究人员与其他研究人员共享数据时，通常有必要对每个案例进行编码，以避免泄露个人身份。

研究设计策略

到目前为止，我们已经描述了如何建立一个理论，包括在科学研究的标准内对理论进行实证检验的具体要素。但是，有哪些不同的方法来设计一项研究，以便我们获得实现研究目标所需的数据呢？虽然有许多策略，但它们主要分为三个标题：实验室实验、实地调查和观察研究。

实验室实验

实验室实验（laboratory experiment）是指在一定程度上可以操作自变量并控制研究人员主要探究焦点之外的变量的研究。实验室实验通常位于日常工作环境之外，例如，教室，以及模拟实验室或任何其他研究人员可以操纵的人工环境。组织行为研究人员有时会在工作场所进行实验（称为现场实验），对自变量进行操纵。然而，研究人员在现场实验中对外来因素影响的控制能力比在实验室中要弱。

- 实验室实验的优点。实验室实验有很多优点。第一个优点是，根据定义，这种研究方法可以高度控制其他变量，避免混淆正在研究的关系。假设我们想要测试指导型领导对新员工满意度的影响。我们可能会担心，员工会受到领导力强弱的影响，而不仅仅是领导风格的类型。实验设计将允许我们控制上司展示这种风格的频率，从而使这个无关变量不会混淆结果。实验室实验的第二个优点是，自变量和因变量的设定可以比在实地环境中更精确。例如，研究人员可以确保实验室实验中的主管使用特定的指导型或非指导型行为，而现实生活中的主管则使用更复杂的混合领导行为。通过使用更精确的测量，我们更能确定正在测量的是预期的构念。因此，如果在指导型领导条件下，新员工对上司的满意度更高，那么我们更有信心确定影响新员工满意度的自变量是指导型领导，而不是其他领导风格。实验室实验的第三个优点是，自变量可以更均匀地出现在参与者之间。在我们的指导型领导研究中，我们可以确保大约一半的受试者有一个指导型管理者，而另一半受试者有一个非指导型管理者。在自然环境中，我们可能很难找到与非指导型领导一起工作的人，因此，我们无法确定这种情况的影响。

- 实验室实验的缺点。有了这些强大的优点，你可能想知道为什么实验室实验是最不受欢迎的组织行为研究形式。这种研究方法的一个明显的缺点是缺乏现实性，因此在现实世界中得出的结果可能不同。一种说法是，实验室实验的对象比他们的同事更少接触实际的工作环境。这有时是对的，尽管许多实验室实验都有高度积极的参与者。另一种批评意见是，在实验室实验中控制的外来变量可能会导致自变量对因变量产生不同的影响。这也可能是正确的，但请记住，实验设计是根据理论及其假设来控制变量的。因此，这种关注实际上是对理论的批评，而不是对实验室实验的批评。最后，还有一个众所周知的问题，即参与者意识到他们正在被研究，而这会导致他们采取与平时不同的行动。一些参与者试图弄清楚研究人员希望他们如何表现，然后故意尝试以这种方式行事。一些参与者试图通过做与他们认为研究人员期望相反的事情来扰乱实验。还有一些人可能只是因为知道有人在观察他们而做出不自然的行为。幸运的是，实验者很清楚这些潜在的问题，并且通常（尽管并不总是）成功地掩盖了研究的真实意图。

实地调查

实地调查（field survey）是指在自然环境中收集和分析信息，如办公室、工厂或其他一些现有的地点。研究人员捕捉现实情况，并试图确定该环境中的要素（包括人们在该环境下的态度和行为）是否与假设相关联。每个人都会做一些实地调查。你可能会认为来自某些州的人比其他州的人驾驶技术更好，所以你会通过观察持有州外车牌的人开车的方式来"检验"你的理论。尽管你的数据收集方法可能不符合科学标准，但这是实地研究的一种形式，因为它从自然发生的情况中获取信息。

实地调查的一个优点是，这些变量往往比在实验室实验中产生更强大的影响。例如，考虑同伴压力对团队成员行为的影响。在自然环境中，团队成员会随着时间的推移而形成非常强的凝聚力，而研究人员很难在实验室环境中复制这种凝聚力和相应的同伴压力。

实地调查的另一个优点是研究人员可以同时研究许多变量，从而对更复杂的理论进行更全面的检验。讽刺的是，这也是实地调查的一个缺点，因为研究者很难控制自己的科学研究。有一种趋势是从演绎式假设检验转向归纳式探索性研究。如果这两种活动混在一起，研究人员就会忽视科学研究的严格要求。

实地调查的主要缺点是很难满足因果推断的条件。一个原因是数据通常是在一个时间点收集的，因此研究人员必须依靠逻辑来判断自变量是否真的先于因变量。与之相比，在实验室实验中，研究人员通常可以确信自变量在因变量出现之前被应用。越来越多的组织行为研究使用纵向研究，为研究变量之间的时间关系提供更好的指标，但它仍不像实验室实验那样精确。在实地调查中难以进行因果分析的另一个原因是，外部变量不像在实验室实验中那样受到控制。如果没有这种控制，第三个变量很有可能解释假设的自变量和因变量之间的关系。

观察研究

在对头脑风暴和创造力的研究中，罗伯特·萨顿（Robert Sutton）和安德鲁·哈格顿（Andrew Hargadon）在加利福尼亚州帕洛阿尔托的产品设计公司 IDEO 观察了 24 次头脑风暴会议。他们还参加了十几次"周一晨会"，对 IDEO 的高管和设计师进行了 60 次半结构化访谈，并与他们进行了数百次非正式讨论，阅读了几十篇有关该公司的杂志文章。

　　萨顿和哈格顿认为观察研究与其他定性方法的使用非常适合他们的研究目标。他们的研究目标是重新审视头脑风暴的有效性，而不仅仅是产生创意的数量。观察研究产生了大量关于人类在组织中生存的戏剧性的描述。它是了解人们及其活动的复杂动态的有用工具，如头脑风暴。

　　参与式观察通过让观察者参与到组织的活动中，将观察方法向前推进了一步。与仅仅观察别人参与这些活动相比，这种经历使研究人员对这些活动有了更全面的了解。

　　尽管观察研究具有直观的吸引力，但它也有一些弱点。主要的问题是，观察者受制于选择性知觉和系统性偏差。有观察者倾向于忽视组织生活的常规方面，尽管这些方面可能被证明是最重要的研究数据。相反，观察者倾向于关注不寻常的信息，如偏离观察者预期的活动，因为观察研究通常只记录观察者注意到的东西，而有价值的信息常常会丢失。

　　观察研究的另一个问题是，研究人员的存在和参与可能会影响研究对象。在短期观察中，这可能是一个问题，但从长期来看，人们倾向于回到他们惯常的行为模式。通过持续的观察，比如萨顿和哈格顿对 IDEO 公司头脑风暴会议的研究，员工最终会忘记他们正在被研究。

　　最后，观察通常是一个定性的过程，因此用数据对假设进行实证检验比较困难。不过，观察研究为理论构建的归纳阶段提供了丰富的信息。它帮助我们形成关于组织运作方式的理论。我们需要看到发现新的观点和为理论奠定基础的关系。我们不能把建立理论的归纳过程与检验理论的演绎过程混为一谈。

◘ 关键术语

建构	实地调查	扎根理论	假设	解释主义
实验室实验	实证主义	代表性抽样	科学方法	理论

参考文献

请扫码阅读参考文献

译者后记

很高兴有机会翻译第 9 版《组织行为学》。第 9 版的内容可谓与时俱进，对许多专题进行了更新，增添了不少跨国管理的案例。远程团队建设、弹性工作时间的安排等新内容，对管理实践的启示尤为明显。一些跨国企业的实践案例，对读者理解企业国际化、跨文化管理等问题很有帮助。此外，更新后的工作与生活融合问题、情绪管理问题、远程团队管理等，也很切合当今的组织管理情境；对读者理解自身所在组织的管理现象有极大帮助。

吴培冠负责全书的翻译定稿，陈绮婧、郭文思、黄菲趣、黄汐婷、雷曼恩、刘倩柔、名昱星、王欣然、王小慧、温雨、吴丽燕、巫乐、元泽萌、张靖、张瑜、周喆轩等为第 9 版的译稿付出了很大的努力，感谢他们所做的工作和支持！此外，本书一些内容的翻译还参考了之前版本的译法，在此对之前版本的译者表示感谢！翻译得不够准确之处，恳请读者批评指正。

吴培冠
2024 年 12 月